雨花台年鉴

2022

YUHUATAI ALMANAC

南京市雨花台区地方志编纂委员会办公室 编

方志出版社
Publishing House of Local Records

图书在版编目（CIP）数据

雨花台年鉴. 2022 / 南京市雨花台区地方志编纂委员会办公室编.—北京：方志出版社, 2022.11
ISBN 978-7-5144-5430-7

Ⅰ. ①雨… Ⅱ. ①南… Ⅲ. ①区（城市）—南京—2022—年鉴 Ⅳ. ①Z525. 34

中国版本图书馆CIP数据核字（2022）第234883号

责任编辑：李志瑜
责任校对：刘玉霞
责任印制：梅中英
出 版 者：方志出版社
地　　址：北京市朝阳区潘家园东里 9 号（国家方志馆4层）
邮　　编：100021
网　　址：http://www.zgfzcb.cn
发　　行：方志出版社图书营销中心（010-67110500）
印　　刷：南京顺和印刷有限责任公司
开　　本：889毫米×1194毫米 1/16
印　　张：32.5
字　　数：680千字
版　　次：2022年11月第1版
印　　次：2022年11月第1次印刷
定　　价：198.00元

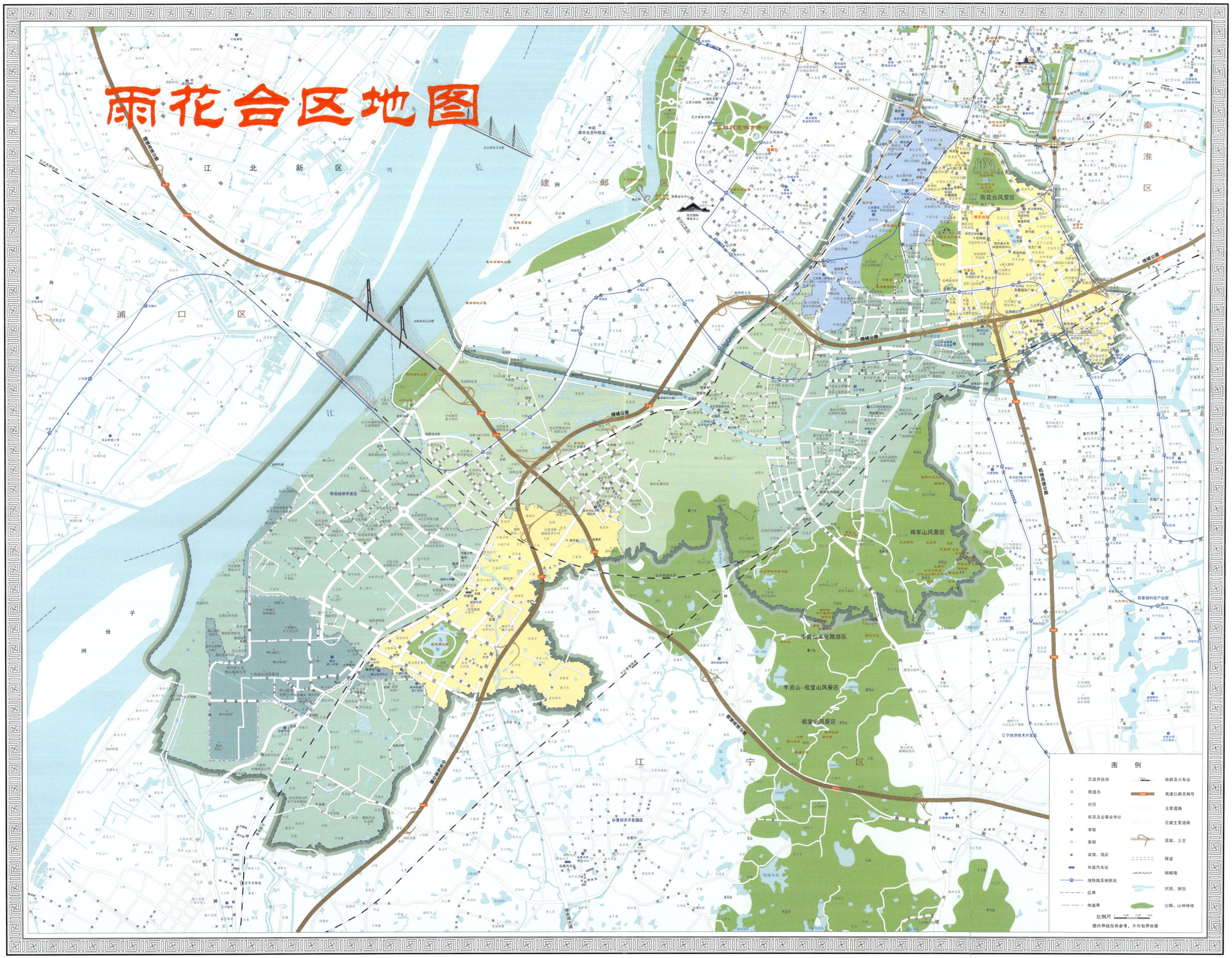

南京市规划和自然资源局
南京市测绘管理办公室 监制

审图号：宁S（2021）031号

南京市雨花台区地方志编纂委员会

主　　任：李方毅

副 主 任：陆瑞峰

委　　员：陶龙波　刘　军　朱盘江　姜　宁　翟高峰　俞　蓉　许　慎　尹　宏　徐美如

朱天燕　盛云生　程道伟　宋海红　朱震龙　项　前　梁　汶　施晓明　王瑞荣

石明舟　蒋朝晖　褚堂琴　刘建功　曹祥娟　祝　怡　吕齐斌　姜莱斌　郑诗宁

王　鹏　裴　鸿　武永杰　魏建军　李文浩　张　盈　施妙生

办公室主任：张　镭

雨花台年鉴编辑部

主　　编：张　镭

执行主编：李　静

编　　辑：杨静珺　张　玄　陈佳佳　王守玲　张晓华　方亚玲

装帧设计：张南海

主　审

张连春　中共南京市雨花台区委书记

李方毅　南京市雨花台区人民政府代区长

杨　明　南京市雨花台区人大常委会主任

于茂高　政协南京市雨花台区委员会主席

陆瑞峰　中共南京市雨花台区委副书记

编辑说明

一、《雨花台年鉴（2022）》以马克思列宁主义、毛泽东思想、邓小平理论、“三个代表”重要思想、科学发展观、习近平新时代中国特色社会主义思想为指导，坚持辩证唯物主义和历史唯物主义的立场、观点和方法，全面、系统地记述和反映2021年南京市雨花台区自然、政治、经济、文化、社会和生态文明建设等方面的基本情况，以及该行政区域密切相关的内容，为各级领导决策提供参考和依据，为社会各界人士了解和研究雨花台区提供基本资讯。

二、《雨花台年鉴》是由南京市雨花台区人民政府主办，南京市雨花台区地方志编纂委员会办公室编纂的综合性年度资料文献。其前身为创刊于2004年的《雨花年鉴（2001—2004）》，2018卷更名为《雨花台年鉴》。本卷为第19卷。

三、《雨花台年鉴（2022）》记述地域范围以2021年雨花台区行政区划为界，一些发生在外地但与雨花台区关系密切的信息亦予记载。记述起讫时间为2021年1月1日至2021年12月31日，为便于读者查阅和了解事物的完整性，对于跨年度的个别重大事项仍予简略记述。为避免与国家风景名胜区“雨花台”产生歧义，部分文献材料中采用区域名简称“雨花”。

四、《雨花台年鉴（2022）》卷首设专题图片、特载、专记、大事记，主体部分设雨花台区概览、中国（南京）软件谷、机关团体、法治・军事、科技创新、区域经济、人居环境、文化旅游、公共服务、应急管理、街道・园区、人物・荣誉12个类目，卷末设附录、索引。按分类编辑法，设类目、分目、条目3个层次，部分分目下设副分目，条目为记述的基本层次。根据记述需要，部分交叉内容采用参见法，延伸说明采用链接法。

五、雨花台区内园区管理体制特殊，中国（南京）软件谷整体属于雨花台区范围，为南京市委市政府的派出机构，委托雨花台区委区政府管理，雨花台高新区与中国（南京）软件谷合署办公，本卷单列设为类目；雨花经济开发区由雨花台区直接管理，与街道并设为“街道・园区”类目。

六、本卷年鉴资料由雨花台区机关各部、委、办、局，街道（园区），驻区企事业单位等提供；组织机构名称及负责人名单由区委组织部、区委编办及相关单位提供；雨花台区地图由市规划和自然资源局雨花台分局提供；统计资料由区统计局提供。由于统计口径、方法、时间不同，部分数据有差异。数据采用法定计量单位，个别遵从习惯。

七、为方便读者检索，《雨花台年鉴》卷首设目录和英文总目，卷末附索引。

总　　目

Main Contents

目　　录

法治·军事

科技创新

应急管理

街道·园区

附 录

索 引

专题图片

2022 YUHUATAI ALMANAC

Special Pictures

雨花三桥湿地公园。

（区委宣传部 供图）

南京南站枢纽经济圈。

（万礼文 摄）

2021年，雨花台区继续提升农村人居环境品质。图为永安社区美丽乡村。（板桥街道 供图）

板桥工农河。（板桥街道 供图）

中国（南京）软件谷。（魏 星 摄）

数字大道。（万礼文 摄）

2021年2月3日，雨花台区2021年一季度重大项目集中开工仪式在浙大网新人工智能产业园项目现场举行。
（区发改委 供图）

2021年3月5日，雨花台区召开党史学习教育动员会议。
（区委宣传部 供图）

2021年3月24日，雨花台区2021土地招商推介会在软件谷云密城会议中心举行。 （软件谷 供图）

2021年3月29日，雨花台区举办10个都市工业园区（楼宇）集中挂牌仪式。图为板桥街道现代都市产业社区。
（板桥街道 供图）

2021年4月1日，雨花台区慈善总会成立大会在雨花台中学学术报告厅举行。（区民政局 供图）

2021年4月9日，南京市统计局调查队检查指导雨花台区第七次全国人口普查住户调查工作。（区统计局 供图）

2021年4月15日，全国长江流域重点水域打击非法捕捞专项会议暨现场观摩活动在南京举行，现场观摩雨花经济开发区江豚广场、雨花台区长江禁捕系统。图为江豚广场。（区委宣传部 供图）

2021年4月20日，雨花台区图书馆举办“共建书香雨花 同庆建党百年”世界读书日活动启动暨新馆开馆仪式。（区文化和旅游局 供图）

2021年6月8日，雨花三桥湿地公园生态修复基地揭牌仪式在三桥湿地公园江豚广场举行。
（雨花经济开发区 供图）

2021年7月12日，“初心如磐 使命在肩——雨花台区发展历程展览”在区委党校举行。（区档案馆 供图）

2021年9月3日，中国共产党南京市雨花台区第十二次代表大会在区委党校举行。（区委宣传部 供图）

2021年12月1日，南京市区镇人大代表换届选举投票日，雨花台区285201名选民在97个选区参加选举。图为雨花街道区级机关选区选举大会现场。（区级机关工委 供图）

2021年1月9日，雨花经济开发区建成全市首家以土方交易为业务的“土方银行”。

（雨花经济开发区 供图）

2021年4月21日，雨花台区举办新一届社区党组织书记培训班。 （区委组织部 供图）

2021年4月30日，雨花台区双创示范基地2018年以来第三次获国务院督查激励通报表扬。图为12月20日软件谷夜景。
（魏　星　摄）

2021年7月2日，雨花台区召开“两优一先”表彰会暨基层党建工作推进会，庆祝中国共产党成立100周年。
（区委组织部　供图）

2021年9月2日，雨花台区体育总会被国家体育总局授予“2017—2020年度全国群众体育先进单位”称号。图为环南京自行车赛雨花台区站开赛。（区体育局 供图）

2021年10月1日，总面积10万平方米，南京南站首个大型商业综合体——证大喜玛拉雅中心开业。图为证大喜玛拉雅中心夜景。（雨花街道 供图）

2021年10月12日，雨花台区跨境电商产业发展大会在南京丰盛凯悦臻选酒店举行。（软件谷 供图）

2021年10月19日，雨花台区花神庙社区获评“全国示范性老年友好型社区”。图为社区志愿者慰问困难老人。（雨花街道 供图）

2021年10月26日，雨花台区区级机关工委"英雄支部"党建工作案例在第三届全国党建创新成果展示交流活动中获评全国"十佳"案例。图为在庆祝中国共产党成立100周年雨花台区区级机关文艺会演活动中，区级机关"英雄支部"代表从雨花英烈后人、市区领导手中接过象征荣誉和责任的红旗。（区级机关工委 供图）

2021年10月28日，在江苏省生态河湖规范评估中，雨花台区莲花湖获评"南京市生态示范河湖"称号。
（区委宣传部 供图）

2021年11月17日，“南京南站区域党建联盟360”主阵地落成启用。（雨花街道 供图）

2021年12月29日，梅钢工业文化旅游区被认定为国家AAA级旅游景区。（梅山钢铁公司 供图）

2021年4月7日，雨花台区税务局在区图书馆开展便民办税春风行动。（区税务局 供图）

2021年4月27日，雨花台区图书馆上门为社区居民提供图书借阅服务。（区图书馆 供图）

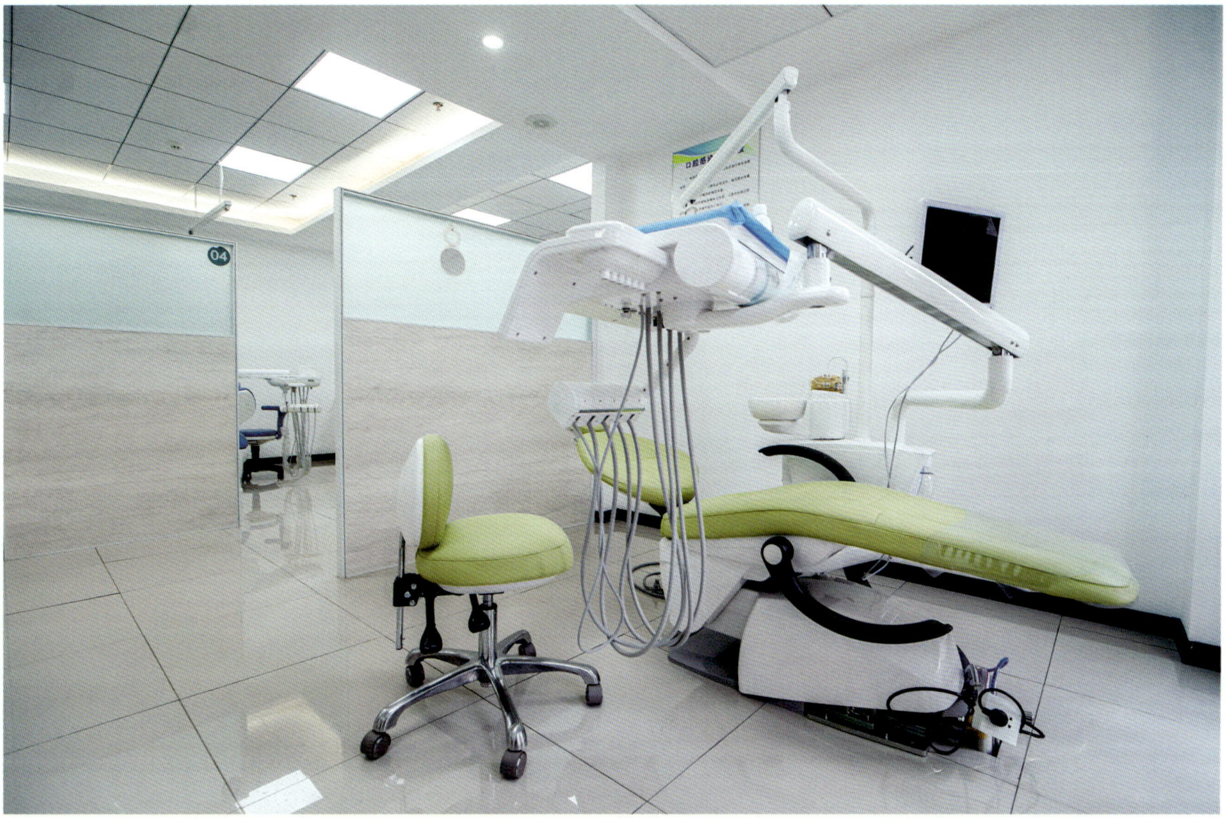

2021年6月1日，西善桥街道为2家卫生院配备胃肠镜、全景牙片机等医疗设备。　　（西善桥街道　供图）

2021年6月11日，雨花街道开展红十字持证救护员培训。　　（雨花街道　供图）

2021年6月11日，赛虹桥街道开展“电动车上牌进社区服务”。（赛虹桥街道 供图）

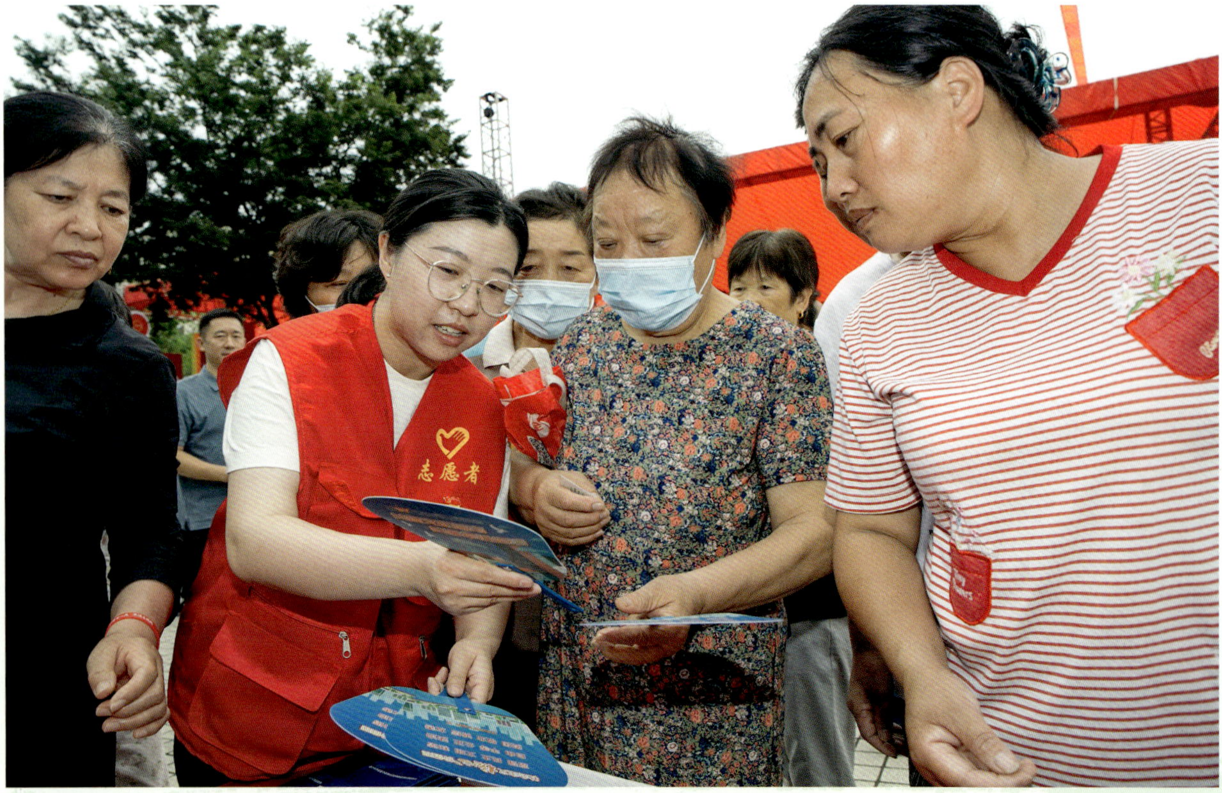

2021年6月16日，“我为群众办实事”——南京党员专业志愿者服务基层行雨花台区专场活动在板桥街道举办。（板桥街道 供图）

2021年9月15日，医疗保障局雨花台分局下沉社区开展失能保险政策宣讲。

（医疗保障局雨花台分局 供图）

2021年9月17日，施工中的宁马高速大方互通改扩建工程。 （古雄街道 供图）

2021年9月20日，施工中的龙飞路出新工程。（雨花经济开发区 供图）

2021年9月23日，竣工后的四号沟改造工程。（铁心桥街道 供图）

2021年9月30日，竣工后的怡静园周边环境整治工程。（梅山街道 供图）

2021年10月30日，雨花台区检察院参加区级机关工委在梅山街道组织的英雄支部“组团”零距离服务群众活动。（区检察院 供图）

2011年6月28日，建筑面积45.8万平方米、主站房面积28.16万平方米的南京南站开通运营。（魏福春 摄）

2015年1月，南京南站落客平台开通。（南站综管办 供图）

2017年9月，南广场通过竣工验收。（南站综管办 供图）

广场、绿化、道路景观改造工程陆续完工。图为2018年10月29日竣工的玉兰路“曲径花溪”景观。（南站综管办 供图）

南京南站布局高铁、长途客运、城市轨道交通、公交运输、社会运输、城市候机6种交通出行方式并实现“零距离”换乘。图为2018年12月11日南京禄口国际机场南站城市候机楼试运行。（南站综管办 供图）

南京南站开通运营以来年运送旅客1.73亿人次。图为2019年6月6日南京南站夜景。

（南站综管办 供图）

2020年1月11日，南京南站区域党建联盟360开展“翰墨送五福 联盟贺新春”活动，50余名书法家在候车厅现场挥毫泼墨，为旅客送“福”。（南站综管办 供图）

2020年2月4日，公交分局站前所党员先锋队参加新冠肺炎疫情防控。
（市公安局公共交通安全保卫支队南京南站站前派出所 供图）

2020年10月1日，地铁“博爱岛”党员责任区为旅客提供服务。（南站综管办 供图）

南京南站以“综合管理一体化、市政管养市场化、联合执法常态化、督察考核日常化”管理模式，实现站区“秩序优、环境美”常态化，获南京市城市治理窗口组“七连冠”。图为2021年6月23日南京南站北广场。

（南站综管办 供图）

特载

2022 YUHUATAI ALMANAC

Leading Speech and Report

南京市雨花台区委书记戴华杰
在区委十二届三次全体会议上的讲话

（2021年12月31日）

这次全会的主要任务是，以习近平新时代中国特色社会主义思想为指导，全面贯彻党的十九大和十九届历次全会精神，深入落实习近平总书记对江苏工作重要指示精神，按照中央、省委经济工作会议和省、市、区党代会以及市委十五届二次全会部署，总结今年工作，分析当前形势，部署明年任务，动员全区上下进一步鼓足干劲、担当作为，在新的更高起点上奋力推动雨花发展迈上新台阶、实现新跨越。

一、圆满完成全年目标任务，“十四五”实现良好开局

2021年，站在“两个百年”交汇、“两个大局”交织、“两个五年”交接的关键节点，全区上下坚持以习近平新时代中国特色社会主义思想领航定向，按照中央和省、市委决策部署，服务大局、应对变局、开拓新局，经济社会发展总体平稳、稳中有进。

（一）综合实力持续增强。在疫情防控新常态下，践行新发展理念，坚持高质量发展，保持定力韧劲、狠抓推进落实，交出了开局之年的优异答卷。主要指标稳步增长。预计地区生产总值增长7%，首次迈上千亿级台阶；一般公共预算收入91.5亿元、增长9%；全社会固定资产投资增长8%；社会消费品零售总额762亿元、增长4.5%；实际利用外资3.3亿美元，外贸进出口总额350亿元，实际利用内资170亿元。项目推进提质增效。抓牢项目主线，举办数字服务出口基地创新发展论坛等专场活动，新签约亿元以上项目110个、计划总投资800亿元，其中，华控创为、中兴5G+产业园等十亿元以上项目15个。深化项目“红黄绿”三色督查机制，新开工亿元以上项目20个，竣工32个。主导产业不断壮大。聚力推动软件产业链式发展，形成了“六大产业集群”都有龙头项目、龙头企业带动的发展格局。预计实现软件业务收入2500亿元，增长15.2%。软件谷先后获批省信创产业生态基地、首批江苏软件名园、省信创产业先导区，产业知名度、品牌影响力持续提升。

（二）产业质态日趋向好。以数字经济为引擎，坚持软硬结合、双轮驱动，全面推动数字产业化和产业数字化同步发展。优化产业空间布局。聚焦建设江苏数字经济创新中心，明确发展任务、开展路径研究、编制专项规划，科学划分“一核三极”数字产业空间，形成数字经济发展的顶层设计。依托华为、中兴等行业龙头企业，进一步贯通云计算、大数据及信息安全、互联网、人工智能及智能终端、信创和集成电路等较为完整的数字经济产业集群。加快产业转型升级。大力发展新型都市工业，在全市率先出台“都市工业智能制造企业培育计划”，集中挂牌10个都市工业园区（楼宇），预计全年规上工业总产值

达到610亿元，增长41.2%，增幅位居全市前列。严格落实中央和省、市关于坚决遏制"两高"项目盲目发展的部署和要求，推动梅钢等重点企业实质性开展能耗"双控"和有序用电工作，引导支持企业加大技改力度，实现高端化、智能化、绿色化发展。完善产业支撑体系。推动应用场景开发建设，以"数字雨花"应用场景云平台启用为契机，搭建一批重点数字经济应用场景，营造数字生态，服务产业创新。做优做强科技服务业，在创业孵化、检验检测、知识产权等领域，构建种类齐全、业态丰富的科技服务体系。深化服务贸易创新发展试点，推进国家数字服务出口基地建设，积极培育数字经济新业态新模式。

（三）创新活力充分迸发。以改革优化资源配置，以创新点燃发展引擎，加快新旧动能转换步伐，国家级"双创"示范基地建设因真抓实干、成效明显，四年内第三次获国务院督查激励。创新主体更加活跃。强化企业创新主体地位，深入实施独角兽瞪羚企业、高新技术企业培育计划和企业培育"小升高""高升规"专项行动，全区独角兽、培育独角兽、瞪羚企业达到51家，总数全市第三。满帮集团于今年6月在纽交所成功上市，成为全国"数字货运第一股"。突出"高精尖缺"导向，培育入选紫金山英才高峰计划顶尖人才1人、创新型企业家14人、高层次创新创业人才12人。2家文化企业入选全市"金梧桐"文化企业十强。创新载体更加专业。响应国家"揭榜挂帅"工作机制，高标准组建互联网产业联盟、集成电路产业联盟、紫金（南京）信创产业联盟，推动产学研用融合，"一技一策"解决"卡脖子"问题。放大国家级"双创"示范基地效应，加快创新资源汇聚融合，集聚省级及以上科技企业孵化器13家、众创空间18家，新增市级新型研发机构4家、累计达到21家。创新生态更加优化。建立市场化产业引导基金运行制度，提升金融服务科技创新能力，总规模58亿元的"双创"投资引导基金入选"2020年度中国最佳政府引导基金（区县级）"榜单。持续深化"放管服"改革，在全市率先实现自助终端"跨省通办"、率先推进惠企政策"免申即享""即申即办"，"及时雨"政策直达平台获评全市"放管服"改革"十佳案例"。创新政府投资工程项目建设管理模式获省主要领导批示，智慧投资审计系统的经验做法被国家审计署全国性专题会议推广。

（四）城乡面貌显著改善。坚持统筹推进城市规划、建设和管理，优化城市功能，改善城市环境，区域发展展现新形象。功能品质有效优化。数字大道、机场二通道、梅苑南路北段建成通车，全年新建等级道路14条，滨江大道雨花段、岱山中路北延、吉祥路等工程顺利推进，内通外联的交通格局更加完善。成功出让11幅962亩居住用地，"两桥"地区"一核三心"规划布局全面铺开，经开区秦淮新河入江口南岸片区建设有序实施。加快老旧片区更新改造，完成棚户区改造30万平方米，整治老旧小区45万平方米，小行里51号危旧房改造项目获"2021年中国土木工程詹天佑优秀住宅金奖"。积极开展低效用地再开发，有力推进土地节约集约利用，获评2020年度"江苏省自然资源节约集约利用模范县（市、区）"。精细管理不断加强。以全国文明典范城市创建为契机，突出抓好小区物业、环卫保洁、停车秩序、空中缆线等专项整治，切实打造居民小区、道路街巷、农贸市场等创建示范点位。坚持把雨花特色文化文艺元素融入城市雕塑、街头小品、绿化景观，打造石华街“茶文化特色街区”、青年路“活力街区”，增强城市文化气息。推进垃圾分类，建成垃圾分类亭房660座，实现居民小区和机关企事业单位设施建设、收运体系、宣传引导全覆盖。巩固农村人居环境整治成果，乡村面貌焕然一新。生态优势日益凸显。稳步拓展滨江生态岸线，提升江豚广场、三桥湿地公园、三山矶公园绿化景观。严格执行“十年禁渔”，长江智慧禁捕系统受到国家农业农村部充分肯定。从严落实河湖长制、断面长制，全域消除劣V类水体。严控扬尘、移动源和餐饮油烟污染，空气质量优良天数比率达到82.8%，$PM_{2.5}$平均浓度下降15.9个百分点，空气质量位居主城前列。在全市率先启用林长制信息化管理平台，加快推进普德寺后山游园等社区公园、口袋公园及城市绿道建设，让城市“微景点”不断串成“大景观”。

（五）社会事业均衡发展。坚持以人的现代化为目标，扎实推进惠民实事，持续补齐民生短板，让群众生活实现新提升、迈向高质量。筑牢疫情防控防线。紧盯重要时段、重点场所、重点人群，突出“人物环境”同防，加强进口冷链食品集中监管，持续健全公共卫生服务体系，全面提升应急处置能力，把常态化疫情防控工作抓紧抓实抓细。特别是7月20日，禄口机场聚集性疫情发生后，全区上下全力以赴，因时因势定策略、优举措、抓落实，打赢了疫情防控的人民战争、总体战、阻击战。兜住民生保障底线。大力援助就业困难人员实现再就业，“零就业家庭”至少一人就业覆盖率达到100%，全年新增城镇就业1.21万人、大学生就业2.05万人。扎实推进根治欠薪工作，保障农民工工资支付工作连续四年获得市对区考核A等次，区人社局获评“全国根治拖欠农民工工资工作先进集体”。预计全体居民人均可支配收入7.2万元，增长10%，增幅位居主城前列。成立区慈善总会，深入开展“喘息服务”“时间银行”等品牌活动，增强社会救助兜底的实际功能。聚焦“三社联动”，全国社区治理和服务创新实验区顺利结项。架起公共服务高线。坚持教育优先发展，深入实施“三名”工程，全面落实“双减”任务，积极优化资源配置，软件谷中学、雨花外国语小学东校区等4所中小学、幼儿园建成开办，集团化办学实现全面覆盖，我区获评省义务教育优质均衡发展区。加快健康雨花建设，与省人民医院签署省妇幼保健院总部项目建设协议，建成首批“江苏省社区医院示范区”，实现国家“优质服务基层行活动”推荐标准达标率和社区医院建设覆盖率两个“全省第一”，基层卫生工作再获省政府真抓实干督查激励。深入推进文化惠民，成功举办“雨花满天”“诗意雨花”等高品质展览，中国美术家协会新文艺群体（组织）、青少年展览与推广中心落户我区。区体育总会被评为“全国群众体育先进单位”。守住城市安全红线。完善“大数据+网格化+铁脚板”治理机制，全力推进市域社会治理现代化，西善桥街道作为全省唯一受邀参会街道在长三角基层民主协商主题论坛上分享经验。深入实施平安雨花、法治雨花建设，全力做好信访维稳工作，无偿提供法律援助633件，岱山法律援助站获评“全省法律援助先进集体”。扎实开展政法队伍教育整顿，持续巩固扫黑除恶专项斗争成果，不断加强食品药品、交通、消防、特种设备等全方位监管，全面启动安全生产三年专项整治，社会大局保持和谐稳定。

（六）党的建设全面加强。坚持以史为鉴、开创未来，党的建设深入推进，政治生态持续向好。旗帜鲜明讲政治。坚持用习近平新时代中国特色社会主义思想武装头脑，不断增强“四个意识”、坚定“四个自信”、捍卫“两个确立”、做到“两个维护”，圆满完成区委换届工作。聚焦党的百年华诞，弘扬伟大建党精神，学习贯彻习近平总书记“七一”重要讲话精神，扎实开展党史学习教育和“四史”宣传教育，深入推进“两在两同”建新功行动和“我为群众办实事”实践活动，引导党员干部牢记初心使命、汲取智慧经验、凝聚奋进力量。以高站位、实举措全面落实意识形态工作责任制，牢牢把握党对意识形态工作的领导权。事业为上用干部。注重通盘考虑，统筹岗位实际和长远需要，扎实做好换届人事安排。注重知事识人，启动新一轮区管班子和区管干部考核，强化结果运用。注重以事择人，尤其在疫情防控期间，迅速组建27人的“医护先锋队”、90人的“青年突击队”、439人的“封控攻坚队”，突出在一线考察、识别、评价、使用干部，不断强化讲担当重担当的用人导向。坚持不懈强基础。深化党支部“标准+示范”建设，圆满完成社区“两委”集中换届，做好社区党组织书记“百千万工程”推荐评选工作，推进“两新”组织党务工作者专业化建设。做强全域党建“红色矩阵”，“英雄支部”争创经验获评第三届全国党建创新成果“十佳案例”银奖，是全国唯一一个县（区）级机关党建工作入选案例。推荐开展省、市、区三级“两优一先”评选活动，有序做好“光荣在党50年”纪念章颁发工作，使“大庆之年”成为凝聚党心民心的“大干之年”。驰而不息正风纪。严格落实党风廉政建设“两个责任”，坚持挺纪在前、抓早抓小，用好监督执纪“四种形态”，启动十二届区委首轮巡察，常态化抓好廉政警示教育，以案明纪、警钟长鸣，筑牢党员干部拒腐防变的思想防线。全年共查处违反中央八项规定精神问题25件30人、群众身边腐败和作风问题18件23人，通报典型问题23批次。

同志们，没有等出来的成功，只有干出来的事业！回顾这一年的发展历程，我们深刻感受到，雨花前进的每一个脚步、取得的每一项成绩、实现的每一次转变，都离不开全区上下的辛勤付出、担当奉献，都离不开在座各位的埋头实干、积极贡献。在此，我代表区委常委会，向大家表示衷心的感谢和崇高的敬意！

二、深入学习贯彻党的十九届六中全会精神，以更加坚定的政治自觉学思践悟、实干笃行

党的十九届六中全会，是在向第二个百年奋斗目标迈进的重大历史关头，召开的一次十分重要的会议，肩负着承前启后、继往开来的伟大使命。学习贯彻好六中全会精神，必须坚持把雨花的发展放到时代要求中去考量，放到宏观大势中去审视，放到区域格局中去推动，与时俱进谋划目标、思路、举措，坚持不懈把雨花的事情办好，用实干、实效、实绩，描绘出“强富美高”新雨花现代化建设的现实模样。

1.坚持高点站位，始终沿着总书记指引方向奋力前行。要胸怀“国之大者”，时刻牢记总书记谆谆嘱托，锚定方向，笃定前行，确保发展始终沿着正确的轨道阔步向前。要坚定不移以新思想领航定向。习近平新时代中国特色社会主义思想是战胜一切困难的力量源泉，是我们奋进新征程、迈向现代化的最大底气。要把学思践悟新思想作为干好一切工作的首要前提，自觉与新思想对标对表，主动向新思想寻策问道，坚决用新思想武装头脑、指导实践、推动工作。要坚定不移以新理念引领发展。

"十三五"期间，我们在新理念指引下，各项工作取得了明显成效；面向未来、制胜未来，最根本的还是要坚持把新理念作为引领高质量发展、现代化建设的指挥棒。要完整、准确、全面贯彻新发展理念，因势调整应对策略，切实转变发展方式，努力实现更高质量、更有效率、更可持续的发展。要坚定不移以新要求砥砺奋进。党的十九届六中全会通过的《中共中央关于党的百年奋斗重大成就和历史经验的决议》，凝练概括了党的百年光辉历程，清晰定位了中华民族奋勇前行的时代航标，是我们全面建设社会主义现代化国家、向第二个百年奋斗目标进军的根本遵循。省第十四次党代会提出，要坚决扛起三大光荣使命，加快实现"六个显著提升"，奋力谱写"强富美高"新江苏现代化建设新篇章。市第十五次党代会强调，要聚创新之能、乘开放之势，全面建设人民满意的社会主义现代化典范城市。我们要深刻领会党的十九届六中全会和省、市党代会的思想精髓和核心要义，坚决听从中央和省、市委号召，以只争朝夕的劲头干好当下，以奋发有为的姿态开创未来，在新的赶考路上创造新业绩、书写新篇章。

2.全面认清方位，善于运用辩证思维分析研判形势。当前，雨花的发展正站在新的起点上，如何更好地识大局、应变局、开新局，需要我们保持清醒头脑，以深刻的洞察力研判形势，用敏锐的判断力找准方位。从宏观大势看，挑战与机遇并存。当今世界正经历百年未有之大变局，新一轮科技革命和产业变革深入发展，新冠肺炎疫情给国际形势带来诸多变数，但我国仍处于重要战略机遇期，经济稳中向好、长期向好的基本面没有变，特别是以国内大循环为主体、国内国际双循环相互促进的新发展格局加快形成，发展具有多方面优势和条件。从周边态势看，竞争与合作同在。近年来，全市上下、省内省外抢抓长江经济带、长三角一体化等战略机遇，都在你追我赶、争先进位，时时都是激烈竞争。"标兵"体量大、步子稳，"追兵"速度快、势头猛，挑战很大，压力很重，形势逼人，不进则退，甚至慢进也是退。但区域一体化已成为大势所趋，地区互动日益频繁，交流联系更加紧密，处处都有合作机会。竞争激发潜能，合作催生空间，我们的发展大有可为、前景可期。从自身形势看，动力与压力共生。得益于近年来的接续奋斗，我们的软件产业、数字经济加速突破，产业基础更为扎实，重大项目接连落户，高质量发展动能不断积蓄。但发展不平衡不充分问题也仍然突出，转型升级压力、资源承载压力、环境容量压力、民生改善压力不容忽视。我们一定要从宏观形势的深刻变化中把握规律、捕捉机遇，主动化压力为动力、聚优势为胜势，不断开辟发展新境界。

3.准确把握定位，聚力"两全两新"打造"一中心四标杆"。区第十二次党代会准确把握"强富美高"总目标和"争当表率、争做示范、走在前列"新使命的内在逻辑关系，提出了"一中心四标杆"的目标追求，这是我们推进"强富美高"新雨花现代化建设的重要抓手和工作路径。我们要不断认清自身在推动高质量发展、构建新发展格局、开启现代化新征程中的使命与责任，使各项决策更加符合中央和省、市委部署，更加契合雨花实际，加快展现中国特色社会主义现代化在雨花实践的新图景。要增进共识、凝心聚力。坚持全区一盘棋、区谷一条心，把"事不过夜""立说立行"贯穿到经济社会发展的全过程、各环节，千方百计抢机遇、争政策，最大限度挤时间、提效率，形成齐心协力抓建设促发展的强大合力，推动雨花现代化建设跑出加速度、干出高质量。要干在实处、精准发力。高质量的发展是一项系统工程，既要全盘谋划、整体推进，更要抓住重点、抓在关键。软件谷要加快导入高端要素，从“产业高原”向“创新高峰”迈进，成为展示雨花、展示全市产业特质、创新活力的标志性窗口。雨花街道要发挥南京南站枢纽的独特优势，加快形成数字化、产业化、更新化“三化并兴”的发展格局。赛虹桥街道要坚持宜居与宜业并进、生态同人文共续，让“赛虹”发展势如长虹。铁心桥街道要全面融入、服务、依托软件谷建设和“两桥”地区城市更新改造，打造山水秀美、和谐宜居新铁心。板桥街道要优化规划布局，加快产业导入，拓展数字经济新空间，建设都市工业新高地，打造雨花未来发展增长极。西善桥街道要强化教育助推社会治理，掀起“多快好稳地拆、强富美高地建、精致精细地管”的新热潮。梅山街道要加大服务梅钢的力度，以精细化、人文化的社区治理推进产城融合发展。古雄街道要围绕提升幸福宜居软实力，打造高颜值、精品质、有内涵的活力板块，擦亮“最年轻”的青春底色。经开区要聚焦“都市工业主战场、智能创新增长极”，在二次创业新征程中交出崭新答卷。要久久为功、持续用力。目标愿景的实现，绝非一朝一夕之功，也不可能一蹴而就。必须保持“抓”的定力，以钉钉子精神，一年接着一年干，一张蓝图绘到底；必须拿出“干”的韧劲，面对阻力不放弃，碰到困难不退缩，一步一个脚印把工作推向深入；必须谋求“实”的效果，一项一项工程推，一件一件事情抓，积小胜为大胜，切实将美好愿景变为生动现实。

三、坚决扛起使命担当，不断开创“强富美高”新雨花现代化建设新局面

2022年，是党的二十大召开之年，是全面落实省、市、区党代会精神、开创现代化建设新局面的起步之年。我们必须明确重点任务，抓住关键环节，不断把雨花发展推上新的台阶。

明年工作的总体要求是：坚持以习近平新时代中国特色社会主义思想为指导，全面贯彻党的十九大和十九届历次全会精神，深入落实习近平总书记对江苏工作重要指示精神，按照中央、省委经济工作会议和省、市、区党代会以及市委十五届二次全会部署要求，紧紧围绕“强富美高”总目标，切实扛起“争当表率、争做示范、走在前列”新使命，弘扬伟大建党精神，始终坚持稳中求进工作总基调，科学把握新发展阶段，坚决贯彻新发展理念，服务构建新发展格局，坚定不移推动雨花高质量发展、现代化建设，全力保持经济平稳健康发展和社会大局和谐稳定，以优异成绩迎接党的二十大胜利召开。明年发展的主要目标是：地区生产总值增长7%，一般公共预算收入增长5.5%，全社会固定资产投资增长6%，社会消费品零售总额增长7%，实际利用外资实现3.3亿美元，外贸进出口总额稳中提质，居民人均可支配收入与经济增长基本同步。重点抓好以下六个方面的任务：

1.坚持产业提档，迈出转型升级新步伐。聚力打好产业基础高级化和产业链现代化攻坚战，全力推动产业结构转优、层次转高，增强产业发展竞争力和影响力。产业要持续做强。加快推进江苏数字经济创新中心建设，深入实施“链长制”，推动产业纵向延伸、横向拓展，全年实现软件业务收入2950亿元。抢抓鸿蒙系

统发展机遇，推动航天科工706所、8511所、麒麟软件等“大企大所”落地，积极布局发展硬件、软件、配件齐抓的信创产业，加速构建全国一流的信创产业生态。推动产业链向高端攀升，攻坚集成电路、存储芯片等高价值环节，确保胜科纳米、展芯半导体等落地项目尽快投产达效。编制实施《软件谷国家数字服务出口基地三年行动计划》，组建数字经济产业联盟，举办全球开发者大会、数字经济发展高峰论坛等高规格活动，增强数字经济氛围。促进文化和科技深度融合，推动数字文化产业高质量发展。聚焦商务商贸、数字文旅等重点方向，高端化发展生产性服务业，品质化提升生活性服务业，推动产业结构更新更轻更优。项目要强力突破。聚焦“软硬结合、双轮驱动”的前延后伸，持续优化“产业图谱”“招商地图”，健全完善与雨花产业发展高度匹配的目标客户库、项目数据库、合作载体库，着力引进一批能够建链强链的龙头型项目，落地一批促进补链扩链的配套型项目，布局一批引领未来发展的战略型项目，全年开展大型招商推介活动不少于10场，签约亿元以上产业项目不少于66个。完善“横道图”“鱼刺图”“并联审批”等机制办法，紧盯列省列市重大项目和集中开工项目，实行签约、开工、投产全周期跟踪管理，加大项目考核权重，力促中兴5G+产业园、运满满全国总部、讯动研发中心、佳源科技总部、浙大网新、伟思医疗等重大项目加快推进、尽快达效，形成一批新的增长点。园区要强筋壮骨。深入推进软件谷（高新区）、经开区去行政化改革，扛好招商大旗，做强产业支撑，优化发展环境，努力在全国全省同类园区中实现升格进位。围绕争创中国软件名园、省级高新区，软件谷“十年再出发”，放大深度整合优势，有效集聚要素资源，推动“四城一基地”做大规模、做优品质，加快建设京沪高铁产业园、人工智能园、信创产业园、金融科技园，全面增强承载能力、提升发展质态。高标准打造经开区现代汽贸园、轨道交通园，努力形成一批有特色、有品位的专业园区。坚持按照空间集约、企业集聚的思路，完善转型升级、腾笼换鸟政策措施，持续开展低效用地整治，发展壮大创新型都市工业园区，提高综合开发效益。

2.坚持创新提能，做强科技赋能新引擎。强化创新在现代化建设全局中的核心地位，牢牢把握实现高水平科技自立自强重大要求，全力开动创新引擎，增强发展内生动力。要集聚创新资源。聚焦“全面创新全域高新”精准发力，积极融入长三角科技创新圈、苏南国家自主创新示范区、南京综合性国家科学中心等建设，做大做强江苏网络安全中心、紫金（南京）信创产业联盟等科创平台，推动科技创新与产业发展深度融合。加快推动政校院企“硬结合”，吸引大院大所建设研发基地、成果转化基地和示范工程。进一步发挥硅谷高创会、中欧创新中心等作用，瞄准全球创新资源富集地区，布局建设若干个海外创新孵化载体，实现创新资源跨境开放合作，推动创新能力持续提升。要培育创新企业。坚持企业创新主体地位，深入实施“四大培育计划”，分层分类推进瞪羚、独角兽、高新技术企业的培育、引进和认定工作，让更多成长性好、爆发力强的优质创新种子在雨花生根发芽。加强上市后备企业库管理，加大专精特新企业在北交所上市的推进力度，支持在审在辅导企业做好上市筹备工作，力推亚信安全、新视云等企业成功上市。融入国家科技战略布局，启动企业研发平台提升工程，加快市信创适配保障中心、博智网络靶场等高层次创新平台建设，开展重大关键核心技术攻关、重大科技成果应用转化，抢占自主创新新高地。要优化创新生态。牢固确立人才引领发展的战略地位，大力实施紫金山英才计划，聚力建设高水平人才平台，制定更加精准的人才政策体系，巩固扩大“谷雨”双创学院等人才服务品牌影响力，大力吸引战略科技人才、高端创新团队、行业领军人物扎根雨花，为雨花高质量发展提供更加有效的人才支撑。深化“放管服”改革，推进高频事项“一件事”一次办、线上办，强化知识产权保护，发挥“双创”引导基金作用，用好“苏科贷”“苏微贷”“宁科贷”等金融产品，以全方位的政策兑现和服务保障，完善全链条的创新生态系统。优化科技评价体系和激励机制，营造开放包容、鼓励试错、宽容失败的创新创业氛围，充分彰显“最年轻、最创新”的雨花气质。

3.坚持更新提速，塑造城乡融合新面貌。坚持“中东西南”协调并进，不断推动城乡空间拓展、功能完善和品质提升，切实增强雨花综合承载能力。高标准塑造城市形态。充分发挥规划引领作用，编制完善国土空间总体规划、控制性详细规划和各类专项规划，深化重点区域、重要节点城市设计，让城市空间更加协调合理、整体形态更加精美大气。坚持产城融合发展，积极推动软件谷向数字谷转型，增强辐射力，提升集聚度。持续打造“两桥”片区，加快“一核三心”建设，不断做美区域环境、做实产业内涵、做优功能配套。高起点高标准规划建设板桥新城，注重与软件谷、“两桥”片区的呼应衔接，加强与河西新城、滨江开发区的有机互动，强化空间统筹，优化开发时序，全力打造区域生态、科创、产城示范中心。高层次提升城市品位。加快打通紫荆花路、规二路等城区“断头路”，推进实施滨江大道雨花段、机场二通道北段、岱山中路北延、宁马高速大方互通枢纽建设，全力配合南沿江高铁、宁芜铁路扩能改造、宁马高速拓宽、轨道交通宁马城际等项目建设，构建内通外联大交通格局。统筹推进海绵城市、地下管廊等工程，保障城市有序运转。深入开展城市更新行动，实施长虹路片区（一期）等38个征拆项目，推进中华新村等31个棚户区、老旧小区改造整治。落实“五有”长效管护措施，确保村组环境长治久洁。大力实施背街小巷、道路街景等提升改造工程，建成一批富有雨花特色的城市微景观、精品小游园、特色景观路。高水平涵养城市文明。按照“一年抓提升、两年见成效、三年抓巩固”的总体思路和重点任务，推动全国文明典范城市创建工作不断走深走实。聚焦“智慧雨花”“数字城管”建设，规划建设区数字化治理中心，切实以“绣花”功夫全面治脏、大力治堵、彻底治乱，提升城市管理科学化、智能化水平。大力弘扬社会主义核心价值观，提升区级融媒体中心运行质态，完善新时代文明实践中心（所、站）建设，精心选树“道德模范”“江苏好人”“南京好市民”，深入开展文明实践、志愿服务，引导广大群众自觉涵养社会公德、职业道德、家庭美德、个人品德。

4.坚持环境提标，彰显绿色发展新优势。全面贯彻习近平生态文明思想，坚定不移走生态优先、绿色发展之路，真正把雨花生态优势转化为发展胜势。持续改善生态环境。深化点位长制、河湖长制，深入打好蓝天、碧水、净土三大保卫战。纵深推进大气综合治理，强化机动车污染防治，落实工业废气和建筑扬尘精细化管控，推动$PM_{2.5}$和臭氧“双控双减”，空气质量优良天数比率达到80%以上。推进重点断面水质提升，启动污水收集及处理系统、暗涵整治等工程建设，确保国、省、市考断面水质稳定达标。全面加强土壤污染防治，严格建设用地准入，保障土壤和地下水环境安全。深化林长制，保持林木覆盖率和林地保有量稳定，持续增强森林碳汇能力。开展“无废城市”创建，推进生活垃圾分类减量，提高固废综合利用率，有效提升发展的“含绿量”。保护修复长江生态。始终把修复长江生态环境摆在压倒性位置，统筹抓好入江河道、沿江排污口、沿江环境面貌排查整治工作，完成长江及入江支流水岸同治项目，确保长江水质达到III类及以上，入江支流完成市定目标。依托智慧禁捕系统，不断巩固长江禁渔退捕成效。刚性落实长江经济带发展负面清单，加快淘汰落后过剩产能、培育壮大新兴产业，推动沿江产业转型、布局转优、动能提升。严控长江岸线开发利用，持续提升江豚广场、三山矶公园、梅钢工业旅游等生态人文景观，打造滨江亮丽名片。推动绿色低碳转型。坚决贯彻碳达峰、碳中和部署要求，科学编制《雨花台区碳达峰行动方案》，推动经济社会绿色低碳转型发展。严控“两高”项目盲目发展，持续指导梅钢等重点企业节能减排降耗，发展清洁能源、循环经济，推动“双碳”行动落实落地。发挥软件谷创新资源集聚优势，建设重大科创平台，加强前沿技术攻关，抢占绿色低碳科技创新制高点。开展生态文明宣传教育，大力倡导节约水电、减少能耗、光盘行动、绿色出行，增强全民节约意识、环保意识、生态意识。

5.坚持民生提质，推动幸福共享新提升。积极践行以人民为中心的发展思想，办好民生实事，补好民生短板，推动共同富裕取得更为明显的实效。拓宽富民增收渠道。坚持把稳就业、保就业摆在突出位置，用足用好援企稳岗和纾困惠企政策，释放市场活力、增加就业岗位。严格落实就业优先政策，加大职业技能培训和创业扶持力度，多渠道促进高校毕业生、就业困难人员、退役军人等重点群体就业，动态消除“零就业”家庭，努力扩大中等收入群体，提高低收入群体收入。巩固脱贫攻坚成果，切实抓好东西部对口协作、南北对口合作等工作。加大社会保障力度。深入推进全民参保计划，强化基本医保、大病保险、医疗救助综合保障，织密社会保障安全网。加快建设居家社区机构有机协调、医养康养深度融合的养老服务体系，提升为老服务质量。全面规范社会救助、社会福利、慈善公益、妇女儿童和残疾人帮扶等制度，做好普惠性、基础性、兜底性民生建设。强化退役军人服务保障，深化军民共建，争创省双拥模范区“七连冠”。加快推进潘窑B、C组团、A5地块等保障性住房建设项目。健全工资支付保障体系和监测预警平台，有效根治农民工欠薪问题。提升公共服务水平。坚持办好人民满意的教育，加快推进金陵中学岱山分校扩建等24个教育资源项目，深入实施“三名”工程，积极开展名校合作，大力推行集团化办学，促进教育水平整体攀升，创成国家义务教育优质均衡发展区。深化医药卫生体制改革，完善公共卫生服务体系，推进省妇幼保健院总部和区公共卫生服务中心项目建设，加强紧密型医联体和重点专科、特色科室建设，优化家庭医生签约服务，增强基层医疗服务能力。广泛开展文化惠民、全民阅读、全民健身活动，持续加大文化体育设施投入和文艺精品创作力度，科学规划建设雨花游客集散中心，推动文商体旅跨界融合，让群众共享文化、体育和旅游的美好。

6.坚持治理提效，构建安全韧性新格局。树牢底线思维，统筹好发展与安全，持续推进市域社会治理现代化工作，努力实现高效能治理。全方位维护公共安全。坚决克服麻痹思想、厌战情绪、侥幸心理、松劲心态，全面落实常态化疫情防控措施，完善平急结合、快速响应机制，稳妥有序推进疫苗接种，扎紧扎牢群防群控防线。始终绷紧安全生产这根弦，强力推进安全生产专项整治，全面提升本质安全水平，确保不发生重特大安全事故。加快区应急指挥平台建设，完善监测、评估、预警、处置体系，提高防灾救灾、食品药品监管能力。深化社会矛盾和安全隐患大排查大整治，常态化开展扫黑除恶斗争，严厉打击电信网络诈骗等违法犯罪，巩固政法队伍教育整顿成果，加快"智慧矫正"推进步伐，建设更高水平的平安雨花。精细化加强社会治理。坚持和发展新时代"枫桥经验"，完善"大数据+网格化+铁脚板"机制，大力推行"网格+"融合模式，真正做到"一网共治""一网统管"。深入贯彻省、市"信访突出问题攻坚化解年"要求，严格执行区领导包案和接访制度，全力减存量、控增量、防变量。畅通群众利益诉求表达渠道，落实"先解决问题再说"工作机制，加强企业债务、非法集资、房地产市场等初信初访办理，切实将矛盾处置在早、化解在小，确保不发生系统性、区域性风险。大力度推进民主法治。坚持党对一切工作的领导，全力支持区人大及其常委会依法行使职权，全面提升区政协政治协商、民主监督、参政议政水平，以高度的政治责任感，做好区人大、政府、政协换届工作。深入践行习近平法治思想，贯彻实施"八五"普法规划，高标准建成区公共法律服务中心，一体推进法治雨花、法治政府、法治社会建设。深化行政执法体制和司法体制综合配套改革，不断完善公共法律服务体系，加快打造职责明确、依法行政政府治理体系，提升司法质量、效率和公信力，促进社会公平正义。

四、持续提升党建质量，为开创"强富美高"新雨花现代化建设新局面提供坚强保障

事业发展，关键在党、关键在人。要以中国共产党成立100周年为奋斗新起点，以永远在路上的政治自觉推进全面从严治党，不断提高新时代党的建设质量，用党建"最大政绩"引领保障高质量发展、现代化建设。

1.以更高标准强化政治引领。学懂弄通做实习近平新时代中国特色社会主义思想，及时跟进学习习近平总书记系列重要讲话精神，坚决把思想和行动统一到中央和省、市委决策部署上来，不断提高政治判断力政治领悟力政治执行力，切实增强"四个意识"、坚定"四个自信"、做到"两个维护"，自觉做"两个确立"的坚定捍卫者和忠实践行者。深化党史学习教育制度性成果，用好中心组学习、党校主体班、雨花讲坛等载体，进一步筑牢信仰之基、补足精神之钙、把稳思想之舵。把党性锻炼作为终身必修课，严守政治纪律政治规矩，严肃党内政治生活，在政治原则、大是大非上立场坚定，始终对党一心一意、表里如一。全面宣传党的路线方针政策，围绕党的二十大等重要时点、重大会议开展宣传宣讲，让党的主张成为时代最强音。严格落实意识形态工作责任制，有效整合阵地、人才等各类资源，壮大舆论主旋律，凝聚发展正能量。

2.以更大力度深化队伍建设。坚持贯彻新时代好干部标准，聚焦提升干部政治能力，健

全“选育管用”全链条培养体系，着力建设一支信念过硬、政治过硬、责任过硬、能力过硬、作风过硬的干部队伍。围绕增强政治定力，持续加强领导班子思想政治特别是“一把手”政治能力建设，做深做实干部政治素质考察考核，引导各级干部始终做政治上的明白人、老实人。围绕提高专业能力，分层分类开展专业化培训，不断增强各级干部的专业素质和能力水平。围绕激发队伍活力，坚持事业为上、崇尚实干，优化编制职数资源配置，健全务实管用考评体系，拓宽选人用人视野，合理用好各领域、各年龄段干部。大力推进年轻干部培养选拔，注重在急难险重岗位进行摔打磨练，培养和储备一批“85后”“90后”优秀年轻干部。深化落实《关于深入贯彻省市区党代会精神，激励党员干部在“强富美高”新雨花现代化建设中开拓进取建功立业的实施意见》，进一步形成“干部为事业担当、组织为干部担当”的良好局面。

3.*以更实举措优化基层基础*。坚持重心下移、力量下沉，不断巩固党的执政根基。树立“一切工作到支部、一切工作靠支部”的鲜明导向，深入推进社区、机关、企事业单位等基层党组织建设，实施“两新”组织党组织扩面提质增效专项行动、“党员中心户”“党员楼栋长”示范行动，做到有党员的地方就有党的组织、有群众的地方就有党的工作。扎实做好社区“两委”换届“后半篇文章”，加强对新任社区党组织书记和班子成员任期目标、工作实绩的跟踪督导，打造一支担使命、干在前、做表率的带头人队伍。以疫情“大考”谋基层“大治”，聚焦“十项举措”，引导广大党员干部冲锋在基层治理、信访维稳、常态化疫情防控等最前沿，巩固提升社区党组织“平急转换”能力。持续打造全域党建“红色矩阵”，努力把每个基层党组织都建设成为推动发展、服务群众、凝聚人心的坚强堡垒。

4.*以更严要求净化政治生态*。把“严”的主基调长期坚持下去，确保全面从严治党“两个责任”落到实处。完善全面从严治党“四责协同”机制，推动党委（党组）主体责任、书记“第一责任人”责任、班子成员“一岗双责”、纪委监委监督责任贯通协同、同向发力。着力构建党委领导、全面覆盖的监督体系，深入推进“四位一体”监督与人大监督、民主监督统筹衔接，提高监督实效。高质量推进新一届区委巡察，扎实做好问题整改，不断把巡察向纵深推进。锲而不舍落实中央八项规定精神，持之以恒纠治“四风”，精准开展“小切口”专项治理，持续整治群众身边腐败和不正之风。坚持有案必查、有案查好，紧盯重点领域，聚焦关键岗位，抓住重要问题线索，严肃查处违纪违法案件。充分用好监督执纪“四种形态”，有效推进党员干部“八小时以外”活动监督，切实加强廉洁文化和廉洁家风建设，一体推进不敢腐、不能腐、不想腐，持续营造风清气正的良好政治生态。

同志们，奋进新征程，我们使命光荣；建功新时代，我们重任在肩。让我们更加紧密地团结在以习近平同志为核心的党中央周围，在省、市委坚强领导下，以更加坚定的决心、更加务实的举措，锐意进取、开拓创新，奋力开创“强富美高”新雨花现代化建设新局面，以优异成绩迎接党的二十大胜利召开！

南京市雨花台区区长张连春在雨花台区第十九届人民代表大会第一次会议上作的政府工作报告

（2022年1月6日）

本届政府工作回顾

全区上下以习近平新时代中国特色社会主义思想为指导，在市委、市政府和区委正确领导下，在区人大、区政协监督支持下，认真学习贯彻党的十九大和十九届历次全会精神，以及习近平总书记视察江苏重要讲话指示精神，围绕高质量发展主线，紧盯建设“强富美高”新雨花的目标，砥砺奋进，创新实干，全面完成区十八届人大确定的目标任务，顺利实现“十三五”圆满收官和“十四五”良好开局，城市提升了颜值、土地实现了价值、企业做大了市值、群众资产得到了增值，全区经济社会发展各项事业成效明显。

一是经济发展实现大提升。推动产业转型升级，培育壮大市场主体，经济发展提质增效。综合实力显著增强。2021年，预计地区生产总值同比增长7%，迈上千亿级台阶，是2016年的2.3倍，年均增长7%，人均GDP超过2.6万美元；一般公共预算收入同比增长9.1%，达91.6亿元，是2016年的1.3倍，年均增长5.6%；全社会固定资产投资同比增长8%，达343亿元，年均增长9.6%；社会消费品零售总额同比增长4.5%，达762亿元，年均增长6%；累计实际利用外资14.8亿美元，外贸进出口总额1456亿元。产业根基不断夯实。转型升级成效显著，三次产业结构比重优化为0.1∶19.7∶80.2。软件产业领跑全省，累计新增软件产业建筑面积395万平方米，总量超1000万平方米；预计实现软件业务收入2500亿元，比重占全市约40%、全省约20%，近三年年均增长20%；软件谷十年磨剑，建成“四城一基地”[1]，形成“六大”产业集群[2]，获评国家软件和信息服务业示范基地、中国软件名城示范区，成为全国首批、江苏唯一的国家数字服务出口基地。新型都市工业加速发展，挂牌10个都市工业园区（楼宇），新增规上工业企业18家，总数达110家，实现规上工业总产值610亿元，年均增长10.9%，其中新型都市工业产值205亿元。商务商贸业提档升级，建成雨花客厅、吾悦广场等城市综合体，新增商业设施308万平方米。市场主体高质量增长。出台“1+4”培育计划[3]，助推企业成长壮大。新增富士康、高通等世界500强企业5家，总数达18家。诚迈科技、伟思医疗等4家企业成功上市，上市企业总数达10家。艾德克斯、华士电子等6家企业获评国家级专精特新“小巨人”企业。引育满运、希音等独角兽瞪羚企业51家，数量居全市前列。新增规上企业[4]876家、涉软企业1500余家，全区企业总数超过3.6万家、其他各类市场主体超过9.4万户。项目推进卓有成效。广泛开展专业化、市场化、产业链、资本金融等项目招商，举办各类招商推介会62

场，累计引进签约项目956个，投资总额超2600亿元，其中亿元以上项目316个，浙大网新江苏总部、统信软件全国运营总部等重大项目成功落地。强力推进70个市重大项目和316个区人代会重点项目，完成投资1286亿元，亿嘉和机器人研发中心、软件谷信息安全产业园等建成运营。

二是创新发展成为硬驱动。坚持创新引领，获评国家“双创”示范基地，“双创”工作四年3次荣获国务院督查激励通报表扬。创新动能强劲充沛。科创企业聚木成林，预计新增高新技术企业647家，总数达821家，是2016年的4.7倍；拥有创新型领军企业27家，入库科技型中小企业1721家，均居全市前列。创新载体厚积成势，新增国家和省级孵化器4家、众创空间5家，总数分别达13家、18家，拥有市级新型研发机构、博士后科研工作站各21家。高端人才不断汇聚，集聚院士等国家级人才10人，总数达28人；引育省级人才137人、市级人才182人，总数分别达222人、504人；新增海外留学人才2800余人，涉软从业人员总数超过30万人，成功获评国家创新人才培养示范基地。新增有效发明专利2500余件，获评江苏知识产权强省建设示范区。创新链条拓展延伸。国际交流不断深化，与俄罗斯、爱尔兰等国家科研机构合作，建成中俄（南京）创新合作服务中心、南京（爱尔兰）海外协同创新中心等机构。创新合作成效明显，先后设立硅谷工作站、PNP国际创新合作加速平台、中欧创新中心等对外交流平台，30余家企业在海外设立研发中心。“双创”环境持续优化。构建“及时雨”政策直达平台，为企业配备7×24小时不打烊的虚拟服务专员，实现“让政策找人、让数据匹配、让资金直达”，共拨付涉企奖补资金约14亿元。在全市率先完成“一件事一次办”[5]、长三角“一网通办”[6]、“施工许可告知承诺”等“放管服”措施。上线雨花金服数字平台，设立15亿元“双创”引导基金，并引入4只创投子基金，总规模达58亿元，入选2020年中国最佳政府引导基金（区县级）榜单，努力构建资本市场雨花板块。

三是城市建设按下快进键。坚持规划引领，城市功能品质显著提升，现代化主城气质更加彰显。空间布局大幅优化。高标准编制国土空间、海绵城市等十大类、20余项规划，率先完成“多规合一”“一张蓝图”[7]试点工作，连续四年荣获省国土资源节约集约利用表彰。软件谷产城融合全面深化，实施管道路等基础设施项目50余个，建成华为软件基地二期等产业载体240万平方米，产业用地一地难求。“两桥”城市新中心形象初显，基本完成片区拆迁，全面启动“一核三心”[8]开发建设，数字大道等25条道路建成通车，核心区等800余亩地块挂牌上市。经开区秦淮新河入江口南岸片区建设有序实施，跨秦淮新河人行桥启动国际招标并加快建设，8条道路全面开工。板桥片区开发谋篇破题，中部组团完成征拆和土地整理7000余亩。功能品质大幅提升。群众出行更加便利，地铁S3号线建成通车，新改建机场二通道等76条城市道路，新增道路里程75公里，路网密度提高至每平方公里2.9公里。多层次住房保障体系更加完善，累计开工建设住房745万方平米、竣工696万平方米。城市颜值不断提升，累计完成4条主次干道、136条背街小巷、213万平方米建筑立面、110公里河道岸线、73个老旧小区综合整治。治理效能大幅增强。运用智慧化、制度化手段，推动城市共建共治共享。实施城市精细化建设管理项目507个，高标准创建文明典范城市。推广建筑工地智慧化管理。高效推进垃圾分类，建成垃圾分类亭房660座，实现居民小区和机关企事业单位设施建设、收运体系、宣传引导全覆盖。建设智慧停车平台，新增共享停车泊位1200余个。主次干道机械化清扫率达100%。在全市率先建立“路（街巷）长制”，落实“门前三包”责任制，引导公众积极参与城市治理，率先打造“公众委员进社区”等品牌。

*四是绿色发展唱响主旋律。*坚定绿色发展之路，构造天更蓝、水更清、地更绿的生态底图，交出群众满意的绿色雨花答卷。污染防治成效显著。深入推进“两减六治三提升”[9]专项行动，全面落实“河长制”“点位长制”“断面长制”，打好蓝天、碧水、净土保卫战。空气优良天数率达83%，较2016年提升28.9个百分点，$PM_{2.5}$浓度26.2微克/立方米，较2016年降低46.5%，均居全市前列。实施南河整治、工农河整治等59个水环境建设项目，全域消除劣Ⅴ类断面和黑臭水体，国省考断面水质稳定达标，河道面貌焕然一新。土壤环境质量稳定可控。长江大保护成为典范。开展长江“三乱”[10]、沿江企业排污口等整治行动，完成沿江绿化1000余亩，高标准建成江豚广场等滨江生态景观。全面启动长江“十年禁渔”，组建全市首家护鱼员队伍，建立长江大保护综合执法中心暨长江禁渔联动执法中心，农业农村部、公安部召开现场会观摩我区长江禁渔智慧管理系统。绿色发展成果丰硕。坚决遏制高耗能项目盲目发展，能耗“双控”[11]工作有序推进。按照“50米见绿、100米见彩、500米见园”目标，推进绿色雨花建设，完成花神湖公园、三山矶生态景观等83个重点绿化工程，建成玉兰广场等10个口袋公园。在全市率先实施“林长制”和林业资源信息化管理，林木覆盖率达31.31%，绿化覆盖率达50%，公园绿地服务半径覆盖率达92.72%。

*五是社会事业跑出加速度。*坚持以人民为中心，持续改善民生福祉，群众获得感、幸福感和安全感显著增强。基础保障更加坚实。五年投入民生领域资金达335亿元，年均增长6.9%，实施民生实事项目398个。坚持就业优先，建成“人社政策直通车”“人才共享”等在线服务平台，城镇新增就业、再就业10.2万人，新增大学生就业10.3万人，预计全体居民人均可支配收入达7.2万元、年均增长8.4%，社会保险覆盖面稳定在99%以上。聚焦“六类”群体[12]提升兜底保障，累计发放各类生活救助金3.3亿元，城乡低保标准由每月750元提高至985元，困难群体保障实现全覆盖。民生服务更加优质。坚持教育先行，五年累计投入教育资金66.2亿元，年均增长13%；新改扩建软件谷小学、雨外小东校区等学校、幼儿园38所；实施“三名”工程[13]，引进南京外国语学校、琅琊路小学等市内名校8所、名师名校长18人，获评省义务教育优质均衡发展区。全面打造“幸福三圈”[14]，引入连锁经营、品牌小店进社区，丰富社区商业；建成并启用“一场三馆”[15]，新增文化场馆8.6万平方米，成功举办“雨花满天”等高品质国家级展览，中美协“两个中心”[16]落户雨花，新改建全民健身路径250套，区体育总会获评全国群众体育先进单位，“金地体育公园”等获评国家体育产业示范项目；新改建5个社区卫生服务中心，成功引入并启动省妇幼保健院总部项目，创成首批省基层卫生十强区、省社区医院示范区，基层卫生工作连续两年获省政府督查激励。发展“互联网+”医疗健康，推动医养融合，建成雨花智慧健康养老服务平台，拥有养老机构19家、护理型床位

1900余张,居家养老中心和为老助餐点实现社区全覆盖。社会治理更加高效。深入推进平安雨花建设,完善“大数据+网格化+铁脚板”治理机制,开展大排查大整治行动,运用多元化手段化解信访矛盾,社会环境平稳有序。实现食品安全快检全覆盖,获评省级食品安全示范区。打造“三社联动”[17]社区治理样本,完成64个社区综合服务设施提档升级,建成国际化社区3家,每万人拥有社会组织数达22.3个,居全市前列,成功创建全国社区治理和服务创新实验区。安全形势稳定向好。狠抓安全生产,压紧压实“三个责任”[18],坚决落实“三管三必须”[19]要求,大力推进安全生产“一年小灶”[20]和“三年大灶”[21]整治行动,开展危化、建筑、消防等领域专项治理,建成数字应急指挥中心,事故总量大幅压降。

*六是自身建设展现新气象。*扎实开展“不忘初心、牢记使命”主题教育、党史学习教育等党内集中教育,持续加强自身建设,人民满意度显著提升。法治建设走深走实。自觉运用法治思维和法治方式开展工作,有序推进行政复议体制改革,推动政府法律顾问全覆盖,严格落实行政执法责任制、重大行政执法决定备案制。自觉接受人大法律监督和政协民主监督,高标准办理人大代表建议1051件、政协委员提案1450件,满意率和基本满意率达100%。数字政府建设全面提速。完善智慧雨花、数字政府建设顶层设计,构建智慧雨花数字底座,整合全区政务信息系统。审计、城管、环保、水务、林业、市场监管等智慧模块和应用场景上线运行,政府数字化治理水平持续提升。行政效能大幅增强。完成新一轮政府职能转变和机构改革、开发园区去行政化改革,厘清权责边界。稳步实施国企改革、街道集成改革、综合行政执法体制改革。组建“三驾马车”[22],实施政府投资工程项目全流程会审、集中组织建设、智慧审计监督,累计联合会审312份文件,直接审减资金12.5亿元,审计署专门召开全国现场会,推广我区政府投资审计转型创新做法。作风建设从严从实。严肃整治形式主义、官僚主义问题,大力精简文件会议,规范督查检查考核。严管办公用房、公务用车,严控公务商务接待、出国出差标准,持续压减“三公”经费支出。同时,民族、宗教、档案、外事、人武、侨务、双拥、妇女、儿童、助残、国防动员、扶贫协作、红十字会等工作取得新成绩。

过去五年,我们积极应对各类风险挑战,特别是2020年新冠疫情突然而至,全区上下闻令而动,第一时间建立科学高效的指挥体系,始终坚持“外防输入、内防反弹”原则,精准落实人、物、环境同防要求,不断丰富科技防控手段,积极帮助企业、群众纾困,有力守护了人民群众生命财产安全。“互联网+”防控经验获国家卫生健康委肯定,抗疫情、稳发展、增活力的经验做法荣获国务院领导批示。

各位代表,收获来自奋斗,精彩源于担当。回顾五年的历程,我们深刻体会到,做好新时代政府工作,必须坚持党的领导,用行动书写对党忠诚;必须坚持人民至上、生命至上,把群众利益放在首位;必须坚持新发展理念,推动高质量发展;必须坚持改革创新,最大限度提高行政效能、激发社会活力。

各位代表,过去五年取得的成绩,是市委、市政府和区委坚强领导、科学决策的结果,是区人大、区政协有效监督、大力支持的结果,是全区上下奋斗不息、追梦不止的结果。在此,我谨代表雨花台区人民政府,向在各个领域和岗位上辛勤劳动的全区人民，向区人大代表、政协委员，向各民主党派、工商联、无党派人士、各人民团体和各界人士，向驻区企事业单位、解放军、武警官兵、公安干警和消防救援队伍，向离退休老同志表示衷心的感谢！

各位代表，在总结成绩的同时，我们也看到，我区发展的道路上还面临不少困难和短板。一是发展不够充分。产业结构过于单一，对龙头企业依赖较大，重大产业项目偏少；产城融合度不高，数字化水平偏弱，原始创新成果较少。二是发展不够平衡。各板块城市建设发展不平衡，园区街道之间经济社会发展不平衡；产业强、配套弱的状况较为明显，群众幸福感仍有较大提升空间。三是发展不够优质。综合交通体系不够健全，优质的教育、医疗、文化、体育等服务资源依旧缺乏；城市安全基础薄弱、韧性不足，风险隐患依然较多。对此，我们一定要直面问题，采取有效措施，切实加以解决。

今后五年发展思路和目标

今后五年，是雨花在高质量全面建成小康社会基础上，乘势而上开启社会主义现代化建设新征程的起步阶段，也是顺势而为开辟雨花高质量发展新境界的关键时期。进入新的发展阶段，我们面临新的挑战和机遇。从挑战看，新冠疫情在全球持续蔓延，国内外环境依旧复杂多变，全区经济社会发展阻力较大。从机遇看，长江经济带、长三角一体化等重大战略稳步实施，南京正加快建设数字经济名城。我区在“双创”、数字经济发展等领域深耕多年，先发优势明显，城市功能品质和公共配套服务已大幅改善提升，有利于人才、资本等高端要素向雨花汇聚。

今后五年，区政府工作总体思路是：高举中国特色社会主义伟大旗帜，坚持以习近平新时代中国特色社会主义思想为指导，在市委、市政府和区委坚强领导下，贯彻新发展理念，紧扣“全面创新、全域高新”发展定位，大力发展数字经济，推动全区数字化转型，全面完成“十四五”经济社会发展目标任务，地区生产总值突破1360亿元，人均GDP达到高收入国家水平，努力实现全区高端、产业高峰、治理高效、民生高地，打造数字经济示范区，建设雨花数字城。具体目标为：

——创新引领激发新动能。叫响“最年轻、最创新”雨花品牌，高新技术企业突破2000家，拥有院士、国家重点人才等顶尖专家50人以上，涉软从业人员超过50万人，形成一批原始创新、关键核心技术创新成果，构建从基础研究到产业化的全流程创新链，打造成为具有区域影响力的创新引领示范区和科学家集聚区。

——数字经济建立新优势。建立形成数字内核、软硬结合的“1+2”现代产业体系[23]，擦亮“数字经济看雨花”鲜明标识。软件谷迭代成为数字谷，打造世界级软件名园，“两桥”和软件谷地区全力建设雨花数字城核心区，南站片区形成枢纽经济总部集聚区，板桥新城加快打造新型都市工业增长极，软件业务收入迈上4500亿元台阶，新型都市工业总产值超过500亿元，社会消费品零售总额超过900亿元，建成中国软件名园和江苏数字经济创新发展高地。

——城市品质树立新标杆。强化规划引领，统筹各板块创新协调发展，数字赋能城市建设与更新，城市整体形象和品质大幅提升，现代化综合立体交通体系更加完善。海绵城市建成区达标面积比率超过50%，城市路网密度达到每平方公里3.66公里，打造城市形态、产业形态、创新要素、文化内涵“四位一体”的城市更新与产业融合发展标杆。

——生态环境彰显新魅力。实现减污降碳协同增效，向碳达峰碳中和迈出坚实步伐，绿色低碳发展走在全市前列。长江系统治理和保护修复有序推进，压缩生产岸线还江于民。空气优良天数比率不低于80%，国省市考断面水质稳定达标，土壤污染风险有效管控，林地覆盖率、绿化覆盖率稳步提升，打造绿色生态宜居典范区。

——人民生活迈上新台阶。实现富民增收，居民收入增速与经济增长同步。推动创业带动就业，实现更高质量更充分就业。健全和完善社会保障体系，着力发展医养康养融合，稳步提高城乡低保和特困人员供养标准。加快提升教育现代化水平，新建学校、幼儿园67所，加大名校培育和引进力度。广泛开展群众文化和体育活动，全力打造江苏基层卫生示范样本，努力为居民提供全方位全周期的健康保障。

2022年主要目标任务

2022年是实施“十四五”规划的重要之年，也是新一届政府的开局之年。我们将坚决贯彻落实中央和省、市、区委决策部署，立足新发展阶段、贯彻新发展理念、构建新发展格局，写好数字经济文章，绘好数字城市画卷，加快“全面创新、全域高新”步伐，以优异成绩迎接党的二十大胜利召开。全年经济社会发展的主要目标是：地区生产总值增长7%，一般公共预算收入增长5.5%，全社会固定资产投资增长6%，社会消费品零售总额增长7%；实际利用外资3.3亿美元；外贸进出口总额稳中提质，居民人均可支配收入与经济增长基本同步。为实现上述目标，将重点做好八个方面工作：

一、坚持数字思维，助力创新创业

深入实施创新发展战略，以数字思维为根本，以科技创新为龙头，着力强机制、育主体、聚人才，为高质量发展提供强大动力。

打造国家数字经济科创高地。加强科技创新，强化“四个对接”[24]，设立知识产权创新与保护中心，推动科研成果项目化落地、市场化运作、企业化运营，实现技术合同交易额110亿元。聚焦基础软硬件、信息安全等重点产业，推动5G通信、云计算、大数据等领域关键核心技术攻关，完成有效发明专利2000件，打造数字经济原始创新策源地。发挥航天科工、玻纤院、十四所等大企大所优势，组建创新联合体，带动中小企业发展，构建资源共享、组团创新、自由创业的“双创”格局。推动创新载体提质增效，做优科技服务云平台，加快建设公共技术服务、工程化研究等领域创新载体。办好全球开发者大会、数字经济高峰论坛等活动，深度挖掘创新资源。

培育枝繁叶茂的“双创”主体。突出壮大数字经济产业、支持高成长企业的鲜明导向，优化“1+4”培育计划，落实减税降费、激励奖励等政策，完善“小升规、规上市”后备企业库，打造都市工业、高新技术、专精特新、瞪羚独角兽、挂牌上市的“企业矩阵”。推动亚信安全、嘉环科技等企业上市，争取上市企业总数达13家，力争新增专精特新企业3家、规上企业100家、其他各类企业6000家以上，形成大企业顶天立地、小企业铺天盖地的发展格局。

汇聚全球高水平科创人才。深入实施人才强区战略，落实紫金山英才计划，集聚高峰计划科技顶尖人才1人，培育先锋计划创新型企业家14人，引进高层次创新创业人才48人。实施产业战略科学家、领军企业家和卓越工程师培养计划，推动雨花从“工程师集聚区”向“科学家集聚区”迈进，努力打造战略科学家、科技顶尖专家、创新型企业家、高层次人才和创新团队的创业梦工厂。加强与南大、东大、南邮、西安交大、武汉理工等高校交流合作，建立高水平校地人才项目孵化平台。支持企业设立海外人才飞地、离岸研发中心，实施更加积极开放的海外人才政策，汇聚全球智慧资源和创新要素。

二、聚焦数字经济，实现全域高新

瞄准数字经济发展最前沿，坚持数字产业化、产业数字化双轮驱动，推动产业链、创新链双链融合，以软件谷为核心向全区拓展，实现高新技术产业和企业在雨花全覆盖。

东西协同壮大主导产业。推动东部片区软件产业高速增长、西部片区新型都市工业加速成长，两翼齐飞做强发展引擎，迈向全域高新。继续提升软件谷能级，做大高端软件、互联网服务、大数据等产业规模，当好中国软件名城主阵地、排头兵，实现软件业务收入2950亿元，新增软件企业350家、涉软从业人员2万人，全力争创中国软件名园。加快秦淮新河以南地区机器人、轨道交通、高端装备制造等先进制造业培育成长，推动传统工业企业数字化转型、智能化升级，加快启动板桥南部都市工业社区规划建设，实现新型都市工业产值225亿元，净增规上工业企业10家以上。把握数字经济发展趋势，打造8个数字经济产业园区，加速新一代数字通讯、数字孪生、区块链、量子信息等未来产业落子布局。推动商务商贸业提质增效，办好春、秋季消费节系列活动，用好金洽会、进博会等平台，支持区内企业发展对外贸易，实现新增商务商贸设施40万平方米、批零住餐销售额1200亿元。

构建具有国际竞争力的数字产业集群。立足“数字经济看雨花”的定位，做强数字产业集群。实施产业链强链补链行动，发挥华为、中兴光电子、亚信安全等龙头企业虹吸效应，引入上下游企业，构建完善鸿蒙操作系统、芯片设计测试、网络信息安全等产业链。打造特色园区，全力推进航天科工信创总部、京沪高铁产业园、软件谷总部经济园等载体建设，助推数字产业集聚。构建融通发展的产业生态，组建数字经济产业联盟，积极发挥紫金（南京）信创、软件谷集成电路等产业联盟作用，协助企业组团发展；建立健全数字应用场景供需对接机制，为区内企业推广新技术新产品搭好平台。力争实现通信软件及运维服务产业规模800亿元以上，信创、集成电路产业规模各200亿元以上。

全力以赴推动项目落户落地。把项目作为一号工程，坚持“一把手”抓招商，着眼招大引强，完善数字招商地图和重点产业链图谱，突出招商靶向性精准性，确保中软国际、普联科技等项目签约落地，实现实际利用内资108亿元，签约项目投资总额708亿元。狠抓重大项目建设，完善月通报、年考核机制，确保120个区人代会项目完成投资376.6亿元，软件谷金融科技产业园等项目建成运营，中兴5G+、东南智盾等项目开工建设。

三、围绕数字城市，建设智慧新城

强化全域统筹、协同发展，充分运用物联网、大数据、空间地理等信息集成技术，推动城市规划、建设、管理和服务智慧化，打造现代化、高品质的数字城，展示雨花独特的“科里科气”“数里数气”的城市气质。

科学规划有序发展。编制实施国土空间总体规划，推动重点功能区规划和专项规划“多规合一”。软件谷加快织密内部交通，推进梅苑南路跨秦淮新河大桥等设施建设，建成西春路等过绕城公路通道，打通南北交通阻隔。“两桥”地区全速建设雨花数字城核心区综合体，开展载体招商，加快建设秦淮新河百里风光带、雨花城市公园等6个项目，有序推进徐工片区、龙翔启动区等地块开发。经开区秦淮新河南岸片区加快拆迁扫尾，建成吉祥路等8条道路，推进科学家小镇规划建设。板桥新城片区提升规划建设能级，优化产业布局，加快建设凤集大道、新亭大街下穿宁芜铁路等基础配套，推进农业生态园向科技生态园转型。

空间统筹提高品质。加大空间拆旧出新力度，积极推进宁芜铁路扩能工程等重点征拆项目。强化土地资源科学运作，有节奏推动经营性土地上市。大力提升城市交通环境，加快滨江大道雨花段、岱山中路北延等42条市政道路建设，打通奥体大街—规二路等一批断头路，推进软件大道拓宽改造、花神大道环境综合整治、宁丹路景观绿化提升等工程。全力改善住房安居品质，启动“五房”[25]规划建设，加快实施长虹路片区一期等4个棚户区改造，推动全区27个住宅项目高品质建设，高标准建成小村、马家店安置房，完成春江新城升景坊等27个老旧小区改造。

精准精细智慧管理。加快区垃圾分类贮存分拣中心、装修垃圾资源化利用处置中心等设施建设，实现再生资源回收“点、站、中心”[26]体系全覆盖。建成天虹山庄、应天花园等6处停车场，建立共享停车二级平台，引导错时停车，全面提升停车泊位利用率。加快安德门人防工程建设，完成360个公交站点适老化、智慧化提升。开展民智路、丁树路等10条背街小巷精细化整治，建设“门前三包”智能化平台，提升街巷智慧化管理水平。完善智慧渣土系统，打造渣土运输管理“电子围栏”[27]。依托智慧家园平台，健全小区业委会等自治组织，实施物业红黑榜、综合执法进小区，缔造住宅小区幸福家园。

四、强化数字赋能，守护绿水青山

坚守生态保护责任和底线，坚定生态优先、绿色低碳发展之路，加快推进生态环境治理与发展方式转型，创新数字化、智慧化执法监管，构建蓝绿交织的山水城林美丽画卷。

数字监管助力污染防治。坚持科学治污、精准治污，推动“生态雨花”智慧平台提档升级，提高生态环境数字治理效能。实施污染物控制精细化管理，深入推进工业大气污染深度治理、VOCs专项治理、智慧工地建设、重污染天气应急响应等工作，确保$PM_{2.5}$、空气质量优良天数比率等指标保持全市前列。全面落实“河长制”“断面长制”，实施河道水环境提升等8大类38个水务工程项目，确保国家省市考断面水质稳定达标。加强土壤和固废污染防治，积极推进污染地块治理修复。

科技护航展现最美长江岸线。构建综合治理新体系，确保长江雨花段生态环境持续改善。加强长江综合执法中心阵地建设，强化滨

江岸线生态环境治理，持续开展213个长江入河排污口整治，进一步压缩生产岸线、倒逼散乱污企业关停搬迁、推动落后产业结构转型升级，打造滨江最美岸线。深入实施长江“十年禁渔”、长江水生生物保护专项行动，进一步完善联动执法体系，实现长江及秦淮新河雨花段智慧禁捕全覆盖。

绿色低碳树立生态标杆。编制区双碳行动方案，推动生产方式、产业结构低碳发展，培育绿色低碳产业。强化能耗“双控”，实施产业减煤，统筹推进建筑、交通等领域低碳减排行动，督促推动各类传统产业特别是钢铁企业转型发展。严把项目准入，坚决杜绝新增高耗能项目。全面推行“林长制”，确保林地保有量保持稳定。启动重点路段景观提升，建设口袋公园、袖珍公园、转角公园、城市公园等15个园林绿化项目，实现建成区绿地率达46.04%、公园绿地服务半径覆盖率达92.92%。

五、突出数字治理，统筹安全发展

坚持人民至上、生命至上，把安全发展理念贯彻城市各领域，丰富数字化手段，全力筑牢疫情防控、社会维稳、安全生产的坚强防线，提升城市韧性和本质安全水平。

常态化抓好疫情防控。坚持“外防输入、内防反弹”，完善平急转换机制，优化科技防控手段，科学精准落实疫情防控措施。积极稳妥推进新冠疫苗接种，建立免疫屏障。不断完善公共卫生服务体系，推进区公共卫生中心建设，加强疾病预防控制、监测预警、风险评估、流行病学调查等能力建设，提升应急处置效能。

全方位建设平安雨花。持续开展大排查大整治行动，实现“防线+网格”两网深度融合，防范化解重大风险隐患。加快构建现代警务模式，系统推进公安大数据智能化建设，强化数据赋能和应用，提升警务效能。利用企业智慧化管理平台，加强重点上市企业债务风险研判处置，坚决防范系统性金融风险，确保全区整体形势平稳有序。

系统性保障城市安全。推进安全责任体系建设，压紧压实“三个责任”。深化安全生产三年专项整治行动，持续攻坚重点行业领域安全隐患。拓展物联网、云计算、大数据、人工智能等技术运用，提升数字应急指挥中心效能，推进建设“九小场所”“厂中厂”等智慧监测预警系统，打造高层建筑消防水压信息化感知平台，实现重点领域安全隐患全程实时监管。加强联合执法检查，保持常态化飞行检查，从严从紧执法，坚决防范有影响的生产安全事故发生，守护群众生命财产安全。

六、做细数字服务，保障民生幸福

牢固树立为民思想，充分运用智慧化、数字化手段，强化兜底保障，提优普惠性服务，高标准完成民生实事项目，不断满足人民对美好生活的向往。

构筑坚实有力的基础保障。落实稳岗就业政策，加强大学生、失业人员、务工人员、退役军人等重点群体就业政策帮扶，上线“云眸工程”就业培训智慧平台，新增城镇就业、大学生就业人数达到市定目标。健全社会救助体系，实施分层分类救助，完善街道、社区两级救助工作网络，做好各类困难群体兜底保障。深入实施全民参保计划，持续扩大社会保险参保面，努力实现城乡居民、被征地人员及各类特殊群体养老保险应保尽保。

打造群众满意的公共服务。把教育作为最大的民生项目，加快金陵中学岱山分校扩建等24个教育资源项目建设，深入实施“三名”工程，推行集团化办学，内培外引，努力让学校等孩子、让名校全覆盖、让名师进雨花、让优质资源进保障房；深化智慧校园建设，推进“双减”工作，培植一批特色文化示范小学和素质教育示范初中。丰富“幸福三圈”数字化服务，推动电子商务进社区，布局智慧零售终端、送货机器人等智能化设施；加快推进区图书馆、文化馆智能化建设，不断扩大“雨花满天”“诗意雨花”国家级展览影响力，新改建28套全民健身路径；深化医药卫生体制改革，加快优质医疗卫生资源扩容，全面启动省妇幼保健院总部项目建设，实施基层卫生信息化提档和形象升级，实现社区商业、文化体育、医疗卫生等服务更加智慧和便民。

健全精细精准的社区服务。积极探索打造数字社区，提升现代化服务水平。实施社区综合服务中心提档升级，健全养老服务、未成年人保护、社会救助服务、社区自治服务和特殊人群干预等社区服务体系，实现社区社会工作服务室全覆盖。聚焦“一老一小”，健全区街社三级养老服务体系，大力发展智慧健康养老，加强医养康养深度融合，不断丰富养老服务供给；完善婴幼儿照护服务体系，推进普惠托育机构建设。

七、实现数字政务，优化营商环境围绕群众、企业需求期盼，扎实推进“放管服”，充分运用数字技术，建立健全系统化、集成化的政务服务体系，打造雨花政务服务最简版、营商环境最优版。

更大力度的“放”。进一步削减审批事项，简化审批流程，打通简政放权最后一公里。继续推进商事制度改革，扩大“跨省通办”合作范围和内容，实施高频事项“一件事一次办”数字化办理、“云窗口、云办事、云证照”等改革措施，让更多企业实现0.5个工作日开办，切实减负提效。深化工程建设审批制度改革，发挥“三驾马车”功效，推进审批流程再造，拓展告知承诺、并联审批、联合验收等措施，确保审批时限应压尽压，最大程度缩短项目建设周期。

更好效果的“管”。推进监管转型，构建以权责清单为基础、以“双随机、一公开”监管为原则、以信用监管为核心、以智慧监管为支撑的综合性、多元化监管体系，实现行政监督、行业规范、社会监督充分结合。强化智慧监管，打造“互联网+监管”体系，整合归集行政许可、行政检查、行政处罚、执法决定、违法失信、抽查抽检等信息，加强信息关联、对比和分析，构建以网管网、线上线下一体化的监管格局。

更高质量的“服”。拓展“互联网+”运用，打造最优营商环境。深化无感知有温度的政务服务，完善“及时雨”政策直达平台，搭建数字应用模块，实现惠企政策精准推送、数据标签智能匹配、奖补事项线上申报、资金拨付即时直达、绩效分析一屏总览。强化伙伴式的资本金融服务，壮大资本市场雨花板块，发挥“双创”引导基金杠杆作用，着力为数字经济“输血造能”，实现新增两只以上子基金，基金总规模突破百亿元；发挥雨花金服数字平台效能，建立政银企常态化合作机制，为创新型企业提供精准融资对接，让企业提高融资额度、降低融资费用，搭上通往资本市场的雨花高铁。

八、建设数字政府，坚持依法行政坚持党的领导，加快政府职能优化、方式转变、作风提升，高标准建设数字政务体系，推动治理体系和治理能力现代化，打造人民满意政府。

推进政府数字治理。完善智慧雨花数

字底座功能，为全区信息化建设提供大数据、云计算、网络和安全等资源支撑。加快推进“一网统管”，加强政务数据归集，打破信息壁垒、消除信息孤岛，助推跨部门业务融合。围绕“一网整合数据、一屏能观全局、一体应急联动”，完成区级数字化治理中心选址建设，开展城市治理数字化、智能化探索和实践。

持续强化依法行政。依法接受人大监督，自觉接受政协民主监督，加强审计、司法、监察、统计、群众、舆论等各类监督。落实重大行政决策程序，规范行政执法行为。高标准建成智慧司法行政中心，推进行政复议数字化建设，提供更加公平公正、高效便民的智慧化司法服务。加强政府行为合法性审查，全面落实政府法律顾问制度。鼓励公民参与政策制定和社会治理，提高决策科学化、民主化、法治化水平。

建设“严廉勤实”的高效政府。落实全面从严治党政治责任，严格执行中央八项规定及实施细则精神，驰而不息纠治“四风”。带头过紧日子，持续压减“三公”经费、一般性支出，将财政资金向支持科技创新、数字转型、民生保障等领域倾斜。锤炼勤实作风，强化担当作为，不断提高专业化水平，全面建设清正廉洁、勤政务实的政府。

各位代表，百舸争流、奋楫者先，千帆竞渡、勇进者胜。让我们以习近平新时代中国特色社会主义思想为指导，在市委、市政府和区委的坚强领导下，在区人大、区政协的监督支持下，凝心聚力，齐心协力，续写“强富美高”新篇章，为建设“全面创新、全域高新”新雨花而努力奋斗！

名词解释

1.四城一基地：指楚翘城、科创城、云密城、创业创新城、大数据产业基地。

2.“六大”产业集群：指通信软件及运维服务、云计算大数据及信息安全、互联网+、人工智能及智能终端、集成电路、信创等“六大”产业集群。

3.“1+4”培育计划：“1”指软件及信息服务业培育计划，“4”指新型都市工业、高新技术企业、独角兽瞪羚企业、资本市场培育计划。

4.规上企业：指规模以上工业企业、限额以上批零住宿餐饮企业、规模以上服务业企业，有资质的建筑业和房地产企业的统称。

5.一件事一次办：指将企业和群众需要到各级政务服务机构办理的事项，通过环节整合、流程优化后形成“一件事”，实行“一窗受理、一次告知、一套材料、一次提交、一次反馈、一次分办、一窗出现”，企业和群众只需跑一次即可办理所有事项。

6.长三角“一网通办”：指整合长三角三省一市政务服务信息化的成果，实现政务服务事项异地通办，并涵盖从申报、预审、收件到受理、审查、决定的全流程服务和动态监管。

7.“多规合一”“一张蓝图”：指统筹协调国民经济发展规划、土地利用总体规划、城乡规划、环境保护规划等各类规划，统一各类规划编制技术标准和成果数据标准，搭建“一张蓝图”空间信息管理平台，实现规划信息共享与业务协调。

8.一核三心:“一核”指雨花数字城核心区,“三心”分别指岱山生活中心、河湾标志中心、滨水研发中心。

9.两减六治三提升:“两减”指减少煤炭消费总量和减少落后化工产能。“六治”指治理太湖及长江流域水环境、生活垃圾、黑臭水体、畜禽养殖污染、挥发性有机物和环境隐患。“三提升”指提升生态保护水平、环境经济政策调控水平和环境执法监管水平。

10.三乱:指乱占、乱建、乱排。

11.能耗“双控”:指对能源消耗总量和能源消耗强度进行控制。

12.“六类”群体:指因病致贫支出型困难家庭、低保和低保边缘户、失能老人、困境儿童、优抚对象、残疾人。

13.“三名”工程:指名师、名校、名校长工程。

14.幸福三圈:指社区商业圈、文化体育圈、健康医疗养老服务圈。

15.一场三馆:指雨花梦想剧场、雨花美术馆、区图书馆、区文化馆。

16.中美协“两个中心”:指中国美术家协会新文艺群体(组织)展览与推广中心、青少年展览与推广中心。

17.三社联动:指以政府购买服务为牵引,以社区为基础平台,以社会组织为服务载体,以社会工作为专业支撑,以满足居民需求为导向,把矛盾纠纷化解在基层、把多元服务供给实现在社区的一种社会治理模式和社会动员机制。

18.三个责任:指党委和政府领导责任、部门监管责任、企业主体责任。

19.三管三必须:指管行业必须管安全,管业务必须管安全,管生产经营必须管安全。

20.一年小灶:指国务院对江苏省开展安全生产专项整治一年行动。

21.三年大灶:指在“小灶”基础上,江苏省按照全国统一部署,开展安全生产专项整治三年行动。

22.三驾马车:指依托区公共工程管理中心、区公共工程建设中心、区公共工程审计中心,实施政府投资工程项目全流程管理。

23.“1+2”产业:“1”指高端软件和信息服务业,“2”分别指新型都市工业、商务商贸新业态新模式。

24.四个对接:指加强科技与经济对接、创新成果与产业对接、创新项目与现实生产力对接、研发人员创新劳动与其利益对接。

25.五房:指人才安居住房、商品住房、租赁住房、教育住房、保障性住房。

26.再生资源回收“点、站、中心”:指居民小区等集中投放点(即垃圾分类亭房)、街道生活垃圾资源回收站、区级生活垃圾资源回收中心。

27.渣土运输管理“电子围栏”:指通过信息化手段抓拍过境渣土运输车辆,对违规运输渣土车辆进行识别监管。

责任编辑　陈佳佳

专记

2022 YUHUATAI ALMANAC

Special Features

雨花台区智慧投资审计系统获审计署推广

南京市雨花台区位于南京主城南部，是全国重要软件产业集聚区、国家“双创”（大众创业、万众创新）示范基地。雨花台区依托软件大数据产业和数字经济发展优势，打造智慧投资审计系统，促进投资审计转型增效，推动工程建设管理水平进步提高。2020年12月，该系统入选“智慧江苏”审计信息化应用示范工程名单。11月10日，审计署召开2021年投资审计转型发展研讨班雨花台区投资审计转型视频现场会。会上，雨花台区智慧投资审计系统获审计署推广，雨花台区人民政府区长张连春作题为《以数字建设赋能投资审计转型发展》专题汇报，雨花台区审计局结合具体审计案例作演示性汇报。

数字智慧助力投资审计转型升级

2019年，南京市雨花台区委、区政府依托区内数字产业发展优势，推进“数字雨花”建设，开发和应用“智慧城管”“智慧安监”“智慧水务”“智慧教育”“智慧审计”等13个智慧管理平台。其中，“智慧审计”运用大数据审计思路，打造智慧工程审计综合监管平台，推动固定资产投资审计由价格审定向管理审计转型，由事后审计向全过程全覆盖审计转型，由直接参与向抽签复核转型，由传统线下向智慧线上转型。

开发全区工程信息管理系统。根据工程项目建设程序，区分各个主要环节，将工程立项、招标投标、合同、签证变更等信息数据进行线上整合，构建智慧投资管理系统数据底层；对工程管理全过程信息数据进行结构化处理，形成智慧审计管理的大数据基础，解决信息孤岛、信息碎片化等问题；区政府统筹各参建单位系统数据互联互通，实现各环节、各条口工程信息数据自动采集、自动

2021年11月10日，审计署召开雨花台区投资审计转型视频现场会。右图为区长张连春在此次会上作专题汇报。

（区审计局　供图）

雨花台区智慧审计平台。（区审计局　供图）

关联、自动配备。

开展线上线下三大审计监督。建立管理审计平台，线上审计监督全部工程项目全流程和各环节，结合审计人员线下现场检验和跟踪，修正和完善监督管理结论。区委、区政府重点关注的工程投资项目列入年内审计计划，安排专人负责，工程结束单独出具管理审计报告。搭建线上工程备案管理平台，全覆盖开展工程项目备案管理。区政府出台文件，明确政府投资审计项目由建设单位（内部审计）组织中介机构实施，审计机关通过备案管理进行指导、抽查和信用评价，备案线上线下同步进行。进入工程管理系统的项目以管理平台的管理评价为备案管理依据，其中，备案抽中重点监督项目，按照管理审计报告要求，对建设单位出具项目备案管理抽查意见书。开发量价分析应用平台，通过线上量价比对分析工程项目招标控制量价、中标控制量价，签证变更量价、结算量价，监督评价量价控制，对错误情形作为问题列入管理审计报告或备案管理意见书，责成建设单位整改。

整合完善线上四大关键资料数据库。工程造价数据库，主要包括工程定额库、各地材料库，材料库又包含信息指导价、人工指导价等，线上数据库随市场行情和政策法规要求随时更新；固定资产投资建设法规库，包括中央、省市以及区级工程建设和相关财务纪律的政策、法规和规范性文件；工程合同库，包括服务合同与建设合同，对法律法规和工程合同关键信息进行结构化处理，实

2021年5月17日，雨花台区审计局审计人员线上审计监督工程项目。（区审计局　供图）

2021年7月1日，雨花台区审计局审计人员检查中华中学雨花校区工地现场。（区审计局　供图）

现自动关联、自动调用、自动比对、自动预警；项目电子档案库，按照工程档案管理要求，归集管理系统中的档案文件，解决信息溯源难和档案缺失等问题。建立电子档案项目批量分析和输出应用平台，分类别、分区域、分专题加强工程项目管理总体审计监督分析和评价。

多样成果带动投资审计管理增效

规模以上投资项目监管全覆盖。2020—2021年，区政府统筹推进智慧投资审计系统应用，召开常务会议，专题部署转型和系统推进工作，出台《关于进一步加强政府投资建设项目审计监督的实施意见》和《雨花台区政府投资工程智慧审计管理系统运行管理暂行办法》。至2021年末，按照房建投资项目3000万元、市政投资项目2000万元、环境改造项目1000万元、绿化项目400万元规模要求，全区13个建设单位、90个项目进入智慧投资审计管理系统线上运行和监管，计划总投资185亿元，实现规模以上政府投资工程项目全覆盖。与区工程咨询第三方服务机构网上招投标平台数据、南京市公共资源交易中心招投标备份数据、财政部门国库集中支付工程款备份财务数据，实现自动采集与对接；为区行政审批部门项目立项、规划部门规划选址、住建部门项目竣工验收等项目管理环节开发线上操作平台，推动工程相关数据自动采集、自动传输和自动对接，建设审批单位、建设单位、参建单位业务系统和应用数据互联互通高速信息路网。

工程投资监管环节链延长。通过线上适时跟踪，审计、建设、司法、行政审批部门同时分别对项目可行性研究报告和估算投资、初步设计和概算、招标文件和清单、拟定合同及协议、施工组织设计、重大变更签证、工程竣工结算以及第三方中介咨询机构评价等八个环节全链条开展适时监管，解决传统投资审计监督偏重事后、难以事前，偏重量价、难以兼顾流程弊端，并将监管过程中发现的问题及时反馈至建设单位，将整改情况归集到审计监督评价报告中。至2021年末，共对上线90个项目提出优化建议和调整意见4857条。其中涉及项目手续齐全、程序规范类问题1825条。通过线上监管和推进，每个项目节约审查时间约30个工作日，有效节省项目前期办理时间。涉及价格和质量控制问题1550条，整改资金2.60亿元。开展线上线下竣工项目结算备案385个，涉及资金6亿元，抽检项目6个，涉及资金5.02

2021年9月22日，雨花台区重点政府投资建设项目智慧管理系统培训会举行。 （区审计局　供图）

亿元，查出管理不规范资金2000万元；同步跟踪审计监督投资10亿元以上项目7个。

投资审计监督智慧化水平提升。全区投资审计在智能预警、智能识别和智能比对方面取得明显成效。智能预警方面，对进入系统工程项目实施过程中关注度比较高的超合同付款、大额签证变更、工期进度滞后、重大概算调整等情况进行平台自动预警，至2021年末，共预警问题信息240余条。智能识别方面，通过Python技术、OCR识别技术，对区政府投资工程项目公招网上信息数据的抓取和归集，实现对建设工程规划许可证、图审中心合格证、现场签证变更书等关键信息的识别、输入和规范存储。智能比对方面，在量价结算分析模块中实现对项目概算价格、招标控制价格、中标价格、报审价格以及审定价格的清单比对，并通过内嵌的工程材料市场价格库与市场价进行比对。至2021年末，比对评价备案项目9个，发现价格问题疑点90余处。例如，在对某装饰装修工程进行比对时，发现主要装修项目综合单价高于控制价约3%~4%，量少的钢质门低于控制价230.54%，卫生间隔断低于控制价319.39%等；在某小学新建工程中，通过对比结算审核工程量与中标工程量，发现原中标项目绿化部分内容、电气工程全部变更，涉及金额80万元，吊顶双层纸面石膏板审定综合单价164.29元/平方米高于中标价152.59元/平方米，共涉及金额200万元。

（区审计局）

雨花台区全国社区治理和服务创新实验区创建纪实

12月3日，全国社区治理和服务创新实验区结项评估结果公布，南京市雨花台区被确认为“全国社区治理和服务创新实验区”。

2019年12月4日，专家调研督导实验区中期创建，向社区诊室老人询问情况。

（区民政局　供图）

雨花台区位于南京主城南部，面积132.39平方千米，常住人口61.63万人，辖中国（南京）软件谷和8个街道（园区）、64个社区。2019年3月获批第四批全国社区治理和服务创新实验区，因地制宜开展系列创新实践，探索社区、社会组织、专业社会工作“三社联动”运作体系和路径。雨

2021年9月13日，雨花台区参加全国社区治理和服务创新实验区结项评估视频汇报会。
（区民政局　供图）

花台区两年累计孵化近50家社会组织，出壳后立足雨花辐射全市。全区登记类社会组织数量增加到1058家，每万人拥有社会组织数达22.5个。

一、保障措施

组织保障。成立由区委、区政府主要领导任组长，分管领导任副组长，相关单位主要负责同志为成员的领导小组；建立联席会议制度，分解落实实验区建设任务；形成牵头部门统筹推进、职能部门专项推进、街道（社区）整体推进的工作机制。

资金保障。修订专项资金使用管理制度，安排三大类实验区建设专项经费总计6000万元。包含社区治理和服务创新专项资金、为民服务专项资金以及养老服务专项资金。

智力保障。组建实验区建设专家组，建立相关专业百人专家智库，定期交流互动，解决实验区申报和建设中的重点难点问题。建设“社工一线人才—社工科教人才—社工管理人才—社工领军人才”四级人才梯队，推动社工人才队伍职业化、专业化发展。

二、特色举措

完善“三社联动”政策制度。雨花台区委、区政府出台“1+4”政策文件，“1”是《关于开展全国社区治理和服务创新实验区建设的实施意见（2019—2021）》；“4”是系列专项政策文件，包括经费保障类、人才保障类、治理主体培育类、机制建设类等。围绕党建联、服务联、资源联、专业联等，建立区、街、社三级社会组织服务平台，优化完善社工人才的培养机制，提升社会组织品质，激发“三社联动”新动能。

2021年1月22日，雨花台区第二届社会工作菁英人才高级研修班举行。
（区民政局　供图）

打造“三社联动”治理样本。制订《雨花台区精品社区建设与评价指南》等一系列指标体系。按照AAAAA、AAAA、AAA等级，针对商品房社区、经济适用房社区、厂居社区、拆迁安置房社区等不同类型社区特征，分类指导开展精品社区建设，探索“自上而下”与“自下而上”相结合的社区共治、居民自治新路径。形成雨花街道“党建+文化”社区治理体系、西善桥保障房片区系统集成治理模式、翠竹园社区“四方平台”工作法、梅山街道提案大赛等样本和典型10余个。

凸显“三社联动”治理优势。整合资源，优化升级区、街、社三级社会组织发展中心和培育孵化基地。搭建社区社会组织管理平台、组织交流合作平台、品牌项目展示平台，试点建立街道级社联会2个。开展街道社工站建设，统筹各街道社会服务资源，助推本土社会工作专业发展。建立和完善需求筛选反馈机制、项目监管机制等，实现“三社联动”服务精准化、专业化。接待全国各地参观考察200余批次，被《中国社会报》等市级以上媒体宣传报道30余篇。疫情期间，组建雨花社会组织疫情防控战“疫”联盟，彰显“基层之治”的基石和底座作用。

2020年12月24日，雨花街道第三届公益资源推介分享会、首届大学生公益梦工厂启动仪式举行。
（区民政局　供图）

2021年7月22日，社会组织志愿者参与西善花苑防疫工作。
（区民政局　供图）

三、主要成效

社会组织发展量质同步提升。雨花台区采取“外部引进、定向孵化、内生培育”等多种途径相结合，定向孵化基层急需的社会组织，鼓励本土居民发挥自身优势成立社会组织。全区登记类社会组织数量增加到1058家，每万人拥有社会组织数达22.5个。搭建社会组织参与

2021年5月19日，雨花台区社会组织党委先锋思享汇举行。
（区民政局　供图）

2021年12月7日，雨花公益众创空间举办“社区需求评估”社会组织公益沙龙活动。（区民政局　供图）

社区治理和社会服务的支持体系和全方位、立体扶持、三级统筹联动社会组织管理体系，推动社会组织服务质量和内部治理能力提升。组织开展年度十佳社会组织、品牌项目和“最美社工”评选，安排专项经费补贴初级社工师以上职称的社工。

形成社会组织党建体系化建设成果。探索形成“一委一园一中心”“三双五同步”党建特色服务体系和“一领四化”雨花特色社会组织党建实施路径，创立“先锋服务站”“先锋思享汇”“先锋创益赛”等品牌。开发全国首个区级社会组织党建信息化平台，探索“互联网+社会组织党建”新模式，形成贯通区、街、社党建与公益项目管理的架构和体系。推进品牌支部、书记项目及“三强”阵地示范点建设，形成社会组织党建工作体系化成果。

形成四聚“三社联动”机制。聚焦需求、机构、平台和治理，深化“三社联动”机制，提升为民服务水平。通过社区网格化管理、掌上社区APP、民主议事会等渠道收集民生需求问题，制定全区为民服务项目指引清单并以公益项目形式实施。搭建统一规范的社区民主协商议事平台，推行“三色码”“志愿者共享之家”等特色志愿服务，建立118支、超过2万人的社会组织党群志愿者服务队。升级社区党群服务中心，建立健全区、街、社区三级平台载体和服务机构协同联动制度。发动社区多元主体参与社区治理，探索“622社区议事协商工作法”，凸显社区居委会自治功能。

形成实验区文化建设路径。通过自媒体宣传、文创产品开发、大型公益活动举办、社区治理平台开发等，拓宽雨花公益文化载体。通过推广本土社会组织党建工作模式、社会组织培育发展模式以及推动本土社会工作创新发展，丰富雨花公益文化内涵。通过引导社区、社会组织与企业结对共建，提升雨花公益文化特色，带动市场主体参与社区治理，激发多元共治活力。

（区民政局）

责任编辑　张晓华

大事记

2022 YUHUATAI ALMANAC

Chronicles of Major Events

1月

1日　区农业农村局联合有关执法部门，在江豚广场举行“十年禁渔”启动仪式。

5—6日　区政协九届五次会议在雨花台中学学术报告厅举行。

6—7日　区十八届人大五次会议在雨花台中学学术报告厅举行。会议通过《关于雨花台区国民经济和社会发展第十四个五年规划和二〇三五年远景目标纲要的决议》等决议，票决出2021年度10件民生实事项目。

7日　雨花台区召开“及时雨”政策直达平台暨虚拟服务专员上线发布会。

8日　“博御金陵”第一届博智安全网络空间安全沙龙在南京润和软件园国际菁英交流中心举行，沙龙由软件谷联合博智安全科技股份有限公司共同举办。

9日　雨花经济开发区土方银行建成运营，为全市首家为规划区内场地平整和开发提供土方储存和调剂的平台。

14日　卓易信息科技公司投资的江苏卓易信息信创产业项目落户软件谷，计划总投资5亿元。

20日　软件谷创业创新城管理服务有限公司运营的南京市创业创新城科技企业孵化器被科技部确定为2020年度国家级科技企业孵化器。

21日　“‘雨’您同行　花开满园——雨花台区贯彻市委1号文‘线上’组团服务企业”线上直播在区政府网站、软件谷创新创业服务线上平台——“双创”活动专区同时举行，上线企业超3000家。

25日　全市首个区级进口（国际）及中高风险区邮件集中监管仓在赛虹桥街道三合路姜家营36号设立。

2月

4日　南京创维信息技术研究院“基于5G通信和Mesh网络的创维智慧家庭Swaiot成套系统研发及产业化”、江苏峰云供应链管理有限公司“分行业场景化信用消费科技服务平台”、中国电子科技集团公司第十四研究所“智慧天眼——空天遥感大数据智能应用平台”项目入选省工信厅发布的2020年智慧江苏重点工程名单。

5日　南京矽汇信息技术有限公司等6家驻区企业入选省工信厅公布的2020年江苏省专精特新软件企业培育库企业名单；南京网觉软件有限公司等7家驻区企业入选2020年江苏省规划布局内重点软件企业培育库企业名单。

8日　区纪委十一届六次全体会议在区政府综合楼举行。

18日　“金陵微雨花”视频号开通上线。

20日　雨花台区对标找差创新实干推动高质量发展大会在区政府综合楼召开，通报2020年度全区经济和社会发展目标考评结果，表彰2020年度全区高质量发展先进集体、先进个人。

24日　5G切片产业联盟“轩辕实验室”在第五届5G切片产业峰会上宣布成立。该实验室由华为南京研究所等5G切片产业联盟成员单位组建，为全国首个5G切片开放创新实验室。

26日　江苏星思集成电路设计有限公司在雨花台区喜玛拉雅商业中心成立。该公司为上海星思半导体有限责任公司研发中心全资成立的5G连接芯片研发中心。

3月

2日 区委、区政府印发《关于进一步完善雨花台区新冠肺炎疫情联防联控工作机制的通知》。

5日 雨花台区党史学习教育动员会议在区政府综合楼举行。

8日 "彤管流芳——花雨似锦"江苏女艺术家作品邀请展在雨花美术馆举行，展出39位女艺术家书画作品123幅。

9日 江苏省信息网络安全协会与博智安全科技股份有限公司共建的江苏省网络安全培训基地揭牌仪式在博智安全总部举行。

同日 国家信息安全漏洞库（CNNVD）对外发布《2020年度CNNVD技术支撑单位总结评价及评奖结果公告》，南京中新赛克科技有限责任公司获年度新秀奖。

19日 雨花台区在南京科技馆创建的省级节水教育基地通过验收。

24日 雨花台区2021年土地招商推介会在云密城举行，推介四大功能片区的31幅地块，江苏省妇幼保健院总部等项目签约。

25日 南京中兴新软件有限责任公司、亿嘉和科技股份有限公司入选江苏省科技发展战略研究院发布的2020江苏省百强创新型企业名单。

26日 雨花台区2021年度首场企业资本市场直通车"春列首发"仪式在科创城举行。该活动由区政府与华泰证券股份有限公司联合主办。

29日 江苏省首家知识产权检察职能集中统一履职试点基层院——南京市雨花台区人民检察院知识产权检察办公室挂牌成立。

同日 雨花台区举行软件谷创业创新都市工业园、集成电路产业园，雨花街道花神都市智造产业园等10个都市工业园区（楼宇）集中挂牌仪式。

30日 区政府印发《雨花台区2021年政府投资计划和2021—2023年三年滚动计划》。

31日 软件谷"双创"服务线上平台上线。该平台设置"双创"政策信息服务、科技金融等7大板块，通过政策数据库加速园区信息数字化。

4月

1日 雨花台区慈善总会成立大会在雨花台中学学术报告厅举行，黄唯佳任会长。

同日 宝马（中国）汽车贸易有限公司与诚迈科技（南京）股份有限公司共同组建的研发中心——宝马诚迈信息技术有限公司在软件谷注册成立并投入运营，计划总投资5亿元。

2日 雨花台区长江大保护综合执法中心、雨花台区长江禁渔联动执法中心、雨花台区渔政执法大队揭牌。

同日 雨花台区完成长江雨花段禁捕智慧监控系统升级，实现长江岸线雨花段全域全时监控。

7日 绿盟科技集团公司投资的绿盟科技华东总部基地项目落户软件谷，计划总投资5亿元。

8日 以"赓续百年辉煌 筑梦网络强国"为主题的南京市互联网企业党史学习教育暨知识竞赛活动在软件谷举行。会上，挂牌成立南京市首家“互联网行业党员教育基地”，同步启动南京市互联网行业“学党史 守初心 争当e路先锋”学习教育项目。

9日 江苏省委网信办指导，新华报业传媒集团主办，雨花台区委、雨花台烈士陵园管理局、中国江苏网、新江苏客户端和“学习强国”江苏平台承办的“行进中国 我心向党——打卡红色地标”大型融媒体行动在雨花台烈士陵园启动。

10日 雨花台区召开安全生产会议。

13日 雨花台区举行“政银合作·企业开办银行一站式服务”启动仪式。会上，区行政审批局与中国银行南京雨花支行、中国建设银行南京城南支行、浦发银行南京雨花支行等6家合作银行进行电子签约；中国银行雨花支行揭牌。

15日 全国长江流域重点水域打击非法捕捞专项会议暨现场观摩活动在南京举行，雨花台区长江禁捕智慧系统操作全过程在雨花经济开发区江豚广场观摩点演示。

16日 紫麓·雨花梦想剧场在竹影路5号3号楼开幕，现场举行南京艺术学院国家级大学生校外实践基金艺创空间和南京市文联艺术实践示范基地挂牌仪式。

同日 区法院联合区妇联、区司法局、公安局雨花台分局、区教育局、区民政局等13家单位，启动雨花台区“希望树”未成年人权益保护社会治理联合体工程。

20日 “谷雨生花芳满园”2021年谷雨双创学院活动在软件谷创新创业服务中心活动大厅举行。现场展出2020谷雨双创学院成果，表彰2020优秀谷雨双创学院学员，启动2021谷雨双创学院培育计划。

同日 雨花台区图书馆举办“共建书香雨花 同庆建党百年”2021年世界读书日活动启动暨新馆开馆仪式。

23日 金地威新雨花创新中心开园暨重大项目入驻签约仪式在软件谷北园举行，荣耀终端有限公司南京分公司等4家企业签约入住。

23日至6月30日 “繁花似锦·嗨购全城”——2021南京国际消费节（春季）期间，雨花台区举办旅游嘉年华，“游”出非物质文化遗产魅力；“荟”特色夜市，“玩”出生活气息；“赏”移动车市，“购”出雨花品质3个系列活动。

27日 2021年雨花台区全民阅读系列活动启动仪式在铁心桥街道新河市民绿地广场举行，同步启用集历史文化遗迹与公共文化服务于一体的新河阅读广场。

28日 “感知新场景 预见新雨花”——2021年雨花智慧政务应用场景发布会在软件谷举行，现场启用“数字雨花”应用场景云平台。

同日 中国（南京）软件谷人工智能产业联盟成立大会在科创城举行，同步成立中国（南京）软件谷人工智能产业链党建联盟。

同日 “雨花台烈士陵园—梅钢工业旅游区”入选南京市委党史学习教育办公室发布的第一批5大主题10条精品线路，主题为“缅怀革命先烈+重温艰苦创业”。

30日 雨花台区“双创”示范基地2018年以来第三次获国务院督查激励通报表扬。

同日 雨花台区庆祝五一国际劳动节表彰大会暨第五届职工文化艺术节开幕式在雨花台中学学术报告厅举行。

5月

6日　雨花台区“学党史 强信念 跟党走”主题团日活动在雨花台中学学术报告厅举行。

同日　南京市生态环境局下发《关于公布第一批生态环境修复基地名单的通知》，雨花经济开发区段湿地公园被授予市级生态修复基地——雨花三桥湿地公园生态修复基地。

同日　“光辉的历程·奋进的时代——庆祝建党百年红色经典电影海报展”首站巡展在西善桥街道9424电影工园举行。

10日　区行政审批局办结全市首单“跨省通办企业开办一件事”，0.5个工作日完成6项企业开办环节。

11日　江苏省庆祝中国共产党成立100周年“百年百场”优秀群众文艺作品巡演雨花专场在紫麓·雨花梦想剧场举行。

12日　区政府印发《雨花台区都市工业智能制造企业培育计划（试行）》。

13日　江苏省人大在雨花街道花神庙社区组织召开雨花台区人大代表“云接待”集中采访会。人民日报社等近20家媒体参会。

14—18日　南京春季消费节雨花台区专场活动“中国制造——第一届软件谷购车节”在楚翘城广场举行。

19日　雨花台区新时代文明实践中心与三江学院共建的“三江学院马克思主义学院实践教育基地”揭牌。

20日　中国美术家协会新文艺群体（组织）展览与推广中心、中国美术家协会青少年展览与推广中心在雨花美术馆揭牌。

22日　江苏省侨联、致公党江苏省委主办的“侨心永向党 奋进新征程”2021江苏南京侨界奋进新征程动员大会在雨花台烈士陵园举行。

24日　中国（南京）软件谷集成电路产业联盟成立大会在云密城举行，胜科纳米（南京）有限公司、安思疆科技（南京）有限公司、南京芯云电子科技有限公司项目现场签约软件谷。

26日　2021中国国际酒店投资及特许经营展览会（深圳站）开展，南京中新赛克科技有限责任公司获2021GHM金珠奖“粤港澳最佳酒店创新科技合作伙伴”奖项。

同日　中国信息通信研究院、工业互联网产业联盟在北京召开工业互联网安全领航计划启动大会，博智安全科技股份有限公司入选2021工业互联网安全人才联合培养计划（第一批）合作伙伴。

27日　雨花台区青少年“四史”学习教育实践展示暨共青团路小学庆祝中国共产党成立100周年青少年“四史”学习教育阶段性表彰大会在共青团路小学举行。

28日　“永远跟党走”中国宝武钢铁集团首批爱国主义教育基地——梅钢厂史陈列馆挂牌仪式在梅山钢铁公司举行。

28—29日　“西善桥街道首届西善民歌节暨第二届岱山新市集”在岱山中路南沿段及岱山南路中段举行。

29日　区人力资源社会保障局与软件谷企业服务部联合主办的2021毕业季“+U”人才服务——“雨花产业链”专场招聘会+直播带岗+人力资源论坛活动，在雨花台区人力资源服务产业园（云密城）举行。

30日　“学党史 强信念 跟党走”青年志愿者服务中心运营启动仪式在南京南站青年志愿者服务中心广场举行。

31日　江苏省信创产业生态基地揭牌暨

紫金信创产业联盟成立仪式在云密城举行。

同日 南京玻璃纤维研究设计院首条海外现代化年产5万吨冲天炉法岩棉生产线在韩国碧山投产。

6月

1日 区委统战部联合区教育局、团区委等部门举办“献礼党的百年华诞 共助贫困学子”暨“雨花青企大讲堂”“雨花台区青年企业家联合会公益服务基地”揭牌仪式。

同日 全市首家街道层面独立空间运营的少儿图书室在雨花街道新时代文明实践所（共青团路二村27号邻里荟6楼）开馆。图书室面积200余平方米，藏书4000余册，图书与区图书馆通借通还。

同日 雨花台区“上线‘及时雨’政策直达平台”入选南京市首批“深化‘放管服’改革优化营商环境”改革十佳案例。

2日 雨花台区发布第七次全国人口普查公报，截至2020年底，全区常住人口60.88万人，比第六次全国人口普查增加21.75万人，增长55.6%，年均增长4.52%。

4日 南京市雨花台区乡村振兴局在区农业农村局挂牌成立。

同日 农工党南京市雨花台区基层委员会召开成立大会，雨花台区妇幼保健所所长白静任主任委员。

7日 中国（南京）软件谷云计算大数据信息安全产业联盟成立大会在云密城举行，同步成立中国（南京）软件谷云计算大数据信息安全产业链党建联盟。其间江南信安南京研发中心等项目签约。

8日 雨花三桥湿地公园生态修复基地揭牌仪式暨长江大保护工作展示在雨花经济开发区江豚广场举行。南京市生态环境局、西南低山丘陵区域环境资源法庭、雨花经济开发区管委会签订《雨花三桥湿地公园生态修复基地共建协议》。

10日 雨花台区非公经济团体献礼中国共产党成立100周年活动暨南京南站区域党建联盟360公益专场在南京科技馆举行。会上，成立2021年“因为南京 相伴成长”公益研学项目组委会，于志珍任组委会主任。

16日 “我为群众办实事”——南京党员专业志愿者服务基层行雨花台区专场活动在板桥市民广场举行。会上，南京市第一医院党委与板桥社区卫生服务中心党支部签约结对共建。

同日，国内数字化产业第三方调研与咨询机构“数世咨询”发布《中国网络安全百强报告（2021）》。江苏易安联网络技术有限公司入选创新能力百强榜“零信任——架构体系”领域“创新黑马”。

17日 以“智引全球 创新变革”为主题的雨花台区2021海内外人才洽谈会在雨花人力资源服务产业园举行。该活动为第13届中国留学人员南京国际交流与合作大会雨花台区专场。

18日 雨花台区金融行业党建联盟成立大会在软件谷举行，区委组织部、区委宣传部、区级机关工委、区金融监管局、软件谷资产运营部负责人及驻区银行、证券保险公司等24家重点金融机构负责人出席会议。

同日 以“科创加速 聚势而生”为主题的2021上交所“科创沙龙”软件谷专场活动在科创城举行。

同日 古雄街道办事处、南京同曦篮球俱乐部在金陵华兴实验学校举行“篮球文化推广”战略合作签约启动仪式，共同为“篮球文化推广基地”揭牌，并邀请南京同曦篮球俱乐部球员西热力江·木合塔尔担任古雄街道篮球文化推广大使。

同日 “奋斗百年路 启航新征程”第12届金陵合唱节选拔赛暨雨花台区庆祝中国共产党成立100周年群众合唱展演举办。

19日 佳源科技智慧物联网产业园项目奠基仪式在软件谷南园举行。

21日 以“都市圈姐妹携手同心 新时代共创美好生活”为主题，由南京都市圈妇联，雨花台区委、区政府、软件谷共同主办的南京都市圈妇联融合协同发展活动在软件谷举行。活动为期两天。

同日 软件谷管委会主办的第七届“i创杯”互联网创新创业大赛巡回路演南京·人工智能、产业互联网专场在云密城举行。两场路演吸引超40个项目参赛。

22日 2021中俄（南京）数字经济创新合作论坛在雨花台区举行。会上，举行雨花数字产业智库启动仪式。

同日 雨花台区融媒体中心接力南京市委网信办主办的“庆祝建党百年 打卡红色地标”网络直播在雨花台烈士陵园举行，10余万人次在线观看直播。

22—23日 以“软件能力 重新想象”为主题，由NJSD、软件谷管委会、南京大学软件学院联合主办的“NJSD2021第七届全球软件大会”在软件谷举行。

23日 区委印发《关于表彰优秀共产党员、优秀党务工作者、先进基层党组织的决定》，授予吴正茂等100人“优秀共产党员”称号、史汶等50人“优秀党务工作者”称号、区纪委区监委党总支等50个党组织“先进基层党组织”称号。

同日 南京市科技局、南京市科学技术协会、雨花台区人民政府主办的“中华门创将”大赛（全球赛）在软件谷举行。

25日 南京首家台湾文教创业孵化街区——K1（Kids Block 1st）知识公园暨K1亲子文教街区在西善桥街道的南京（雨花）台湾青年创业基地开街。

26日 以牺牲在南京及雨花台女烈士为题材的红色纪实文学作品《芳魂》新书发布会在雨花街道邻里荟举行。

28日 南京市海外协同创新中心（爱尔兰）主办的中欧（爱尔兰）产业技术创新合作论坛在雨花台区举行。

同日 软件谷信创产业发展峰会暨云固体新产品发布会在南京丰盛五季凯悦臻选酒店举行。

30日 雨花台烈士陵园管理局出品的原创历史话剧《长明》在紫麓·雨花梦想剧场举行首轮公演。

同日 南京市规模最大的城市互通立交桥油坊桥互通立交桥全面通车。

7月

1日 南京民间抗日战争博物馆与中国人民抗日战争纪念馆等全国30家单位共同举办的“中流砥柱——中国共产党抗战文物展”在中国人民抗日战争纪念馆举行。

2日 雨花台区召开“两优一先”表彰会暨基层党建工作推进会。

3日 驻区企业亚信科技（南京）有限公司与清华大学“5G慧眼质检机器人”联合团队在首届“中国RPA+AI开发者大赛”中获全国

总冠军暨特等奖。

5日　侨心书苑揭牌暨《百年风华 雨花侨魂》新书发布仪式在雨花街道翠竹园社区"侨胞之家"举行。中国侨联副主席程学源出席。

同日　由南京市地方志办公室主办、雨花台区地方志办公室承办的"南京方志大讲堂"第五讲雨花台区专场在南京民间抗日战争博物馆开讲，主题为"斯诺与《红星照耀中国》"。

6日　雨花台区残疾人就业创业孵化中心在雨花西路64号成立。

同日　南京市首个秦淮新河史料图片展在西善桥街道初见书屋举行。

同日　江苏省小微企业质量管理体系认证提升行动研讨会暨南京市小微企业质量管理体系认证提升行动现场会在雨花台区举行。会议介绍省、市、区三级市场监管局开展小微企业质量提升行动经验。

6—11日　由南京德雨慈善基金会策划组织，南京市工商业联合会、雨花台区工商业联合会等9部门主办的"因为南京 相伴成长"公益研学活动在南京举行。

8—11日　2021年"雨花杯"江苏省青少年航海模型锦标赛在古雄街道金地体育公园开赛，全省15支代表队206名中小学生参与361项次比赛。

9日　雨花台区政务服务大厅"企业一件事"专窗为盒马鲜生（紫悦广场店）办出全市首张含多个许可的商超行业综合许可证。

10日　庆祝中国共产党成立100周年暨2021"诗意雨花"书画名家作品展在雨花美术馆举行，展出12位书画家90幅作品。

同日　长江教育研究院、华中师范大学国家教育治理研究院主办，区教育局党工委承办的首届全国红色教育高峰论坛在雨花台中学举行。

11日　由南京市体育局、南京市文化和旅游局、雨花台区文化和旅游局（区体育局）等联合主办的不止骑·2021年第三届环南京自行车赛雨花台区站在南京科技馆礼仪广场开赛。

12日　"初心如磐 使命在肩——雨花台区发展历程展览"在区委党校举行。

15日　区政府印发《雨花台区关于进一步提高上市公司质量促进资本市场健康发展的实施意见》。

17日　紫悦广场·宜悦城开业。紫悦广场位于安德门大街36号，其商业部分即宜悦城建筑面积约6万平方米，由南京安居建设集团投资、南京颐悦商业管理有限公司招商运营管理。

27日　在IDC（International Data Corporation）市场研究公司发布的《IDC创新者：工业互联网安全》报告中，博智安全科技股份公司入选IDC中国工业互联网安全领域创新者名单。

8月

12日　中国通号研究设计院集团与南京翼辉信息技术有限公司共同研发的操作系统SylixOS获得国际权威认证机构TüV南德意志集团（TüV SüD）颁发的IEC 61508（SIL3）/EN 50128（SIL4）国际安全认证证书，这是国内首个获得该认证的多核64位操作系统。

21日　博智安全科技股份有限公司、南京华士电子科技有限公司入选工信部公布的第三批专精特新"小巨人"企业名单。

24日　初见书房知旅共同体、西善桥街道综合文化服务中心、雨花街道翠竹园社区文化服务中心入选省文化和旅游厅公布的2021年度江苏省“最美公共文化空间”打造对象名单。

25日至9月3日　在东京残奥会乒乓球项目赛程中，雨花台区残疾人运动员冯攀峰获TT3级单打金牌，并联合队友获MT3级团体金牌。

26日　南京金盾公共安全技术研究院有限公司研发的5G消息警务应用“公安110”在江苏移动上线，这是江苏移动上架的首个5G消息警务应用。

31日　第四届“贤聚金陵 梦汇雨花”青年大学生创新创业大赛决赛在雨花人力资源服务产业园举办。

9月

3—4日　区第十二次党代会在区委党校举行。

4日　“凝聚她力量 奋进新时代”雨花台区女企业家协会成立暨“99公益日”公益项目发布会在云密城举行。南京易司拓电力科技股份有限公司张珍凤任会长。区慈善总会上线“阳光玫瑰雨益童行”等4个特色品牌项目。

7日　小行里51号危旧房改造地块经济适用房项目获“2021年中国土木工程詹天佑奖优秀住宅小区金奖”。

13日　位于雨花台区郁金香路8号的南京市雨花外国语小学东校区启用。

14日　在2021第七届恰佩克颁奖仪式上，亿嘉和科技股份有限公司研发的新一代智能操作机器人——“羚羊D200”机器人获“服务机器人类别”技术创新产品奖。

18日　江苏省应急管理体制改革后首次组织的省、地、企业联合处置矿山安全生产事故演练在南京宝地梅山产城发展有限公司矿业分公司举行，云直播线上观摩超200万人次。

23日　省工商联召开2021江苏民营企业百强发布会。江苏满运软件科技有限公司排名“2021江苏民营企业200强”第97名；亿嘉和科技股份有限公司排名“2021江苏民营企业创新100强”第34名。

27日　“柔肩担重任 巾帼绽芳华”雨花台区巾帼志愿服务联盟启动仪式在西善桥街道520青创空间举行。

28日　“雨宁同庆 花样年华”——2021雨花台区秋季消费节在雨花客厅户外广场启动。活动持续到11月中旬，期间通过江苏银联云闪付平台发放2次消费券计100万元。

29日　以“推进雨花精细化 净美街巷展新颜”为主题的第30期南京城市治理圆桌论坛在云密城举行。

30日　江苏省暨南京市100位新婚夫妇在第八个全国烈士纪念日向革命先烈献花仪式在雨花台烈士陵园北群雕广场举行。

10月

1日　南京证大喜玛拉雅购物中心开业，中心位于南京南站南广场东南侧，总面积10万平方米（A、B两栋楼组成），入驻商家近200家。

9—11日　陕西省商洛市丹凤县委书记徐秀全率党政代表团到雨花台区考察学习项目建设，参加雨丹协作2021年度联席会议，交流苏陕（雨丹）协作事宜。

12—13日　2021中国南京金秋经贸洽谈会雨花台区专场活动——雨花台区跨境电子商务产业发展大会在南京丰盛五季凯悦臻

选酒店举行。会上，成立雨花台区跨境电商联盟，签约项目20个，计划总投资115亿元。其间，举行重大项目签约仪式，运满满物流大数据总部、中软国际（软件）生态研发总部基地、华控创为——华为数据储存3个项目签约雨花台区，计划总投资108亿元。

14日　省商务厅指导、市商务局主办、软件谷承办的2021年全球服务贸易大会数字服务出口创新发展论坛举行。软件谷分别与南京永中软件有限公司、南京佰钧成信息技术有限公司、江苏讯动信息技术有限公司签订软件设计开发及共建研发中心等项目；FutureNet and Technology Corp（菲律宾未来网络与技术公司）与浩鲸云计算科技股份有限公司签订菲律宾PTO项目。签约合同总金额7.75亿元。

同日　区委、区政府印发《关于优化完善雨花台区新冠肺炎疫情防控工作指挥体系的通知》。

15日　南京市科学技术协会主办，雨花台区科学技术协会、南京睿悦信息技术有限公司承办的2021第二届XR交互应用国际竞赛决赛在南京Qualcomm中国联合创新中心举行。活动历时5个月，评选出12幅优秀作品。

同日　雨花台中学挂牌南京市首批“市级足球青训中心”。

同日　“江苏规划师下乡”南京市规划设计研究院有限责任公司南京市雨花台区西善桥街道工作站在江苏省自然资源厅全省“共绘苏乡”规划师下乡活动推进会上挂牌成立。

同日　江苏省工业和信息化厅公示江苏软件名园培育试点名单，软件谷入选首批、第一层次江苏软件名园培育试点园区。

19日　全区巡察工作会议暨十二届区委首轮巡察工作动员部署会召开。

21日　区政府印发《南京市雨花台区街道综合行政执法管理规定（试行）》。

同日　南京市雨花台区文物局在区文化和旅游局挂牌成立。

同日　雨花台区携南京灵瞳影视动画有限公司、南京硅基智能科技有限公司、南京万生华态科技有限公司、南京睿悦Nibiru 4家文化科技企业和动汇智能文体众创空间、雨花文创联盟参展2021中国（南京）文化和科技融合成果展览交易会。

22日　软件谷智慧服务平台发布并上线启动。该平台设置职能、企业两大门户9类功能模块211个功能点，入库企业1.7万家，其中软件企业3815家。

同日　区委印发《法治雨花建设规划（2021—2025年）》。

同日　雨花台区首个残疾人两项补贴资格认定申请“跨省通办”事项在梅山街道为民服务中心成功办理。

23日　雨花台区“‘因为南京 相伴成长’公益研学让学生‘放飞梦想’”项目入选人民网“2021乡村振兴示范案例”。

24日　中国（南京）软件谷第二届程序员节开幕式暨软件开发者社群大会在云密城举行。程序员节活动持续至11月27日。

28日　驻区企业南京富士通南大软件技术有限公司总经理长仓浩士（日本籍）获2021年度“江苏友谊奖”。

同日　位于三山矶的雨花台区首个以长江生态保护为主题的法治文化公园建成。

30日　“全民健身 健康生活”——2021南京体育嘉年华在金地体育公园举行。活动由南京市体育总会主办，雨花台区体育局和南京报业集团周末报社承办。

31日　“追梦中华 情系大运河”2021海外华文媒体江苏采访行活动走进雨花台区。

11月

1日　南京华控创为信息技术有限公司与软件谷管委会合作共建的华创存储项目落户软件谷，计划总投资35亿元。

同日　雨铁综合社区服务中心项目封顶。该项目位于雨花街道农花社区岗子村组与铁心桥街道铁心社区荷塘村组，占地面积1.49万平方米，总建筑面积4.13万平方米。

3日　“江苏省政府投资基金园区行——南京站暨雨花台区企业资本市场直通车秋列专场”活动在雨花台区举行。

同日　中国电子科技集团第十四研究所工业设计中心入选工信部公布的第五批国家级工业设计中心“企业工业设计中心”名单。

同日　南京玻璃纤维研究设计院“工业烟气多污染物协同深度治理技术及应用”“高曲率液面静电纺非织造材料宏量制备关键技术与产业化”项目分获国家科学技术进步一等奖、国家技术发明二等奖。

同日　省知识产权局对2021年度江苏知识产权强省建设示范区域创建期满单位进行验收，雨花台区通过验收。

9日　宁马“跨省通办”自助办理功能在雨花台区启用。首批跨省自助办理事项涉及查询类、打印类事项24项（南京13项、马鞍山11项），涵盖医保、公积金、不动产、车驾管、交通运输等多个领域。

同日　亚信科技（南京）有限公司、博智安全科技股份有限公司、南京中新赛克有限责任公司等驻区企业入选“安全牛”（中国网络安全领域的专业媒体和旗舰智库）发布的《中国网络安全企业100强（第九版）》。

10日　审计署召开2021年投资审计转型发展研讨班雨花台区投资审计转型视频现场会，推广雨花台区智慧投资审计系统。

17日　“南京南站区域党建联盟360”主阵地落成启用。

19日　中国（南京）软件谷互联网产业联盟成立仪式在云密城举行，同步成立中国（南京）软件谷互联网产业链党建联盟。

23日　省工信厅公布2021年江苏省规划布局内重点软件企业和专精特新软件企业培育库名单。博智安全科技股份有限公司等12家驻区企业入选重点软件企业培育库名单；南京隆远电气技术有限公司等8家企业入选专精特新软件企业培育库名单。

26日　雨花台区在江豚广场开展2021年度长江增殖放流活动，放流长吻鮠、胭脂鱼、江黄颡鱼等6种江鱼23.6万尾。

12月

1日　全区97个选区共28.52万名选民在雨花台区第十九届人民代表大会代表选举日进行选民登记和投票选举。

同日　软件谷在南京“十四五”产业创新发展粤港澳（深圳）投资推介会上签约TP-LINK华东总部、朗力半导体南京研发中心2个项目，计划总投资35亿元。

同日　庆祝中国、文莱建交30周年暨南京与斯里巴加湾结好10周年纪念活动在雨花台区举行，文莱驻华大使拉赫玛尼携夫人参观拜谒浡泥国王墓。

1—2日　2021中国江苏电子商务大会暨

中国产业互联网年会召开并发布“2021中国产业互联网百强榜”，驻区企业满帮集团、众能联合数字技术有限公司、蜂云网络分别上榜第3名、第54名、第63名。

3日　雨花台区通过民政部全国社区治理和服务创新实验区结项评估。

6日　工信部发布《2021软件和信息技术服务业统计公报》，驻区企业江苏润和科技投资集团有限公司和浩鲸云计算科技股份有限公司分列软件和信息技术服务业务收入前百强企业名单的第79位和第83位。

同日　南京玻璃纤维研究设计院“一种石英光纤传像束”专利获首届中国专利年度奖优秀奖。

8日　中国电子科技集团第十四研究所研发的“人体全脑导航及治疗效果评估分析系统”项目上榜中国科协智能制造学会发布的2021世界智能制造十大科技进展。

9日　雨花台区首届优秀志愿服务项目展演会在区新时代文明实践中心举行。现场公布“微行大爱 美善雨花”文明实践微项目征集活动评审结果，并向“十佳文明实践微项目”“优秀文明实践微项目”颁奖。

10日　科技部火炬中心发布国家级科技企业孵化器2020年度评价结果，雨花台区科技创业中心、南京科特科技企业孵化器、南京市创业创新城科技企业孵化器、雨花台区智慧城市科技企业孵化器4个国家级孵化器获评优秀（A类）。

13日　南京民间抗日战争博物馆和上海淞沪抗战纪念馆联合举办的“青春热血保家乡——抗战老兵口述史展”在上海淞沪抗战纪念馆开展。

14日　软件谷与南京旅游集团签约建设数字文旅产业园项目。该项目位于铁心桥地区，计划投资30亿元。

17日　雨花台区“出生一件事”集成服务平台上线。居民在辖区派出所窗口可直接办理新生儿户口、社会保障卡和医保登记。

18日　雨花台区举行滨江大道省道338雨花（板桥）段工程开工仪式。工程北起南江路、南至江宁河桥，全长3.78千米。

23日　工信部、教育部和江苏省政府共同举办的中国软件名园高质量创建工作座谈会在云密城举行。

27日　区委政法委、区司法局、区人力资源社会保障局、区法院、区总工会共建的雨花台区劳动人事争议联合调处中心揭牌成立。

29日　梅钢工业文化旅游区被南京市旅游资源规划开发质量评定委员会认定为国家AAA级旅游景区。

30日　软件谷在2021云上中国（南京）国际软件信息服务交易博览会重大项目签约仪式上，签约轨道交通数字技术研发基地、荣耀终端软件研发、知乎南京区运营基地3个项目，计划总投资120亿元。

同日　全国首部保护具体烈士纪念设施的“点上立法”《南京市雨花台烈士陵园保护条例》，经南京市人大常委会第三十四次会议审议通过。

31日　区委十二届三次全体会议在雨花台中学学术报告厅召开。

责任编辑　张晓华

雨花台区概览

2022 YUHUATAI ALMANAC

Overview of Yuhuatai District

自然状况与历史文化

【城区定位】 雨花台区位于南京主城南部、雨花台畔，是主城的“南大门”，是连接华东、华中、华南、华北的重要交通枢纽，是全国最大的通信软件产业基地，全国首批、江苏唯一的国家软件和信息服务业示范基地、国家数字服务出口基地，是南京打造世界软件名城的核心区域、数字经济创新中心。

【区位交通】 雨花台区坐落在六朝古都南京城区南部，长江之滨，东与秦淮区、江宁区接壤，南与江宁区毗邻，西隔长江与浦口区相望，北与秦淮区、建邺区相邻。雨花台系二三百万年前古长江及其支流古秦淮河的堆积物所形成，相传梁代高僧云光法师在此设坛讲经，感泣天神，落花如雨，故名雨花台。该区地理坐标为北纬31° 53′ 50″ ~32° 05′ 40″，东经118° 36′ 00″ ~118° 52′ 30″。全区面积132.39平方千米。

雨花台区是南京主城南延的重要发展区域，区内交通便捷，距离南京市中心新街口3千米，距长江新生圩港18千米，距离南京禄口国际机场20千米，是南京进出空港的必经之路。华东地区最大交通枢纽、国家铁道枢纽站——南京南站，坐落于雨花台区，京沪高速铁路、沪汉蓉高速铁路、宁杭高速铁路、宁安高速铁路、宁合高速铁路、沪蓉沿江高速铁路（在建）、江苏南沿江城际铁路（规划）等在此交汇，形成密集高铁路网。境内轨道交通优势显著，南京地铁1号线、3号线、10号线、S1号线、S3号线5条地铁线路，共在区内设有12个站点，其中南京南站站、安德门站为多条地铁的换乘站，在建地铁7号线、6号线在雨花台区均设有站点。区域内有应天高架、城东干道、城西干道、绕城公路、绕越高速、机场高速、宁马高速等多条快速干道和南京大胜关长江大桥，形成便捷的交通路网体系，成为南京连接江南与江北、主城与郊区的重要交通门户，辐射皖南、皖北、苏南、苏北、浙北的重要窗口和连接华东、华中、华南、华北的重要交通枢纽。

【气　候】 雨花台区属北亚热带湿润气候，受西北风环流影响，季风明显，四季分明，冬冷夏热，光照充足，雨量充沛。每年6月下旬到7月中旬为梅雨季节。主要气象灾害有台风、寒潮、连阴雨、冰雹、炎热高温和旱涝。丘陵地干旱缺水和平原圩区的洪涝灾害时有发生。

2021年，依据雨花台区内南京市梅山第二中学和板桥汽渡自动气象站监测信息分析，雨花台区平均气温显著偏高，降水量偏多。其中，南京市梅山第二中学监测站年平均气温18.0℃，较常年偏高2.0℃；年极端最高气温38.3℃，极端最低气温-8.2℃。年降水量1140.6毫米，年降水日数124天。2021年气候年景总体评价为中等偏差，主要气象灾害为寒潮、暴雨、强对流、高温、台风、雾和霾。春季多冷空气和寒潮影响，出现3次暴雨天气，2次较明显的浮尘天气。夏季多强对流天气，降水偏多，雨花台区出现4次暴雨天气。入梅偏早（6月13日），出梅正常（7月11日），梅雨期29天，较常年略偏长，梅雨量分布不均。秋季多大雾天气。全年受到台风“烟花”和“灿都”影响，其中“烟花”台风为南京有气象记录以来停留时间最长、过程雨量最大、影响范围最广的台风。

2021年农业气象条件总体利大于弊，年初低温冰冻，夏季暴雨及短时强降水频发，秋季气温异常偏高、中期多阴雨天气以及12月降水异常偏少对农业生产造成不利影响。

（南京市气象局）

【地质地貌】 雨花台区地处长江下游，地势东南高，西北低。属丘陵平原地区，境内有山、有水、有圩、有洲。地形可分为平原圩区、黄土高岗和低山丘陵3种地貌形态。

平原圩区。宁芜铁路以西，是广阔的平原，地面高程为5~9米，由长江、秦淮河冲积而成，分为长江圩区和秦淮河圩区。长江圩区包括板桥、西善桥等街道部分地段，由长江泥沙冲击而成的河漫滩地逐渐发育形成平坦的冲积平原。秦淮河圩区是平原。

黄土高岗。在平原与丘陵之间是一片岗地，由长江冲积平原随着地面3次抬升而形成一级比一级高的三级阶地。由于长期受水流冲刷被切割成零星分布的垄岗高丘。最高砂砾石岗地，分布在雨花、铁心桥、西善桥、板桥等街道部分地段，分布面积占全区总面积20.9%，顶部高程50~60米，蕴藏名闻遐迩的雨花石。

低山丘陵。主要分布在东南端铁心桥、西善桥、板桥等街道一带，高程60~240米，以韩府山、将军山、虎头山、岱山、罐子山为主体，地势较陡，风化层较薄，是成片林木出产基地。

【自然资源】 雨花台区位于南京南部主要绿色走廊之上，山清水秀，风景优美。境内牛首山、将军山、韩府山自然植被保存完好。区域西南为滨江圩田、洲地。地势东南高、西北低，西北圩田、洲地最低海拔仅有6米。境内河流、湖泊、水库交织成网，山丘植被被松、竹、茶、果、药材覆盖。全区绿化覆盖率50%、林木覆盖率31.31%。

土地资源。雨花台区位于地带性土壤黄棕壤分布区域内，黄棕壤长期受到人类生活影响，形成以水稻土、菜园土为主的耕作土壤。水稻土分布于板桥、西善桥、铁心桥等街道；菜园土分布于雨花、板桥、西善桥等街道。

森林资源。主要分布在铁心桥街道韩府山、将军山、牛首山为主体的省级南郊森林公园和绕城公路、205国道、宁马公路、机场路、宁芜铁路两侧。树种主要以松、杉、柏、意杨、垂柳、杂阔等为主；近年着力打造铁心桥韩府山、将军山主题山头，大量栽种栾树、马褂木、香樟、紫叶李、广玉兰、红玉兰、枫香、女贞等树种。

矿产资源。区境东南为丘陵地区，东南山丘平均海拔25米，最高山岭183米（牛首山除外）。丘陵山区产片石、卵石、砂石、陶土和雨花石；铁矿资源较为丰富，境内梅山矿业公司是国内重点黑色金属矿山企业之一，梅山铁矿具有矿体集中、储藏量大、品位较高、易于开采等优势。

图为7月19日拍摄的花神湖。 （区委宣传部 供图）

水资源。雨花台区圩区池塘密布，水系畅通，交织成网。其中主要河道有8条，分别是长江（雨花段）、秦淮新河（雨花段）、板桥河、工农河、江宁河、南河、南南河和农花河，堤防总长度67.09千米。街道级行洪河道20条，总河长48.4千米。排涝泵站49座，设计总流量每秒182.96立方米。有水闸4座，分别是中型水闸板桥河闸、南河闸和小型水闸工农河闸、八〇七涵闸。10万立方米以上重点塘坝5座，包括大石湖、安堂凹、静明寺、莲花湖和花神湖等。

【历史人文】 雨花台区三分之一面积为南京市六朝古墓葬重点保护区，自20世纪50年代至今，雨花台区出土大小古墓葬800余座，出土文物达2万余件。其中“竹林七贤”砖刻壁画是江苏省唯一列入国家文物局首批64件禁止移动的国宝。古文化遗址3处，帝陵5处，名臣名将名宦墓葬28座，公主驸马墓葬11座。雨花台区是南京乃至全国唯一拥有佛教、道教、伊斯兰教、天主教重要遗迹的建成区。该区历史上有98座佛教寺院，如高座寺、新林寺、天界寺、天隆寺等。明代雨花台区佛寺有三分之一为“坟、寺、祠”合一。道教人物有东晋梅颐、鲍靓，明初道教领袖、长春派祖师刘渊然；伊斯兰教刘智；明代天主教传教士颜尔定、邬若望、张玛诺、林玛诺、罗文藻（首位中国籍主教），均葬于雨花台。

战略要地：雨花台区自古就是南京西南方向的战略要地，新亭垒、雨花台炮台、大胜关、三山矶、牛首山、将军山均为兵家必争之地。著名典故有三国归晋最后一战（东吴与西晋，发生地板桥及附近江面），刘宋时期新亭战役，南宋时期牛首山岳飞抗金战，明代朱元璋与陈友谅大城港战役，太平天国雨花台战役，抗日战争时期牛首山、菊花台、雨花台保卫战等。

送别怀旧之地：自东吴起，新亭、劳劳亭、雨花台逐步成为金陵文化地标，其他包括阴山矶、石子岗、梅冈、新林浦、板桥浦、西浦、白鹭洲、木末亭、松坞草堂等，吸引历代文人墨客，谢朓、梁武帝、范云、沈约、李白、杜甫、王安石、白居易、李贺、欧阳修、苏东坡、曹学佺、汤显祖、乾隆皇帝、郑板桥等，都在雨花留下足迹。至2019年收集清代以前有关雨花台区诗词歌赋1500余首。

传奇汇集之地，包括：雨花台之天花乱坠，文学意象之新亭对泣，“张硕新林浦畔遇仙女”（杜兰香），“佛佑慧和断军刀”“罗儿守孝绝豺狼”“沙弥哭母长新林”“沙弥止风”，铁心桥传说，折柳送别，花神湖传说等。

山水人文之地：南有牛首山、马家山、观子山、刘家山、马鞍山、岱山、小山、常府山、三山、落星岗，东有郭家山、韩府山、三桥湿地公园。将军山，东北至西南有戚家山、土门冈、梅冈、雨花台、望江矶、邓府山、石子岗、玉环山、新亭垒（长山）、劳劳山、阴山矶。历史上有帝王园林4座，名人私家园林17座，知名亭阁楼台桥16处。

至2021年年末，雨花台区有文物资源点61处，包括全国重点文物保护单位4处6个文物点、省文物保护单位6处、市文物保护单位23处，区文物保护单位10处，一般不可移动文物16处。文物资源点中有古遗址7处、古墓葬17处、古建筑12处、石窟寺及石刻8处、近代建筑15处、其他2处。有非物质文化遗产21项，被列入市级名录7项。被列入《南京红色印迹（1921—1949）》的红色资源点3处。

【建置沿革】 距今5000年前，雨花台区域便有居民生息繁衍，散布着原始聚落。

春秋属吴，后属越，战国初期属楚。周显王三十六年（前333），楚建置金陵邑于石头山，今区境西北部紧贴石头山（当时仍为江水所漫），区境属金陵邑辖境。

秦属秣陵。

汉初仍为秣陵县，武帝元朔元年（前128）改秣陵县为秣陵侯国，今区境属之。元鼎四年（前113）复为秣陵县。新莽天凤元年（14）改秣陵县为宣亭县。更始元年（23）复称秣陵县。东汉建安十七年（212）孙权改秣陵县为建业县，今区境属建业。晋太康元年（280）划其西南部，新置临江县，二年改临江县为江宁县，三年改建业为建邺。吴灭，建邺复为秣陵。今雨花台区东、北部属建邺，西南部属江宁，其余皆为秣陵县地。

东晋建兴元年（313），亦分属建康（建邺改称建康）、秣陵、江宁3县，为京畿之地。梁天监元年（502）梁武帝以其出生地秣陵县同夏里，置同夏县，今区境东部为同夏县地。

隋开皇九年（589），并建康、秣陵、同夏诸县入江宁，今区境全属江宁。

自南唐至清末，上元、江宁同城附郭而治。今雨花台区即江宁县沙洲、凤西、安德、凤东、开元、兴贤、光宅诸乡地域。

1912年，废上元、江宁县，属南京府。同年12月16日，复置江宁县。1916年，江宁全县改划7市、9乡。今雨花台区境在江宁市、凤台乡、滨江乡、江东乡等市、乡地域。

1927年，民国政府定都南京，废金陵道，南京建特别市。江宁县隶于江苏省。1934年，划定市界，今区境大部划入南京市区，以其偏西部分划设第十一区，其东部一角则属第十区。

日军侵占南京之后，1939年，以国民政府所设区划。

1945年，抗战胜利后，国民政府宣布废除汪伪各区建置，恢复抗战前各区。但仍以原第十、第十一区（即孝陵卫、上新河2区）辖域辽阔不便管理为由，保留了安德门区，改称第十一区。原上新河地区之十一区改为第十二区。1949年1月，从十二区划出江心洲，另建第十五区。

1949年4月23日，南京解放，境内仍属南京市第十一、十二区。同年6月，撤第十五区（包括永定、旗杆、东宏3乡），复归第十二区。同年12月，划乡建镇。十一区辖10乡2镇。十二区辖11乡3镇。1950年6月，原第十一、十二区分别改称为第十区、十一区。1953年7月，第十一区划归江宁县。1955年8月，十区改名雨花台区。1958年10月，雨花台区被撤销，与其他3个郊区合并成立南京市郊区。1963年4月，南京市郊区撤销，分建雨花区和江东区。同年7月，雨花区复称雨花台区。1965年5月，江东区、雨花台区全部和中山陵园部分调整合并为雨花台区。1983年实行政社分开，重建各乡。雨花台区设5镇、9乡。1987年12月，建立全区第一个街道级的雨花新村办事处。1995年4月，南京市扩大城区范围，雨花台区划出石门坎、红花和江东3镇，石门坎镇划归白下区，红花镇划归秦淮区、江东镇划归鼓楼区和建邺区。划入江宁县东山镇农花村，江宁镇永安、孙家、邵庄、新建、三山5个村和谷里乡梅村，以及梅山冶金公司用地范围。2000年10月，成立工业集中区。2002年10月，南京市区划调整，雨花台区原江心洲镇、沙洲街道和双闸街道秦淮新河以北地区划入建邺区。2006年，工业集中区更名为南京雨花经济开发区。2008年8月，成立雨花软件园管理委员会、板桥新城管理委员会。2011年9月，雨花软件园管理委员会撤销。2011年8

月1日，市委、市政府决定成立中共南京市委中国（南京）软件谷工作委员会、中国（南京）软件谷管理委员会，为市委、市政府派出机构，委托雨花台区管理。2012年6月，撤销雨花新村街道办事处。2020年3月6日，市政府批复设立古雄街道。

表1 2021年雨花台区街道（园区）所辖社区情况一览表

街道（园区）	社 区	数量（个）
雨花街道（花神大道3号）	康盛花园社区、翠竹园社区、翠岛花城社区、农花社区、丁墙社区、花神庙社区、雨花社区、共青团路社区、普德村社区、能仁里社区、雨花台社区、凤凰山社区、吉山社区、云台山社区、青龙山社区、南站社区	16
赛虹桥街道（应天大街689号）	赛虹桥社区、长虹路社区、玻纤院社区、小行社区、菊花里社区、安德门社区、龙福社区、邓府山社区	8
铁心桥街道（大周路59号）	景明佳园社区、春江社区、铁心社区、尹西社区、定坊社区、高家库社区、马家店社区、翠岭银河社区，新河社区	9
板桥街道（振兴路59号）	板桥社区、绿洲社区、殷富社区、孙家社区、三山社区、永安社区、新建社区	7
西善桥街道（西善桥北路68号）	西善桥社区、油坊社区、古遗井社区、福润社区、西善花苑社区、齐修社区、嘉业社区、平治社区、明义社区、永盛社区	10
梅山街道（梅芳路9号）	中兴路社区、上怡新村社区、梅清苑社区、梅岭社区、梅欣社区	5
古雄街道（新湖大道16号）	柿子树社区、古雄社区、大方社区、新林社区	4
雨花经济开发区（龙飞路16号）	近华社区、天保社区、西寇社区、天后社区、锦华新城社区	5
合 计		64

（区民政局）

【行政区划】 2021年，雨花台区辖雨花、赛虹桥、铁心桥、板桥、西善桥、梅山、古雄7个街道办事处和雨花经济开发区，共64个社区。

【人口民族】 2021年，雨花台区户籍总户数126042户，比上年增长4.1%；户籍人口326888人，比上年增长3.0%。户籍人口中，男性164047人、女性162841人。全年新生人口2782人、死亡人口1687人。常住人口61.63万人，比上年增长1.2%。流动人口151584人；寄住人口35883人。全区有少数民族33个、常住人口6853人。

经济社会发展

【经济发展】 2021年，雨花台区完成地区生产总值1015.55亿元，一般公共预算收入91.58亿元，社会消费品零售总额731.18亿元，外贸进出口总额361亿元。全体居民人均可支配收入7.17万元。

2021年，雨花台区举办数字服务出口基地创新发展论坛等专场活动，新签约亿元以上项目110个、计划总投资800亿元，其中，华控创为、中兴5G+产业园等10亿元以上项目15个。

深化项目“红黄绿”三色督查机制，新开工亿元以上项目20个，竣工32个。实现软件业务收入2500亿元，软件谷先后获批省信创产业生态基地、首批江苏软件名园、省信创产业先导区。在全市率先出台“都市工业智能制造企业培育计划”，集中挂牌都市工业园区（楼宇）10个，规上工业总产值610亿元。建成宜悦城、证大喜马拉雅综合体，新增商业设施50万平方米。推动梅钢等重点企业实质性开展能耗“双控”和有序用电工作。实施独角兽瞪羚企业、高新技术企业培育计划和企业培育“小升高”“高升规”专项行动，全区有独角兽、培育独角兽、瞪羚企业51家，高新技术企业826家。满帮集团在纽交所上市，成为全国“数字货运第一股”。培育入选紫金山英才高峰计划顶尖人才2人、创新型企业家17人、高层次创新创业人才16人。新增有效发明专利909件，获评江苏知识产权强省建设示范区。2家文化企业入选南京市“金梧桐”文化企业十强。组建互联网产业联盟、集成电路产业联盟、紫金（南京）信创产业联盟，推动产学研用融合。汇聚融合创新资源，集聚省级及以上科技企业孵化器13家、众创空间18家，市级新型研发机构21家，博士后科研工作站21家。建立市场化产业引导基金运行机制，总规模58亿元的“双创”投资引导基金入选2020年度中国最佳政府引导基金（区县级）榜单。在全市率先实现自助终端“跨省通办”、率先推进惠企政策“免申即享”“即申即办”，“及时雨”政策直达平台获评全市“放管服”改革“十佳案例”。创新政府投资工程项目建设管理模式获省主要领导批示，智慧投资审计系统的经验做法被国家审计署全国性专题会议推广。年内，雨花台区国家级“双创”示范基地建设，四年内第三次获国务院督查激励。

【区域建设】 2021年，雨花台区新建等级道路14条，数字大道、机场二通道、梅苑南路北段建成通车。出让居住用地11幅64.13万平方米，实施经开区秦淮新河入江口南岸片区建设。改造棚户区30万平方米、整治老旧小区66万平方米，小行里51号危旧房改造项目获“2021年中国土木工程詹天佑优秀住宅金奖”。开展低效用地再开发，获评2020年度江苏省自然资源节约集约利用模范区。实施城市精细化建设管理项目74个，高标准创建文明典范城市。建成垃圾分类亭房660座，实现居民小区和机关企事业单位设施建设、收运体系、宣传引导全覆盖。

【绿色发展】 2021年，雨花台拓展滨江生态岸线，提升江豚广场、三桥湿地公园、三山矶公园绿化景观。执行“十年禁渔”，建立长江大保护综合执法中心暨长江禁渔联动执法中心，长江禁渔智慧管理系统在农业农村部、公安部召开的现场会上被观摩。落实河湖长制、断面长制，全域消除劣V类水体。严控扬尘、移动源和餐饮油烟污染，空气质量优良天数比率83%，$PM_{2.5}$浓度26.3微克/立方米，同比下降15.4个百分点。实施园林绿化项目15个，建成花神湖公园、雨花大道绿道工程和玉兰广场、吉庆里东侧游园、新林大道街角游园3个口袋公园，全年新增绿地22.35万平方米。在全市率先启用林长制信息化管理平台，林木覆盖率达31.31%，绿化覆盖率达50%，公园绿地服务半径覆盖率达92.72%。

【社会事业】 2021年，雨花台区援助就业困难人员实现再就业，“零就业家庭”至少一人就业覆盖率100%，新增城镇就业1.61万人、大学生就业2.69万人。推进根治欠薪工作，保障农民工工资支付工作连续四年获得市对区考核A等次，雨花台区人力资源社会保障局获评全国根治拖欠农民工工资工作先进集体。实施“三名”工程，落实“双减”任务，软件谷中学、雨花外国语小学东校区等4所中小学、幼儿园建成开办，获评省义务教育优质均衡发展区。举办“雨花满天”“诗意雨花”等展览，中国美术家协会新文艺群体（组织）、青少年展览与推广中心落户。区体育总会被国家体育总局评为“全国群众体育先进单位”。与省人民医院签署省妇幼保健院总部项目建设协议，建成首批江苏省社区医院示范区，实现国家“优质服务基层行活动”推荐标准达标率和社区医院建设覆盖率两个“全省第一”，基层卫生工作再获省政府真抓实干督查激励。建成雨花智慧健康养老服务平台，拥有养老机构19家、护理型床位2047张，居家养老中心和为老助餐点实现社区全覆盖。成立区慈善总会，开展“喘息服务”“时间银行”等活动。完善“大数据+网格化+铁脚板”治理机制，推进市域社会治理现代化，西善桥街道作为全省唯一受邀参会街道在长三角基层民主协商主题论坛上分享经验。聚焦“三社联动”，雨花台区获全国社区治理和服务创新实验区称号。实施平安雨花、法治雨花建设，无偿提供法律援助633件，岱山法律援助站获评全省法律援助先进集体。

表2　2021年雨花台区城镇居民家庭全年人均收支情况统计表

指　　标	绝对数（元）	增幅（%）
人均可支配收入	71663.2	9.1
工资性收入	53300	9.3
经营净收入	4604	7.5
财产净收入	10785	9.1
转移净收入	2974.2	8.1
生活消费支出	42183.0	18.1
食品烟酒	10819.0	18.7
衣着	2908.0	20.1
居住	8403.0	14.2
生活用品及服务	2595.0	22.3
交通通信	8391.0	18.3
教育文化娱乐	6896.0	18.8
医疗保健	1245.0	20.8
其他用品和服务	926.0	20.1

（区统计局）

责任编辑　张　玄

雨花台年鉴

2022YUHUATAI ALMANAC

中国（南京）软件谷

2022 YUHUATAI ALMANAC

China（Nanjing）Software Valley

综　述

【概　况】2021年，中国（南京）软件谷（以下简称软件谷）围绕“建设具有国际影响力的中国软件名园”发展定位，进一步发挥产业集聚优势，聚焦软件和人工智能产业链，瞄准关键核心技术突破，通过强链、补链、延链，着力构建成果丰富、企业发展的“双创”生态体系，全力打造产业高地、人才高地与创新高地。全年完成地区生产总值566.6亿元；完成一般公共预算收入36.23亿元，同比增长16.3%；实际利用外资及港澳台资到账1.73亿美元；外贸进出口总额246.5亿元，同比增长18.5%。实现软件业务收入2500亿元，同比增长15.2%；新增软件产业建筑面积64.76万平方米，总量1078.82万平方米；新增涉软企业350家，总数3492家；新增涉软从业人员2万人，总数32万人。全年招引各类项目195个，其中亿元以上签约项目50个，签约项目投资总额402亿元，实际使用内资94亿元。新增市级新型研发机构5家，总数22家；入选国家级科技孵化器3家，入选国家级众创空间5家，华为云创新中心、华为人工智能创新中心等一批公共服务平台建设成效显著。全年净增高新技术企业93家，总数655家；新增独角兽企业2家、培育独角兽企业16家、瞪羚企业12家，独角兽、培育独角兽、瞪羚企业总数45家。年内，雨花台区“双创”示范基地建设第三次获国务院督查激励表彰，软件谷获批首批江苏软件名园培育试点园区、江苏省信创产业先导区和南京市数字经济产业园区。

表3　2021年软件谷新增独角兽企业名录

序号	企业名称
1	亚信安全科技股份有限公司
2	众能联合数字技术有限公司

（软件谷）

表4　2021年软件谷新增培育独角兽企业名录

序号	企业名称
1	南京天溯自动化控制系统有限公司
2	南京天创电子技术有限公司
3	南京网觉软件有限公司
4	舟谱数据技术南京有限公司
5	江苏芯云电子科技有限公司
6	南京长观信息科技有限公司
7	南京慧目信息技术有限公司
8	江苏斑马软件技术有限公司
9	南京蒙柏信息产业有限公司
10	中兴飞流信息科技有限公司
11	南京苗米科技有限公司
12	江苏坤泽科技股份有限公司
13	南京曦光信息科技研究院有限公司
14	江苏久鑫通供应链服务有限公司
15	南京象皮尼科技有限公司
16	南京钛果供应链信息技术服务有限公司

（软件谷）

表5　2021年软件谷新增瞪羚企业名录

序号	企业名称
1	南京慧和建筑技术有限公司
2	南京隆远电气技术有限公司
3	江苏翼企云通信科技有限公司
4	南京福康通健康产业有限公司
5	南京深大工程技术有限公司
6	南京灵动信息技术有限公司
7	南京正泽科技股份有限公司

续表5

序号	企业名称
8	南京铉盈网络科技有限公司
9	南京正驰科技发展有限公司
10	新立讯科技股份有限公司
11	南京嘉环科技股份有限公司
12	南京蜂泰互联网科技有限公司

（软件谷）

【江苏省信创产业生态基地揭牌】 5月31日，江苏省信息技术应用创新产业生态基地揭牌暨紫金信创产业联盟成立仪式在云密城举行。卓易信创产业园、亚信安全总部、航天宏图华东总部、永中软件研发中心等重点项目现场签约，由南京市产品质量监督检验院承建的信创适配保障中心项目落户。紫金信创产业联盟发起成员单位75家，由江苏航天七零六信息科技有限公司担任第一届理事长单位。联盟将通过沙龙、专题研讨等活动，打造信创产业重点企业与其生态圈伙伴的创新、展示交流平台，研讨信创产业发展动向，为信创产业推广提供技术、人才、科研、标准等支撑服务，营造区域性信创产业生态链，构建信创产业集聚区。

5月31日，江苏省信息技术应用创新产业生态基地揭牌暨紫金信创产业联盟成立仪式在云密城举行。

（软件谷　供图）

【软件谷获批数字经济产业园区】 9月24日，南京市首批数字经济产业园区拟认定名单公示，全市24个产业园区上榜，软件谷是唯一综合型数字经济产业园区。软件谷企业——南京翼辉信息技术有限公司十年研发的SylixOS实时操作系统被搭载在国内首套自主可控700兆瓦大型水电站智能监控系统上，填补国内领域空白，成为航空航天、电力、轨道交通等行业实现国产替代的关键技术。软件谷发挥主导产业优势，推动软件产业集聚发展，实现产业稳步增长，创新创业生态初步形成，成为全市发展数字经济的重要承载区和创新创业氛围最活跃的区域之一。至年末，软件谷集聚软件企业3492家，涉软从业人员32万人，完成地区生产总值566.6亿元。

【软件谷入选首批江苏软件名园培育试点园区】 10月15日，江苏省工业和信息化厅公示江苏软件名园培育试点名单，软件谷入选首批、第一层次江苏软件名园培育试点园区。软件谷坚持以建设具有国际竞争力的软件专业园区为目标，以“3+N”（围绕通信、交通、能源三大方向，金融、医疗、零售、城市治理和政务等N个领域）为总体发展思路，聚焦大型行业应用软件，培育一批骨干企业，研发具有自主知识产权的软件知名产品，提升产业基础能力和产业链水平。至年末，软件谷有南京嘉环科技有限公司、亿嘉和科技股份有限公司、诚迈科技（南京）股份有限公司、江苏润和软件股份有限公司、南京翼辉信息技术有限公司等骨干企业30余家，在软件工程化能力、知名产品、关键技术等方面具备实力，成为引领园区软件领域规模壮大和品质提升“主力军”。

【中国软件名园高质量创建工作座谈会】 12月23日，由工业和信息化部、教育部和江苏省人民政府共同举办的中国软件名园高质量创建工作座谈会在云密城举行。与会地方工信主管部门代表、软件园区代表以及企业代表围绕软件产业面临的形势和机遇，总结经验、分析问题，探索软件名园建设思路，寻求软件产业高质量发展实现路径，为中国软件名园高质量创建注脚。座谈会上，为第十届“中国软件杯”大学生软件设计大赛一等奖获奖队伍代表颁奖，同时启动第11届“中国软件杯”大学生软件设计大赛。工业和信息化部总经济师许科敏、信息技术发展司司长谢少锋，教育部职业教育与成人教育司二级巡视员李春等参加会议，山东、合肥、深圳、西安等省市工信部门、重点园区及驻园企业代表线上参会。会议期间，许科敏一行调研软件谷软件产业发展情况。（软件谷）

招商引资

【概　况】 2021年，软件谷在“2021中国（南京）国际软件产品和信息服务交易博览会”“2021中国南京金秋经贸洽谈会”等重大招商活动平台上重点推介软件谷产业特色，开展“软件谷信创产业峰会”“软件谷集成电路产业（上海）招商推介会”等专题招商活动。全年实现签约项目投资总额402亿元，实际使用内资94亿元，实际利用外资及港澳台资1.73亿美元，引进绿盟科技华东总部基地、华创存储、宝马诚迈研发中心、知乎内容审核中心等各类项目195个，其中亿元以上重大项目50个。

【江苏卓易信息信创产业项目落户】 1月14日，江苏卓易信息信创产业项目落户软件谷，由江苏卓易信息科技股份有限公司投资，计划总投资5亿元。该项目围绕信创产业，计划引入江苏卓易信息科技股份有限公司及信创产业链上下游资源，包含计算设备固件技术、中间件、信息安全等相关企业，联合打造信创产业园区。

【宝马诚迈研发中心项目落户】 4月1日，由宝马（中国）汽车贸易有限公司与诚迈科技（南京）股份有限公司共同组建的研发中心——宝马诚迈信息技术有限公司在软件谷注册成立并投入运营，计划总投资5亿元，于9月入驻金地威新雨花创新中心，办公面积4148.08平方米。依托宝马集团在汽车整车集成能力和诚迈科技在汽车嵌入式系统软件开发专业服务，宝马诚迈信息技术有限公司主营汽车电子控制单元（ECU）软件、智能驾驶舱软件、车联网软件、自动驾驶软件等产品研发，为宝马汽车用户提供个性化数字产品与服务，致力成为宝马全球最重要的软件研发中心之一。

【绿盟科技华东总部基地项目落户】 4月7日，由绿盟科技集团股份有限公司投资的绿盟科技华东总部基地项目落户软件谷。绿盟科技集团股份有限公司在软件谷注册全资子公司江苏绿盟安全科技有限公司，设立绿盟科技华东总部基地，计划总投资5亿元，参与软件谷南园总部经济园二期联合拿地，计划兴建华东研发中心、华东安全运营团队和华东业务总部，建成后承担华东研发实验基地、信创技术研究基地、工业安全产品研发基地、网络安全人才教育实践基地四大主要职能。

【金地威新雨花创新中心开园】 4月23日，金地威新雨花创新中心开园暨重大项目入驻签约仪式在金地威新雨花创新中心举行。中心位于软件谷北园，北至圣迪奥时装总部、南至步步高通信项目、东至华为路、西至宁丹路，占地面积2公顷，建筑面积9.6万平方米（含地面建筑6万平方米、地下建筑3.6万平方米），由2幢塔楼及2层裙楼组成，是金地商置集团有限公司在南京建设的首个项目，是集总部基地、孵化器、加速器于一体的创新产业基地。至2021年年末，引进荣耀终端有限公司南京分公司、宝马诚迈信息技术有限公司、航天宏图信息技术股份有限公司、武汉佰钧成技术有限责任公司等一批战略新兴产业龙头企业。

4月23日，金地威新雨花创新中心开园暨项目入驻签约仪式在金地威新雨花创新中心举行。（软件谷　供图）

【软件谷信创产业发展峰会】 6月28日，软件谷信创产业发展峰会暨云固体新产品发布会在南京丰盛五季凯悦臻选酒店举行。峰会上，国产系统固件核心框架及产品——ByoCore2.0发布，该产品BIOS（基本输入输出系统）在国内固件技术上实现安全自主，被应用在信创整机固件产品研发中，对国产CPU（中央处理器）和操作系统摆脱国外技术依赖有重要意义；浪潮集团有限公司、华为技术有限公司、上海兆芯集成电路有限公司、同方计算机有限公司等数十家国内外知名企业深入探讨信创产业新未来；中国工程院院士倪光南作演讲。

【软件谷集成电路产业（上海）招商推介会】 9月17日，由雨花台区人民政府和软件谷管委会联合主办、芯谋市场信息咨询（上海）有限公司承办的“芯动长三角 赋能产业发展”软件谷集成电路产业（上海）招商推介会在上海浦东新区举行，近百位长三角区域集成电路企业家代表和行业精英参加。现场签约集成电路产业合作协议5个，计划投资总额23亿元，包含胜科纳米区域总部、原磊纳米材料总部等长三角地区集成电路企业项目以及犇嘉创投、芯谋研究一类产业服务机构项目。

【跨境电子商务产业发展大会签约项目】 10月12日，软件谷在2021中国南京金秋经贸洽谈会雨花台区专场活动——雨花台区跨境电子商务产业发展大会上，签约胜科纳米区域总部、亿嘉和机器人研究院、宏创盛安研发中心等项目11个，计划投资总额58.98亿元。

【金洽会集中签约项目】 10月13日，软件谷参加“2021中国南京金秋经贸洽谈会重大项目集中签约仪式”，签约项目3个，计划投资总额108亿元，分别为计划投资2亿美元的运满满物流大数据总部项目、计划投资60亿元的中软国际（软件）生态研发总部基地项目以及计划投资35亿元的华创存储项目。

【华创存储项目落户】 11月1日，华创存储项目落户软件谷，由南京华控创为信息技术有限公司与软件谷管委会合作共建，位于润东产业园，办公面积6480平方米，计划投资总额35亿元，规划在软件谷建设存储产品升级项目、SMT（表面组装技术）贴片产线、人工智能与大数据技术研发中心以及卫星大数据存储研发中心。

【粤港澳（深圳）投资推介会签约项目】 12月1日，软件谷参加的南京“十四五”产业创新发展粤港澳（深圳）投资推介会在深圳举行，粤港澳大湾区知名企业、高校院所、研发机构以及资本机构负责人等近300名代表参加。会上集中签约重大项目32个，投资总额近500亿元。其中，软件谷签约项目2个，计划投资总额35亿元，分别是计划投资30亿元的TP-LINK华东总部项目、计划投资5亿元的朗力半导体南京研发中心项目。

【云上南京软博会签约项目】 12月30日，软件谷在2021云上中国（南京）国际软件信息服务交易博览会重大项目签约仪式上，签约项目3个，计划投资总额120亿元，分别是计划投资105亿元的轨道交通数字技术研发基地项目、计划投资10亿元的荣耀终端软件研发项目、计划投资5亿元的知乎南京区运营基地项目，签约总投资额与签约数量均位列全市第一。

（软件谷）

项目建设

【概　况】 2021年，软件谷产业建设项目24个，含实施类市重大项目10个，均按序时进度推进。市、区重大房建项目12个，总建筑面积225万平方米。代建市政项目23个，全年完成产值2.7亿元。出让伟思医疗项目、南京东地中心项目和江苏公共安全人工智能产业园3幅科研用地。软件谷5G+产业园、江苏讯动研发中心（百度首屏）、运满满全国总部、总部经济园二期、八五一一所研发总部、同盛电力以及数字文旅产业园等一批在手土地项目进入挂牌流程。

【区人代会确定项目】 2021年，软件谷承担区人代会项目39个，年度计划投资72.89亿元，实际完成投资85.63亿元，投资完成率117.5%。其中，亿嘉和特种机器人、佳源科技等8个项目开工建设，雨花人工智能产业园、“创星+”科技产业园、“互联网+”科技产业园、新立讯、浩丰科技等11个项目实施基础建设，软件谷智慧城市软件产业基地、南大数码等4个项目实施主体建设，南海生物、软件谷金融科技产业园等3个项目主体封顶，海泽商办综合楼、宇龙通信华东总部等5个项目主体竣工，总部经济园二期、软件谷卓易合作项目、伟思医疗等7个项目办理前期各项手续，众能联合项目推进设备采购。

【软件谷洁源科技金融城】 软件谷洁源科技金融城位于软件谷北园，东至华为路、南至宁双路、西至安德门大街、北至新华路，项目占地面积3.9公顷，建筑面积24万平方米，计划总投资16亿元，于2019年1月开工建设，规划新建科技研发办公楼宇及相关配套设施，打造集聚江苏顶尖金融科技、金融安全、金融征信等新金融企业科技产业园。至2021年年末，完成幕墙安装约50%。

【软件谷智慧城市软件产业基地】 该项目位于软件谷北园，东至益智路、南至法医中心、西至南海生物科技园、北至软件大道，占地面积3.53公顷，建筑面积19.5万平方米，计划总投资10亿元，于2020年1月开工建设，规划建设科研软件产业基地及相关配套设施。至2021年年末，主体结构完成80%，完成基坑回填。

【亿嘉和特种机器人研发及产业化项目开工】 2月，亿嘉和特种机器人研发及产业化项目开工建设。该项目位于软件谷北园，东至创举路、南至博雅路、西至高家库路、北至莫家湾路，占地面积2.33公顷，建筑面积7万平方米，计划总投资6.2亿元，计划建成后主要用于亿嘉和科技股份有限公司室内轮式智能巡检机器人、室内智能巡检操作机器人和消防搜救机器人研发。

【佳源科技智慧物联网产业园开工】 6月19日，市重大项目佳源科技智慧物联网产业园举行开工仪式。该产业园位于软件谷南园，东至高家库路、西至博雅路、南至创思路、北至创举路，占地面积3.05公顷，建筑面积8.5万平方米，计划总投资10亿元，计划建成后作为佳源科技南京总部基地，以物联网产业为主导，重点开展国产自主可控的芯片与人工智能算法研发，集聚具有行业竞争力的上下游企业，成为行业领先的智慧物联网产业园区。

（软件谷）

载体建设

【概　况】 2021年，软件谷20家企业入选市级工程技术研究中心培育库企业，13家企业被认定为市级工程研究中心，累计有18家省级、65家市级工程技术研究中心。新增国家级众创空间1家，集聚各类众创空间总数28家，含国家级备案5家、省级备案9家、市级备案14家。新增省级科技企业孵化器2家，集聚各级科技企业孵化器总数25家，含国家级备案3家、省级备案5家、市级备案17家。年内，南京科特科技企业孵化器、雨花台区科技创业中心和南京市创业创新城科技企业孵化器在国家级孵化器绩效评价中获评优秀等次。

【南京市物图互动数字孪生工程技术研究中心】 南京市物图互动数字孪生工程技术研究中心由南京优玛软件科技有限公司投建。该中心是为智慧工厂、智慧园区、智慧城市等领域，提供硬件采集、数据传感、数据处理、数据可视化应用的综合化物联网和数字孪生大数据处理平台，重点突破物联网、数字孪生和大数据领域。中心于2019年7月运营,位于安德门大街57号,建筑面积351平方米。至2021年年末,拥有软件著作权72项,提供软件产品检测10项,软件产品评估3项,受理发明专利2项。

【“双创”服务线上平台上线】 3月31日,软件谷“双创”服务线上平台完成终验正式上线。该平台设置“双创”政策信息服务、科技金融、服务超市、“双创”活动、“双创”业务、“双创”地图和高企培育7大板块,采用大数据、人工智能、爬虫技术领域新技术,构建软件谷自有数据资产,通过政策数据库结合AI智能分析能力,精准定制数据治理算法,加速园区信息数字化。至2021年年末,该平台集聚服务机构67家。

【南京市智慧交通工程技术研究中心被评定为市级工程技术研究中心】 5月,南京市智慧交通工程技术研究中心被南京市科学技术局批准认定为市级工程技术研究中心。该中心依托浩鲸云计算科技股份有限公司,立足智慧交通领域,利用云计算和大数据、人工智能等技术手段,致力于攻关和突破AI在智慧交通领域的应用及机器视觉分析等先进核心技术。中心位于怡化华东研发运营中心。至2021年年末,拥有研发人员300余人(其中,高级职称6人、中级职称18人),拥有授权专利64项,含发明专利58项。

【南京市3D打印智能装备工程技术研究中心被评定为市级工程技术研究中心】 5月,南京市3D打印智能装备工程技术研究中心被南京市科学技术局批准认定为市级工程技术研究中心。该中心依托南京铖联激光科技有限公司,立足数字化口腔医疗领域,采用基于大数据的个性化义齿快速设计技术、激光任务量实时平衡技术、全域超高温预热技术等,重点研发各类齿科级和工业级3D打印数字智造装备,面向全国义齿加工厂、口腔医院、口腔诊所,开展数字化口腔诊疗产品的研究和应用,带动义齿加工产业链数字化、网络化、智能化转型升级。中心于2020年7月运营,位于凤集大道15号,建筑面积约2000平方米。至2021年年末,拥有研发人员78人(其中,博士3人、硕士16人),授权发明专利3项,实用新型专利31项,登记软件著作权5项。

【南京市智慧能源运维工程技术研究中心被评定为市级工程技术研究中心】 5月,南京市智慧能源运维工程技术研究中心被南京市科学技术局批准认定为市级工程技术研究中心。该中心依托南京天谷电气科技有限公司,以互联网+新能源发电运维服务为目标,实现电力设备“智能云运维管理”,为电站业主提供选址规划、运行评估、辅助运维等核心服务,为电站建设方提供设备选型和建设指导意见,为电网公司提供网架建设规划意见和电网调度计划参考,为设备制造商提供全链效率测试和产品改进指导意见,与中国电力科学研究院、河海大学建立长期产学研合作关系。中心研发场所和中试基地位于金地威新雨花创新中心,研发场地面积1396平方米,于2020年5月运营。至2021年年末,创新团队拥有主要技术人员69人(其中,高级职称3人、中级职称11人),拥有专利15件,软件著作权34件。

【南京市智慧水利应用工程技术研究中心被评定为市级工程技术研究中心】 5月,南京市智慧水利应用工程技术研究中心被南京市科学技术局批准认定为市级工程技术研究中心。该中心依托江苏南水科技有限公司，立足智慧水利领域，采用物联网、大数据、移动互联网等技术，重点研发智能监测传感与智慧水利系统集成技术，致力于开发一系列水雨情、水质监测等现代化智能传感设备，为水利行业水文要素监测提供装备。中心位于龙西路11号，于2013年10月投入运营。至2021年年末，拥有研发人员50余人（其中，正高级职称6人、高级职称23人、中级职称17人），拥有授权专利52项，含发明专利10项，登记软件著作权68项。

【南京市数字配电物联网工程技术研究中心被评定为市级工程技术研究中心】 6月，南京市数字配电物联网工程技术研究中心被南京市科学技术局批准认定为市级工程技术研究中心。该中心依托江苏润和智融科技有限公司，立足新能源与高效节能领域，致力于研发完成一套基于场景功能验证的数字配电物联管理平台，实现数字物联网关对传感设备的IP化管理和即插即用管理，研究采用虚拟化容器技术，提出一种边缘设备资源高效利用、业务快速迭代的应用模式。中心于2021年运营，位于软件大道新华汇，研发场地面积1000平方米。至2021年年末，拥有研发人员50人（其中，嵌入式硬件工程师3人、嵌入式软件工程师5人、平台软件开发工程师6人、设备结构工程师2人、系统和设备测试工程师3人、研发辅助管理人员1名），拥有知识产权24项，含发明专利1项。

表6　2021年软件谷企业被认定南京市工程技术研究中心名单

序号	中心名称	依托单位
1	南京市智慧交通工程技术研究中心	浩鲸云计算科技股份有限公司
2	南京市物联智控集成电路工程技术研究中心	南京沁恒微电子股份有限公司
3	南京市智慧物流工程技术研究中心	江苏满运物流信息有限公司
4	南京市工程机械智能运营管理工程技术研究中心	众能联合数字技术有限公司
5	南京市数字电网及新能源芯片工程技术研究中心	南京杰思微电子技术有限公司
6	南京市集成电路全流程一体化管控平台工程技术研究中心	江苏泰治科技股份有限公司
7	南京市物图互动数字孪生工程技术研究中心	南京优玛软件科技有限公司
8	南京市智慧云打印工程技术研究中心	南京功夫豆信息科技有限公司
9	南京市 3D 打印智能装备工程技术研究中心	南京铖联激光科技有限公司
10	南京市数字配电物联网工程技术研究中心	江苏润和智融科技有限公司
11	南京市智慧能源运维工程技术研究中心	南京天谷电气科技有限公司
12	南京市智慧水利应用工程技术研究中心	江苏南水科技有限公司
13	南京市混合态异构超算云工程技术研究中心	南京奥工信息科技有限公司

（软件谷）

【软件谷智慧服务平台上线】 10月22日，软件谷智慧服务平台正式上线。该平台打通市场监管、财政税务、网格综治、组织人事等数据平台，建立“企业档案、业务传达、内部流转、网格化管理”智能化运作“程序链”，逐步实现企业信息智能归集、政策信息智能推送、科创项目智能申报和企业需求智能匹配，建成职能、企业两大门户，包括数据中心、服务中心、业务中心、网格中心、园区全景、产业赋能、企业沙龙、政企互动、健康申报9类211个功能模块，为企业提供“一个账号、一个平台、一网通办”一站式全生命周期服务。该平台入库市场主体1.7万家、通过认证企业3815家，组织平台推广及培训会议6场。（软件谷）

基础设施建设

【概　况】 2021年，软件谷开展基础设施项目建设19个，年度完成投资9.62亿元。其中，道路建设项目16个，总里程16.06千米，年度投资9.02亿元，建成安德门北街、水科路、二号路、弘文路4条道路，续建机场二通道北段等5条道路，开工建设梅苑南路跨秦淮新河大桥、拓宽改造西春路、牛首山连接道路，办理纵七路北延、软件大道拓宽改造等4条道路设计及前期手续；绿化景观及配套设施项目3个，建成龙西路两侧景观提升、绕城北辅道南侧绿化提升工程，推进建设中南锦苑东侧小游园。完成“铁心桥—西善桥”片区中央商务区和三甲医院地块图则修改及城市设计、秦淮新河入江口南岸片区龙藏大道以东地块城市设计深化及控详修编等6项工作，获市政府批复；完成瑞尔大厦地块、租赁住房地块、秦淮新河百里风光带（雨花段）等13项图则技术深化工作。推进二钢厂、京沪高铁产业园等重点项目规划，完善城市规划体系，保障产业项目落地。

【山庄路建成通车】 1月28日，山庄路建成通车。该项目位于软件谷北园，南起凤信路、北至宁双路，全长704米，宽16米，双向两车道，建设标准为城市支路，设计时速30千米，于2019年9月17日开工建设，实际总投资2200万元。

【纵七路竣工通车】 1月30日，纵七路竣工通车。该项目位于软件谷北园，北起华新路、南至纬九路，全长518米，宽24米，双向四车道，建设标准为城市支路，设计时速40千米，于2020年5月20日开工建设，实际总投资4000万元。

【秦淮新河入江口南岸片区龙藏大道以东地块城市设计及控详修编】 4月，秦淮新河入江口南岸片区龙藏大道以东地块城市设计及控详修编获市政府批复。项目规划位于软件谷西园，紧邻京沪高铁、长江三桥，北部是河西鱼嘴商务区、东南是岱山安置片区、西南为雨花经济开发区原工业片区；西至龙藏大道、北临秦淮新河、东南至三桥高速与205国道；面积342.5公顷；以产业片区及生活社区为主要功能，将“两站四线”（即9号线、S3号线天保站和7号线、宁马城际西善桥站）地铁系统、社区中心、住宅、学校等城市空间连为一体综合开发，打造以高端产业、休闲、生活为主题的居住示范片区。

【规二路建设工程一标段建成通车】 7月17日，规二路建设工程一标段建成通车。该项目位于软件谷北园，西起天隆寺路、东至安德门大街，全长360米，宽45米，双向四车道，建设标准为城市次干路，设计时速40千米，于2020年2月15日开工建设，实际总投资7103万元。

【阅宁路北延二期建成通车】 7月17日，阅宁路北延二期项目建成通车。该项目位于软件谷北园，南起阅宁路北延一期、北至规二路一期，全长380米，宽24米，双向四车道，建设标准为城市次干路，设计时速30千米，于2020年7月29日开工建设，实际总投资2025万元（不含前期、拆迁让地等费用）。

【梅苑南路西侧绿化提升工程竣工】 9月14日，梅苑南路西侧绿化提升工程竣工。该项目位于软件谷南园梅苑南路西侧绿地内，北起管道路、南至大周路，全长1.5千米，面积4.5万平方米，主要实施场地平整、绿化景观提升、慢行系统优化、亮化、绿化喷淋等工程，于2020年11月28日开工建设，实际总投资2600万元。

【观山路建成通车】 9月15日，观山路建成通车。该项目位于软件谷南园，北起旺谷路、南至马定路，双向两车道，全长610米，宽24米，建设标准为城市支路，设计时速30千米，于2018年3月15日开工建设，实际总投资2808万元。

【二号路建成通车】 10月8日，二号路建成通车。该项目位于软件谷南园，西起机场二通道、东至宁丹路，双向四车道，全长1060米，宽28米，建设标准为城市次干路，设计时速40千米，于2020年3月开工建设，实际总投资1亿元。

【华新路东延道路竣工】 11月20日，华新路东延道路竣工，除机场二通道交叉口外其余路段实现通车。该项目位于软件谷北园，西起纵一路、东至江艺路，全长1004米，宽24~28米，双向四车道，建设标准为城市支路，设计时速40千米，于2020年4月11日开工建设，实际总投资6400万元。

【水科路建成通车】 12月30日，水科路建成通车。该项目位于软件谷南园，西起文杏路、东至宁丹路，全长1170米，宽33米，双向四车道，建设标准为城市次干路，设计时速40千米，于2020年3月开工建设，实际总投资1.5亿元。

（软件谷）

营商环境优化

【概　况】 2021年，软件谷对重点企业开展走访，全方位服务企业需求。成立软件谷六大产业联盟，解决企业产业链生态问题；邀请省市金融部门和上海证券交易所上门对软件谷40余家重点企业给予上市政策辅导；推行“软件谷园区保”“谷小贷”项目，为27家企业发放贷款缓解融资难问题。与江苏省工信厅联合主办“i创杯”行业赛专场、与南京市科学技术局联合主办“中华门创将”总决赛、与南京大学软件学院联合主办“NJSD全球技术大会”等。

【招聘活动】 2021年，软件谷相继举办企业凡尔赛大会+独角兽·瞪羚企业专场招聘会、精鹰归谷——“翼”展宏图软件谷2021春季IT人才专场招聘会、雨花产业链专场招聘会+直播带岗和智创未来——云端聚才软件谷2021秋季大型校园招聘周4场招聘活动，累计近200家企业参加，2750名人才参聘，850人达成就业意向。

【中国（南京）软件谷人工智能产业联盟成立】 4月28日，中国（南京）软件谷人工智能产业联盟成立大会在科创城举行，同步成立中国（南京）软件谷人工智能产业链党建联盟，由江苏润和软件股份有限公司党委等12家非公企业党组织组成。中国（南京）软件谷人工智能产业联盟作为软件谷六大产业联盟中首个挂牌成立的产业联盟，首批发起成员单位35家，其中理事长单位1家、副理事长单位5家、秘书长单位1家、理事成员单位28家，有亿嘉和科技股份有限公司、浩鲸云计算科技股份有限公司、南京维沃软件技术有限公司等人工智能领域成熟企业以及南京图思灵智能科技有限责任公司、南京凯奥思数据技术有限公司、南京领辰科技有限公司等人工智能领域新兴企业，亿嘉和科技股份有限公司当选第一届理事长单位。该联盟的成立将汇聚园区人工智能领域重点企业力量及资源，促进人工智能科技成果和资源的积累与转化，通过定期开展行业研讨会、技术峰会、企业家沙龙等，研究探索企业合作发展方向，打造企业服务新名片。

【中国（南京）软件谷集成电路产业联盟成立】 5月24日，中国（南京）软件谷集成电路产业联盟成立大会在云密城举行，胜科纳米、安思疆、芯云电子等重大项目现场签约。中国（南京）软件谷集成电路产业联盟首批发起成员单位29家，其中理事会单位4家、理事成员单位25家，中兴光电子技术有限公司当选第一届理事长单位。该联盟的成立将为软件谷企业搭建集成电路和软件产业发展平台，进一步汇聚软件谷集成电路企业，加快产业链塑造，引导企业形成集成电路产业生态。

【中国（南京）软件谷云计算大数据信息安全产业联盟成立】 6月7日，中国（南京）软件谷云计算大数据信息安全产业联盟成立大会在云密城举行，同步成立中国（南京）软件谷云计算大数据信息安全产业党建联盟，由南京厚建软件有限责任公司党支部等12家非公企业党组织组成。江南信安南京研发中心、联想云华东区域总部、好三由总部、绿盟科技江苏总部等重大项目现场签约。中国（南京）软件谷云计算大数据信息安全产业联盟首批发

6月7日，中国（南京）软件谷云计算大数据信息安全产业联盟成立大会在云密城举行。

（软件谷 供图）

起成员单位37家，其中理事会单位7家、理事成员单位30家，南京中新赛克科技有限责任公司担任第一届理事长单位。该联盟的成立将加快推动软件谷迈入数字经济发展新阶段，为推动云计算大数据信息安全产业经济高质量发展提供坚实支撑。

【第七届“i创杯”巡回路演产业互联网专场开赛】 6月21—22日，“创梦想 见未来”第七届“i创杯”巡回路演南京·人工智能、产业互联网专场在云密城举行，由江苏省工业和信息化厅指导，软件谷管委会主办。本次比赛设置“极速三小时”巡回路演，聚焦人工智能和产业互联网两大领域，参赛优质项目超过40个。现场评审团由一线投资人、高等院校院长等知名专家组成。经过角逐和评审，人工智能专场，“激光雷达与商业机器人产业化”项目获直通第七届“i创杯”决赛pass卡，“SenDiag智能维护云盒”“交通建设工程云计算中心”“自适应云安全管控系统项目”3个项目晋级复赛。产业互联网专场，“新能源智能重卡一体化物流新生态”项目获直通第七届“i创杯”决赛Pass卡，“新型高机动高效能多栖倾转旋翼无人机及衍生产品的产业化与应用”“TOP3‘标准化数智化’国际物流一站式综合服务平台”“光纤传感构建BCG生命体征大数据中心”3个项目晋级复赛。

【NJSD2021第七届全球软件大会】 6月22—23日，NJSD2021第七届全球软件大会在云密城举行。主题为“软件能力 重新想象”，涵盖软件即智能、软件即互联、软件即效能、软件即体验4个方面。大会聚焦前沿架构技术、软件交付、数据治理等热点领域，开展专家演讲和主题分享活动30余场；设置分论坛6个，包括前沿架构技术、效能与质量、企业基础架构、数据架构与治理、软件交付和运行管理实践。国内外企业、高校、学会、协会和科技园区行业精英超1400人报名参加。

【第二届1024程序员节活动】 10月24日—11月27日，软件谷第二届1024程序员节在软件谷举行。该活动以“你好，软件谷”为主题，以“数字未来的创造者”为关键词，围绕科技创新、引才聚才、创业创新、人文关怀四大板块开展活动12项，包含软件谷第二届1024程序员节开幕式暨软件开发者社群大会、中国（南京）软件谷互联网产业联盟成立大会、智创未来——云端聚才软件谷2021秋季校园大型招聘周3场重点活动，以及软件谷“码农”脱口秀、只为你心动——来自软件谷浪漫惊喜活动、走进程序员世界——大学生走访活动、“小小程序员”趣味体验活动、2021南京国际消费节雨花台区软件谷专场、软件谷第二届1024程序员节暨第六届中国电子竞技大赛活动、“滚烫公司”评选活动、程序员主题系列培训活动（线上）、1024程序员节集章等系列活动。活动邀请重要嘉宾69人，获媒体转载次数364次、总阅读量176.81万人次，线上直播浏览量11.96万人次。

【中国（南京）软件谷互联网产业联盟成立】 11月19日，中国（南京）软件谷互联网产业联盟成立大会在云密城举行，同步成立中国（南京）软件谷互联网产业链党建联盟，成员由江苏满运软件科技有限公司党委等11家非公企业党组织组成。现场举办圆桌交流沙龙，理事会成员就“软件定义”“产业数字化升级”以及“行业数字化标准”等互联网产业热点展开探讨。中国（南京）软件谷互联网产业联盟首批发起成员单位33家，其中理事会单位9家、理事成员单位24家，辐射园区超100家互联网企业，包括江苏满运软件科技有限公司、众能联合数字技术有限公司、江苏千米网络科技股份有限公司等互联网成熟企业以及南京蓝鲸人网络科技有限公司、江苏中碳网信息科技有限公司、南京功夫豆信息科技有限公司等互联网领域新兴企业，江苏满运软件科技有限公司当选第一届理事长单位。该联盟的成立将助力园区互联网企业培育、成长，集聚全国互联网产业优质资源，构建软件谷互联网产业生态体系，加速推动技术创新成果应用落地和产业化。（软件谷）

国家数字服务出口基地

【概　况】2021年，软件谷从数字贸易产业发展的政府端、需求端、供给端和生态端四个方面，探索数字服务内循环解决方案和应用场景"反向输出"国际市场发展路径，高质量推进数字服务出口基地建设，提升数字服务出口水平，加快"软件谷"到"数字谷"的蝶变和数字产业腾飞。园区聚集数字服务出口企业222家，其中规上数字服务出口企业80家，实现数字服务出口交易额11.5亿美元，数字服务出口占外贸出口66%。软件谷依托华为云创新中心、华为（南京）人工智能创新中心、江苏软件产业测试公共服务平台、南京VR开放服务平台等重点平台建设，加速推动企业数字化转型、数字产品质量提升、数字产品应用拓展。依托龙头企业建设工控、政务、金融3个关键核心技术攻关基地，引进航天科工信创产业总部、统信软件运营总部等项目。博智安全科技股份有限公司入选工信部第三批专精特新"小巨人"企业榜单，软件谷入选企业总数4家；博智安全科技股份有限公司、浩鲸云计算科技股份有限公司、南京中新赛克科技有限责任公司等11家企业入选2021年江苏省规划布局内重点软件企业培育库，占全市32%；江苏户传科技有限公司、南京铉盈网络科技有限公司、智器云南京信息科技有限公司等7家企业入选2021年江苏省专精特新软件企业培育库，占全市35%。

【数字服务企业】2021年，软件谷拥有外资及港澳台资企业近90家，包括三星研发中心、富士康研发中心、Marvell（美满）研发中心、SAP创新中心以及高通创新中心等国际研发机构20余家；设立中欧创新中心、软件谷硅谷工作站、软件谷PNP国际创新合作加速平台等对外交流机构，加快国际创新资源集聚。融合国内外行业供应链龙头企业的数字化平台资源和东盟、俄罗斯等APEC（亚太经济合作组织）成员国的对口服务资源，服务数字技术企业"走出去"以及东盟、俄罗斯伙伴企业"引进来"，初步形成软件谷IT企业资源与国际应用市场良性互动局面。浩鲸云计算科技股份有限公司为卢森堡邮政提供"业务支撑系统+运营支撑系统+云服务"全套数字化解决方案，成为国内唯一为欧洲高端运营商市场提供解决方案的数字服务提供商。

【数字服务出口创新发展论坛】10月14日，由江苏省商务厅指导、南京市商务局主办、软件谷承办的2021年全球服务贸易大会数字服务出口创新发展论坛举行。服务贸易领域跨国企业中国区高管、重点服务贸易企业代表参加。现场举行数字服务项目集中签约仪式，软件谷分别与南京永中软件有限公司、南京佰钧成信息技术有限公司、江苏讯动信息技术有限公司签订软件设计开发及共建研发中心等项目；FutureNet and Technology Corp（菲律宾未来网络与技术公司）与浩鲸云计算科技股份有限公司签订菲律宾PTO项目，签约合同总额7.75亿元。在圆桌论坛环节，5位嘉宾围绕"数字经济时代数字技术应用的深入发展""数字技术跨境服务对国内公司业务带来的机遇和挑战""我国今后数字服务深度走向国际的展望""如何通过数字化提高我国服务贸易的竞争力"等话题展开讨论。（软件谷）

雨花台高新区

【概　况】2021年，雨花台高新区完成高技术制造业产业产值45.89亿元，同比增长67.38%，增幅位列全市第一；完成高技术服务业营业收入835.26亿元，位列全市第一；企业研发投入占营业收入6.26%，高新技术产业投资额同比增长104.75%，科技型中小企业总数1395家。新增通过市级备案的新型研发机构6家，累计21家；签约落地新型研发机构总数25家。新型研发机构孵化引进企业总数648家、孵化引进企业营业收入11.67亿元。高新技术企业申报658家，成功认定262家，其中净增94家，高新技术企业总数656家。

表7　2021年雨花台高新区新增通过市级备案的新型研发机构名录

序号	新型研发机构名称
1	南京逸智网络空间技术创新研究院
2	南京水云运输研究院
3	南京壮大智能科技研究院
4	南京紫金山智慧城市研究院
5	江苏拓邮信息智能技术研究院
6	南京启亚人工智能科技研究院

（软件谷）

【江苏拓邮信息智能技术研究院落户】1月1日，软件谷管委会、季一木人才团队、江苏壹度科技股份有限公司签约共建江苏拓邮信息智能技术研究院，注册资本1000万元。该研究院依托南京邮电大学宽带无线通信与传感网技术教育部重点实验室，致力于半导体封测、5G网络、工业物联网、嵌入式创新与边缘智能、智能云制造、智慧云能源、数字城市智慧物联、数字孪生系统等技术研发，并面向工业物联网、能源互联网、数字环保、智慧工厂等垂直场景进行应用技术研发与产业化，面向天文大数据、精准医疗、脑科学等领域计算应用研发和面向工业界需求搭建联合创新平台推进工程计算产业化发展，构建以数据为关键要素的数字经济新生态以及模式识别和人工智能领域关键技术突破和产业化创新应用。于3月20日入驻软件谷金证南京科技园运营，办公面积1971.41平方米。至2021年年末，孵化引进企业24家。

【南京紫金山智慧城市研究院落户】2月26日，软件谷管委会、曹进德人才团队、江苏星瀚智慧城市科技有限公司、南京星之瀚科技产业合伙企业（有限合伙）签约共建南京紫金山智慧城市研究院，注册资本608万元。该研究院依托矿山互联网应用技术国家地方联合工程实验室，致力于地下空间物联网、数字孪生技术、5G，研发智慧矿山技术，向煤矿、铜矿、铁矿等矿产企业进行智慧矿山产业化技术推广，同时开发面向地下停车场、城市地下商圈、地下管廊、地铁通道、过江隧道等地下空间垂直场景进行市场应用，开发智慧城市全空间智慧技术。于4月1日入驻软件谷（凤信路6号）金证南京科技园6栋5层运营，办公面积2000平方米，内设6个智慧研究所、2个孵化专区、科技成果展示区以及院士、专家工作站。至2021年年末，孵化引进企业16家。（软件谷）

江苏国家数字出版基地（南京园区）

【概　况】 2021年，江苏国家数字出版基地（南京园区）（以下简称数字出版基地）文化创意产业销售总额20.58亿元，集聚国家级博士后工作站1个、省级博士后创新实践基地1个，汇聚省“双创”人才1人、省“双创”博士66人、市中青年拔尖人才3人、高层次创新创业人才25人，培育高新技术企业39家。新增入驻规模以上数字文化类企业3家，累计入驻南京金梦都工贸实业有限责任公司、南京国睿信维软件有限公司、江苏欧帝电子科技有限公司等数字文化类企业20家。园区参加“2021中国（南京）文化和科技融合成果展览交易会”获最佳组织奖。都市工业园9号工坊累计引进高端智能制造、智能装备企业6家，租赁面积4万平方米，年产值3.04亿元，税收593.94万元。

【南京卓胜自动化设备有限公司落户】 1月1日，南京卓胜自动化设备有限公司落户都市工业园9号工坊，租赁面积1.35万平方米，是一家专业为光伏行业提供增效降本解决方案的高科技企业，专注于太阳能光伏行业的智能制造系统、智能检测系统、纳米硅半导体光电材料和光伏湿法制程添加剂的研发与生产，通过专精特新企业申报，成功申报瞪羚企业。至2021年年末，公司有员工187人，营业收入1.58亿元，实现纳税268万元。

【富智康（南京）通讯有限公司落户】 9月1日，富智康（南京）通讯有限公司落户都市工业园9号工坊，租赁面积9033平方米，主营第三代及后续移动通信系统的手机开发制造以及计算机、手机相关软硬件的开发测试、系统集成、应用服务与相关技术服务，为DJI大疆提供维修消费型、农用型无人机服务。至2021年年末，公司有员工309人，营业收入820万元。

（史雨婷）

特色园区

【楚翘城】 楚翘城位于软件谷北园，占地面积5.13公顷，建筑面积17.6万平方米，商业配套面积1.7万平方米，总投资10亿元。至2021年年末，楚翘城招商总面积8724.59平方米，新入驻企业10家，销售面积2021.15平方米，入驻科技企业孵化器有南京三六氪信息技术有限公司、北京黑马企服科技有限公司、南京嗨创网络科技有限公司等，引入亿嘉和科技股份有限公司、新立讯科技股份有限公司、江苏泰治科技股份有限公司、智者四海（南京）技术有限公司、三星电子（中国）研发中心等企业146余家，招商率97%。

【科创城（"互联网+"创星小镇）】 科创城（"互联网+"创星小镇）位于软件谷南园，占地面积14.47公顷，建筑面积61.8万平方米，总投资25亿元。至2021年年末，一期完成招商总面积9.05万平米，招商率87.62%，其中完成销售总面积3.06万平方米；二期完成招商总面积17.76万平方米，招商率90.79%，其中完成销售总面积6.69万平方米。园区入驻南京卓易信息科技有限公司、江苏新视云科技股份有限公司、中兴光电子技术有限公司、江苏智推信息技术有限公司、南京联迪信息系统股份有限公司等企业近600家，总体入驻率超90%。

【云密城（软件谷"双创"服务中心）】 云密城位于软件谷北园，占地面积9.2公顷，建筑面积44万平方米，总投资20亿元。该项目由8家高成长型科技企业，采取"联合竞买土地、统一委托建设、集中托管物业、公共配套资源共享"模式联合打造的专业化园区，属创新实践标志性园区。至2021年年末，云密城自持楼宇可招商面积10.18万平方米，招商率99.01%，入驻企业总数超400家，包含规模以上企业40家、瞪羚企业3家、培育独角兽企业1家、独角兽企业1家、上市企业3家。位于云密城一楼的软件谷"双创"服务中心全年承办、协办、支持各类活动197场，创新创业展示中心接待参观31场，线下场地被预约使用223次。

【创业创新城】 创业创新城位于软件谷西园，占地面积35.13公顷，建筑面积46.7万平方米，总投资60亿元。至2021年年末，创业创新城入驻企业总数572家，包括江苏三维智能制造研究院有限公司、南京泰普晟软件有限公司、江苏中协智能科技有限公司等大型企业20家，招商入驻率93.13%，园区办公总人数3083人。年内，创业创新城获评国家级科技企业孵化器、南京市首批都市工业示范园区（市级），集聚江苏三维智能制造研究院、南京雷电信息技术有限公司、南京慧和建筑技术有限公司、南京正驰科技发展有限公司等行业龙头高新技术企业。

【南京大数据产业基地】 南京大数据产业基地位于软件谷北园，占地面积6公顷，建筑面积8万平方米，总投资6亿元，是南京首个以大数据发展与应用为主题的产业园区。至2021年年末，入驻大数据类企业超200家，包括江苏芯云电子科技有限公司、合肥科威尔电源系统股份有限公司、中戎天纬讯科技（江苏）有限公司、南京银石支付系统科技有限公司、南京航天数智科技有限公司等一批大数据产业链关键企业。南京大数据产业基地入选南京市2021年度留学人员创业园，获市级建园奖励资金30万元。

（软件谷）

入驻企业简介

【南京中旭电子科技有限公司】 南京中旭电子科技有限公司于2006年8月落户雨花经济开发区，位于龙盛路33号，占地面积0.8公顷，是由南京新工集团、公募基金及自然人股东共同投资组建的一家国家高新技术企业，是国内唯一一家同时拥有霍尔传感器军标生产线、霍尔集成电路军标生产线企业，产品主要应用于通信电源、变频器等民用领域，以及航空、航天、舰船、兵器等军用领域。至2021年年末，公司有员工194人，营业收入1.12亿元，纳税1163万元。

【南京华士电子科技有限公司】 南京华士电子科技有限公司于2010年3月落户雨花经济开发区，位于凤仪路26号，占地面积4公顷，从事具有自主知识产权、铁路干线及城市轨道交通配套车辆的牵引变流及控制系统、辅助电源、制动系统、列车网络监控系统等关键电气设备的研发与生产，是被国家发展改革委认可的车辆电气设备国产化配套企业以及江苏省高新技术企业。至2021年年末，公司有员工299人，营业收入2.95亿元，纳税842万元。

【南京奥拓电子科技有限公司】 南京奥拓电子科技有限公司于2010年7月落户雨花经济开发区，位于凤锦路26号，占地面积1.67公顷，是深圳市奥拓电子股份有限公司的全资子公司，专业从事金融科技服务，为银行、三大电信运营商等提供服务厅运营整体解决方案，拥有自主品牌和知识产权，自主研制的产品获多项国家专利和省、市政府科技奖项，获国家高新技术企业、江苏省企业技术中心、南京市企业工程技术中心、CMM三级等资质认证。至2021年年末，公司有员工485人，营业收入2.95亿元，纳税1309万元。 （史雨婷）

【荣耀终端有限公司南京分公司】 荣耀终端有限公司南京分公司位于软件谷金地威新雨花创新中心，由荣耀终端有限公司于2020年11月注册成立，主要从事手机软件研发和信息服务，办公面积1.38万平方米。至2021年年末，公司实现营业收入4000万元，办公人员700人。

【智者四海（南京）技术有限公司】 智者四海（南京）技术有限公司位于楚翘城和怡化华东研发运营中心，由知乎科技（香港）有限公司于2020年12月22日注册成立，注册资本5000万美元，设立知乎第二总部，建设互联网内容算法中心、互联网社区治理中心和互联网内容审核中心，办公面积4000平方米。至2021年年末，公司有办公人员700人。

【胜科纳米（南京）有限公司】 胜科纳米（南京）有限公司位于软件谷芯创产业园，是胜科纳米（苏州）有限公司于2021年3月26日注册成立的全资子公司，注册资本3000万元。胜科纳米（南京）有限公司作为胜科纳米全国重点布局，定位为胜科半导体芯片分析服务业务辐射中部地区的总部和服务中心、胜科人工智能项目组成部分和数据处理中心，以及胜科纳米特种案件的处理和交易中心。推荐引进集成电路芯片及相关产业公司，以芯片检测为龙头，带动芯片企业落户软件谷，与软件谷共同打造“软件谷胜科芯片产业园”。公司于2021年12月开始运营，办公人员50人。

（软件谷）

责任编辑 杨静珺

机关团体

2022 YUHUATAI ALMANAC

Institutional Group

中国共产党南京市雨花台区委员会

·概　述·

【雨花台区第十二次党代会】 9月3日，中国共产党南京市雨花台区第十二次代表大会在区委党校举行。大会批准戴华杰代表中国共产党南京市雨花台区第十一届委员会所作的题为《勇担新使命 开启新征程 为建设全面创新全域高新新雨花而努力奋斗》的报告；肯定中国共产党南京市雨花台区第十一届委员会工作；同意报告关于“十四五”期间全区发展的部署。“十四五”时期是雨花台区乘势而上开启全面建设社会主义现代化新征程的起步阶段，也是顺势而为开辟高质量发展新境界的关键阶段。要高举习近平新时代中国特色社会主义思想伟大旗帜，全面贯彻党的十九大和十九届二中、三中、四中、五中全会精神，深入学习贯彻习近平总书记系列重要讲话特别是视察江苏重要讲话指示精神，在省、市委坚强领导下，紧扣“全面创新全域高新”发展定位，加快“一中心四标杆”建设，完整、准确、全面贯彻新发展理念，奋力开拓“强富美高”实践新境界，确保社会主义现代化建设开好局、起好步。大会要求，“十四五”期间，全区要坚持数字引领，打造鲜明产业地标，发展数字经济，打造更有韧性的产业链，聚力推动项目建设，提升开放水平；坚持创新驱动，厚植“双创”生态沃土，培育科创企业森林，开展核心技术攻关，整合优化创新资源，营造最优营商环境；坚持产城融合，塑造城市更新典范，优化城市空间布局，提升城市通达水平，推动城市精细管理；坚持生态优先，做好绿色发展答卷，系统推进长江生态保护修复，持续深化污染防治攻坚，推动绿色低碳发展；坚持人民至上，持续增进民生福祉，着力改善群众生活，优化公共服务，有效维护城市安全，积极创新社会治理。贯彻新时代党的建设总要求，强化管党治党责任，把全面从严治党要求贯穿于现代化建设全过程，落实到党的建设各方面，强化政治引领，凝聚发展合力，锻造过硬队伍，严密组织体系，持续正风反腐，推动各级党组织更好地承担起团结带领全区人民开启社会主义现代化建设新征程的历史重任。

【区委十二届三次全会】 12月31日，中国共产党南京市雨花台区第十二届委员会第三次全体会议在雨花台中学学术报告厅举行。全会总结2021年工作，分析当前形势，部署2022年任务。全会同意戴华杰代表区委常委会所作的题为《扛起使命 担当作为 奋力开创“强富美高”新雨花现代化建设新局面》的工作报告；肯定区委常委会2021年以来的工作。全会强调，2022年全区重点工作要坚持产业提档，迈出转型升级新步伐，产业要持续做强，项目要强力突破，园区要强筋壮骨；坚持创新提能，做强科技赋能新引擎，要集聚创新资源，要培育创新企业，要优化创新生态；坚持更新提速，塑造城乡融合新面貌，高标准塑造城市形态，高层次提升城市品位，高水平涵养城市文明；坚持环境提标，彰显绿色发展新优势，持续改善生态环境，保护修复长江生态，推动绿色低碳转型；坚持民生提质，推动幸福共享新提升，拓宽富民增收渠道，加大社会保障力度，提升公共服务水平；坚持治理提效，构建安全韧性新格局，全方位维护公共安全，精细化加强社会治理,大力度推进民主法治。全会要求,要不断提高新时代党的建设质量,以中国共产党成立100周年为奋斗新起点,以永远在路上的政治自觉推进全面从严治党,以更高标准强化政治引领,以更大力度深化队伍建设,以更实举措优化基层基础,以更严要求净化政治生态,用党建"最大政绩"引领保障高质量发展、现代化建设。

【深化对标找差创新实干推动高质量发展】

2月20日,雨花台区深化对标找差创新实干推动高质量发展大会在区政府综合楼召开。区委书记戴华杰强调,要凝心聚力拼搏,团结和谐奋进,为雨花对标再出发奠定坚实基础;强化问题导向,矢志攻坚克难,着力破除制约雨花高质量发展的短板弱项;增强使命担当,创新实干作为,交出"强富美高"新雨花建设的崭新答卷。会议由区长张连春主持。会议通报2020年度全区经济和社会发展目标考评结果,宣读区委、区政府关于表彰2020年度全区高质量发展先进集体、先进个人的决定,并为获得2020年度先进集体、先进个人的代表进行颁奖;区委常委、常务副区长凌向前,区政府副区长张建设,区政府党组成员许烨分别对全区重大项目建设推进工作、全区城建城管工作、全区招商引资工作进行部署。区、软件谷领导杨明、于茂高、孙中华出席会议。 (缪亦真)

表8 2021年雨花台区区委常委会会议一览表

会议期次	时 间	主要议题
第1次	1月6日	研究市级抗疫评选表彰相关工作
第2次	1月22日	传达学习习近平总书记在省部级主要领导干部学习贯彻党的十九届五中全会精神专题研讨班开班式上的重要讲话精神、中央深改委第十七次会议精神、市委深改委第九次会议精神、《中共江苏省委国安办关于认真学习贯彻习近平总书记在中央政治局第二十六次集体学习时重要讲话精神的通知》精神; 研究雨花台区委履行全面从严治党主体责任报告; 研究区人大、区政府党组成员任免,通报近期全市年轻干部挂职锻炼情况
第3次	2月2日	听取区纪委十一届六次全会工作报告起草及会议准备情况汇报; 研究干部工作
第4次	2月18日	传达学习习近平总书记在中央政治局第二十七次集体学习时的重要讲话精神,《中共南京市委关于落实全面从严治党党委(党组)主体责任的实施办法》文件精神,省、市"两会"精神,中央、省、市纪委全会精神及全国、省、市宣传部长会议精神; 研究2020年度全区经济和社会发展目标考评情况、高质量发展先进集体先进个人的表彰奖励事宜
第5次	3月4日	传达学习习近平总书记在中央党史学习教育动员大会上的重要讲话精神、习近平总书记在全国脱贫攻坚总结表彰大会上的重要讲话精神; 研究《中共南京市雨花台区委常委会2021年工作要点(讨论稿)》《雨花台区委党史学习教育工作方案(讨论稿)》《关于成立雨花台区委党史学习教育领导小组的方案(讨论稿)》; 传达学习中央和省、市政法工作会议精神,全国、全省政法队伍建设教育整顿动员部署会议精神;研究《2021年雨花台区社会治安综合治理和平安建设工作要点(讨论稿)》; 研究2021年江苏省劳动模范和先进工作者评选工作

续表8

会议期次	时 间	主要议题
第6次	3月26日	传达学习习近平总书记在全国两会期间的重要讲话精神，全国、省、市组织部长会议精神，《南京市防范和惩治统计造假、弄虚作假督察工作办法》； 研究《关于进一步深化安全生产三年专项整治工作的意见（讨论稿）》及《2021年雨花台区安委会成员单位、有关部门和街道（园区）履行安全生产工作责任考核评价指标（讨论稿）》； 研究软件谷（高新区）、雨花经济开发区公务员事业编干部职务职级晋升办法及区管正职公务员2020年度考核评优工作
第7次	4月10日	传达学习习近平总书记在福建考察时的重要讲话精神、在中央党校（国家行政学院）中青年干部培训班开班式上的重要讲话精神
第8次	4月29日	传达学习习近平总书记关于深化东西部协作和定点帮扶工作重要指示精神； 研究《2021年雨花台区深入打好污染防治攻坚战目标任务（讨论稿）》《雨花台区都市工业智能制造企业培育计划（试行）（讨论稿）》； 研究瑞尔大厦、省妇幼保健院总部项目投资估算相关事宜； 研究干部相关工作
第9次	5月7日	研究全区对口帮扶干部轮换工作
第10次	5月20日	传达学习习近平总书记在广西考察时的重要讲话精神； 传达学习省平安江苏建设领导小组办公室、省信访联席会议召开的庆祝中国共产党成立100周年安保维稳攻坚行动动员部署会议精神； 传达学习赵世勇在省委国安委2021年度重点任务分工协调会议暨全省党委国安办主任会议上的讲话精神； 听取全区文明城市创建工作情况汇报； 研究《中共南京市雨花台区委关于庆祝中国共产党成立100周年活动安排相关事项的通知》 《关于2020年区委常委会贯彻执行中央八项规定精神和省委十项规定情况的报告》 《关于持续解决形式主义突出问题深化拓展基层减负工作情况的报告》； 听取区第十二次党代会工作情况汇报
第11次	6月17日	传达学习习近平总书记在推进南水北调后续工程高质量发展座谈会上和在河南考察时的重要讲话精神、习近平总书记在青海考察时的重要讲话精神、习近平总书记给淮安市新安小学重要回信精神、习近平总书记重要文章《用好红色资源 传承好红色基因 把红色江山世世代代传下去》； 传达学习上级领导有关批示指示和省、市安委会会议精神； 学习防止干预司法“三个规定”； 听取关于扎实开展“我为群众办实事”实践活动，进一步加强领导干部接访下访工作情况汇报； 研究《雨花台区防汛抗旱工作意见（讨论稿）》《关于组织开展“永远跟党走”群众性主题宣传教育活动的工作方案（讨论稿）》； 研究中华中等专业学校改扩建项目、区“两优一先”评选表彰、开发区社区卫生服务中心建设、干部相关工作
第12次	7月16日	传达严肃换届纪律加强换届风气监督相关精神要求； 听取全区市域社会治理工作2021年上半年推进情况汇报； 研究2021年上半年全区意识形态和区政府党组成员任职、区纪委副书记人选等工作
第13次	7月19日	听取软件谷A3地块（江苏集群项目）资产竞拍的汇报； 研究确定出席市第十五次党代会代表候选人初步人选
第14次	7月21日	研究中国共产党南京市雨花台区第十一届委员会工作报告、中国共产党南京市雨花台区第十一届纪律检查委员会工作报告； 研究新一届区委委员、候补委员、纪委委员候选人初步人选

续表8

会议期次	时　间	主要议题
第15次	8月28日	传达学习习近平总书记李克强总理关于当前疫情防控工作的重要指示批示、习近平总书记在西藏考察期间重要讲话精神； 区推进长三角一体化发展领导小组会议：研究《雨花台区推动长三角一体化发展2021年工作要点（讨论稿）》； 区推动长江经济带发展领导小组会议：听取长江经济带高质量发展工作开展情况汇报，研究《雨花台区进一步推动长江经济带发展工作要点（讨论稿）》《雨花台区贯彻落实〈中华人民共和国长江保护法〉重点任务分工（讨论稿）》； 听取全区“无疫小区”建设情况汇报； 研究2021年紫金山英才先锋计划高层次创新创业人才区级项目人选建议名单，区第十二次党代会日程安排，区人大、区政府、区政协党组等有关人事任免，区“两委”候选人预备人选名单、党代会期间各类建议名单
第16次	9月17日	传达学习习近平总书记在河北承德考察时的重要讲话精神、中央全面深化改革委员会第二十一次会议精神； 研究区人大换届选举工作意见、确定2021—2022年度软弱后进社区党组织名单、全区党支部建设、干部相关工作； 听取关于酝酿推荐省第十四次党代会代表候选人建议人选的汇报
第17次	9月24日	听取雨花台区2021年南京市劳动模范评选表彰工作情况汇报
第18次	10月15日	传达学习习近平总书记在2021年秋季学期中央党校（国家行政学院）中青年干部培训班开班式上的重要讲话精神、习近平总书记在陕西榆林考察时的重要讲话精神； 传达市委书记韩立明与新进区委班子成员集体谈话会议精神，省、市海外引才工作专题会议精神； 研究《区委常委会成员、区政府领导班子成员，软件谷、南站综管办主要领导2021年安全生产重点工作清单（讨论稿）》《雨花台区2021年度高质量发展考核办法（讨论稿）》《雨花台区2021年度党的建设考核实施办法（讨论稿）》《雨花台2021年度综合考核满意度评价办法（讨论稿）》； 研究区坚决遏制“两高”项目盲目发展加强能耗双控工作、区政府党组成员调整等相关事宜
第19次	11月3日	传达学习市第十五次党代会精神、中央人大工作会议精神； 研究区人大及其常委会“十四五”工作规划、《关于政协雨花台区第十届委员会人事安排的意见（讨论稿）》及干部相关工作； 听取谷发展公司关于拟注册发行中票的情况汇报
第20次	11月17日	传达学习党的十九届六中全会精神、中组部加强换届风气监督工作电视电话会议及全省推进会议精神； 研究贯彻落实《常态化疫情防控条件下进一步加强基层治理能力建设的十项举措》相关工作
第21次	11月30日	传达学习中央全面深化改革委员会第二十二次会议精神、省第十四次党代会精神、党史学习教育中央指导组在江苏开展第三轮督导指导反馈意见、省委和市委党史学习教育领导小组会议精神； 研究《雨花台区信访工作约谈办法（试行）（讨论稿）》《南京市雨花台区“十四五”生态环境保护规划（讨论稿）》《雨花台区生态环境保护责任清单（讨论稿）》《雨花台区2021年文明城市创建工作奖补办法（讨论稿）》； 听取区党史学习教育工作推进情况及党校、工会、团委、妇联、残联、党史办工作情况汇报； 研究干部相关工作
第22次	12月2日	研究区人大、政府、政协领导班子及法检“两长”会议推荐参考人选名单

（缪亦真）

·党史学习教育·

【概　况】2021年是中国共产党成立100周年，根据《中共中央关于在全党开展党史学习教育的通知》《关于印发〈党史学习教育实施工作方案〉的通知》《中共江苏省委印发关于开展党史学习教育实施方案的通知》《中共南京市委印发关于开展党史学习教育实施方案的通知》要求，雨花台区开展党史学习教育。全年，区四套班子共开展专题辅导44次、专题研讨43次、班子成员重点发言107人次、现场教学23次、专题调研59次。邀请省委、市委宣讲团开展集中式、点单式宣讲100余场，各参学单位开展宣讲1400余场，受众人数40万人次。派出指导组6个，选派6名区管正处职、一级调研员担任组长，从相关部门抽调18人作为组员，对参学单位开展指导工作，开展检查指导241次（其中现场观摩学习活动148场），发现问题84个，全部整改到位。开展“学党史 强信念 跟党走”线上党史知识竞答、“百年华诞 党旗飘扬”知识竞赛等赛学活动44场，撰写学习体会471篇；组织参与省、市级庆祝中国共产党成立100周年党史知识竞赛线上答题11220人次。区委中心组专题学习习近平总书记“七一”讲话，示范带动全区各党（工）委、党组中心组开展专题学习“七一”讲话精神51次。组织“百年征程 初心永恒——中国共产党在江苏历史展”线上+线下观展活动，线上参与党员干部群众2万人次，线下参与党员干部群众1.29万人次。邀请学习贯彻党的十九届六中全会精神市委宣讲团成员、南京航空航天大学马克思主义学院教授徐军作题为《深入学习贯彻党的十九届六中全会精神》的辅导报告，参与线上观看学习人数2万人次。

【专题学习】2021年，雨花台区围绕“七专题一实践”重点任务，把习近平总书记系列重要讲话精神作为党史学习教育的核心内容，各参学单位以高度的政治自觉将党史学习教育作为重要内容，坚持规定动作做到位，列好学习计划，集中学习研讨，引导广大党员干部沉下身、静下心，读原著、学原文、悟原理。区委理论学习中心组以身作则、以上率下，先学一步、深学一层，形成“一级抓一级、层层抓学习”氛围。通过“自学+领学+请学”相结合、“互动式研讨+实境课堂”相结合的方式，推动党史学习教育入脑入心。区委主要负责人在新一届社区党组织书记专题培训班开班式上，为全区新当选的64名社区党组织书记讲授党课，就党史学习教育和开展“我为群众办实事”实践活动提出要求，培训班邀请市委党校

5月11日，雨花台区召开党史学习教育巡回指导工作动员培训会。

（区委宣传部　供图）

胡宝平教授专题开设“党史百年”课程，夯实基层党员干部理论基础。在区委理论学习中心组带动下，各党委（党组）采取理论中心组学习、举办读书班、座谈交流会等形式，基层党组织注重抓实抓好社区党员、流动党员的学习教育，采取主题党日、“三会一课”、党员冬训等形式，开展学习活动。依托新时代文明实践中心（所、站）、区融媒体中心等载体，组织区级“雨理同行”宣讲团、“五老”宣讲队、“初心”宣讲团等“百姓名嘴”队伍，成立“永远跟党走”宣讲团、“虹之声”理论宣讲团、“小雨点”青年党史宣讲团等宣讲队伍，注重发挥英烈后人、老党员、老同志的重要作用，以习近平总书记“七一”重要讲话精神、党的十九届六中全会精神为主题开展宣讲活动。

【宣传引导】 2021年，雨花台区在“金陵微雨花”双微平台打造“党史学习教育进行时”“学党史 铭初心”“党史微课”“党史百年 天天读”等党史专栏，及时推送上级最新要求、党史学习知识，报道各单位工作进展情况、党员干部所思所悟所感，宣传全区各级各部门好做法、好经验、好成果，推送文章、短视频等749篇次，在中央省市媒体发布文章1215篇（中央级媒体252篇，省市媒体963篇），编发简报79期（被省、市级简报刊发19条）。其中，新闻联播、中央电视台新闻频道清明特别节目《人民不会忘记》《人民日报》报道区级机关党组织以争创“英雄支部”为抓手传承学习雨花英烈的革命精神；《新华日报》头版刊发《锚定“时代坐标”深挖“精神宝库”，学史力行凝聚“雨花力量”》文章；《中国青年报》头版文章《共青团党史学习教育传承弘扬红色精神》，报道赛虹桥街道团工委打造青年党史学习教育“融课堂”；《南京雨花台区：用好“家门口”的精神宝库》被人民网总网首页、党史学习教育官网首页登载；学习强国全国平台推送青少年学习身边榜样的原创视频《一封致榜样的信》。开展“永远跟党走”群众性主题宣传教育活动，通过文艺会演、朗诵比赛、绘画活动、录制MV、唱红歌等形式开展宣传教育活动160余场。

【“我为群众办实事”项目】 2021年，雨花台区以“小切口”和“身边事”入手，围绕“五大重点领域”，制定全区“我为群众办实事”项目清单493个，区委中心组成员主动领办“我为群众办实事”重点项目35个，形成调研课题42个；编制《雨花台区数字经济发展三年行动计划》，在全市率先出台“都市工业智能制造企业培育计划”，启用“数字雨花”应用场景云平台，创新推出智慧投资审计系统；完成老旧小区整治14.13万平方米、征收拆迁面积22万平方米，建成垃圾分类亭房660座；以结对共建为抓手，通过援助就业困难人员实现再就业、推出2021“+U”人才服务品牌、推行首个残疾人两项补贴“跨省通办”等措施，解决群众烦心事、揪心事、操心事、闹心事；开展“百个支部结实对、千名党员办实事、万户群众得实惠”行动，全区各机关、企事业单位党组织与社区党组织开展结对共建322个（次），组织党员参与疫情防控、助企纾困、稳岗就业等志愿服务活动，为身边群众办实事18615件；出台支持企业稳定发展举措和“我为群众办实事”暖心十条，惠及企业1.6万家次，兑现市区帮扶资金超4.3亿元，接办群众诉求近5万件；组建“党员突击队”82支，设立“党员先锋岗”454个，划定“党员责任区”105个，抽调16520人次党员干部驰援区防指、各专项组、隔离点、封控小区、核酸检测点。

表9　2021年雨花台区党史学习教育“我为群众办实事”项目一览表

项目类别	项目批次	项目名称	责任单位
贯彻新发展理念方面	第一批	1. 为企业资本市场、独角兽瞪羚企业、高新技术企业、都市工业企业提供“一对一”、24 小时专门服务	区发展改革委 区科技局 区地方金融监管局 软件谷产业发展部
		2. 提档升级“软件特色人力资源产业园”，推广“神兵点将—人才共享”平台，培训专业人才 2.5 万人次，引进归国留学人员 555 人	区人力资源社会保障局
		3. 完成 236 个新能源汽车充电桩建设	区交通运输局
		4. 开展 4 场企业资本市场直通车活动，为拟上市企业提供全程专业	区地方金融监管局
	第二批	5. 搭建社会需求和企业创新产品的对接平台，新增超 30 个民生服务、社会治理等领域的应用场景	区发展改革委 区科技局 软件谷产业发展部
		6. 开办谷雨双创学院，构建全链条企业培育平台；完善“谷雨”创新创业体系，提升“双创”载体孵化效能	区委组织部 软件谷科技创新部
	第三批	7. 组织紫荆广场、雨花客厅、吾悦广场等代表性商业体，开展秋季消费节活动，发放 100 万消费券支持企业经营	区商务局
		8. 制定疫情期间区内保供企业补贴细则，为 5 家保供企业及应急供应网点（农贸市场）补贴约 10 万元	区商务局
		9. 走访全区 40 家重点企业，了解疫情对企业上下游产业链造成的影响，协调解决企业困难及重大项目推进过程中遇到的难点	区投资促进局
		10. 为 4 万名居家学子精心设计 30 节包含心育、科普、体育等内容的线上公益课堂	区教育局
保障和改善民生方面	第一批	1. 完成龙西路西段（兴梅路—梅苑南路）和规二路（西春路—安德门大街）断头路建设	区交通运输局 软件谷规划建设部 雨花新城规建办
		2. 完成 26 个村组人居基础环境整治、6 个村组人居环境提档升级	区农业农村局 区交通运输局 区水务局 区城管局 区卫生健康委
		3. 建成城南公馆幼儿园、马家店幼儿园、翡翠天际幼儿园、宁南小学、马家店初中和中华中学（雨花校区）	区教育局 软件谷土储中心 雨花新城规建办
		4. 优化公交 D22、183 路线路，完成 171 处公交站台提档升级	区交通运输局
		5. 完成卡子门大街与麦德龙街交叉口、雨花东路与雨花南路交叉口、凤汇大道与龙藏大道交叉口等 3 处小微堵点改造	区交通运输局
		6. 建成雨花经济开发区社区卫生服务中心	区卫生健康委
		7. 在全区停车难问题突出的区域建成 6 个停车场	区交通运输局

续表 9

项目类别	项目批次	项目名称	责任单位
保障和改善民生方面	第二批	8. 完成 5 所省优质幼儿园、2 所市优质幼儿园创建工作	区教育局
		9. 为六类特殊困难群体实施“二次救助”，做到“应保尽保、应救尽救”	区民政局
		10. 为 35 户低收入残疾人家庭开展智能化家庭无障碍改造	区残联
		11. 对 10 条背街小巷进行精细化整治	区城管局
		12. 新开紫悦广场商业综合体，满足周边群众购物消费需求	区商务局
		13. 完成江宁河堤防、秦淮新河口段、江宁河右岸 1.53 千米堤防等消险工作以及配套防汛仓库、绿化建设	区水务局
		14. 建成雨花台区精神卫生中心，建设 2 个心理咨询室、2 个标准化母婴室	区卫生健康委
		15. 打造雨花特色的“雨花巾帼 · 直播基地”，实现以创业带动就业	区妇联
		16. 完成沿山路、梅苑南路北段建设	雨花新城规建办
		17. 对西善桥老街 114 号等 20 处公房开展房屋修缮	区住房建设局
	第三批	18. 开展普遍排查及电话询访，重点排查全区事实无人抚养儿童、家庭寄养儿童、重病重残及居家隔离儿童相关情况。加强居家隔离困境儿童的心理疏导与生活保障 19. 建立 24 小时心理服务热线。及时发放困境儿童基本生活补贴，安排专人上门服务	区民政局
		20. 为满足疫情防控期间广大市民基本体育服务需求，举办运动促进健康线上讲座 3 场、群众性体育活动 1 场	区文化和旅游局
		21. 完成疾控中心 PCR 实验室建设，核酸检测数量达 1000 人次 / 日（单检），服务全区应检尽检人群	区卫生健康委
		22. 对全区 8 个街道（园区）进行核酸检测抽样调查，锁定重点漏检人群，为补检工作提供数据支撑	区统计局
		23. 举办 12 场残疾人专场招聘会，安置 85 名残疾人就业，依托区残疾人就业创业孵化中心计划开展茶艺、花艺、电商等 4 场次培训，培训人数 60 人	区残联
深化政务服务改革便民利民方面	第一批	1. 打造“家门口”办事厅，建成“15 分钟政务服务圈”	区行政审批局
		2. 建成“及时雨”政策直达平台，对新四板挂牌奖补等 7 项惠企政策实行“免申即享”，对拟上市企业成长奖补等 4 项惠企政策实行“即申即办”	区行政审批局 区财政局
		3. 开展商品房项目交付联合服务工作，以现场办公为平台，零距离帮助业主解决商品房交付投诉的问题	区住房建设局 区城管局 区市场监管局 软件谷规划建设部 规划和自然资源局雨花台分局
		4. 完成 3 家“宁月嫂”家政服务社区工作站	区妇联

续表9

项目类别	项目批次	项目名称	责任单位
深化政务服务改革便民利民方面	第二批	5. 建立“五位一体”劳动人事争议联合调处中心，提供一站式维权服务	区人力资源社会保障局
		6. 开展“三级确认”工作，即村民小组认可、村（居）初审、街道审定，对全区农房符合登记条件的宗地和建筑物做到应登尽登	规划和自然资源局雨花台分局
		7. 在6家银行设立服务专区提供全程免费企业开办代办服务，进一步放宽市场主体注册登记条件，推动实行住所（经营场所）信息申报制	区行政审批局
		8. 推出“1”窗通办、“N”窗专办和“1”个社保业务专家工作室的“1+N+1”窗口服务模式	区人力资源社会保障局
	第三批	9. 实现全区90%以上审批事项“不见面”审批，探索“远程视频勘验”模式，全力助推企业复工复产	区行政审批局
		10. 积极处理旅游投诉，将处理时限缩短至20个工作日，积极帮助投诉人挽回损失	区文化和旅游局
		11. 根据群众接种需求，及时延长接种服务时间，增加双休日、节假日接种门诊，通过增设流动接种点等形式，为全区群众提供便捷的新冠疫苗接种服务	区卫生健康委
加强和创新社会治理方面	第一批	1. 组建雨花台区长江大保护综合执法中心和雨花台区长江禁渔联动执法中心，打造“水上岸上空中”全方位监管网络	雨花台生态环境局 区农业农村局 公安局雨花台分局
		2. 建立雨花台区住宅小区物业服务项目“红黑榜”制度	区住房建设局
		3. 在40个社区开展老年人运用智能技术免费培训4000人次；关爱独居老人，完成困难老人家庭适老化改造130户	区民政局
		4. 开展反诈专项治理行动，加强96110反诈热线的宣传；开展防范非法金融讲座进社区活动20场以上	区委政法委 公安局雨花台分局 区地方金融监管局
	第二批	5. 建成朝阳西苑小区老年人放心消费示范小区，减少老年人购买保健品纠纷	区市场监管局
		6. 设立9个退役军人法律援助工作站，提供免费法律咨询、援助服务	区退役军人事务局
		7. 完成雨花台区生态环境智慧监管平台建设，整合现有水、气、土等监管系统，打造“非现场执法”监控体系，提升执法效能	雨花台生态环境局
		8. 严厉打击欺诈骗保，对区内76家定点医疗机构、113家定点零售药店现场检查督导全覆盖	医疗保障局雨花台分局
	第三批	9. 持续开展推进习近平新时代中国特色社会主义思想和“七一”重要讲话精神宣讲，在年底前，为机关部门、街道社区、驻区企业提供50场次宣讲服务，为全区高质量发展提供智力支持	区委党校
		10. 开展“苏解纷”便民法律服务，提供人民调解、行政调解、律师调解、公证、行政裁决、行政复议、仲裁、司法鉴定等8大类非诉服务在线申请服务，方便群众在移动端进行在线咨询、申请和进度查询等操作	区司法局

（雨　鉴）

【党史学习教育动员会】 3月5日，雨花台区党史学习教育动员会举行。区委书记、中国（南京）软件谷党工委书记、区委党史学习教育领导小组组长戴华杰作动员讲话，区委副书记、区长张连春主持会议。会议主要任务是深入学习贯彻习近平总书记在党史学习教育动员大会上的重要讲话精神，落实党中央和省市委决策部署，动员全区上下迅速兴起党史学习教育热潮，把握“学党史 悟思想 办实事 开新局”要求，做到学史明理、学史增信、学史崇德、学史力行，增强“四个意识”、坚定“四个自信”、做到“两个维护”，以昂扬姿态在新征程上夺取新的伟大胜利。区委常委，区人大常委会、区政府、区政协、软件谷全体负责人，区法院院长、区检察院检察长、南站综管办主任，区级机关、软件谷各部门负责人，驻区市垂直管理部门主要负责人，各街道（园区）党工委书记参加会议。

【互联网企业党史学习教育暨知识竞赛活动】 4月8日，“赓续百年辉煌 筑梦网络强国”南京市互联网企业党史学习教育暨知识竞赛活动在中国（南京）软件谷举行。活动现场，市委宣讲团成员、市政府参事王德生作题为《中国共产党百年奋斗历程与基本经验》党史宣讲；由全市互联网行业24名从业者代表，以区为组队方式组成的8支知识竞赛队伍，经必答、抢答、挑战后，江北新区代表队获一等奖，雨花台区、江宁区代表队获二等奖，玄武区、秦淮区、建邺区、鼓楼区、栖霞区代表队获三等奖；中国（南京）软件谷园区党务工作者代表邓玲和南京市重点互联网企业代表陆健健分享党员初心故事和党建工作经验；在中国（南京）软件谷挂牌成立南京市首家“互联网行业党员教育基地”，同步启动南京市互联网行业“学党史 守初心 争当e路先锋”学习教育项目。活动通过5G网络直播，近25万人次在线参与。

【“两优一先”表彰会暨基层党建工作推进会】 7月2日，雨花台区召开“两优一先”（优秀共产党员、优秀党务工作者、先进基层党组织）表彰会暨基层党建工作推进会，庆祝中国共产党成立100周年。区委书记戴华杰强调，全区党员干部必须坚定理想信念，始终沿着正确的政治方向奋勇前行；必须坚持党建引领，始终围绕雨花发展的中心大局常抓不懈；必须坚守清正底色，始终保持纯洁的政治品格夙夜为公。会议由区委副书记、区长张连春主持。会议表彰“两优一先”先进典型，回顾总结全区基层党建工作。会上，播放全区庆“七一”党建专题片《百年华诞 百淬成钢》；向老党员颁发“光荣在党50年”纪念章；区委副书记王安伟宣读省、市“两优一先”表彰对象名单、区委表彰决定和2020年度“十佳书记项目”名单；播放《2021年度基层党建“书记项目”》PPT集锦；雨花经济开发区党工委书记陈志康，市级优秀共产党员代表、雨花街道花神庙社区党委书记施洋，市级优秀党务工作者代表、铁心桥社区卫生服务中心党支部书记吴美琴，省级先进基层党组织代表、江苏满运软件科技有限公司党委书记王静作交流发言。区、谷全体市管以上领导干部；区级机关各部门、软件谷各部门主要负责人，各党（工）委、党组副书记；各街道（园区）党政主要负责人、党（工）委专职副书记；各社区党组织书记；省、市、区级“两优一先”表彰对

象代表；部分党代表，事业单位党组织、“两新”组织党组织书记参加会议。（史　汶）

·巡察工作·

【概　况】2021年，区委巡察机构围绕统筹疫情防控与经济社会发展工作重心，立足“两个维护”根本任务，突出“三个聚焦”监督重点，围绕“发现问题、形成震慑，推动改革、促进发展”的工作方针，实现十一届区委巡察收官与十二届区委首轮巡察启动。全年开展巡察2轮，其中开展巡察“回头看”1轮；对巡察反馈满1年的被巡察党组织整改落实情况开展专项督查；召开全区巡察工作会议暨十二届区委首轮巡察工作动员会，启动新一届区委巡察工作。

【区委第14轮巡察】4月21日，区委启动第14轮巡察工作。安排2个巡察组对2019年机构改革后新成立的区地方金融监督管理局、区投资促进局、区退役军人事务局3家单位开展巡察“回头看”；对1~10轮区委巡察及省委巡视工作整改情况进行专项督查，推动省委巡视、区委巡察反馈意见整改落实落细，压实巡察整改责任；7月，完成巡察反馈。本轮巡察开展个别谈话109人次，发现问题73个、问题线索1条。

【十一届区委巡察工作收官】7月，雨花台区十一届区委巡察工作收官。十一届区委巡察工作于2017年2月启动；巡察期间，开展常规巡察13轮、巡察“回头看”1轮，覆盖全区50个机关部门、8个街道（园区）、64个社区，开展党政机关办公用房、危化品安全生产、落实“六保”任务专项巡察3轮；发现问题2990个、线索424条，区纪检监察机关给予立案处分65人，移送司法3人；区委常委会召开会议16次，研究部署巡察工作；区委书记戴华杰主持召开专题会议14次，点人、点事、点问题；区委巡察工作领导小组召开会议21次，研判分析问题及线索，研究出台推进巡察工作向纵深发展、巡察监督与其他监督贯通协作、巡察干部调配管理等方面的制度文件，建立巡察工作制度体系。

【十二届区委首轮巡察】10月19日，区委召开全区巡察工作会议暨十二届区委首轮巡察工作动员部署会，启动十二届区委首轮巡察。安排4个巡察组分别对区农业农村局、区司法局、区住房和建设局、区科学技术局4家单位开展常规巡察；以“三个聚焦”为监督重点，紧扣被巡察单位职能，延伸至下属国有企业、事业单位一并巡察。首轮巡察12月10日结

10月19日，雨花台区巡察工作会议暨十二届区委首轮巡察工作动员部署会召开。
（区委巡察办　供图）

束，发现问题96个、问题线索25条，推动立行立改问题13个。 （徐培枝）

·组织工作·

【概　况】2021年，雨花台区有基层党组织1001个，其中党委43个、党总支63个、党支部895个。至年末，全区有党员24276人，较上年净增1291人。其中，预备党员392人，占党员总数1.61%，较上年增加194人；少数民族党员239人，较上年增加12人，占党员总数0.98%；女党员8768人，较上年增加639人，占党员总数36.12%。台湾省籍党员1人。35岁以下党员5963人，占党员总数24.56%，比上年净增328人；具有大专以上学历党员15351人，占党员总数63.24%；非公有制经济组织党员6631人，占党员总数的27.32%。全年新发展党员320人，其中女性党员185人、35岁以下党员211人、具有大专及以上学历党员303人。及时更新全区困难党员信息库，常态化开展党内关爱工作。

【基层组织建设】2021年，雨花台区委落实全面从严治党责任制，制定《2021年度落实全面从严治党党委主体责任、纪委监督责任清单》《中共南京市雨花台区委党的建设工作领导小组2021年工作要点》。深化“一轴多驱”党建工程，做强机关党建“英雄支部”、“雨花红谷”非公党建工程、社会组织党建“红色导航”项目、区域党建“南京南站党建联盟360”、党建引领保障房片区治理“岱山模式”“红色物业”项目等全域党建“红色矩阵”。全年各级党组织书记立项“入库”项目142个。推进党支部“标准+示范”建设，开展“星级评定”“先进党支部评选”；健全社区党组织“区委常委+机关部门+街道（园区）工委委员”三级挂钩帮扶机制，推进8个软弱后进党组织整顿提升。完成64个社区“两委”集中换届，开展“两委”全覆盖轮训2次，完成130名“两委”后备人才储备。组织社区书记“百千万工程”推评，获评“百名示范”2人、“千名领先”4人。落实“两新”组织党务工作者专业化建设，首批认证党务工作者64人。

【领导班子和干部队伍建设】2021年，雨花台区委印发《激励党员干部在“强富美高”新雨花现代化建设中开拓进取建功立业的实施意见》，引导党员干部做到“五个过硬”。完善区管班子和区管干部无任用考核，强化结果运用。全年提拔区管干部64人，其中正职21人；平级交流重用65人，涉及街道党政正职、

11月19日，中国（南京）软件谷互联网产业链党建联盟成立。

（区委组织部　供图）

部门一把手19人；晋升四级调研员以上职级60人；新提任80后区管18人，35岁左右区管干部增幅40%；补充选任32名干部到规划建设、经济金融、教育卫健等岗位，提高班子专业化水平。践行"两在两同"建新功行动，1311名区级机关干部下沉60个社区、23个集中隔离点组建"抗疫先锋"行动党支部，组建27人"医护先锋队"、90人"青年突击队"、439人"封控攻坚队"。组建考察组3个，跟踪了解干部履职表现。选派年轻干部对口支援青海省西宁市大通县、陕西省商洛市丹凤县4人，到防疫、污染防治、"铁心桥—西善桥"更新改造及街道一线挂职锻炼8人，到高淳区经济薄弱村担任"第一书记"3人。配合开展四套班子及成员、法检"两长"、纪委班子及成员换届考察，组织区"两委"委员酝酿、考察、提名工作；完成区第十二次党代会组织和选举工作，区人大、政府、政协换届人事安排。

【干部教育培训】 2021年，雨花台区委组织部门联合全区干教领导小组成员单位，举办干部专门业务培训10班次、781人次；开展行政事业单位新招录人员入职培训。利用领导干部进高校专题培训、"公务员大讲堂"等平台，选送干部参加省级调训5人、参加市委党校主体班次34人，领导干部进高校参加专题培训359人次，推动处级以上领导干部参加"江苏干部在线"网上学习。

【干部监督】 2021年，雨花台区委落实"三项机制"，结合"六稳六保"等重点工作任务，区级层面联动各单位形成典型案例29篇，择优向省市推荐报送11篇。完成48家单位"一报告两评议"测评结果反馈，结合政法队伍建设专项巡查工作，对区司法局、区检察院、区法院开展选人用人专项检查。完成领导干部个人有关事项报告年度集中填报468人。在换届选举中贯彻"十个严禁"纪律要求，发放"换届纪律提醒卡"540份，组织党员干部观看教育警示片《警钟长鸣》598人次，开展谈心谈话132人次，与"五类"人员签订《严肃换届纪律承诺书》146份。对33家单位开展干部人事档案专项审核全覆盖自查总结及问题整改。处理"12380"信访举报平台举报件9件，会同区审计局对6名党政领导干部进行经济责任审计。

【人才队伍建设】 2021年，雨花台区委坚持党管人才，强化政治引领，开展"爱国奋斗奉献"专题培训，推荐优秀人才担任各级"两代表一委员"。实施重点人才工程，优化完善市场和绩效、产业与创新区级人才评价体系，将创新

4月20日，区委组织部、软件谷科技创新部联合举办谷雨双创学院开营仪式。
（区委组织部　供图）

类人才纳入区高层次创新创业人才支持对象。集聚紫金山英才高峰计划顶尖人才2人，培育先锋计划创新型企业家17人，引进先锋计划市高层次创新创业人才16人。国家重点人才工程A、B类各入选1人，省“双创计划”入选5人。突出人才发展生态建设，做优谷雨双创学院培育品牌，为人才企业分类精准赋能，提供系统化“双创”人才培养服务。举办中俄（南京）数字经济创新合作论坛、谷雨“双创”大赛等活动。（龚　睿）

【南京党员专业志愿者服务基层行雨花台区专场活动】6月16日，“我为群众办实事”——南京党员专业志愿者服务基层行雨花台区专场活动在板桥市民广场举行，由市委组织部、市卫生健康委主办，区委组织部、区级机关工委、板桥街道（党）工委承办。活动现场，市、区40余家单位120余名党员志愿者带来专业志愿服务项目，设有医疗帮扶、健康讲座、就业创业、法律服务、救助关爱等5大志愿服务区；为“光荣在党50年”的老党员代表颁发纪念章；举行新加入市级党员专业志愿者代表宣誓；播放《向人民报告》视频，回顾全区“组团服务”进展；公布“人社服务”面对面、“流浪犬整治”保平安、“医疗服务”促健康、“法律服务”进社区、“助残关爱”行动、“送文化 送知识”板桥行、“惠农实事”123等待办实事项目，由区人力资源社会保障局、公安局雨花台分局、区卫生健康委、区司法局、区残联、区文化和旅游局、区农业农村局分别领办；南京市第一医院和板桥社区卫生服务中心签约，市第一医院党委与板桥社区卫生服务中心党支部结对共建，解决群众缺乏优质医疗资源“最大痛点”。（雨　鉴）

【雨花台区金融行业党建联盟成立】6月18日，雨花台区金融行业党建联盟成立大会在软件谷云密城举办。该联盟由区地方金融监管局党组倡议，与辖区24家金融机构党组共同商议发起成立，旨在搭建区金融监管部门、金融机构以及企业之间沟通交流合作平台，助推雨花台区金融服务新体系建设。年内，该联盟全体成员单位发出《致雨花台区金融行业党建联盟成员单位的疫情防控倡议书》，华泰联合证券有限责任公司、南京银行雨花支行、农业银行宁南支行等15家金融机构派出近百名志愿者，到赛虹桥街道，协助安德门社区、龙福社区和小行社区等为居民提供核酸检测服务；招商银行雨花支行等7家联盟成员单位向赛虹桥街道、铁心桥街道景明佳园小区、如家酒店隔离点、雨花经济开发区近华社区等防疫一线捐款捐物近3万元。文章《南京市雨花台区金融行业党建联盟单位奋战在抗疫一线》被人民网、“学习强国”全国学习平台报道。（李　睿）

·宣传工作·

【概　况】2021年，雨花台区开展党史学习教育，区委中心组每月安排1天党史学习教育专题学习会。成立指导组6个，对70家参学单位开展指导，检查指导200余次。制定《2021年全区年意识形态重点工作（含责任清单）》。实施《2021年全区各党（工）委、党组理论学习中心组专题学习计划》，为理论学习中心组成员配发理论学习书籍1200余册。启用江苏省首个集历史文化遗迹与公共文化服务于一体的社区阅读广场，开展“青少年心向党 百年党史我来说”“童心向党 筑梦未来”等全民阅读推广活动864场、参与4.3万人次。组织策划“齐聚庙会乐享生活”“第四届亲子动漫跑”等2场网友节活动，线上线下参与人数超万人。联合软件谷举办“第二届1024程序员节”系列活动。建成全市首家街道层面独立空间运营的少儿图书室。组织策展2021中国（南京）文化和科技融合成果展览交易会并获“最佳人气奖”。全年涉雨花台区正面报道39万篇，其中人民网、新华网等央级媒体报道2000余篇。雨花台区被评为全省2020—2021年度基层党员冬训工作示范区；25家单位、31个社区、17所学校分获2019—2021年度南京市文明单位、文明社区和文明校园。“社会主义核心价值观文化墙描绘美丽文明新西善”创新案例入选2020年度南京市社会主义核心价值观教育实践“十佳案例”。孙权堃被评为“新时代江苏好少年”，文一帆等8名优秀少年被评选为2021年第一批南京市“新时代好少年”。

【理论宣讲】 2021年，雨花台区委印发《2021年全区各党（工）委、党组理论学习中心组专题学习计划》，设置学习专题12个，推荐学习材料21篇。区委理论中心组开展学习18次、交流研讨9次、现场教学5次。区委宣传部为区委中心组成员配发理论学习书籍1200余册。组织2万名党员参加2021—2022年冬训，参训率99%、完成率100%。与辖区三江学院马克思主义学院结对共建，邀请专家学者为基层党员讲党课、学生党员参与学习活动。3支区级宣讲团、62支特色宣讲队伍开展党史学习教育和中国共产党成立100周年主题宣讲，全年宣讲1400余场次（其中党史学习教育专题宣讲200余场），覆盖党员群众2万人。快板、主题演讲、三句半宣讲形式被学习强国全国平台首页推介；征集理论“微课”视频50余个，获评市级优秀作品2个；2位“百姓名嘴”分获市基层主题宣讲比赛一、二等奖。

【意识形态】 2021年，雨花台区委将习近平总书记关于意识形态工作的重要论述纳入党员冬训、中心组学习专题计划；制定《2021年全区年意识形态重点工作（含责任清单）》，设置5个方面44项要求121条举措；印发《关于进一步落实行业意识形态工作主体责任的通知》，推动党委（党组）履行意识形态工作主体责任；检查党（工）委落实意识形态暨网络意识形态责任制情况23家；制订完善《党委（党组）意识形态领域情况分析研判工作指引（试行）》，明确区级意识形态领域情况分析研判联席会议成员单位职责分工；制定《雨花台区区级重大活动意识形态风险防控工作指引（试行）》，明确风险防控责任、主体责任和属地责任，明确事前审查备案、现场监督管控、活动宣传管理5个方面22项举措；开展全区各类宣传文化阵地意识形态领域风险排查和整改；制定《关于进一步加强对论坛、讲坛、讲座、年会、报告会、研讨会等阵地管理的实施办法》，健全相关制度；完善社会舆情信息工作机制，组建舆情信息员队伍，建立信息搜集、报送、通报和督查制度。

【新闻宣传】 2021年，区委宣传部组织开展党史学习教育、全面小康、中国共产党成立100周年、疫情防控经济发展“两手抓”、区第十二次党代会重大主题宣传报道。涉雨花台区正面报道39万篇，其中人民网、新华网等央级媒体报道2000余篇，《新华日报》等省级媒体报道4000余篇；“金陵微雨花”双微平台开设专题专栏37个，发挥全区69家政务新媒体矩阵作用，发布微博信息7000余条、微信信息800余条，其中17篇微信文章阅读数超10万。

4月27日，以“书香描绘新画卷 阅读开启新征程”为主题的2021年雨花台区全民阅读系列活动启动仪式在新河阅读广场举行。

（区委宣传部　供图）

【全民阅读】2021年，区委宣传部提升“1+8+N”图书馆服务效能，延长开放时间、更新馆藏图书；启用江苏省首个集历史文化遗迹与公共文化服务于一体的社区阅读广场——新河阅读广场；建成全市首家街道层面独立空间运营的少儿图书室——雨花街道少儿图书室；提档升级古雄街道有声图书馆，在“雨花红谷”党群服务中心投放电子阅读柜等公共阅读设施。组织区全民阅读活动领导小组各成员单位开展“青少年心向党百年党史我来说”“童心向党 筑梦未来”等阅读推广活动864场，参与4.3万人次。开展面向城市流动儿童和贫困家庭儿童等重点群体阅读的春风行动。结合“四史”学习教育，开展“阅读红色经典 传承红色基因”等主题阅读活动。“书香描绘新画卷 阅读开启新征程”“4·23”世界读书日系列活动被“学习强国”江苏平台、《现代快报》、网易新闻等媒体报道，线上直播观看44万人；围绕“9·28”孔子诞辰日开展的“诵读红色经典 赓续红色血脉”第六站“家国天下”在雨花台区直播，线上观看107万人。（史　汶）

【江苏省网络安全培训基地揭牌仪式】3月9日，江苏省网络安全培训基地揭牌仪式在博智安全总部举行。由江苏省信息网络安全协会、博智安全科技股份有限公司（简称博智安全）共建。仪式由博智安全市场总监黄婉秋主持。该培训基地以网络安全实训为重点，集教学培训、攻防演练等功能于一体，旨在建成江苏领先、全国一流的综合性、示范性、应用性实训基地。江苏省信息网络安全协会理事长陈逸中、常务副理事长尤文杰，博智安全董事长傅涛、副总裁郑轶、朱信群等出席揭牌仪式。11月9日，博智安全科技股份有限公司与亚信科技（南京）有限公司、南京中新赛克有限责任公司等驻区企业入选“安全牛（中国网络安全领域的专业媒体和旗舰智库）”发布的《中国网络安全企业100强（第九版）》。（雨　鉴）

·统战工作·

【概　况】2021年，中共南京市雨花台区委统战部（以下简称区委统战部）开展民营企业大走访，走访企业、商协会300余家，收集意见建议五类105条并反馈相关单位。完善“1+N”（区工商联+23个顾问单位）工作机制，举办宣讲会30余场，开展“三走进”（进街道、进园区、进企业）活动40余次。助力西善桥街道打造教育理想小镇，引进台资教育企业7家，推动K1教育一条街投入运行。组织机关全体干部下沉社区参与疫情防控，动员统一战线成员490人次参与一线疫情防控，商会会员企业捐款100万元。组织党外人士赴新四军一支队司令部旧址开展中共党史学习教育，邀请各民主党派、知联会代表参加“学党史 筑同心 坚定不移跟党走”主题活动，全区200余名侨界人士和100名侨界学生参加中国侨联主办的“侨心永向党 奋进新征程”纪念雨花侨界英烈动员大会，组织全区统一战线收看庆祝中国共产党成立100周年大会直播，开展“同心聚力 筑梦雨花 永远跟党走”主题征文活动。发放《统一战线工作条例》600本，开展《统一战线工作条例》知识竞赛；举办全区统一战线各领域主题培训班、区委统战工作领导小组暨民宗工作领导小组成员培训班，培训639人次；邀请市民宗局局长苏宇红为区委理论学习中心组作《党的民族宗教政策解读》辅导。组织宗教活动场所学习《网络信息生态内容治理规定》，指导宗教活动场所严格实名认证、规范线上发布、落实线上值班。跟踪推进板桥聚会点异地重建等一批信教群众“急难愁盼”问题，将6处基督教活动点纳入整治范围。开展民族宗教政策法规学习宣传，区委民宗工作领导小组下发《关于学习贯彻中央民族工作会议精神的通知》。成立统战工作理论实践创新领导小组，举办“雨花统战讲坛”10场。

开展“六类”（低保和低保边缘、残疾人、困境儿童、四类失能老人、因病致贫支出型困难家庭、生活困难的优抚对象）人群帮困活动，举办慈善公益路演活动16场，结对帮扶96对，认领“微心愿”176个，捐款200万元。对接区教育局，解决15名外来务工经商少数民族群众随迁子女就近入学问题。开展“宗教慈善周”活动，捐款8万元资助贫困学生。开通官方“雨力同心”微信公众号，发布信息43期367篇。翠竹园社区侨胞之家挂牌成立全国第三、全市第一家“侨心书苑”。召开区委统一战线工作领导小组专题会议3次、全会2次；区委民族宗教工作领导小组专题会议3次、全会2次；区委常委会研究统战工作4次；区委理论学习中心组学习统战工作内容2次。成立区政协换届专项工作小组，召开推荐协商会、考核工作推进会。召开区工商联第六次会员代表大会，选举产生第六届执委会和领导班子。

【党外人士工作】 2021年，区委统战部加强党外人士教育培训，组织53名民主党派成员、无党派人士参加雨花台区各民主党派、无党派人士“不忘合作初心 继续携手前进”、党外知识分子“弘扬爱国奋斗精神 建功立业新时代”主题教育培训班；各民主党派及无党派信息联络员参加统战业务骨干能力提升培训；各民主党派成员赴茅山新四军纪念馆开展“不忘合作初心 继续携手前进”主题教育。成立农工党南京市雨花台区基层委员会。推荐党外人士37人担任区人大代表、140人担任区政协委员，推荐郝军等9人担任区检察院特约检察员。

【民营经济发展服务】 2021年，区委统战部成立专项工作组4个，开展民营企业大走访，走访企业、商协会300余家，协助企业解决扶持政策兑现、融资贷款、市场拓展、人才招聘等难题。宣传市工商联“服务民企365”*行动计划和《扶持中小微企业稳定发展10条政策》《应对新冠肺炎疫情影响推动稳定发展30条服务措施》，激励区内民企参加“四新”行动计划。联合相关职能部门，举办“刑事风险防控”“合同法知识”“营商环境”等热点内容的座谈会、宣讲会16场次。组织户传科技等企业赴青海省西宁市大通县、陕西省商洛市丹凤县、江苏省淮安市洪泽区开展“三对口”活动，与2个贫困村建立“企村结对”帮扶关系，捐赠资金和物资16万元。与洪泽区签订村企结对协议，推动美团项目落地洪泽区。邀请西藏自治区拉萨市墨竹工卡县、陕西省商洛市丹凤县、江苏省淮安市洪泽区50名学生免费参加“因为南京 相伴成长”系列公益研学活动。助力区残疾人就业创业孵化中心启动，发动商会企业捐赠电脑20台和智能化教学大屏。年内，在省工商联举行的2021江苏民营企业百强发布会上，江苏满运软件科技有限公司排名“2021江苏民营企业200强”第97名；亿嘉和科技股份有限公司排名“2021江苏民营企业创新100强”第34名。

作机制，通过主动服务、靠前服务、精准服务，形成全天候、全方位、全要素服务民企的完整工作闭环。

【新的社会阶层人士（网络人士）工作】 2021年，区委统战部推进新会员发展，新增会员126人，全区新联会组织会员605人，推荐13名新的社会阶层人士进入省、市新联会组织。以“板桥那些事”“菲哥一张嘴”等自媒体助力新冠肺炎疫情防控、基层社会治理。参与疫情防控志愿服务1000余人次，捐款捐物38万元。开展“红桥热点面对面”“同心红桥论坛”“新阶层有话说”“网络直播培训师研讨会主题沙龙”系列活动。铁心桥街道新联会名誉会长王维受邀参加接待国务院副总理胡春华，汇报直播进社区、帮助女性及困难群众残疾人提升技能、灵活就业创业工作。区新联会副会长、雨花街道新联会会长何伟报送的《建设加强对ECMO的投入研发及操作培训》，被市政协评为2020年度优秀社情民意信息。引导新阶层人士参与公益路演、微心愿认领、“99公益日”、光彩事业等社会公益活动并累计捐款100万

★ **链接** “服务民企365”，南京市工商联通过开辟热线电话、公布电子邮箱、微信公众号专栏设置留言入口等，建立的3条民营企业反映诉求便捷通道；构建的民营企业权益维护、金融纾困、共享互助、亲商对话、投资促进、智库研究6大服务平台；服务中推行首问负责、快速办理、联动协同、跟踪反馈、分析评估5项工

5月22日，区新联会副会长单位延陵荟公益助力乡村振兴，组织医疗专家开展献礼中国共产党成立100周年、走进乡村义诊活动。（区委统战部 供图）

元，认领残疾人、困境儿童、困难家庭“微心愿”70余个，提供医疗、教育、助残等志愿服务活动80余场次。年内，区新联会会员、雨花街道新联会副秘书长代贤伟被共青团江苏省委、江苏省青年联合会授予第16届“江苏青年五四奖章”；雨花街道“花红e万家”实践创新基地被市委统战部评为市级新的社会阶层人士统战工作实践创新重点项目。

（石化英）

【“雨花青企大讲堂”“雨花台区青年企业家联合会公益服务基地”揭牌仪式】 6月1日，“献礼党的百年华诞 共助贫困学子”暨“雨花青企大讲堂”“雨花台区青年企业家联合会公益服务基地”揭牌仪式在南京宏图三胞科技发展有限公司大礼堂举行。由区委统战部、区教育局、团区委等部门联合举办。活动现场，区委常委、统战部部长王金玉致辞并发表捐赠倡议；王金玉和副区长部叶红分别为“雨花青企大讲堂”“雨花台区青年企业家联合会公益服务基地”揭牌；与会人员观看3名受捐对象基本情况短视频、梦想小屋改造情景剧，并向受捐对象捐赠雨花台区青年企业家们捐赠的善款20万元；雨花青企大讲堂第一讲开讲，央企五矿信托北京总部首席策略分析师何婉婷分享《2021年2季度大类资产配置报告与资产配置体系的介绍》。

6月1日，“献礼党的百年华诞 共助贫困学子“暨“雨花青企大讲堂”揭牌仪式在南京宏图三胞科技发展有限公司大礼堂举行。（区委统战部 供图）

【非公经济团体献礼中国共产党成立100周年活动暨南站党建联盟360公益专场活动】 6月10日，雨花台区非公经济团体献礼中国共产党成立100周年活动暨南京南站区域党建联盟360公益专场活动在南京科技馆举行。活动由中共南京市委统战部、南京市工商联联动区委统战部、区工商联（总商会）、南京南站区域党建联盟360举办。活动共分为永远跟党走、梦想雨爱同行、歌唱我的祖国3个篇章和2020年党建工作成绩汇报、爱心企业和人士的表彰、2021“因为南京 相伴成长”公益研学活动启动、六类特殊困难群体的现场认捐、受资助小朋友们和爱心人士编排节目5个流程。2020年党建工作成绩汇报以2项主要成绩作两朵红花，为中国共产党成立100周年献礼。献礼第一朵花为“党建引领”的党组织全覆盖；献礼第二朵花为“南京德雨慈善基金会”的光彩事业新平台。南京南站区域党建联盟360理事长周洪涛为雨花台区新成立的10个党支部授牌，颁发2020年突出贡献奖、最具爱心奉献奖、爱心大使等奖项。举行“因为南京 相伴成长”公益研学启动仪式，成立项目组委会，区关工委常务副主任于志珍担任组委会主任。进行“德雨360”公益路演、紫金农商银行“新书包”微心愿认领、雨花特殊学校资助、六类困难人群认领等公益项目。钟山民族乐团、南京市力行小学和南京市雨花台区特殊教育学校的艺术家和小朋友们表演节目。市委统战部副部长、市工商联党组书记丁铭,区委常委、统战部部长王金玉,区属各商会会长、企业家代表,各新的阶层人士联合会会长、各街道统战委员、社会各界爱心企业和爱心人士等300余人参加活动。

（雨　鉴）

·文明创建·

【概　况】 2021年,区委宣传部举办全区文明城市创建集中培训班,由区领导带队赴栖霞区仙林街道考察学习,开展分层分类培训80余场;聚焦“12345”政务热线群众反映突出问题、创建重点难点问题和市区督查问题,排出专项整治项目15个并建立微信工作群,动态调度跟踪;落实上海梅山钢铁股份有限公司及其周边区域整改,定期召开协调小组会议和联络员会议,搭建沟通协调机制,打造企地共建样板;细化制定各单位任务清单、完善四级责任人体系,落实网格长、点位长、街巷长责任制,实现全域定人定岗定责;制定《雨花台区2021年文明城市创建工作奖补办法》,根据创建任务量、市区督查、国测、省测点位达标情况分三个层次进行考核奖惩;结合“我为群众办实事”,探索“星级楼层”评选、“潮汐停车”等便民惠民举措,向辖区60万居民发放一封信,短信推送“文明雨花靠大家 我是城市主人翁”图文内容,提高群众知晓率和满意度。

【志愿者活动】 2021年,区委宣传部组织开展文明城市创建、防汛、新冠肺炎疫情防控等志愿服务5000余场,惠及群众60万人次,推动构建全民志愿、全域志愿的服务体系。开展公益性暑托服务,区委主要领导、分管领导到暑托服务点实地查看、交流讨论,招募志愿者1181人,开办社区41个（具体服务点24个）,缓解小学生“看护难”。发挥新时代文明实践中心统筹志愿作用,组织1.5万志愿者参与南京国际禄口机场新冠肺炎疫情防控,到150余个核酸检测采样点现场引导、维持秩序;面向60个社区、296个小区开展宣传发动、文明引导、扫楼排查等志愿服务,发动各级文明单位、文明社区、文明家庭有序参与疫情防控阻击战。区委宣传部为全区参与疫情防控的1.5万名志愿者购买爱心保险,发放口罩等防疫物资。

（史　汶）

【首届优秀志愿服务项目展演会】 12月9日,雨花台区首届优秀志愿服务项目展演会在区新时代文明实践中心举行。展演会由区新时代文明实践中心、区新时代文明实践志愿服务总队举办。现场启动“文明雨花靠大家 我是城市主人翁”活动,区新时代文明实践志愿服务总队、8家街道（园区）、12个部门新时代文明实践志愿服务支队代表宣读倡议书;赛虹桥街道“虹之声”理论宣讲志愿服务项目志愿者、西善桥街道齐修社区新时代文明实践站志愿者、红领巾志愿讲解服务项目志愿者展演项目;向“中国好人”“江苏好人”代表韩秀忠、顾宗美及“十佳文明实践微项目”“优秀文明实践微项目”获奖单位颁奖;“中国好人”辛福分享“陪伴青芽——困难职工家庭支持项目”背后的故事,共青团路小学副校长王健分

12月9日，“文明雨花靠大家 我是城市主人翁”活动在雨花台区首届优秀志愿服务项目展演会上启动。（区委宣传部 供图）

享他和区内6位支教老师到陕西省商洛市丹凤县帮助大山里的孩子了解外面世界的故事。

（雨 鉴）

·政策研究·

【概 况】 2021年，雨花台区围绕产业发展、党的建设、社会治理、民生事业等专题，编发《雨花内参》《雨花微调研》37期。雨花台区委研究室围绕“软件信息”产业地标、“双创”示范基，形成《建设全省信创产业先导区 打造信创产业集聚新高地》《雨花台区发挥集聚引领功能打造数字经济发展新高地》等调研报告；聚焦党史学习教育，撰写《赓续红色血脉 践行初心使命 在新征程上奋力开创雨花发展新局面》等调研文章。

【改革任务落实】 2021年，区委研究室建立年度改革任务推进机制，编发《区委深改委2021年工作要点》并逐项分解；优化区领导联系重点改革任务责任制，编发推进情况通报；跟进10个专项小组“一小组一重点”及“一板块一特色”任务推进情况，协助统筹协调、总结经验；重点跟进国资国企改革、全面深化服务贸易创新发展试点等上级部署的改革任务，配合市委改革办、市商务局开展专项督察；召开全区改革工作专题会，压紧压实全年重点改革任务、试点承接工作。

【改革专题调查研究】 2021年，区委研究室开展投资审计转型、工程项目审批、保障房片区社会治理、数字经济等重点工作调研，形成改革经验文章。全年在《江苏改革简报》《南京改革》刊发10篇，其中探索人居环境整治新路径、打造信创产业集聚新高地等经验做法获市领导批示；党建引领岱山保障房片区治理模式，在《南京日报》思想理论专版整版刊发，被南京电视台《改革进行时》栏目专题报道，获中央党校课题调研组肯定。

（朱屺涛）

【改革创新案例评选会】 3月30日，2020年度雨花台区改革创新案例评选会在区委党校召开。由雨花台区委改革办主办。评选活动向全区征集改革创新案例79个，依据“创新性、领先性、示范性、特色化”标准，经初评、区领导推荐，20个创新案例入围现场评选环节。活动现场，20家单位代表通过演说、PPT、视频展示形式，展示改革实践成果，经现场评委打分，南京软件谷发展有限公司、区卫生健康委、区委组织部等10家单位创新案例入选2020年度雨花台区优秀改革案例，区地方金融监督管理局、赛虹桥街道、区纪委（区监察委）等10

家单位创新案例入选2020年度雨花台区典型改革案例。社会学、文化学领域知名专家、学者叶南客，市社科联主席、市社会科学院院长曹劲松，市委研究室副主任金波，区委副书记王安伟等出席评选会。 （雨 鉴）

·机构编制管理·

【概 况】 2021年，中共南京市雨花台区委机构编制委员会办公室（以下简称区委编办）调整2012年市级下放原住建类行政权力归属85项，印发《关于原住建类85项行政权力归属调整的通知》，协调相关部门进行行政执法权划转及承接。落实年度机构编制报告工作。执行《编委议事规则》《编办工作细则》，落实区委编委会决议5项。按程序办理人员调动5批次55人次，其中区内调动19人，区内调出16人，区外商调20人。梳理完善科级领导职数目录库，严格科级领导职数管理。加强机构编制实名制管理，开展全省机构编制统计专项调查，梳理机构编制调整、人员变动等文件。开展雨花台区第二次机构编制核查工作。指导雨花经济开发区落实管理运行、选人用人、考核分配等制度机制，总结宣传软件谷、开发区去行政化改革经验做法，调研文章《以改革创新为动力激发高质量发展新动能》被评为区改革创新优秀案例。根据江苏省《赋予乡镇（街道）经济社会管理权限指导目录》及《江苏省乡镇（街道）法定事项清单通用目录》，制定《雨花台区街道行政权力清单通用目录》，确保赋予街道的行政权力“放得下、接得住”。通过江苏政务服务网后台拉取各部门权力清单，全区37家部门认领国家基本目录510项、江苏基本目录3180项、南京市设目录304项。

【街道集成改革】 2021年，区委编办开展街道集成改革效果评估调研，了解街道自改革以来“三定”规定执行、职能机构运转、赋权事项承接、岗位员额管理、一体化平台建设情况，研究制定解决措施。完善职责准入、资源下沉、吹哨报到、全员培训、考核评估机制，推进制度落实。选取西善桥街道作为完善深化街道集成改革示范点，督促完善综合执法局、便民服务中心、综合指挥中心建设。统筹编制资源，探索员额和岗位管理，创新选人用人制度。通过统筹资源，锁定底数，实现由“编制管理”向“员额管理”转变；优化机制，畅通渠道，实现由“身份管理”向“岗位管理”转变；注重实绩，能上能下，实现由“论资排辈”向“公开竞聘”转变；创新激励，打通瓶颈，实现由“吃大锅饭”向“同岗同奖”转变，激发基层干部队伍活力，该经验做法被中国机构编制网刊载。

【街道相对集中行政处罚权改革】 2021年，区委编办经省政府批复同意，印发《雨花台区赋予街道经济社会管理权限目录（行政处罚类）》，下沉民宗、教育、住建、城管、市监、人防等6家单位行政处罚事项68项。制定下发《雨花台区街道相对集中行政处罚权改革推进方案》，公开具体职责、执法依据、执法程序和监督途径。会同区司法局开展街道相对集中行政处罚权培训及移权部门培训，明确移权部门下沉人员25人、各街道第一批行政执法辅助人员员额505人。协助区司法局更换7个街道62名执法人员执法证件。

【行政执法改革】 2021年，区委编办加强渔政执法力量建设，在农业综合行政执法大队加挂渔政执法大队牌子，为常态化禁捕退捕提供支撑。印发《南京市雨花台区农业综合行政执法大队职能配置、内设机构和人员编制规定》，完成农业综合行政执法改革。推进交通领域综合行政执法改革，将交通运输领域原事业单位行政执法职能划入区交通运输综合行政执法大队。制定并印发《南京市雨花台区交通运输综合行政执法大队职能配置、内设机构和人员编制规定》，实现交通领域一支队伍管执法。推进城市管理综合行政执法改革，制定印发《南京市雨花台区城市管理综合行政执法大队职能配置、内设机构和人员编制规定》，完成综合执法改革“后半篇文章”。

【审批服务便民化改革】 2021年，区委编办推进相对集中行政许可权改革，规范审批事项划转，确保不发生集中至区行政审批局事项和下沉至街道事项“反委托”给原部门行使。建立完善审批和监管相互分离、相互协调机制，强化集中审批事项事前事中事后监管。推动行政审批与监管信息交互平台建设，加强区行政审批局与区大数据管理局配合，推进交互平台上线运行，实现审批、监管信息实时交互。理顺集中审批体制机制与规范权力清单管理、优化部门职能再造工作流程的有机结合，梳理已划转审批服务事项职责分工，明确街道、区行政审批局和行业主管部门职责权限，提高行政效能。梳理、论证第二批赋予街道经济社会管理权限。

【机构编制事项优化调整】 2021年，区委编办对部门职责、机构设置和机构编制进行必要调整，修订完善区城管局、区科协机关“三定”规定；为区农业农村局增挂区乡村振兴局牌子、区文化和旅游局增挂区文物保护局牌子；核增区财政局、区住房建设局、区统计局内设机构。制定市下拨35人行政编制分配计划，向卫生疾控、科技教育、数字治理、安全生产、金融稳定等7个重点行业倾斜。核增区司法局政法专项编制4人，用于行政复议体制改革工作，核增区住房建设局工程质量监督站事业编制2人，用于加强全区工程质量安全工作。

【教育和卫健系统编制配置】 2021年，区委编办制定《雨花台区中小学教师编制达国标工作方案》，核定教育系统招录计划235人。补充医疗资源保障新冠肺炎疫情防控工作，核定卫健系统招录计划141人。核定雨花经济开发区社区卫生服务中心总员额数80人，其中区内调整编制55人。

【事业单位登记管理】 2021年，区委编办办理事业单位设立登记6家、变更56家、注销1家，统一社会信用代码变更21家。推动事业单位法人异常名录清理，建立“监管抓总、主管督促、单位落实”清理机制，下达清理通知9次，调研服务5次。开展事业单位信用等级评价，2020年全区事业单位信用等级评价均为A。开展“双随机、一公开”抽查工作，全覆盖完成事业单位年度报告工作。全区事业单位管理“全方位服务、全过程监管、全覆盖完成”的经验做法被国家机关赋码和事业单位登记管理网刊载。 （张师嘉）

·机关党建·

【概　况】 2021年，区级机关工委有党委、（总）支部54个（其中机关党委3个、党总支6个），机关在职和离退休党员2059名。举办“来自英雄的呼唤 党史学习进行时”沉浸式学习活动，被中央电视台新闻频道报道2次。邀请区委宣讲团成员、南京市社科联副主席、市社科院副院长季文，专题宣讲习近平总书记“七一”重要讲话精神，区级机关400余名党员代表参加学习。组织400余名机关党员参观“人间正道是沧桑——中国共产党南京历史展览”和“百年征程 初心永恒——中国共产党在江苏历史展（1921—2021）”。举办“唱支心歌给党听”——雨花台区区级机关庆祝中国共产党成立100周年文艺会演，区级机关26个部门单位、450余人参加。开发“来 学习吧”小程序，开展百日答题竞赛活动和百年党史百年集中答活动，2万人次参与答题。推进机关基层党组织“标准+示范”建设，制定《雨花台区级机关基层党组织“争先进位 评星晋级”考核评创工作实施意见（试行）》。组织37家区街部门开展惠企惠民“组团”服务活动3次，服务企业3500余家次、群众3800余人次，被《新华日报》等24家媒体报道。7月，禄口机场聚集性疫情发生后，组织1100余名党员干部下沉一线，成立抗疫一线临时党委、党支部51个。开展“百千万”（百个支部结实对、千名党员办实事、万户群众得实惠）行动。全年在中央电视台新闻频道、“学习强国”全国平台、人民网等媒体发表信息230篇。

【基层党组织建设】 2021年，区级机关工委规范机关党建考核工作，制定《雨花台区级机关基层党组织“争先进位 评星晋级”考核评创工作实施意见（试行）》。组织开展“特别的日子 致敬永恒的你”主题雨花英烈“云祭扫”，区级机关党员3200人次参与。召开庆祝中国共产党成立100周年大会，开展“对党说句心里话”主题实践活动和“学英雄 做英雄”文艺创作会演。颁发“光荣在党50年”纪念勋章82枚。表彰区级机关优秀共产党员50人、优秀党务工作者10人和先进基层党组织10个。组织近200名机关党组织书记和组织委员业务专题培训。发展新预备党员31人，预备按期转正16人。组织推荐省市区党代表，选举产生出席区第十二次党代会区级机关代表40名。

【机关作风建设】 2021年，区级机关工委制定《2021年度机关作风建设工作要点》，明确机关作风建设年度工作重点；组织召开作风建设工作推进会，明确机关作风建设及作风评议工作责任划分，细化各部门、街道（园区）主体责任，完善和加强全区机关作风建设工作统抓统建构架；加强与市作风办衔接，赴市作风办汇报作风建设、请市作风办参观调研评议意见

7月14日，雨花台区区级机关党建专题业务培训举办。

（区级机关工委 供图）

整改、为民办实事做法成效；对2020年作风评议结果薄弱的部门和街道（园区），采取点对点指导，推进作风整体建设；组织相关部门结合工作职能，对市区作风建设满意度评议中征集到的意见建议，制定整改任务分解清单；加强监督队伍建设，调整部分机关作风监督员，明确责任区域和监督职责；依照《雨花台区机关作风建设监督检查暂行规定》《雨花台区机关作风建设任务清单》，联合区政府办、区纪委区监委，明察暗访文明城市创建、作风评议意见整改、窗口服务、防疫防控等领域存在问题，收集营商环境、服务群众改善民生方面问题线索，督办市作风办移交问题、群众反映推诿扯皮个案、“12345”办件不满意工单、窗口服务不满意投诉。

【组团服务基层】 2021年，区级机关工委定期跟踪和督导雨花台区第一批“我为群众办实事”项目推进情况，协调解决存在问题；联合板桥街道、梅山街道党工委，组合打包机关为民服务项目50余个、服务群众3800人次；开展“‘雨’您同行 花开满园”线上组团服务助力区内企业发展，实时参与企业近3500家，点赞数1243个；部署“百千万”行动暨推进“走进党史教育基地 共建美好幸福家园”活动，组织区级机关52个部门与64个社区党组织签订“百千万”结对共建协议，深化12个省、市、区机关党组织和企业结对“政企直通车”项目，以“五个一”（搭建一个结对共建载体、组织一次民意调查活动、办好一批利民惠民实事、开展一次志愿服务活动、共办一次联合组织生活）为主要内容，落实“两在两同”，推动“百个支部结实对、千名党员办实事、万户群众得实惠”落实。

【群团组织建设】 2021年，区级机关工委结合“三八”国际妇女节，举办“追逐芬芳 初心永恒”三八节红色主题活动和“英雄支部”优秀女性党员代表“学英雄 话初心 担使命”分享交流会。邀请雨花英烈郭纲琳侄子郭常根、雨花英烈任天石侄子任华轶讲述革命英烈故事，重忆革命历程、重温革命初心。遴选10名创建“英雄支部”的党员代表在“星光之盒”红色互动现场向英雄中队学生传递“星光之盒”。举办雨花台区级机关“争当英雄青年说 红色基因代代传”主题演讲比赛初赛、“重温百年路 启航新征程”登山学史活动。

【沉浸式党史学习】 3月20日，区级机关工委在雨花台烈士陵园举办“来自英雄的呼唤

3月20日，区级机关工委在雨花台烈士陵园开展“来自英雄的呼唤 党史学习进行时”沉浸式学习活动。
（区级机关工委 供图）

党史学习进行时”沉浸式学习活动。区机关部门党员干部、入党积极分子30人参加。雨花英烈宣讲团成员讲述丁香和许包野2名雨花台烈士为中华民族复兴舍生取义、献身信仰的故事；机关党员代表向全区机关党员发出“学党史、听党话、感党恩、跟党走，传承红色基因，争做英雄传人”倡议书；党员干部在纪念碑前面向党旗宣誓，重温入党誓词，并瞻仰烈士纪念碑；32名雨花台区级机关创建“英雄支部”的支部书记从区委有关负责人和雨花英烈后人手中接过以雨花英烈命名的“英雄支部”红旗。（王淑君）

·老干部工作·

【概　况】2021年，中共南京市雨花台区委老干部局（以下简称区委老干部局）持续开展“六有一提升”（有党的组织、有领导班子、有工作制度、有组织活动、有作用发挥、有工作保障，提升党组织的组织力）“银发生辉”（引导广大离退休干部发挥独特优势，为党和人民的事业增添正能量）“三有一落实”（有一条就医绿色通道、有一名家庭签约医生、有一套自付医疗费补助办法，落实好离休干部提高享受医疗待遇相关政策规定）“素质提升”四项工程。至年末，雨花台区有机关、街道（园区）、社区单建离退休干部党支部51个，与在职党员合建党支部单设党小组106个。有离休干部和四套班子退休干部64人，其中离休干部26人（含异地安置3人）、区四套班子退休干部38人；在离休干部中，参加抗日战争的4人、解放战争的22人，享受副省级医疗费报销待遇的1人，享受地市级两项待遇的3人；2021年去世5人。

9月16日，2021年雨花台区老干部区情通报会举行。
（区委老干部局　供图）

【党组织建设】2021年，区委老干部局实施离退休干部党组织“六有一提升”工程，按照“应建尽建”要求推进离退休干部党组织建设。在已建离退休干部党支部中，开展“标准+示范”建设，按照区域特点、专业特点等，打造“一支部一品牌”，推进离退休干部党支部建设标准化规范化品牌化。探索“支部建在社团”，在区老年人体育协会、区退离休教育工作者协会试点建立党组织。

【政治待遇落实】2021年，区委老干部局落实离退休干部阅文读报、听报告、参加重要会议和重大活动、情况通报会、走访慰问等制度。定期走访慰问老干部，建立完善离退休干部党内关怀机制。为老干部订阅《银潮》《南京日报》《离退休干部党支部学习参考》及活动阅览室报刊杂志300余份；组织老干部列席区

"两会"、到高淳参观乡村振兴成果、赴南通学习"爱国企业家的典范"张謇精神；召开区情通报会，组织老干部参观雨花台区经济发展情况，为建设"强富美高新雨花"建言献策。

5月19日，区委老干部局组织离退休干部党员开展"弘扬英烈精神 传承红色基因——穿越时空的对话"主题党日活动。（区委老干部局 供图）

【生活待遇落实】 2021年，区委老干部局为离退休干部开展"整岁生日送祝福 暑期高温送清凉 重阳中秋送关爱 新春佳节送祝福""四送"慰问等活动，慰问老干部270人次，生病慰问60人次。协助办理3名去世离休干部丧事及优抚。组织老干部健康体检；召开健康咨询会；更新健康档案信息并反馈给签约家庭医生。增发离休干部生活补贴。采取走访、电话联系、就医陪护等方式，及时掌握离退休干部身体状况、生活状态和家庭情况。

【志愿服务】 2021年，区委老干部局围绕雨花台区"十四五"规划发展目标，组织离退休干部开展"五进五助力"活动（进园区、进馆区、进社区、进景区、进校区）。打造"四团三室两队一站"*高层次老干部人才"紫金银辉"工作品牌，引导全区1300余名离退休干部参与"助新时代党的建设"等"六个助力"活动100余场，惠及群众2万人次。结合党史学习教育，组织全区离退休干部党员开展"弘扬英烈精神 传承红色基因——穿越时空的对话"主题党日活动、"回望百年路 助力新征程"书画展、"两在两同"建新功行动。引导离退休干部参与弘扬党的光荣传统、培育时代新人等志愿服务，打造"雨花银龄五红"（读红书、育新人，做红船、传精神，访红迹、忆党史，唱红歌、颂党恩，戴红帽、见行动）党建平台，帮助离退休干部发挥余热。

★链接 "四团三室两队一站"，理论讲师团、思想道德讲师团、法治教育报告团、科技教育讲师团，王老师工作室、"天平护苗"工作室、"雨检晚霞"工作室，"心连心"文化宣送队、"五老"网吧义务监督志愿服务队，"雨花银龄"工作站。

（朱 青）

·党校教育·

【概 况】 2021年，区委党校下设职能科室5个，有教职工17人，新招录教师1人。全年承办或保障各类培训班和会议130期、11574人，其中主体班次16期、1077人。策划实施陕西省商洛市丹凤县村支部书记培训班、软件谷产业发展部等党史学习教育类培训25个班次。深入机关部门、街道社区、驻区重点企业单位进行宣讲85场次，其中习近平总书记“七一”重要讲话精神宣讲20场次、党的十九届六中全会精神宣讲13场次。通过“领学+促学+跟进学”方式，组织班子中心组学习13次、研讨13次。完成国家公祭日保障、市委基层组织书记培训、区委领导班子换届考核、区第十二次党代会、区人大十九届一次会议和区政协十届一次会议保障任务。禄口机场聚集性疫情发生后，组织党员干部参与封控任务；第一时间组建疫情防控党校留观点，完成36天327人留观任务；承担珍宝假日酒店隔离点点位长任务405天，完成4170人留观任务。教师谢军、孙丽莎入选省市委党校系统“三个一批”人才培养对象。

【教学培训】 2021年，区委党校开发《回眸党章历史 做合格共产党员》等7门党史学习教育课程，推进“红色研学精品路线”课程研发；采取“授课+调研+答辩”新模式，探索提高学员应用新思想解决实际问题能力的实践路径；实行党校开班课程开放机制，向全区干部开放旁听精品课程20余门；为街道量身打造“培训+考核+效用”科级干部常态化能力提升培训机制试点；打造雨花社区党建引领构建基层社会治理新格局现场教学基地和区史党性教育基地，推进市域基层社会治理创新和党性教育开展。（杨文君）

表10　2021年雨花台区委党校主体班次情况一览表

序号	时　间	班　　别	人数（人）
1	3月5日	铁心桥街道中青年干部培训班	34
2	3月17日	2020—2021年度雨花台区商务系统党员冬训	65
3	3月30日	2021年雨花台区第一期发展对象培训班	236
4	4月21日	雨花台区新一届社区党组织书记专题培训班	64
5	4月22日	雨花台区2021年信访工作培训班	44
6	6月9日	雨花台区利用外资业务培训班	29
7	9月13日	2021年雨花台区第二期发展对象培训班	92
8	10月11日	2021年度新招录公务员、事业单位人员专题培训班	72
9	10月14日	雨花台区委统战工作领导小组暨民宗工作领导小组成员培训班	50
10	10月20日	陕西省商洛市丹凤县乡村振兴示范村党组织书记专题研讨班	42
11	10月27日	2021年南京市水务局系统党组织书记、党务干部培训班	45
12	11月9日	市水务集团中高层管理人员履职能力提升专题研讨班（第一期）	60
13	11月16日	市水务集团中高层管理人员履职能力提升专题研讨班（第二期）	60
14	11月23日	市水务集团中高层管理人员履职能力提升专题研讨班（第三期）	66
15	11月24日	全区“两新”组织党务工作者示范培训班	47
16	12月9日	2021年雨花台区妇联干部能力提升培训班	71

（杨文君）

【科研调研】 2021年,区委党校加强基层党建、数字经济、社会治理等领域调研工作。与区委政法委搭建“雨花台区市域社会治理创新项目课题”研究平台,制定《雨花台区市域社会治理现代化特色创新项目课题管理方案》,聘请市委党校专家指导,完成市域社会治理课题研究12个。全年获省市区各类课题立项18项,其中省委党校2项、省社科联1项、市委党校3项、区政法委课题12项。在省级以上学术刊物发表学术文章6篇,其中核心刊物2篇,入选江苏省党建高层论坛和南京都市圈论坛等论文4篇;在市级以上媒体刊物发表文章6篇、内参刊物发表文章4篇,获市级以上奖项3项;获2021年度南京市思想政治工作优秀研究成果二、三等奖项各1项;在《南京改革》《南京政法》《雨花内参》等发表咨政报告4篇。

【结对共建】 6月28日,区委党校与马家店社区联合举办“结对共建学党史 砥砺奋进建新功”结对共建启动仪式暨庆祝中国共产党成立100周年主题党日活动。活动现场,区委党校支部、马家店社区党总支、中建一局一公司江苏分公司党总支、江苏户传科技党支部、亚太嘉园党支部、电无忧党支部联合启动“社校企”党建共建培力行动;区委党校支部书记刘立龙、马家店社区党总支书记王国忠为党校及马家店社区党龄50年党员代表颁发纪念章;区委党校高级讲师谢军讲授《从“初心和使命”看百年党史》。 (杨文君)

·党史工作·

【概 况】 2021年,中共南京市雨花台区委党史工作办公室(以下简称区委党史工办)推进《中国共产党南京市雨花台区地方史简记(1949—2021年)》出版相关工作;编纂完成《中国共产党南京市雨花台区历史大事记(1949.4—2020.12)》;撰写《雨花台区(南京软件谷)软件产业发展大事记》。成立区级党史宣讲辅导团,加强党史宣传教育、普及地方党史知识。为区委老干部局、区档案馆、区方志办、区市场监管局、区残联等单位作《整装再出发——习近平总书记“七一”重要讲话精神“六大关键词”》专题宣讲。配合区档案馆推进区史馆建设,核对相关党史内容。协助南京民间抗日战争博物馆申报第三批江苏省党史教育基地并获批。完成短视频《红色雨花——西天寺公墓烈士墓区》拍摄。组织雨花街道和雨花台中学初中部2支队伍参加南京市庆祝中国共产党成立100周年知识竞赛活动,区委党史工办获优秀组织奖。

【党史宣传教育】 2021年,区委党史工办选择雨花党史700件大事,自4月份起,每周3期,在“雨花先锋”微信公众号连载;向全区各机关单位、各街道和社区印发《中国共产党南京市雨花台区历史大事记(1949.4—2020.12)》260余册;邀请市委党史办相关人员,赴社区、学校开展党课宣讲活动28场次、听课1300余人次。联合铁心桥街道春江社区举办“头雁论坛”、与西善桥街道永盛社区结对共建“红色书屋”、参与“红色硅基数字人讲述党史故事”进社区、润和公司党史展墙设计,并被人民网、人民政协网报道。

【党史资政研究】 2021年,区委党史工办撰写并上报市委宣传部《习近平总书记关于红色文化的重要论述与地方红色文化遗址保护利用路径研究——以南京市雨花台区为例》专题论文，1万字；完成并上报省社科联立项课题报告《挖掘基层商会潜能，助推区域发展双循环——以南京市雨花台区为例》，1.2万字，在《雨花内参》2021年第18期发表。

【党史宣讲辅导团】 2021年，区委党史工办成立由陈明太、孔繁勋、王聿诚3名党史爱好者组成的区级党史宣讲辅导团。安排辅导团成员参加全市党史宣讲业务培训，制作宣讲课件，撰写宣讲提纲，并报市委党工史办审阅。全年开展宣讲28场次、1300余人次。

6月16日，区级党史宣讲辅导团成员、区委党史工办主任陈明太在长虹路社区进行“永远跟党走 奋进新征程”主题宣讲。 （区委党史工办 供图）

【短视频《红色雨花——西天寺公墓烈士墓区》】 11月，历时1个月拍摄完成。该短视频介绍西天寺公墓烈士墓区的概况、搬迁经过、英雄故事，呼吁各界人士寻找烈士亲人。视频时长4分30秒，由区委党史工办摄制。 （严 蕊）

·关心下一代工作·

【概 况】 2021年，雨花台区完善“党建带关建”工作机制，形成党建带动、部门联动、社会参与关心下一代工作格局。统筹新冠肺炎疫情防控和工作机制建立、关工委政治思想建设、组织队伍建设、主题教育、法治教育、校外辅导站建设、“网上关工委”建设及媒体宣传等工作。至年末，8个街道（园区）设有南京市雨花台区关心下一代工作委员会（以下简称区关工委）组织机构、63个社区设有关工站；区委政法委、区教育局、公安局雨花台分局、区法院、区检察院、区市场监管局设有系统关工委。其中公安局雨花台分局下设派出所关工站9个、禁毒关工站1个。新发展民营关工委11家。全区有从事关心下一代工作的“五老”志愿者872人。年内，区关工委被省文明办、省关工委评为优秀集体，被市关工委评为先进单位、优秀通联集体；区政法关工委获第二届省政法系统关工委青少年法制教育创新成果“方式方法创新一等奖”；区委政法委被推荐为第四届“关爱明天 普法先行”活动全国先进集体。

【主题教育系列活动】 2021年，区关工委下发主题教育年度计划表，建立两月一次工作例会制度。采取“线上线下两线并行、区街社三级共推”措施，开展“颂建党百年 做时代新人”主题教育系列活动824场次，受益学生12.26万人次。举办“红船精神”主题教育馆开馆活动。开展“重温红色经典 老少颂党庆百年”百场百个万人红色故事会征文暨视频展演系列活动，举办“为中华崛起而读书——重温红色经典 老少颂党庆百年”文艺会演；联合区文化和旅游局开展“文博之夏”红色走访；征集中小学生征文560篇，其中获市“童声庆党生”征文小学组二等奖1篇，获区特等及一、二、三等奖29篇，编印《2021年主题教育征文汇编》200本。开展“三个一”暑期百场红色故事宣讲，线上推荐阅读“百年百本小人书——那些年我们追过的英雄”；线上播放100集“中国记忆——红色访谈录”；线下在全区64个社区校外教育辅导站举办“连环画里的中国共产党100年”巡展；编印《“三个一”暑期百场故事会》宣讲汇编本430本。组织红色故事会视频网上投票评优活动，点击量6.8万人次，吸引老少投票4.14万人。街道（园区）关工委开展的主题教育活动有，梅山街道关工委开展“千人做红船 万人学党史”主题教育活动；雨花经济开发区关工委举办“童声向党 阅读相伴”红色诵读会；铁心桥街道关工委开展“传承红色基因 追寻红色印记”红色课堂“五红”教育；赛虹桥街道关工委组织“我想对你说”主题教育活动；古雄街道关工委组织“童心向党——点亮红色成长梦”主题教育活动。各街道（园区）围绕市党史国史教育基地网络地图，网上打卡13455条、感言征文301篇。年内，区关工委获省“对话2035的我们”主题征文比赛优秀组织奖；获“童心永向党 筑梦新辉煌”老少同台演讲比赛优秀组织奖；选送的《红色基因 薪火相传》作品获市特等奖。

【少年法学院建设】 2021年，区关工委发挥少年法学院平台效应，拓展青少年法治教育路径。落实少年法学院组织架构，设立首家“街道少年法学院工作室”；以“法治意识”培养为教学主线，完善课程体系和派课程序；建立社会化选购少年法学院课程的体系，成立以退休政法老干部为主体、专门从事少年法学院教学研讨和教员培训的“五老育人法律服务中心”。全年，区少年法学院在全区40所中小学法制宣讲80场次、受众学生1.20万人次，形成宣讲课件32件，安排视频宣讲课40节、法律实践课38场；法治教员进家长学校、进社区宣讲25场次。

【校外辅导站建设】 2021年，区关工委开展“童心永向党，筑梦新辉煌”演讲比赛，开展活动31场次、参加青少年720人次，撰写演讲稿件165篇。组织红色主题“科技夏令营”活动，获省关工委演讲比赛特等奖。开展街道（园区）校外辅导站特色评选并予奖励性补贴，推进辅导站活动品牌建设，形成梅清苑社区的“红船精神”与“创客实践”、景明佳园社区的南京白局、板桥社区的非遗项目竹刻、古雄社区的生态环保、花神庙社区的艺术教育、菊花里社区的英语教育等“一站一品牌”。落实“双减”政策，组织区校外教育辅导总站老师45人次深入8个社区开展“科技教育进社区”公益活动。组织参加全市第13届社区科技“四个一”作品竞赛活动，上报作品966幅，151人获奖（一等奖6人）。组织西善花苑小学10名学生参加市关工委第七届校外教育辅导站电子阅览室“中国梦——我的科技梦”电子报竞赛。申报“双优”视频展演。落实上级对校外教育辅导站资金扶持。

【思想道德教育讲师团】 2021年，雨花台区关心下一代思想道德教育讲师团成员开展宣讲136场次，受众学生1.32万人次；制作讲稿（课件）及微课视频11篇，其中获市“德法同行”主题教育精品讲稿（课件）1篇、获市优秀课件3篇、获市优秀视频奖1篇。充实讲师团在册人员，有区讲师团成员27名、街道（园区）讲师团成员79名。

【“网上关工委”建设】 2021年，区关工委出台《关于实施调研宣传工作的奖励办法》，组织健全街道、系统关工委宣传员队伍；鼓励向省、市网刊投稿，撰写调研文章6篇，向金金网投稿1398篇、“南京市关工委”微信公众号投稿579篇、省少年网和《薪火》等省市刊网投稿44篇；参加2021年市关工委金金网的“三优”评选，获优秀作品17篇、优秀通联单位5个、优秀通讯员4名。（刘继忠）

南京市雨花台区人民代表大会

·概　述·

【概　况】 2021年，雨花台区人民代表大会及其常务委员会召开常委会会议8次、主任会议11次，听取和审议“一府两院”工作报告17项，开展专题询问1次、执法检查1次、视察调研8次，提出审议意见14项，依法任免国家机关工作人员47人次，补选市人大代表2人。每月召开党组学习（扩大）会，专题传达习近平总书记重要讲话、批示指示精神，以及全区重要会议、重要文件精神。禄口机场聚集性疫情发生后，召开疫情防控动员会，发出“致全区人大代表的一封信”，先后组织人大机关干部62人次参与社区查验健康码、居民核酸检测、防疫督导巡查、驻点封控点防控。以人大机关各委室为单位开展“调研月”活动，形成调研成果29篇。开展季度“集中接待选民日”活动和每月政务中心窗口接待。试行街道议政代表会议制度。组织换届选举工作，依法选举产生区十九届人大代表231名。

【区十八届人大五次会议】 1月6—7日，雨花台区第十八届人民代表大会第五次会议在雨花台中学学术报告厅举行。大会听取和审议区政府工作报告；审查和批准区2020年国民经济和社会发展计划执行情况与2021年国民经济和社会发展计划草案的报告；审查和批准区2020年财政预算执行情况和2021年财政预算草案的报告；听取和审议区人大常委会工作报告、区法院工作报告和区检察院工作报告；宣布2021年度重点民生实事项目票决结果；通过张虎的辞职请求，补选产生区第十八

1月6日，雨花台区第十八届人民代表大会第五次会议在雨花台中学学术报告厅举行。
（区人大办　供图）

届人民代表大会常务委员会副主任3名、委员10名；通过区第十八届人民代表大会监察和司法委员会主任委员、法制委员会主任委员和副主任委员、财政经济委员会副主任委员、社会建设委员会副主任委员名单。（王米娜）

表11　2021年雨花台区第十八届人大常委会会议一览表

会议期次	时　间	主要议题
第33次	2月26日	审议人事任免案
第34次	3月26日	听取和审议区政府关于2020年环境状况和环境保护目标完成情况的报告；听取和审议区政府关于支持家庭承担养老功能，推进多层次养老服务体系建设情况的报告；审议人事任免案
第35次	5月31日	听取和审议区法院关于优化法治营商环境工作情况的报告；听取和审议区检察院关于服务保障民营经济健康发展情况的报告；听取和审议《中华人民共和国固体废物污染环境防治法》执法检查情况的报告；组织部分驻区市人大代表向区人大常委会报告履职情况（书面）
第36次	7月23日	听取和审议区政府关于2021年上半年工作情况的报告；审议区政府关于2021年国民经济和社会发展计划上半年执行情况的报告；审议区政府关于2021年财政预算上半年执行情况的报告（书面）；听取和审议区政府关于2020年财政预算执行和其他财政收支情况的审计报告；审查和批准区2020年财政决算草案；审查和批准区政府2021年省转贷新增地方债券安排及预算调整初步方案草案和2021年地方债券限额草案；审议人事任免案
第37次	8月26日	审议通过《雨花台区人民代表大会常务委员会规范性文件备案审查办法（修订草案）》；研究有关辞职事项；审议人事任免案
第38次	9月23日	审议关于全区发展数字经济情况的报告，并开展专题询问；听取和审议区政府关于“八五”普法规划制定情况的报告并作出相关决议；听取和审议区政府关于代表建议办理工作情况的报告；听取和审议软件谷招商引资及项目运行情况的报告；听取和审议区政府关于全区自然资源和国有资产综合管理情况的报告；审议通过关于区人民代表大会换届选举有关事宜的决定草案；组织部分区政府工作部门主要负责人及法院、检察院一名副职向区人大常委会报告履职情况并进行测评；审议区人大常委会委员辞职事宜；审议市人大代表辞职和补选事宜
第39次	11月26日	听取和审议区政府关于审计问题整改情况的报告；审查和批准区2021年财政预算和计划调整方案草案；听取区政府关于全区义务教育优质均衡发展审议意见落实情况的报告并进行满意度测评；审议和通过关于召开区第十九届人民代表大会第一次会议的决定；组织部分区政府工作部门主要负责人及法院、检察院一名副职向区人大常委会报告履职情况并进行测评；组织部分驻区市人大代表向区人大常委会报告履职情况（书面）；审议人事任免案
第40次	12月30日	初审区政府关于2021年国民经济和社会发展计划完成情况及2022年目标编制情况的报告；初审区政府关于2021年财政预算执行情况及2022年预算草案编制情况的报告；听取和审议区政府关于2021年全区重点民生实事项目办理情况和2022年重点民生实事候选项目情况的报告并开展满意度测评；听取区人大法制委员会关于2021年备案审查工作情况的报告；讨论区人大常委会工作报告（草案）；听取区第十九届人民代表大会第一次会议筹备工作情况的报告；审议通过关于区第十九届人民代表大会代表资格审查情况的报告（草案）；讨论区第十九届人民代表大会第一次会议民生实事重点项目投票表决办法（草案）；讨论区第十九届人民代表大会第一次会议各项建议名单

（王米娜）

表12　2021年雨花台区第十八届人大常委会主任会议一览表

会议期次	时　间	主要议题
第52次	2月26日	讨论研究区人大常委会2021年度工作要点；讨论研究2021年街道（园区）人大工作例会议题安排；初审人事任免事项
第53次	3月25日	研究制定关于开展《中华人民共和国固体废物污染环境防治法》执法检查的方案；研究确定2021年区人大常委会领导重点督办代表建议条目；初审人事任免案
第54次	4月28日	视察南京中船绿洲机器有限公司板桥厂区地块土壤修复项目和浡泥国王墓；听取全区外事工作情况的报告；听取区政府关于贯彻执行《中华人民共和国土壤污染防治法》情况的报告
第55次	5月31日	视察调研《中华人民共和国退役军人保障法》贯彻实施情况、区法院家事审判机制改革情况和全区农贸市场改造及运营工作情况；听取全区农贸市场改造及运营工作情况的报告
第56次	6月24日	视察全区防洪防汛工作情况和全区法律服务公证事业发展情况
第57次	7月23日	初审区政府关于2021年国民经济和社会发展计划上半年执行情况的报告；初审区政府关于2021年财政预算上半年执行情况的报告；初审区政府关于2020年财政预算执行情况和其他财政收支情况的审计报告；初审区政府关于2020年财政决算的报告；初审区2021年省转贷新增地方债券安排及区本级预算调整方案草案和2021年地方债券限额草案；初审人事任免案
第58次	8月26日	听取区政府关于落实《南京市华侨权益保护条例》情况的报告；听取有关单位关于办理2021年区人大常委会领导重点督办代表建议工作情况的汇报；研究关于区政府工作部门主要负责人向区人大常委会报告履职情况的实施方案；初审《雨花台区人民代表大会常务委员会规范性文件备案审查办法（修订草案）》；研究有关辞职事项；初审人事任免案
第59次	9月22—23日	视察区侨联“三位一体”建设情况；视察区检察院企业防风险促合规法律服务中心建设情况；听取区政府关于特色旅游工作情况的报告；审议通过区人大“十四五”规划；初审区人大常委会委员辞职事宜；初审市人大代表辞职和补选事宜；初审《关于南京市雨花台区选举委员会组成人员建议名单》
第60次	10月29日	视察全区生活垃圾分类和重大项目推进情况；听取全区重大项目推进情况报告；听取区政府关于“及时雨”政策直达和财政专项资金直达平台建设及使用成效情况的报告；听取区政府关于全区人口普查工作开展情况的报告；听取区政府关于生活垃圾分类工作情况的报告
第61次	11月25日	初审区政府2021年国民经济和社会发展计划调整方案；初审区政府2021年财政预算调整方案（草案）；初审关于召开区第十九届人民代表大会第一次会议的决定（草案）；初审人事任免案
第62次	12月30日	预审区政府关于2021年国民经济和社会发展计划完成情况及2022年目标制定情况的报告；预审区政府关于2021年财政预算执行情况及2022年预算（草案）编制情况的报告；讨论区人大常委会工作报告（草案）；讨论区第十九届人大第一次会议民生实事重点项目投票表决办法（草案）

（王米娜）

【民生实事项目】 2021年，区十八届人大五次会议票决出年度民生实事重点项目10件49项。区人大常委会出台《民生实事重点项目监督方案》，对民生实事重点项目进行“年初看计划、年中看进展、年末看结果”全程跟踪监督。7月，区人大社会建设委员会牵头汇总分析民生实事重点项目进度及督查情况。10月，由区人大常委会分管领导、区人大相关工作机构负责人、部分区人大代表和新闻媒体组成督查组，实地察看机场二通道雨花段、三桥湿地公园、龙福花园小区环境提升工程等项目建设情况。12月，召开民生实事重点项目评议会，由区人大代表、社区工作者和民生实事专家三方组成“评审团”，对区发展改革委报告的项目推进情况进行讨论；召开区十八届人大常委会第40次会议，听取和审议区政府关于重点民生实事项目办理情况并由27名区人大常委会组成人员对项目情况开展满意度测评。至年末，49项民生实事重点项目，其中完成27项，公示、主体结构施工等按序推进21项，调出1项。区人大关于建立实施民生实事项目票决制经验，被人民网、《南京日报》等媒体报道，并在全省相关座谈会上做交流发言。 （王米娜）

表13　2021年雨花台区人大代表票决民生实事项目满意度评价情况一览表

民生实事	项目数量与名称		推进情况（截至12月27日）	满意率（%）	基本满意率（%）	不满意率（%）
	数量（项）	名称				
5分钟社区商业圈	4	雨花街道便民超市项目（宁南生鲜超市、7FRESH超市、双龙嘉园生鲜超市）	完成	81.5	18.5	0
		定坊商业风情一条街项目	按序推进			
		西善桥老街农贸市场新建工程	因规划调整，已申请调出			
		锦华新城二期商业配套项目	按序推进			
10分钟文化体育圈	7	出新改造、新建全民健身路径80套	完成	88.9	11.1	0
		岱山片区绿道建设	完成			
		景明口袋公园	施工单位中标公示期			
		雨花城市公园	按序推进			
		绕城北辅道路侧景观	园路铺设及苗木种植工作			
		普德寺后山小游园二期	按序推进			
		雨花经济开发区三桥湿地公园设施修复和河道清淤工程	完成			
15分钟健康服务圈	4	省妇幼三级医院项目	按序推进	88.9	11.1	0
		郁金香花苑医养融合中心	完成			
		南京梅山医院改扩建项目	按序推进			
		雨花经济开发区社区卫生服务中心（龙飞路16号）	完成			

续表13

民生实事	项目数量与名称		推进情况（截至12月27日）	满意率（%）	基本满意率（%）	不满意率（%）
	数量（项）	名称				
学校设施建设	7	城南公馆规划幼儿园	完成	96.3	3.7	0
		宁南规划小学	完成			
		马家店规划初中	完成			
		臧家巷华严寺地块配套幼儿园	按序推进			
		马家店第二规划小学	完成			
		中华中学（雨花校区）	按序推进			
		华兴幼儿园	基础建设			
部分主体建设就业创业	5	新增城镇就业	完成	92.6	7.4	0
		新增大学生就业	完成			
		帮扶困难人员就业	完成			
		培育自主创业	完成			
		创业带动就业	完成			
住房保障	4	潘窑征收安置房（经济适用房）	按序推进	92.6	7.4	0
		马家店保障性住房	按序推进			
		A5 地块征收安置房（经济适用房）	按序推进			
		板桥绿洲南路经济适用房二期	按序推进			
老旧小区整治	4	应天花园、邓府山、长虹路片区小区环境提升	完成	92.6	7.4	0
		龙福花园、安德里20号、长虹路389号小区环境提升	完成			
		菊花小区、雨花西路210号小区环境提升	完成			
		宁丹路沿线老旧小区改造工程	按序推进			
停车场建设	4	赛虹桥街道停车场建设	完成	100	0	0
		板桥街道停车场建设	完成			
		西善桥街道停车场建设	完成			
		古雄街道停车场建设	完成			
环境卫生	4	雨花台区垃圾分类贮存分拣中心一期工程	按序推进	88.9	11.1	0
		公厕新改建项目	完成			
		板桥街道人居环境整治工程	完成			
		古雄街道农村人居环境整治	完成			

续表13

民生实事	项目数量与名称		推进情况（截至12月27日）	满意率（%）	基本满意率（%）	不满意率（%）
	数量（项）	名称				
公共出行优化	6	小微堵点改造工程（卡子门大街与麦德龙街交叉口、雨花东路与雨花南路交叉口、凤汇大道与龙藏大道交叉口）	完成	92.6	7.4	0
		优化公交线网，提升改造公交	站点完成			
		市政消火栓增设工程	按序推进			
		奥体大街—规二路	桥梁上部结构施工			
		机场二通道雨花段	桥梁上部结构施工及路基填筑			
		338省道雨花台区段改扩建工程（雨花经济开发区段）	桥梁、隧道、路基正在主体结构施工，完成85%			
总体评价				91.5	8.5	0

（王米娜）

【党史学习教育】 2021年，区人大常委会结合实际制定党史学习教育实施方案，成立领导小组并设立办公室，细化总体任务清单和月度安排表，实现各项工作措施流程化、时序可视化；围绕“七专题一实践”，紧扣“四史”、习近平新时代中国特色社会主义思想、“七一”讲话和习近平总书记系列重要讲话精神等必学内容，在落准落细落实上下功夫；采取集中领学、党课讲学、个人自学、现场教学等方式，组织机关全体党员读原著、学原文、悟原理，做到学有所获、学以致用；出台《关于在党史学习教育中充分发挥人大代表作用开展“五项”活动的实施方案》，组织开展“我为群众办实事”“两在两同”实践活动，107名人大代表深入基层，通过座谈、入户等形式，联系选民321人次，收集意见建议278条。

【换届选举】 2021年，区人大常委会组织实施人大代表换届选举工作。举办选民登记信息管理系统培训班，对各街道、开发区人大办及社区工作人员进行“如何使用南京市选民登记信息管理系统”专题辅导；召开区换届选举工作培训会议，指导各街道、开发区结合实际制定方案；加强过程把控，加强选区划分、选民登记、代表候选人提名各环节工作。12月1日，全区25万选民参与投票，参选率88.07%，97个选区（不含解放军选区）选举产生区第十九届人大代表231人。选举结果由区选举委员会审查确认并依法予以公布。（王米娜）

·重要工作·

【视察调研】 2021年，区人大常委会组织各项视察活动并听取相关工作报告，先后对南京华润热电有限公司等垃圾处置示范点垃圾转运处置情况、全区《中华人民共和国退役军人保障法》贯彻实施情况、区法院家事审判机制改革情况、全区农贸市场改造及运营工作情况、全区防洪防汛工作情况、全区法律服务公证事业发展情况、全区侨联“三位一体”建设、软件谷智慧城市产业基地和睿湾商业广场2个项目建设情况及郁金香花苑小区生活垃圾分类开展情况展开视察。

【监督工作】 2021年，区人大常委会完成《南京市电梯安全条例》《南京市流动人口服务管理条例》《南京市人大关于新冠肺炎疫情常态化防控工作的决定》《南京市红色文化资源保护利用条例》《南京市人大常委会规范性文件备案审查办法》《雨花台烈士陵园保护条例》修改意见建议的征集和上报。出台《南京市雨花台区人民代表大会常务委员会规范性文件备案审查办法》；审查并批准通过区政府《国有土地上房屋征收补偿奖励规定》《政府合同管理办法》；通过省人大常委会规范性文件备案审查平台，完成区人大常委会《关于开展第八个五年法治宣传教育的决议》《南京市雨花台区人民代表大会常务委员会规范性文件备案审查办法》备案。与公检法及政府有关部门沟通联系，完成新接收涉法涉诉来信来访2件。加快推进预算联网监督系统二期建设，将其纳入“雨花台区人大代表履职信息化平台”手机APP。听取和审议全区自然资源和国有资产综合管理情况报告，开展数字经济专题询问，督促“及时雨”和财政专项资金直达政策贯彻实施。听取区环境状况和环境保护目标完成情况的报告。运用座谈调研、明察暗访、分组抽查等形式，三级联动开展《中华人民共和国固体废物污染环境防治法》执法检查。专题调研区生活垃圾分类情况，推动老旧小区建设垃圾收集设施和社区居民代表评估物业工作开展。赴姑苏区、新北区调研养老工作开展情况，推进多层次养老服务体系建设。试行街道议政代表会议制度，规范和完善街道议事会的组织架构、议政流程、工作制度，初步建立起街道辖区内人民群众有序参与民主决策、民主管理、民主监督的新平台。首次对审议意见落实情况进行评议，推动全区义务教育优质均衡发展。 （王米娜）

表14 2021年雨花台区第十八届人大常委会监督工作情况一览表

时 间	监督内容
3月25日	研究制订关于开展《中华人民共和国固体废物污染环境防治法》执法检查的方案（草案）；研究确定2021年区人大常委会领导重点督办代表建议条目
3月26日	听取和审议关于2020年环境状况和环境保护目标完成情况的报告；听取和审议关于支持家庭承担养老功能，推进多层次养老服务体系建设情况的报告
4月28日	视察南京华润热电有限公司、南京城南生活垃圾转运站和雨花再生资源有限公司龙西路建筑垃圾处置示范点，听取关于贯彻执行《中华人民共和国固体废物污染环境防治法》情况的报告
5月31日	视察全区《中华人民共和国退役军人保障法》贯彻实施情况、区法院家事审判机制改革情况、全区农贸市场改造及运营工作情况，实地查看铁心桥人民法庭、阅彩智慧农贸市场、雨花街道退役军人服务站。听取和审议关于全区农贸市场改造及运营工作情况的报告。关于优化法治营商环境工作情况的报告、关于服务保障民营经济健康发展情况的报告、关于《中华人民共和国固体废物污染环境防治法》执法检查情况的报告
6月24日	视察全区防洪防汛工作情况和全区法律服务公证事业发展情况

续表14

时间	监督内容
7月23日	听取和审议雨花台区人民政府2021年上半年工作情况和下半年重点工作安排的报告；书面审议关于雨花台区2021年上半年国民经济和社会发展计划执行情况及下半年国民经济和社会发展计划安排的报告、关于雨花台区2021年上半年财政预算执行情况的报告；听取和审议关于2020年度雨花台区预算执行和其它财政收支情况的审计工作报告；听取和审议关于雨花台区2020年财政决算（草案）的报告，作出《雨花台区第十八届人民代表大会常务委员会关于批准雨花台区2020年财政决算的决议》；听取和审议关于雨花台区2021年上半年省转贷新增地方政府债券安排及区本级预算调整初步方案（草案）和地方政府债务限额的报告，作出《雨花台区第十八届人民代表大会常务委员会关于批准雨花台区2021年上半年省转贷新增地方政府债券安排及区本级预算调整初步方案和地方政府债务限额的决议》
8月26日	听取关于全区落实《南京市华侨权益保护条例》情况的报告，听取有关单位关于办理2021年区人大常委会领导重点督办代表建议工作情况的汇报
9月22日	视察区检察院企业防风险促合规法律服务中心和南京凯奥思数据技术有限公司
9月23日	听取关于全区特色旅游工作情况的报告；听取和审议关于全区发展数字经济情况的报告；听取和审议关于开展第八个五年法治宣传教育的决议草案的说明，表决通过《区人大常委会关于开展第八个五年法治宣传教育的决议》；听取和审议关于代表建议办理工作情况的报告、关于软件谷招商引资及项目运行情况的报告、关于全区自然资源资产管理情况的报告以及关于全区国有资产管理情况的报告
10月29日	视察软件谷智慧城市产业基地、睿湾商业广场2个项目建设情况和郁金香花苑小区生活垃圾分类工作开展情况，听取关于全区重大项目推进情况的报告、关于“及时雨”政策直达平台建设及使用成效情况的报告、关于财政专项资金直达平台建设及使用成效情况的报告、关于全区第七次全国人口普查工作开展情况的报告、关于全区生活垃圾分类工作情况的报告
11月26日	听取和审议关于2020年度雨花台区预算执行和其他财政收支审计查出问题整改情况的报告、关于雨花台区2021年国民经济和社会发展计划部分调整方案（草案）的报告和关于雨花台区2021年财政预算调整方案（草案）的报告，表决通过雨花台区第十八届人民代表大会常务委员会关于批准区2021年国民经济和社会发展计划部分调整方案的决议和雨花台区第十八届人民代表大会常务委员会关于批准区2021年财政预算调整方案的决议；听取关于全区义务教育优质均衡发展审议意见落实情况的报告并进行满意度测评；听取区人力资源社会保障局局长梁汶、区教育局局长盛云生、区民政局局长宋海红、区人民法院副院长陈晨、区人民检察院副检察长张梅菁所作的履职情况的报告，并进行满意度测评
12月30日	初审关于2021年国民经济和社会发展计划完成情况及2022年目标编制情况的报告；初审关于2021年财政预算执行情况及2022年预算草案编制情况的报告；听取和审议关于2021年全区重点民生实事项目办理情况和2022年重点民生实事候选项目情况的报告并开展满意度测评

（王米娜）

【代表工作】 2021年，区人大常委会每季度开展“代表集中接待选民日”活动和每月政务服务中心窗口接待，建立“代表—选民视频会议群”，实时连线收集群众意见建议，构建“线上+线下”“接访+走访”全新工作模式，形成“问题收集、分类整理、交办督办、结果反馈”工作闭环。监督经区十八届人大五次会议票决的10件41项年度民生实事项目实施，并组织以代表为主体、专业人员为补充的评估小组，进行预评估，开展满意度测评，形成“项目征集、大会票决、跟踪督办、评议反馈”工作闭环。组织人大代表在雨花人大APP上讨论义务教育优质均衡发展、推进多层次养老服务体系建设、贯彻执行固体废物法情况，619人次代表提出意见建议409条。将行区政审批局、区检察院等8家作为被视察、检查单位，由各街道、开发区人大工委组织各代表组代表持续开展第三轮“定向定点，视察和检查”活动。组织代表旁听庭审2次、30名代表参加。组织驻区市人大代表调研溧水区大健康、现代农业示范项目和红色文化打造情况。

【建议办理】 2021年,区十八届人大五次会议代表提出建议141件。其中“关于重视职业教育、加快中华中专新校区建设工程的建议”等7件建议,被确定为区人大常委会重点督办建议。开展跟踪督办,组织代表现场督查建议办理情况,促进代表建议的办理落实。在规定期限内,141件建议全部办结,收到代表意见反馈148件,均表示满意。

(王米娜)

【人大代表“云接待”集中采访会】 5月13日,江苏省人大在花神庙社区人大代表联络站召开集中采访会,调研雨花台区人大代表“云接待”工作。采访会现场,葛富莲、施洋、李义仁3位区人大代表,通过手机学习强国APP视频会议栏目,在“云端”接待选民。雨花台区人大组织“云接待”活动5次,收集意见建议百余条,涵盖群众在就业创业、居家养老、公共服务、生活环境等方面需求。经由参与接待的人大代表分析会商提出办理要求,反馈给区人大常委会相关机构,由区人大常委会转交区政府有关部门、单位办理,为辖区居民解决操心事、烦心事、揪心事。启用“云接待”模式,代表履职为民办事灵活性即时性提升,无论身处何地都能履行代表职责。《人民日报》、新华网、《人民代表报》、省电台、《南京日报》等近20家国家、省、市媒体记者参加集中采访会。

(雨　鉴)

南京市雨花台人民政府

·概　述·

【人大建议和政协提案办理】 2021年,雨花台区重视人大建议、政协提案和区长信箱的办理工作,结合党史学习教育,把办理工作作为践行初心使命和为民办实事的重要渠道。通过精心组织规范办理、创新方式提升质量,确保建议提案办出实效。全年办理省人大建议2件、省政协提案2件;办理市人大建议7件、市政协提案8件;办理区人大建议141件、区政协提案197件;办理区长信箱、人民来信709件。

(林　悦)

【雨花智慧政务应用场景发布会】 4月28日,雨花台区举办“感知新场景 预见新雨花”——2021年雨花智慧政务应用场景*发布会,推动数字经济领域政企合作、企企合作、供需对接,助力企业拓展业务、开辟市场。南京市工信局副局长郭玉臣出席活动,雨花台区委常委、区政府常务副区长凌向前出席并致辞。会上,雨花台区大数据管理局、南京市公安局雨花台分局、雨花台区教育局、雨花台区应急管理局、雨花台区司法局面向社会发布智慧政务应用场景建设需求;南京睿悦信息技术有限公司、南京硅基智能科技有限公司、南京易司拓电力科技股份有限公司、南京瀚和软件技术有限公司、南京森根科技股份有限公司区内智慧应用场景领域先行企业作专业领域应用场景解决方案推介;举行“数字雨花”应用场景云平台启用仪式。2021年是雨花台区政府治理创新年，发布应用场景不少于80个。其中，智慧政务应用场景是重点核心之一。

★**链接** 应用场景一般是指城市基础设施建设运营管理、产业发展、民生服务等领域，对新技术新产品有应用需求的各类工程、项目。通过应用场景开发建设，可以推进新技术新产品的示范应用和迭代升级，助力新技术新产品推广应用。

【雨花台区"十四五"规划新闻发布会】 5月18日，雨花台区在南京市第298期新闻发布会上介绍"十四五"规划。区委副书记、区长张连春介绍雨花台区"十四五"规划情况，区委常委、常务副区长凌向前，副区长部叶红回答记者提问。市委宣传部一级调研员鲍云海主持。张连春介绍，2019年5月，区委区政府启动"十四五"规划编制工作，明确打造"全面创新、全域高新"*新雨花发展定位，"聚焦一中心、打造四标杆"。聚焦江苏省数字经济创新中心，构建软硬结合、双轮驱动数字经济产业生态，打造成为江苏数字经济产业创新策源地和新一代信息技术与智能制造融合应用示范区；打造创新创业生态引领区、产城融合发展样板区、沿江转型发展示范区和绿色生态宜居典范区四标杆；2025年，实现地区生产总值年均增长6.5%左右，人均GDP突破3万美元，软件业务收入4500亿元、力争5000亿元，独角兽、瞪羚企业超过100家，高新技术企业达到2000家，上市公司25~30家，居民人均可支配收入增速超过同期GDP增速，人均预期寿命达到84岁。凌向前回答记者关于雨花台区"十四五"时期数字经济发展优势、打造江苏数字经济创新中心的考虑的提问。部叶红回答记者关于雨花台区在"十四五"时期提升基础民生服务品质，推进"幸福三圈"建设举措的提问。新闻发布会上午9点54分开始，11点9分结束。

★**链接** "全面创新"是贯彻创新驱动发展战略，以科技创新为重点，推动政府形成创新创业、产业发展、城区空间、生态文明、社会民生、治理体系六大类全面创新的新格局，构筑创新主体协同互动、创新要素顺畅流动的创新生态。"全域高新"是坚持"高"和"新"发展理念，加快推动以软件谷为核心的创新创业功能区在雨花台区全域布局，以全域高新承载产业高质量发展，塑造城市形态、产业形态、创新要素、文化内涵"四位一体"的城市更新与产业融合新标杆。

【丹凤县党政代表团考察项目建设】 10月9—11日，陕西省商洛市丹凤县委书记徐秀全率党政代表团到雨花台区考察学习项目建设，交流苏陕（雨丹）协作事宜。10日，召开雨丹协作2021年度联席会议。会上，丹凤县委相关负责人介绍丹凤县经济社会发展及巩固拓展脱贫攻坚成果同乡村振兴有效衔接工作情况。雨花台区委书记戴华杰、丹凤县委书记徐秀全分别讲话，双方围绕深化特色产业发展、劳务增收、人才交流培养等方面协作事项进行对接。考察期间，丹凤县党政代表团实地考察江苏苏航供应链集团、南京医药股份有限公司等重点企业，就秦岭绿色农特产品销售、中药材基地建设及深加工、健康养老产业发展等方面合作，与相关企业负责人洽谈对接。 （雨　鉴）

表15　2021年雨花台区人民政府常务会议一览表

会议期次	时　间	主要议题
第 56 次	3 月 19 日	学习习近平总书记在中共中央政治局第 27 次集体学习的讲话精神； 学习习近平总书记在党史学习教育动员大会上的讲话精神； 传达学习全国两会精神； 学习《南京市防范和惩治统计造假、弄虚作假督察工作办法》； 听取全区防范化解金融风险工作情况汇报； 审议《关于进一步深化安全生产三年专项整治工作的意见（送审稿）》《2021 年雨花台安委会成员单位、有关部门和街道（园区）履行安全生产工作责任考核评价指标（送审稿）》； 听取集中治理重复信访、化解信访积案专项工作汇报； 听取 2020 食品安全市对区考核情况分析及 2021 年针对性举措工作汇报； 研究“首季争优”有关工作； 研究瑞尔大厦后续处置工作
第 57 次	4 月 13 日	审议《雨花台区都市工业智能制造企业培育计划（试行）（送审稿）》； 审议《雨花台区政府合同管理办法（送审稿）》； 审议《2021 年雨花台区深入打好污染防治攻坚战目标任务（送审稿）》； 审议《南京市雨花台区住宅小区物业服务项目“红黑榜”制度（试行）（送审稿）》； 听取 2021 年度第一批土地出让有关情况汇报； 研究瑞尔大厦有关事宜； 研究省妇幼保健院总部项目投资估算相关事宜； 研究 2020 年度政务服务暨“12345”政务热线工作先进单位和先进个人有关事宜； 研究原住建类 85 项行政权力归属有关事宜
第 58 次	5 月 22 日	学习习近平总书记在中共中央政治局第 27 次集体学习的讲话； 学习习近平总书记在 4 月 30 日中共中央政治局会议上的讲话； 学习关于安全生产的相关指示精神； 学习关于贯彻实施《政府督查工作条例》进一步加强和规范政府督查工作的通知； 审议《雨花台区防汛抗旱工作意见（送审稿）》《雨花台区关于全面落实国务院安委会开展深化江苏安全生产专项整治指导工作实施方案（送审稿）》，部署雨花台区迎接市安全生产第一督导（巡查）组督导工作； 审议《雨花台区关于优化商品房开发及产业项目报建流程的实施方案（送审稿）》； 审议《南京市雨花台区政府投资建设工程项目联合会审实施办法（送审稿）》； 审议《关于进一步强化雨花区政府投资建设项目审计监督的意见（修订稿）》； 审议《2021 年雨花台区义务教育阶段招生入学工作实施办法（送审稿）》； 研究中华中等专业学校改扩建项目有关事宜； 研究新城规建办、赛虹桥街道财政借款有关事宜； 研究雨花经济开发区 5 亿元私募债到期接续有关事宜
第 59 次	6 月 16 日	听取区安委办关于安全生产形势和存在问题分析汇报及下一步工作建议； 学习传达上级领导有关批示指示和省市安委会会议精神； 传达学习《南京市“十四五”审计工作发展规划》； 审议《关于加强融资平台公司经营性债务管理防控隐性债务风险的工作分工方案（送审稿）》； 研究近期重点断面水质达标情况； 研究开发区社区卫生服务中心建设有关工作
第 60 次	7 月 18 日	传达学习习近平在庆祝中国共产党成立 100 周年大会上的讲话； 法治政府建设专题学习（行政机关负责人线上旁听法庭庭审）； 审议《关于雨花台区 2021 年上半年国民经济和社会发展计划执行情况及下半年国民经济和社会发展计划安排的报告（送审稿）》； 听取“我为群众办实事”实践活动群众意见建议解决办法的情况汇报； 听取上半年推动长江经济带高质量发展工作开展情况汇报，审议《雨花台区进一步推动长江经济带发展工作要点（送审稿）》《雨花台区贯彻落实〈长江保护法〉重点任务分工（送审稿）》； 审议《雨花台区国企改革三年行动实施方案（2020—2022 年）》； 审议关于雨花台区 2020 年财政决算（草案）的报告（送审稿）、关于雨花台区 2021 年上半年财政预算执行情况的报告（送审稿）、关于雨花台区 2021 年上半年省转贷新增地方政府债券安排及区本级预算调整初步方案（草案）和地方政府债务限额情况的报告（送审稿）； 审议《关于 2020 年度雨花台区本级预算执行和其他财政收支情况的审计工作报告（送审稿）》

续表15

会议期次	时　间	主要议题
第61次	9月30日	传达学习《关于认真学习贯彻新修订的江苏省信访条例的通知》; 传达学习《南京市生态保护补偿办法》; 审议《区政府领导班子成员2021年安全生产重点工作清单（送审稿）》; 审议《雨花台区“十四五”期间市场主体倍增计划（送审稿）》; 听取关于做好国家食品安全示范城市创建评审验收工作的汇报; 审议《雨花台区行政执法辅助人员管理实施细则（送审稿）》; 审议《雨花台区街道相对集中行政处罚权改革推进方案（送审稿）》《雨花台区街道综合执法管理规定（试行）（送审稿）》; 听取“智慧审计”有关情况汇报; 研究区坚决遏制“两高”项目盲目发展加强能耗双控工作; 审议《雨花台区2021年度高质量发展考核办法（送审稿）》《雨花台区2021年度综合考核满意度评价办法（送审稿）》; 审议《2021金秋经贸洽谈会雨花台区筹备工作方案（送审稿）》
第62次	10月23日	听取区卫健委（防控办）疫情防控工作情况汇报和下步工作打算; 审议《雨花台区关于全面深入推行林长制的实施意见（送审稿）》; 审议《雨花台区第二轮第三批中央生态环境保护督查典型案例“举一反三”排查整治专项行动方案（送审稿）》; 审议《雨花台区企业资本市场培育计划（试行）（修订稿）》; 审议《雨花台区全面推行证明事项告知承诺制工作方案（送审稿）》; 听取谷发展公司拟注册发行中票、债权融资计划及流贷授信事宜有关情况汇报
第63次	11月23日	听取区安委办关于安全生产形势和存在问题分析汇报及下一步工作建议; 审议《雨花台区生态环境保护责任清单（送审稿）》; 审议《南京市雨花台区“十四五”生态环境保护规划（送审稿）》; 审议《雨花台区区长质量奖评定管理办法（送审稿）》; 听取河长制有关工作汇报; 审议《雨花台区2021年国民经济和社会发展计划部分调整方案（送审稿）》; 审议《关于2020年度雨花台区预算执行和其他财政收支审计查出问题整改情况的报告（送审稿）》; 审议《雨花台区残疾居民社会保险补贴实施办法（送审稿）》; 审议《雨花台区2021年文明城市创建工作奖补办法（送审稿）》; 审议《雨花台区2021年财政预算调整方案（送审稿）》; 研究财政对外借款清理回收工作
第64次	12月19日	审议《2021年雨花台区政府工作报告（送审稿）》《关于全区重大项目情况和明年经济指标安排的说明（送审稿）》; 审议《雨花台区2021年国民经济和社会发展目标完成情况和2022年预排情况（送审稿）》; 审议《雨花台区2021年民生实事完成情况及2022年民生实事编排情况（送审稿）》; 审议《2022年雨花台区政府投资计划编制情况（送审稿）》; 审议《雨花台区2022年市、区重大项目编制情况（送审稿）》; 审议《关于雨花台区2021年财政预算执行情况和2022年财政预算（草案）的报告（送审稿）》; 审议《关于加快推进市域社会治理现代化建设更高水平平安雨花的实施方案（送审稿）》; 审议《2022年雨花台区城市建设计划（送审稿）》; 审议《雨花台关于进一步减轻义务教育阶段学生作业负担和校外培训负担的实施方案（送审稿）》; 传达学习落实全国安全生产和应急管理工作座谈会议精神; 听取关于街道权力清单编制情况的报告; 审议《雨花台区“十四五”妇女发展规划（送审稿）》《雨花台区“十四五”儿童发展规划（送审稿）》; 研究雨建发公司股权划转事宜; 审议《雨花台区深入推进义务教育阶段集团化办学实施方案（送审稿）》

（林　悦）

·政务服务·

【概　况】2021年，雨花台区政务大厅受理并办结审批事项13.8万件，综合满意率99.9%。8个街道（园区）为民服务中心办结公共服务事项3.9万件，综合满意率就99.47%。各项行政许可事项的办理时间压缩率提升到87.58%。新冠肺炎疫情防控期间，响应“两在两同”建新功行动号召，先后15批近200人次赴社区协助一线防疫工作。成立转码工单办理专班，开发线上转码系统，受理转码工单2.5万件。为48户企业提供“上门服务”办理证照，开通“绿色通道”窗口办理企业登记134件，实施远程勘验289次，助力企业复工复产。

年内，共青团雨花台区行政审批局支部被共青团江苏省委评为江苏省五四红旗团支部；雨花台区政务服务中心获评南京市首批“最佳政务大厅”；“及时雨”政策直达平台建设获评南京市“放管服”改革首批十佳案例。

【行政审批】2021年，南京市雨花台区行政审批局（以下简称区行政审批局）办理行政审批8.4万件，综合办结率100%、满意率99.9%。办理企业登记25548件，同比增长48.43%，新增市场主体6980件，同比增长39.35%，总数3.66万户。企业开办平均用时由2个工作日压缩至1.13个工作日。受理社会事业类审批事项2230件，同比增长19.4%，现场勘验176户。办理建筑工程施工许可立项及备案356件，办理施工许可告知承诺项目47个，增长60.6%。实现联东U谷项目拿地即开工；G36房地产项目从拿地到开工35个工作日完成。在全市率先实现企业开办银行一站式服务，与11家银行18个网点达成“政银合作”协议，为新设立企业提供6个环节全程一站式服务，完成案例560个，其中最短耗时72分钟办结。率先在全市出台《雨花台区关于进一步放宽市场主体住所（经营场所）登记条件相关事项的工作方案（试行）》，放宽住所登记门槛。与马鞍山市雨山区、当涂县等6个县区签订《政务服务“跨省通办”战略合作协议》，办结全市首例“跨省通办企业开办一件事”，实现两地医保、公积金等部分查询打印事项“自助办”和“跨省办”。在全市率先推出出版物零售、中小型医疗机构“不见面审批”服务，探索“远程勘验”模式，办理医疗机构许可、出版物零售等不见面审批事项289件。创新“服务专员制”模式，为企业提供“一对一”、全过程精准服务，扩大“告知承诺”“备案管理”“容缺受理”范围。

【“放管服”改革】2021年，区行政审批局报送的《关于“跨省通办”存在的问题及建议》和《关于对“互联网+政务服务”的期盼与建议》2篇信息被国务院办公厅采用。在全市率先建设“及时雨”政策直达平台，雨花台区被列为全市惠企政策直达工作第一批试点区。在全市率先推行“商事登记确认制改革”，完成企业确认制登记181户。推进“一业一证”改革，发出全市首张商超、文化用品行业综合许可证，实现“一证准营”。推进“一件事”改革并获评全区改革创新“优秀改革案例”，其中自然人、企业设立两个全生命周期28个“一件事”场景，平均减少材料39.82%，减少环节80.46%，减少时限66.38%。开发上线“出生一件事”集成服务平台，以“群众跑腿”到“信息跑路”，在区域范围内实现新生儿数据互联互通。推动“互联网+监管”建设，组织28

个区级监管部门启用省“互联网+监管”平台，确保监管事项“应领尽领”，实现检查实施清单100%编制，认领监管事项343个，覆盖率100%。推进省政务服务事项库区级各部门认领六大类行政权力事项1507项，实现100%编制。完善区街社三级政务服务体系，打造“一刻钟政务服务圈”。整合进驻部门审批事项，设置9类部门综窗及22个部门融合的全科窗口，推行“一窗通办、集成服务”的“全科政务”，实现基层服务事项无差别受理、同标准办理。落实政务服务“好差评”制度，开展窗口服务满意度问卷调查，建立健全“差评”闭环处理机制，实现“差评”回访整改率100%。

【“12345”政务热线】 2021年，区行政审批局制定全区“12345”政务热线工作绩效考评细则，建立“先解决问题再说”工作机制、疑难工单快速处置机制和“屡办不成”诉求事项提示机制，落实日报、周报、双月简报制度，创新“未诉先办”。对于集中诉求、办理难度大的事项，及时召开联席研判会议，研判工作职责，形成解决方案。全年全区办理“12345”政务热线工单14.1万件，综合满意率95.94%。

【代办服务】 2021年，区行政审批局开辟图审绿色服务新路径，成为全市市级审批事项驻点服务首例。构建三级代办服务体系，加强并联审批，优化联合验收流程。板桥A地块项目从申请到验收并发放工程竣工验收备案证仅2个工作日办结，为全市最快。《代办服务注入审批新动能，为房产项目按下“加速键”》评选为全市优秀代办案例第一名。全年制定代办项目清单110个，全周期代办项目17个，投资额237.09亿元。

【“及时雨”政策直达平台暨虚拟服务专员上线发布会召开】 1月7日，雨花台区召开“及时雨”政策直达平台暨虚拟服务专员上线发布会。该平台用“让政策找人、让数据匹配、让资金直达”的模式“智慧惠企”。在政策找人方面，进入平台“政策超市”精准搜索，申请订阅精准获取，企业画像式分析精准推送；在数据匹配方面，平台对已注册的企业信息不断完善，形成对应的企业标签，进行大数据匹配；在资金直达方面，“免申即享”类政策由业务主管部门发起，“即申即办”类政策只需申请人线上或者线下一次申请，即：申请人通过实名注册、网上申请、网上上传申报材料并承诺材料真实性的方式办理事项。审批部门在申请人申报材料齐全的情况下，即时通过平台流转办理，并将办理结果及时通知申请人。至年末，“及时雨”政策直达平台首批上线“资金直达”服务政策11项。其中，“免申即享”政策7项，包含资本市场企业人才奖补、软件人才综合补贴、新四板挂牌奖补、企业上市奖补等；“即申即办”政策4项，包含上市企业再融资奖补、拟上市企业成长奖补等。发布会现场，虚拟政务服务机器人“小雨”亮相，它形似小雨滴，其身着花瓣裙翩翩起舞的卡通形象饱含满满“雨花元素”，同时具有AI大脑学习和强大的人机交互能力，为居民提供“7×24小时”不打烊服务。 （杨　倩）

【支部共建及图审业务指导合作签约仪式】 4月6日，南京市建设工程施工图设计审查管理中心、区行政审批局、南京软件谷发展有限公司“支部共建及图审业务指导合作”签约仪式在区行政审批局举行。软件谷管委会副主任娄伟、市建设工程施工图设计审查管理中

4月6日，南京市建设工程施工图设计审查管理中心、区行政审批局、南京软件谷发展有限公司“支部共建及图审业务指导合作”签约仪式在区行政审批局举行。（区行政审批局　供图）

心主任谭卫佳、区行政审批局局长李茜共同签署《支部共建及图审业务指导合作协议书》，雨花台区成为市建委图审中心、市级审批事项驻点服务的第一家单位。协议约定以支部共建为引领，将产业研发项目作为全区审图提前服务试点项目，提供“设计前提出指导性意见、设计中纠偏图稿内容”服务；针对项目特点，定期举办建设规范经典案例宣传讲座。（雨　鉴）

【“政银合作·企业开办银行一站式服务”签约暨启动仪式】 4月13日，雨花台区举办“政银合作·企业开办银行一站式服务”签约暨启动仪式。签约仪式上，区委常委、常务副区长凌向前致辞，区行政审批局党组书记、局长李茜，银行代表陆卫分别发言；区行政审批局与中国银行南京雨花支行、中国建设银行南京城南支行、浦发银行南京雨花支行等合作银行进行电子签约；凌向前与中国银行江苏省分行分管负责人共同为中国银行雨花支行揭牌。

4月13日，雨花台区“政银合作·企业开办银行一站式服务”签约暨启动仪式举行。（区行政审批局　供图）

【全市首例“跨省通办企业开办一件事”办结】 5月10日，区行政审批局办结全市首例“跨省通办企业开办一件事”，仅用0.5个工作日完成6项企业开办环节。当日下午1点30分，市民周先生到雨花台区政务服务中心，咨询办理位于马鞍山市花山区的企业开办事宜。工作人员告诉周先生，马鞍山市和雨花台区之间异地“企业开办一件事”已开通，在此不仅可以办成企业设立，还可以一次办成公章刻制、税务登记、银行开户、社保、公积金全部环节。三个小时后，马鞍山市政务服务中心相关工作人员明确周先生提交的“企业开办一件事一次办”全部完成，纸质营业执照、实体印章等结果资料寄往雨花台区政务服务中心。安徽省马鞍山市紧邻江苏省南京市雨花台区，两地人口流通量大，群众“跨省通办”需求大。为便利群众需求，雨花台区行政审批局会同马鞍山市数据资源管理局和马鞍山市市场监督管理局登记注册局率先探索“企业开办跨省通办一件事一次办”。三方就跨省“企业开办一件事”达成一致意见，雨花台区与马鞍山市建立互联互信互认机制；区政务服务中心和马鞍山市政务服务中心各开设一个“跨省通办专窗”；实现3个云端共享，通过互联网，即可实现电子营业执照异地数据共享、远程身份核验和异地帮办授权；提供4个免费送达，企业设立的纸质营业执照、税务Ukey、实体印章、电子印章，通过邮寄方式免费送至对方服务中心。（杨　倩）

【宁马“跨省通办”自助办理】11月9日，江苏省南京市和安徽省马鞍山市“跨省通办”自助办理功能在雨花台区启用。首批跨省自助办理事项涉及查询类、打印类事项24项（南京13项、马鞍山11项），涵盖医保、公积金、不动产、车驾管、交通运输等领域。在南京市的马鞍山市民凭身份证可以在南京市自助机上，查询医保办理、预防接种门诊、违章处理点、车辆登记点、派出所、加油站相关信息，打印公积金还款明细、公积金缴存证明、公积金结清证明、不动产信息证明、不动产登记信息证明共11个事项。在马鞍市的南京市民同样可以在马鞍市自助机上，查询或打印公积金缴存信息、住房补贴缴存信息、驾驶证记分等13个事项。

【“出生一件事”集成服务平台上线】12月17日，雨花台区“出生一件事”集成服务平台上线。“出生一件事”集成服务平台是将新生儿出生后需要办理的落户、医保、社保等事项，由各部门单独办理整合为“出生一件事”并搭建“出生一件事”“一次受理、一网办理、统一办结”的集成办事平台，是雨花台区将新生儿“出生一件事”下沉街道（园区）办理的“放管服”和“一件事”改革的又一项惠民政策。“出生一件事”集成服务平台在铁心桥街道、板桥街道、古雄街道先行先试。试点街道派出所设有新生儿“出生一件事”专窗，居民办理新生儿户口、社会保障卡和医保登记时，携带新生儿父母身份证、结婚证、户口簿和新生儿出生医学证明，到派出所“出生一件事”窗口只需提交一次材料，“出生一件事”集成服务平台自动将居民申请的办件分发给相应的审批后台，半小时办结相关事项。（雨　鉴）

·信访工作·

【概　况】2021年，雨花台区受理群众来信、来访总量2428批3743人次。其中来信1957件，同比上升33.9%；来访471批次1786人次，同比批次下降2.9%、人次下降35.8%。到市集体访18批次275人次，同比批次上升63.6%、人次上升47.8%；到区集体访96批次1270人次，同比批次下降23.8%、人次下降44.2%。全年，组织信访干部学习新修订的《江苏省信访条例》，落实诉访分离、依法分类处理、依法逐级走访和党政领导接访下访等制度。完成中国共产党成立100周年庆祝活动期间和国庆期间信访保障工作。

年内，雨花台区人民来访接待中心被省政府信访局评为全省信访系统“人民满意窗口”建设质量提升工程示范单位；赛虹桥街道和西善桥街道被市信访联席办评为全市信访工作

"四无"街镇。杨洪才和胡永铁分别被市政府信访局评为2021年度第二和第三季度南京市信访系统"岗位之星"。

【重复信访集中治理三年行动】 雨花台区为期3年的重复信访治理化解专项工作于2020年9月开始。2021年，区政府常务会议2次专题听取重复信访治理专项行动汇报，对第一批交办的"国治件"全部落实区领导包案，综合运用法律、政策、经济、行政等手段，坚持人民调解、行政调解、司法调解联动。对照年度工作目标，制作《雨花台区重复信访治理化解专项工作时序推进图》，实施挂图作战。成立业务指导组3个，对责任单位进行业务指导，严格办结标准，对标对表推动，做到减存与控增并重、治标与治本并重、解事与解心并重，推动重点难点案件有效化解。至年末，第一批交办全区"国治件"80件，上报率100%，结案率97.50%，倒流转督办6件，全部按督办件流程报结。

【党政领导接访下访活动】 2021年，南京市雨花台区信访局（以下简称区信访局）推进"我为群众办实事"实践活动和"两在两同"建新功行动，与区委党史学教办联合发文《关于扎实开展"我为群众办实事"实践活动进一步加强领导干部接访下访工作的措施》，聚焦"小切口"服务"大民生"，建立完善"领导干部专项包案+工作专班合力攻坚+属事属地双交办"工作机制，开展党政领导接访下访活动。全年雨花台区党政领导干部接访下访参与率100%，参与接访下访134人次，接待群众60批次68人次，解决群众信访问题55件。

【区信访干部能力提升培训班】 4月22—23日，区信访局在区委党校举办全区信访干部能力提升培训班。全区信访系统45个部门的分管领导和信访干部98人参加。培训班采取课堂授课、研讨交流的方式进行，邀请市政府信访局处室领导授课辅导，解读有关业务办理规范，提升基层信访员业务水平，畅通和规范网上投诉、领导信箱、微信信访、手机APP信访等网上信访渠道，加强信息化建设，规范标准办理流程，突出服务导向，争创高效解决问题的"网上人民满意窗口"。2021年，雨花台区纯案办理标准化达标率100%，信访事项标准化验证通过率100%；信访部门及时受理率99.95%，责任单位及时受理率100%，按期办结率100%，信访部门满意率71.69%，责任单位满意率68.67%；网访占比85.31%，网上信访一次性化解率78.27%；人民网领导留言

9月27日，区信访局党支部与省政府信访局机关党委开展党史学习教育为民办实事座谈会。
（区信访局 供图）

192条，及时回复率100%，满意率95.45%，满意率位列全市第一。

6月16日，区信访局参加区级机关“组团”服务群众活动进社区，宣传信访条例、征集群众建议。（区信访局　供图）

【《江苏省信访条例》学习与宣传】 10月1日，新修订的《江苏省信访条例》（以下简称《条例》）颁布。区信访局组织信访干部开展专题学习，通读全部条款，加强对比、前后对照，对新增内容进行针对性学习；利用微信公众号和网站，推送《条例》解读，提高《条例》知晓率；依托接访大厅、法治宣传栏等场所开展宣传，悬挂横幅60余条、发放宣传册2000余份；结合党史学习教育“我为群众办实事”活动，参加区级机关“组团”服务群众活动进社区，开展信访条例宣传和人民建议征集，发放《条例》《图解信访条例》《网上信访便民服务手册》《关于依法处置信访活动中违法犯罪行为的通告》260余册，现场接受群众咨询85人次、征集建议40余条。（杨茂华）

·民族宗教事务·

【概　况】 2021年，雨花台区有少数民族33个、常住人口6853人。宗教活动场所10个（佛教2个、基督教8个），其中省四星级标准4个、省三星级标准3个。南京市雨花台区民族宗教事务局（以下简称区民宗局）完成全区8所中学47名少数民族考生民族成分审核认定。依法变更公民民族成分1人。宗教慈善周募集“天使爱心”助学金6.4万元，资助单亲贫困家庭就读高中学生10人。走访少数民族流动人口35人次，依法办理民族宗教领域行政审批7件，开展行政检查43次。区委常委会召开民族宗教工作部署会议4次，区委民族宗教工作领导小组召开推进工作会议3次。区委制定下发《关于学习贯彻中央民族工作会议精神的通知》，各级党（工）委理论学习中心组组织专题学习，各街道通过悬挂横幅、户外大屏、新媒体公众号等形式加大社会面宣传力度，悬挂宣传标语横幅99条，使用室内外大屏50块，在中央、省、市媒体发表民族团结进步创建工作经验文章23篇。压实新冠肺炎疫情防控“四方责任”，落实宗教活动场所“双暂停”和常态化疫情防控工作。

【“红石榴家园”品牌打造】 2021年，区民宗局坚持“一街道一品牌”“一行业一特色”，打造“红石榴家园”8家，实现街道层面全覆盖。西善桥街道以“民族团结+共建共治共享”模式助推岱山保障房片区基层治理；古雄街道从“四个维度”推动民族团结进步工作，推出莲花湖有声阅读角；梅山钢铁公司以“企业文化建设”为引领，以“三有三实现”为举措，创

7月10日，赛虹桥街道"红石榴家园"举办"百年初心 风华正茂"暨"石榴结籽心连心、共驻共建同心圆"红色读书会活动。（区民宗局 供图）

建民族团结进步示范基地，打造企业"红石榴家园"阵地；雨花街道以"红色文件教育"为载体，打造"五红五筑"红石榴家园品牌；西善桥街道齐修社区以"结对帮扶"为主旨，开展"结对子、认亲戚、促'三交'"贫困帮扶活动；赛虹桥街道长虹路社区以开展"关爱+交友+互学+助学+一家亲"特色活动，创建社区"红石榴家园"；铁心桥街道景明佳园社区聚焦特色、聚焦主线、聚焦民生、聚焦基层推动"红石榴家园"创建，引导各民族交往交流交融，像石榴籽一样紧紧抱在一起；雨花经济开发区以"三心聚三力"不断推进民族团结进步工作，推动各族群众广泛交往、全面交流、深度交融。年内，齐修、大方和景明佳园社区被江苏省民族宗教事务委员会授予省级"红石榴家园"称号。

【宗教活动场所安全专项整治】 2021年，区民宗局实施宗教活动场所安全专项整治"三年大灶"，提升宗教场所本质安全水平。对全区9处宗教活动场所建筑开展房屋安全鉴定，根据鉴定结果进行消险或关停处理；完成基督教顾家庄聚会点消险重建工作，重新投入使用；提升场所安全基础条件，全面淘汰液化气灶和柴火大灶，改造充电设施，引入消防水源，投入50万元支持场所提升技术安全防范水平；组织宗教界举行安全培训和应急演练6次，开展"全员说安全"和新《安全生产法》学习；每月专题研判安全形势，聘请第三方机构对场所开展隐患排查和风险评估，出台安全承诺公示制度和安全责任制实施办法，督促场所履行主体责任。

【公益慈善活动】 2021年，区民宗局引导宗教界开展"天使爱心"项目和"宗教慈善周"慈善公益活动。"宗教慈善周"期间，各宗教活动场所募集善款6.4万元。新冠肺炎疫情防控期间，区基督教顾家庄聚会点组织10名信徒参与第二、三轮全员核酸检查志愿者；基督教板桥聚会点将临时过渡点提供给社区作为全员核酸检查场所；区基督教三自会组织各场所捐款2万元；区佛教高座寺捐款3000元，捐赠口罩、护目镜等防疫物资2550个。

（杨舒然）

·外 事·

【概 况】 2021年，雨花台区外事办公室协助市委、市政府，在区内举办庆祝中国、文莱建交30周年暨南京与斯里巴加湾结好10周年系列活动。雨花外国语小学通过开展国际文莱节，举办"我眼中的文莱与南京"主题画作创作及征集活动。雨花外国语小学、江苏中坤创嘉信息科技有限公司与文莱方缔结友好协议，深化与斯里巴加湾市友好关系发展。创建Plug and Play中国（南京）软件谷国际创新加速平台，提升软件谷国际影响力。召开中欧（爱尔兰）产业技术创新合作论坛，现场举行南京市海外协同创新中心（爱尔兰）工作站揭牌和4个海外项目落地签约仪式。菊花里社区通过引进专业社会组织、搭建专业交流平台、开展系统化文化活动，向外籍居民提供社区服务。在赛虹桥社区卫生服务中心和雨花社区卫生服务中心配备多语种志愿者服务队伍，便于外籍人士就诊。引导服务区内外籍人士接种新冠疫苗，办理外国人来华邀请，服务科技、教育等领域外国人来宁复工复产。深入区内对外合作企业开展海外领事保护宣传“进企业”活动，宣传和初审区内民营企业APEC商务旅行卡的办理。年内，浩鲸云计算科技股份有限公司、诚迈科技（南京）股份有限公司、中科创达软件股份有限公司、南京泰通科技股份有限公司4家企业案例作为优秀案例入选南京市T20国际绿色智慧城市联盟平台，新型研发机构东奇研究院加入T20联盟，促进企业项目在国际市场落地。

【中俄（南京）数字经济创新合作论坛】（参见“科技创新”类目，第185页）

【中欧（爱尔兰）产业技术创新合作论坛】 6月28日，中欧（爱尔兰）产业技术创新合作论坛举办。论坛由雨花台区人民政府、中国（南京）软件谷管委会指导，南京市海外协同创新中心（爱尔兰）主办。区委常委、副区长陆瑞峰，爱尔兰驻上海总领事馆经济处/爱尔兰投资发展局徐琳晔，英国机械工程学术院院士、英国拉夫堡大学终身制教授、拉夫堡大学设计实践研究所主任、零壹人工智能科技研究院院长伊恩·坎贝尔分别致辞。会上，举行南京市海外协同创新中心（爱尔兰）伦敦、都柏林、科克3个工作站揭牌仪式；签约端流医疗、平港科技、南丁健康、京郏科技4个海外合作项目；伊恩·坎贝尔院士作《后疫情时代人工智能在医疗器械研发方面的赋能与应用》主题分享；默沙东研发（中国）有限公司临床研发总监宋璘作《AI+创新药研发面临的机遇和挑战》主题分享；南京医科大学附属逸夫医院副院长、教授刘煜作题为《AI+糖尿病诊疗照护O+O新模式》的主题分享；爱尔兰企业首席运营官Paul Parkinson现场连线介绍ABC—VR项目；欧洲学界专家、知名企业高管、投资机构负责人探讨与交流“AI+新药研发”与“AI+医疗器械研发”。（林　悦）

·侨　务·

【概　况】 2021年，雨花台区在册归侨15人（老归侨原侨居国主要有越南、马来西亚、印尼、泰国、新加坡、柬埔寨，年龄均超60岁），其中企业退休归侨8人；华侨42人；侨资企业82家。全年，南京市雨花台区政府侨务办公室（以下简称区侨办）讲好“华兴”故事，传承侨乡文化，把涉侨政策法规宣传作为重点工作，送法律、送政策、送服务宣传进园区、进企业、进社区。请领和发放生活困难归侨、企业退休归侨补助资金。雨花、西善桥、梅山、古雄街道成立侨联组织，侨情资源较为集中的翠竹园、玻纤院、福润社区成立社区侨联组织，其中翠竹园社区挂牌成立全国第三、全市第一家“侨心书苑”。

【南京雨花欧美同学会】2021年，南京雨花欧美同学会（雨花留学人员联谊会）开展“雨花海归学党史”庆祝中国共产党成立100周年主题活动，通过党史宣传学习、党史知识竞赛，进行爱国主义教育实践，凝聚归国留学人员爱国报国共识；加强留学人员代表人士队伍建设，发现培养、推优评优、岗位锻炼和政治吸纳代表人士；在南京民间抗日战争博物馆召开第一届二次理事会，修改并审议《南京雨花欧美同学会（南京雨花留学人员联谊会）章程》部分章节，吸收王涵宇、李翔、王娟3人为新理事；开展“学党史 铸同心 坚定不移跟党走”主题活动，营造庆祝中国共产党成立100周年氛围。

5月22日，“侨心永向党 奋进新征程”动员大会在雨花台烈士陵园举行。（区侨办 供图）

【“侨心永向党 奋进新征程”动员大会】5月22日，“侨心永向党 奋进新征程”动员大会在雨花台烈士陵园举行。该活动由中国侨联指导，省侨联、致公党江苏省委主办，市侨联、致公党南京市委、中共雨花台区委、南京市雨花台烈士陵园管理局承办。活动旨在配合党史教育，挖掘并宣传雨花英烈中的侨界共产党员，激励侨务干部职工和侨界群众传承红色基因。全国政协常委、省政协副主席、致公党省委主委麻建国，中国侨联兼职副主席，省侨联主席、党组书记周建农等领导出席活动。全区200余名侨界人士和100名侨界学生参加。

【翠竹园社区“侨心书苑”揭牌成立仪式】7月5日，中国侨联文化交流部、江苏省侨联、中国华侨出版社、南京市侨联、中共南京市雨花台区委在翠竹园社区举办“侨心书苑”揭牌暨《百年风华 雨花侨魂》新书发布仪式。“侨心书苑”是由中国侨联批准、中国华侨出版社打造的实体品牌书苑。翠竹园社区“侨心书苑”

7月5日，“侨心书苑”揭牌暨《百年风华 雨花侨魂》新书发布仪式在翠竹园社区举行。（区侨办 供图）

是全国第三家、全市首家书苑。中国侨联党组成员、副主席程学源，中国侨联兼职副主席，江苏省侨联党组书记、主席周建农，中国侨联联谊联络部部长桑宝山，中国华侨出版社总编辑郭岭松，南京市常委、统战部部长华静等领导出席仪式并赠书，程学源、周建农、郭岭松、华静共同为“侨心书苑”揭牌。

【2021海外华文媒体江苏采访行走进雨花台区】10月31日，“追梦中华 情系大运河”2021海外华文媒体江苏采访行活动走进雨花台区。来自荷兰、俄罗斯、马来西亚、埃及、德国、瑞士、意大利等国家和地区的10余家华文媒体代表实地考察雨花台区高质量发展成就，参观雨花台烈士陵园，并向在雨花台英勇就义的革命先烈敬献花圈。中国侨联信息传播部部长左志强，省侨联党组成员、副主席艾卉，市侨联党组成员、一级调研员袁建群，区委常委、区政府常务副区长陆瑞峰参加活动。（李国辉）

【雨花街道侨联成立】12月10日，雨花街道侨联成立大会暨雨花街道第一届一次委员会在南京南站区域党建联盟360举行，街道归侨、侨眷、新侨代表30余人参加。会议选举产生雨花街道侨联第一届委员会委员，其中侨联主席1人、副主席2人、秘书长1人、副秘书长1人；市侨联一级调研员王金刚，区委统战部副部长、区台办区侨办主任勾宏展出席会议并为“雨花街道侨联”揭牌；市侨联基层建设和权益保障部负责人成群、区台办区侨办副主任王蔚为“雨花街道侨胞之家”揭牌。

【梅山街道侨联换届】12月15日，梅山街道侨联在上怡新村社区活动中心召开第二次代表大会。区侨联主席王强出席并致贺词，街道归侨、侨眷代表30余人参加。会议听取街道台、侨联第一届委员会工作报告；审议通过大会选举办法，选举产生街道台侨联第二届委员会成员。市侨联一级调研员王金刚、市侨联基层建设和权益保障部负责人成群、市侨联秘书长卓琳出席会议。

【古雄街道侨联成立】12月15日，古雄街道侨联成立大会暨古雄街道侨联第一届一次委员会在街道便民服务中心一楼大会议室召开，区侨联主席王强出席并致贺词，侨界代表人士40余人参加。会议选举产生主席1人、副主席2人、秘书长1人、副秘书长1人，委员2人；市侨联一级调研员王金刚，区侨联主席王强为“古雄街道侨联”揭牌；市侨联秘书长卓琳、区台办区侨办副主任王蔚为“古雄街道侨胞之家”揭牌。（周 翔）

·对台工作·

【概 况】2021年，南京市雨花台区政府台湾事务办公室（以下简称区台办）以“南京先生”为纽带，加强民间交流与互动。加强涉台政策法规宣传，开展送法律、送政策、送服务进园区、进企业、进社区活动。走访台资企业，调研中华两岸交流协会（中国台湾）江苏代表处和“K1泰迪世界亲子文教街区”，协调相关部门帮助企业解决人才引进、项目落户、政策落实等问题。协调卫健部门，帮助台资企业艾德克斯电子（南京）有限公司300名员工在不影响生产的情况下完成新冠疫苗接种。依托中华两岸交流协会（中国台湾）江苏代表处，开展引才引智引资工作，助力台湾青年孵化基地平台建设，协助推进西善桥街道打造教育理想小镇。聚焦全区六类困难人群，引导艾德克斯电子（南京）有限公司等涉台参与慈善公益路演活动，帮助困难群众、残障儿童实现微心愿、微梦想。

【省台办调研台企高质量发展情况】 11月22日，江苏省台湾事务办公室副主任孙继兵，江苏省人大常委会民族宗教侨务委员会主任朱晓明，江苏省人大常委会委员、法工委主任赵建阳，江苏省政协委员、省政协办公厅一级巡视员蔡建国等一行20余人调研雨花台区台资企业高质量发展情况。调研组参观艾德克斯电子（南京）有限公司生产车间、产品展示区，观看企业宣传片，了解企业发展概况，并肯定公司创新发展、高质量发展所取得成绩。此次调研重点是了解台资企业发展现状及发展过程中遇到的困难和问题，为省级层面出台相关政策提供依据和条件，为全省台企、台商和台胞创造和提供营商环境，助推台资企业实现更高质量发展。南京市台湾事务办公室主任赵小华，雨花台区人大常委会主任杨明，雨花台区委常委、统战部部长王金玉等参加调研。

（李国辉）

·政务信息化·

【概　况】 2021年，雨花台区建成全市首家全覆盖、灵活组网视频系统，完成区政府大楼中楼会议室改造，实现省、市、区、街四级会议系统无缝衔接。在新冠肺炎疫情防控期间，保障防控决策部署上传下达，开展核酸检测短信推送。在7、8月份全区六轮核酸检测过程中，发送通知信息4586万条。走访26个机关部门和8个街道（园区），开展全区信息化现状调查，并启动智慧雨花（数字底座一期）项目。完成信息化项目备案35个、信息化项目可研审批20个。推进政务数据归集，向上级成功申请数据8857万条，归集区级数据200万条。开展创新应用项目建设，申报雨花台区政府投资工程智慧审计管理系统、长江雨花段禁渔禁捕实时监控系统、雨花台区生态环境智慧指挥平台、雨花台区“及时雨”政策直达平台4个项目。全年，雨花台区人民政府网站转载发布要闻动态信息1800余条，主动公开政府信息2100余条。

【政务信息化项目集约建设】 2021年，雨花台区推进政务信息化项目集约建设，政务信息化项目管理系统进入试运行阶段。规范全区投资政务信息化项目建设管理，50万元以上项目经区大数据管理部门会同第三方公司审核批准实施，推动政务信息化系统跨部门跨层级互联互通、信息共享和业务协同，避免重复投入，提高集约化建设水平。全年完成信息化项目备案35个、预算资金823.43万元，完成信息化项目可研审批20个、预算资金1.46亿元。

【区政府门户网站建设】 2021年，雨花台区人民政府网站重点宣传全区疫情防控、优化营商环境、打好污染防治攻坚战等工作，转载发布要闻动态信息1800余条；完成“政府信息公开”栏目改版、信息公开目录调整，主动公开政府信息2100余条；新开设组团服务企业活动、营商环境专栏、智慧政务应用场景发布会、规划信息公开等专题专栏，提升全区重要政策和活动的知晓度、影响力。

【智慧雨花数字底座项目启动】 9月，雨花台区启动智慧雨花（数字底座一期）项目，涉及数据收集、视频整合、项目管理、数据中心、时空数据平台、物联感知平台和网络安全升级等基础设施建设。走访26个机关部门和8个街道（园区），调查摸清全区信息化状况；完成项目可行性研究报告和基础能力平台、基础硬件平台2个需求调查报告；完成第三方预算评估；10月，完成专家评审并立项；11月16日，完成招标并开始建设。（李雨欣）

中国人民政治协商会议南京市雨花台区委员会

·概　述·

【概　况】2021年，区政协下设6个专门委员会，政协南京市雨花台区第九届委员会由8个界别191名委员组成。全年召开全体会议集体协商1次，组织常委会议专题协商5次，举办有主席会议成员、区委区政府领导参与的重点协商9次。编报社情民意信息81篇，被上级政协采用42篇。推进“有事好商量”协商议事室建设，实现“有事好商量”协商议事室在全区8个街道（园区）和64个社区全覆盖，挂牌成立区级有事好商量协商议事室，并向政协界别、政协委员拓展，建成科技组等界别协商议事室2个、符娟等委员工作室5家。雨花台区“有事好商量”协商议事活动多次被新华网、学习强国江苏平台、龙虎网、《南京日报》《议政金陵》等主流媒体报道。发挥区政协“富裕百姓 促进发展”论坛品牌作用，引领区政协各参加单位对惠企政策、乡村振兴、城市更新、社区治理、养老服务等群众关心的热点难点问题，开展融入式调研、体验式视察，形成调研报告38篇，编成《富裕百姓 促进发展》论文集发送到相关部门，使一批影响群众日常生活的民生问题得到重视和解决。年内，区政协被市政协评为2020年度反映社情民意信息工作优秀集体二等奖。

【区政协九届委员会五次会议】1月5—7日，政协南京市雨花台区第九届委员会第五次会议在雨花台中学学术报告厅召开。来自全区各条战线和社会各界的政协委员186人参会。会议审议通过区政协主席黄唯佳代表区政协常务委员会所作的工作报告和区政协副主席杨洋作的关于提案工作情况报告。区委书记戴华杰出席会议并讲话。区政协九届四次会议以来，委员提交提案229件，立案交办208件，未立案21件，作为提案线索21件，立案率90%。43个承办单位落实并按要求回复委员，委员满意率100%。（李全新）

1月5日，中国人民政治协商会议南京市雨花台区第九届委员会第五次会议在雨花台中学学术报告厅举行。（区政协办　供图）

表16　2021年政协雨花台区第九届委员会常务委员会会议一览表

会议期次	时　间	主要议题
第 20 次	2 月 25 日	传达学习省政协十二届四次会议、市政协十四届四次会议精神； 通报区政协领导工作分工调整情况； 审议通过《区政协 2021 年度工作要点和协商议题安排（审议稿）》； 审议通过《关于开展评选表彰先进集体和委员先进个人活动的意见（审议稿）》； 通报区政协九届五次会议提案审查立案情况报告
第 21 次	4 月 29 日	传达学习习近平总书记重要讲话精神； 听取区教育局、卫生健康委、文旅局关于全区优化公共服务供给工作情况的通报； 区政府副区长郜叶红讲话； 区政协教卫文体和文史委员会汇报相关调研情况； 协商讨论； 区政协主席于茂高讲话
第 22 次	9 月 7 日	传达学习习近平总书记在庆祝中国共产党成立 100 周年大会上的重要讲话精神； 传达学习贯彻区第十二次党代会精神； 听取区政府关于 2021 年上半年全区经济社会发展情况通报； 听取区政府关于区政协九届五次会议以来提案办理情况的通报； 总结区政协 2021 年上半年工作，部署下半年任务
第 23 次	9 月 27 日	视察江宁滨江开发区、雨花经济开发区、"两桥"片区； 传达学习习近平总书记重要讲话精神； 听取板桥新城总体规划和转型发展总体策划情况的说明； 听取板桥街道、古雄街道、梅山街道、雨花经济开发区关于板桥新城规划建设情况的通报； 区政府副区长赵道韡讲话； 协商讨论； 区政协主席于茂高讲话
第 24 次	12 月 27 日	听取区政协换届筹备工作情况报告； 审议通过区政协十届一次会议议程（草案）、日程（草案）； 审议通过区政协九届常委会工作报告及关于提案工作情况的报告； 审议通过政协雨花台区第十届委员会参加单位、委员名额和人选名单； 协商确定常委会工作报告和提案工作报告的报告人； 研究决定区政协 2021 年度先进集体和委员先进个人表彰名单； 研究决定优秀提案表彰名单

（李全新）

表17　2021年政协雨花台区第九届委员会主席会议一览表

会议期次	时　间	主要议题
第 38 次	2 月 23 日	协商调整区政协领导工作分工； 协商调整区政协机关主任、调研员、副主任工作分工； 协商讨论《区政协 2021 年度工作要点和协商议题安排（讨论稿）》； 讨论修订《关于开展评选表彰先进集体和委员先进个人活动的意见（讨论稿）》； 批准通过区政协 2021 年各专委会、政协工委、界别组活动计划（审议稿）； 审议通过区政协九届五次会议提案审查立案情况报告（审议稿）； 研究确定区政协九届二十次常委会议召开的相关事项
第 39 次	3 月 25 日	听取区民政局关于全区民政事业发展情况的通报； 区政府副区长蓝波讲话； 区政协社会法制和民族宗教委员会汇报《编密织牢民生兜底保障网　聚力推动雨花社会事业高质量发展》调研情况； 协商讨论； 区政协主席于茂高讲话； 研究确定区政协九届二十一次常委会议有关事项

续表17

会议期次	时 间	主要议题
第40次	5月31日	听取区住房和建设局关于全区城市更新进展情况的通报； 区政府副区长张建设讲话； 区人口资源环境和城市建设委员会说明《实施城市更新行动 推动雨花高质量发展》调研情况； 协商讨论； 区政协主席于茂高讲话
第41次	6月25日	听取区农业农村局关于全区乡村振兴工作情况的通报； 区政府副区长蓝波讲话； 区经济科技和农业农村委员会说明调研情况； 协商讨论； 督办提案； 区政协主席于茂高讲话； 研究确定区政协九届二十二次常委会议召开的有关事项
第42次	9月1日	听取区商务局关于全区培育主体激发消费工作情况的通报； 区政府副区长郑婕讲话； 区政协经济科技和农业农村委员会说明调研情况； 协商讨论； 区政协主席于茂高讲话； 研究确定区政协九届二十三次常委会议召开的有关事项
第43次	10月25日	传达学习贯彻习近平总书记在中共中央政治局第三十四次集体学习时的重要讲话精神； 听取软件谷产业发展部关于建设数字经济创新中心工作情况的通报； 软件谷管委会副主任黄敖齐讲话； 区政协经济科技和农业农村委员会说明调研情况； 协商讨论； 区政协主席于茂高讲话
第44次	11月26日	听取雨花新城规建办关于“两桥”地区更新改造推进情况的通报； 区政府副区长赵道韡讲话； 协商讨论； 区政协主席于茂高讲话； 研究区政协换届工作相关事项
第45次	12月25日	讨论九届区政协常委会工作报告和提案工作报告； 协商提出2021年度区政协先进集体和委员先进个人建议名单； 协商提出优秀提案表彰建议名单； 协商区政协十届委员会参加单位、委员名额、人选名单； 协商提出十届一次会议相关建议名单主席团和秘书长建议名单； 执行主席分工建议名单； 提案审查委员会主任、副主任和委员建议名单； 副秘书长建议名单； 政协工委、界别组成员及召集人建议名单； 协商讨论十届一次会议议程（草案）； 协商讨论十届一次会议日程（草案）； 协商决定十届一次会议各次会议主持人、报告人； 研究决定大会发言事项； 协商决定区政协九届二十四次常委会议题及召开时间

（李全新）

·协商议政·

【概　况】2021年，区政协注重发挥专门协商机构作用，聚焦高质量发展协商议政主题，深入调研，务实建言，推动专门协商机构"专"出特色、"专"出质量、"专"出水平。区政协九届二十三次常委会议围绕"加快板桥新城规划建设，打造雨花'十四五'发展重要增长极"开展专题议政，组织区政协常委赴江宁滨江开发区、"铁心桥—西善桥"城市更新建设现场，考察学习城市规划建设经验，形成《加快板桥新城规划建设的建议》供区委区政府决策参考。围绕建设数字经济创新中心，区政协主席会议成员实地视察软件谷"双创"展厅和统信软件技术有限公司、南京硅基智能科技有限公司等科技企业，听取软件谷产业发展部工作情况通报，邀请长城研究所等智库做专题报告，建议软件谷推进"3+3+3"★软件产业体系发展，细化落实"十四五"发展规划目标任务，搭建协同创新、场景应用、产品推介、交流合作、增信融资、人才育留等平台，提升数字经济创新中心建设能级，带动和促进软件谷高质量发展。召开民主党派负责人会议，向各民主党派、工商联和无党派代表人士征求对区政协工作和机关建设的意见建议；邀请党派团体参加区政协重要会议和重大活动，组织开展联合调研、联合协商、联合监督，让党派团体参政有舞台、建言有机会、协商有渠道。全年，受邀参加政协各类协商会议的党派团体人士超130人次，提出意见建议280条，提交调研报告20余篇。

★链接　"3+3+3"软件产业体系，指基础软件、人工智能、集成电路三大产业基础，行业应用软件、新兴平台软件、嵌入式软件三类产业规模，数字孪生、区块链、量子信息三个前沿方向。

【民主监督】2021年，为深化"放管服"改革，区政协就"办事减负减证便民"开展协商式专项民主监督，调研区政务中心办事大厅，组织召开座谈会，建议要从深挖群众需求、创新服务方式、建立长效机制等方面提升群众、企业办事的体验感和舒适度。对全区"实施好长江十年禁渔 保护修复长江生态"工作开展协商式民主监督，组织委员视察长江岸线雨花段，提出增加长江沿线禁捕标识、板桥片区发展与长江保护相结合等建议，获相关部门和群众认可。

【提案办理】2021年，区政协围绕岱山地区群众出行难问题，经过深入调研，形成的提案被列为市政协"重点民生微提案"，市政协主席刘以安亲自督办，市交通运输局、市建委、市安居集团等7家单位办理。围绕"提升教学效能，减少中小学生作业负担"等提案，区政协探索实施重难点民生提案区委区政府领导牵头督办、主席会议成员协助督办，形成"双督办"的提案办理格局，推动提案办理从"答复满意"向"结果满意"提升，从"就事论事"向"机制建设"提升。区政协九届五次会议期间，委员提交提案229件，立案交办208件，未立案21件，作为提案线索21件，立案率90%。43个承办单位落实并按要求回复委员，委员满意率100%。

【社情民意信息】2021年，区政协注重发挥政协社情民意信息"直通车"作用，反映事关改革发展和民生事业的普遍性、典型性问题，编报《社情民意信息》81篇，被上级政协采用42

篇。区政协反映社情民意信息工作连续第10年位于全市前列。

【委（片）组履职】 2021年，区政协根据专委会专业特点，按照“对口相近、优化结构、合理布局、增强合力”的工作思路，将全体区政协委员编入6个专委会，推动“全员入委”，发挥各专委会专业优势。围绕全区重点工作与区政府、软件谷管委会相关部门开展对口协商，打造“一委一品”工作格局。发挥界别纽带作用、政协工委联系群众优势，鼓励界别和政协工委，选好活动主题，联合开展活动。城建组和板桥街道政协工委联合视察小区物业管理、垃圾分类处置情况；雨花街道政协工委和社会事务组组织委员、相关部门召开万科尚都荟花园西门污水漫溢协商议事会。（李全新）

【板桥新城规划建设专题议政会议】 9月27日，区政协九届二十三次常委会议暨“加快板桥新城规划建设 打造雨花‘十四五’发展重要增长极”专题议政会议举行。区政协主席于茂高出席会议并讲话。副区长赵道翀参加会议并通报情况。会前，于茂高一行实地调研江宁滨江开发区、雨花经济开发区、“铁心桥—西善桥”片区等地。会上，听取板桥新城总体规划和转型发展总体策划情况说明，雨花经济开发区、梅山街道、板桥街道、古雄街道前期建设情况通报；于茂高和与会人员交流探讨板桥片区开发理念和思路、开发现状和定位、开发策略和重点，并形成共识认为，板桥新城总体按照“标志性新主城”规划建设。在空间布局上，分为“一轴四片区”。即，滨江岸线轴，总部集聚片区、滨江转型片区、板桥中心片区、都市工业片区的；在中心体系上，打造“1+2+N”三个层级中心。即，1个市级中心（总部集聚片区中心）、2个地区级中心（以莲花湖为核心和以三山矶为核心地区级中心）、N个产业社区区级中心；在开发时序上，按照“从北向南、由东向西、多点并进”原则推进，对接河西南、软件谷等主城成熟公共配套、基础设施辐射，提升片区开发能级，增强市场主体和社会公众对板桥新城开发建设的信心。全体区政协常委出席会议。梅山钢铁公司、区政府相关部门和街道（园区）负责人等列席会议。（雨　鉴）

9月27日，区政协九届二十三次常委会议暨“加快板桥新城规划建设 打造雨花十四五发展重要增长极”专题议政会举行。（区政协办　供图）

中共南京市雨花台区纪律检查委员会
南京市雨花台区监察委员会

·概　述·

【概　况】 2021年，中共南京市雨花台区纪律检查委员会（以下简称区纪委）、南京市雨花台区监察委员会（以下简称区监委）落实习近平总书记重要指示批示和党中央重大决策部署，发现问题163个。通过重大事项请示报告、提出意见建议、制定两个责任清单、开展年度述职评议等方式，协助区委落实全面从严治党主体责任。将群众期盼作为监督执纪发力点，在落实市纪委深化拓展“两个专项监督”规定动作基础上，推进基层减负等10个民生领域专项监督工作。紧盯违规收受礼品礼金、公款吃喝、餐饮浪费等违反中央八项规定精神的老问题、新动向，深挖细查、大力纠治“四风”隐形变异问题。举行“清风守初心 永远跟党走”庆祝中国共产党成立100周年活动，组织纪检监察干部参观“百年征程 初心永恒”——中国共产党在江苏历史展（1921—2021）、“人间正道是沧桑”——中国共产党南京历史展览。新冠肺炎疫情防控期间，派出纪检监察干部1485人次，驰援社区核酸采样、人员排查、秩序维护、封闭封控小区管控、集中隔离点保障等工作。参加上级纪委监委业务培训并举办“雨花廉韵”讲堂，从各内设室、派驻组、街道（园区）纪工委选拔20余人次参与重点专案轮岗锻炼。实施“青年纪检监察干部培养计划”，组织40名青年干部“周周练、月月讲、季季评、跟班练”，举办“青年纪检监察干部论坛”。树立急难险重、办案一线选拔重用干部用人导向，提拔街道（园区）纪工委书记3人、重用参加一线疫情防控干部5人。

7月25日，区纪委区监委组织纪检监察干部成立抗疫突击队驰援社区一线疫情防控。
（区纪委　供图）

【体制机制改革】 2021年，区纪委区监委统筹衔接“四项监督”，协助区委制定“两个责任”年度清单，推动各级党组织主要负责人谈话198人次。建立反腐败协调小组成员单位之间问题线索移送工作机制、派驻“联系、联席”制度、监察员办与街道（园区）纪工委协作配合机制。坚持立案前会商制度，开展案件会商103次。出台《关于加强巡察与组织部门协调协作的意见》《关于建立巡察与信访协作机制的意见》，在巡察对象选定、政策把握、深入发现问题、推动巡察监督与信访监督协同整改等方面加强协作。探索监察联系点工作，推动监察员办加强与基层社区沟通交流，推进问题反馈与整改常态化。坚持“三个区分开来”，对10名干部进行容错纠错，为10名干部开展不实举报澄清正名。

【区纪委十一届六次全体会议】 2月8日，中国共产党南京市雨花台区第十一届纪律检查委员会第六次全体会议召开。区纪委委员出席14人，列席会议83人。区纪委常委会主持会议。全会学习领会习近平总书记在十九届中央纪委第五次全体会议上的重要讲话精神，传达贯彻十九届中央纪委第五次全体会议、十三届省纪委第六次全体会议和十四届市纪委第六次全体会议精神。审议通过区委常委、区纪委书记、区监委主任余清代表区纪委常委会所作题为《深入推进纪检监察工作高质量发展 为雨花“十四五”开好局提供坚强保障》的工作报告。

【区纪委十二届一次全体会议】 9月4日，中国共产党南京市雨花台区第十二届纪律检查委员会第一次全体会议举行。会议应到委员15人，实到15人。毛光明受中国共产党雨花台区第十二次代表大会主席团委托主持会议。会议以举手表决方式通过《中国共产党雨花台区第十二届纪律检查委员会第一次全体会议选举办法》，通过监票人名单；以无记名投票方式，选举毛光明、金晖、凌胜、邵军芳、郭治宇、任晨慧、叶君7人为中国共产党雨花台区第十二届纪律检查委员会常务委员会委员，选举毛光明为中国共产党雨花台区纪律检查委员会书记，选举金晖、凌胜为中国共产党雨花台区纪律检查委员会副书记，并经区委十二届一次全会通过。 （杜艳玲）

· 专责监督 ·

【政治监督】 2021年，区纪委区监委坚持党中央重大决策部署到哪里、监督检查就跟进到哪里，落实习近平总书记重要指示批示、党中央和省市区委重大决策部署，发现并纠正贯彻不力问题163个。强化对“一把手”和领导班子监督，督促落实“一岗双责”“三重一大”、廉政风险防控，约谈各级各部门“一把手”、领导班子成员及重点岗位人员484人次，问责履职不力、责任落实不到位党组织4个、党员领导干部和监察对象34人。开展疫情防控专项监督。加强换届选举监督，回复党风廉政意见10批1286人次，对4名人员提出暂缓或否定性意见。查处违规发放津补贴或福利问题3件3人。开展公共停车设施和道路停车泊位专项检查，发现停车收费、停车管理不规范等问题线索27件，立案21件21人。开展文明城市创建专项监督，运用第一种形态处置16人。

9月4日，中国共产党南京市雨花台区第十二届纪律检查委员会第一次全体会议举行。 （区纪委 供图）

【民生监督】 2021年，区纪委区监委结合“我为群众办实事”实践活动，牵头开展农村集体“三资”管理、物业管理、养老机构管理等10个民生专项监督，查处“蝇贪微腐”32件33人，给予党纪政务处分11人。开展空置保障房专项监督，立案查处2件2人，督促协调空置保障房在全区范围内统筹使用。用好

"12345"小切口群众诉求，调取政务热线考核排名末尾机关部门不满意工单6848件，会商督办存在职能不清、推诿扯皮等问题的疑难工单2件，立案查处2件2人，推动解决问题28个。加强涉黑涉恶腐败案件查处力度，立案查处2件2人。（杜艳玲）

·正风肃纪·

【腐败案件查办】 2021年，区纪委区监委紧盯"关键少数"、重点领域主动出击，受理信访举报140件次，立案查处违纪违法案件130件、同比增长10.2%，留置12人、同比增长100%（含上级指定管辖案件），查处区管干部10人、给予党纪政务处分7人。开展政法队伍教育整顿，查处违纪违法案件11件11人，其中市监委指定管辖南京车管所档案中心2名辅警受贿案中，立案查处6人、留置6人。办理南京报业传媒集团融媒体政务中心原主任马某某职务犯罪案件，推动新闻媒体领域整改。承办北京正润创业投资有限责任公司原副总经理毛某某案、常州市同人文化发展有限公司原法定代表人卞某案，获上级肯定。采用"四种形态"处置问题线索651件次，第一至第四种形态分别处置526人次、93人次、11人次、21人次，第一、二种形态占比95.1%，"管住大多数"成为监督执纪常态。针对立案查处或专项监督中发现的在国有资产管理、"三公"经费使用、安全生产等方面存在的管理漏洞或履职不力问题，有针对性地下发纪检监察建议书19件，督促相关部门建章立制、补齐漏洞。

【廉政文化建设】 2021年，区纪委区监委紧盯元旦、春节、中秋等节点，推送廉政短信、典型案例，明确纪律红线，引导党员干部筑牢思想防线，廉洁文明过节。协助区委召开全区领导干部警示教育大会，督促以案为鉴、警钟长鸣。牵头召开省妇幼保健院总部项目警示教育大会，开展公职人员与招投标等参建单位工作人员双警示。拍摄微视频《南京记忆·文物里的英烈故事》并在中央纪委网站播出。推进基层廉洁文化建设，雨花街道农花社区代表南京市接受中央纪委宣传部专题调研基层廉政文化建设并获肯定。

【"四风"纠治】 2021年，区纪委区监委落实中央八项规定精神，查处"四风"问题和查处享乐主义、奢靡之风问题15件16人，给予党纪政务处分16人，通报曝光34批40起45人、党组织1个。惩治形式主义、官僚主义，查处问题14件18人。制定《雨花台区推动基层减负专项监督工作方案》，建立雨花街道基层监测点，拓展基层减负工作。开展全区公务用车监督管理，推动全区社会车辆租赁平台搭建并投入使用。开展供销合作社专项整治，发现并推动整改问题8个，查处5件5人。该做法在全市12个板块推广。（杜艳玲）

民主党派·工商联

·民主党派·

【概　况】 2021年，雨花台区设民主党派基层委员会3个、总支3个、综合支部1个；有民主党派成员593人，其中民革雨花台区总支党员103人、民盟雨花台区总支盟员123人、民建雨花台区基层委员会会员125人、民进雨花台区总支会员108人、农工党雨花台区总支党员53人、致公党雨花台区综合支部党员23人、九三学社南京市雨花基层委会员社员58人。雨花台区党外知识分子联谊会有理事53人,所有理事完成无党派人士身份认定。全区有人大代表231人,其中党外人士37人,占比15.9%; 区政协第十届委员会委员230人,党外人士140人,占比60.61%。

组织各民主党派成员赴茅山新四军纪念馆开展“不忘合作初心 继续携手前进”主题教育。成立农工党南京市雨花台区基层委员会。推荐郝军等9人担任区检察院特约检察员。疫情期间,全区7个民主党派、雨花台区党外知识分子联谊会捐款42.54万元。

【民革雨花台区总支】 2021年,民革雨花台区总支有党员103人,其中政协委员13人,发展新党员2人。综合一支部被民革江苏省委会评为省级示范支部,综合二支部被民革南京市委会评为市级示范支部。民革雨花综合一、二支部连续第3年慰问赛虹桥街道敬老院,与南京市力行小学结对帮助外来民工子女,开展助学帮困活动; 新冠肺炎疫情防控期间,组织党员为区红十字会募集捐款11600元; 在7—8月核酸检测中,组织10余名党员赴社区配合完成信息采集、实名登记、扫码封管、分流引导、维持秩序及应急工程、物资调用等工作; 民革党员、全国一线作家李凤群新著《大望》出版,开展云上阅读活动并被民革市委公众号以《“望”见我们的过去和未来》为主题首发推送,民革省委网站、广州花城出版社等推送转载。

【民盟雨花台区总支】 2021年,民盟雨花台区总支有盟员123人,发展新盟员3人。联合中共雨花台区委统战部、区教育局、区慈善总会、区红十字会,开展“学党史 知党情 跟党走”迎六一关爱特殊儿童主题活动——“学史力行办实事 融爱筑梦护华开”; 新冠肺炎疫情期间,民盟雨花台区总支到南京南站慰问抗疫一线盟员,并送去消毒液、口罩、一次性手套、矿泉水等物资; 组织盟员响应民盟南京市委举办的“南京民盟陶行知社会服务基金”募捐活动,自发捐款12400元; 雨花台区中学教师邱荣开设区级公开课和讲座5次,教师董健开设区级公开课1次、在语文省级期刊发表论文4篇、为江苏省“教学新时空”录课7节,教师王明飞带领学生到南京市宁燕外来工子弟学校捐赠图书。民盟雨花综合二支部主委缪成薇获雨花台区高质量发展先进个人称号; 中华中专支部孙艺获雨花台区教育系统年度优秀教育工作者称号、获雨花台区课堂教学大赛一等奖、获雨花台区中小学优秀教师志愿者称号,施红军获南京中华中等专业学校师德先进个人称号; 中华中等专业学校邹慧获2021年度雨花台区优秀教育工作者称号; 雨花台中学支部朱丽开设省级公开课1次、2篇论文分获省二等奖和市一等奖。

【民建雨花台区基层委员会】 2021年,民建雨花台区基层委员会有会员125人,新发展会员5人,其中省政协委员1人、省人大代表1人、市政协委员2人、区政协委员5人、秦淮区政协委员1人、民建江苏省委经济委员会委员1人、民建南京市委副主委1人、专委会委员5人。与民建淮安市综合总支开展结对共建活动; 举办庆祝中国共产党成立100周年系列活动暨以“洞察社会热点 感悟社会主义核心价值观”为主题的第七期“叁陆玖 思享汇”活动,被民建中央网站多次报道；民建雨花二支部主委张玉成撰写的《创建民建基层支部组织活动形式的实践与思考》被《江苏民建》刊载，会员陆全撰写的《观“中国共产党在江苏历史展”有感》被《南京民建》刊载；组织21名会员参与新冠肺炎疫情防控一线，会员徐毅征、李上养、王娟等向区红十字会、慈善总会捐款35万元。全年在中央级、省级主流媒体分别刊发稿件5篇、4篇。

【民进雨花台区总支】 2021年，民进雨花台区总支有会员108人，发展新会员4人，转入19人，有支部3个。完成换届工作，形成新一届委员会。孙红霞担任主委，朱向军、黄超担任副主委，陈劼、孙经昊担任委员。推荐6名会员代表参加民进南京市十二次代表大会。在调查研究的基础上，完成并上交市委会《关于进一步加强城市内涝治理的建议》《提升民进社情民意信息工作质量存在的问题及对策》《以参政议政工作为抓手 在民进组织中勠力前行》《关于我区中小学开展生命教育现状研究》《老龄化社会背景下对我区建设老年友好社区的思考》《关于加快西善桥老街规划和建设的提案》等调研文章及提案5篇。年内，民进雨花台区总支被民进江苏省委会评为民进全省“虚拟机关”建设工作先进基层组织、孙经昊被评为先进个人，民进雨花台区综合支部被评为社会服务暨脱贫攻坚工作先进集体。

【农工党雨花台区基层委员会】 2021年，农工党雨花台区基层委员会有党员53人，其中市人大代表1人、市政协委员1人，区人大代表1人、区政协委员7人。完成换届工作，成立农工雨花基层委员会；在西善桥社区举行“温暖社区健康行”药师义诊活动；组织党员在梅山街道上怡新村开展“红色医疗进社区”大型义诊讲座活动；联合区市场监督管理局机关中共二支部委员会开展“抗疫同心 美丽同行”活动；慰问铁心桥社区卫生服务中心一线医护人员；党员刘金良到共青团路中学指导中考医疗保障及疫情防控工作；党员缪云作为志愿者与南京市计划生育药具管理站专家一同到中铁二十四局开展妇幼保健、生殖健康义诊活动；组织委员参加“学史力行办实事 凝心聚力共筑梦”——中共雨花台区委统战部“我为群众办实事”实践活动暨铁心桥街道关爱帮扶困难群体“同心桥公益路演”第八期活动，向“同心桥”公益平台捐赠爱心帮扶资金1万元；经济支部号召党员及党员企业员工参与扶贫助学，担任“南京红领巾小分队志愿者”，资助农村孤儿家庭10人次；担任“淮安小城大爱志愿者”，为贫困家庭儿童助学3人次；参与养老服务工作，为“扬中市兴阳老年幸福之家”捐赠慰问物资；记述医卫支部党员徐克感人事迹的《战疫之路》一文被农工党南京市委员会采用。

【致公党雨花台区综合支部】 2021年，致公党雨花台区综合支部有党员23人，发展新党员4人。省委会机关与雨花台区综合支部党员近30人参观雨花台烈士陵园红色教育基地，开展中共党史学习教育。致公党雨花台区综合支部副主委马翠平获优秀公务员称号，党员吴文丽获南京市中级人民法院授予三等功奖章。向区红十字备灾救助资金捐款1万元；向南京德雨慈善基金会捐款1.5万元，用于公益研学项目；向铁心桥社区“宁小哥”商圈驿站和困难群体捐款2万元；向赛虹桥街道捐赠N95口罩2万只、医用外科口罩1.5万只、免洗消毒液5箱等价值2万元医疗防护物资。党员傅涛参加“献礼党的百年华诞 共助贫困学子”活动，向贫困学子和困难家庭捐款5000元；党员贺苏豫向江苏省青少年基金会捐款1万元。马翠平、张臻、韩芳、吴文丽、蒋蓉、宋扬6名党员参加社区服务、核酸检测采集、小区封控管理工作、地铁进站验码等志愿工作。党员韩芳、区法院员额法官吴文丽参加区司法局、区地方金融监督管理局联合开展的“法官教你防范借贷风险社区行”“防范非法集资”公益宣传活动。市政协委员花贵侃撰写的《南京市网络餐饮食品安全问题与对策》提案获评市政协2020年优秀提案。

【九三学社南京市雨花台区基层委员会】2021年，九三学社南京市雨花台区基层委员下设南京玻璃纤维设计研究院支社、雨花台区支社、雨花台区软件谷支社3个支社；有社员58人，新发展社员6人，转入4人。组织社员学习习近平新时代中国特色社会主义思想以及系列重要讲话精神，学习省市区重要会议精神。组织社员参加九三南京市委组织的中国共产党成立100周年百人长跑活动。组织社员参加九三南京市委举办的太行山干部学院专题学习。联合区红十字会、区城市管理综合行政执法大队开展“学党史 办实事 显关爱”——慰问一线执法队员暨应急救护培训活动。组织社员参加7月下旬到8月中上旬的新冠肺炎疫情防控工作。组织社员调研走访南京超星云舟教育科技有限公司和南京育儿网。全年，社员马志伟提交个人提案3篇、集体提案2篇，社员李进提交提案5篇。

【党外知识分子联谊会】2021年，雨花台区党外知识分子联谊会有理事53人，新增理事10人，所有理事完成无党派人士身份认定；开展中共党史学习教育和“弘扬爱国奋斗精神 建功立业新时代”主题教育；举办党外知识分子培训班；新冠肺炎疫情防控期间，组织会员参与疫情防控一线工作并捐款捐物，政协委员程力的南京育儿网旗下“育见爱”公益项目第一时间展开爱心驰援和公益捐赠。全年提交有效提案32件。副会长曹冬梅被区政协评为委员先进个人。（季连华）

·工商联·

【概　况】2021年，南京市雨花台区工商业联合会（以下简称区工商联）落实《2020—2022年全国“五好”县级工商联建设工作实施方案》，推进“五好”县级工商联建设。通过开展党史学习教育和“四史”宣传教育，在区社会主义学校办班，组织赴古田、遵义、陕西、徐州等地参加红色教育，选送企业家到南通张謇企业家学院学习等途径，引导民营经济人士听党话、跟党走；在所属商会中开展商会党建工作示范点建设，形成商会党建工作亮点和品牌；引导民营企业抗疫情、扶贫困，履行社会责任；组织所属商会和会员企业分赴青海省西宁市大通县、陕西省商洛市丹凤县、江苏省淮安市洪泽区开展万企联万村、“三对口”工作；按照“政治引领好、队伍建设好、服务发展好、自律规范好”的商会建设标准，培育和发展先进商会组织；建立健全保护民企合法权益、防范化解重大金融风险、劳动关系监测、规上企业法律体检等联系协调机制，助力优化营商环境；结合“服务民企365”行动，向企业宣传《扶持中小微企业稳定发展10条政策》

12月24日，南京市雨花台区工商业联合会（总商会）第六次会员代表大会召开。
（区工商联　供图）

《应对新冠肺炎疫情影响推动稳定发展30条服务措施》，帮助民企对接政策、对接融资、对接政府职能部门。召开第六次会员代表大会，选举产生第六届执委会和领导班子，陆景文当选为主席（总商会会长）、新一届执委120人。

年内，区工商联成功创建全国“五好”县级工商联；板桥街道商会、淮商企业家联合会成功创建市级“四好”商会。

【商会党建示范工作】 2021年，区工商联会同区委组织部门、“两新”工委和街道党工委商讨商会党建全覆盖工作，推进商会党支部建设；落实中央《关于加强新时代民营经济统战工作的意见》和省市配套文件，在已建立的商会党组织和民营企业党组织设立统战委员；发动所属商会党支部开展党建工作示范点建设，对照党建示范点建设细则，推进商会党建工作。全年，区工商联所属商会12家，成立商会党组织11家，7个街道商会和1个园区商会均建立党组织，实现基层商会党组织全覆盖，党建工作做到有组织、有场地、有活动、有内容；8个商会和润和软件、江苏满运等12个非公党支部均设立统战委员。年内，铁心商会党支部、雨花街道商会党支部、赛虹桥街道商会党支部、青年企业家联合会党支部入选南京市商会党建创建单位，其中铁心商会党支部被评为标兵单位，雨花街道商会党支部、赛虹桥街道商会党支部、青年企业家联合会党支部被评为优胜单位。

【民营企业走访】 2021年，区工商联开展民营企业大走访活动，组织民营企业家互动交流6次，召开小型座谈会10次，走访基层商会12家，走访民营企业63家，协调解决扶持政策兑现、融资贷款、市场拓展、人才招聘等问题20余次。针对会员企业受疫情影响大、销售受阻的困境，向民营企业倡议“提振消费信心、鼓励内循环”，号召会员企业就地消费，促进区内民营经济内循环。依托“企业服务中心”“知识产权创新服务中心”“企业信息化促进中心”“企业刑事风险防控中心”四大服务平台，举办“刑事风险防控”“合同法知识”“营商环境”等热点内容座谈会、宣讲会等16场次。

【对口帮扶】 2021年，区工商联做好光彩事业工作。组织区青企会、赛虹桥街道商会、户传科技等商会和企业赴青海省西宁市大通县、陕西省商洛市丹凤县、江苏省淮安市洪泽区等地开展“三对口”（对口帮扶、对口支援、对口合作）等活动，与2个村建立“企村结对”帮扶关系，捐赠资金和物资价值近16万元；开展“万企联万村　共走振兴路”活动，与洪泽区签订村企结对协议，推动美团优选项目落地洪泽区；筹措150万元，邀请西藏自治区拉萨市墨竹工卡县甲玛乡等地20名学生到南京免费参加“因为南京 相伴成长”系列公益研学活动。全年，区工商联所属商会和民营企业助学、助残、助困资金和物资200万元。（张 雷）

【“因为南京 相伴成长”系列公益研学活动】7月5—11日，“因为南京 相伴成长”南京市暨雨花台区对口帮扶地区公益研学活动在南京举行。活动由市、区工商联（总商会）联合举办；通过商会组织和民营企业等公益认领方式，邀请西藏自治区墨竹工卡县、陕西省商洛市丹凤县、江苏省淮安市洪泽县50名学生到南京，与南京50名学生结对欢聚。活动以南京特色人文、历史知识、民俗文化为主线，围绕“德智体美劳”五个主题展开，着重将红色教育融入其中。7月6日，研学活动在雨花台区开营，观看历届公益研学营成果专题片、为公益研学项目总策划人、爱心企业颁发聘书和捐赠证书。7月10日，举行研学活动结营仪式。活动期间，学生们先后参观雨花台烈士陵园、中山陵、紫金山天文台、南京科技馆、南京总统府等10余个研学场景。10月23日，“‘因为南京 相伴成长’公益研学让学生‘放飞梦想’”项目入选人民网“2021乡村振兴示范案例”。（雨 鉴）

群众团体

·雨花台区总工会·

【概 况】2021年，雨花台区有基层工会组织591家，其中单独基层工会532家、联合基层工会59家，已建会用人单位有职工78230人、工会会员77392人、职工入会率98.9%。全年，南京市雨花台区总工会（以下简称区总工会）开展“我为群众办实事”实践活动，确定项目清单18项。印发《雨花台区工会庆祝中国共产党成立100周年暨第五届职工文化艺术节活动方案》，在“雨花e工会”微信公众号开设“雨花巾帼奋斗志”专栏，开展线上“五一巾帼标兵”“五一巾帼标兵岗”事迹宣传活动。组织职工参加全市女职工“彰显巾帼风采 献礼建党百年”书画、摄影、短视频征集活动，15件作品分获全市书画类、摄影类、短视频类作品二、三等奖。联合团区委、区级机关工委举办“四季恋歌 红色印记”主题青年联谊活动。联合区委宣传部、区文明办印发《关于开展2021年“雨花台区文明职工”选树活动的通知》，选树梁铭等20名首届“雨花台区文明职工”，推荐梁铭、戚传斌、杨乐3人申报市级文明职工。组织参加区级机关工委“争当英雄青年说 红色基因代代传”主题宣讲比赛并获团体二等奖。

开展“三创争两提升”活动，培育推荐6家非公企业作为市级示范创建单位。开展“党建红心”引领“软件匠心”行动，推动区域党建与企业发展“同频共振”。开展“两新”组织建会和“八大群体”*职工入会工作。针对软件谷30万软件从业人员、3000家软件企业特点，召开园区工会组建专题推进会。推进网上建会入会行动，全区新增独立建会40家、涵盖法人单位56家，发展会员4845人。

开展“当好主人翁 建功‘十四五’”主题劳动和技能竞赛活动，在2021年全市职工职业（行业）技能大赛中，该区承办的计算机程序设计员、软件测试工程师技能竞赛项目成为南京市一级竞赛项目。推进“大众创业 万众创新”立功竞赛活动，组织职工参加第三届劳动人事争议仲裁员和调解员、保育员等全市性岗位业务技能竞赛，梅山街道上怡幼儿园赵盈获全市保育员技能竞赛第三名。

强化劳模先进选树和宣传，4人获评江苏省劳动模范，1人获评江苏省先进工作者。举办雨花台区庆祝五一国际劳动节表彰大会暨第五届职工文化艺术节开幕式活动，遴选闫耿等21名劳模代表，举办“弘扬劳模精神 彰显雨花风采”主题劳模风采展。组织“康养金陵 乡村振兴”主题职工疗休养活动，全区部分劳模、先进工作者及受到省市政府表彰的抗疫先进医务工作者、一线职工等11批325人次参加。

年内，雨花台区四季阳光能仁里市民广场工会户外劳动者服务站点被省总工会评为2021年度全省最美工会户外劳动者服务站点；区总工会获市总工会“送教到基层”优秀组织奖，区总工会经费审查委员会获南京市总工会直属工会2020年度经审工作规范化建设特等奖、2020年度优秀审计项目奖；板桥社区爱心驿站、凤信路爱心驿站被市总工会评为南京工会户外劳动者爱心驿站；雨花台区商务局外资服务管理科、江苏润和软件股份有限公司人力资源部等5个班组被市总工会授予“市五一巾帼标兵岗”，方静等4人被市总工会授予“市五一巾帼标兵”；南京梅山工贸实业发展有限公司等3家单位被市总工会评为2020—2021年度南京市“安康杯”竞赛优胜单位，西善桥街道办事处综合行政执法局等3个班组获“安康杯”竞赛优胜班组；赛虹桥街道总工会“书香赛虹”阅读促进会等3家单位被市总工会评为2021年度南京市优秀职工阅读组织。

★链接 “八大群体”，指货车司机、快递员、护工护理员、家政服务员、商场信息员、网约送餐员、房产中介员、保安员。

【志愿服务和企业复工复产】 2021年，区总工会依托“雨花e工会”微信公众号发出“文明南京靠大家 我是城市主人翁”倡议，引导职工参与志愿服务。“陪伴青芽”——困难职工家庭支持项目被市总工会评为2021年度南京市优秀职工志愿服务品牌，南京南站综管办“爱心小屋”志愿服务团队被评为优秀职工志愿服务组织，吴宗泽、许丹被评为优秀职工志愿者；筹集资金近60万元慰问留宁务工人员、一线防疫人员和3100余名志愿者；小微企业工会经费“免申即享”全额返还，累计返还205.49万元，涉及小微企业175家（532家次）；组织开展“安康杯”竞赛、“安全隐患随手拍”等群众性安全生产活动，600余人次参加安全生产知识培训。

【职工权益维护】 2021年，区总工会参与区劳动争议调处中心建设，组织“尊法守法 携手筑梦”服务农民工法律服务行动2场次，职工维权服务律师团为730名职工提供劳动法律咨询服务，为6名职工提供法律援助，挽回经济损失43.6万元。在微信公众号上开设“空中法律课堂”、“漫”说民法典栏目，推进经常性普法教育。开展农民工权益保障情况网上问卷调查，发挥区劳动关系三方协调机制作用，南京华士电子科技有限公司、南京市盐业有限公司获评江苏省和谐劳动关系示范企业；

南京固延制药设备有限公司等8家企业获评南京市和谐劳动关系示范企业。修订《雨花工会困难职工专项帮扶资金管理使用办法》，开展“工会进万家”、夏季“安康三送”活动，走访慰问劳模、职工2921人，发放慰问金慰问品56.9万元、赠送《中华人民共和国安全生产法》3000余册。组织集体协商专职指导员上门服务企业60余家。新增4245名职工参加全市职工互助保障计划，为159名互助会员支付保障金53.54万元。组织“情系女职工 法在你身边”主题活动，开展《女职工劳动保护合法权益和特殊权益规定》执行等监督评估专项服务行动。联合雨花台区妇幼保健所为1036名女职工免费筛查“两癌”。联合区妇联举办雨花台区女干部职工书法培训班。推进2020—2022年“爱心母婴室”深化建设计划，赛虹桥社区卫生服务中心爱心母婴室被市总工会评为“四星爱心母婴室”，雨花街道能仁里社区等4家爱心母婴室被评为“三星爱心母婴室”，梅山街道梅岭社区等3家爱心母婴室被评为“基础爱心母婴室”。启动女职工“康乃馨”服务站建设，雨花街道能仁里社区等4家女职工“康乃馨”服务站获评市级女职工“康乃馨”服务站。组织职工参加“康养金陵 乡村振兴”疗休养活动12批次355人。帮助大病、意外致困职工家庭14人次获宁工爱心救助基金会救助款9万元，为9名职工办理发放创业小额贷款225万元。

【产业工人队伍建设改革】2021年，区总工会落实《新时代雨花产业工人队伍建设改革实施方案》，制定《2021年雨花台区深化新时代产业工人队伍建设改革工作计划》，组织召开“产改”（产业工人队伍建设改革）研讨会5次；发挥江苏润和软件股份有限公司作为南京市“产改”试点企业牵引带动作用，选树亿嘉和科技股份有限公司、三星电子（中国）研发中心、江苏斑马软件技术有限公司3家软件企业为区级“产改”试点；开展劳动竞赛、职工职业技能竞赛、“五小竞赛”*和“大众创业 万众创新”立功竞赛，2家企业、4名产业工人获市级表彰，新增高技能人才900人；构建以党委政府表彰为导向、企业和社会参与的表彰奖励机制。年内，雨花台区推进“产改”经验做法在省总工会全会上交流，汇报材料编入省总工会《2021年重点工作汇编》；“产改”文章《党工共建铸魂 上下联动发力》《党建带工建铸魂 市级领区级发力》分别在江苏工会服务网、《金陵瞭望》专刊刊载；“产改”工作经验做法获评雨花台区十大“典型改

8月27日，区总工会召开软件谷产业集群产改工作调度协调会。

（区总工会　供图）

革案例”;《抓实产改提技能 斑马家政云打造家政产业新业态》被人民论坛网报道。

★链接 “五小竞赛”,指以青年工人为主开展的以小发明、小革新、小改造、小设计、小建议为主要的劳动竞赛。

【维权服务月活动】 3月,区总工会举办“情系女职工 法在你身边”维权服务月系列活动。组织法律专题知识讲座、送法下基层活动6场次,发放《女职工劳动保护特别规定》《职工维权手册》500余册;举办“乐骨行动 女性骨骼健康”宣教课堂,惠及女职工约50人;鼓励用人单位为适龄女职工安排“两癌”筛查,通过工会渠道参加筛查1000余人;发放《女职工“两癌”筛查落实情况监督提示函》266份,“两癌”筛查制度落实单位171家7849人。落实《女职工劳动保护特别规定》《江苏省职工生育保险规定》,参加监督评估用人单位199家;落实女职工“三期”保护、爱心母婴室建设、女职工专项保护集体合同签订,推进女职工参加康乐(增惠)互助保障计划。

【区总工会七届女职工委员会五次全体会议】 4月9日,区总工会召开第七届女职工委员会第五次全委(扩大)会议。会议总结2020年全区工会女职工工作,部署2021年工作任务;为2019—2020年度“南京市五一巾帼标兵”“南京市五一巾帼标兵岗”代表颁奖;增替补区总工会第七届女职工委员会委员。会后,开展主题为“根根丝线表深情”女职工庆祝中国共产党成立100周年专题活动——绕线画制作。全体委员、获奖代表等40人参加会议。 (王 杉)

【庆祝五一国际劳动节表彰大会暨第五届职工文化艺术节开幕式】 4月30日,“中国梦 劳动美 永远跟党走 奋进新征程”雨花台区庆祝五一国际劳动节表彰大会暨第五届职工文化艺术节开幕式在雨花台中学学术报告厅举行。会上,江苏省劳动模范代表朱佳宣读倡议书,动员和鼓舞全区广大职工群众凝聚奋进力量,多种形式深入学习“四史”,坚决听党话、跟党走,弘扬劳模精神、劳动精神、工匠精神,投身“全面创新 全域高新”新雨花建设,以优异成绩向中国共产党成立100周年献礼;与会领导为8位获得国家、省、市荣誉称号先进集体和先进个人颁奖,并共同点亮雨花台区第五届职工文化艺术节开幕启动仪;各基层工会上演舞蹈《天耀中华》、女声独唱《我的梦》、诗朗诵《党旗映红谷 使命勇担当》、歌伴舞《春风化雨》等节目,讴歌“劳动最光荣、劳动最崇高、劳动最伟大”时代主题,展现全区各级工会组织和广大职工不忘初心、牢记使命,不断展现新作为的精神风貌。雨花台区各行各业的职工代表参加活动。

(雨 鉴)

【五一劳动法治宣传服务月活动】 5月,区总工会举办“与法治同行 为劳动护航”五一劳动法治宣传服务月系列活动,组织各街道(园区)中间层次工会深入社区、企业开展普法活动,帮助企业在劳动用工、工资支付、劳动规章制度等方面进行“法律体检”,为企业和职工送法律、解答法律问题、提供法律援助。编印发放《中华人民共和国工会法》《中华人民共和国劳动合同法》《尊法守法 携手筑梦 服务农民工公益法律服务手册》等宣传材料4424份,法律维权读本

857册；开展网上公益直播、专题讲座2场，工会阳光法律援助志愿服务走基层活动21场，制作普法短视频1个；举办普法微讲堂18场次、参加1178人次。

5月14日，雨花台区举办"与法治同行 为劳动护航"五一劳动法治宣传月活动。（区总工会 供图）

【江苏满运科技有限公司工会委员会成立暨揭牌仪式】 11月15日，江苏满运软件科技有限公司工会委员会成立暨揭牌仪式在区企业总部举行。中国（南京）软件谷党政办公室副主任、工会联合会主席邹晶晶宣读关于同意成立江苏满运软件科技有限公司工会委员会的批复；市总工会党组书记、副主席焦勇和区委副书记凌向前为新入会的会员代表颁发工会会员证；中国国防邮电工会一级巡视员、全国总工会驻江苏蹲点组组长张景义和省总工会副主席张柯为江苏满运软件科技有限公司工会委员会揭牌。（王　杉）

·共青团雨花台区委员会·

【概　况】 2021年，共青团南京市雨花台区委员会（以下简称团区委）辖基层团工委30个、团委19个、团总支30个、团支部677个，团员14615人。全年，组织"青年大学习"网上主题团课27期、参学42万人次。开展党史学习教育，全区各级团组织和少先队开展学习教育活动247场、覆盖青少年3.5万人。"雨花青年微在线"微信公众号发布推文275篇，交汇点、龙虎网等新媒体报道17篇。新冠肺炎疫情防控期间，组成1142人的"小雨点"志愿服务队，参与核酸检测录入、秩序维护、队伍引导、电话抽查、门岗测温，上岗志愿者3265人次、服务点位数131个、服务时长2.1万小时。深化共青团"统一行动日"活动，组织青年志愿者进社区开展楼道

11月15日，江苏满运软件科技有限公司工会委员会成立暨揭牌仪式举行。（区总工会 供图）

杂物清理、垃圾分类引导、飞线整治、非机动车违停清理、入户走访志愿服务27场、参与青年3246人次。开展共青团“社区青春”行动，雨花街道农花社区、翠竹园社区和西善桥街道嘉业社区被团中央列为试点社区。选派共青团助理3人，引导培育青年社会组织6个、社区青年志愿者队伍10支，常态化在社区开展服务。开展“小小心愿环游记”活动，为151名雨花台区和357名商洛市丹凤县的困境青少年送上羽绒服、书包等“心愿礼包”。实施“梦想改造+”关爱计划，集合20余家爱心单位及社会各界爱心力量，募集资金60万元，改造换新“梦想小屋”31户。开展大学生“进机关 进企业 进社区 进园区”“团青看雨花”“十万研究生宁聚计划”等活动，募集“六券三岗”★等各类岗位397个、上岗565人次。规范团员发展、教育、管理，发展新团员597人。新增青年之家4家；在青年之家云平台发布活动354场、签到1.2万人次。举办基层团干部专题培训班4次，提升团干部综合素质和业务能力。年内，雨花街道农花社区团支部被共青团中央评为“全国五四红旗团支部”；中国（南京）软件谷创新创业服务中心被团市委评为“南京青年五四奖章集体”；4家团组织、1名团干部获省级“两红两优”荣誉，9个基层团组织、19名团员青年获市级“两红三优”荣誉，5名青年获“南京市青年岗位能手”称号、3家集体被命名“南京市青年文明号”，2家集体被命名2021年度南京市青年安全生产示范岗。

★**链接** “六券三岗”，指游园券、交通券、读书券、健身券、美食券、金点子券、志愿服务岗、社会实践岗、科研助理岗。

【“梦想改造+”关爱行动】 2021年，团区委开展“梦想改造+”关爱行动。通过逐户走访摸排，梳理出事实无人抚养儿童及实际未得到父母有效监护照料的困境青少年和最低生活保障家庭儿童31名；募集资金60万元，改造换新“梦想小屋”31户；落实“‘一对一’结对、月常态走访、季集中关爱”，形成1名关爱对象由1名团干部、1名少先队辅导员、1个志愿服务或心理关爱类社会组织结对的帮扶机制；开展“心理课堂、爱心暑托班、实现微心愿、暖冬行动、悦读计划、爱的回音”关爱项目，为困境青少年提供心理疏导和物质帮扶。

【青年工作联席会议第二次全体会议】 3月26日，雨花台区青年工作联席会议第二次全体会议举行。会议贯彻落实习近平总书记关于青年工作的重要思想，传达省、市青年工作联席会议第二次全体会议精神，审议通过雨花台区贯彻落实《南京市青年发展规划（2020—2025年）》的实施意见（审议稿）。区青年工作联席会议成员单位，各街道（园区）、软件谷党政办分管负责人参加会议。

【主题团日活动】 5月6日，雨花台区“学党史 强信念 跟党走”主题团日活动在雨花台中学学术报告厅举行。活动分为“青年展风采”“青春心向党”“青年微实事”三个篇章。共青团路小学师生表演音诗画《走得很美，很美》，讲述雨花英烈袁咨桐的故事。公布以“寻英雄初心 燃奋斗之志”为主题的“心光之盒”红色互动活动百佳“心光”作品，并为获奖青少年代表颁奖。雨花“先锋90后”青年党员表演诗朗诵《青春的力量，时代的脊梁》；西善桥街道团干部表演情景剧《一场特殊的工作推进会》；6名青年代表宣读“一线有我 号队出列”青春建功行动倡议书。各街道（园区）、相关部门、各基层团组织负责人，学校团员和驻区企事业单位青年代表参加活动。

【青少年“四史”学习教育实践展示暨学习教育阶段性表彰大会】 5月27日，雨花台区青少年“四史”学习教育实践展示暨共青团路小学庆祝中国共产党成立100周年青少年“四史”学习教育阶段性表彰大会在共青团路小学举行。活动由区教育局、团区委、区少工委主办，共青团路小学承办。活动分为“唱支山歌给党听”“祖国发展我成长”“‘乒乒乓乓’学‘四史’”“我们是共产主义接班人”四个篇章。活动现场，表彰前期活动中获奖的师生、家长代表；向共青团路小学“顾衡中队”等“十佳”英雄中队授旗。区部分学校校长、各中小学分管德育校长、大队辅导员、区“十佳”英雄中队辅导员，家长代表及学校全体师生参加活动。

【青年志愿者服务中心运营暨主题服务月活动启动仪式】 5月30日，“学党史 强信念 跟党走”青年志愿者服务中心正式运营启动仪式暨主题服务月活动在南京南站青年志愿者服务中心广场举行。活动由南京铁路建设投资有限责任公司、南京南站综管办、团区委主办。活动现场，“大学生城市志愿服务岗”、南京南站青年志愿者服务中心揭牌；开展“七彩服务进社区 七彩服务进南站”便民志愿服务。

【青年马克思主义者培养工程企业班开班】 12月17日，雨花台区青年马克思主义者培养工程企业班开班。团中央青年讲师团成员刘伟作《九万里风鹏正举——深入学习贯彻党的十九届六中全会精神》专题宣讲；参训学员参观上海梅山钢铁股份有限公司厂史馆、钢铁文化长廊和码头，并进行党的十九届六中全会精神学习心得、如何围绕中心服务大局、如何更好开展青年工作讨论交流。全区企业团组织负责人40余人参加培训。 （袁　可）

·雨花台区妇女联合会·

【概　况】 2021年，雨花台区颁布实施《雨花台区“十四五”妇女发展规划》《雨花台区“十四五”儿童发展规划》。完成新一届社区妇联主席进“村（社区）委员会”目标。新增妇联组织16家，推动软件谷科技企业、互联网企业、女性创就业孵化空间等新建妇联组织建设。新建微家、微家联盟16个，全区妇女微家总数78家。南京市雨花台区妇女联合会（以下简称区妇联）组织执委开展学习参会、调研建议、联系走访等活动17场次；开展“宁姐在身边 服务零距离”群团共建大走访、宁姐邀您回娘家等活动14场次。在新领域妇联组织中开展党史学习教育。开展“缤纷雨花 星光熠熠”创新实践优秀案例征集，带动妇联工作创新实践。

家庭文明建设。开展寻找“最美家庭”系列活动，顾宗美家庭获评“全国五好”家庭，李蓉家庭获评“江苏省最美家庭”，叶咏梅家庭等7户家庭获评“南京市最美家庭”，评选表彰区（街）两级“最美家庭”122户。在微信公众号展示最美家庭风采、宣传好家风好家训。联合区检察院实施“雨露赋能”亲职教育项目，为3名涉案未成年人及其父母开展亲职教育17次。

女性就业创业。启动“互联网+”招聘计

划，举办线上线下招聘会20场，提供就业岗位3576个，现场达成初步意向1000余人。建成“宁姐月嫂”家政服务安德门、花神庙、新河3个社区工作站，组织培训266人次，开展公益讲座、服务57次，提供家政服务137次。成立雨花台区女企业家协会。实施“乘风破浪·扬帆启航”女性新媒体创业项目，为200余名女性制定个性化“网络直播”能力培养方案。西善桥街道520青创空间创评市巾帼创业创新孵化示范基地。

妇女儿童发展环境。实施关爱儿童、女性发展等妇女儿童公益服务项目11个。深化“雨花阅女人”品牌，打造“我们的节日 家风耀中华”特色项目。在南京南站区域党建联盟360建设“360宁姐会客厅”、设立阅读服务空间，为妇女儿童提供有声读物。实施“兆兰儿童爱心小屋”“花神助学”等项目，结对帮扶困难家庭220余户，送去助学金、慰问金等18.68万元；为200名外来务工人员子女送去“安全爱心包”。参与“99公益日”活动，为困境儿童、失业待岗女性筹集善款77万元。

维护妇女儿童合法权益。举办普法讲座、广场普法活动114场次，制作发放《民法典进家庭》宣传册2万册。开设“家庭学法”专栏，举办《中华人民共和国民法典》《中华人民共和国反家庭暴力法》普及活动30余期。开展“爱TA护家 与法同行”线上有奖竞答7期、参与家庭2500余户。联合市妇联、区法院、铁心桥街道打造铁心桥法庭家事特色调解室、心理咨询室等功能室及“宁姐益家”法庭服务站。联合区法院等14家单位成立区“希望树”未成年人权益保护社会治理联合体，有效衔接未成年人司法保护和社会保护工作。办理妇女维权信访28件、配合家事案件庭前调解3起、办结“12345”政务热线工单3件。组织基层妇联干部、维权志愿者、家事调解员、网格员参加市域社会治理现代化、反家暴等专题培训，观摩庭审、案例分析、交流研讨等170余人次。

宣传活动。线上推出省市区三八红旗集体（手）等优秀女性典型事迹，线下制作优秀单位和个人先进事迹展板25块。在微信公众号设置“学党史 巾帼说”专栏；联合爱心企业推动红色纪实文学作品《芳魂》出版。全年发布优秀典型事迹等信息430余条，其中被“学习强国”江苏平台采用7篇、《中国妇女报》采用16篇。

【区妇联十一届五次执委（扩大）会议】 4月6日，区妇联十一届五次执委（扩大）会议在区级机关会议室举行。区妇联主席张晓慧作工作报告；为2020年获全国、省、市的先进单位和个人进行授牌；雨花街道、区级机关工委、南京雨花台公证处、雨花经济开发区管委会进行交流发言。区妇联第十一届执委、各街道（园区）分管领导、先进代表等近80人参加会议。（池宁琳）

【南京都市圈妇联融合协同发展活动举行】 6月21日，以“都市圈姐妹携手同心新时代共创美好生活”为主题的南京都市圈妇联融合协同发展活动在中国（南京）软件谷举行。该主题活动由江苏省妇联、安徽省妇联指导，南京都市圈各城市妇联、区委、区政府、软件谷共同主办。活动现场，成立科技创新巾帼人才联盟，科技创新女性人才赋能基地落户谷雨双创学院；启动南京都市圈妇联融合协同发展活动，10城市妇联签署《战略合作框架协议》；

6月21日，以“都市圈姐妹携手同心 新时代共创美好生活”为主题的南京都市圈妇联融合协同发展活动在中国（南京）软件谷举行。（区妇联 供图）

都市圈城市女企业家协会会长共同发起“南京都市圈巾帼公益行”活动；举办“创新创享创美 融慧她创力”都市圈展洽贸活动，展示展销都市圈各城市的手工制品、文创农创产品。本次主题活动为期两天，参会妇女代表围绕都市圈建设、科技创新创业、高品质生活等主题作主旨演讲，在雨花台烈士陵园开展“学党史 励巾帼 办实事”活动。（雨 鉴）

【《芳魂》发布会】 6月26日，区妇联联合区级机关工委、雨花街道党工委、南京南站区域党建联盟360在雨花街道邻里荟举办《芳魂》新书发布会。该书是以牺牲在南京及雨花台女烈士为题材的红色纪实文学作品，以17位女性英烈的英雄事迹为叙事主线，展现雨花巾帼英烈的革命意志、奉献精神和短暂光辉的一生。全书30万字，图片40余幅。由中国作协会员、《铁军》杂志副总编辑孙月红撰写，南京大学出版社出版。

【女企业家协会成立暨“99公益日”公益项目发布会】 9月4日，“凝聚她力量 奋进新时代”雨花台区女企业家协会成立暨“99公益日”公益项目发布会在中国（南京）软件谷云密城举行。现场，女企业家协会揭牌。雨花台区女企业家协会首期会员单位49家，涵盖IT、法律、金融、建筑、商贸等行业；南京易司拓电力科技股份有限公司董事长张珍凤当选为协会会长，张珍凤等8位女企业家被聘为雨花台区女性创就业导师。随后在“99公益日”公益项目发布会上，女企业家们认领心愿100余个。雨花台区女企业家协会是由全区各行业中的女性经营者和高层管理者自愿组成的专业性、非营利性社会组

9月4日，雨花台区女企业家协会成立暨“99公益日”公益项目发布会举行。图为审议表决《雨花台区女企业家协会章程（草案）》。（区妇联 供图）

织，旨在帮助区内女性同胞实现就业，成就创业梦想。

【巾帼志愿服务联盟揭牌仪式暨巾帼抗疫故事分享会】 9月27日，“柔肩担重任 巾帼绽芳华”雨花台区巾帼志愿服务联盟启动仪式暨巾帼抗疫故事分享会在西善桥街道520青创空间举行。现场，“YU美人”巾帼志愿服务联盟揭牌；与会人员观看《巾帼群芳——雨花台区巾帼志愿者抗疫纪实》视频；颁发雨花抗疫女性集体、雨花抗疫最美家庭、雨花抗疫巾帼志愿者证书；巾帼志愿者突击队代表分享疫情防控故事。“YU美人”巾帼志愿服务联盟以1个专业化巾帼志愿服务总队、8个街道巾帼志愿服务队连心发展为重点，N支特色化、专业化巾帼志愿服务分队为目标，为妇女儿童提供法制宣讲、维权服务、心理咨询，开展慈善帮扶、爱心救助等志愿服务。至年末，全区有巾帼志愿服务队伍100余支、成员4000余人。

（池宁琳）

·雨花台区科学技术协会·

【概　况】 2021年，南京市雨花台区科学技术协会（以下简称区科协）更新内设机构及编制，设立中共南京市雨花台区科学技术协会党组。实施《全民科学素质行动计划纲要》，创新科普方式方法，开展线上线下科普活动，提高全民科学素质；新冠肺炎疫情防控期间，开展应急科普宣传；在“科技工作者日”“全国科技周”“全国科普日”等时间节点开展群众性主题科普活动；定期开展“青少年专项行动”“机关干部专项行动”“社区居民专项行动”，提升重点人群科学素质水平；推进科普阵地建设、基层科普人才队伍建设和科普信息化建设；为企业技术创新服务，帮助企业申报科普项目。

【疫情防控应急科普】 2021年，区科协开展新冠肺炎疫情防控应急科普宣传，普及疫情防控科学知识。科协系统全员参与社区科普宣传工作。在76块科普中国社区e站大屏上滚动播放科技防疫宣传公益广告约30条，在“雨花科普”微信公众号发布科普知识50条；各街道科协悬挂横幅120条，张贴防疫宣传海报400余幅，发放防疫宣传资料8000份。

【主题科普活动】 2021年，区科协围绕“百年回望：中国共产党领导科技发展”“百年再出发，迈向高水平科技自立自强”等主题，举办“全国科技活动周暨科普宣传周”“全国科普日”“防灾减灾日”主题科普活动。全国科技活动周期间，开展科普活动30余场、发放科普宣传品300余份，惠及青少年855人、社区居民1548人；全国科普日期间，开展线上线下科普活动12场。年内，区科协组织的2021年雨花台区少儿百米科技绘画活动获2021年全国科技活动周暨第33届江苏省科普宣传周优秀活动；主办的2021年“云科普”网络有奖知识竞赛活动获2021江苏省“全国科普日”优秀活动；承办第四届南京市公民科学素质网络知识竞赛获组织奖。

【科普专项行动】 2021年，区科协分别针对青少年、机关干部、社区居民开展科普专项行动。承办中国科协2021全国科普日第二届“中国飞天梦——科普万里行”（南京站）活动，惠及青少年约300人；组织青少年“南京科普游”、科普报告进校园、百米少儿科技绘画、科技夏令营等活动，惠及青少年800余人次。面向机关干部举办“高新技术产业发展现状与思考”“增材制造（3D打印）发展现状及应用前景”“人工智能产业发展现状及应用前景”专题“南京科协大讲堂”3场次、参加约200人次。在各街道（园区）新建、扩建科普长廊、科普图书馆等设施8处。组织“社区科普大学”教学活动20余次，满足社区居民科普需求。联合区关工委开展梅清苑社区校外辅导站青少年科技创客活动。

【科普阵地建设】 2021年，雨花台区内企业南京阿凡达机器人科技有限公司和汉火科技科普教育基地被新认定为市级科普教育基地。全区有通过认定的科普教育基地22个，其中省级2个、市级地4个、区级16个。鼓励企业科协和科普教育基地向社会开放产品、技术、服务和设施，开展市民科普活动；建成雨花台区新时代文明实践中心科技与科普平台科普展示间、南京南站区域党建联盟360展示体验中心科普体验项目；联合市科协、科普产业联合科协成员单位南京睿悦信息科技有限公司组织2021第二届XR交互应用国际竞赛。

【科普队伍建设】 2021年，区科协强化科普中国信息员、科技志愿者、基层科普人才队伍建设，加快推进新时代文明实践中心科技与科普平台建设。组织50余人次参加省、市科普能力培训，提高基层科普专兼职工作人员的专业化水平；注册科技志愿者889人、科技志愿组织10个，发布科技志愿服务活动89场，创建科技志愿服务品牌项目9个。

【科普信息化建设】 2021年，区科协构建线上线下相结合的科技与科普信息化服务阵地。全年注册科普中国信息员2295人，传播分享科普信息12万篇（条）；科普大屏流动发布信息近千条、惠及群众5万人次；“雨花科普”微信公众号发布微信140条、阅读近5000人次。

【企业技术创新服务】 2021年，区科协组织南京阿凡达机器人科技有限公司和汉火科技有限公司参加南京市科普讲解大赛；组织南京航冠工业设计有限公司参加第五届“赢在南京·茉莉花杯”青年科技工作者创新创业大赛；组织区内企业完成南京市“讲理想 比贡献”活动立项工作，18个项目获批立项，推荐的南京正泽科技股份有限公司获“先进集体”、汉火科技有限公司王宇获“先进个人”、汉火科技有限公司和凯瑞星通信息科技有限公司的项目获“优秀项目”。年内，2020年金桥工程4个结项项目均被市科协评为优秀项目；脑谷人工智能研究院（南京）有限公司成功申报海智项目；凯瑞星通信息科技有限公司李江华的《了不起的创新》在南京市“科技为宁 奋斗有我”摄影和短视频大赛中获三等奖。（孙小中 段雅雯）

·雨花台区青年联合会·

【概　况】 2021年，雨花台区青年联合会第四届委员会设主席1人、副主席5人，有委员146人；设有科学技术，经济，金融商务，法律，教文卫体媒，工、农、技能人才和新兴领域青年，社会组织和社会中介，民族宗教港澳台海外8个界别。

【区青联四届常委会二次全体会议】 11月2日，雨花台区召开青联第四届常委会第二次全体会议。会上，团区委副书记尹云霞领学习近平总书记在庆祝中国共产党成立100周年大会上的重要讲话精神；审议通过《南京市雨花台区青联委员直接联系青年工作制度实施细则（试行）》《南京市雨花台区青年联合会提案和建议工作制度实施细则（试行）》《南京市雨花台区青年联合会委员履职考核办法（试行）》；各界别主任就相关领域青年工作开展情况作交流发言；区青联副主席李进进作总结发言。区青联第四届常委会全体委员，各界别主任、副主任，青联秘书长参加会议。（袁　可）

·雨花台区文学艺术联合会·

【概　况】 2021年，雨花台区文学艺术联合会（以下简称区文联）设有作家协会、摄影协会、戏曲协会、音舞协会、书画协会、民间艺术家协会、诗歌（朗诵）协会和葫芦丝陶笛协会，会员1230人；全区基层文联11个，其中街道文联7个、社区文联2个、企业文联1个、教育文联1个；基层专业文艺队伍310支。全年，举办“彤管流芳”“梅兰竹菊”“书者”“中国故事”“百年百场”“在正道上行”“诗意雨花”“初心向党　砥砺前行”“回望百年路　助力新征程”书画名家作品展览9场，完成“2021雨花满天——全国花鸟画作品展”初评工作。在全区310支各类群众文艺团队中，认定四星级团队10支、三星级团队27支、二星级团队6支、一星级团队4支。辅导区级机关15个部门编排参赛节目，并在全市各类比赛中获特等奖1个、一等奖3个、二等奖1个、最佳表演奖1个。

【文化惠民志愿行动】 2021年，按照市文联“一区一品牌”结对计划，市音协与区音协“手牵手、结对子”，组织“学习百年历史　汲取奋进力量”“追逐芬芳　初心永恒”等主题党史讲座进社区；举办“庆祝中国共产党成立100周年特展”“学习百年历史　汲取奋进力量”有奖知识竞答等红色主题活动。

【文联网格化建设】 2021年，区文联深入各街道、社区开展网格化建设专项辅导，参加市文联举办的文艺网格员培训班，组织各街道社区进行文艺网格员线上专题培训；针对新冠肺炎疫情防控常态化的实际，举办线上文化活动，依托微信公众号推出“建党百年　峥嵘岁月”党史教育主题系列讲座、“红色雨花记忆”系列展览、“百天百本小人书——党史上的今天”专栏、《中国记忆——红色经典访谈录》展映、读党史有奖答题。

【文学创作】 2021年，原创表演唱《圆梦欢歌》获首届南京市公共文化星辰奖；油画作品《夫人》获星辰奖；曲艺类快板书《白丁香》和公共文化数字原创作品类《“艺”馨为民——雨花文艺志愿者在行动》获星辰奖入围奖；原创朗诵表演《雨花忠魂舞》在全市“赞歌献给党——庆祝中国共产党成立100周年”主题诗歌馆员朗诵竞赛活动中获一等奖；推荐的朗诗艺术团在“群星杯”全国舞蹈模特合唱电视大赛中获舞蹈金奖；推出大型历史舞台剧《长明》、话剧《建筑学家——杨廷宝》、音乐剧《沧海一粟》原创作品3部。（魏　星）

·雨花台区法学会·

【概　况】 南京市雨花台区法学会（以下简称“区法学会”）于2016年2月成立，每届任期5年，设会长1名、副会长14名。2021年，区法学会设生态环境法学研究会，会员226人。组织法学会会员学习习近平总书记重要讲话精神；围绕全区建设“强富美高”中心任务和平安法治建设中的难点热点问题，针对创新“少年法学院”模式、完善青少年法治教育新形式、企业合规监管服务体系建设、扫黑除恶专项斗争制度规范、雨花台区“网格+诉源治理”机制建设等问题建立课题；运用法律驿站、政法网格员和法律援助社会组织等平台、资源，为群众提供法律服务、法律咨询；依托区检察院和雨花经济开发区管委会，组建企业防风险促合规法律服务中心；联合区司法局开展“百名法学家百场报告会”法治宣讲和“青年普法志愿者法治文化基层行”活动；通过主题宣传、全媒体宣传、张贴海报等形式，开展禁毒、反电诈广场宣传活动；开展优秀教学课件评比活动。

【青少年法治教育】 2021年，在新冠肺炎疫情防控常态化和教育“双减”政策背景下，区少年法学院利用融媒体制作精品视频课，在教学中采取以视频课为主体的教学模式，提升教学效能。区法学会组织以会员为主体的法治报告团成员开展研讨，提供授课内容，拍摄线上课程视频，评选优秀课件，营造争先氛围。年内，“少年法学院”项目被评为第二届省政法系统关工委青少年法治教育创新成果方式方法创新一等奖。

【促合规法律服务中心】 2021年，区法学会依托区检察院和雨花经济开发区管委会，组建企业防风险促合规法律服务中心。中心着眼于区域社会治理中的营商法治环境建设，运用检察机关法律监督触角广泛和管委会联系企业密切的优势，联动司法、执法机关，为企业健康发展提供法律服务，帮助企业防范法律风险。

【法学会队伍建设】 2021年，区法学会通过专家授课、交流培训等方式，提高会员理论研究水平，以会促研，以会促管；参加市法学会交流活动，对标找差，取长补短，拓宽视野，提升会员法治、法律素养；编写报送法学会工作动态和信息，及时汇报工作，交流经验，展示成果，扩大影响。 （端木宁南）

·雨花台区红十字会·

【概　况】 2021年，南京市雨花台区红十字会（以下简称区红十字会）成立由10名志愿者组成的区级红十字应急救援志愿服务队，组织队员参加2021年全国科技活动周暨江苏省第33届科普宣传周应急安全科技装备展及市红十字会、区应急管理局开展的应急救援综合实战演练活动。开展“博爱送万家”“博爱助学”“博爱光明行”活动，启动“99公益日众筹”“情系西宁 情系丹凤”项目。与区委统战部、区教育局、区城管局、团区委、区慈善总会、铁心桥街道、民盟雨花台区总支、九三学社南京市雨花台区基层委员会、南京雨花台区青年企业家联合会、政协工青妇组、雨花台国际高中联合举办系列助困助学活动6场次。投入资金7万元，在南京南站地区360党建联盟主阵地建立“博爱家园”，开展应急救护知识培训及红十字宣传。投入资金10万元，完善春江社区“博爱家园”VR生命安全体验馆、红十字博爱广场及相关配套设施建设。全年，募集救助资金206.5万元，帮扶困难家庭1500余户；举办培训班87期（其中机关、企事业单位16期），CPR+AED（心肺复苏及自动体外除颤仪）普及培训9579人，持证救护员培训880人，投放AED（自动体外除颤仪）50台；无偿献血552人，自愿加入造血干细胞资料库102人，3名志愿者实现造血干细胞捐献；54人加入捐献遗体器官志愿者之友，实现遗体捐献7例。

年内，铁心桥街道红十字会被江苏省红十字会评为先进基层组织；春江社区“博爱家园”被江苏省红十字会评为2021年度优秀“博爱家园”；共青团路小学被江苏省红十字会命名为江苏省红十字示范学校；区红十字会被南京市红十字会评为无偿献血工作、筹资工作、遗体和人体器官捐献工作先进单位，被南京市无偿献血工作联系会议评为无偿献血工作先进集体。

【“我为群众办实事”项目】 2021年，区红十字会以党史学习教育为契机，开展“我为群众办实事”实践活动，制定区红十字会“我为群众办实事”实践活动实施方案；落实全区关于开展“一线访民意 一线解难题 一线促发展”集中调研月活动的通知要求，组织领导班子成员分批次深入社区、学校及困难群体家庭，通过走访、座谈等方式听取意见建议，梳理区级“我为群众办实事”项目清单；制定时间表、路线图和工作台账，对照项目清单逐项落实，完成春江社区“博爱家园”提档升级、全区公共场所50台AED（自动体外除颤仪）投放和8500人CPR+AED持证培训3项“我为群众办实事”项目。

【防疫物资募集】 2021年，区红十字会协助新冠肺炎疫情防控工作。筹集防疫专项资金55.05万元，接收防护衣、医用外科口罩、面罩、消毒液等社会捐赠物资及市红十字会下拨物资50.55万件（价值111.53万元）；制定捐赠款物使用原则，按照募捐款物接收相关规定及流程，规范办理捐赠手续，公示物资接收发放。

【救护培训】 2021年，区红十字会落实“南京市2021年民生实事项目”，联合区城管局、雨花街道360党建联盟建立应急救护培训基地2个；联合区教育局、三江学院对2000余名入学新生开展应急救护培训；联合区委组织部、区委党校将应急救护培训纳入社区书记、新入职人员培训内容，加强城管、物管、社区、青少年等重点人群培训；在2020年配置100台的基础上，在人员密集

6月16日，区红十字会参加在板桥市民广场举办的“我为群众办实事”——南京党员专业志愿服务基层行雨花台区专场活动。（区红十字会　供图）

场所继续投放AED（自动体外除颤仪）50台。全年举办培训班87期，培训初级救护员880人，普及培训9579人。

【无偿捐献】 2021年，区红十字会开展无偿献血活动，组织552名区、街机关干部献血14.53万毫升；完成造血干细胞采样入库102人，刘珍凤、孙毅、王雨萌3名志愿者成功实现捐献，其中刘珍凤、王雨萌分别为南京市2021年首例及最后一例成功捐献者；成立南京市红十字会捐献遗体器官志愿者之友协会雨花台区分会，新增遗体器官捐献志愿者52人，实现遗体捐献7例；完成2021全国人体器官捐献缅怀纪念暨宣传普及活动“纪念林”道路修建、周边环境整治及活动对接安保等相关工作。

【红十字志愿服务】 2021年，区红十字会强化红十字志愿者队伍建设，开展红十字志愿者招募活动，动员品行良好、身体健康、热爱红十字事业的社会爱心人士加入志愿者行列，完成中国红十字志愿者平台注册160余人，组建区无偿献血、应急救援、社区“博爱家园”等志愿服务队伍15支；以学雷锋日、主题纪念日、传统节日及党史学习教育为契机，组织志愿者在社区广场、小区门口、车站等场所开展义诊、便民服务活动；定期为居家孤寡老人、敬老院老人打扫环境卫生、清洗衣物、读报，参与社区疫情防控。

【红十字知识普及】 2021年，区红十字会按照“六有”*基层组织建设标准，加强学校红十字组织建设，新增学校红十字会20余所，全区中小学建会率80%以上；加强红十字示范学校创建工作，共青团路小学被江苏省红十字会命名为江苏省红十字示范学校；指导学校红十字会工作，在学校开展红十字知识宣传、人道理念传播、应急救护知识普及、生命健康关爱等活动；组织2021年红十字青少年宣传月活动，各学校、幼儿园开展“青春心向党 人道新风采”主题宣传活动20余场；根据《中学生救护知识普及教学大纲》要求，完成2000余名高一新生救护培训工作。

★链接 “六有”，有坚强有力的领导班子，建设服务意识强、服务作风好、服务水平高的党组织领导班子；有本领过硬的骨干队伍，培养带头服务、带领服务、带动服务的党员干部队伍；有功能实用的服务场所，建设便捷服务、便利活动、便于议事的综合阵地；有形式多样的服务载体，创新贴近基层、贴近实际、贴近群众的工作抓手；有健全完善的制度机制，形成规范化、常态化、长效化的工作制度；有群众满意的服务业绩，取得群众欢迎、群众受益、群众认可的实际成效。

【红十字宣传推广】 2021年，区红十字会组织开展世界红十字日、全国防灾减灾日、世界急救日等主题宣传活动30余场次；在雨花客厅、虹悦城广场、街道、社区电子大屏上滚动播放刘珍凤、孙毅捐献造血干细胞过程的小视频；与三江学院红十字会联合，将南京市见义勇为基金会表彰的“寻找最美救护员”——南航教师张鑫事迹，改编为情景剧《生命——我们共同守护》，在全区范围内巡演，扩大红十字知晓率。

（王续平）

责任编辑 陈佳佳

法治·军事

雨花台年鉴

2022 YUHUATAI ALMANAC

2022 YUHUATAI ALMANAC

Rule of Law·Military Affairs

法　治

·政法委与综治·

【概　况】2021年，雨花台区贯彻《中国共产党政法工作条例》，印发《法治雨花建设规划（2021—2025年）》，明确法治雨花建设指导思想和工作目标。紧扣高质量发展主题主线，防范化解矛盾风险，保持经济社会持续健康发展和社会大局稳定，推进平安雨花、法治雨花和队伍建设，各项工作平稳有序开展。

政治安全和社会稳定。中共南京市雨花台区委政法委（以下简称区委政法委）贯彻落实中央和省市政法工作会议精神，深入排查、细致研判、及时处置各类涉政风险，维护政治安全。推进扫黑除恶斗争，开展非法金融活动专项整治，涉债类警情下降93.84%。开展大排查大整治12个专项行动，紧盯教育、金融、征拆等重点领域，开展常态研判、专题研判，施行重大风险清单管理，成立工作专班，处置涉稳风险，保障国家和省市区"两会"、中国共产党成立100周年、国家公祭日等重大活动安全，保持全年安全稳定。

平安雨花建设。雨花台区制定《关于加快推进市域社会治理现代化建设更高水平平安雨花的实施方案》，印发《2021年度全区平安建设重点工作评分项目》文件，将平安雨花建设纳入年度综合考核，定期开展专项督导和绩效评价。印发《2021年雨花台区提升群众安全感和满意度的实施方案》，将群众安全感建设纳入党建、经济和社会发展目标考评体系，成立雨花台区提升群众安全感满意度专项行动领导小组，强化8个方面工作。在全省测评中，全区群众安全感99.25%，高于省市平均值。主办提升群众安全感专场宣传活动，发放"致居民的一封信"1.20万份，宣传群众安全感测评目的意义和有关要求，提高群众的知晓率、参与率。

网格化治理能力提升。深化"网格+"体制机制创新，坚持和发展新时代"枫桥经验"，完善风险联合处置机制，实现"共织小网络、推动大治理，小事不出格、矛盾不上交"。完善"网格+防疫"机制，推进"警格+网格"联动共治，开展安全生产隐患排查700余次，常态化防疫、反电诈宣传400余次。完善"大数据+网格化+铁脚板"治理机制，推动区、街两级网格化治理平台与"雪亮工程"、公安110等部门联动响应，完善"网格化社会治理指挥联动云平台""智慧网格"微信小程序等网格化智能应用。639个综合网格建立网格企业微信群614个，及时发布信息、收集民情民意、提供便民服务。全区网格巡查32.5万次，采集基础数据10.6万条，完成网格化平台"五统一"工作，完成率100%。90%以上的安全隐患和矛盾纠纷在网格内得到发现处置。区委政法委在2020—2021年度国家安全人民防线工作考核中，被市安全局评为先进单位。

【市域社会治理现代化创建】2021年，雨花台区坚持"大网铁"机制，并创新拓展工作模式，打造软件谷经济专属网格，设立公安"合成服务中心"、知识产权检察职能集中统一履职试点中心、软件谷产权保护法官工作室，为企业全方位提供专属服务、定制服务、专项集中服务，为企业发展提供优质营商环境。立足"全面创新 全域高新"新雨花建设，推进市域社会治理创新项目12个,“党建引领岱山模式”被中央党校点名推广,少年法学院获省政法系统关工委青少年法治教育创新成果一等奖,区政法关工委获“全省关心下一代工作优秀集体”称号,“网格+诉源治理”经验做法被市法学会评为优秀课题、全市市域社会治理案例。

【政法队伍教育整顿】 2021年,雨花台区成立由区委主要领导任组长的教育整顿领导小组,研究通过《雨花台区政法队伍教育整顿工作方案》。以思想教育为引领,突出政治教育、警示教育、英模教育,筑牢思想根基,增强政治自觉,提升政法干警素质。以自查自纠、组织查处、专项整治为抓手,严肃查处违纪违法问题,坚决整治“六大顽瘴痼疾”,提高政法队伍纯洁性,完善政法队伍教育管理监督机制,推动全面从严管党治警,在为民办实事中加强成果转化。

【国家安全宣传教育】 2021年,雨花台区创新方式方法、拓展平台载体和途径,组织开展“4·15”全民国家安全教育日进机关、进社区、进企业、进军营等“八进”系列宣传教育活动。在地标建筑、繁华街区、企业学校等公共场所悬挂横幅261条,张贴海报176张,摆放展板72块,利用户外电子屏151块、发放宣传折页及宣传单2.80万份,与机关工委联合在“来 学习吧”微信小程序中组织机关在职党员开展国家安全知识答题活动,增强宣传教育针对性、生动性和有效性,提升区域干部群众国家安全意识,并受到南京市国家安全人民防线建设领导小组发函表扬。

【“我为群众办实事”项目】 2021年,区委政法委在党史学习教育中组织党员干部近30人次深入社区,倾听群众生活、看病、就医等问题诉求,为群众排忧解难。组织1190名“政法网格员”进网入格,为全区重大经济、民生和社会管理等工作提供法律咨询和意见;引导社区依法管理,为居民解答法律问题并提供建议;收集群众安全感与满意度、网格员工作、法治化营商环境、反诈骗、法治宣传教育等方面意见建议28条。“开展反诈专项治理行动”并列入雨花台区党史学习教育第一批“我为群众办实事”项目清单。开展中国共产党成立100周年安保维稳“六大攻坚行动”★,社会大局平稳有序。

★链接 “六大攻坚行动”,“数据赋能”攻坚行动、防范治理电信网络诈骗攻坚行动、“风险防控”攻坚行动、治安要素管控攻坚行动、社区融合治理攻坚行动、“能力作风”攻坚行动。

【政法队伍教育整顿专题党课】 3月23日,雨花台区政法队伍教育整顿专题党课在区政府举行,区委书记戴华杰讲授“高举旗帜听指挥 忠诚使命敢担当 矢志不渝锻造新时代政法铁军”专题党课。旨在把教育整顿作为推动政法系统政治建警铸魂工程、净化政法机关政治生态固本工程和促进政法事业高质量发展的赋能工程;坚持以人民为中心,确保教育整顿各项部署落到实处;坚持从严治警、加强组织建设、壮大政法队伍、锻造雨花政法铁军。全区政法干警约190人参加。

【打击治理电信网络诈骗违法犯罪推进会】 4月20日,在雨花台中学学术报告厅举行。会议传达全国、省、市打击治理电信网络新型违法犯罪工作电视电话会精神,总结部署雨花台区打击电信网络诈骗违法犯罪工作，组织观看反诈宣传专题片，发放反诈宣传光盘，宣读《倡议书》。区扫黑除恶专项斗争领导小组办公室主任、副主任，成员单位分管领导等110余人参加会议。

【政法队伍建设专项巡查】 5月19—21日，区委政法委联合区纪委区监委、区委组织部对政法单位队伍建设开展专项巡查。巡查组在各政法单位组织召开政法队伍教育整顿专项巡查汇报会暨“政治忠诚”剖析交流会，听取班子建设、队伍管理、廉洁执法、纪律作风、选人用人情况汇报和“政治忠诚”自我剖析交流发言；现场正反向测评班子成员“政治忠诚”；与领导班子成员、中层正职以上领导干部28人进行个别谈话；调阅教育整顿工作相关台账32本，抽查干警《自查事项报告表》28份和党委（党组）会议记录、民主生活会记录等相关资料。

【市域社会治理现代化创建暨“示范网格”“最美网格员”表彰会】 6月18日，雨花台区召开市域社会治理现代化试点创建工作推进会暨2021年度“示范网格”“最美网格员”表彰大会。会上，观看《献礼中国共产党成立100周年 扎根小网格 守护大平安——我的网格我来说》十佳“最美网格员”工作场景专题片，宣读《关于公布全区“示范网格”和“最美网格员”评选结果的通知》，为全区10个示范网格、10名最美网格员、20名优秀网格员颁奖；通报2021年上半年全区市域社会治理现代化试点工作推进情况，部署下半年工作；代表交流发言。

【扫黑除恶斗争领导小组会议】 11月16日，雨花台区扫黑除恶斗争领导小组第一次全体（扩大）会议召开。会议传达全国及省市常态化推进扫黑除恶斗争有关会议精神，相关单位汇报信息网络、自然资源、交通运输、工程建设四大行业领域整治情况和常态化开展扫黑除恶斗争工作情况。区扫黑除恶斗争领导小组成员，区扫黑办全体人员，各街道政法委员，各派出所所长60人参加会议。 （林智祁）

·法治政府建设·

【概　况】 2021年，雨花台区全面落实依法行政、法治政府建设要求，加强制度建设，将法治政府建设成效纳入综合考核和年度目标绩效考核。推进雨花法治建设提档升级，召开区委全面依法治区委员会会议2次，制定并审议通过《法治雨花建设规划（2021—2025年）》《雨花台区法治社会建设实施方案（2021—2025年）》《法治雨花2021年工作要点》。围绕高质量发展主

6月18日，雨花台区市域社会治理现代化试点创建工作推进会暨2021年度“示范网格”“最美网格员”表彰大会召开。 （区委政法委　供图）

线，提高依法行政水平，优化统一办案流程，健全完善行政复议受理、审查、调查、听证、调解、和解、监督考核和卷宗归档等工作制度，促进复议办案规范化建设。加强规范性文件监督管理，推进政府重大行政决策合法性审查制度落实。组织《中华人民共和国行政处罚法》《中华人民共和国安全生产法》培训。开展各类创建活动，板桥街道孙家社区“一体三翼”基层治理方案被省委依法治省办公室评为全省城乡基层法援议事范例；雨花台区法院“推进法庭网格深度融合 开启基层治理创新机制”创新项目被市委依法治市办公室评定为优秀项目；雨花街道被市委依法治市委员会评为“法治南京示范单位”。

【街道相对集中行政处罚权改革】（参见“机关团体”类目，第93页）

【行政执法监督】 2021年，对生态环境、农业农村（渔政）、水务、安全生产领域和食品药品领域行政执法情况开展专项执法监督。备案审查农业农村、城管、市场监管、应急管理、卫健等部门重大行政执法决定39份，提出审查意见92条，整改率100%。组织89名街道综合行政执法人员暨全区新申领行政执法证人员培训；开展新《中华人民共和国行政处罚法》《中华人民共和国安全生产法》培训，参加培训731人次。抽查行政执法案卷63卷次，推荐9卷参加南京市街道行政执法专项案卷评查和年度案卷评查，2卷案卷被南京市司法局评为优秀案卷，雨花台区被南京市司法局评为2021年度全市行政执法案卷评查先进单位。

【行政复议】 2021年，雨花台区深化行政复议体制机制改革，畅通行政复议申请渠道，发挥行政复议层级监督和化解行政争议主渠道作用，依法办理行政复议案件，保障和监督行政机关依法行政。整合复议职责，除实行垂直领导机关外，区政府统一行使行政复议职责，管辖区政府工作部门、派出机构以及法律法规授权组织为被申请人的行政复议案件；优化办案流程，完善行政复议受理、审查、调查、听证、调解、和解、监督考核和卷宗归档等工作制度；推行公开听证，听证率90.9%。全年办理行政复议申请51件（含2020年结转6件），办结36件，申请人撤回行政复议申请案件8件。

【行政诉讼】 2021年，执行《雨花台区人民政府出庭应诉工作规则》，落实行政机关负责人出庭应诉制度。规范制作答辩状，全面收集做出被诉行政行为的证据、依据；疑难重大案件答辩举证前与有关部门、法律顾问协调研讨，取得关联案件答辩思路一致。全年办理区政府行政应诉案件51件。其中，一审案件26件，二审24件，再审案件1件，已审结28件。

【政府法律顾问】 2021年，法律顾问参与政府法律事务的工作重心，由办理具体事务向参与区政府重大决策转变。参与雨花台区“十四五”规划、江苏省妇幼保健院项目建设等政府重大行政决策决策论证、法律风险评估并提出意见建议，为政府依法行政、科学决策提供法律支持。推进社区法律顾问全覆盖，为64个社区配备法律顾问，提供法律顾问1927人次，参与公益法律服务415件。

【合法性审查工作】 2021年，雨花台区推进政府重大行政决策合法性审查制度落实，架构政府重大行政决策合法性审查组织机制，政府重大投资项目、重要经济规划、重大征收项目等事项全面纳入合法性审查范围。全年审查重大合同328份，提出建议2288条，涉及金额16.59亿元。加强规范性文件监督管理，开展规范性文件立改废工作，探索将合法性审查前的专家论证、公众参与、征求意见作为必经程序，提高专家和公众参与规范性文件制定的广度和深度。全年合法合规审核政府文件15件，其中规范性文件4件。

【江苏省行政执法管理和监督综合平台应用】2021年，雨花台区组织全区各行政执法单位，开展江苏省行政执法管理和监督综合平台应用。召开平台应用推进会，部署执法数据录入要求和规范；加强数据录入监督与管理，实行定期通报制度。至年底，全区应用江苏省行政执法管理和监督综合平台的行政执法单位36家，形成数据2146条。区司法局参与综合平台全面应用前试点工作，完成2020年1月后行政执法数据录入。（周　伟）

·公　　安·

【概　况】2021年，公安局雨花台分局下辖雨花台、共青团路、赛虹桥、铁心桥、西善桥、板桥、梅山、雨花经济开发区、岱善和陵园10个派出所。全年110接警台接报各类警情23.7万起，涉嫌违法犯罪警情7%，其他求助服务类警情69.2%。刑事发案破获1446起，破案率38.25%，位居主城六区第三，抓获各类嫌疑人3110人，百警抓获率位居第一，逮捕274人，下降4.20%，提起公诉780人，下降2.5%；追回网上在逃犯罪嫌疑人112人。

公安局雨花台分局在全省首个采用“声纹技术”破获电信诈骗案件，且串并破获全国53起电信诈骗案。出动警力150余人赴8省10市，收网“7·9”涉案金额5.4亿元的特大骗取手机出口退税案。以“十大攻坚提升”践行现代警务战略，完成全年目标任务，综合绩效考核93.23分，位居一单元第三名，涉及牵头警种19个，其中7个警种（食药环、法制、警保、内保、政治处、巡特、督考推）成绩位居第一，4个警种位居前三，占比57%。联动共治、科技强警、规范警务、能力作风4类成绩位居一单元第一。多项工作文章被媒体刊发600余篇次，其中《人民公安报》、中国警方在线微博、“学习强国”等国家级媒体刊发转载20余篇次。西善桥派出所教导员崔圣菊被中华全国妇女联合会授予“全国三八红旗手”称号。

【安保维稳】2021年，公安局雨花台分局完成春节、全国及省市“两会”、国庆等重要节点安保维稳任务。在庆祝中国共产党成立100周年安保期间，查获重大非法买卖危险物案，避免200余千克剧毒禁用鼠药流向社会。会同治安支队、技侦支队，出动警力160余人，收网雨花客厅地区网络卖淫组织，抓获涉案人员45人。禄口机场聚集性疫情发生后，抽调152名警力驻点执行22个集中隔离医学观察场所、1个爱心宾馆和绕越高速西善桥收费站离宁查验点安保任务；牵头组建流调溯源组、地区协防组工作专班，24小时实体化运作；流调确诊病例5人，其中4人初步流调在4小时内完成。月度危险物品单位检查率、“智慧危管”系统数据完整率、寄递安全隐患整改率、火灾隐患整改复查率、消防列管单位检查完成率、三级治安保卫重点单位及党政机关监督检查率100%。

【刑事打击】2021年，雨花台区刑事发案3780起，破获1446起，破案率为38.25%。抓获各类犯罪嫌疑人3110人；逮捕274人，下降4.20%，提起公诉780人，下降2.5%；追回网上在逃犯罪嫌疑人112人。公安局雨花台分局会同刑警支队在全省首个采用“声纹技术”比中1名电信诈骗犯罪嫌疑人，串并破获全国53起电信诈骗案件，涉案金额70余万元。由公安局雨花台分局侦情指中心统筹组织指挥，通过指令发起、流转、研判、反馈等流程，形成从侦情指中心到各中队的专业化打击机制，构建起案件快速流转推送、分析研判迅速跟进、情报信息精确制导、快速反应扁平指挥的整体作战体系。全年产生研判报告264份，明确嫌疑人569人，抓获374人，情报导侦贡献度58%。侵财案件破案率34.40%，上升3.10%；电信网络诈骗破案率27.3%，上升16%。建立重大案件“由人到案”“由案到人”研判机制，创新数据到人、数据到案、轨迹到案等人案关联侦查模式。3月，启动命案侦办机制，7小时内破获一起故意杀人案。10月22日，2小时内再破一起故意杀人案，刷新命案侦破“雨花速度”。辖区入室盗窃、路边店盗窃等盗窃案发案率下降2.90%，抓获人数上升48.81%；盗窃电动车案发案率下降16.93%，抓获人数上升25.62%。发起全市第一起“打击虚开骗税犯罪专项行动”的“集群战役”。出动150余名警力，赴8省10市，收网“7·9”特大骗取手机出口退税案。该案涉案金额40.5亿元，涉嫌骗取出口退税5.4亿元，逮捕4人，取保候审24人，上网追逃6人，查扣涉案手机300余部，冻结涉案资金3000余万元。全年移送审查起诉往年在逃归案犯罪嫌疑人41人。

【人口管理】 2021年，公安局雨花台分局为科技人才、退役军人、在宁务工积分落户等人员办理户籍登记4276人；办理身份证37023人。办理出入境证件3413人（件），其中中国公民出国护照办理589人次、港澳签注1868人次；边境证办理483人次。

【街面巡防】 2021年，公安局雨花台分局在施行警务站分巡区巡逻接处警、社区民警就地接处警基础上，分点派出所编组驻点巡逻接处警，并针对300名接处警岗位的警辅人员创新开展司法调解培训，授予“人民调解员”资质，简易警情由警辅人员先期到场处置。警情派发警务通率、到场签注率上升到99.6%、99.3%；警力到达现场平均时间由推广初期的20分钟缩短至8分18秒。在绕城公路以北及公路两侧区域，科学布建值守点位，严格落实“1、3、5分钟”快速反应机制，实现对以上区域5分钟快速反应全覆盖。

【社会动员宣传】 2021年，公安局雨花台分局向“南京公安社会动员”平台投稿130余篇，

5月21日，雨花台区政法干警在古雄街道开展反电信网络诈骗和民法典普法宣传活动。
（区委政法委 供图）

被刊发录用40余篇；与《关心警媒工作室》合作打造《心手相牵,“雨”你相伴》栏目,开展反诈宣传、文明城市创建、疫情常态化防控等社会动员主题宣传36次。组织8名青年民警开展反诈宣传等主题直播,为市公安局抖音账号增加关注8.2万人次。

【“AI”赋能排查】 2021年,公安局雨花台分局联合中国（南京）软件谷高科技企业,打造“AI”数据核查机器人。通过智能数据筛重、智能通话排查、智能研判分类,降低数以万倍的排查工作量,排查精度提升百倍。疫情期间,“AI”机器人完成75%的核查反馈工作,有力充实基层一线警力。

【行政事项办理流动服务】 2021年,雨花台区编制公安分局合成服务中心服务清单2.0版,将5大类18大项83小项合成服务举措,在“南京雨花公安微警务”公众号发布。将户政、车驾管等199项服务事项,汇聚到一辆流动服务车上,周一至周五进企业,周末进社区,让群众从“只跑一次”变成“一次不跑”。8月16日,《人民公安报》对此举措进行专题报道。（孙雪磊）

【交通管理】 2021年,雨花台区深化“三年大灶”专项整治和安全发展示范城市创建,构建“1235”现代交管警务体系,事故预防“减量控大”,全年未发生死亡3人及以上道路交通事故,交通安全平稳。推进“守点、巡线、控面”勤务改革,增强现代交通治理和安全防控能力。

优化交通信号灯设置。按照“中心城区主次干道重点交叉口配时方案不少于7组”要求,完成中心区域重点路口交通信号灯配时梳理调整；优化晚间低谷、午间平峰、周末、节假日及施工路段信号配时方案；应用“互联网+”创新交通信号管理,优化16个路口交通组织,调整37个路口信号配时。

交通安保稳定有序。全年超过三分之一时间实行高等级勤务,加强辖区高峰、平峰岗常态值守,提升路面见警管事率,防控道路交通事故；严密输入性风险防控,严管夜间大型货车、电动自行车通行秩序；强化社会面管控,中国共产党成立100周年、十九届六中全会、全国“两会”期间道路交通保持安全稳定,国家公祭日、省市党代会等主场交通安保稳定有序,节假日大流量以及冰雪、大雾恶劣天气安保处置到位。

落实预防压降道路交通事故12条措施,开展预防道路交通事故“百日整治”、货车超载超限治理“百日行动”。组织值班警力加大夜间巡逻检查频次和密度,在风台南路、205国道、汽渡路等重点路段设立整治点,提高路面见警率和管事率；以工程运输车、渣土车超载违法行为专项整治为重点,严管严查“三超一疲劳”“百吨王”、超载超限、酒驾醉驾违法行为。累计查处酒后驾驶140起、醉酒驾驶71起,处罚违法渣土车、货车3125起,超载超限非现场录入530起、处理396起,处罚货车超载超限86起,查扣流动加油车12辆。

围绕全国文明典范城市创建、道路交通安全专项整治收官、城市道路交通拥堵治理三大中心工作,推进现代警务勤务改革,开展“我为群众办实事”实践活动,坚持日常管理与专项整治相结合,坚持周末夜查、“逢十”“逢五”行动。针对重点时段、重点路段、重点车辆,加大路面巡逻管控,示范路口非机动车和行人守法率90%以上。

【文明典范城市创建】 2021年,交警八大队投入全国文明典范城市创建工作,加强文明交通常态长效治理和显性交通违法整治警示，紧盯4个示范路、8条样本框路段，对照创建标准，全面防范行人、非机动车闯红灯及机动车违停等违法行为。联合城管部门开展支路街巷、农贸市场乱点治理，与派出所、社区网格员开展“敲门行动”“扫街行动”、设置社区临时上牌点，重点攻坚电动自行车“戴盔率”“上牌率”两项创建指标。全年查处行人、非机动车违法5.41万起，查处机动车违停3.80万起。发放各类宣传材料5000余份，为辖区群众办理电动车临时信息牌2.19万块、补牌1063块，办理新牌23块。电动自行车戴盔率、上牌率95%以上。

【点线面勤务改革】 2021年，交警八大队推行守点、巡线、控面勤务改革，坚持勤务跟着路况走、岗点随着问题设、路面就是主战场总体目标，推行岗段长、路巡长和片区长责任制，突出文明示范路口警力值守、秩序管理，加强示范路段动态巡管。深化“1235”现代交管警务机制改革，建设“情指勤督舆”指挥调度体系，加强视频巡查、指挥调度，提高“室引领队”工作，就近派警快速处置堵点、突发警情、轻微交通事故、车辆抛锚等情况。

【运输企业监管】 2021年，交警八大队定期深入“两客一危一货”重点运输企业，动态监控制度落实情况和驾驶人安全背景审查，督促企业检查车辆轮胎、安全带完好情况，落实乘客安全告知制度，提示乘客系好安全带，杜绝影响交通安全的各类疾病从业人员和“带病”车辆上路。针对渣土车、混凝土搅拌车等工程运输车，推行限速、限重、限载、限时、限右“五限”管控措施，施划126处右转弯警示区，树立右转停车让行规矩，应用不停车称重、移动测速、“智慧渣土”平台，拓展卫星定位执法效能。全年深入142家企业，开展安全宣讲57场次，约谈企业负责人55人次；举办违法驾驶员教育培训班4场次；检查重点运输企业110家，向企业下发隐患整改通知书30份，整改28家。

【交通安全隐患整改】 2021年，交警八大队总结“小灶”经验做法，常态运行工作专班，完善交通事故年度、季度、月度分析和死亡事故“一案一析”研判机制。每周例会研判会商，精准实施预防压降道路交通事故12条措施，细化安全生产专项整治任务清单。实地勘察评估、全方位排查近三年事故多发点段、突出安全隐患点段、国省道、农村公路急弯陡坡、桥梁隧道、临水临崖等危险路段，排查

4月，交警八大队执勤民警在西春路与凤信路交叉路口对面包车非法改装开展专项整治。
（交警八大队　供图）

道路安全隐患1处，整改1处；交通设施隐患510处，整改510处。

【铁骑队伍组建】 4月1日，交警八大队组建铁骑队伍，加快交通勤务改革步伐，20名队员按照责任划分，高峰守点、平峰巡线，针对各类显性交通违法进行动态查处，发挥机动化巡管、快速化处警、高效化疏导的“尖刀”效能，推行“铁骑队伍”勤务模式，提高路面见警管事率、交通缓堵保畅能力、路面秩序管控能力、防控应急快反能力。依托岗位深化“我为群众办实事”实践活动，开辟绿色救援通道，扶危救困、解民危难。（杨　仲）

【贩卖毒品案侦破】 6月1日，公安局雨花台分局开展收网行动，通过前期缜密侦查布控，成功侦破一起在南京市自上而下四级关系网的贩毒案件，抓获犯罪嫌疑人7名，缴获冰毒14克。该案吸、贩人员多为被公安机关多次打击人员，具有较强反侦查意识。公安局雨花台分局侦情指中心及侦驻所（责任区）中队多次召开案情会议，全方位开展研判情报及扩线经营。在南京市玄武区、雨花台区、栖霞区分别抓获犯罪嫌疑人戈某某、蔡某某、徐某某等，现场缴获冰毒。经审查，毒品来源四川。

【学生资料费诈骗案】 12月19—21日，公安局雨花台分局刑警大队联合板桥中队成功破获1起冒充老师潜入班级微信群行骗的诈骗案，抓获犯罪嫌疑人7人，扣押作案手机5部，串并外地案件1起，追缴被骗资金1万余元。期间，接到报案后，公安局雨花台分局新型涉网反诈中心立即展开工作，锁定广西南宁某学校7名犯罪嫌疑人团伙，其中4名为未成年人。21日，该诈骗团伙犯罪嫌疑人被抓捕归案，其中3名被采取刑事强制措施。

（孙雪磊）

·检　察·

【概　况】 2021年，雨花台区人民检察院（以下简称区检察院）推动刑事、民事、行政、公益诉讼“四大检察”全面协调发展，受理审查逮捕案件167件269人，审查起诉案件726件1010人，民事行政检察案件173件，刑事、民事、行政控告申诉案件124件，公益诉讼检察案件108件。推进反腐败斗争，受理快速审查监委移送职务犯罪案件11件11人。发出社会治理类检察建议17件，回复整改率100%。联合市检察院举办“4·26”知识产权检察开放日活动，公布3件知识产权保护典型案例。检察干警变身政法网格员，进社区、企业、校园开

4月26日，南京市人民检察院与雨花台区人民检察院联合举办“世界知识产权日”主题活动。（区检察院　供图）

展民法典宣讲、非法集资识别、精准普法月月行等宣传教育40余场次，3件案例入选“社区网格月度十佳案例”。接待辩护人、诉讼代理人800余人次，提供阅卷、免费复制证据230余卷次。通过微信、微博、网站发布法律文书476份，案件程序性信息1690条，提供案件信息查询1075卷次，实现与群众互动“零距离”。

开展全省检察机关企业合规改革试点，区检察院联合雨花经济开发区管委会建成南京市首家企业合规教育基地。通过案例警示、现场教学、专题研讨等形式，对实际控制人、高管、技术人员等400余人进行合规培训。开展“与法同行 护卫童宁”等主题活动，保护未成年人合法权益。区检察院11名检察干警担任法治副校长或区少年法学院教员，其中2名退休检察官课件被评为南京市“德法同行”主题教育优秀讲稿（课件）。向区人大常委会专题报告服务保障民营经济健康发展情况，举办护航民营企业主题联络活动，邀请区人大常委会视察企业合规教育基地。邀请人大代表和政协委员、人民监督员、特约检察员40余人次，参加检察队伍教育整顿征求意见座谈会、案件公开审查、旁听法庭审理等司法公开活动10余次。

投入干警400余人次，服务保障疫情防控核酸检测群众2.50万人次，网上核验居民信息1000余条，上门核检服务居民220余户。区检察院被检察日报社评为2021年全国检察宣传先进单位；被江苏省人民检察院评为全省检察机关扫黑除恶专项斗争先进集体；被南京市人民检察院评为2021年度市级先进基层检察院；干警获省市表彰50余人次。

【刑事诉讼监督】 2021年，区检察院落实“少捕慎诉慎押”刑事司法政策，依法不批捕79人，不起诉180人。对侦查、审判中不需要继续羁押的21人，建议取保候审。履行认罪认罚从宽主导责任，适用认罪认罚程序审结案件894人，适用率90.39%。推进量刑建议精准化，提出确定刑量刑建议人数占起诉人数的96.05%，法院采纳率99.88%。强化刑事立案、侦查活动监督。监督立案16件、撤案19件，纠正漏捕9人、漏诉5人。加强刑事审判活动监督，检察长列席法院审判委员会会议2次，提出抗诉、再审检察建议2件。强化刑事执行监督，开展未收押收监集中清理专项行动，依法监督收监4名审前未羁押判实刑未执行和暂予监外执行罪犯；动态甄别财产刑执行条件，监督立案执行15件。

【民事诉讼监督】 2021年，区检察院受理民事检察案件165件，同比上升142.65%。提请抗诉、发出再审检察建议4件，再审改判2件。加强民事执行活动监督，提出执行检察建议64件，采纳63件。加强虚假诉讼监督，发现涉及非法集资、虚假民间借贷等领域线索8件。办理王某某等人虚假诉讼抗诉改判案被评为全市检察机关“十大优秀虚假诉讼监督案件”。

【公益诉讼检察】 2021年，区检察院受理民事和行政公益诉讼案件108件，发出行政公益诉讼诉前检察建议104件。对发出检察建议后公益受损未能解决的，提起公益诉讼4件，依法追回国有资产135万余元。融入市域社会治理，向相关单位发出群众反映强烈问题的行政公益诉讼诉前检察建议9份，实现执法司法同向发力。落实《关于在区专职网格员中选聘检察机关公益诉讼观察员的工作意见》，快速接收、处理公益受损线索，推动普德寺、顾兴祖墓石刻等明清文物启动保护修复。聚焦群众“脚下安全”,研究制定涉窨井设施刑事案件办案规则。

【民生保障检察】 2021年,区检察院依法惩治盗窃、抢劫、诈骗等多发性侵财犯罪,提起公诉208人。办理危险驾驶、交通肇事、重大责任事故等危害公共安全案件,提起公诉134人。严打电信网络诈骗以及利用网络赌博犯罪,提起公诉27人。开展食品药品安全“四个最严”专项行动,依法从严惩治网络销售有毒、有害食品犯罪,提起公诉22人。在汪某某等10人销售有毒、有害食品案件中提起刑事附带民事公益诉讼,请求判令被告人支付销售价款10倍的惩罚性赔偿金,并在全国发行的媒体上公开赔礼道歉,得到法院支持。

【平安法治雨花建设】 2021年,区检察院开展扫黑除恶斗争,保持对9类涉恶罪名高度关注。加强刑行衔接,协调公安、市场监督管理等部门共同惩治跨江苏、河南、辽宁等省实施的“精神传销”犯罪,提起公诉12人。提前介入舆论高度关注的“南京假人才证明购房案”,依法对伪造公司印章骗取8份人才购房证明的被告人提起公诉。组织攻坚上级交办的跨境开设赌场犯罪案件,提起公诉5人,教育敦促犯罪嫌疑人退赃款70余万元。由区检察院公诉的于某某等人组织卖淫案,主办检察官联合公安人员实地补充侦查,取得关键证据,促使主犯坦白交待犯罪事实,瓦解犯罪嫌疑人间的攻守同盟。该案被省检察院确定为适用认罪认罚从宽制度典型案例。

【金融欠薪与生态保护检察】 2021年,区检察院依法参与金融风险防范化解,受理审查破坏金融管理秩序、金融诈骗犯罪案件4件6人,公诉1件1人。防止因案致贫和因案返贫家庭,向124名被救助人发放司法救助金143.60万元。紧盯拖欠农民工、大学生工资问题,会同区法院、区人力资源社会保障局开展欠薪治理专项行动,并向公安机关移送恶意欠薪企业负责人涉嫌犯罪线索。贯彻“长江大保护”决策部署,对污染环境,非法捕捞水产品,非法收购、运输,出售珍贵、濒危野生动物等破坏环境资源犯罪从严惩处,提起公诉8件18人。参与岸线治理,针对南京某办公家具有限公司、李某某等向南南河非法排放危险废物行为提起刑事附带民事公益诉讼,行为人支付生态环境损害赔偿金5.9万元用于长江雨花段生态保护。

【未成年人保护】 2021年,区检察院依法严惩侵害未成年人犯罪,提起公诉12人。开展未成年被害人救助,向一起案件中的被害人父母发出南京市首份督促监护令,并联合区妇联进行亲职教育,督促监护人履责。依法支持青龙山社区提起撤销监护权诉讼,保障1名无人监护困境儿童生存权益。坚持“惩戒”与“矫治”并重,委托专业机构对7名未达刑事责任年龄的未成年人开展社会调查和心理测评辅导,提升帮教针对性和实效性。11名检察干警担任法治副校长或区少年法学院教员,开展“检爱同行 共护未来”“与法同行 护卫童宁”等主题活动。2名退休干警法治课件,被评为南京市“德法同行”主题教育优秀讲稿(课件)。

【涉法涉诉矛盾化解】 2021年,区检察院接收群众来信97件,7日内告知已收到、谁在办,3个月内办理过程或结果答复率100%。联合西善桥街道共同打造检察(社区)听证中心,对群众诉求强烈、社会矛盾突出的14件案件组织公开听证，与群众面对面释法说理，听证案件当场息诉息访率75%。检察长包案化解信访积案，促进社会和谐稳定。

【企业刑事合规】 2021年，区检察院助力舜天集团、中国电子科技集团公司第十四研究所等70余家企业，对实际控制人、高管、技术人员等400余人进行合规培训。协调异地司法机关，依法变更查封措施适用范围，减少对驻软件谷企业影响。会同区司法局制定《关于在企业合规中聘请第三方监管机构的实施办法》和《关于保障企业合规第三方监管人阅卷的工作办法》，为第三方监管人介入案件提供便捷高效服务。办理江苏某建设公司及负责人侵犯公民个人信息案中，指导第三方监管机构制定合规计划，并开展评估考察。邀请人大代表和政协委员、人民监督员对企业合规承诺执行情况及有无起诉必要性进行公开审查，依法对涉案企业适用不起诉制度，有效避免“构罪即诉”可能带来的负面影响。全年不起诉企业人员6名并提出判处缓刑量刑建议。

【政法队伍教育整顿】 2021年，区检察院制定“八必谈八必问谈话提纲”，在全院干警中开展谈心谈话，共有9人如实报告亲属担任律师、开办公司等重大事项。严格开展“三对照三严查”，共查找“三个规定”落实不到位、涉法涉诉信访案件办理效率不高等7个方面问题85人次。开展涉黑涉恶案件线索倒查等7个专项行动，未发现检察人员违纪违法情况。邀请人大代表和政协委员、人民监督员、特约检察员召开座谈会，向区级机关各部门发出调查问卷，征求意见建议25条纳入查纠整改范围。制定《关于进一步规范涉案款物查封、扣押、移送等处理的规定》等16项制度和配套文件。

【知识产权检察办公室成立】 3月29日，区检察院挂牌成立全省首家知识产权检察职能集中统一履职试点基层院——南京市雨花台区人民检察院知识产权检察办公室，探索知识产权全链条检察保护。年内，出台《关于全面加强知识产权检察保护的实施意见》，与南京铁路运输检察院会签《关于加强知识产权检察协作的意见》，推动建立跨区域知识产权检察工作机制。与中国（南京）软件谷管委会联合建设知识产权检察服务中心并投入使用。在办理江苏省首例侵犯芯片软件著作权案中，探索电子数据收集固定和审查鉴定新方式，解决海量假冒芯片和侵权软件同一性鉴定难题，防止企业核心技术秘密2次泄露风险，对涉嫌犯罪单位和2名直接责任人员提起公诉。提供关键证据、提出法律咨询意见，支持被侵权单位提起1500余万元的民事侵权赔偿诉讼。该案成为2021年度南京市检察机关知识产权保护典型案例，并在全省检察机关办案故事讲述会中获一等奖。

【企业合规教育基地】 6月，区检察院与雨花经济开发区管委会共同打造的“雨花台区企业合规教育基地”建成投入运行，位于江苏省数字出版大厦，占地700余平方米，是南京市唯一获江苏省人民检察院批准的“护航民企”试点项目，也是南京市首家以企业合规为主题的教育基地。基地设有展览展示、教育交流和工作商谈3个功能区：展览展示区分为政策、企业、风险、案例、合规和治理6个篇章，精选涉及企业知识产权保护、互联网大数据、人工智能、安全生产、污染防治、反贿赂和反垄断等领域典型案例，面向企业实际控制人、高管、技术人员、一般工作人员、离职人员和研学人员等七类主体开展案例教学，帮助企业防范生产、经营、管理等各领域法律风险。教育交流区是开放式结构，为企业提供“一站式”集体研学、交流服务，可以同时容纳60余人。工作商谈区为企业提供“点对点”法治服务，满足企业专业化、个性化的合规需求。（刘玉涵）

·法 院·

【概　况】 2021年，雨花台区人民法院（以下简称区法院）受理各类案件14889件，同比上升18.08%，审执结12691件，同比上升12.69%。员额法官人均结案343件，同比增加18%。平均审理天数75.89天，较上年减少23.42天。区法院家事改革工作经验被《人民日报》《人民法院报》等媒体报道推广。联动妇联、司法、教育等部门组成未成年人权益保护社会治理联合体，打造“法官+”未成年人权益合作保护机制，促进家事纠纷多元化解。发挥“法官进网格”机制作用，组织干警下沉所属社区、网格，倾听社情民意，收集意见建议45条，就群众关注的民法典宣传、网络欺诈、校园安全等问题开展普法宣传，受众600余人次。开展特许经营、防范非法集资和网络诈骗等专题讲座4场，联合市场监督管理部门举办“4·26”世界知识产权日主题宣传活动，受众300人次。

法治化营商环境，推进“僵尸企业”清理，审结破产案件8件，确保落后产能快速退出市场。审结雨花台区首例民营企业破产重整案件，盘活土地资源1.67万平方米，清偿债务1.20亿元，助力企业脱困重生。

加强调查研究，完成市法院重点调研课题1项，市法学会课题6项，被市法学会评为优秀等次课题1项；1件案例入选《中国法院2021年度案例》；8篇学术论文分别在国家级实务论坛、核心期刊、省级征文比赛中交流、发表、获奖。1份裁判文书在全省执行裁判案件文书评选中获二等奖，1件案件被市法院评为南京法院十大优秀案件，2件案件分别被市法院评为南京市劳动争议、少年家事审判条线十大典型案件，家事审判改革工作经验受到最高人民法院肯定，优化法治化营商环境工作经验入选南京市法院司法改革典型案例。区法院获市级集体表彰6项；区级集体表彰3项；干警被记功、表彰、奖励45人次。

【刑事案件审判】 2021年，区法院审结一审刑事案件541件，同比上升5.46%，判处罪犯817人。其中，审结盗窃罪案件96件，同比上升26.32%；审结危险驾驶罪案件89件，同比下降28.80%；审结诈骗罪案件84件，同比上升5%；审结组织、领导传销活动罪案件36件；审结组织卖淫罪案件19件；审结寻衅滋事罪案件18件；审结走私、贩卖、运输、制造毒品罪案件16件；审结其他刑事案件183件。审结中央督导组交办的组织卖淫案等大案要案，追缴、没收违法所得6889.56万元，实现“案件清结”“黑财清底”双清零目标。打击职务犯罪行为，审理最高人民法院交办的受贿案、红通人员单位行贿案，保持惩治腐败高压态势。严惩销售贩卖“毒狗肉”等公益诉讼案件，运用刑事处罚和惩罚性赔偿等手段，守护群众“舌尖上”安全；查处电信网络诈骗、非法获取公民信息等新型网络犯罪，营造有序网络环境。

【民商事案件审判】 2021年，区法院审结各类民商事案件8161件，同比上升14.59%。其中，审结各类合同纠纷案件5259件，同比上升55.73%；审结民间借贷纠纷案件816件，同比下降7.27%；审结劳动争议案件598件，同比上升7.17%；审结婚姻家庭、继承案件471件，同比上升12.14%；审结机动车交通事故责任纠纷案件358件，同比上升21.36%；审结其他类民商事案件659件。携手区人力资源社会保障局和仲裁委，建立劳动人事争议信息共享机制，促进劳动人事争议多元化解。处理涉瀚威公司等群体性房屋买卖合同纠纷186件，维护雨花台区房地产市场稳定有序。严惩奔驰4S店虚假维修案、小米手机恶意差评案等新型、隐蔽型民事欺诈行为，弘扬言信行果契约精神，被《人民法院报》等媒体专题报道。对接妇联、民政和街道、社区，救助帮扶未成年人。

【知识产权案件审判】 2021年，区法院审结各类知识产权案件627件。其中，审结著作权及商标权权属、侵权纠纷案件236件，特许经营合同纠纷案件232件，侵犯商标权案件66件，侵害作品信息网络传播权纠纷案件64件，其他知识产权案件29件。与市场监督管理、司法、知识产权等部门联动，推动构建知识产权大保护格局。拓展中国（南京）软件谷“产权保护法官工作室”功能，联合市场监督管理等部门举办“4·26”世界知识产权日主题宣传活动，开展特许经营、防范非法集资等专题讲座4场，受众300人次，引导投资者谨慎投资、理性维权。严惩盗版沁恒公司计算机软件著作权案，为司法保护国产芯片关键核心技术起示范作用。发出南京市首例知识产权刑事判决禁止令，促进打击犯罪和维护市场秩序有机统一。发挥规则创制作用，探索数字经济新类型知识产权保护标准，为数字经济新业态发展营造法治环境。

【案件执行】 2021年，区法院紧扣“切实解决执行难”目标，健全完善执行工作长效机制，推进执行指挥中心“854”模式迭代升级，执结案件3917件，同比上升42.8%，执行到位金额6.5亿元。常态化开展夜间执行、凌晨执行、假日执行等执行攻坚行动，将1919名拒不履行债务的被执行人纳入失信被执行人名单，对114名被执行人采取拘传、搜查等强制措施，拘留44人，维护司法权威和当事人权益。执结针对老年人实施的干细胞回输产品诈骗案，案涉诈骗资金476万元全部退赔到位，为老年人守住“养老钱”。深化执行改革，设立终本恢复工作小组、执行信访接待专员，促进执行恢复案件高效运转，执行信访在全市法院率先清零。线上加强智慧执行，线下强化执行攻坚，执行水平持续提升。关爱弱势群体，发放执行救助款48.38万元，彰显司法温情。

【法治化营商环境】 2021年，区法院开展“企业大走访”活动，走访调研江苏满运软件科技有限公司、众能联合数字技术有限公司等辖区重点企业10余家，提供司法服务和保障。推进“僵尸企业”清理，审结破产案件8件，涉及债权2.63亿元，推动落后产能退出市场。成立“执转破”工作小组，畅通执行与破产程序有机衔接，移送破产审查案件25件。强化府院联动机制运行，依法对区民营企业加豪新型建筑材料有限公司实施破产重整，挽回税收损失、解决职工就业，助力企业重生。设立破产基金，推动无产可破案件顺利处理，服务优化法治营商环境。

【诉讼服务办理】 2021年，区法院加强诉讼服务大厅、诉讼服务网、12368诉讼服务电话热线标准化建设，为当事人提供网上查询、立案缴费、调解庭审等网上一条龙服务，方便当事人“一次办好”各项诉讼事务。办理网上立案6957件；跨域立案67件，数量居全市基层法院前列。运用“宁审通”等智慧审判系统，网上开庭审理案件653件。坚持非诉机制挺在前面，诉前调解案件5013件，调解成功1417件、成功率28.27%。

【基层社会治理网格】 2021年，发挥“大数据+网格化+铁脚板”机制作用，将多元解纷机制融入网格工作，夯实网格法庭阵地作用，开展巡回审判、案件调处、纠纷化解30余次，板桥法庭获评2020年度全市“十佳政法单位”。发挥法律指引功能，针对审判工作中发现的问题，发送司法建议6份，推动相关行业领域乱象整治。发挥“法官进网格”机制作用，组织全院干警下沉社区、网格，开展民法典宣传、网络欺诈、校园安全等普法活动11场次，提升群众法治意识。1件工作案例入选《全市政法网格员工作月度十佳案例》。

【家事审判改革】 2021年，区法院与妇联、司法、公安、教育、民政等13个部门，组成未成年人权益保护社会治理联合体，创建“希望树”家事审判工作品牌。找准专业化家事审判与基层治理结合点，发挥家事调查官、心理疏导、社会救助等制度作用，为当事人提供心理疏导服务290次，为案涉未成年人建立“希望树”成长档案106件，为需要亲情抚慰、创伤修复的家庭提供关爱服务315次，对成长环境恶劣的未成年人进行帮扶525次。家事审判工作经验被《人民日报》《人民法院报》等媒体报道，并在全国家事法学论坛上交流。

【司法责任制改革】 2021年，区法院推进领导干部办案常态化。压实院、庭长监督职责，细化院、庭长权力清单，对群体性、疑难复杂等“六类案件”加强监督，确保放权到位、监督不缺位。完善法律统一适用机制，发挥审判委员会重大疑难案件定案把关和专业法官会议参谋咨询作用，推行类案和关联案件强制检索制度，防范“类案不同判”。建立“有进有出”法官员额动态管理机制，全院共有员额法官37名，人均办结案件343件，居全市基层法院前列。

【诉讼制度改革】 2021年，区法院推进民事诉讼繁简分流改革，建立“速裁快审+司法确认”工作模式，办理小额诉讼案件1792件，平均办理天数39.15天，实现“简案快审、快慢分道”。深化以审判为中心的刑事诉讼制度改革，推进普通刑事案件律师辩护全覆盖，为141名被告人指定辩护人，促进司法公正。坚持宽严相济刑事政策，对357名轻微罪犯被告人依法判处缓刑、管制，非监禁刑适用率43.70%，彰显法治文明。

【队伍教育整顿】 2021年，区法院将党史学习教育贯穿队伍教育整顿全过程，并推出“红色经典每日诵读”活动，持续营造队伍教育整顿氛围。推进“我为群众办实事”实践活动，推动20件实事落细落实，为群众解难题。推动教育整顿走深走实，收到并办结问题线索144条，立案查处2条2人，建章立制25项，相关做法被《新华日报》《江苏法治报》等宣传报道。落实“三个规定”填报制度，做到过问案件全程留痕、过问情况逐案报告、不当干预严肃追责。开展司法巡查、审务督察，对法庭和接待窗口纪律作风开展视频巡检，改进司法作风。

4月16日，雨花台区“希望树”未成年人权益保护社会治理联合体工程启动仪式举行。 （区法院 供图）

【“小米”手机恶意差评案入选南京十大优秀案件】 “小米”手机差评案系一起名誉权纠纷案件，该案件入选南京法院2021年度十大优秀案件。2020年8月16日，张某在京东平台购买2台“小米10”至尊纪念版手机，次日在该平台发布“用了一个礼拜，死了七八次”“耗电快、很卡顿、拍照不清楚”等虚假评价信息，诋毁手机存在严重质量问题。张某作出的商品评价被多名数码博主截图转发至微博等网络平台，迅速引发网友关注、转发。区法院作出一审判决，依法认定张某侵犯小米公司名誉权，判令张某赔偿小米公司经济损失及合理支出，删除评价链接并在国家级媒体上公开赔礼道歉。该案判决对互联网交易中的虚假评价行为作出否定性评价，对维护诚信、公平、健康的网购生态环境具有重要促进作用。

【未成年人权益保护社会治理联合体启动仪式】 4月16日，由区法院牵头携手相关职能部门、高校、社会组织等13家单位成立的雨花台区“希望树”未成年人权益保护社会治理联合体启动仪式在铁心桥法庭举行，联合体建立以家事及涉未成年人审判工作为中心的“法官+”未成年人权益合作保护机制。该机制立足审判实践，聚焦涉未成年人案件特点，从人身安全保护、协助调处、案后回访、帮扶服务和普法宣传5个方面，将未成年人权益保障工作覆盖至诉讼全过程，实现专业化办案与社会化保护有效衔接。省高级人民法院、市中级人民法院、市政法关工委、市妇联、雨花台区委、南京师范大学社会发展学院等单位相关领导出席启动仪式★。

★链接 区法院创建的家事审判特色品牌“希望树”工程受到全国政法队伍教育整顿中央第六督导组、省高院、省妇联、市委政法委等主要领导视察指导，家事改革工作经验被《人民日报》《人民法院报》《法治日报》等媒体报道推广。 （张曦予）

·司法行政·

【概　况】 2021年，雨花台区司法行政系统下辖街道（园区）人民调解委员会8个，社区人民调解委员会60个。区法律援助中心办理民事案件532件，刑事案件200件，接待法律咨询8718人次。制定《南京市雨花台区“法援惠民生拓展工程”实施方案》，保障困难人群应援尽援，应援优援。全区律师事务所办理各类案件17313件。雨花台紫金公证处全年办理各类公证6431件。落实重大行政执法决定备案39件，界定12345不予受理工单3624条。就疫情引发的合同履行、企业复工、疫情防控等社会热点提供法律指引文章10篇，出具法律意见书40份。开展行政执法案卷评查，抽取各行政执法机关执法案卷63卷。参与省市条例等相关法律法规征求意见或立法论证会10次，提出建议30条。组织“4·8”司法日等各类法治宣传教育活动450次，发放各类法治宣传品10万份，受教育45万人次。微博、微信推送各类法律知识4400条，相关信息在全省普法网上刊登379篇、报纸新闻刊用54篇。雨花台区司法局被江苏省司法厅评为2020年度全省司法行政系统新闻宣传先进集体，岱山法律援助工作站被江苏省司法厅评为全省法律援助工作先进集体。

【特殊人员管理】 2021年，全区在册安置帮教人员700人，后续照管人员40人，完成必接必送人员23人。区社区矫正管理局在册社区矫正对象268人。全年接收社区服刑人员252人，解除矫正226人，办理适用前调查和假释前调查评估355例。

【律师事务】 2021年，全区有律师事务所42家，执业律师1020人，办理各类案件17313件；有基层法律服务所2家，法律服务工作者9人。律师参与公益法律服务619次，为1971家单位担任法律顾问。

【公证业务】 2021年，雨花台紫金公证处办理各类公证6431件。自主开发“青桐智盒”系列智慧公证产品，提供在线视频公证；创新线上投票、线上公示、摇号等公证方式，解决社区治理存在问题。承接南京市知识产权维权中心雨花台区分中心相关工作，发挥公证保全证据优势，为企业知识产权前期保护提供服务；参与处理有关知识产权纠纷诉前调解，成功调解各类案件100余件。助力企业纾困，向22家企业减免公证费用8.4万元。

【法援惠民生拓展工程】 2021年，雨花台区制定《南京市雨花台区“法援惠民生拓展工程”实施方案》，明确“2021年度法律援助雨花台区常住人口受援率不低于万分之十”。通过“调整经济困难标准”“扩大援助事项范围”“扩大免予经济状况审查范围”“拓展援助服务内容”等举措，保障困难人群应援尽援，应援优援。建立“法援中心—司法所法援工作站—社区法援联络点”工作网络，走访低保对象，了解贫困人群法律援助需求。全年区法律援助中心办理民事案件532件，刑事案件200件；接待法律咨询8718人次，其中前台接待1451人次、12348热线解答咨询6307人次、各援助工作站点接待960人次。法援案件结案245件，挽回经济损失1000万元。

【非诉讼服务平台】 2021年，雨花台区坚持把非诉机制挺在前面，在区公共法律服务中心成立雨花台区非诉讼服务中心，在区法院、区信访局和各街道（园区）成立分中心。实现实体平台、网络、热线电话“三台融合”全覆盖。通过网络平台，完成一系列业务申请和办理；通过“苏解纷”、调解小助手等小程序，为辖区居民提供“7+1”*非诉业务法律服务。全区各调解组织开展纠纷排查235次，预防纠纷341起；参与处理社会矛盾纠纷5659件，成功调处5656件，调处率99.95%。

★链接 “7+1”，人民调解、行政调解、律师调解、行政裁决、仲裁、行政复议、公证调解+法律援助。

4月8日，板桥街道在板桥市民广场举办“4·8”司法日宣传活动。

（区司法局　供图）

【岱山法律援助工作站】 2021年，雨花台区推进岱山法律援助工作站建设，通过建立律师团队、利用岱山法援微信公众号及时发布法援信息、开展普法讲座、法治宣传活动，参与社区治理和调解、办理法援案件、解决辖区内各类法律问题。岱山法律援助工作站全年办理法律援助案件37件，接待信访咨询1000余人次。被江苏省司法厅授予“省法律援助工作先进集体”称号。

【企业刑事合规试点】 2021年，区司法局与区检察院共同研究制定《关于在企业合规中聘请第三方监管机构的实施办法》《第三方监管企业合规确认书》等工作制度，选取辖区5家律师事务所，建立企业合规工作第三方监管机构名录库。3月开展试点工作。5月，江苏新高的律师事务所为某公司因涉嫌非法侵犯公民个人信息一案进行合规整改监督并协助涉案企业完成合规整改，成为南京市第一起合规案例。也是履行公开听证最终不起诉案件。

【“4·8”司法日宣传活动】 4月8日，“法治让生活更美好——‘12348’司法行政护航服务你我他”司法日宣传活动，在各街道同步举行。区司法局联合赛虹桥街道在小行社区通过图文展板、与群众互动，发放“12348”法治惠民、民法典等宣传折页，提供法律咨询和公证办理等服务活动，向群众普及法律常识；邀请江苏宁创律师事务所律师江红琴为居民解读婚姻家庭、遗产继承、劳务合同等有关民法典热点问题。活动现场陈列展板16块，悬挂横幅3条，发放法律宣传折页300余份，解答法律疑问30余次，受益群众1200人次。

（周　伟）

·仲　裁·

【概　况】 2021年，雨花台区仲裁委员会受理劳动争议案件1017件。其中，劳动报酬争议案件439件，占比43.17%；劳动合同争议案件404件，占比39.72%；劳动关系、工伤福利、报销款确认争议案件174件，占比17.11%。线下受理案件669件，争议标的额2109万元。调撤率77.90%，高于目标18个百分点。立案、结案率100%。联动平台举报投诉案件按期运行率100%。全年劳动保障书面审查单位7145户，完成年度目标任务的238.2%。办结“12345”工单4824件。

营造“共建共治共享”和谐劳动关系氛围。与区法院、司法、工会、信访部门联动打造“五位一体”劳动人事争议联合调处中心，提供“咨询—援助—受理—调解—仲裁—诉讼”全流程服务，推动企业、劳动者、政府、司法、公益组织共同参与化解劳动人事争议。实现“高效解薪愁”。宣传贯彻落实《保障农民工工资支付条例》，细化实施方案，区街联动、部门协调开展根治农民工工资欠薪攻坚行动，雨花台区连续第四年市对区考核获评A级，区人力资源社会保障局被国务院根治拖欠农民工工资工作领导小组评为“全国根治拖欠农民工工资先进集体”。

【网上调解】 2021年，雨花台区创新劳动人事争议协商调解路径，运用网上立案、在线调解、视频接访等方式提供劳动维权服务。加快构建“三纵三横调解网络”。“12333”专家调解平台办结案件264件，其中调解成功案件191件，成功率72.35%。办结全国劳动人事争议调解平台案件84件，办结率100%。因区域管辖权限、超法定退休年龄等原因不符合立案受理案件213件。全年接待来访来电咨询5000余人次。

【劳动人事争议联合调处中心揭牌】 12月27日，雨花台区劳动人事争议联合调处中心揭牌成立。由区委政法委、区司法局、区人力资源社会保障局、区法院、区总工会共同建立。副区长吕晨为中心揭牌。劳动人事争议联合调处中心设立“一站式”服务窗口，汇集劳动争议专业调解组织、劳动人事争议仲裁机构、劳动监察机构、法院诉讼服务中心、法律援助中心、工会职工维权中心等职能，提供咨询、指引、受理、调解、仲裁、诉讼、援助等“一站式”服务，将服务方式从“人跑部门寻帮助”向“联动找人促调解”转变。（高千雅）

军　事

·人民武装·

【概　况】 2021年，南京市雨花台区人武部（以下简称区人武部）深入贯彻习近平强军思想，引导机关工作人员和专武干部、民兵坚定信念、爱岗敬业；聚焦主业练兵备战，紧抓宣传发动、政策落实和方法创新，深入一线调研、挖掘辖区兵源，高标准完成年度征兵任务，实现零退兵，征兵工作位列全市前列；完成民

6月18日，区人武部2021年防汛演练动员大会举行。（区人武部　供图）

兵编组工作，编实新质民兵分队，专业对口率100%；扎实开展各类民兵训练。

【兵役征集】 2021年，区人武部宣传发动，以挂钩高校为重点、以辖区街道为辅助，依托门户网站、广播电视、微信平台等媒体，滚动播放"参军报国、不负韶华"2部宣传片，制作横幅标语200余条，实现宣传发动全方位全时域。创新"早发动、早审查、早预定、早训练"征兵模式，重点征集大学毕业生和企业在职员工，"五率"（报名率、上站率、合格率、择优率、退兵率）指标位居全市前列。高标准完成年度征集任务，大学生新兵征集比例98.2%，大学毕业生征集比例46.3%，全年零退兵。

【民兵编组】 2021年，区人武部聚焦动员潜力向动员能力转化运用，对接区发展改革、市场监督管理等职能部门，深入街道、企业、学校一线，筛查辖区企事业单位，拓展企业成为新编兵单位；编实新质民兵分队，专业对口率达100%。与相关公司、医院、院校等签订预征预储协议，建立预征计划，确保民兵队伍随时拉得出，用得上。

【教育宣传活动】 2021年，区人武部组织干部、民兵党员代表到烈士陵园参加市委和南京日报社组织开展的"百年奋斗路 启航新征程——追寻红色足迹"活动，邀请老红军给民兵党员作专题党课辅导；在民兵党员中开展"听党话 跟党走暨弘扬英烈精神 争做时代先锋""学党史 守初心 庆百年"等主题实践；开展第21个全民国防教育日活动，邀请专家教授为雨花台区"四套班子"领导进行国防教育授课；"红旗飘扬 热血从戎 红旗专车护送新兵""党旗飘扬在大堤上"等活动分别被中央电视台国防军事频道、江苏卫视和江苏电视台城市频道宣传报道，区人武部40余篇稿件被媒体刊发，区人武部被南京警备区评为新闻宣传工作先进单位。

【基层武装部规范化建设】 2021年，雨花台区制定下发《雨花台区基层武装部建设规范》《基层武装部建设达标"清零"活动实施方案》，投入资金规范建设基层"三室一库"。加强"四个秩序"规范化建设，投入资金规范建设档案室、升级改造视频会议系统、建设应急连器材库等。制作党史、廉政、法治、安全文化展板，悬挂安全行车文化标语，实时更新宣传栏，传达新精神，浓厚营区文化教育氛围。 （王梦溪）

· 人民防空 ·

【概　况】 2021年，雨花台区修订防空袭预案，调整和健全人防各级指挥班子，制定街道、社区防空袭预案。开展防空警报设施普查、维护和故障排除工作，辖区内防空警报鸣放成功率100%。举办"2021年人防工程维护管理暨安全培训"。开展人防工程安全隐患排查和年检备案工作，人防工程完好率100%。超额完成市人防办下达的年度地下空间开发总量。免费发放人防应急包2000个。

新冠肺炎疫情防控期间，南京市雨花台区人民防空办公室（以下简称区人防办）抽调干部职工15人次支援社区，开展测温、验码、核酸检测采样等疫情防控工作；抽调党员干部3人次负责疫情防控隔离点隔离人员管理、服务和保障工作。

区人防办开展党史学习教育、创建"吴振鹏英雄支部"、组织人防应急包摇号发放、开展防空洞为民纳凉服务、参加省人防办“安全应急科普环省行”活动、参加市人防办“礼赞百年 与民同行”电视直播等信息被国家、省、市网站及杂志采用29篇，被中央、省、市电视台报道5次。

【人防指挥通信演练】 2021年，区人防办按照防空实案化和演练实战化要求，组织开展人防专业队训练和防空袭疏散演练。5月12日，在西善桥街道永盛社区力行小学开展防灾减灾千人应急演练活动，向居民和师生宣传普及防灾减灾知识，提高应急救援技能。9月17日，在雨花街道雨花社区服务中心会议室组织人防应急包公开摇号，免费发放人防应急包2000个。10月14—15日，在区人防指挥所内参加市人防办组织指挥的综合保障演习，完成组织指挥、信息保障、各点协同等任务。12月13日，在梅山街道中兴路社区组织开展防空袭演练，进行医疗救护、消防、疏散等科目演示。完成新装警报器选址安装和老旧警报器拆除任务，并对辖区内警报设施进行维护保养，警报器完好率100%。完成九一八事变、国家公祭日等重要纪念日警报鸣放任务，鸣放成功率100%。

【人防工程建设管理】 4月20日，区人防办在区委党校组织区人防机关、各街道科室、人防工程维护管理单位共180人，开展人防工程维护管理暨安全培训。年内，完成年度地下空间开发总量，超额完成市人防办下达的指标任务。辖区内人防工程完好率100%。全年，区人防办先后印发文件通知9份，传达上级关于安全生产工作指示精神，部署做好人防工程建设管理工作。

【人防工程年检备案和隐患排查】 2021年，雨花台区开展人防工程年检备案工作，记录人防工程年检情况，督促并检查各单位上报备案资料，备案率98%。及时取证留照记录检查中发现的问题，督促管理单位在规定时限内整改，年检整改率87.5%。配合市人防办维管处抽查雨花台区人防工程。对接尚未列入年检计划的新竣工人防工程，为其做好后续工作。

【人防行政审批】 2021年，区人防办落实“放管服”改革要求，采取“不见面”服务方式，通过工作群为建设单位发放人防行政审批流程、政策法规等宣讲辅导资料。通过数据流转方式，帮助各建设平台、代办公司及相关项目建设单位对接市人防办审批处，为项目结建行政许可、易地建设行政许可和易地建设费缴纳提供服务。安装运行人防工程信息系统。

【人防宣传教育】 9月26日，区人防办在赛虹桥街道菊花里社区开展人防知识宣传教育活

9月26日，区人防办在菊花里社区开展人防知识宣传教育活动。

（区人防办 供图）

动，发放人防知识读本300余册，现场讲解防空袭和应急救护常识等，普及人防知识，受益居民500余人次。该活动被“交汇点新闻”等媒体宣传报道。全年，先后开展人防知识宣传教育活动3次，受益群众1500人次。

【中小学人防教材征订】 2021年，区人防办开展人防课程教研活动，完成14所中学、24所小学人防教材征订工作，发放教材8389册。其中，小学四年级学生征订《小学生人防知识读本》4728册、教学课例集31册；初中二年级学生征订《人防知识（初中）》3630册、教学光盘15套。统筹新冠肺炎疫情防控和人防教材发放，协调南京大学出版社通过物流方式将教材送至各学校。人防教材征订率和发放率100%。

（胡孝兵）

·退役军人事务·

【概　况】 2021年，雨花台区贯彻落实《中华人民共和国退役军人保障法》，构建“三级联动”服务保障体系，设有区退役军人服务中心1个、街道（园区）退役军人服务站8个、社区退役军人服务站64个，军休所2个。雨花街道退役军人服务站建成“全省红色百家精品服务站”，8个街道（园区）退役军人服务站建成“全国示范型退役军人服务中心（站）”。落实优抚安置政策，开展困难退役军人和其他优抚对象帮扶工作；搭建培训、就业、创业平台，扶持退役军人就业创业，签约培训机构4家，推荐安置转业军官、退役士兵就业，3个创业团队在“戎创金陵”退役军人创业创新大赛中获奖。

挖掘军休所参加渡江战役的军休干部先进事迹，参加南京电视台联合快手直播策划的网络直播活动，同24.6万名网友在线分享红色革命故事，直播获10.7万人次点赞。为军休干部党员和家属党员颁发“光荣在党50年”纪念章，计99枚。雨花台区连续第六次被江苏省退役军人事务厅评为省级“双拥模范区”。在2021年度南京市退役军人事务系统岗位练兵比武竞赛中，2人获二等奖，1人获三等奖，雨花台区代表队获团体优秀奖。

【双拥优抚】 2021年，雨花台区委、区政府以新一轮创建省级“双拥模范区”为主线，聚焦传承红色基因，弘扬双拥优良传统，推动双拥政策落地，推进军民融合发展。春节、“八一”期间慰问重点优抚对象、企业退休“两参”人员、农村籍老兵和老烈子、未享受定期抚恤金的烈士家属、无军籍职工等，为重点优抚对象和军烈属发放年画1500份。到高淳区开展“爱心献功臣（送下乡）”活动，慰问高淳区重点优抚对象。为无军籍职工补发和发放2016—2017年、2021年改革性补贴。开展接收军休干部和外区转入优抚对象、退役评残、新认定农村籍老兵、为退役残疾军人办理换证等工作。优抚对象数据核查率100%；伤残人员换证率100%。组织优抚对象疗养，开展优抚对象巡诊活动。为1名二等功、5名三等功现役军人家庭奉送喜报和奖励金。

【军人优待政策落实】 2021年，雨花台区开展“立功喜报送上门”活动，及时兑现立功奖金。春节期间发放2019年和2020年秋季入伍义务兵慰问金。“八一”期间发放2019年和2020年秋季入伍义务兵家庭优待金和大学生奖励金，2020年冬季退役士兵义务兵家庭优待金、奖励金，2019年入职的预备消防士兵家庭优待金。发放率100%。

【服务保障体系建设】 2021年，南京市雨花台区退役军人事务局（以下简称区退役军人事务局）深化“区—街—社”三级服务保障体系建设，利用地域和人员优势，培育典型基层服务站，发挥“两站一中心”作用。雨花街道退役军人服务站依托红色文化资源，宣扬雨花英烈的革命精神，被江苏省退役军人事务厅评为全省百家红色退役军人精品服务站；构建三级退役军人志愿服务体系，注册成立17支退役军人志愿服务队，服务新冠肺炎疫情防控工作；全年组织开展困难帮扶活动2次、帮扶283人次。

【退役军人创业就业平台建设】 2021年，雨花台区打造退役军人创业就业“三个平台”。打造就业服务平台。对转业干部和复员士兵实施精准化移交安置、精细化促进就业、常态化联系跟踪。分析退役军人专业特点和个人求职意向，与优质企业签订协议，探索推进“直通车”招聘模式，3家用人单位与65%的退役士兵达成意向。建立退役军人创业就业和参保情况一人一档模式，持续跟踪掌握退役军人就业和参保情况。打造创业培育平台。参观南通、扬州等地创业培训基地，签约培训机构4家；安排拟创业退役军人到区内退役创业成功企业参观学习，开展适应性培训2次，提升退役士兵自主创业能力。推荐2名自主创业退役军人参评省、市创业之星。打造产才融合平台。对接区人才办、区市场监督管理局、各街道（园区），摸清该区户籍创业退役军人以及在该区注册登记创业实体的退役军人，扩大建强退役军人创业创新人才群体。借助省、市“创业创新大赛”“创业之星、创业联盟推荐”等活动，培养、选拔区退役军人人才队伍和创业创新典型。探索构建融资平台、招聘平台、科技“微课堂”平台、沙龙交流平台等，促进资本、人才、科技、知识和文化融合发展，形成雨花台区退役军人产才融合“双创”新格局。

【转业士官积分选岗】 11月26日，区退役军人事务局举办2021年度符合政府安排工作退役士兵量化积分选岗会，完成符合条件退役士兵选岗工作。区人武部、区人力资源社会保障局、区纪检监察二组相关领导及工作人员出席会议。选岗会参选人数与就业岗位比例为1∶2.6。选岗前签订《选岗承诺书》，并科学设置待选区和选岗区。区退役军人事务局在退役士兵安置中继续开展座谈、党性教育、保密教育和适应性培训等活动，用心、用情、用力安置退役士兵，安置率、选岗率、满意率100%。

【英烈后代演绎英烈故事】 2021年，区退役军人事务局邀请周子昆烈士（“皖南三烈士”之一）之女周明参与区级机关“唱支心歌给党听”七一文艺会演。区退役军人事务局聘请专业导演和编剧、演员上门与周明交流讨论4次，修改剧本及背景视频3次，精心构思、精细打磨。6月28日，周明在会演中隔空对话，生动展现周子昆父女两代人在不同时期为共产主义事业不懈奋斗的不变初心和心路历程。演出效果得到观众以及区级机关工委肯定。

（李述良）

责任编辑　王守玲

科技创新

2022 YUHUATAI ALMANAC

Scientific and Technologyical Innovation

综　述

【概　况】2021年，雨花台区完善创新型企业培育机制，形成以高新技术企业为主体的创新型企业集群。年内，拥有高新技术企业826家，申报省产学研合作项目11项，新增市级以上工程技术研究中心17家，总数114家。全区独角兽、培育独角兽、瞪羚企业51家，总数全市第三。市场主体高质量增长，出台“1+4”（软件及信息服务业培育计划+新型都市工业、高新技术企业、独角兽瞪羚企业、资本市场培育计划）培育计划，助推企业成长壮大，新增世界500强企业5家，总数18家。博智安全科技股份有限公司、南京华士电子科技有限公司2家企业获评国家级专精特新“小巨人”企业，总数6家。软件企业1500余家。亿嘉和机器人研发中心、中国（南京）软件谷信息安全产业园等建成运营。全区拥有创新型领军企业27家，入库科技型中小企业1721家，均居全市前列。江苏斑马软件技术有限公司在全国“双创”活动周作省级优秀“双创”示范基地经验成果交流；江苏零米信息科技有限公司上榜国家中小企业公共服务示范平台名单。

实施“创业江苏”行动，推进科技创业孵化载体建设。至年末，全区有孵化器34家，众创空间36家。其中，新增国家和省级孵化器4家、众创空间5家，总数分别13家、18家。雨花台区科技创业中心、南京科特科技企业孵化器、南京市创业创新城科技企业孵化器、雨花台区智慧城市科技企业孵化器获科技部2020年度评价结果A类（优秀）。

新增市级新型研发机构备案6家，总数23家，拥有博士后科研工作站21家。集聚院士等国家级人才10人，总数28人；引育省级人才137人、市级人才182人，总数分别222人、504人；引进区级高层次创业人才48人，完成全年指标任务；申报海外人才引智项目2项；入选省科技副总13人。新增海外留学人才2800余人，涉软从业人员总数超30万人。全年有效发明专利3786件，发明专利授权909件。

开展宣讲培训活动36场，线下服务科技型中小企业、高新技术企业、新型研发机构、科技企业孵化器、众创空间、科技人才等近1900家（人次）。深化国际交流，与俄罗斯、爱尔兰等国家科研机构合作，建成中俄（南京）创新合作服务中心、南京（爱尔兰）海外协同创新中心等机构；设立硅谷工作站、PNP国际创新合作加速平台、中欧创新中心等对外交流平台，30余家企业在海外设立研发中心。雨花台区获评江苏知识产权强省建设示范区。

（雨　鉴）

表18　2021年雨花台区软件及信息服务业科技创新情况统计表

内　容	2021年	备　注
新增涉软企业数（家）	350	
新增涉软从业人员（人）	20000	
新增软件产业建筑面积（万平方米）	64.76	

续表18

内　容	2021年	备　注
软件业务收入（亿元）	2500	
信息传输、计算机服务和软件业增加值（亿元）	410.53	占地区生产总值40.4%
新认定高新技术企业（家）	321	
新增科技创业孵化面积（万平方米）	2.417	
专利授权量（件）	4260	
发明专利授权量（件）	909	

（区统计局）

【科技金融服务】 2021年，雨花台区执行“一站式服务体系”，强化金融赋能助力企业发展功能，通过“南京金服平台”，为企业、银行、政府职能部门三者实现无缝对接提供平台支撑。运用快递邮寄资料、电话沟通联系线上审核模式，改革宁科贷资料存档机制，通过宁科贷“不见面”审核机制，为全区中小微企业提供点对点对接、实时化审核资质认定服务，缓解企业融资环节多、审核周期长等问题，为全区科创企业打造一条“金融服务绿色通道”。全年完成科技贷款企业资质认定635项。

【科技创业大赛】 2021年，雨花台区组织19家瞪羚及独角兽企业，参加2021年“赢在南京 创业金陵”科技创新创业大赛暨第九届“创业江苏”科技创业大赛（南京赛区）。中科基大数据科技（南京）有限公司、南京安充智能科技有限公司2家企业，获初创企业组三等奖；南京司凯奇汽车科技有限公司、南京博视医疗科技有限公司、南京功夫豆信息科技有限公司3家企业，获成长企业组三等奖。

【科研院所安全】 2021年，雨花台区科技安全落实信息通报制度，有效衔接事前、事中、事后监管；落实企业安全生产全员责任制、全过程安全责任追溯制度，完善企业安全生产主体责任法律追究工作机制；强化源头治理，加强安全监管；加快企业双重预防机制建设与信息化建设深度融合，推进双重预防体系建设向智能化、信息化、动态化方向发展；落实安全风险评

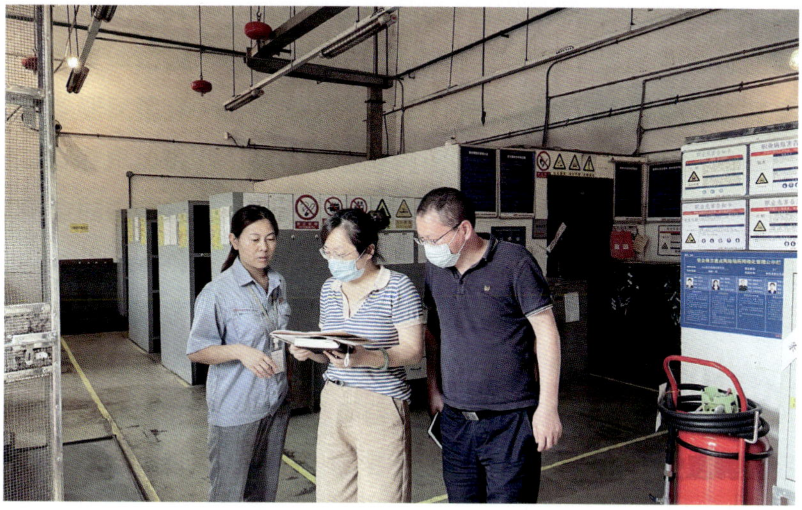

9月，雨花台区科技局对中国电子科技集团公司第十四研究所开展危化品安全检查。
（区科技局　供图）

估制度和论证机制。全年对中国电子科技集团公司第十四研究所、南京玻璃纤维研究设计院有限公司和水利部南京水利水文自动化研究所3家涉危科研院所，开展突击检查和例行危化品安全检查6次。

【国际科技交流与合作】 2021年，雨花台区向省、市推荐国际合作项目4项，联合研发项目3项（入选市级国际合作项目2项），海外研发机构1个。促进区内企业与英国、俄罗斯、爱尔兰、日本、缅甸等国家开展国际合作，推荐1家企业加入T20城市联盟。完成国际合作科技项目审计及项目验收。组织企业申报市海外研发机构奖励、市高端研发机构奖励以及市国际联合研发项目，获奖励企业3家、资金250万元。引进区级高层次人才48人；入选省科技副总13人；申报海外人才引智项目2项。

（黄　桢）

【“双创”示范基地获国务院督查激励】 2021年，雨花台区推进《国务院关于推动创新创业高质量发展打造“双创”升级版的意见》实施，出台《关于完善“谷雨”创新创业生态体系的若干政策（试行）》，对苗圃、众创空间、孵化器企业提供政策培育；依托“双创”服务线上平台，集聚更多机构为软件谷内中小微企业赋能。“双创”服务线上平台增加CTO联盟、谷雨双创学院、媒体人中心功能；打通智慧园区平台数据渠道，采集国家火炬中心、省工信和信息化厅、省金融服务平台、省市科技部门官网信息，增加产业白皮书、软件产业招标信息、行业资讯数据采集，平台流量持续增加。“双创”服务中心全年承办、协办各类活动197场次，创新创业展示中心接待参观31场次，线下场地被预约使用223场次。出台《雨花台区2021年度创业带动就业行动方案》，从创业政策落地、科技成果转化、中小企业培育、创新创业资源开放4个方面促进就业；明确创业带动就业示范行动目标任务和责任分工并纳入全区高质量发展考核。全年培育自主创业0.89万人，增长93.5%；创业带动就业3.57万人，增长186.9%。“双创”示范基地第三次获国务院督查激励通报表扬。

（李雨欣）

【科技创新活动】 6月21—25日，雨花台区举办科技创新重点活动3场、系列活动6场，邀请中外院士、创新型企业家、创投大咖156人参加活动。参展黑科技产品43项、八大产业链项目29项、新产品及应用场景35个。推出“数字雨花 感知WE来”线下主题展，设置全民感知创新体验区和创新打卡点11个，展出互动性科技创新产品15项，2万人次打卡参观拍照。签约项目21个。活动宣传报道1271篇，其中中央媒体报道35篇、省级媒体报道64篇。

（黄　桢）

创新创业载体

【概　况】 2021年，雨花台区推进创新创业载体优化升级，与中国（南京）软件谷（以下简称软件谷）联动，升级省级众创空间2家、省级孵化器3家；在国家级孵化器绩效评价中，雨花台区国家级孵化器达优率80%，A类绝对数占全市16%。加强中小企业创新支持，组织云密城科技企业孵化器、乾堃创业吧众创空间、紫金雨众创空间申报市级载体，推荐云密城科技企业孵化器、乾堃创业吧众创空间申报省级科技企业孵化器和省级备案众创空间，成功率100%。持续加强新型研发机构建设，新增市级备案6家。南京易拓电力科技股份有限公司“数动双碳融合创新中心”入选2021年度江苏省“数动未来”融合创新中心名单。

【新型研发机构】 2021年，雨花台区新增市级新型研发机构6家，总数23家。完成新型研发机构丝路卫星研究院退出手续，全年新增引进孵化企业150家，新增就业人员510人。新型研发机构及孵化引进企业营业收入超11亿元。

【工程技术研究中心】 2021年，雨花台区新增市级及以上工程技术研究中心17家，其中省级4家、市级13家；累计114家，其中国家级1家、省级33家、市级80家。（黄　桢）

表19　2021年雨花台区新增工程技术研究中心一览表

序号	工程中心名称	承担单位	级别
1	江苏省海上构筑物固化材料防护工程技术研究中心	江苏坤泽科技股份有限公司	省级
2	江苏省安全生产管理工程技术研究中心	南京久润安全科技有限公司	省级
3	江苏省智慧教室互动黑板工程技术研究中心	江苏欧帝电子科技有限公司	省级
4	江苏省智能广告云平台工程技术研究中心	随身云（南京）信息技术有限公司	省级
5	南京市智慧能源运维工程技术研究中心	南京天谷电气科技有限公司	市级
6	南京市智慧物流工程技术研究中心	江苏满运物流信息有限公司	市级
7	南京市工程机械智能运营管理工程技术研究中心	众能联合数字技术有限公司	市级
8	南京市智慧云打印工程技术研究中心	南京功夫豆信息科技有限公司	市级
9	南京市物联智控集成电路工程技术研究中心	南京沁恒微电子股份有限公司	市级
10	南京市数字配电物联网工程技术研究中心	江苏润和智融科技有限公司	市级
11	南京市 3D 打印智能装备工程技术研究中心	南京铖联激光科技有限公司	市级
12	南京市智慧交通工程技术研究中心	浩鲸云计算科技股份有限公司	市级
13	南京市智慧水利应用工程技术研究中心	江苏南水科技有限公司	市级
14	南京市混合态异构超算云工程技术研究中心	南京奥工信息科技有限公司	市级
15	南京市数字电网及新能源芯片工程技术研究中心	南京杰思微电子技术有限公司	市级
16	南京市物图互动数字孪生工程技术研究中心	南京优玛软件科技有限公司	市级
17	南京市集成电路全流程一体化管控平台工程技术研究中心	江苏泰治科技股份有限公司	市级

（黄　桢）

【科技企业孵化器】 2021年，雨花台区深入实施“创业江苏”行动，推进科技创业孵化载体建设。新增国家和省级孵化器4家，孵化器总数34家，其中国家级5家、省级8家、市级21家。在省级孵化器绩效评价中，5家优秀、4家良好，共获奖补资金600万元；在市级孵化器绩效评价中，5家优秀，6家良好；在省级以上科技企业孵化器国家级绩效评价中，A类优秀孵化器占75%。

【众创空间】 2021年,雨花台区新增国家和省级众创空间5家,众创空间总数36家,其中国家级7家、省级11家、市级18家。升级省级众创空间2家(西善520青创空间—综合类—西善桥街道、动汇智能文体众创空间—专业类—软件谷)。在市级众创空间绩效评价中,2家优秀、5家良好,共获奖补资金410万元(含孵化器奖励)。 (黄 桢)

【中软国际—华为云创新中心】 中软国际—华为云创新中心位于中国(南京)软件谷云密城L栋7层,建筑面积800平方米,有专业技术人员30人。2017年11月,由南京中软国际信息技术有限公司建设运营。为该区域软件和信息服务企业特别是中小企业创业创新降低成本,助力主导产业转型升级,提升企业综合能力竞争力提供服务。2021年,中软国际—华为云创新中心整合华为、中软国际行内生态伙伴资源,赋能软件谷企业数字化信息化建设降本增效。至年末,服务企业269家,促云企业193家,涉及互联网、金融、教育、房地产、医疗等行业,树立多家数字化转型标杆企业,并与育儿网、新视云及亚信安全等产业链龙头企业签署合作协议。

【华为(南京)人工智能创新中心】 华为(南京)人工智能创新中心位于中国(南京)软件谷科创城会议中心1、3层,建筑面积511平方米,有专业常驻技术人员20人,协助支撑团队30人。2019年6月,由华为软件技术有限公司与南京市人民政府签署战略合作协议建设运营。该中心基于华为在人工智能、大数据方面的能力和技术底座,为软件谷内企业提供华为云AI服务、技术分享、人才培养等多方面支撑,帮助企业运用人工智能创造商业价值。至2021年年末,华为(南京)人工智能创新中心走访调查软件谷企业1600余家,服务企业236家次,覆盖企业152家。使用人工智能云服务产业发展资金8580万元。专家上门服务企业400余家,帮助企业完成12个AI创新课题深度分析,其中辅助企业使用华为云在线能力自行完成7个模型开发和2个难题模型可行性报告。展厅全年接待参观60余场次。

【亚太经合组织(APEC)中小企业信息化促进中心】 亚太经合组织(APEC)中小企业信息化促进中心位于中国(南京)软件谷云密城L栋14层,建筑面积1552.58平方米,有专业技术人员50人。2017年12月,由南京敏行软件有限公司将南京SAP中小企业云服务平台升级运营。该中心以"敏行供应链电子凭证+"技术为基础,通过整合SAP、航天云网、中国电信、华为等国内外行业供应链龙头企业数字化平台资源和东盟、俄罗斯等APEC成员国对口服务资源,服务南京以及江苏数字技术企业"走出去",东盟、俄罗斯合作伙伴企业"引进来",实现中国(南京)软件谷IT企业资源与国际应用市场良性互动。至2021年年末,亚太经合组织(APEC)中小企业信息化促进中心新增通信行业电子合同服务客户1839家,签署电子合同超80万份,交易金额超1000亿元;为企业提供电子劳动合同服务,签署合同1000余份。

【国家软件产品质量检验检测中心(江苏)】 国家软件产品质量检验检测中心(江苏)位于中国(南京)软件谷核心区,实验室面积2600平方米，有专业技术骨干40余人。2017年6月，依托南京市产品质量监督检验院成立，是国家级第三方软件产品质量检验检测机构、江苏省首家国家软件产品质检中心，是紫金信创产业联盟秘书处承担单位、江苏省软件工程标委会秘书处承担单位、IEEE Reliability Society Nanjing Chapter（IEEE可靠性协会南京专委会）主席单位、CSTQB（中国软件测试认证委员会）授权委托考点机构及培训机构。拥有黑盒、白盒测试、信息安全、性能等测试工具及测试管理平台，具备从弱电工程到系统集成，从软件到硬件的全项目检测能力，是集“检验、科研、标准、培训”于一体的国家质检中心。2021年，国家软件产品质量检验检测中心（江苏）增挂南京市信创适配保障中心牌子，承担南京市信创适配保障中心建设任务，具备涉密测试、非涉密测试、信创产品展示体验、培训功能，提供信创领域适配测试、信创人才与技术培训，涉密业务咨询等服务。全年为400余家企事业单位提供检验检测、咨询、培训等服务，出具检验检测报告1000余份。

【南京启亚人工智能科技研究院】 2月8日，由中国（南京）软件谷管委会、王海人才团队、南京启若教育科技有限公司签约共建，注册资本1000万元。依托江苏省道路载运工具新技术应用重点实验室，开展智能机器人的研发与销售、人工智能理论与算法软件开发、数字文化创意软件开发、人工智能公共数据平台、生物质能资源数据库信息系统平台、医学研究和试验发展、新材料技术研发、软件外包服务等。4月1日，入驻软件大道168号润和创智中心4栋3层运营，办公面积2000平方米。至2021年年末，孵化引进企业10家。

（软件谷）

【5G切片产业联盟实验室成立】 2月24日，第五届5G切片产业峰会在2021 MWC上海展期间召开。峰会宣布成立业界首个5G切片开放创新实验室——5G切片产业联盟轩辕实验室，该实验室由软件谷内企业亚信科技与华为、中国联通、中国移动、中国电信、数字王国、体奥动力、格力、鼎桥通信等5G切片产业联盟成员单位联合组建，旨在聚合切片产业力量，打通技术断点，为业界伙伴提供技术创新验证，促进切片产业走向成熟★。实验室围绕切片技术创新认证设立三大业务中心，即技术创新中心、E2E集成中心、业务展示中心，服务于不同产业的切片业务创新验证和技术断点打通，验证终端模块、切片管理及企业自管理系统的集成，面向百行千业展示切片创新成果。

★**链接** 轩辕实验室将基于5G切片产业联盟运作，充分发挥中国市场5G SA网络切片先发优势经验和在国际市场的协同能力，拉通对应的标准和产业组织，增强切片确定性能力，推动切片在技术、商业、标准等方面的快速发展，加速切片的商业成功进程。

【江苏星思集成电路设计有限公司】 2月26日，在喜玛拉雅商业中心成立。该公司为上海星思半导体有限责任公司研发中心全资成立的5G连接芯片研发中心，注册资本1000万元，位于南京市雨花台区宁南街道喜玛拉雅商业中心A地块N幢11层。从事集成电路及芯片设计、制造、销售；半导体器件专用设备制造、销售；网络与信息安全软件开发；光电子器件、电力电子元器件制造、销售；信息技术咨询服务；信息系统集成服务；计算机软硬件及辅助设备零售等业务。（雨　鉴）

创新创业人才

【概　况】2021年，雨花台区实施重点人才工程，优化完善区级人才评价体系；突出人才发展生态建设，做优谷雨双创学院培育品牌，举办中俄（南京）数字经济创新合作论坛、中华门创将大赛、UP系列活动。集聚紫金山英才高峰计划顶尖人才2人，培育先锋计划创新型企业家17人，引进先锋计划市高层次创新创业人才16人。国家重点人才工程A、B类各入选1人，省“双创”计划入选5人。年内，集聚、培养市级以上高端人才754人，其中国家级人才28人、省级人才222人、市级人才504人。创新生态不断优化，围绕企业不同成长阶段，谷雨双创学院分层开设“谷雨培训营”“谷雨成长营”“谷雨加速营”等培训课程，108名“双创”人才入营开训。软件谷入选省“双创”计划5人，“紫金山英才”高峰计划2人，创新型企业家17人，高层次创新创业人才区级31人、市级9人，累计集聚和培养国家、省、市级人才573人。众能联合数字技术有限公司CEO杨天利获2021中国产业互联网杰出CEO称号。（龚　睿　软件谷）

【科技人才专员】2021年，雨花台区在南京市“百校对接计划”实施中，采取互派互挂措施，培养科技人才专员。向西安交通大学、武汉理工大学、山东大学、华北电力大学、中科院合肥物质科学研究院、南京邮电大学6所高校院所派驻科技人才专员6名，第14批省科技镇长团接受山东大学到雨花台区挂职1名。（黄　桢）

【UP系列活动】2021年，中国（南京）软件谷举办UP创业学院、UP微路演、UP创业故事等品牌活动10期，聘请11位嘉宾老师分享，观看人次超2000人。采访并发布15位企业家UP创业故事。

【谷雨双创学院】2021年，谷雨双创学院落实“谷雨生花芳满园”2021年谷雨双创学院活动培育计划，遴选征集企业学员108人，采用大班集中授课、小班专项辅导、优秀学员定向跟踪模式，举办培训营、成长营、加速营课程活动17场；指导31家企业获区级高层次人才认定，学员企业获各类荣誉资质188项，3家学员企业获千万级融资。（软件谷）

【“博御金陵”第一届博智安全网络空间安全沙龙】1月8日，由中国（南京）软件谷联合博智安全科技股份有限公司（以下简称博智安全）在南京润和软件园国际菁英交流中心举办。沙龙围绕网络空间安全人才培养主题，探讨关键需求与应对策略。设置分享议题4个，博智安全首席科学家、院士何积丰分享《新工科下的软件工程人才培养》，国家工业信息安全发展研究中心、赛昇信息技术研究院院长王军凯分享《工业信息安全人才培养现状和对策建议》，赛博英杰科技有限公司董事长、创始人谭晓生分享《网络安全人才培养》,博智安全副总裁、赛博空间非攻研究院院长郑铁分享《关于建设江苏省工业互联网安全人才培训基地策划》;举行“网络靶场建设与网安人才培养”研讨,江苏省工业和信息化厅信息化发展处副处长金雷、东南大学网络空间安全学院副院长陈立全、达晨创投合伙人连钧权、江苏省信息网络安全协会副理事长赵和平发言。国家工业信息安全发展研究中心、省保密局、省工信厅、省科技厅、省信息网络安全协会、中国(南京)软件谷、高校和研究机构等20余名代表出席。博智安全是江苏省网络安全重点企业、工控安全和网络空间靶场的解决方案供应商,拥有专业为培养安全人员技能水平、加强安全网络环境建设和提高设施环境安全防护的“ETSR-博智孪生仿真靶场”研发产品,是江苏省国家保密局和南京市国家保密局技术支持单位、江苏省工业网络安全人才培训基地。5月26日,博智安全入选2021工业互联网安全人才联合培养计划(第一批)合作伙伴。

【中俄(南京)数字经济创新合作论坛】 6月22日,2021中俄(南京)数字经济创新合作论坛在雨花台区举办。该论坛由中共雨花台区委、雨花台区人民政府主办。论坛围绕数字经济创新发展,展开研讨和交流,为数字领域企业、专家、机构提供交流合作平台。雨花台区人民政府区长张连春、科技部国际合作司原司长靳晓明、俄罗斯联邦驻华商务代表处主任康斯坦丁·西多连科、俄罗斯联邦驻华大使馆科技代表保尔·洛金诺夫致辞,中国驻俄罗斯大使馆科技参赞郑世民、俄罗斯科学院通讯院士瓦季姆·沙赫诺夫通过视频连线向论坛发祝辞。科技部原副部长吴忠泽作题为“打造数字经济新优势 加快建设数字中国”的主旨演讲;欧洲科学院院士,欧洲人文与自然科学院院士,南京信息工程大学遥感与测绘工程学院院长金双根作题为“空间信息技术赋能数字经济建设与机遇”的演讲;南京市独角兽俱乐部秘书长、艾佳生活创始人潘定国作题为“新时代 新技术 新思维”的演讲。雨花台区现场签约一批重点项目;现场举行智库启动仪式。

(雨 鉴)

【中华门创将大赛】 6月23日,2021“中华门创将”大赛(全球赛)在中国(南京)软件谷“双创”服务中心举行。大赛由南京市科学技术局、南京市科学技术协会、雨花台区人民政府主办,南京市国际人才交流中心、中国(南京)软件谷·雨花台高新区承办,历时4个月。报名参赛优质项目249个,面向旧金山湾区、东京湾区征集全球赛重点项目62个,获得全球赛总决赛资格项目20个,登顶“中华门”“创将”10名,签约落地中国(南京)软件谷项目4个。线下、线上200万人参与活动。

(软件谷)

科研成果

【概 况】 2021年,中国(南京)软件谷企业亿嘉和科技股份有限公司自主研发的新一代智能操作机器人——“羚羊D200”机器人,获2021第十一届中国国际机器人高峰论坛暨第七届恰佩克服务机器人类别技术创新产品奖。国际数据公司(IDC)发布2021零信任系列创新者报告，软件谷企业南京易安联网络技术有限公司入选全国8家之一IDC中国零信任领域创新者；《IDC创新者：工业互联网安全》发布，软件谷企业博智安全科技股份有限公司凭借工控安全技术优势和丰富实践经验，入选IDC中国工业互联网安全领域创新者。软件谷企业中新赛克在2021中国国际酒店投资及特许经营展览会上获2021GHM金珠奖“粤港澳最佳酒店创新科技合作伙伴”奖项。软件谷企业南京金盾公共安全技术研究院有限公司打造的5G消息扁平化接处警应用——“公安110”正式上线，该应用为全国首个5G消息警务应用；“基于5G技术头盔式执法取证系统”“基于AI的情景交互式学习训练管理平台”，分别获得第四届“绽放杯”5G应用征集大赛江苏区一、二等奖。中国通号研究设计院集团与南京翼辉信息技术有限公司共同研发的操作系统SylixOS，获得国内首个多核64位操作系统IEC 61508（SIL3）/EN 50128（SIL4）国际安全认证证书。雨花台区有15家企业17项产品入选南京市创新产品推广办更新的《南京市创新产品应用示范推荐目录》，入选产品数占全市总数的11.6%。组织企业申报江苏省产学研合作项目3项、国际合作项目4项、重点国别产业技术研发合作项目3项。技术合同成交额103.5亿元，完成全年指标。（雨　鉴）

【科技企业获省市奖励项目】 2021年，雨花台区科技企业获省市奖励项目970个，奖励金额12256.89万元，其中，省级项目536个，奖励资金4812.39万元；市级项目434个，奖励资金7444.50万元。（黄　桢）

表20　2021年雨花台区企业获省市奖励项目一览表

序号	项目名称	项目（个）	金额（万元）
1	南京市2020年度公示高新技术企业第一批拟奖励资金	201	3015
2	南京市2019年度省大型科学仪器开放共享用户地方联动补贴经费拨款	5	9.97
3	2021年度市科普教育示范基地拨款	2	14
4	2020年度认定技术先进型服务企业奖励资金拨款	2	100
5	2020年度认定高新技术企业奖励资金（第二批）拨款	78	1265
6	2020年度第二批省高新技术企业培育资金（入库培育奖励）	305	1525
7	2020年度第二批省高新技术企业培育资金（培育贡献奖励）	5	48
8	2020年度市级新型研发机构绩效评估奖补资金	3	600
9	2021年度第一批省高新技术企业培育资金（认定培育奖励）拨款	176	2640
10	2020年度省科技创新券南京联动资助经费拨款	7	7.62
11	2021年度第一批新型研发机构减少补助拨款	4	200
12	省创新能力建设（第一批）——新型研发机构奖补	1	130
13	省创新能力建设（第一批）——技术转移体现建设奖补	30	83.79
14	省政策引导类计划（引进外国人才专项）——南京天创电子技术有限公司	1	10
15	2021年省科技型创业企业孵育计划资金拨款	9	218.6
16	2020年度初创期科技型企业经济发展贡献奖励拨款	52	114.21

续表20

序号	项目名称	项目（个）	金额（万元）
17	2021年度企业研发费用递增奖励拨款	12	820
18	2021年度市科创大赛（企业、团队）经费拨款	13	5
19	2020年度高新技术企业中新增列入统计规模以上企业新增经济贡献奖励拨款	7	42.64
20	2020年度市科技企业孵化器及众创空间绩效奖励拨款	18	410
21	2021年度省科技型创业企业孵育计划配套资金	9	381.4
22	2021年度国际联合研发项目拨款	2	80
23	2021年度高端和海外研发机构绩效奖励拨款	3	250
24	2021年度国际高水平活动项目经费拨款	1	2.5
25	2021年度技术吸纳方奖补经费拨款	14	97.16
26	2021年度海外协同创新中心绩效奖励拨款	1	30
27	第二批省高新技术企业培育贡献奖励拨款	7	57
28	2021年省创新能力建设专项资金（第二批）——省科技公共服务平台绩效评估后补助	2	100

（黄　桢）

【国家省市区软件谷专项补助】 2021年，软件谷824家次企业获省、市、区、软件谷专项补助资金。其中，获省工业和信息产业转型升级专项资金企业5家，获南京市工业和信息化发展专项资金企业15家，获区软件产业综合发展专项资金企业720家，获市级服务业发展专项资金企业3家，获国家、省、市各类商务专项资金企业81家。（软件谷）

【技术转移】 2021年，雨花台区指导区内企业了解技术合同登记工作及其优惠政策，举办专场培训3场次，参加培训企业200余家。立足企业需求，精准化提供上门服务，企业通过网络和电话，即可享受到技术合同认定登记事项快捷便利服务。重点关注登记金额超5亿元以上重点企业，采取一对一专人跟进服务模式，确保登记事项“一次办好”。重点指导和帮助登记过程中有问题的企业做到合同登记成功。全年技术合同成交额103.5亿元。

（黄　桢）

【中新赛克科技公司获CNNVD最佳新秀奖】 3月9日，国家信息安全漏洞库（CNNVD）对外发布《2020年度CNNVD技术支撑单位总结评价及评奖结果公告》，分别授予北京启明星辰信息安全技术有限公司等24家贡献突出的技术支撑单位CNNVD“年度优秀技术支撑单位”“漏洞报送专项奖”“漏洞预警及应急响应支撑专项奖”和“最佳新秀奖”。中国（南京）软件谷企业中新赛克科技有限责任公司获年度最佳新秀奖。

【亚信科技控股有限公司奖项成果】 4月16日，中国信息通信研究院在2021 RPA创新产业峰会（RIIS）上发布全国首批“RPA系统和工具产品能力评估”结果，雨花经济开发区企业亚信科技控股有限公司机器人流程自动化研发平台AISWare AIRPA 通过最高级别“3+”级评估，成为全国首批获得“3+”级别的企业产品。7月3日，亚信科技控股有限公司获第一届“中国RPA+AI开发者大赛”全国总冠军暨特等奖。

【中国电科集团十四所科研成果】 4月22日，中国电子科技集团公司第十四研究所“中国反隐身雷达旗舰”的YLC-8E型UHF波段三坐标警戒雷达、被誉为“全能冠军雷达”的SLC-7型L波段三坐标警戒雷达、中国首个针对国际市场的机载有源相控阵火控雷达KLJ-7A、“火炮克星”SLC-2E多功能炮位雷达、服务于经济社会发展的C波段全数字有源相控阵天气雷达及T-safe X2型毫米波人体安检仪等多型产品，在第九届世界雷达博览会上展出；11月3日，中国电子科技集团公司第十四研究所在2020年度国家科学技术奖励大会上获国家科学技术进步奖二等奖，参与完成的2个项目分别获国家科学技术进步奖一等奖、国家技术发明奖二等奖；12月8日，“人体全脑导航及治疗效果评估分析系统”项目上榜2021世界智能制造十大科技进展。

【“羚羊D200”机器人获技术创新产品奖】 9月13—16日，2021第11届中国国际机器人高峰论坛暨第七届恰佩克颁奖仪式开幕。中国（南京）软件谷企业亿嘉和科技股份有限公司自主研发的新一代智能操作机器人——“羚羊D200”机器人，在颁奖仪式上获第七届恰佩克服务机器人类别技术创新产品奖。

【南京玻纤院参研优秀科技成果】 11月3日，中材科技南京玻璃纤维研究设计院有限公司参研的优秀科技成果在国家科学技术奖励大会上，分别获国家科技进步一等奖和技术发明二等奖。中材科技副总裁，中材科技南京玻璃纤维研究设计院有限公司膜材料公司副总经理作为项目完成人代表，受邀参加颁奖大会。其中，由清华大学和中材科技南京玻璃纤维研究设计院有限公司等单位共同完成的“工业烟气多污染物协同深度治理技术及应用”，获2020年度国家科技进步一等奖；南京玻璃纤维研究设计院有限公司发明创造的“一种梯度结构穿刺织物及制备方法”在第22届中国专利奖颁奖大会上，获中国专利奖优秀奖。

（雨　鉴）

高新技术产业

【概　况】 2021年，雨花台区高新技术企业营业收入1039.79亿元，技术合同成交额完成103.5亿元，高新技术产业投资增速6%。依托软件和信息服务业，形成通信软件及运维服务，云计算大数据及信息安全，互联网+，人工智能及智能终端，芯片设计、测试、封装，信创6大创新产业集群；核心业务收入2500亿元，江苏润和科技投资集团有限公司、浩鲸云计算科技股份有限公司软件和信息技术服务业务收入，分列《2021软件和信息技术服务业统计公报》前百强企业第79位和第83位。集聚各类众创空间、科技企业孵化器70家，高新技术企业826家，世界500强及世界软件百强企业18家，中国软件百强、中国电子信息百强及中国互联网百强企业32家，“独角兽、培育独角兽、瞪羚”企业51家，创新型领军企业27家，专精特新“小巨人”企业6家。南京网觉软件有限公司、博智安全科技股份有限公司等19家企业入选江苏规划布局内重点软件企业培育库。南京中兴新软件有限责任公司“基于区块链的可信云存储系统”项目入选2021年江苏省区块链产业发展试点示范项目。举办南京·人工智能、产业互联网专场、中欧（爱尔兰）产业技术创新合作论坛和人工智能、通信软件、集成电路三大产业“数字雨花 感知WE来”主题展等活动。（黄 桢）

【通信软件及运维服务产业集群】 至2021年年末，集聚以华为软件技术有限公司、南京中兴软件有限责任公司、三星电子（中国）研发中心和南京亚信软件有限公司等为龙头的企业1381家，产业建筑面积超372万平方米，从业人员13万人，核心业务收入1233亿元，是国内规模最大、集聚度最高、占据行业主导地位的通信软件产业基地。

【云计算大数据及信息安全产业集群】 至2021年年末，集聚以浩鲸云计算科技股份有限公司、南京中新赛克科技有限责任公司、南京中软国际信息技术有限公司、亚信安全科技股份有限公司、博智安全科技股份有限公司、南京伟思医疗科技股份有限公司、江苏新视云科技股份有限公司和南京森根科技股份有限公司等为引领的企业756家，产业建筑面积247万平方米，从业人员5.9万人，业务收入超348亿元，软件谷大数据产业基地被认定为省级特色产业基地。浩鲸云计算科技股份有限公司“醍醐智能挖掘平台”、江苏润和软件股份有限公司“基于云架构分布式技术的金融基础数据服务平台”和江苏户传科技有限公司“基于分布式存储、低延时高可用实时分片索引技术的智慧政务领域跨行业信用消费大数据全流程监管分析平台”入选2021年江苏省大数据产业发展试点示范项目。

【互联网+产业集群】 至2021年年末，集聚以江苏满运软件科技有限公司、众能联合数字技术有限公司、南京希音电子商务有限公司、南京青麦供应链有限公司、南京网觉软件有限公司、江苏斑马软件技术有限公司和南京蓝鲸人网络科技有限公司等为支柱的企业829家，产业建筑面积255万平方米，从业人员超7.6万人，核心业务收入553亿元。众能联合数字技术有限公司入榜2021中国产业互联网独角兽30强榜单、上榜“2021中国产业互联网百强榜”第54名；满帮集团、蜂云网络分别上榜“2021中国产业互联网百强榜”第三名和第63名。

【人工智能及智能终端产业集群】 至2021年年末，集聚以诚迈科技（南京）股份有限公司、亿嘉和科技股份有限公司、南京硅基智能科技有限公司、南京睿悦信息技术有限公司、南京中科创达软件科技有限公司、南京创维信息技术研究院有限公司和南京华捷艾米软件科技有限公司等为核心的相关企业353家，产业建筑面积超45万平方米，从业人员超3.4万人，核心业务收入92亿元。

【芯片设计、测试、封装集成电路产业集群】 至2021年年末，集聚以中兴光电子技术有限公司、南京沁恒微电子股份有限公司、江苏芯云电子科技有限公司、佳源科技股份有限公司、国网智芯、江苏泰治科技股份有限公司、胜科纳米（南京）有限公司等为代表的企业30家，产业建筑面积98万平方米，从业人员1.3万人，核心业务收入207亿元。其中，中兴光电子技术有限公司由中兴通讯股份有限公司100%控股，是中兴通讯股份有限公司在光电子领域的拓展平台；江苏泰治科技股份有限公司是国内极少数具有全面、自主知识产权研发能力的企业，在国内芯片封测企业软件服务领域占主导地位。

【信创产业集群】 至2021年年末，集聚以统信软件技术有限公司、南京翼辉信息技术有限公司、江苏润和软件股份有限公司等为先导的企业143家；有统信软件技术有限公司为核心的基础软硬件，南京翼辉信息技术有限公司牵头的工控软件，江苏润和软件股份有限公司牵头的金融软件，亚信安全科技股份有限公司牵头的网络安全4大信创中心；产业建筑面积62万平方米，从业人员近1.2万人，核心业务收入67亿元。软件谷被江苏省工业和信息化厅认定为江苏省首批信息技术应用创新先导区（交通、能源方向）。博智安全科技股份有限公司位列2021中国信创产业独角兽百强第51位。

（软件谷）

【高新技术企业培育】 2021年，南京市雨花台区科技局通过“分层分类”培训和“分档分级”申报等措施，培育高新技术企业。以高新技术企业申报条件为依据，建立“一企一档”，掌握企业发展数据。组织“分层分类”培训辅导活动14场次、1500余家企业参与。创建“3+3+N”（开展“3轮辅导”、指导“3轮修改”、落实“N项要求”）辅导模式，提升高新技术企业申报质量。全年申报高新技术企业817家，通过认定321家，引进省外高新技术企业1家，累计826家。高新技术企业推荐上报、通过及累计数量位居南京市主城区第一。

【创新型领军企业】 2021年，南京市创新型领军企业培育库动态调整，雨花台区2020年度培育库企业18家全部通过复核维持在库，数量位居南京市主城区第一；新增入库企业9家，数量位居南京市主城区第二。累计拥有创新型领军企业27家。南京中兴新软件有限责任公司、亿嘉和科技股份有限公司入选2020江苏省百强创新企业名单。

【民营科技企业及科技型中小企业】 2021年，雨花台区新增省民营科技企业备案124家；科技型中小企业通过备案1721家。南京天溯自动化控制系统有限公司、南京铖联激光科技有限公司、南京维拓科技股份有限公司、南京汇智互娱网络科技有限公司、南京功夫豆信息科技有限公司5家公司，经过省级申报及答辩，被授予“2021年度最具成长性高科技企业”称号。

（黄　桢）

【超级独角兽企业】 4月26日，新经济智库长城战略咨询发布《中国独角兽企业研究报告2021》，南京市雨花台区跨境电商企业SHEIN（希音）首次挺进Top10，成为南京首家“超级独角兽企业”。SHEIN（希音）位于雨花台区天溯互联网+创新中心内，是快时尚出口跨境电商平台。

【智能制造企业培育计划】 5月12日，南京市雨花台区人民政府印发《雨花台区都市工业智能制造企业培育计划（试行）》。该计划由指导思想、发展目标、产业方向、扶持政策、保障措施和附则6部分组成。发展目标，到2023年全区都市工业智能制造企业数量150家、产业规模200亿元；产业方向，人工智能、集成电路、轨道交通、智能制造装备和生命医药健康；扶持政策，有企业扶持资金投入计划、龙头企业裂变计划、合作伙伴成长计划、创新森林培育计划、企业投入支持计划、企业成长激励计划、场景应用塑造计划、发展空间保障计划、“专精特新”企业培育计划、产业智能升级计划、规上工业培育计划、载体升级提档计划12项具体安排；保障措施，有加强重点企业培育孵化、打造产业链条生态建设、促进本土企业加快成长、落实产业发展要素保障和强化板块载体选优考核。

（雨　鉴）

【“数字雨花 感知WE来”主题展】 6月21—25日，“数字雨花 感知WE来”主题展在楚翘城举行。展览由南京市雨花台区知识产权局与区科技局联合举办。展厅设置全民感知创新体验区和创新打卡点11个。中国（南京）软件谷楚翘城打卡点设置一个“雨花故事”和“智能体验厅”“软件风向标”“集成‘芯’时代”三大板块以及互动交流、创意打卡区域，通过视频、图片、文字、实物，展现雨花台区产业发展情况，遴选人工智能产业、通信软件产业、集成电路产业展品15项。驻足打卡2.5万人次，线上覆盖40万余人次；参与报道媒体110家，报道文章300余篇。

（佘国庆）

【专精特新“小巨人”企业】 8月21日，雨花台区博智安全科技股份有限公司、南京华士电子科技有限公司2家企业入围工业与信息化部公布的第三批专精特新“小巨人”企业名单。至年末，有新立讯科技股份有限公司、亿嘉和科技股份有限公司、南京中新赛克科技有限责任公司等专精特新“小巨人”企业6家。南京矽汇信息技术有限公司、南京隆远电气技术有限公司等14家企业入选江苏省专精特新软件企业培育库。

（雨　鉴）

知识产权

【概况】 2021年，雨花台区有效发明专利3786件，注册商标3.02万件，高维持年限发明专利量（10年以上）702件。完成《南京市雨花台区“十四五”知识产权发展规划》编制。举办“知识产权宣传周”活动，颁布知识产权创新奖励政策。指导帮助23家企业完成知识产权“贯标”申报创建，5家企业入选南京市知识产权示范企业名单。开展各类专项行政执法行动4次，受理各类知识产权维权援助咨询491件。南京玻璃纤维研究设计院有限公司“一种梯度结构穿刺织物及制备方法”获得中国专利奖优秀奖；南京中新赛克科技有限责任公司等5家企业获得南京市优秀专利奖。雨花台区通过江苏知识产权强省示范区和南京市软件产业专利导航实验区验收。

（佘国庆）

表21　2021年雨花台区企业发明专利获南京市优秀专利奖一览表

专利名称	专利号	专利权人
一种卫星通信系统星地协同寻呼方法和装置	ZL202010624553.X	凯睿星通信息科技（南京）股份有限公司
一种基于教室互动黑板的广播与快速知识复习系统	ZL201610664708.6	江苏欧帝电子科技有限公司
一种基于独立元数据组织的海量数据迁移方法和装置	ZL201610924438.8	南京中新赛克科技有限责任公司
预测硬盘故障发生时间的方法、装置及存储介质	ZL201811484874.3	南京中兴软件有限责任公司
一种实现工具自动换接的室外带电作业机器人机械臂	ZL201921448927.6	亿嘉和科技股份有限公司

（佘国庆）

【知识产权创造】 2021年，雨花台区专利授权4260件。其中，发明专利授权909件，实用新型专利授权2771件，外观设计专利授权580件。有效发明专利3786件，高维持年限发明专利（10年以上）702件，高价值发明专利1754件；注册商标3.02万件，万企有效注册商标企业1350家；知识产权质押融资3.95亿元。

【知识产权标准化建设与管理】 2021年，雨花台区推进企业知识产权管理体系持续运行和改进，提升知识产权综合管理能力和水平。南京市雨花台区知识产权局（以下简称区知识产权局）指导帮助江苏智库智能科技有限公司等23家企业完成知识产权“贯标”申报创建工作；帮助南京沁恒微电子股份有限公司等10家企业完成知识产权“贯标”备案成功后省知识产权贯标绩效评价和第三方认证。

【知识产权保护】 2021年，区知识产权局探索南京市知识产权维权援助中心（雨花台区）分中心与区知识产权执法协作机制，将知识产权侵权行为纳入重点检查事项，对侵权假冒多发的电商、展会、驰名商标等领域，开展“双随机、一公开”行政执法检查4次，受理各类知识产权维权援助咨询491件，调解48件，处理电商平台侵权案件17件，向市知识产权维权援助中心移交案件2件，办结商标案件27件，专利案件1件，罚没款95.22万元。赵某某销售侵犯注册商标专用权的白酒案入选南京市“2021年知识产权保护十大典型案例”并上报江苏省参评。

【知识产权质押融资】 2021年，区知识产权局对高新技术企业、规模以上工业企业开展融资需求调研，组织江苏银行、北京银行等金融机构进行银企对接，召开知识产权专属金融产品发布会。针对不同需求企业，制定特定知识产权质押融资方案，帮助企业解决资金问题。全年完成知识产权质押融资项目84项，融资额3.95亿元。

【知识产权项目培育】 2021年，南京玻璃纤维研究设计院有限公司成功申报江苏省企业知识产权战略推进计划项目，南京沁恒微电子股份有限公司成功申报南京市企业专利导航项目，南京月星家居市场经营管理有限公司成功申报南京市“正版正货”街区项目。

【知识产权示范企业名单】 10月9日，南京市知识产权局发布2021年度南京市知识产权示范企业名单，南京硅基智能科技有限公司、南京玻璃纤维研究设计院有限公司、江苏润和软件股份有限公司、南京华士电子科技有限公司、南京奥拓电子科技有限公司5家企业入选。

【世界知识产权日宣传活动】 4月26日，区知识产权局联合雨花台区法院、中国（南京）软件谷科技创新部在楚翘城广场举行“全面加强知识产权保护 推动构建新发展格局”主题宣传活动。现场设立知识产权时光隧道、知识产权创意展，开展咨询服务、组织网络答题并为6家获奖企业颁奖。接待咨询256人次，发放宣传资料200余份，参与知识产权网络答题竞赛2.34万人次、在线奖励1.2万人次。 （佘国庆）

4月26日，2021年南京市雨花台区知识产权宣传周主题活动在楚翘城举行。
（区市场监督管理局　供图）

表22　2021年雨花台区知识产权战略专项资金资助情况一览表

企业名称	项　　目	奖励资金（万元）
亿嘉和科技股份有限公司	中国专利银奖	10
南京天溯自动化控制系统有限公司	国家知识产权优势企业	10
江苏华博创意产业有限公司	区专利导航项目	10
浩鲸云计算科技有限公司	区战略推进项目	20
佳源科技股份有限责任公司	区战略推进项目	20
江苏沁恒股份有限公司	区知识产权保护项目	20

（佘国庆）

【知识产权保护新闻发布会】 12月24日，区知识产权局联合区法院、区检察院在中国（南京）软件谷召开“南京市雨花台区知识产权行政执法与司法保护典型案例”新闻发布会，公布江苏省首件、南京市唯一一件某加工承揽企业侵犯技术信息商业秘密案。并为小微企业进行“专利申请概论”基础知识培训。线下参与活动40余人，线上参与活动300余人。江苏卫视、南京电视台、《新华日报》《现代快报》等媒体参加发布会。 （佘国庆）

科技普及

【概　况】 2021年，南京市雨花台区科技局举办系列主题科普宣传活动和新冠肺炎疫情防疫知识科普，举办第二届XR交互应用国际竞赛，推动公民科学素质持续健康发展。少儿百米科技绘画活动获省科协优秀活动；第四届南京市公民科学素质网络知识竞赛获组织奖；梅山街道老年人代表队获南京市首届智能机大赛二等奖。

【主题科普宣传活动】 2021年，雨花台区组织开展“百年回望 中国共产党领导科技发展”“百年再出发 迈向高水平科技自立自强”主题科普宣传、科普宣传周、全国科普日、防灾减灾日科普活动40余场次、2403人次（其中青少年855人次），发放科普宣传品约300份。联合南京大学、南京邮电大学开设机关干部专题培训班，培训100余人次。组织机关干部200余人次参观南京市创新科技展、航天科普展。开展科普活动进社区近100场、受益1万余人次，实施社区科普大学项目20余项。举办“云科普”网络有奖知识答题，参与者3000人次。

【防疫科普宣传】 2021年，新冠肺炎疫情防控期间，雨花台区利用76块科普中国社区e站大屏及“雨花科普”微信公众号宣传科技防疫，联合各街道张贴防疫科普宣传海报400余幅，发放宣传资料8000余份。（黄　桢）

【第二届XR交互应用国际竞赛】 10月15日，“2021年第二届XR交互应用国际竞赛”开赛。由南京市科学技术协会主办，南京市雨花台区科学技术协会、南京睿悦信息技术有限公司承办。第二届XR交互应用国际竞赛历时5个月。日本、韩国、德国、法国以及中国南京、中国香港、中国台湾等地区近50支代表队参赛，涵盖科普、旅游、环保、建筑、教育、美术、音乐、游戏领域。决赛现场，南京艺术学院、深圳大学、法国特鲁瓦技术大学等20支境内外代表队以“线上+线下”形式，展示多款XR交互应用领域创新作品。经过角逐，南京艺术学院“耶斯莫拉队”《Go Home and Find Your “Mother”》获一等奖，加纳“SteadyX&Haitech队”和南京信息职业技术学院“A.MUSE”代表队获二等奖，深圳大学“冬奥小队”、南京艺术学院“Real-Arts”、南京艺术学院“LLZF队”获三等奖。实时在线观看逾1000人次。（雨　鉴）

责任编辑　王守玲

10月15日，“2021年第二届XR交互应用国际竞赛”开赛。（区科协　供图）

区域经济

2022 YUHUATAI ALMANAC

Regional Economic

综　述

·概　述·

【概　况】2021年,"十四五"时期开局之年。雨花台区围绕"全面创新 全域高新"新雨花建设,持续巩固拓展新冠肺炎疫情防控和经济社会发展成果,全力以赴做好"十四五"开局工作,辖区经济发展总体平稳。全年实现地区生产总值1015.55亿元,增长7.1%。其中,第一产业增加值0.11亿元,下降37.9%;第二产业增加值183.39亿元,增长12.9%;第三产业增加值832.05亿元,增长6.0%。社会消费品零售总额731.18亿元,增长8.0%。三次产业比重为0.1∶18.0∶81.9.一般公共预算收入91.58亿元,增长9.1%。全社会固定资产投资348.51亿元,增长9.6%。全区注册外资实际到账3.66亿美元。外贸进出口总额361亿元。城镇居民人均可支配收入71663.2元,增长9.1%。

【"一带一路"建设】2021年,雨花台区"一带一路"沿线承包对外工程项目7个,投资总额4.31亿元。帮助企业开拓"一带一路"市场,协助企业申报专项扶持资金,拨付企业2021年分类外经专项款1003.97万元。参与南京市推进高质量发展重大项目现场观摩活动、首届南京电竞+文旅产业融合发展大会、南京市文化产业资源共享会、都市工业园区挂牌仪式等20余场重点招商活动,累计利用外资14.8亿元,外贸出口总额1456亿元。把握国家数字服务出口基地建设契机,加大数字贸易与数字服务,培育信息化数字化新动能,打造专业特色数字服务园区。以"国际友好城市"为纽带,开展"走进浡泥国王纪念园"主题采风、剪纸作品征集等活动。在庆祝中国、文莱建交30周年暨南京市与文莱首都斯里巴加湾市结好10周年纪念活动中,举办"我眼中的文莱与南京"绘画展。

【高成长企业培育】2021年,雨花台区出台企业资本市场、独角兽瞪羚企业、高新技术企业、新型都市工业智能制造企业"四大培育计划",加快形成"哪吒[成立时间3年内,A轮前(含)累计获1亿元以上融资的创新创业企业]—瞪羚—独角兽"高成长企业培育链条。全区入选2021年南京市独角兽、培育独角兽、瞪羚企业51家,总数位居全市第三。其中,独角兽企业3家,占全市17%;培育独角兽企业34家,占全市11%;瞪羚企业有14家,占全市7%。

【总部经济】2021年,雨花台区制定《雨花台区总部经济2021年工作要点》《雨花台区2021年度总部经济考核细则》,开展2021中国(南京)金秋经贸洽谈会雨花台区专场活动、雨花台区2021土地招商推介会、芯动长三角·赋能产业发展——中国(南京)软件谷集成电路产业(上海)招商推介会、雨花经济开发区智能制造总部企业招商会等专题招商活动。紧盯摸排辖区八大重点项目产业链上下游企业,开展区总部经济发展状况及服务专题调研,走访总部(储备总部)企业6家。辖区新增总部企业储备库企业10家,其中内资储备企业7家、外资企业3家。

【信用体系建设】2021年,雨花台区制定《雨花台区2021年信用工作要点》,应对新冠肺炎疫情影响，通过开展信用修复、加大信贷支持力度、加强信用法律服务等方式助力企业复工复产。配合南京市社会信用体系建设工作领导小组办公室制定《南京市社会信用条例》配套政策“三清单”，全区通过市、区两级统一公共信用信息归集和服务平台报送“双公示”信息和其他信用数据38990条。开展信用分级分类监管，安全生产、市场监管、医疗卫生、城乡建设、交通运输等重点领域信用监管体系基本建立。开展“6・14”信用记录关爱日等线上线下信用主题推广活动，全年撰写信用工作新闻报道30余篇。推进企业信用培训、示范创建和信用复核，获评信用管理示范企业省1家、市级3家，31家企业获南京市信用管理培训合格证书。开展“屡禁不止、屡罚不改”违法失信行为专项治理，组织信用修复培训2次，专项治理对象退出率100%。选取邦宁科技园开展“信用示范园区”试点建设。

（李雨欣）

·项目建设·

【概　况】2021年，雨花台区委、区政府实施招商引资和重大项目推进情况月调度制，每月通报全区招商引资完成情况和重大项目推进情况，分析困难和问题，提出对策建议，督导指标任务落实落地。南京市雨花台区投资促进局（以下简称区投资促进局）牵头健全完善招商引资工作考核机制、分工联系机制、区谷机关协同机制，逐月梳理签约项目注册、股权融资、基金设立、企业贷款进展情况，强化项目落地要素保障，促进在手在谈项目尽快签约、签约项目尽快注册、注册项目尽快开工运营。雨花台区全年完成实际利用内资额170亿元，签约项目251个，投资总额795.2亿元。其中，签约亿元以上项目110个，投资总额800亿元，完成注册项目92个，注册率82.9%，开工、运营项目56个，投资额258.1亿元，开工运营率50.5%。雨花台区列入区人代会重点项目110个，其中结转项目71个、新开工项目39个，计划投资总额1403亿元，年度计划投资300.9亿元。至年末，110个项目实现在建108个，年度实际完成投资313亿元、投资完成率104%。39个新开工项目中，菊花里酒店、雨花经济开发区都市工业示范园等37个项目开工建设。雨花台区获南京市2021年度招商引资工作优胜奖。

【招商引资】2021年，区投资促进局建立重点产业招商目标企业库、项目信息库、招商活动库、资源载体库，更新完善数据，为各板块精准招商提供支撑。盘整全区土地、楼宇、厂房资源，聚焦“软件和信息服务业”“都市工业”两大方向和“软件谷”“板桥新城”等重点平台，完善资源载体建设，实施智能制造产业与软件信息产业双轮驱动，集中挂牌都市工业园区（楼宇）10个，推动全区一批重点用地招商运作，“铁心桥—西善桥”两桥片区中央商务区项目顺利落地。雨花台区各板块赴北京、上海、深圳开展招商33批次，全区小分队招商累计198批次，举办全区土地招商推介会、企业资本市场直通车、金洽会雨花专场等招商推介活动25场，签约亿元以上项目110个，投资总额800亿元。推进“资本券商+”“商会协会+”等招商合作模式，捕捉有效项目信息占比70%，推动香港知乎华东总部项目、北京用友网络科技、中国天津麒麟软件等优质项目主动落地。举办“‘十四五’重点产业规划与招商引资路径选择”“迈进新型都市工业”等深训特训岗位能力培训5场次，实现全区板块产业类目和一线招商人员培训全覆盖。打造“投资南京、选择雨花”特色品牌，制作推出“投资南京·选择雨花”创意海报、“四大培育计划”推介宣传片、“全面创新 全域高新”雨花招商宣传册，完成“投资雨花”微信公众号及小程序改版升级。协同雨花台区投资促进领导小组成员单位，联动开展系列招商推介活动，推介雨花台区“四大培育计划”。在软件谷走进华为中国生态大会、第九届世界雷达博览会暨首届“雷达与未来”全球峰会分论坛等活动中开展招商，优化辖区投资环境。（王高琪）

【市重大项目建设】 2021年，雨花台区19个项目列入市重大项目计划。其中，实施类17个项目中新开工项目6个、续建项目11个，年度计划投资总额69.86亿元；前期类项目2个，计划投资总额80亿元。南京八五一一所研发总部与电子信息创新基地项目列入省重大前期类项目。至年末，17个实施类市重大项目全部实现在建，年度实际完成投资74.73亿元、投资完成率107%。

年内，雨花台区浙大网新人工智能产业园、亿嘉和智能巡检机器人研发基地等8个项目列入市级新基建项目计划，其中算力基础设施项目1个、产业技术创新基础设施项目7个；计划投资总额75.5亿元，年度计划投资15.5亿元，包括新开工项目2个、续建项目6个。至年末，8个项目全部在建，年度实际完成投资18.1亿元、投资完成率116.8%。

【雨花台区一季度重大项目集中开工仪式】 2月3日，雨花台区2021年一季度重大项目集中开工仪式在浙大网新人工智能产业园项目现场举行。参加集中开工的重大项目9个，计划投资总额52.82亿元，年度计划投资28.15亿元，包含浙大网新人工智能产业园、世茂璀璨睿湾综合商业广场、雨花城市公园等项目。

（汪湛蓝）

【全市首场土地专场招商推介活动】 3月24日，雨花台区在云密城举办全市首场土地专场招商推介活动，全国近百家品牌房企约200名总经理及投资负责人参加。现场首次亮相“东部枢纽提升片”“中部数字创新片”“西部滨江转型片”“南部工业培育片”4大功能片，推出31幅、152.51公顷地块，包括“中部数字创新片”地块14幅、“西部滨江转型片”地块10幅、“南部工业培育片”地块6幅、“东部枢纽提升片”地块1幅。按用地性质划分，二类居住用地16幅，用地总面积73.92公顷；商住混合用地3幅，用地总面积28.6公顷；商办混合用地11幅，用地总面积45.7公顷；商业用地1幅，用地总面积4.29公顷。涉及雨花新城、软件谷、人居森林示范区、板桥新城、板桥街道、雨花经济开发区、东部枢纽提升片7大板块。推介会上，雨花台区与江苏联合职业技术学院、江苏省妇幼保健院、江苏省中医院、江苏省第二中医院、南京市口腔医院举行项目签约仪式，与南京一中民办教育集团和市级机关幼儿园达成合作办学意向。（王高琪）

【金洽会雨花台区专场活动】 10月12日，“聚焦跨境融合 赋能雨花发展”2021中国南京金秋经贸洽谈会雨花台区专场活动——雨花台区跨境电子商务产业发展大会在该区举行，到场中外客商100余人，线上参会200余人。

10月12日，雨花台区跨境电子商务产业发展大会、雨花台区跨境电商联盟成立仪式举行。（区商务局 供图）

南京邮电大学数字经济研究所所长姚国章就《从全球疫情看跨境电商未来》、江苏苏航供应链集团董事长就《聚焦跨境 赋能传统贸易转型发展》诠释行业发展走向。现场签约项目20个，计划投资总额115亿元；成立雨花台区跨境电商联盟，江苏苏航供应链集团有限公司、江苏华顶数码科技有限公司等一批区内跨境电商企业牵手结盟，共促区域跨境电商行业发展。（刘小楚）

工　业

·概　述·

【概　况】 2021年，雨花台区大力推进都市工业企业培育和载体建设，创新出台《雨花台区都市工业智能制造企业培育计划（试行）》，从发展空间保障、专精特新培育、产业智能升级等11个方面，支持培育新型都市工业产业，加快形成“软硬结合”的现代都市工业智能制造产业发展格局。全年净增规模以上工业企业22家，总数124家；实现规模以上工业总产值610.4亿元、增长41%，其中梅山钢铁公司实现工业产值433.5亿元、增长54.2%；规模以上工业主营业务收入612.7亿元，增长37.0%；规模以上工业利润总额51.9亿元，增长160.8%。

【企业服务】 2021年，雨花台区为应对新冠肺炎疫情影响，出台助企纾困政策，惠及企业1.92万家次，惠企资金7.72亿元。推行无感知政策服务，持续打造雨花台区“及时雨”政策直达平台，“让政策找人、让数据匹配、让资金直达”，实现政策资金“免申即享”“即申即办”，平台入库企业1.67万家，上线惠企政策事项61项，兑现资金3.9亿元，受益企业1436家。发挥雨花金服数字平台效能，为创新型企业提供伙伴式资本金融服务，打造资本市场“雨花板块”，全区累计有境（内）外上市企业10家、新三板挂牌企业15家、新四板挂牌企业124家、拟上市入库企业超60家。通过新闻发布、平台发布等形式，围绕多元化场景互用、成果互享，布局建设创新产品应用场景，助力创新产品推广落地，全年发布建设各类应用场景101项。

表23　2021年雨花台区规模以上工业企业主要产品产量统计表

产品名称	计量单位	产量	增长（%）
环境污染防治专用设备	台（套）	314	−70.3
塑料制品	吨	15479.32	−12.6
用外购钢材再加工生产钢材	吨	11804	11.1
滚动轴承	万套	1346.7	12.5
家具	件	75764	0.4
多色印刷品	对开色令	2405274	1.3
服装	万件	111.38	−25.3
钢材	吨	7892167	8.7
粗钢	吨	8043972	0.5
兽用药品	吨	2607.32	27.2
钢结构	吨	7431.71	−5.4
电工仪器仪表	台	202038	−20.0
自来水生产量	万立方米	2559	4.8
硫酸（折 100%）	吨	80836.91	−1.7
人造板表面装饰板	平方米	131751	−84.4
商品混凝土	立方米	3707881.16	−7.3
农用氮、磷、钾化学肥料（折纯）	吨	8793	0.2
安全、自动化监控设备	台（套）	894	12.2
工业自动调节仪表与控制系统	台（套）	33000	20.4
光纤	千米	79072	65.5
饲料	吨	0	−100.0
砖	万块	3568.36	−39.9
生铁	吨	7303940	3.9
熟肉制品	吨	854	4.5
房间空气调节器	台	90273	39.5

（区统计局）

表24　2021年雨花台区规模以上工业总产值分行业大类统计表

行业大类	工业总产值（万元）	增长（%）
总　计	610.37	41.0
制造业	598.90	41.7
农副食品加工业	0.71	−77.7
纺织服装、服饰业	8.73	2.9

续表24

行业大类	工业总产值（万元）	增长（%）
木材加工和木、竹、藤、棕、草制品业	0.28	−13.1
家具制造业	1.36	0.5
造纸和纸制品业	2.84	15.8
印刷和记录媒介复制业	1.48	−13.0
文教、工美、体育和娱乐用品制造业	2.96	56.6
化学原料和化学制品制造业	0.64	91.8
医药制造业	4.39	34.2
化学纤维制造业	0.58	21.5
橡胶和塑料制品业	2.77	4.8
非金属矿物制品业	54.84	10.2
黑色金属冶炼和压延加工业	433.46	54.2
金属制品业	0.77	23.0
通用设备制造业	4.79	13.9
专用设备制造业	19.02	11.6
汽车制造业	1.88	−5.3
电气机械和器材制造业	8.63	27.8
计算机、通信和其他电子设备制造业	37.33	36.8
仪器仪表制造业	10.16	60.3
废弃资源综合利用业	1.00	1.2
金属制品、机械和设备修理业	0.26	−26.2
电力、热力、燃气及水生产和供应业	11.48	12.9
电力、热力生产和供应业	10.68	13.9
水的生产和供应业	0.80	0.5

（区统计局）

【都市工业园区集中挂牌仪式】 3月29日，雨花台区举办都市工业园区（楼宇）集中挂牌仪式，挂牌软件谷创业创新都市工业园、软件谷集成电路产业园、雨花街道花神都市智造产业园、赛虹桥街道中牧生物医药产业园、铁心桥街道禹洲新都市智能制造产业园、板桥街道现代都市产业社区——板桥都市工业园、西善桥街道南河智舟都市工业园、梅山街道9424都市工业产业楼宇、古雄街道莲花湖都市工业产业社区、雨花经济开发区都市工业园9号工坊10个都市工业园区（楼宇）。（李雨欣）

·基础工业企业·

【上海梅山钢铁股份有限公司】 2021年，上海梅山钢铁股份有限公司（以下简称梅山钢铁公司)生产铁矿原矿467.07万吨、铁精矿233.50万吨、生铁730.40万吨、连铸坯804.40万吨、热轧板卷798.01万吨、酸轧产品87.30万吨、酸洗产品(含厚板)130.26万吨、热镀铝锌(108)17.23万吨、热镀铝锌(208)31.53万吨、电镀锡产品22.89万吨、连退卷35.6万吨,烧结矿1065.61万吨,焦炭245.63万吨,新热力、干熄焦、TRT(高炉煤气余压透平发电装置)发电19亿千瓦时。实现利润40.49亿元,吨钢综合能耗555.1千克标准煤。推进精品基地建设,"321+X" 产品销量累计340.3万吨,品种结构优化增效1.02亿元。至年末,梅钢公司在册员工4927人,其中在岗员工4582人。

管理变革。梅山钢铁公司制定《管控中心基础管理细则》,策划编制梅钢数字化转型制造专业线条设计方案。管控中心《提高高炉利用系数》项目通过采取大富氧、大风量操作模式,大高炉煤比突破160千克/吨,全年实现板坯产量804万吨。按照工序服从原则,配合宝钢股份深化工序管理,冷轧部形成技术服务团队16个,业务推进团队9个;热轧部从"追求极致产能、品种结构增效、重点装备能力提升改造项目"三个维度,形成支撑项目和协同项目各4项;炼钢部参与策划千万吨钢铁精品基地三年能力提升规划,形成相关支撑项目7项;炼铁部支撑开展4号高炉中修开炉、梅山高炉铁水成本方案、制粉系统建设投运等项目,全年铁水成本下降4.67%。6月,受托管理南京宝地梅山产城发展有限公司特种设备作业人员考试中心;9月,受托管理宝钢心越南京分公司,支撑宝钢股份梅山基地改革、效率提升目标落地。公司完成炼钢厂转炉炉料预热系统、鱼雷罐加废钢预热、原料码头吸尘车作业等业务委托工作。成立"操维一体化"变革推进组,顶层设计变革配套岗位,整合操维一体化组织10个;撤销炼铁厂煤精机电仪点检作业区、炼钢厂机械检修作业区等,提升设备体系整体运行效率。全年精减三级机构2个、作业区2个,精减比例1.27%,形成定岗定编初步方案8个。构建"人人比贡献、日日超自我、月月赢对手""赛马"绩效体系,精减指标数量,每家3~5个指标(产量、成本、毛利等),引导各组织关注行业与市场,激发活力,取消线下运行的"做奖金"绩效管理,自主研发、上线运行"一贯绩效管理信息系统",实现绩效数据即时可视化,支撑"赛马"绩效变革落地。撤销运输部安全管理室、财务管理室,运输部更名为物流部,完成由物流运行实体向物流综合管理部门转变。设置炼铁、炼钢、热轧等8个综合项目组,构建与一流企业相适应的项目运营管控体系。撤销财务部报支核算模块。设立景区运营中心,负责梅山钢铁公司旅游景区创建及运营等。厚规格酸洗纵切线业务委托南京宝钢住商金属制品有限公司运营。成立碳中和推进委员会,优化碳减排相关职能设置,推动"双碳"战略落地。制定梅山钢铁公司改革三年行动实施方案和任务清单,明确现代企业制度建设、推动治理体系和能力调整、深化混合所有制改革、健全市场化经营机制、加强企业党的领导5个方面27项举措66项任务。

绿色低碳持续赋能。梅山钢铁公司组建碳减排管理体系,制定《梅山钢铁节能降碳能效提升计划》,确定节能降碳项目99个。成立环保A级企业创建专项推进组,实行双组长负责制,制定《环境管理办法》《环境检查考核标准》《厂容环境责任区域划分图》,通过自查自纠提升厂区生产环境。全年吨钢综合能耗完成555.1千克标准煤、吨钢耗新水2.62立方米、固体废物不出厂率99.51%。其中，吨钢耗新水领先钢铁行业水效先进值0.48立方米，跻身“江苏省水效领跑者”行列。厂区绿化覆盖率41.1%，获评江苏省蓝色信用等级单位。

科技创新与产品研发。梅山钢铁公司R&D（科学研究与实验发展）投入占全年产值3.2%，累计开发新产品37个，新产品转产30个；实现科研、新品、技术推广结题效益3.45亿元。发明专利申请169件，科技政策利用0.88亿元。申报项目“镁处理洁净钢新产品开发与关键技术集成”“连铸无人浇钢技术开发与应用”获冶金科学技术一等奖，“高炉两段式煤粉喷吹理论与关键技术及其配套装备”“特大型智慧生态原料场技术”分别获冶金科技进步奖一、二等奖，“梅钢公司5G+MEC数字炼钢项目”获工信部第四届“绽放杯”5G应用大赛工业赛道全国决赛三等奖，“基于智能化的热轧薄带高强钢轧制稳定性控制技术及工业应用”获北京市科学技术进步奖二等奖。4件专利获“宝钢股份第十一届专利创意奖”优秀奖。承担与参与的国家重点研发计划“高温熔融金属储运容器防泄漏技术与装备研发”“高温熔融金属作业事故虚拟交互与综合防控预警系统”“扁平材全流程智能化制备关键技术”以及江苏省工业和信息产业转型升级专项资金省重大技术攻关项目（招标项目）“车辆轻量化材料”结题。“高炉喷吹兰炭技术要求”团体标准（T/SSEA0095-2020）通过冶金工业规划研究院审定，由中国特钢企业协会发布实施。冷轧厂自主管理课题获2021全国QC小组成果发表赛示范级奖。

【经营绩效管理】 2021年，梅山钢铁公司确定“煤焦资源拓展技术优化降本”等5个瓶颈突破项目和“提升炼铁产能”等17个重点项目。实施过程中，调整“减产不减效”经营策略，以“热轧1422产线经济运行”“降低现货及废次降发生率”“提高弹性生产能力，控产保量保供”3项成本和能力保障类项目，替代提升产能类重点项目，保障年度经营绩效的实现。

【固定资产投资】 2021年，梅山钢铁公司固定资产投资项目156个，其中新开项目97个（立项额50.8亿元）、结转项目59个。完成固定资产投资18.74亿元、完成率93.42%。鱼雷罐加废钢预热、一炼钢废钢间预热、二号高炉喷吹系统改造、液氧气化及VPSA（加压吸附真空解吸）制氧一期、大高炉制粉、二炼钢废钢间增设预热功能项目以及炼钢钢包扩容项目相继投运。新建110千伏精炼炉变主体建成，合金加热系统改造项目建成，一炼钢LF炉（钢包精

图为6月24日拍摄的梅山钢铁公司夜景。 （梅山钢铁公司　供图）

炼炉）项目热试成功，二炼钢转炉炉料预热项目具备热试条件。

【固废返产管理】 2021年，梅山钢铁公司升级改造炼钢转炉LT细灰压球设备，开发高压冷压球工艺，实现LT细灰全部返生产利用，冷压球水分从8%下降到5%以下，有效提高冷压球质量；以高炉一次灰、蓝炭为原料开发自产发热球替代外购发热剂，实现炼钢用发热剂自产；以高炉一次灰、氧化铁皮为原料开发高炉灰压球返炼钢使用，替代部分矿石消耗，提高高炉一次灰返产利用比例，实现高炉一次灰价值最大化；减少含锌废钢使用量，降低转炉渣锌含量，提高混合渣粉用量。优化脱硫渣扒渣与淬化工艺，源头降低脱硫渣铁产出量；梳理渣铁使用钢种、优化渣铁使用工艺，消耗渣铁库存，渣铁库存从年初28000吨降至1200吨；推进大包热态铸余渣直返转炉，降低冷态铸余渣加工压力，提升铸余渣钢金属回收率和利用率；推进棒磨加工线建设、快速实现达产，累计处理渣钢库存原料68000吨。全年固体废物返生产利用率累计完成28%，含铁固体废物返生产利用率累计完成50.32%。（金　利）

【南京宝地梅山产城发展有限公司矿业分公司】 2021年，南京宝地梅山产城发展有限公司矿业分公司紧盯采选均衡和产销平衡，推进全工序精细管控，注重矿产资源开发利用，优化采区生产布局。加强工艺管控，改善技术经济指标，提升设备体系能力，保障矿区全流程稳定高效产能。因南京宝地梅山产城发展有限公司矿业分公司“11·30”安全事故，12月份厂区全面停产，1—11月累计完成铁精矿233.5万吨，选矿金属回收率（不含外购矿及酸渣）72.71%。加大外购矿寻源，有序组织外购矿进生产加工流程，提增盈利水平，累计外购矿加工5.15万吨。实施全流程降湿尾，阶磨阶选制砂项目投产运行，湿尾综合利用产量170.34万吨。应对市场变化，优化客户结构，采取差异化定价策略，实行主、副产品市场营销，做到产销平衡。累计销售铁精矿242.44万吨，其中外销50.94万吨，湿尾综合利用产品销售182.54万吨，营业收入完成年度预算的158.15%，利润总额完成年度预算的205.29%。对标找差，构建“纵向到底、横向到边”成本管控体系，制定和落实三年成本削减规划，实施团队重点改善项目，施行各工序指标“赛马”机制，促进成本指标持续改善。全年绩效铁精矿制造成本比预算改善11.40元/吨，同比改善15.76元/吨，在国内重点矿山行业中原矿制造成本位列第二、铁精矿制造成本位列第四。开展分层分类人才培养，实施管理人员、技术业务、现场骨干3支队伍“领航”计划。以生产分厂为单元，实行现场管理“赛马”，改善现场管理；以作业区为单元，推进基础管理“创牛”，生产区域淤泥积水、地面跑冒滴漏等问题减少，现场管理水平提升。参与“南京市文明典范城市创建”活动，启动矿区环境治理与改善工程，整修美化内部道路、出新亮化厂区建筑。

【智慧中心建成】 10月30日，南京宝地梅山产城发展有限公司矿业分公司智慧中心完成工程建设和主体设备安装，11月30日完成系统调试。智慧中心利用废弃厂房重新规划设计，建筑面积约2000平方米，分集控大厅、多功能厅、会议厅三部分，总投资1.24亿元。其中，集控大厅建筑面积788平方米，是生产指

图为12月24日拍摄的智慧中心。

（南京宝地梅山产城发展有限公司矿业分公司　供图）

挥的“大脑”，决策协同、采矿集控、选矿集控3个工作区域21个工位；智能装备远程操控区域预置7个操作台，通过电脑操控实现井下一键凿岩、重选自动放矿、无人驾驶电机车、铁精矿无人抓斗等智能操作；96块液晶显示屏分“三维生产管控”“生产经营可视化”“全过程工艺组态”三大板块。智慧中心通过5G、大数据、人工智能等前沿技术与矿山生产深度融合，推进“生产作业智能、操控集中、远程运维、基础设施标准”建设，构建采矿环节“地测采一体化—远程遥控采矿设备—智能放矿与无人运输—溜破提升一键操控”和选矿环节“复杂工艺智能选矿—全自动无人发货—无尾化处理”全流程的数字化和智能化，实现厂区全流程、多维度的快速联动智慧化生产指挥平台。（顾美兰）

【南京华润热电有限公司】 2021年，南京华润热电有限公司完成发电量30.43亿千瓦时，供热量（含污泥）95万吉焦；供电煤耗完成315.06克/千瓦时，综合厂用电率6.03%，厂内管理煤耗完成1.72克/千瓦时。全年未发生一般性及以上安全事故，各项环保指标均达国家超低排放标准，获南京市“健康企业”称号，被江苏省电力行业协会评为2020年度江苏省电力行业统计工作先进单位。

【330兆瓦机组节能降耗减排】 2021年，南京华润热电有限公司实行策略发电。通过安排330兆瓦机组调停、临检和A类检修，进行AGC（自动发电控制）协调优化，提高设备发电效率，加强运行调整，增加一次风随动和煤质矫正等功能。通过改造优化，机组AGC调节速率、精度和调频性能系数均提高。全年参与深度调峰336小时，实现节能降耗减排目标，在江苏电网调频市场具备优势。

【404A机组检修】 10月12日—11月30日，南京华润热电有限公司完成4号机组630项项目A类检修。各专业小组根据4号机组实际运行状况和试验数据反映出的问题，制定专项检修措施，实行三级验收制度，解决机组脱硫效率下降、锅炉漏风率高、发电机匝间存在短路、发电机氢纯度下降较快、油系统渗漏、高加出水温度偏低、炉底水封槽漫水等问题。检修后机组一次启动成功，指标优良，设备运行可靠性有效提升。检修期间未发生安全事故。（张惠蓉）

·新兴工业企业·

【南京玻璃纤维研究设计院】 2021年，南京玻璃纤维研究设计院（以下简称玻纤院）实现营业收入20.7亿元，同比增长27%；利润总额1.5亿元。全年申请专利74件，其中发明专利58件；授权专利56件；主持制（修）订国家标准33项，发布国家标准12项，其中发布国际标准2项。获国家科学技术进步奖一等奖、国家技术发明奖二等奖、首届中国专利奖优秀奖、中国质量奖提名奖、全国企业管理现代化创新成果二等奖、江苏省企业管理现代化创新成果一等奖、首届全国建材行业十大科技突破领军企业等荣誉。

【高性能无机纤维技术标准创新基地启动】5月20日，高性能无机纤维技术标准创新基地启动会在南京举行，由江苏省市场监督管理局主办，南京玻纤院承办。作为高性能无机纤维技术标准创新基地的承担单位，南京玻纤院将协同省内相关单位，为江苏省从事高性能无机纤维生产、应用和研发的企业提供标准化技术服务平台。通过标准化技术支持和保障，推动江苏省高性能无机纤维产业升级、全产业链高质量发展。“江苏省高性能无机纤维技术标准创新基地”项目的启动，标志江苏省无机纤维标准创新事业迈入新的发展阶段。

5月20日，江苏省高性能无机纤维技术标准创新基地启动会在南京古南都饭店举行。（南京玻纤院 供图）

【首条海外年产5万吨冲天炉法岩棉生产线投产】5月31日，南京玻纤院首条海外现代化年产5万吨冲天炉法岩棉生产线项目在韩国碧山投产，实现利用工业固体废物生产岩棉的循环发展。该项目针对韩国自然矿产资源有限状况，以“资源化、减量化、再利用”为原则，利用当地工业固体废物，将南京玻纤院具有完全自主知识产权的大产能熔化技术、高速均匀铺毡技术、全自动幅宽调整的纵切技术、VOC（挥发性有机物）收集处理技术等集于一线，结合创新设计模式与管理方法，运用先进工艺技术与装备打造出一条世界领先水平的产能、节能冲天炉法岩棉生产线，实现绿色清洁生产。

【工业烟气治理技术及应用获国家科技进步奖】11月3日，在2020年度国家科学技术奖励大会上，南京玻纤院“工业烟气多污染物协同深度治理技术及应用”项目获2020年度国家科学技术进步奖一等奖。该项目在烟气常规、非常规多污染物协同控制理论、核心功能材料、深度治理技术及装备、标准化评价体系等方面取得重大创新突破，实现工业炉窑/锅炉烟气多污染物协同深度治理，形成“基础理论—技术方法—产业引领—决策支撑”创新链，在核心材料、关键装备、先进工艺等方面取得创新成果，引领工业烟气深度治理技术与产业进步。

【纳米纤维宏量制备关键技术与产业化获国家技术发明奖】 11月3日，在2020年度国家科学技术奖励大会上，南京玻纤院“高曲率液面静电纺非织造材料宏量制备关键技术与产业化”项目获2020年度国家技术发明奖二等奖。该项技术形成高品质静电纺微纳米纤维宏量制备体系，实现宽幅精准结构微纳米非织造材料的模块化、连续化与批量化生产技术的跨越。研发的复合过滤材料，实现水泥、钢铁、玻璃等行业烟气颗粒物超低排放限值，在国家重大工程、蓝天保卫战、疫情防控阻击战和国民经济建设中发挥重大作用。

【核辐射图像传输技术获中国专利奖】 12月6日，在中国职工技术协会公布的首届中国专利年度奖评选结果中，南京玻纤院“一种石英光纤传像束”专利获中国专利年度奖优秀奖。该专利属国家重大工程试验核聚变项目，器件中的“环流器二号M”性能可靠稳定，完全符合核工业的使用需求，突破核辐射环境远距离图像传输技术瓶颈，打破国外技术封锁和垄断，成功实现国产替代，且图像质量优于国外进口产品。（俞　晓）

【南京旭建新型建材股份有限公司获新型专利授权】 2021年，南京旭建新型建材股份有限公司温性能NALC（蒸压轻质加气混凝土）岩棉复合板、波纹隔音板、高性能保温夹芯板、自由水电模块板、声装一体板、宽幅板等多功能板材投入生产应用，获实用新型专利授权6项。研发的NALC复合音效一体化板体系，解决信息传媒、装配式建筑等项目应用中的关键技术，被江苏省重点文旅产业示范项目“扬州空港新城影视基地项目”推广使用。承担的“十三五”国家重点研发计划子课题“钢结构建筑产业化关键技术及示范项目”通过结题审查；研究成果“钢结构建筑轻质环保围护体系关键技术与工程应用”获中国钢结构协会科学技术奖一等奖；主编的“NALC叠合楼板配套钢结构应用技术工法”获冶金行业部级工法认证；参编的国家标准GB15762-2020《蒸压加气混凝土板》和GB11968-2020《蒸压加气混凝土砌块》发布实施；承建的南京市建筑产业现代化示范项目“中材国际技术装备研发中心项目”通过南京市江宁区建设工程质量监督站竣工验收。公司获江苏省建筑产业现代化突出贡献单位称号。（崇　睿）

【乾元浩生物股份有限公司南京生物药厂】 2021年，乾元浩生物股份有限公司南京生物药厂（以下简称乾元浩南京厂）产品销售总量73.3亿羽份/亿毫升；实现营业收入13473万元，净利润2235万元，纳税806万元。实现生

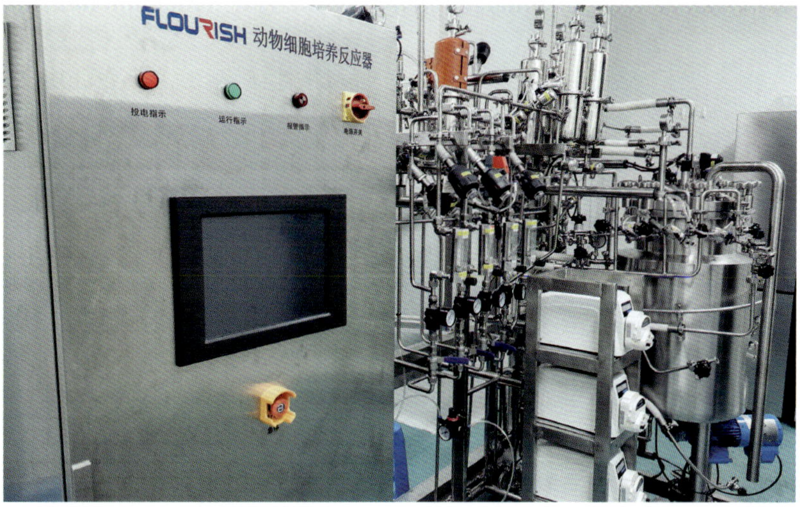

图为8月25日拍摄的细胞悬浮培养设备。（乾元浩南京厂　供图）

产工艺转型升级，细胞悬浮培养工艺取代传统转瓶培养工艺，获得的细胞密度、病毒效价以及产品的产量与质量均获提升，被成功应用在伪狂犬、胃肠炎等产品上。年内，乾元浩南京厂被南京市特种设备安全工作领导小组办公室授予特种设备安全管理先进单位称号。

（陈金鑫）

金融业

·概　述·

【概　况】 2021年，南京市雨花台区地方金融监督管理局（以下简称区地方金融监管局）按照“内强素质、外防风险、守牢底线、谋求发展”工作思路，紧紧围绕推动全区高质量发展要求，统筹疫情防控和经济社会发展，着力平衡稳增长和防风险关系，坚决守住不发生系统性、区域性金融风险底线，持续推动全区资本市场健康发展。

【金融监管】 2021年，区地方金融监管局完善辖区地方金融组织月度数据监测、季度风险分析机制，细化行政检查流程，对辖区6家小贷公司、4家融资租赁公司进行年度审计。开展全区256家私募投资基金机构摸底排查、1160家投资类公司风险排查、5家农民专业合作社风险排查以及小额贷款公司大学生互联网消费贷款专项排查。向驻区企业宣传《江苏省地方金融条例》。利用“江苏省‘互联网+监管’系统”“江苏省小贷行业综合服务平台”等互联网监管平台加强金融监管，防范区域金融风险。至年末，纳入雨花台区监管范围内的地方金融组织有22家，其中融资租赁公司10家、小额贷款担保公司9家、典当公司2家、商业保理公司1家。

【金融风险排查】 2021年，区地方金融监管局从源头上控制风险输入，开展迁入企业线上风险核查，对存在非法金融活动企业拒绝迁入。累计核查迁入企业1176家，查出风险企业18家。对新注册金融企业或工商登记变更名称、经营范围中与集资有关字样或内容展开会商，审核企业信用状况，不予注册或限制变更信用状况差、存在非法金融风险的企业。累计会商企业26家，劝退企业7家。排查企业4300余家，对街道集中排查中发现的22家风险企业进行梳理，综合利用省监管平台信息、第三方查询平台信息、历史排查信息等，结合现场暗访，排除风险库企业20家。核查重点线索21条，通过现场核查、警示约谈，处置涉嫌非法集资企业3家。

【资本市场培育】 2021年，雨花台区出台《雨花台区关于进一步提高上市公司质量促进资本市场健康发展的实施意见》，简化企业奖励资金兑付审核流程，推进企业政策奖励资金“免申即享”兑付试点。首批试点利用雨花台区“及时雨”政策直达平台，首期兑付2020年完成新四板挂牌企业46家、奖励资金460万元。数字货运平台——满帮集团在纽约证券交易所挂牌上市，成为国内“数字货运第一股”。江苏新视云科技股份有限公司和亚信安全科技股份有限公司分别在深圳证券交易所创业板、上海证券交易所科创板成功过会。全年新增报会企业3家、省证监局辅导备案企业

3家、新四板挂牌企业40家。至年末，全区有上市公司10家、新三板挂牌企业15家、新四板挂牌企业144家；培育拟上市企业60余家，其中过会待发行2家、报会2家、在辅导企业4家。

【实体经济服务】 2021年，针对新冠肺炎疫情给实体经济的冲击，区地方金融监管局配合区发展改革委等部门制定并落实《雨花台区关于应对疫情影响支持企业稳定发展的若干举措》，加大对中小企业信贷支持力度。发函给各街道（园区），摸排企业融资需求，跟踪企业23家，安排对接金融机构19家，总额5.02亿元。援企纾困，对接南京市地方金融监督管理局下放的融资需求企业2家。全区累计在江苏省综合金融服务平台注册企业6764户，接入率为辖区注册企业的18.36%，通过该平台撮合银行为注册企业授信1157笔、总额31.33亿元。协助辖区306家企业使用南京市民营企业转贷互助基金528笔、总额18.18亿元，带动银行贷款19.78亿元，为企业节省资金成本112.28万元，有效缓解企业资金压力。

【防范非法集资宣传】 2021年，区地方金融监管局针对重点人群开展防范金融风险宣讲活动43场，其中开展防范非法集资社区讲座19场、广场活动24场。通过拉横幅、张贴宣传标语、有奖知识问答、专题讲座、解析典型非法集资和网络诈骗案件等方式，宣传《防范和处置非法集资条例》、非法集资常见形式、非法集资危害等，提升群众对非法集资、网络诈骗等活动的辨别能力和防范意识，维护群众财产安全和地区金融稳定。

【企业资本市场直通车活动】 3月26日，雨花台区携手上海证券交易所、华泰证券股份有限公司在软件谷科创城举办2021年雨花台区首场企业资本市场直通车活动。雨花台区“双创”引导基金与华泰紫金达成战略合作意向，合作成立规模不低于10亿元的雨花台区第4只创投子基金；华泰联合证券有限责任公司与雨花台区2家保荐拟上市企业浩鲸云计算科技股份有公司、南京华士电子科技有限公司签约；华泰紫金投资有限责任公司与雨花台区2家融资企业征途信息技术公司、擎盾信息科技公司签约，形成战略合作，助推雨花台区企业融资上市。

3月26日，华泰证券与保荐拟上市企业、华泰紫金投资与融资企业签约。
（区地方金融监管局　供图）

【江苏省政府投资基金园区行雨花台区专场】 11月3日，由江苏省政府投资基金、南京市财政局、南京市雨花台区人民政府主办，以“资本撬动创新 赋能全域高新”为主题的江苏省政府投资基金园区行——南京站暨雨花台区企业资本市场直通车秋列专场活动在南京丰盛五季凯悦臻选酒店举行，雨花台区家政产业互联网运营商、行业内领先密码服务商、工业智能方案提供商等12家企业进行项目路演。路演企业包括国家级专精特新“小巨人”企业1家、培育独角兽企业3家、省级民营科技企业6家，涉及软件信息、新能源、生物医药、智能交通、现代农业等领域，吸引国投招商、中金资本、毅达资本等30余家省政府投资基金子基金管理人，10余家投资机构和金融机构参加。（李　睿）

·银行与证券·

【中国农业银行南京雨花台支行】 至2021年年末，中国农业银行南京雨花台支行拥有员工242人，辖内12家二级支行。人民币两项存款时点余额223.66亿元，存款增量40.65亿元，创历史新高；全年贷款投放32.95亿元。推进制造业及新兴产业客户信贷支持工作，了解区内重点制造业、新技术产业化重点项目和优质科技创新型企业等重点客户资金需求，全年审批47户、2.39亿元，实现高新技术企业信贷合作21户，新增国家级专精特新企业信贷合作2户、省级专精特新企业1户、培育独角兽企业2户、瞪羚企业合作5户。组织人员走进社区、学校、企业开展金融知识法规普及宣传等“我为群众办实事”实践活动20余次；组建青年突击队协助辖内街道开展全员核酸检测；参加雨花台区政府与青海省教育支持帮扶项目，为困难家庭学生捐献书籍5000册；与雨花台区行政审批局联合推出企业开办银行一站式服务，全年服务企业开户1112户。参加雨花台区金融行业党建联盟，扩大共建联建覆盖面，推动党建与业务工作融合发展，签署内外部共建联建协议44个，与区内一批优质客户开展共建联建活动10余次。（李　颖）

【紫金农商银行雨花台支行】 至2021年年末，紫金农商银行雨花台支行总存款余额98.9亿元，较上年增加11.7亿元；总贷款余额81.2亿元，较上年增加5.3亿元。该支行采取网格化走访，下沉业务重心，实施零售转型。小微贷款投放以房易融、金陵惠农贷、惠农快贷、增额宝等普惠特色产品为主，完成19个涉农社区整村建档授信，建档5984户，授信2556户，授信面42.7%，授信金额1.96亿元。新增社保卡34312张。发展绿色金融，绿色金融贷款余额7.28亿元。当选雨花台区金融机构党建联盟常务理事单位，委派13名员工深入网格挂职，与辖区内6个街道党工委结对共建，与40余家党建共建单位开展活动20余场次。新冠肺炎疫情防控期间组织4批17人次志愿者参加核酸检测工作。（胡　晓）

【华泰证券股份有限公司南京宁双路证券营业部】 至2021年年末，华泰证券股份有限公司南京宁双路证券营业部拥有员工20人。贯彻公司科技赋能战略，以全业务链服务体系为个人和机构客户提供专业、多元证券金融服务，财富管理业务和机构服务双轮驱动，强化政企合作，开展以股权为核心的承揽、直投和基金业务。3月底，与雨花台区政府联合主办雨花台区企业资本市场直通车活动，为企业提供股权融资和首发上市业务相关服务与支持。6月参与上交所“科创沙龙”软件谷专场活动，对接谷内近5年有上市潜力企业。履行谷雨双创学院导师职能，参与企业遴选、合作创投机构评审等活动，积累早期企业，深化创投基金合作，与多家创投企业合作推进雨花台区、软件谷创投基金成立。持续为雨花台区和软件谷企业提供投融资服务，上门为江苏红网技术股份有限公司开展理财讲座；在营业部现场举办投资者服务活动；为中新赛克股权激励100多位骨干员工提供账户开立服务，为拟上市公司亚信安全科技股份有限公司、江苏新视云科技股份有限公司等部分股东提供股份托管服务。

（陆　洲）

【"科创沙龙"专场活动】 6月18日，2021上海证券交易所"科创沙龙"软件谷专场活动在科创城举行，主题为"科创加速 聚势而生"。在科创公开课环节，上海证券交易所苏皖区域发行服务负责人朱吉炜作《企业上市形势与科创板近况》主题分享；在科创新锐TED环节，南京善思生态科技有限公司、江苏红网技术股份有限公司、南京慧目信息技术有限公司负责人分别登台路演，与会企业与4位专家展开交流；在科创生态说环节，上海证券交易所IPO专业组组长冯晴，华泰证券投资银行业务线执行董事、保荐代表人刘惠萍，竞天公诚（南京）律师事务所权益合伙人王峰，容诚会计师事务所管理合伙人涂振连分别从科创板标准界定、研发投入认定、信息披露要求、累计未弥补亏损情形等专业角度作圆桌交流分享，多家企业踊跃提问。软件谷拟上市企业代表等参加活动。（软件谷）

商贸服务

·概　述·

【概　况】 2021年，雨花台区扩大内需，序时推进证大喜玛拉雅中心、紫悦广场和菊花里国际化社区3个重点国际消费中心城市项目建设，促进消费升级，拉动经济增长。聚焦乐游、嗨购、潮玩三大场景，举办春季、秋季多场主题消费节活动，构筑活力新雨花。全年完成社会消费品零售总额731.18亿元，增幅8.0%，总量位列主城区第四、全市第六，其中限额以上社会消费品零售额418.08亿元、增幅1.4%。

【城市国际化建设】 2021年，雨花台区完成21项国际化推进工作，被市级以上主流媒体宣传报道28篇，其中通过国家级主流媒体宣传报道8篇。成功推荐该区外籍友人获评"江苏友谊奖""南京市城市国际化紫金友好使者"称号。

【商贸企业服务】 2021年，南京市雨花台区商务局（以下简称区商务局）加强对舜天集团、苏豪集团、上海梅山钢铁公司等重点企业的服务跟踪，调研走访证大喜马拉雅中心、紫悦广场和菊花里社区3个国际消费中心城市建设重点项目。至年末，累计走访企业120余家次，解决企业困难20余件。优化营商环境，为企业提供境外展会对接、扶持资金申报服务，累计为江苏润和软件股份有限公司、三星电子（中国）研发中心等9家企业提供省级服务贸易重点企业

奖补资金450万元，帮助35家企业获批外经贸专项扶持资金1000余万元。（刘小楚）

·商品流通·

【概　况】2021年，雨花台区证大喜玛拉雅中心、紫悦广场·宜悦城开业。举办南京市春季、秋季消费节雨花台区专场活动。聚焦乐游、嗨购、潮玩三大场景，为企业搭建展示平台，组织安吉汽车进社区、软件谷第一届汽车节、电竞嘉年华、“软件谷创流勇进”“花样生活节”、岱山新庙会、非遗展演等主题消费活动40场，发放“雨花台区消费券”，构筑消费新环境。

表25　2021年雨花台区限额以上批发和零售业商品销售情况统计表

类　别	批发业商品销售额（万元）	零售业商品销售额（万元）	批发业增速（%）	零售业增速（%）
	累计	累计	累计	累计
总　计	8228781.2	4021513.8	17.2	−1.3
其中：通过公共网络实现的商品销售	127396.3	395022.8	19.9	16.8
粮油、食品类	211295.6	1200682.8	−27.6	−14.6
其中：粮油类	14131.7	203542.9	−17.1	−23.8
肉禽蛋类	20390.3	119700.2	25.8	−31.7
水产品类	39984.3	19993.1	−15.9	−39.1
蔬菜类	8125.4	52202.3	42.1	−18.8
干鲜果品类	2737.2	62878	34.8	−16.2
饮料类	0	77827.9	0	−16.7
烟酒类	15412	330051.1	−75.8	20.9
服装、鞋帽、针纺织品类	933189.9	65119.4	13.5	−15.6
服装类	674766.3	44914.6	4.7	−10.4
鞋帽类	17572.9	8984.4	9	−15.2
针纺织品类	240850.7	11220.4	48.5	−31.6
化妆品类	10352.4	88005.8	−32.8	−40.2
金银珠宝类	159454.4	39760.4	14.2	26.5
日用品类	178397.5	246125.2	46.8	2.8
其中：可穿戴智能设备	14.2	0	0	0
五金、电料类	267232.2	32024.2	17.9	22.2
体育、娱乐用品类	34496.2	34473.2	8.6	224.8
其中：照相机类	2237.3	1635.1	3.3	−62
书报杂志类	1743.9	2790.6	−32.7	−15
电子出版物及音像制品类	0	0.2	−100	0

续表25

类 别	批发业商品销售额（万元）	零售业商品销售额（万元）	批发业增速（%）	零售业增速（%）
	累计	累计	累计	累计
家用电器和音像器材类	162783.8	58939.4	1.2	-12.7
其中：能效等级为 1 级和 2 级的商品	0	110.3	0	0
其中：智能家用电器和音像器材	0	10771.9	0	-44
中西药品类	1531808.5	64004.3	12.1	-5.5
其中：西药类	1361445	31490.8	9.6	21.8
中草药及中成药类	85270.8	18887.4	27.1	3.4
文化办公用品类	757812.6	46879.2	-20.4	-9
其中：计算机及其配套产品	454022.1	13481.7	-28.9	-45.8
家具类	0	20114.5	0	15.1
通信器材类	354222.1	282840.9	-23.5	42
其中：智能手机	297	64724.6	-33.3	1.8
煤炭及制品类	1435250.5	0	98.2	0
木材及制品类	54605	0	375.5	0
石油及制品类	38741.6	22336.4	-19.9	26.4
化工材料及制品类	172217.4	0	8.4	0
其中：化肥类	593.2	0	-87.4	0
金属材料类	660850.8	0	54.7	0
建筑及装潢材料类	133449.2	101626.4	22.8	4.1
机电产品及设备类	829766.7	9331.5	29.5	-13.4
其中：农机类	1204.8	0	34.8	0
汽车类	18652.5	1267240.4	-23.6	5.2
其中：新能源汽车	0	69855.6	0	88.7
种子饲料类	0	0	0	0
棉麻类	0	0	0	0
其他未列明的商品类	267046.4	31340	21.7	-11.2

（区统计局）

表26　2021年雨花台区限额以上批发和零售业商品零售情况统计表

指标名称	零售额（万元）	增幅（%）
总 计	4082558.9	1.3
其中：通过公共网络实现的商品销售	416533.9	14.6

续表26

指标名称	零售额（万元）	增幅（%）
粮油、食品类	1174978.6	2.3
其中：粮油类	181819.6	-18.2
肉禽蛋类	119676.2	-14.0
水产品类	19993.1	-22.6
蔬菜类	52202.3	5.2
干鲜果品类	62876.6	11.9
饮料类	77783.2	1.3
烟酒类	324258.7	6.1
服装、鞋帽、针纺织品类	68604.2	-46.5
其中：服装类	47879.3	-45.2
鞋帽类	9504.5	-48.5
针纺织品类	11220.4	-49.9
化妆品类	94997.7	-30.1
金银珠宝类	54457.9	25.1
日用品类	244445.5	8.2
其中：可穿戴智能设备	0	0
五金、电料类	45169.6	20.8
体育、娱乐用品类	34486.6	0.8
其中：照相器材类	1648.5	-63.5
书报杂志类	2790.6	-6.6
电子出版物及音像制品类	0.2	0.0
家用电器和音像器材类	56251.7	-43.4
其中：能效等级为 1 级和 2 级的商品	110.3	0.0
智能家用电器和音像器材	10771.9	-44.5
中西药品类	81398.4	-2.1
其中：西药类	43179.7	9.8
中草药及中成药类	18887.4	3.6
文化办公用品类	104194.9	-14.3
其中：计算机及其配套产品	34580.3	-22.9
家具类	20114.5	14.6
通信器材类	284764.7	35.5
其中：智能手机	64724.6	5.8
煤炭及制品类	0	0
木材及制品类	0	0

续表26

指标名称	零售额（万元）	增幅（%）
石油及制品类	20697.5	21.9
化工材料及制品类	0	0
其中：化肥类	0	0
金属材料类	0	0
建筑及装潢材料类	108193.2	5.6
机电产品及设备类	14194	-8
其中：农机类	0	0
汽车类	1244838.4	4.1
其中：新能源汽车	66099.9	92.2
种子饲料类	0	0
棉麻类	0	0
其他未列明商品类	25938.8	-7.3

（区统计局）

【第一届软件谷购车节】 5月14—18日，由软件谷管委会、区商务局、铁心桥街道主办的中国制造——第一届软件谷购车节在楚翘城举行。车展现场展出7个品牌、近30款车型，囊括B级轿车、C级轿车、中大型SUV和MPV商务车等多款车型。各参展厂家、经销商推出一系列车展专享优惠，包括现金直降、金融优惠、免费保养等，涵盖购车、用车、养车全生命周期，吸引诸多消费者参观咨询。活动外场开辟文创集市区域，为车展注入更多娱乐、休闲元素。

【岱山新庙会】 5月28日，西善桥街道和区商务局在西善桥街道岱山联合举办首届西善民歌节暨第二届岱山新市集（岱山新庙会）。岱山新庙会现场分舞台区、美食区、历史文博区、文化教育区、跳蚤市场区和便民服务区6个展区。舞台区以舞龙《舞动西善》拉开序幕，展演腰鼓《中国歌最美》、舞蹈《我的祖国》、模特秀《江南之南》和魔术表演等18个节目；美食区吸引30家南京本土餐饮企业和30家中国台湾美食参展，汇集特色点心、小龙虾、外婆家小酥

5月28日，岱山新庙会在西善桥街道岱山举行。（区商务局 供图）

肉、纯手工冰粉、铁板鱿鱼、臭豆腐等特色小吃以及现摘桃子等农家特产售卖；历史文博区以展板形式向市民介绍“竹林七贤”等西善桥历史文化遗存，现场有六朝文化非物质文化遗产表演及六朝茶礼演示，观众可免费品尝由茶艺师制作的六朝草本茶及小罐茶，参与香囊制作，体验六朝文化礼仪；文化教育区展示入驻或即将入驻西善桥“理想教育小镇”的教育关联产业风采，如初见书房、斑马书院、K1亲子文教等；跳蚤市场区为居民提供二手物品转让与置换平台；便民服务区为居民提供配钥匙、织补、义剪、插花、就业咨询和健康咨询等服务。活动吸引一批旅居中国的国际友人前来购物休闲，体验中国文化。

9月28日，“雨宁同庆 花样年华”2021雨花台区秋季消费节启动仪式在雨花客厅举行。（区商务局 供图）

【宜悦城开业】 7月17日，紫悦广场·宜悦城开业。宜悦城位于安德门大街与软件大道交汇处，总建筑面积6万平方米，设计“前沿风尚、童心无忌、酷玩娱乐、味蕾派对”四大经营特色，铺位155个，入驻品牌150余个，涵盖美食、健身、儿童、时尚潮流等业态，是天隆寺地铁上盖的商办综合体。当日客流量9万余人次。

【雨花台区秋季消费节启动仪式】 9月28日，以“雨宁同庆 花样年华”为主题的2021雨花台区秋季消费节系列活动启动仪式在雨花客厅举行。现场展演国潮主题舞蹈快闪与T台走秀节目；举办“锦绣雨花夜市”，市民在老字号美食、文创、手工艺品等摊位挑选。该系列活动持续至11月，相继举办“雨花特色美食节”“幸福中国家”“花样生活节”等主题活动。

【证大喜马拉雅中心开业】 10月1日，证大喜玛拉雅中心开业。是证大集团在南京打造的融合中国传统山水文化和商业潮流的综合性地产项目，位于南京南站南广场六朝路和金阳东街交汇处，总建筑面积8万平方米，由A、B两区组成，引进滑雪场、精品超市、IMAX影院、买手店和特色文化餐饮等业态，是一座集艺术、生活、体验于一体的社交型购物中心。

（刘小楚）

·南站高铁枢纽经济区·

【概 况】 南站高铁枢纽经济区雨花台区管辖面积3.1平方千米。2021年，完成固定资产投资4.76亿元，一般公共预算收入1.65亿元，外贸进出口总额8.95亿元，实际利用内资5.9亿元，签约项目投资总额45.15亿元，亿元以上签约项目7个，新认定高新技术企业5家。

【雨铁综合社区服务中心】 雨铁社区综合服务中心西临花神大道、北临景明佳园小区、东临机场高速、南临高速铁路，主要服务南京南站站西景明佳园和双龙嘉园片区，于2020年5月20日开工建设，占地面积1.49万平方米，总建筑面积4.13万平方米，其中地上建筑面积2.96万平方米，规划建设社区服务及配套设施，计划总投资2.98亿元。至2021年末，累计完成投资1.19亿元，项目主体封顶。

【绿地玉晖晶舍商务中心】 绿地玉晖晶舍商务中心位于雨花街道玉兰路西侧，东至玉兰路、南至丁墙路、西至江苏省丝绸集团有限公司、北至软件大道，于2016年4月1日开工建设，占地面积6.25公顷，总建筑面积33.5万平方米，规划建设3幢商办综合体、6幢高端住宅和商业体以及4幢配套楼，计划总投资50亿元。至2021年年末，累计完成投资34.1亿元，剩余2幢商办综合体进行主体建设。

（姜玮玮）

·雨花国际汽车商贸区·

【概 况】 2021年，雨花国际汽车商贸区新开业汽车4S店2家，在营汽车4S店23家、29个品牌，分别是：奔驰、保时捷、宝马、宝马mini、奥迪、沃尔沃、路虎、捷豹、凯迪拉克、别克、领克、林肯、福特、吉利、几何、红旗、广汽本田、哪吒、理念、一汽大众、上汽大众、东风本田、Jeep、一汽丰田、雪佛兰、比亚迪、广汽丰田、长城、哈弗。园区利用公共交通、小区道闸、网络媒体加大形象宣传，完善园区配套服务设施。全年销售车辆14815台，销售额53.9亿元。

【新丰泰集团4S店开业】 1月1日，新丰泰集团旗下广汽丰田4S店在雨花国际汽车商贸区开业，地面积0.59公顷，建筑面积1.49万平方米，展厅面积600平方米，总投资9800万元。

【朗驰集团4S店开业】 2月18日，朗驰集团有限公司旗下3家汽车经销店在雨花国际汽车商贸区开业，分别是朗驰昌润雪佛兰店、朗驰一汽丰田店和朗驰驰迪比亚迪店。该项目被列入2020年度雨花台区人代会重点考核项目，总占地面积1.26公顷，总建筑面积2.8万平方米，展厅总面积2000平方米，总投资1.9亿元。（史雨婷）

·板桥市场群·

【概 况】 2021年，板桥市场群有商贸市场2家，即润泰市场、普迪五金机电城。栖霞建设星叶欢乐城项目全部封顶并完成一期项目精装修，正在进行水电气接入施工；海伦堡商住项目完成主体8~10层建设，主体建筑物为住宅、商业及公共配套。市场群6.8公顷商业和办公A地块被列入土地出让计划。“九路一桥”（三山矶路及跨线桥、中兴路南延线、龙腾南路、三号街、南环路、北环路、龙飞南路、振兴西路、东环路）继续实施道路日常维护与道路绿化一级养护，城市道路绿化种植成活率超95%。

【润泰市场经营】 2021年，润泰市场一期累计有1570间商铺营业，开门率80.6%。受疫情影响，少数商户因经营困难退铺。为缓解商户疫情压力，润泰集团对市场商户实行房租减免1个月政策，使市场整体运营基本保持平稳状态。润泰市场二期项目与红星美凯龙签约，合资共建“绿色智能家居体验馆”。 （赵佩逸）

·农贸市场·

【概　况】2021年，雨花台区新建1家农贸市场，即古雄街道金域华府农贸市场，关闭5家农贸市场，分别为雨花街道宁南生鲜市场、赛虹桥街道金菊花农贸市场、西善桥街道油坊桥农贸市场、古雄街道富力益家100生鲜市场和菜莱坊农贸市场。至年末，辖区有备案登记农贸市场24家，即雨花街道2家、赛虹桥街道2家、铁心桥街道7家、板桥街道1家、西善桥街道6家、梅山街道1家、古雄街道3家、雨花经济开发区2家。农贸市场分布基本满足辖区居民农产品消费需求。为保障春节期间辖区"菜篮子"市场供应，雨花台区制定《雨花台区支持企业春节留宁稳岗、节后复工复产方案》，全区24家农贸市场929个经营摊位正常营业。全年农贸市场获防疫补贴资金99.74万元，其中保供资金44万元、摊位补贴资金55.74万元。　（封　锋）

表27　2021年雨花台区农贸市场情况一览表

序号	市场名称	地　点	营业面积（平方米）	开业时间	摊位数（个）		
					总摊位数	猪肉摊位数	蔬菜摊位数
1	能仁里农副产品综合市场	雨花街道能仁里二村	3850	1994年1月	146	15	52
2	阅彩智慧市场	雨花街道阅城国际花园悠然园10幢101室	2300	2009年4月	74	9	22
3	名城世家菜场	赛虹桥街道小行路58号	2500	2013年8月	45	15	6
4	吉庆里农贸市场	赛虹桥街道雨花台区凤台南路40号	1837	2018年10月	59	8	14
5	南京景明佳园农贸市场	铁心桥街道景明佳园社区	1100	2003年10月	34	6	10
6	铁心桥农贸市场	铁心桥街道江淮路1号	3000	2005年5月	82	13	45
7	南京阳城农贸市场管理服务中心	铁心桥街道春江新城秦河坊D02-1号	2600	2009年10月	80	10	17
8	凤翔新城农贸市场	铁心桥街道宁双路7号	1500	2012年3月	37	3	6
9	春晓农贸市场	铁心桥街道管道路	1500	2012年5月	82	7	16
10	春园路农贸市场	铁心桥街道铁心桥春园路30号新河苑二期	1191	2012年7月	13	1	3
11	蔬鲜源农贸市场	铁心桥街道宁丹路18号	1113	2018年12月	33	2	2
12	板桥雄风农贸市场	板桥街道振兴路59号	3000	2007年3月	83	9	31
13	西善桥农贸市场	西善桥街道西善桥街176号	1500	1995年1月	82	16	23
14	善水湾农贸市场	西善桥街道龙淮路88号	2000	2015年8月	92	9	35
15	明尚农贸市场	西善桥街道盛家岗街9号	2100	2016年4月	70	8	12
16	矿部福润农贸市场	西善桥街道龙西路197号	2100	2017年11月	86	6	9

续表27

序号	市场名称	地　　点	营业面积（平方米）	开业时间	摊位数（个）		
					总摊位数	猪肉摊位数	蔬菜摊位数
17	岱善农贸市场	西善桥街道邱村街 70 号	3000	2018 年 1 月	66	8	12
18	岱山新城农贸市场	西善桥街道岱山 4 号地块负一楼	2670	2018 年 1 月	73	7	23
19	梅山集贸市场	梅山街道新建	7527	2006 年 12 月	280	24	159
20	古雄新居农贸市场	古雄街道古雄新居	1296	2011 年 11 月	15	3	5
21	金土地农贸市场	古雄街道新湖大道 8 号金地自在城第四街区 10 幢	2500	2014 年 4 月	31	5	10
22	金域华府农贸市场	古雄街道新林大道 5~6 号	1665	2021 年 12 月	52	5	9
23	锦华新城农贸市场	雨花经济开发区凤汇大道 19 号锦华新城小区 1 栋一层	850	2005 年 4 月	13	4	8
24	杰晟农贸市场	雨花经济开发区板桥龙藏大道路 2~3 号	1200	2018 年 6 月	27	3	3

（封　锋）

【市场农产品保供】 2021年，春节期间雨花台区有正常营业的农贸市场24家929个经营摊位、2000平方米以上超市15家、5000平方米以上商业综合体13家。发放各项补贴130.83万元，其中农贸市场保供资金44万元、农贸市场内经营摊位补贴资金55.74万元、补贴留宁过年企业人员31.09万元（50元/人）。新冠肺炎疫情防控期间，保障24家农贸市场蔬菜、肉类等农产品供应量，加大永辉超市南京南站店、2家苏果超市供应量和麦德龙、沃尔玛、山姆会员店3家仓储超市储备量。景明佳园小区封控期间，为景明佳园农贸市场配送蔬菜33791千克、肉类4679千克、水产873千克。加强全区34家5000平方米以上大型商场、超市以及188家进口非冷链货物企业疫情防控，成立工作专班和疫情防控巡查督导小组，落实防控措施。至年末，出动245人次检查商场、超市、进口非冷链货物企业，发现问题65条，均落实整改。（刘小楚）

【农贸市场追溯体系建设】 2021年，区商务局通过实地走访、摸底调查等方式，重新梳理安装追溯系统六大品类全覆盖的22家农贸市场，统计各节点使用追溯设备数量、运行情况、追溯电子秤运行和管理情况，以及农贸市场无线网络覆盖、追溯票据打印等情况。协助农贸市场维护追溯设备，保障各节点追溯数据上报率、真实性和及时性。辖区22家农贸市场累计安装追溯秤912台，追溯秤运行情况良好。

【金域华府农贸市场开业】 12月20日，金域华府农贸市场开业，位于古雄街道新林大道5~6号，投资总额280万元，营业面积1665平方

12月20日，金域华府农贸市场开业。（区商务局 供图）

米，摊位52个（猪肉摊位5个、蔬菜摊位9个），属南京金域华府农贸市场有限公司管理。

（封 锋）

·烟草专营·

【概 况】 2021年，南京市烟草专卖局四分局（分公司）（以下简称烟草四分局）销售卷烟4.56万箱，实现卷烟销售收入22.06亿元。建成文明吸烟点252个、吸烟区（亭）4个，覆盖区域内多个交通枢纽服务区、公众休闲区、旅游景区等人流密集区。实现大型连锁商超向合作终端转型145户，传统零售终端向新现代终端转型51户，建成“金丝利零售”加盟终端7户。全年查获各类涉烟违法案件460起、涉案卷烟806.3万支、涉案金额1140.21万元；宣传烟草法律法规、解答各类咨询428起。年内，烟草四分局被南京市财贸金融工会联合会评选为先进职工小家。

【烟草专卖零售许可证管理“南京模式”】 2021年，烟草四分局依托“一起办”流程，持续深化烟草专卖零售许可证管理“南京模式”。新办烟草专卖零售许可证用户实地核管发证、及时入网烟草营销系统、适时评定新客户档级、接受零售客户诚信互助小组社会监督同步进行。全年开展新办烟草专卖零售许可证现场核管1293户，准予卷烟零售许可340户。

【南京市首起雪茄烟案件侦办】 1月28日，烟草四分局联合公安机关成立“1·28”案件联合专案组，侦办非法经营雪茄烟案件。通过前期对“非法经营”线索收集和技术侦查，专案组进驻新疆霍尔果斯、浙江杭州、广东广州、福建泉州等地。4月10日，各地同时布控收网涉案嫌疑人仓储窝点，现场查获非法雪茄烟5682支，案值102.28万元，抓获涉案嫌疑人4人，成功告破南京市首起非法经营雪茄烟案件。

【“百日会战”专项行动】 1—3月，烟草四分局按照南京市烟草专卖局统一部署要求，开展打假打私百日会战“铁拳行动”。利用“5+2”、“白加黑”、错时检查、突击检查等监管手段，有效打击涉烟违法行为。会战期间，烟草四分局查处涉烟违法案件142起，查获涉案卷烟109.45万支，涉案金额193.5万元。其中，5万元以上案件7起，涉案卷烟79.54万支，涉案金额145.04万元。

【“进社区 送服务”活动】 5月26日，烟草四分局联合区市场监督管理局在赛虹桥街道吉庆里小区广场开展主题为“党建3·15——进社区、送服务”为群众办实事活动。烟草专卖执法人员向社区群众发放真假烟知识图鉴、烟草专卖法律法规手册等宣传资料100余份，现场剖析群众关心的消费维权案例，接受消费者咨询40余人次，现场处理投诉1起，提升烟草企业社会形象。

【“守护成长”专项整治行动】 6—12月，烟草四分局开展“守护成长”专项整治行动。在校园周边的电子烟销售实体店张贴“禁止向未成年人售烟（含电子烟）”标志220余份，宣传6月新修订实施的《中华人民共和国未成年人保护法》和烟草专卖法律法规，收集线索、从严查处在学校与幼儿园周边设置电子烟销售网点、向未成年人售烟（含电子烟）以及未在显著位置设置不向未成年人售烟标志的违法行为。10月20日，烟草四分局对电子烟经营商户作出首例向未成年人销售电子烟的行政处罚，守护未成年人成长环境。 （冯　琳）

·外资外贸·

【概　况】 2021年，雨花台区从项目招引、增资扩股、营商环境、优化服务方面提高利用外资综合效益，创新拓展国际化招商领域，引导外资向高端商贸综合体、信息服务、健康养老等高端商务商贸业投资。跟进百胜（中国）数字研发中心项目、慧咨（中国）软件研发项目和拓高乐文体项目等洽谈；推进满运、智者四海、宝马诚迈、火花思维等项目到资。全年全区注册外资实际到账3.66亿美元，完成进度的140.7%，同比增幅49.39%。组织企业参加2021中国跨境电商交易会、第二届中国—中东欧国家博览会、第四届进口博览会等重点展会，推进“江苏优品，数贸全球”跨境电商专项行动，加强企业与中东欧国家在贸易、投资等领域合作，促进外贸稳定增长和转型升级。全年实现外贸进出口总额361亿元，同比增幅17.8%。梳理全区外资企业、境外投资企业和有离岸业务的外包企业，鼓励企业从南京本地银行结算外汇。组织企业参加第八届中国（上海）国际技术进出口交易会、“苏新服务·智惠全球”线上对接会、数字贸易欧美专场、第二届中东欧博览会、“2021全球服务贸易大会以及第14届中国国际服务外包合作大会”等活动，宣传雨花投资环境，展示雨花服务贸易。全年实现服务贸易进出口总额37.81亿美元，同比增幅0.8%；实现服务外包总执行额37.8亿美元，其中服务外包离岸执行额7.34亿美元。

【自贸区联动创新】 2021年，雨花台区推进实际经营企业在中国（江苏）自由贸易试验区南京片区的注册，推动入园注册企业开展实际经营活动，弥补辖区短板。至年末，雨花台区获批中国（江苏）自由贸易试验区南京片区执照企业数107家，位列全市第二，完成率89.2%，其中符合“两城一中心”（芯片之城、基因之城和新金融中心）定位要求的企业有59家、占比55.1%。

【服贸会参展】 9月2—7日，浩鲸云计算科技股份有限公司、江苏润和软件股份有限公司、南京硅基智能科技有限公司3家服务贸易企业，参展“数字开启未来 服务促进发展”2021年中国国际服务贸易交易会江苏服务贸易展区。南京硅基智能科技有限公司携“AI数字人健身教练”互动屏参展体验；江苏润和软件股份有限公司受邀参加服贸贸易投融资高峰论坛（该论坛是2021年中国国际服务贸易交易会重要专业性论坛之一），参与尖峰对话环节；浩鲸云

计算科技股份有限公司通过展板形式，展现企业作为数字化技术和服务提供商、全球电信软件行业Top20的科技实力。（刘小楚）

经济管理

·财　政·

【概　况】2021年，全区一般公共预算收入完成91.6亿元，增长9.1%，完成调整预算的100.7%。其中，税收收入完成80.2亿元，增收11.1亿元，增长16.1%；非税收入完成11.4亿元，减收3.5亿元，下降23.4%，税占比87.6%。全区一般公共预算支出89.5亿元，增支6.3亿元，增长7.3%，其中区本级支出47.3亿元（含新增一般债券支出4亿元）、街道（园区）支出31.9亿元、上级转移支付支出7亿元、上年结转支出3.3亿元。全区政府性基金预算收入204.4亿元，其中土地出让金收入184.2亿元、上级专项转移补助5.1亿元、新增专项债券5.9亿元、上年结转1.8亿元、调入资金7.4亿元。全区政府性基金预算支出194.95亿元，其中土地出让金收入安排的支出182.65亿元、上级专项转移支付2.82亿元、上年结转支出0.91亿元、新增专项债券支出5.9亿元、专项债券利息及发行费支出2.68亿元。

表28　2021年雨花台区一般公共预算收入完成情况统计表

一般公共预算收入	2021年（万元）
税收收入合计	802269
增值税	344465
企业所得税	190691
个人所得税	113541
房产税	49364
印花税	18564
车船税	3320
耕地占用税	2751
城市维护建设税	58595
环境保护税	6281
城镇土地使用税	10899
资源税	3751
其他税收收入	47
非税收入合计	113542
教育费附加收入	24944
地方教育费附加收入	16629
行政事业性收费收入	11173
罚没收入	8082
国有资源（资产）有偿使用收入等	52715
地方文化事业建设费收入	-1
总　计	915811

（区统计局）

表29　2021年雨花台区财政支出统计表

支出名称	2021年（万元）
公共预算支出	894682
基金预算支出	1949539
国有资本经营预算支出	1568
合　计	2845789

（区统计局）

【预算管理一体化系统建设】2021年，雨花台区财政部门组建预算管理一体化系统运维服务团队，完成预算管理一体化系统初始化测试、网络联通测试和上线确认工作。通过在预算编制、执行及资金支付关键节点设置控制、审核、约束规则，实现对财政业务各环节管控。在预算管理上，财政部门、预算单位、银行通过共享信息流，及时反馈预算执行进度和核算信息，实现对预算的多方监控，强化预算执行刚性约束。

【预算公开管理】 2021年，雨花台区各预算部门（单位）制定并实施年度《预算信息公开实施方案》。在江苏省预决算信息公开平台统一公开政府预算和全区汇总“三公”经费预算，同步公开53个一级预算单位、9个街道（园区）部门预算和“三公”经费预算，以及公开全区专项资金管理目录清单。

【国企改革】 2021年，雨花台区制定出台《南京市雨花台区国企改革三年行动实施方案（2020—2022年）》，明确细化具体改革任务8部分31条77项。首次将国企改革纳入区高质量考核体系，确定全区涉改国有企业20家，自上而下逐级压实责任，建立每月“三个一”（一张指标表、一张进度表、一个工作总结）工作机制，实行重点改革任务周跟踪、周调度、月通报机制。至年末，完成国有企业改革任务75项、完成率97.4%。

【税源管理】 2021年，雨花台区财政部门运用税源服务管理系统，有针对性的从海量数据中发掘涉税价值信息，深入挖掘分析内外部数据，把“沉睡的数据”转化为实际税源，实现“信息管税”。至年末，区税源管理平台新增注册企业5622家，注册企业总数3.48万家，成功对接软件谷智慧平台，实现数据共享。分重点推进工商注册地、实际生产经营地均在该区的企业税户转入工作，落实重点税户外迁审核，有效保障辖区重点税源不外流。

【绩效监督管理】 2021年，雨花台区财政部门实现对124个部门整体预算和841个项目预算绩效目标管理全覆盖。在政府收支预算、部门预算、政策与项目预算推进基础上，对“教师及教育内涵发展”等31个民生项目、“四好农村建设工程”等20个重点工程项目累计5.42亿元财政资金进行财政评价，评价结果均在良好以上。委托第三方机构监控板桥街道、古雄街道、西善桥街道“农村人居环境整治项目”推进度和目标完成度，评级均在良好以上。

【政府采购管理】 2021年，区财政部门在政府采购工作日常监督管理中，实现采管分离，明确采购主体，针对不同采购需求提供合理采购建议，完善政府采购监督管理机制，着力提升政府采购效率。全区累计实现政府采购规模12.68亿元，同比增长4.35亿元，增幅52.22%，节约财政资金4800万元。其中，货物类采购2.34亿元，同比增长0.19亿元，增幅8.83%，采购节约资金800万元；服务类采购9.29亿元，同比增长3.11亿元，增幅50.32%，采购节约资金3300万元；工程采购1.05亿元，同比增长0.83亿元，采购节约资金700万元。

【社会事业投入】 2021年，雨花台区财政部门拨付资金2.8亿元，用于落实困难居民最低生活保障金、困难群体医疗补助及临时救助、军队移交地方人员安置等各类社会保障政策，兜底保障基本民生。拨付资金0.7亿元，用于落实青年大学生创业扶持、就业大学生租房补贴、面试补贴等各类就业创业扶持政策，稳定就业。拨付资金1.6亿元,用于防疫物资采购、核酸检测、荧光定量PCR实验室建设等疫情防控投入。拨付资金2.8亿元,落实基层医疗卫生机构综合改革各项政策,健全基层医疗机构运行机制,推进公共卫生服务建设。拨付资金5.7亿元,用于落实困难学生各类助学政策、安排教育基础设施建设以及技术装备的投入,支持教育事业发展。投入资金0.4亿元,用于开展群众文体活动,推进文物及非物质文化遗产建设和特色文化专项扶持。

【城市治理投入】 2021年,雨花台区财政部门拨付资金3.3亿元,用于农村人居环境整治、城市道路建设以及维护改造等项目,提升居民生活品质。拨付资金4.3亿元,用于环保能力建设、污染防治、河道水环境提升、雨污分流建设、市政园林绿化养护等项目,提升区域生态环境。拨付资金4.6亿元,主要用于垃圾分类、环卫保洁、市政设施维护等项目,提升城市精细管理。拨付资金1.2亿元,用于安全生产监管、应急管理处置、公共安全体系建设等项目,提升社会治理安全。 （朱怡嘉）

·税　务·

【概　况】 2021年,国家税务总局南京市雨花台区税务局（以下简称区税务局）推进非接触式办税,落实新冠肺炎疫情防控期间“不见面”办税流程操作指引,全年完成税务办理总量221.56万户次。聚焦主业组织收入,关注区域经济税源变化,强化税收预测,持续风险监控,防止和制止虚收空转等违规行为,完成税费总收入238.2亿元,增幅30.35%。市级公共财政预算收入80.89亿元,增幅9.70%;区级公共财政预算收入84.38亿元,增幅15.61%。加强税费收入质量和税费资金安全管理与收入风险监控。全年办理各项退库13.10万户次、退税金额23.86亿元。做好减税降费核算,梳理完善抗疫惠企政策服务举措,推进减税降费延续政策和新增政策落实,全区累计新增减税降费13.32亿元,其中新增减税11.18亿元、新增减费2.14亿元。

【各项收入特点分析】 2021年,区税务局组织完成各项税费总收入238.2亿元,同比增长30.35%。其中,税收总收入164.5亿元,同比增长18.21%;社保费收入69.2亿元,同比增长75.38%;其他非税收入4.5亿元,同比增长9.49%。从税种方面看,实现增值税68.9亿元,同比增幅2.26%;实现企业所得税47.7亿元,同比增幅84.60%;实现个人所得税28.4亿元,同比增幅0.40%。从行业看,信息传输、软件和信息技术服务业实现税收收入56亿元,同比增幅4.70%;房地产业实现税收收入26.1亿元,同比增幅2.61%;批发和零售业实现税收收入16.8亿元,同比增幅14.07%;制造业实现税收收入25.2亿元,同比增幅106.71%。全区年纳税亿元以上企业25户、年纳税千万元企业171户、年纳税百万元企业774户,贡献全区税收总收入的93.97%,其中亿元企业税收增收幅度较大,同比增收19.42亿元。

【软件谷税收】 2021年,软件谷依据税收收入总体数据分析,软件企业贡献税收总收入55.96亿元,同比增长2.51亿元,增幅4.70%。从龙头企业分析,中兴软件南京系列公司贡献税收收入9.89亿元,同比减收4.15亿元;华为软件技术有限公司及华为南京研究所贡献税收收入18.07亿元,同比增收4.55亿元。

【税收优惠政策落实】 2021年，区税务局为小规模纳税人申报减免政策13.31万户次，减免税额1.09亿元，可享受优惠企业5594户，减免税额累计1.40亿元。为83户纳税人办理留抵退税，退税金额5.83亿元，开启留抵退税快车，工作流程均在当日完结。开展专用发票电子化试点，全年核定电子专用发票户数3443户，为1112户纳税人首次开具电子专用发票提供辅导服务，辅导开具发票5402份。成立税收管理系统测试工作组，在系统上线前每日按工作任务量对各业务进行测试，保障江苏省社保一体化平台平稳上线。与企业核实对接减征数据，实行信息共享。推进土地增值税清算，全年新增土地增值税清算计划项目8个，全部完成复审核实整改，均按序时进度结案。

【税收征管】 2021年，区税务局落实“1+5”征管体系要求〔即《税收征管体系的意见（试行）》及五个配套文件〕和全市通办业务事项，整改纳税人“两头跑”“多次跑”问题，梳理窗口即时办结事项，综合纳税人诉求，制定问题整改清单，提升办事服务效率。开展委托代征清理，全年取消委托代征单位26家，包括区住房建设局、邮政局、二手车市场及专业市场。组织税务专员开展大数据统一平台和税源管理风险平台操作培训10余场次。跟踪监控税收风险，完成年度风险应对任务。全年完成各类信息推送857户次，完成税收风险评估应对200户次，入库税款2.2亿元。规范管理欠税企业，逐户制定清欠计划，清理破产重整企业各类欠税4000余万元。

【税种管理】 2021年，区税务局向企业宣传所得税汇算清缴“一站式服务”，针对纳税人开展分类汇缴培训，针对小型微利企业、高新技术企业、软件企业开展专项政策所得税汇缴培训，重点对企业关注度较高的小型微利企业优惠、软件企业优惠、研发费用加计扣除等优惠政策进行释疑。完成2020年度企业所得税汇缴申报24226户，其中核定征收568户、查账征收23658户。企业汇缴准期申报率99.44%，汇缴辅导面100%。汇缴期间辅导5户企业申请将企业性质变更为非营利组织，对209户软件企业备案资料进行转请审核。成立领导小组和专业工作组，开展自然人综合所得汇算，引导企业分时分批申报。建立人工退税审核机制，提高退税效率，提前应对退税审核风险。设立自然人个税汇算专区，配备专门团队辅导纳税人网上办税、APP汇缴等纳税服务事宜。全年汇算申报补税19938人，非豁免补税12184人，补缴入库税款6130.92万元，补税申报完成率超96%，审批通过办理退税85781人，退税5951.25万元，退税办结率100%，处理征纳互动平台咨询3147人次，及时处理率100%。

【依法治税】 2021年，区税务局规范税收执法方式，按月组织自查整理，探讨推进重大行政执法法制审核。加大内控监督平台应用，重点防范收入质量、现金税费征缴等领域风险。提升涉税司法程序处置能力，依法执行税务行政处罚裁量基准，规范处理税收违法行为。全年税收行政处罚1760户次，罚款22.65万元。新增破产清算（重组）企业35户，完结破产清算（重组）企业2户，在办86户。组织开展风险排查专项行动与现金税费征缴专项整治，完成核实与整改涉税疑点7.3万条。排查业务条线风险14885条，核查面100%。

【纳税服务】 2021年，区税务局办理税务总量221.56万户次，其中接触式办理量14.83万户

5月，区税务局在办税服务大厅开展的“便民办税春风行动”获纳税人好评。（区税务局　供图）

次、非接触式办理量206.73万户次，非接触式办理率93.31%，线上申报89.44万户次、申报率95.40%。办税服务厅日均接待服务纳税人约600人，平均办理时长小于3分钟，纳税人等候时长小于5分钟。全年通过短信平台发送减税降费、新冠肺炎疫情防控优惠政策、个人所得税等各类涉税短信提醒167.91户次，开办线上纳税人服务学堂6期。通过征纳沟通平台推送涉税提醒消息146.37万户次，上传各类税务宣传视频和文件13件，访问626人次。通过线上直播方式开展纳税政策培训，访问3262人次。

【社会保险费及非税收入】 2021年，区税务局组织征收社保费69.2亿元。其中，基本养老入库38.83亿元，医保入库19.24亿元，机关社保入库3.01亿元，工伤、失业、生育入库等3.87亿元，城乡居民社保入库0.25亿元；受理申请缓缴社保费37户、总额195.86万元，审批同意18户、总额93.57万元；残疾人就业保障金入库3689.62万元，同比增加562.25万元。工会经费入库1357万元，同比减少15万元。非税收入4.5亿元，同比增长9.49%。

【营商环境】 2021年，区税务局推行“非接触式”办税，加强宣传引导，定期整理归集税收政策、实时推送操作手册，落实“全程网上办”和“最多跑一次”清单。全年非接触式办理税务量202.76万户次、办税比例93.31%。优化“人工+智能”咨询模式，向纳税人推广江苏税务智能在线咨询平台。全年“12366”特服号呼入总量8.98万件，接收投诉件1043起，综合满意率99%。深化“放管服”改革，开展“便民办税春风行动”，优化税务注销、新办企业套餐、增值税留抵退税3个便民业务流程。面向纳税对象开展营商环境、纳税人满意度、政务服务“好差评”评价，满意率基本100%。开展“税银互动”助力企业，完成辖区30078户纳税人信用等级评定，联合银行开展“强队伍、硬作风、优服务”活动，助力解决中小企业融资难、融资贵难题。（王镜茹）

·审　计·

【概　况】 2021年，南京市雨花台区审计局（以下简称区审计局）完成计划内审计项目16个，包含省市项目5个、区本级项目11个。其中政策跟踪审计项目2个、财政审计项目2个、经济责任审计项目5个、民生审计项目3个、固定资产投资审计项目1个、资源环境审计项目1个、企业审计项目1个、其他审计项目1个。配合省市完成专项审计项目9个，协助内审单位开展投资审计项目20个。完成工程审计项目备案952个，送审资金22.63亿元；抽签复核39个，复核送审资金6.7亿元，再核减240余万元。在《中国审计》杂志、审计署网站等国家级媒体刊载文章5篇，其中《向数字化转型要创新力发展力——江苏省南京市雨花台区打造智慧工程审计管理系统工作纪实》被《中国审计》杂志2021年第15期作为封面关注文章刊载；被江苏省审计厅网站等省级媒体采用信息35篇。

【财政同级审计】 3—6月，区审计局完成全区53个部门、8个街道（园区）（除雨花经济开发区）共61家一级预算单位大数据审计，延伸审计区交通、住建、民政等29家单位预算执行情况，将民政专项资金、省级战略性新兴产业发展专项资金、全区经营性资产管理情况等纳入审计范围。发现并指出问题47个，涉及不规范资金21.13亿元，出具移送处理书8份，促进制度出台9项。

【经济责任审计】 3月12日—11月30日，区审计局分别对区财政局原局长贾乐实、区城市管理局原局长魏平、古雄街道党工委书记李睿和原主任陶龙波、区机关事务管理服务中心原主任褚堂桂、区商务局原局长陈正儒展开任中和离任经济责任审计，重点关注领导干部贯彻执行中央和省、市、区经济方针政策、重大决策部署、本部门重要发展规划和政策措施制定、执行及效果，经济事项决策、执行效果，财政财务经济风险防范、在经济活动中落实党风廉政建设责任和遵守廉洁从政规定情况等。审计共指出具体问题30个，提出审计建议19条。

【老旧小区改造项目专项审计】 3月1日—9月26日，区审计局开展雨花台区2018—2020年老旧小区改造项目专项审计调查，重点关注项目组织保障情况、项目推进情况、任务完成情况、政策落实情况和资金使用情况等，审计指出项目概算批复及竣工决算不及时、小区整治后管理不到位等9个问题。

【南京润雨清洁服务有限公司资产运营情况审计】 5月10日—6月30日，区审计局对南京润雨清洁服务有限公司“十三五”期间的资产运营情况开展专项审计调查，采取调阅账簿、抽查凭证、盘点、询问、分析性复核等审计方法，审计该公司经营收支、作业车辆、库存物资和重点项目管理情况，重点审计公司资产、资金和内部控制制度的执行情况，延伸审计区原环境卫生管理所改制工作，推动改制遗留问题解决。审计指出5个方面18个问题，提出审计建议6条。

【城管信息系统审计】 5月13日—9月26日，区审计局对区城市管理局数字城管系统和渣土车管理系统开展审计，审计信息系统采购程序和付款凭证等资料，分析后台数据有效性与合规性，核实业务数据真实性，并展开必要延伸和追溯。审计指出4个方面12个问题，提出审计建议5条。

【自然资源资产审计】 5月13日—11月19日，区审计局对区城市管理局原局长魏平履行自然资源资产管理和生态环境保护职责情况开展离任审计，重点审计垃圾分类、扬尘治理等自然资源和相关生态环境保护情况，对重要事项展开必要延伸和追溯。审计指出3个方面问题，提出审计建议3条。

【长江岸线生态修复专项审计】 11月26日—12月20日，区审计局对雨花台区2018—2020年长江岸线生态修复情况开展专项审计调查，对长江岸线生态修复资金投入与工作开展具体情况及涉及单位进行必要延伸和追溯。审计指出3个方面6个问题和需要关注的问题2个，提出审计建议3条。 （刘武刚）

·统　计·

【概　况】 2021年，雨花台区完成地区生产总值1015.55亿元，同比增长7.1%。其中，第三产业增加值完成832.05亿元，同比增长6.0%，三次产业比重为0.1∶18.0∶81.9。全社会固定资产投资增长9.6%；完成社会消费品零售总额731.18亿元，同比增长8.0%；城镇居民人均可支配收入71663.2元，同比增长9.1%。南京市雨花台区统计局（以下简称区统计局）编发《雨花台区2020年国民经济和社会发展统计公报》，编印《南京市雨花台区基本统计资料（2020）年》；完成区级部门和各街道（园区）将统计机构列入经济社会发展目标考核的清理纠正；开展统计数据质量核查，更新、维护名录库和“四上”企业*新增工作；发布雨花台区第七次全国人口普查主要数据；规范基层社区统计化建设，开展新一轮住户调查和劳动力调查，完成日常各项统计定报。全区统计系统被国家、省、市统计局内网及区委办、区政府办采用信息205篇次、分析调研文章41篇次。

★链接　“四上”企业是规模以上工业企业、有资质的建筑业和房地产开发经营业企业、限额以上批发零售住宿餐饮业企业、规模以上服务业企业四类企业统称。

【名录库与“四上”企业更新】 2021年，区统计局利用区监管审批部门数据完成基本单位名录库维护更新，完成区税库、区工商库与企业名录库和“四上”企业库比对。抽取在库的一套表单位、非一套表单位以及同期部门行政登记资料单位累计60家开展实地基本单位数据质量核查和一套表单位数据质量核查。利用部门数据进行一套表准规模（限额）调查单位挖掘，开展“准四上”企业监测，将符合月度新增“四上”企业及时纳入一套表平台。全年新增“四上”企业166家。

【统计监测预警】 2021年，区统计局运用经济指标通报与分析建议，每月形成《统计监测指标完成情况及近期统计工作要点提示》，通过全区经济运行分析会议、街道统计科长会议等，指导全区统计基础工作。建立完善行业监测制度，对全区五大行业63家重点企业实施月度预警监测，对54家独角兽、瞪羚企业开展季度监测，在每月统计开网前及时掌握经济运行动态，为区委、区政府决策提供参考。开展“十四五”开局和重要政策研究，完成《“双碳”约束下雨花台区工业和能源发展形势及建议》《新形势下雨花经济运行分析》《“十三五”时期雨花台区房地产运行情况分析》等专题调研报告，提升统计数据在政府决策中价值。

【全区统计系统业务培训班】 4月28日，由区统计局组织的全区统计系统业务培训在区委党校开班，各板块分管统计工作负责人参加培训。培训内容包括GDP统一核算、工业能源统计、建筑业统计、房地产和投资统计、贸易统计、规上服务业统计、人口统计、“四上”单位住户调查、劳动力调查等12个专业。至年末，区统计局组织统计年报与定报、各专业统计业务、第七次人口普查赋码质量验收互查等专业培训37场次，培训人员897人次；利用微信、腾讯QQ等线上形式，为街道、社区及企业答疑解惑。

【第七次全国人口普查主要数据发布】 6月，雨花台区第七次全国人口普查领导小组办公室通过“金陵微雨花”微信公众号发布《雨花台区第七次全国人口普查公报》。公报2020年全区常住人口为608780人，与2010年雨花台区第六次全国人口普查的391293人相比，十年累计增加217487人，增长55.6%，年平均增长率4.52%。全区共有家庭户201916户、501499人，集体户32381户、107281人。平均每个家庭2.48人，比2010年第六次全国人口普查减少0.16人。

【基层统计数据核查】 7月，区统计局出台《雨花台区数据核查实施细则》，规范企业统计数据核查标准、流程与频次，指导企业在统计核查及统计执法中的数据准确性。8月30日—9月2日，核查第一批企业统计数据质量70家次；10月27—29日，核查第二批企业统计数据质量106家次，效夯实全区统计基础数据质量。

（刘宇欣）

·农村经济管理·

【概　况】 2021年，南京市雨花台区农业农村局（以下简称区农业农村局）深化农村集体资产改革，以推进农村社区股份合作制改革为重点，在集体成员界定、股份设置、股权固化、赋予股份权能、发展集体经济、加强集体资产管理等方面完成19个涉农社区“三资”管理专项监督、“村社分账”管理改革。农业稳产保供提质，全区全年粮食种植面积50公顷、产量40万斤；抓实生猪生产保供任务，全年保供生猪存栏2.6万头。组织非洲猪瘟疫情防控，加强废旧农膜回收，深化东西部交流协作，开展农机和农产品质量安全监测，高质量推进全区“三农”工作。至2021年年末，全区完成农林牧渔及农林牧渔服务业总产值1819万元，下降65.3%。其中，农业产值完成1476万元，增长97.1%；林业产值完成253万元，下降93.1%；渔业产值完成90万元，下降89.1%。

【农村集体资产改革】 2021年，区农业农村局推行“会计委托代理服务中心”模式，健全和完善“一村（社）一账户”“村务卡”结算制度，建立完善资产登记与清查、村级小型工程招标、合同租赁、资产处置、政府采购和资金支出制度，推进农村“三资”（资产、资源、资金）管理规范化。构建农村集体资产监督管理平台，建立资产资源数据库，累计录入资产数据3183条、资源数据658条，补录、关联合同381份。实现村社账务独立核算，19个股份合作社全部建账，其中有收入股份合作社占比94.74%。落实“征地留用地”政策，拨付15个涉农社区补偿费2645.5万元，壮大农村集体经济。推进“金陵惠农小额贷”，整村授信5个涉农街道19个涉农社区，建档1.35万人，评议5984户，授信2556户、1.96亿元，解决农民生产经营及日常消费信贷需求。（张明亮）

【农村不动产登记】 2021年，雨花台区农村不动产应登记底数为926宗，已登记911宗，登记率98.38%，不动产权证发放911本，发证率100%。

（马　天）

【农业稳产保供】 2021年，雨花台区粮食种植面积50公顷、产量20万千克。区农业农村局牵头组织3轮全区抛荒地和未利用耕地调查摸底，核查点位149个、面积63.6公顷。其中，被开垦种植土地面积27.51公顷，建成、开工或准备开工建设用地面积36.09公顷，无抛荒地块。开展“非粮化”调查，全区耕地“非粮化”存量面积106.99公顷，无新增面积。开展“大棚房”清理整治“回头看”，全区有农业设施242个，占地面积13.54公顷，无“大棚房”问题存在。

【非洲猪瘟防控】 2021年，雨花台区开展非洲猪瘟监管网格化管理。每日开展排查，准确掌握生猪养殖状况，降低风险隐患。严格执行江苏省生猪及其产品移动监管规定，指定通道调运生猪产品。强化餐厨废弃物管理，全区禁止泔水饲喂生猪。全年全区无非洲猪瘟疫情发生。

【农产品质量安全】 2021年，区农业农村局建立健全农产品质量安全工作责任及移动监管平台，建立覆盖全过程的农产品质量安全监管制度。农产品质量安全监管实行网格化，质量监管员配备移动终端，随时掌控农产品安全情况，全年抽检农产品110份，检测合格率100%。开展养殖户瘦肉精检测70份。管控动物重大疫病风险，消毒养殖场所3000平方米，收集检测样品190份，猪瘟应免数155头，猪口蹄疫应免数155头，猪蓝耳病应免数155头，羊口蹄疫应免数66只，小反刍兽疫应免数41只，禽流感应免数36205只，新城疫应免数35857只，畜禽免疫密度100%，抗体合格率92%，实现全区“重大动物疫情力争不发生，确保不流行”防控目标。强化农药、种子、肥料、饲料及饲料添加剂等农业投入品市场准入管理，建立生产经营主体监管名录制度，落实农业投入品购销台账制度，现场检查农资经营单位60余次，未发生农产品质量安全事故。检查肉品批发点、动物诊疗机构等182家次，出具产地检疫证184张，发放动物诊疗、兽药经营等行政许可证5件，发现问题隐患23个，全部完成整改，隐患问题都实行闭环管理。

【东西部协作】 2021年，雨花台区选派12名支农人员赴陕西省商洛市丹凤县、青海省西宁市大通县对口帮扶。邀请江苏省农业科学院种质资源与生物技术研究所和南京市农业技术推广站专家，赴青海省西宁市大通县为农业新型经营主体负责人、致富带头人、建档立卡户近60人举办专题培训班，讲授种质资源保护与种业创新、“三产”融合发展等内容。接收陕西省商洛市丹凤县、青海省西宁市大通县3名专业技术人员赴该区农业农村局挂职交流。帮助青海省西宁市大通县引进南京万帮种业有限公司2个品种的繁种合同、计8.13公顷，在景阳镇什家村李吉云种植合作社种植、良教区域站种植，亩产168千克，收购价12元/千克，帮助当地农民实现致富增收。

【农膜回收利用】 2021年，区农业农村局按照国家地膜流通、使用准入标准要求，对辖区不符合《聚乙烯吹塑农用地面覆盖薄膜》标准的农用地膜（主要指小于0.01毫米的聚乙烯农用地膜）开展检查，禁止销售，未发现违规销售使用禁用地膜情况。开展废旧农膜回收利用，回收点均设有固定防渗场地、专门机构或人员负责、规范台账（废旧农膜进出记录）登记，全年辖区产生废旧农膜16吨，回收利用废旧农膜13.6吨、回收利用率85%。

【农机安全监理】 2021年,区农业农村局向农机手和基层农机监理人员发放《农机安全宣传册》《农机驾驶人员安全学习读本》《致农机手的一封信》近100份,悬挂农机安全宣传横幅46条,开展农机安全培训48人次。组织送检下乡3次,检验拖拉机运输机组15台,农机交强险参保率100%。定期或随机组织农机安全检查和隐患排查15次,农机安全形势总体稳定,全区未发生道路外农机亡人管理责任事故。

【生猪生产保供】 4月,区农业农村局与盐城市农业农村局签订《生猪供应合作补充协议》,明确生猪存栏2.6万头任务由盐城市供应,从盐城市存栏总数中扣除,提前完成全年域外生猪生产保供指标,位列全市(五城区)第一。

【南京市雨花台区乡村振兴局挂牌】6月4日,区农业农村局加挂南京市雨花台区乡村振兴局牌子,负责巩固拓展扶贫攻坚成果、统筹推进实施乡村振兴战略有关具体工作,撤销原在区农业农村局挂牌的南京市雨花台区政府扶贫工作办公室牌子。 (张明亮)

·市场监督管理·

【概　况】 2021年,南京市雨花台区市场监督管理局(以下简称区市场监管局)深化商事制度改革,持续为个体工商户注册提供服务,全年辖区新增个体工商户18090家。优化“机器人+年报”模式,企业年报率96.6%,位列全市第一。推进质量强区,雨花台区出台全省软件产业首个区级政府质量管理体系认证提升文件,即《南京市雨花台区信息技术行业小微企业质量管理体系认证提升三年行动方案》,打造“专精高”小微企业森林。建立“质量小站”新模式,提供“1+X”★一站式服务,实现企业质量体系认证提升服务零距离。搭建知识产权服务平台助力企业技术创新,全区有效发明专利量3786件,注册商标量3.02万件,发明专利授权量909件。开展特种设备安全专项整治行动,强化食品安全“法检一快检”联动,推进“阳光餐饮”建设,开展长江禁渔。加强价格领域监管,开展防疫用品、电动车头盔、转供电价格等专项检查,转供电价格违法行为立案3起,责令退款372.83万元、罚款8万元。推进“7天无理由退货”服务承诺示范店建设,营造辖区高质量实体消费环境,成功创建放心消费示范单位省级2家、市级2家。区市场监管局全年在国家、省、市级媒体报道新闻1000余篇;查处的“销售假冒洗化用品案”获评2021民生领域案件查办“铁拳”行动全国典型案例。

★链接　“1”,指“质量小站”以及“质量管家”;“X”,指雨花台区内园区、孵化器、众创空间的相关负责人暨“质量小站”联络员。以众创空间、孵化器作为服务对象,定期对联络员培训和召开联席会议、沙龙等,“质量管家”及时发现企业真实需求并反馈到“质量小站”,做到服务企业“零距离”。

【质量强区】 2021年,雨花台区为高标准建设“中国一流、国际知名”软件谷战略目标,强化区域“质量强区、标准先行”理念,发挥质量管理体系认证在服务支柱产业、优势产业、特色产业中作用,增强小微企业经济发展活力,出台《南京市雨花台区信息技术行业小微企业质量管理体系认证提升三年行动方案》，为全省软件产业首个区级政府质量管理体系认证提升文件。软件谷5家信息技术类小微企业入选江苏省小微企业质量提升行动试点名录，入选总数25家，争创质量认证示范区。把牢产品质量安全关，聚焦省抽不合格产品和消费者投诉举报多的类目产品，专项监督抽查全区燃气具及配件产品30批次，不合格产品8批次；抽检成品油36批次，全部合格；抽检100家企业203种产品575项标准，帮助企业完善、规范和使用产品标准。协助辖区企业发布国家标准11项。中国电子科技集团公司第十四研究所和南京玻璃纤维研究设计院有限公司2家企业获第四届中国质量奖提名奖。

【企业信用监管】 2021年，雨花台区探索“信用+”智慧监管模式，创新企业信用休眠制度，开辟企业信用修复绿色通道，成为全省双随机移动监管APP的4个试点之一。列入经营异常名录企业950家，办理移出企业538家。为127家拟上市企业出具企业信用证明。依法吊销340户“僵尸”企业。依托“机器人+年报”模式，企业年报率96.6%，位列全市第一。

【食品安全监管】 2021年，雨花台区完善食品安全检测体系建设，开展小作坊、校园食品、保健食品等市场整治提升行动，巩固“市食品安全优秀区”称号，推进国家食品安全示范城市创建。开展农贸市场快检室专项督察，督促指导快检室规范运行。运用食品“快检—抽检”联动，快检食品32.39万批次，发现阳性479批次全部下架。完成食品法检3388批次，发现不合格83批次全部处理完成。全区食品生产企业全部实现风险分级管理，日常检查覆盖率100%。开展10家食品小作坊整治提优行动，集中解决环境脏乱差等问题。南京吴宴餐饮管理有限公司获评江苏省名特优食品小作坊，南京乔派食品厂获评南京市金陵名食坊。

【特种设备安全监管】 2021年，雨花台区巩固安全生产“一年小灶”整治成果，推进“三年大灶”行动，创建国家安全生产示范城市。探索购买服务模式，围绕小化工等重点领域，开展涉危化品特种设备等10类专项检查和安全隐患整治行动，检查852次，出动检查人员1758人次，检查特种设备使用单位783家。办理特种设备案件53件，罚没款入库169.87万元，下达指令书260份。开发“管道通”标准化信息管理系统并上线运行，解决在用压力管道底数不清、数量不明问题，提升压力管道监管实效。

12月24日，区市场监管局检查乾元浩南京厂管道特种设备。

（区市场监管局　供图）

【药械化安全监管】 2021年，雨花台区探索药品、医疗器械与化妆品网络交易监管方式，开展药品及医疗器械专项整治，保障医疗机构药品、医疗器械管理制度完善与操作规范，化解使用环节安全风险。抽检药品90批次、医疗器械11批次、化妆品23批次，合格率100%。举办安全用药月进社区活动与“安全用妆 伴您同行”化妆品安全科普宣传周活动。利用药品和医疗器械经营监管系统下达监管任务，对全区135家药品零售企业及医疗器械经营企业逐一清查。落实84家新冠疫苗接种点质量管控主体责任，保障新冠肺炎疫苗质量安全和有序接种。（王国强）

【危险化学品使用专项治理】 2021年，区商务局牵头制定《雨花台区商贸服务行业危险化学品使用安全专项治理行动实施方案》，落实相关责任。至年末，全区有证小餐饮企业3213家，其中非使用燃气企业954家、剩余2259家餐饮企业全部通过南京市应急管理“181”信息化平台信息填报审核。

【成品油市场综合整治】 2021年，雨花台区成品油市场经营秩序综合整治领导小组成立，下设3个整治组，负责组织调度、材料汇总、通报整治情况等。至年末，各相关职能部门通过联合执法，摸排发现非法销售成品油行为32起，查获流动加油车30辆、黑加油点11个，查获非法汽油12.26吨、非法柴油3.3吨；摸排发现非法运输成品油行为9起，取缔非法车辆9辆，查获非法汽油2吨、非法柴油3吨；公安局雨花台分局查处行政案件20起，拘留24人，涉案车辆、油品移交相关主管部门。（刘小楚）

【消费维权】 2021年，雨花台区推进放心消费创建，落实线下实体店无理由退换货制度，开展“7天无理由退货”服务承诺示范店建设，提升辖区实体消费环境。联合执法检查“3·15晚会”曝光和食品安全、校外培训机构乱收费等热点问题。探索破解进口冷链食品执法难题，查处案件12起。全年接收消费投诉举报工单29811件，为消费者挽回经济损失6192.66万元。年内，华为软件技术有限公司创建为2021年度全市唯一一家省级放心消费诚信品牌企业。开出的全国首张反食品浪费罚单被国家市场监督管理总局在全国食品安全宣传周作经验推广。（王国强）

【价格监测】 2021年，雨花台区加强重要民生商品价格监测，建立价格分析预警预报机制，及时掌握市场行情动态。区发展改革委全年上报价格日报表582份，进行价格分析281次。监测大型超市104种、农贸市场85种农副产品价格，未发现物价哄抬现象。密切跟踪和掌握市场价格动态，发动监测点开展价格监测巡查，春节及“两会”期间提前开展储备肉等市场巡查，掌握价格波动情况，全年巡查超市、农贸市场860余家次。督促梅山钢铁公司、南京中旭电子科技有限公司完成江苏省价格监控平台操作培训及价格信息录入，通过监测企业主要原材料购进价格、主营产品销售价格，预警生产经营情况，为研判全省重点工业行业价格走势提供数据支撑。

【价格调控】 2021年，雨花台区制定《雨花台区2021年价格调控目标责任分解落实意见》，完善价格调控机制。落实国家和省、市取消收费项目、降低收费标准、收费减免优惠政策、惠民优惠政策以及收费年报制度，统计、分析与上报全区39家单位行政事业性以及政府制定价格的经营服务性收费项目，办理16家房地产企业11批次107.07万平方米9341套普通商品住房、6家房地产企业3589个车位和198个储藏室价格备案，办理5家商品住房前期物业合同备案、37家停车场收费标准备案和停车场等级申报，办理32家公办幼儿园和26家惠民幼儿园保育教育费、3家民办幼儿园托管费备案。摸底调查分析马家店保障房低收入人群，提出合理备案价格建议。接投诉举报咨询801件，其中“12345”投诉与咨询工单465件、电话与上门投诉咨询336件。发出价格政策提醒函121份。组织开展价格政策培训指导4场。

【价格认定与价格争议调解】 2021年，区价格认证中心接收区纪检、司法和其他行政机关各类价格认定案件156件，完成涉纪、涉刑和涉行政等各类涉案财产价格认定131件，涉及标的认定物98种1196个，认定案值312.86万元。发出《不予受理通知书》56份，未发生申请复议或复核裁定案例。在铁心桥街道翠岭银河社区和雨花经济开发区建立价格争议调解工作站，将价格争议调解工作向街道、社区延伸，实现价格公共服务便民化。（李雨欣）

【长江流域禁渔禁捕监管】 2月，区市场监管局开展禁售长江非法捕捞渔获物专项检查和宣传活动，对辖区农贸市场、餐饮企业、商超是否售卖“长江鱼鲜”进行全覆盖检查，落实索证索票制度，检查生产、经营单位2.16万家次，整改店招、菜单、菜品标签37个，立案7件，罚没金额18.75万元。《“春季护渔”集中检查执法行动》被国家市场监管总局评为长江禁捕全国典型案例。

【江苏省小微企业质量管理体系认证提升行动研讨会】 7月6日，由江苏省市场监管局主办、南京市市场监管局协办、雨花台区市场监管局承办的江苏省小微企业质量管理体系认证提升行动研讨会暨南京市小微企业质量管理体系认证提升行动现场会在雨花台区新晶丽酒店召开。会议介绍江苏省、南京市、雨花台区三级市场监管局开展小微企业质量提升行动经验，相关认证机构对雨花台区5家试点成功的信息技术类小微企业的人员绩效、外部成本、整体利润等方面作总结介绍，展示企业提升前后的显著变化；江苏众众电热科技有限公司、徐州美康厨具有限公司、江苏户传科技有限公司作为全省提升行动的优秀代表发言；开展质量管理提升行动应用创新管理体系试点实施方案培训。各地级市认证监管处负责人、认证机构代表和相关小微企业负责人80余人参加会议。

【市场疫情防控监管】 7—8月，区市场监管局督促进口冷链食品经营主体规范使用“江苏省进口冷链食品追溯系统”，落实进口冷链食品“应检尽检”管理要求，加强第三方冷库备案管理。指导、督促各分局完成冷链经营户认领、注销、跨省交易确认等工作。辖区在经营的进口冷链主体15家，新冠疫苗接种率100%；进口冷链食品从业人员核酸“两天一检”，检测率100%。牵头推进疫情防控市场监管，重点督查药店、超市、农贸市场销售的防疫用品和生活必需品价格，严打借疫情之机哄抬物价、价格欺诈等违法行为，保障疫情期间市场价格稳定。（王国强）

责任编辑　杨静珺

雨花台年鉴

人居环境

2022 YUHUATAI ALMANAC

2022 YUHUATAI ALMANAC

Human Settlement Environment

城市规划

【概　况】 2021年，南京市规划和自然资源局雨花台分局开展21项规划编制项目，服务保障91个省、市、区重大项目，供应土地24宗。落实“创新驱动、区域协调、绿色发展”等示范目标要求，突出“三优先一平衡”原则，形成可实施规划传导机制，构建“一核三级”数字经济产业空间格局。优化审批流程、提高审批质量，进一步优化营商环境，土地出让项目工程建设审批效率在全市名列前茅。雨花台区被江苏省自然资源厅评为“2020年度江苏省自然资源节约集约利用模范区”。

【规划编制】 2021年，《南京市雨花台区国土空间总体规划（2020—2035年）》形成初步稳定成果，重点就基数转换、发展规模匡算、三线划定、生态格局构建、规划分区与用途管制分区划定、公共服务及基础设施优化、单元引导与管控等规划内容进行研究；《雨花台区国土空间规划近期实施方案》获江苏省自然资源厅批复，解决国土空间规划过渡期的用地审批依据问题；《板桥新城中部组团控制性详细规划及重点地段城市设计》《板桥新城南部组团控制性详细规划及重点地段城市设计》和《梅山矿区控制性详细规划及城市设计》稳步推进，全区控制性详细规划法定化覆盖率不断提高；《宁马城际（雨花台区板桥段）站点布局及交通一体化换乘设施研究》通过专家评审。

【城市品质提升】 2021年，开展生态空间、历史文化名城保护、交通市政等各类专项规划和特色研究，从布局合理、发展协调、运行安全和可持续等方面助推城市功能品质提升。启动“以人民为中心 为城市而设计”方案竞赛，选取岱山城市空隙地为设计对象，面向国内外征集设计方案，结合竞赛点位开展岱山片区公共开放空间品质提升规划策略研究。持续提供老旧小区加装电梯服务，全年核发雨花西路16号等增梯许可13个。

【项目服务保障】 2021年，新增建设用地指标122.03公顷，获批5个批次27个项目，总面积135.05公顷，组卷2个批次，23个项目，总面积109.69公顷；对辖区内91个省、市、区重大项目进行全流程跟踪服务，及时协调问题，保证项目落地实施；竞买耕地占补平衡指标29.01公顷，解决“紫荆花路西延建设工程、垃圾分类贮

2021年雨花台区影像地图。（规划资源局雨花台分局　供图）

存分拣中心、板桥新城绿洲保障房配套附属项目”等重大城建项目土地需求。

【建设用地审批】 2021年,雨花台区建立“经办人受理、分局集体会商、经办人一次性反馈意见”工作机制,依托卫星遥感影像平台了解地块变化情况,指导方案前规划。升级并联模式,采取“告知承诺制”,简化办事流程。汇总各部门意见,加速意见征询后的方案调整。出让地块建设审批效率全市名列前茅,获市委常委批示表扬。 (马　天)

【“江苏规划师下乡”西善桥工作站成立】 10月15日,“江苏规划师下乡”南京市规划设计研究院有限责任公司南京市雨花台区西善桥街道工作站在江苏省自然资源厅举行的全省“共绘苏乡”规划师下乡活动推进会上挂牌成立。该工作站为南京市规划院与南京市规划和自然资源局雨花台分局、雨花台区西善桥街道古遗井社区,通过开展“共绘苏乡”规划师下乡结对共建活动,搭建而成的“共联共建”党建合作平台。工作站规划师团队长期深耕于南京乡村地区,承担《南京市乡村振兴战略实施规划(2018—2022年)》《南京市镇村布局规划(2019版)》《南京市郊野单元规划(村庄规划试点)及相关标准制定》《乡村地区规划编制体系研究》等规划编制研究工作。团队服务指导古遗井社区综合整治规划编制,提供沟通式、陪伴式、基地化的服务模式;探索生态绿地中城中村整治的规划管控模式,解决远期规划和现实相符性低的问题;结合土地综合整治规划,助力古遗井社区推进绿色生态发展、集体经营性建设用地入市等工作。 (雨　鉴)

城市建设

·概　述·

【概　况】 2021年,雨花台区确定六大类182个城市建设项目,总投资395亿元,年度投资118.66亿元。六大类项目中,重大交通基础设施项目65个,包括干线公路建设项目1个、城市道路建设55个、其他项目建设9个;生态环境建设项目37个,包括河道水环境整治提升项目9个、污水处理设施建设项目3个、污水主次干管新改建项目3个、积淹水片区改造项目3个、环卫设施建设项目3个、绿道建设项目3个、游园绿地广场及道路绿化建设项目13个;公用基础设施建设项目15个;环境综合整治项目29个,包括滨江风光带整治提升项目9个、主次干道整治项目3个、电力杆线下地项目2个、老旧小区整治项目11个、村居整治项目4个;安居保障建设项目15个,包括棚户区改造项目7个、保障房建设项目6个、危险房屋治理项目2个;公建配套服务项目21个,包括教育设施建设项目20个、公建设施项目1个。

【政府投资代建项目】 2021年,雨花台区21个政府投资代建项目有序推进。潘窑征收安置房项目A组团完成主体结构施工,B组团主体结构施工至20层,C组团进行地下室基础穿插施工;潘窑项目配套开关站项目完成前期手续办理;中华中学雨花校区项目基本完工;雨花华邑酒店项目完成地下室结构施工;南西营村幼儿园项目完成竣工备案;经九路项目竣工;雨花城市公园项目完成前期手续办理;江苏省妇幼保健院总部项目完成C区域文勘工作以及现场深基坑及止水帷幕完成；华兴幼儿园项目完成主体结构封顶；金陵华兴实验小学项目完成前期手续办理；大方路二期工程完成路基施工；石巷街一期项目完成路基施工；柿子树街项目完成前期手续办理；中华中等专业学校改扩建项目完成前期手续办理；宁南消防站项目完成前期手续办理；区法院审判法庭项目完成前期手续办理；区教师发展中心项目完成前期手续办理；长虹路324号抢险翻建项目完成前期手续办理；小行路15号抢险加固项目完工；能仁里2号05幢抢险加固项目完成招投标工作；纬四路项目完成前期手续办理。

【行政审批事项】 2021年，雨花台区受理区内建设工程消防设计审查验收事项237件、房屋结构变动安全许可审批事项39件，办理住宅专项维修资金审核451件2041.66万元。

【工程招投标监管】 2021年，南京市雨花台区住房和建设局完成招投标标段数215个，中标价74.67亿元。其中，区政府平台限额以下标段数85个，中标价4426.4万元；市公共资源交易平台公开招标标段数130个，中标价74.23亿元。 （杨 娟）

·“两桥”地区改造·

【概 况】 2021年，“铁心桥—西善桥”地区（以下简称“两桥”地区）完成征收拆迁面积4.68万平方米。滨河北路、梅苑南路北段、沿山路、凤翔路、横一路、迎江路、兴梅路北段、龙西路西段8条道路完工，总里程8.8千米；推进竹苑路（梅苑南路—宁芜公路）、纬十一路、纬二路、梅西路北段、兴梅路南段、滨河南路、管道路中段7条道路建设，总里程7.9千米。公共配套设施方面，马家店保障性住房（经济适用房）配套幼儿园竣工交付，中华中学雨花校区主体完工。雨花台区龙翔片区规划初中食堂及风雨操场封顶，NO.2019G02D地块幼儿园主体封顶。江苏省妇幼保健院总部C区域文勘工作完成，现场深基坑及止水帷幕完成，完成污染土清运5.5万立方米，完成地勘单位招标工作。A5地块征收安置房（经济适用房）推进渣土外运及主楼施工。完成中央商务区（含地下空间）、龙翔启动区A11地块、圣戈班C4地块3宗土地挂牌出让，总面积30.85公顷。围绕全年土地出让计划和雨花数字城核心区地块招商，开展土地推介和招商宣传工作。

【“两桥”地区成片区拆迁】 2021年，“两桥”地区启动232.88万平方米征收拆迁，完成4.68万平方米，累计完成229.48万平方米。至年末，拆出土地9.56公顷，累计拆出土地333.21公顷，累计安置拆迁群众3049户，交付安置房4716套。马家店保障房安置软件谷项目拆迁群众340户，交付安置房688套。

【土地收储和开发】 2021年，龙翔启动区A11地块于2月25日由金基置业以22.7亿元竞得；圣戈班C4地块于5月22日由新沂阳光置业以26.1亿元竞得；中央商务区于5月20日由华润置地以70.6亿元竞得。徐工A、B地块完成考古调查、勘探并取得文物保护工作意见，其中A地块取得设计要点，取得市政、水务部门意见；徐工C、D地块文勘发掘完成，取得文勘发掘批复，其中D地块取得设计要点，取得市政、水务、地铁部门意见，并与南京市土地储备中心签订土地移交协议。龙翔启动区A10地块、A8地块，圣戈班C5地块文勘工作完成并验收。

【马家店保障性住房A地块】 2021年，马家店保障性住房A地块竣工并进入交房阶段，A地块占地面积2.75万平方米，建筑面积12.24万平方米，建设住宅6幢1242户。

【马家店保障性住房配套幼儿园】 8月18日，移交至雨花台区教育局。项目占地面积5450.7平方米，总建筑面积6098.7平方米，办学规模为12班。于2020年末竣工，并通过验收。

【滨河北路】 8月30日，建成通车；2019年11月20日，开工建设。滨河北路（批复名润善路）东起纵六路（批复名七贤街），西止兴梅路（批复名守正路）。道路长1280米、宽26米，设计时速40千米，双向四车道，按照城市次干路标准实施。

【沿山路】 10月31日，建成通车；2020年7月31日，开工建设。沿山路（批复名古遗井路）东至梅欣路（批复名喻村路），西起岱山东路。道路长1158.83米、宽24米，设计时速30千米，双向四车道，按照城市支路标准实施。

【梅苑南路北段】 11月16日，建成通车；2018年8月10日，开工建设。梅苑南路北段（批复名陇淮路、知书路）南起横八路，北止纬一路（批复名育群路）。道路长2140米、宽35米，设计时速40千米，双向四车道，按照城市次干路标准实施。

【凤翔路】 12月23日，完成分段验收；2020年4月29日，开工建设。凤翔路（批复名荷影路）西起宁丹路，东至花神大道。道路长1670米、宽24米，设计时速30千米，双向四车道，挡墙段宽度30米，双向五车道，按照城市支路标准实施。

【横一路】 12月23日，完成分段验收；2020年4月29日，开工建设。横一路（批复名荷雨路）西起凤翔路（批复名荷影路），东至纵一路。道路长593米、宽24米，设计时速30千米，双向四车道，按照城市支路标准实施。

【迎江路】 12月23日，完成分段验收；2020年4月29日，开工建设。迎江路（批复名荷月路）南起龙翔路（批复名数字大道），北至凤翔路（批复名荷影路）。道路长552米、宽35米，设计时速40千米，双向四车道，渠化

梅苑南路北段。 （区新城规建办　供图）

段宽40米，双向七车道，按照城市支路标准实施。

【龙西路西段】 12月30日，建成通车；2020年8月22日，开工建设。龙西路西段西起兴梅路（批复名守正路），东止梅苑南路（批复名陇淮路）。道路长440米、宽45米，设计时速50千米，双向四车道，按照城市主干路标准实施。

【中华中学雨花校区】 12月，中华中学雨花校区项目主体完工，完成正式水、正式电及室内装修，推进室外施工。该项目于2020年3月17日取得施工许可证，总投资10.69亿元，占地面积12.15万平方米，总建筑面积10.34万平方米。其中，地上建筑面积8.49万平方米，地下建筑面积1.85万平方米。办学规模为26轨78班，具体建设内容包括教室、专用教室、辅助用房、公共教学用房、管理及行政用房、后勤用房、地下车库，同时建设体育活动场地和道路、绿化、停车等设施。 （蔡　阳）

·征收与拆迁·

【概　况】 2021年，雨花台区完成征拆房屋面积30.58万平方米。南京市雨花台区征收拆迁安置办公室（以下简称区征拆办）根据《区征收工作联动办法》及相关工作职责要求，研究梳理征收工作流程，明确各责任主体职责和任务要求，出台《关于进一步明确征收工作各阶段责任主体的通知》。全年开展各类主题活动4场次，开展各级党建“共学共建”活动研讨2次、实地研学4次；与南京市规划和自然资源局、南京市集体土地房屋拆迁管理中心组建党建联盟，开展专题交流、驻点接访、研学研讨等活动4次。全年巡查征拆项目拆除工地525次，下发整改通知单41张。受理区政府督办件17件，办理“12345”政务服务热线工单105件；办理和谐信访20件，人大政协提案7条，协助法院办理债务执行案件9件，协助法院调查、取证案件39件，信息公开答复20件。依据政策对全年36个征收项目进行指导并开展属地化拆迁工作，征收安置初审工作涉及项目7个。 （尹如玥）

表30　2021年雨花台区征收拆迁项目完成情况一览表

序号	街道（园区）	项目（个）	面积（万平方米）
1	雨花街道	4	0.81
2	赛虹桥街道	8	5.17
3	铁心桥街道	8	3.07
4	板桥街道	3	5.40
5	西善桥街道	6	5.86
6	古雄街道	1	5.19
7	雨花经济开发区	1	5.08
合　计		31	30.58

（尹如玥）

【拆迁工地安全监管】 2021年，区征拆办创新委托第三方参与拆迁工地安全生产监管机制，采取街道自查、部门巡查、领导抽查等相结合方式，落实日巡查、周督查、月通报制度，实现全区拆除工地统一、规范监管监理。对全区拆迁拆除工地和9个拆除企业纳入监督检查，发现安全环保问题，立即下发停工整改通知单，并全程跟踪问效。在人工抽查基础上，使用航拍设备进行复查。全年巡查征拆项目拆除工地525次，下发整改通知单41份。

【宁马高速拓宽—公建中心段项目】 1月，征拆完成。该项目位于西善街道古遗井组，属于集体土地搬迁，涉及企业5家，居民13户，房屋总面积2.04万平方米。

【宝磊大市场项目】 9月，征拆完成。该项目北至秦淮新河、南至宁芜公路、东至宝磊大市场、西至建宁三村。属于国有土地房屋搬迁，涉及企业1家，居民4户，房屋总面积1366平方米。

【宝宁机械项目】 9月，征拆完成。该项目东至南京纸箱总厂、南至贾西村、西至汪家新村、北至宁芜铁路。属于国有土地房屋搬迁，涉及企业1家，房屋总面积2.08万平方米。（尹如玥）

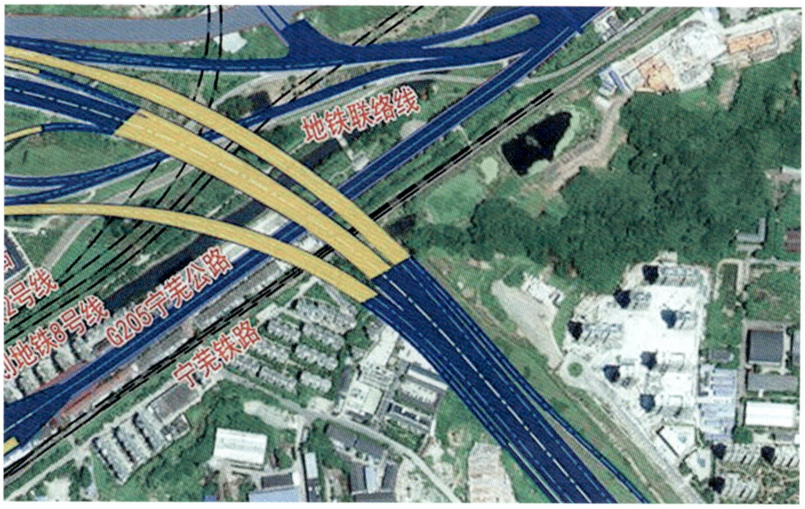

2021年宁马高速公建中心段项目效果图。 （区征拆办 供图）

·市政建设·

【概　况】 2021年，雨花台区城市精细化建设管理项目安排74个。其中工程类68个、管理类6个，年度投资36.2亿元。至年末，除21个跨年度项目，其余47个项目竣工，实际投资36.5亿元。雨花台区老旧小区整治项目13个；既有住宅增设电梯46部；受理建筑工程质量监督备案工程391个，建筑面积378.6万平方米。推进“智慧化工地”建设和建设工程工地差别化管理工作，汇总编制《雨花台区智慧工地监管平台暨全区建设工程工地差别化管理相关资料汇编》。

【小区整治出新】 2021年，雨花台区老旧小区整治项目13个，整治楼宇180幢，整治面积66.02万平方米，惠及住户6084户。至2021年年末，13个项目竣工。

【既有住宅增设电梯46部】 2021年，雨花台区前期办理既有住宅增设电梯手续时，签订增梯项目书面协议24个，通过规划初审项目24个，通过规划许可核发项目17个，获建设施工许可项目17个。至2021年年末，施工项目17个竣工并投入使用增设电梯共46部。（杨　娟）

【地下管线动态维护更新】 2021年，雨花台区完成公共区域地下管线信息动态维护工作，规划和自然资源局雨花台分局免费供图369件30138.07千米，管线数据汇交210件2133.22千米。推进全区公共区域排水管网数据质量研究、建筑物压占燃气管线分析等专项工作。（马　天）

【园林绿化建设】 2021年，区农业农村局启动《雨花台区公园绿地布局规划》编制，梳理公园、绿地资源状况，将雨花文化、产业特点等元素融入绿化规划。落实《雨花台区道路绿化景观提升规划》《雨花台区绿廊绿道规划》，推进岱山片区绿道、雨花大道绿道、卡子门大街绿化提升、景明口袋公园、玉兰广场改造提升、普德寺二期游园6个精细化建设项目。完成项目绿化方案审查35个，推进园林绿化项目建设15个，新建岱山保障房片区和雨花大道绿道7千米，提升菊花台和花神湖公园绿道3千米，建成玉兰广场、吉庆里东侧游园、新林大道街角游园等3个口袋公园，提升龙西路、绕城北辅道路侧绿化景观。全年新增绿地22.35万平方米，建成区绿地率46.02%，绿化覆盖率保持并稳定在50%，公园绿地服务半径覆盖率92.72%。

【绿化管养】 2021年，区农业农村局采取智能监管和实地考核相结合，依托智能巡检系统开展养护作业全程化、绿化设施全覆盖监理，提升园林管养效果。全年改造绿化景观8处4万平方米。重要节日期间，对区内主要道路岛头、广场游园等节点花境更新布置花卉，全年布置花卉91万余盆、3万平方米。其中，春节期间在花神湖、雨花广场、雨花大道布置节日花境小品；“七一”前在卡子门广场、赛虹桥环岛、软件大道环岛和雨花大道岛头制作4组中国共产党成立100周年主题景观小品；10月底在菊花台公园举办“菊染金秋　醉美雨花”菊花展，展出美人菊、球菊、紫云追月等菊花约45种5000余盆，菊花造型绿雕、花鼓4处；文明典范城市迎查期间，在雨花广场和菊花台公园增加道旗、广告牌等。对养护范围内缺株死株、踩踏破损、黄土裸露等区域开展苗木更换补植工作。全年更换乔木29株，补植灌木6.3万株，复绿草坪、地被5.2万平方米，修剪灌木99万株；修剪地被、草坪146万平方米，清除垃圾2544吨、小广告399处。（张明亮）

【南京市自来水板桥有限责任公司】 2021年，南京市自来水板桥有限责任公司供水总量2815.54万立方米，售水总量2558.80万立方米，产销差9.12%。在册用户总数10.72万户，其中贸易结算大用户1057户。累计总管网369.46千米。全年整改安全隐患12处，完成各类抢修任务3168起，保证居民正常用水需求。开展管线巡查，对供水区域内778只消防栓进行巡查和出新；落实地下管网安全生产专项整治工作，全年巡检管线328千米。疫情期间，及时答复和处理用户各类诉求；通过远程传输系统采集数据并及时告知各相关单位，减少人员接触；走访公司供水区域内隔离酒店，确保供水服务。（万贵明）

【建筑工地监管】 2021年，雨花台区受理建筑工程质量监督备案工程391个、建筑面积378.6万平方米。巡查建设工地576家次，开展工地各类专项整治14次，签发安全隐患整改通知单262份、局部停工整改通知单131份，抽检工程质量监督抽查记录单306份，约谈建设工程参建方主要负责人126人次，移送行政处罚57家次。处理举报、投诉建筑工地事件

1108件，投诉处理率100%。全年65家工地取得“智慧工地”资格，29家取得“差别化管理工地”资格。

（杨　娟）

8月，春江新城二期、上怡新村等10个小区被评为省级宜居示范居住区。图为雨花苑小区。

（区住房和建设局　供图）

【省级宜居示范居住区创建项目】 8月，江苏省住房和城乡建设厅通报2019—2020年度省级宜居示范居住区创建项目，雨花台区10个小区名列其中（春江新城二期、上怡新村、共青团路四村、梅清苑小区、梅苑小区、康润园小区、雨花苑、梅岭小区、梅欣小区、南郡国际花园）。全面出新小区房屋屋面、立面，解决漏水、渗水等问题；新建休闲活动中心，改善绿化环境，设置快递柜等便民设施；改造非机动车棚，并设置电瓶车充电桩，增设监控系统，提升安防系统。部分小区改建养老服务用房，配置养老服务中心；调整露天适老化服务活动场地，增设老年人休息座椅、健身器材等休闲服务设施。

（雨　鉴）

·住房保障·

【概　况】 2021年，雨花台区保障性安居工程项目6个，总投资121.71亿元。棚户区改造项目9个，占地面积141.05万平方米。排查房屋14906幢，在册房屋10328幢，不在册房屋2032幢，农村土地房屋2546幢；排查建筑幕墙75处73.48万平方米，无安全隐患。受理“12345”政务服务热线平台、电话、信访等投诉违法拆改房屋结构行为42件、政策咨询76件，办理房屋结构变动安全许可39件，外出现场450余人次。审批物业维修资金使用申请345件，拨付维修资金1176.89万元。

【保障性住房建设】 2021年，雨花台区保障性安居工程项目6个，总投资121.71亿元，可提供房源19684套。至2021年年末，开工面积54万平方米、竣工面积27万平方米。

【棚户区（危旧房）改造】 2021年，雨花台区棚户区改造项目9个，总占地面积141.05万平方米，房屋总建筑面积29.68万平方米（住宅建筑面积16.98万平方米、非住宅建筑面积12.7万平方米），涉及居民户数1504户，工企单位17家。至2021年年末，完成拆迁面积28.82万平方米，搬迁居民户数621户。

【住房补贴与安置】 2021年，雨花台区发放城市中低收入困难家庭住房租赁补贴850户、209.12万元。受理审核铁心桥—西善桥地块棚户区改造、后庄自愿搬迁、南京地铁10号线二期工程等11个项目拆迁户申购材料701份，打印通知书624套，合计面积4.5万平方米。

【房产物业管理】 2021年,雨花台区物业行业党委推进23个物业服务企业建立党组织,助力6个项目申报省、市级党建引领物业服务示范点;实行雨花台区住宅小区物业服务项目“红黑榜”制度。全年通报“红榜”企业55家次、“黑榜”企业35家次。（杨 娟）

【小行里51号危旧房改造项目获“詹天佑奖优秀住宅小区金奖”】 9月7日,雨花台区小行里51号危旧房改造地块经济适用房项目,获“2021年中国土木工程詹天佑奖优秀住宅小区金奖”。小行里51号房屋建于20世纪七八十年代,居住环境亟待改善。改造任务由区属国企南京雨花建设发展有限公司实施。项目根据现场实际情况,使用卫生间止水环套管预埋、施工电梯无人驾驶技术、智慧信息化管理等多项施工工艺。小区建筑采用铝木复合双层中空玻璃窗加外遮阳,使建筑极具品质感及实用性,并更具保温隔热和密封性能。合理开发地下空间作为机动车停车场,并在室外场地运用透水地面,有效增加雨水渗入,减少热岛效应。除去小区内部道路及硬质铺地,其余各处部位均最大限度铺设草皮地被植物,搭配小乔木、球类等形成“五重空间绿化”系统。小区设计人车分流,使行车道路与人行道路处于不同区域,与商业区相呼应,形成一个休闲、自由徜徉的街区环境。建设单位为入口沿线围墙、办公楼、道路等进行沥青铺设、外立面真石漆等进行出新改造。为周边小区市民广场绿化提档升级改造,打造公共市民绿地广场。（雨 鉴）

9月7日,小行里51号危旧房改造项目获詹天佑奖优秀住宅小区金奖。图为小行里51号南河东寓小区。（区住房和建设局 供图）

·农村人居环境整治·

【概 况】 2021年,雨花台区继续推进农村人居环境整治提档升级,提升农村人居环境品质。完成26个村组基础环境整治和6个村组环境提升,验收人居基础环境整治村组13个。建成玉兰广场、吉庆里东侧游园、新林大道街角游园等3个口袋公园,新增绿地22.35万平方米,建成区绿地率46.02%,绿化覆盖率50%,公园绿地服务半径覆盖率92.72%。举办第二届“菊染金秋 醉美雨花”菊花展。完成公园整改单293个和绿化设施整改单2876个。审批树木移除许可事项17件,初审行政许可事项80余件。

【村组基础环境整治提升】 2021年,南京市雨花台区农业农村局（以下简称区农业农村局）完成26个村组基础环境整治和6个村组的环境提升工作,房屋出新1554户,清理坯棚6846平方米,农村绿化23.6万平方米,农田整治51.5万平方米；改建、新建公厕9个，户厕改造645户，建设垃圾分类点40个；实施雨污分流，改造生态水系景观，清理河塘47个，建设污水处理设施20个，完成小微水体整治16个；新建停车场34个，解决农户停车难问题；改造公共空间，建设邻里活动中心14个，改造美丽庭院102户，建设村民综合活动中心620平方米；建设农旅中心1万余平方米，改造乡道5千米，改造村庄农路5.16万平方米，改善投资环境，促进乡村旅游、民宿业发展。

（张明亮）

交通建设

【概　况】 2021年，雨花台区境内公路总里程216.56千米，公路密度160.41千米/百平方千米。其中，高速公路8.5千米、一级公路102.60千米、二级公路42.81千米、三级公路22.05千米、四级公路40.60千米。完成卡子门大街—麦德龙街、雨花东路—雨花南路、凤汇大道—龙藏大道3个小微堵点改造；完成弘文路、岱山西路北延工程。建成停车场16处，新增停车泊位1787个，优化公交线路14条，提档升级公交站台171个。

【公路养护】 2021年，公路站县道总养护里程22千米。县道养护总投入372万元，维修县道面积1.32万平方米。干线公路优良路率100%，县道优良路率100%。

【城市道路养护】 2021年，雨花台区有快速路1条，主干路28条，次路56条，支路88条，街巷271条，桥梁26座。道路市政设施全年投入养护经费1306.56万元，完成车行道养护2.29万平方米，人行道养护1.24万平方米。岱山车行道养护2546.1平方米，人行道养护2464.76平方米。

【运输管理】 2021年，雨花台区有道路普货运输业户1320户，营运车辆3777台。持有从业资格证1013本（人）。全年办结道路货运经营许可167件，新增营运车辆658辆；办理道路货运业户年审930户，道路运输车辆年审3188辆；处罚窗口办结交通行政案件307件。

【汽修、驾培业管理】 2021年，雨花台区有机动车维修许可证或备案企业198家。其中，一类企业29家、二类企业48家、三类专项维修及汽车快修业户121家。驾驶培训机构8家。

【航运管理】 2021年，雨花台区内水路运输普货企业3家，营运船舶8艘，总吨位6.97万吨。水路运输辅助企业7家，通过核查6家，未通过1家（未参加经营备案）。船舶代理量210艘次，货物代理量163.8万吨。

【农村公路提档升级】 2021年，雨花台区深化省级“四好农村路”示范区创建成果，持续推广“雨路芯程”农村公路品牌，争创省级“平安放心路”，全面推广“路长制”管养模式。农村公路提档升级1.5千米，实施农村公路安全生命防护工程16千米，争取市建设补助资金130万元。

【法治交通】 2021年，雨花台区推进交通综合执法改革，落实执法培训、新证换领等工作，提升执法队伍业务素质。实施综合执法专项行动，执行“三项制度”，推进“双随机、一公开”，办理行政许可案件179件、行政处罚322件，无行政复议和行政诉讼败诉案件。强化信用评定与结果运用，推进行业管理由“管行为”向“管信用”转型提升。深化“放管服”改革，推进政务服务事项标准化建设，拓展“宁满意”服务场景，办理“12345”政务服务热线工单1641件、“12328”交通服务热线工单2054件，办结率100%。

【平安交通】 2021年，雨花台区落实风险管控和隐患排查治理双重机制，开展“平安交通”五大工程建设，排查治理16座农路桥梁隐患。对危险品运输企业进行安全55家次，其中联合应急管理部门开展动态监控检查15家次，未发生生产安全事故和安全责任事故。完成中国共产党成立100周年等重大活动和重点时段运输保障工作，做好恶劣天气下应急保障。开展扫黑除恶专项斗争，为行业安全稳定保驾护航。

【全市首家区级邮件监管仓】 1月25日，雨花台区进口（国际）及中高风险区邮件集中监管仓启用。监管仓位于雨花台区赛虹桥三合路姜家营36号，总建筑面360平方米，由两台冷链隧道式消杀一体机，对境外及国内中高风险地区邮件消杀，并对进口邮件进行核酸检测。在监管仓运行全流程中，运用软件管理，实现快递员车牌号、手机号，邮件消杀检测、最终出库全流程数字化可追溯。至年末，消杀邮件18406件，核酸采样4307管。（费　琦）

【油坊桥互通立交桥通车】 6月30日，油坊桥互通立交桥全面通车。油坊桥互通设置匝道17条，连接凤台南路、宏运大道、数字大道、绕城公路、宁马高速、江心洲长江大桥、江山大街7条道路，是南京市规模最大的城市互通立交桥。油坊桥互通是宁马高速公路扩建工程的3处节点之一，与绕城公路、江心洲长江大桥共同实现跨江快速环线功能，是国家路网沪蓉高速国道42的重要节点。交通流量显示，每日通过该互通立交车辆14.2万辆次，其中利用改互通转换方向车辆8.8万辆次，有效解决市民出行问题，缓解城市交通压力，完善综合交通体系。（雨　鉴）

【交通运输综合行政执法改革】 9月28日，雨花台区交通运输综合行政执法大队、雨花台区道路事业发展中心、雨花台区港航事业发展中心，挂牌运行。雨花台区推进交通运输综合行政执法改革，将区交通运输局原下属公路管理站、公路运输管理所（街道交通运输综合管理所）、汽车维修行业管理所（汽车驾驶员培训行业管理所）、航运管理所（港口管理所）、城市道路管理中心等5家事业单位，经过两次优化调整，整合成3家全额拨款事业单位，即雨花台区交通运输综合行政执法大队、雨花台区道路事业发展中心、雨花台区港航事业发展中心（一大队二中心）。（费　琦）

【滨江大道省道338雨花（板桥）段工程开工仪式】 12月18日，雨花台区举行滨江大道省道338雨花（板桥）段工程开工仪式。工程北起南江路、南至江宁河桥，路幅宽约60米，全长3.78千米。道路全线按照主辅分离方案建设，主线双向四车道，采用一级公路兼顾城市快速路标准，设计时速80千米；辅线双向四车道，采用城市主干路标准，设计时速50千米。

工程总投资25.33亿元。南京市交通运输局副局长罗睿、雨花台区副区长赵道韡出席仪式。

（雨　鉴）

城市管理

【概　况】2021年，雨花台区288个居民小区和831家党政机关、企事业单位完成垃圾撤桶并点工作，建成垃圾房亭660座，配备分类收运车辆388台。全区139条等级道路机扫率100%、整洁优良率90%，核心片区39条街巷水洗率100%。新建城镇公厕2座，吸纳30座社会厕所加入开放联盟，解决群众如厕难题。精细化整治背街小巷10条，打造石华街"茶文化特色街区"、开发区青年路"活力街区"精品街巷2个。建设智慧停车二级平台，30个单位共享开放停车泊位1000余个。出台《南京市雨花台区行政执法进小区实施办法（试行）》，统筹10个职能部门解决居民小区内部管理难题。依托"智慧渣土"系统办结渣土类案件1100余起。城市治理、垃圾分类、环卫保洁等考核均位列全市主城区前列；城市治理年度考核位列全市主城区第二位，比上年上升3位。

【垃圾分类】2021年，雨花台区完成垃圾桶撤桶并点，实现垃圾分类投放。288个居民小区全部完成亭房建设任务，其中283个小区建成一类收集点（垃圾房）311座、二类收集点（垃圾亭）349座，配备桶边指导员1218名。14个小区在全市"争优除差"行动中被评为垃圾分类A级小区，22个小区创建为垃圾分类省级达标小区。配备分类收运车辆388台，有害垃圾、厨余垃圾、餐厨垃圾、可回收物由专业公司采取扫码打卡方式收运，收集转运厨余垃圾2.92万吨、餐厨垃圾2.49万吨、可回收物5875吨、大件垃圾358吨、有害垃圾2.05吨，集中处理率100%。引导居民垃圾主动分类，召开垃圾分类专题新闻发布会12场，组织"跟着垃圾趣旅行"活动9场，举办"精彩雨花分类有我"垃圾分类系列广场宣传活动90余次，承办南京市第二季"有口皆'杯'分就对'赖'"垃圾分类志愿服务活动。

【环卫保洁】2021年，南京市雨花台区城市管理局（以下简称区城管局）新建软件大道和新湖大道北城镇公厕2座，吸纳吾悦广场厕所、古雄社区厕所等30座社会厕所加入开放联盟，调整更新指示牌80余块。全区139条等级道路（总保洁面积790万平方米）采取机械化清扫保洁方式，机扫率100%。按照核心片区"3冲6扫8洒10雾炮"标准，重点区域"2冲3扫4洒5雾炮"标准，全面提升道路保洁质量，道路整洁优良率90%。提升街巷单兵水洗作业覆盖范围，核心片区39条街巷水洗率100%；指导相关街道（园区）购置单兵水洗车19台，持续提升属地管养街巷水洗率。推广使用抑尘车严控道路积尘，尘量考核合格率90%。完成智慧环卫系统硬件升级，实现人员、作业、设施等环卫信息动态传递和交互共享。在2021年南京市环卫管理和作业质量考核中，雨花台区位列全市主城区第二位。

【市容市貌管理】2021年，区城管局完成石华街、英才路、怡园路、黄林库路、善水路、福善路、青年路、大方路、永乐路南段、观云路10条背街小巷精细化整治。以微更新、微改造、微提升为理念打造石华街“茶文化特色街区”、雨花经济开发区青年路“活力街区”2个精品（特色）街巷。依托雨花西路5座跨街灯桥20面大型户外广告界面，设置中国共产党成立100周年、疫情防控和国庆主题公益广告。增设公共信息栏112个，规范统一单元楼道公共信息栏3765个，使用高科技材料清除乱张贴小广告面积4000平方米，完成普德村路、春熙路、振兴路等8个背街小巷和普德花园西区、南奥新居、世纪苑等8个老旧居民小区乱张贴强化整治。推进“门前三包”分级分色管理，发放、张贴绿、黄、红标识牌6000余张，规范店招店牌212处1200平方米。以“人文雨花、科创之光”为主题编制《雨花台区核心片区夜景灯光亮化提升实施方案》，并在区城乡规划委员会第一次会议上通过。

【停车管理】 2021年，雨花台区推进智慧停车二级平台建设，接入备案停车场、社会专用停车场、物业小区停车场等各类停车场信息，完善信息体系，提供停车引导、区域停车预测等近10项公众服务功能，增强全区停车资源调控能力，提高停车泊位利用率，30余家机关事业单位共享停车泊位1000余个。在停车困难区域建立“互联互动、信息共享、联动联办联席共解、共治共创”四项机制，试点区域停车管理类工单同比下降60%，有效缓解区域停车矛盾。加强高铁站、地铁站周边等地区秩序整治，执行错时、延时工作制度，增加巡查频次，提高通行效率。修复破损道路停车泊位2200余个、非机动车停放区域2.8万平方米，张贴违停告知单14.39万张，整治乱停放非机动车（含共享单车）4.5万辆次。

【小区联合执法】 2021年，雨花台区出台《南京市雨花台区行政执法进小区实施办法（试行）》，区城管局统筹相关职能部门，建立“属地负责、条块协作、上下联动、合力推进”工作机制，区分新建小区、老旧小区，对垃圾分类、小区绿化、文明养犬进行分类指导，合理调配执法力，解决小区环境秩序、业主共同利益存在问题。南京市雨花台区住房和建设局专项检查违规拆改房屋承重结构等违法问题8次，南京市雨花台区综合执法局办理垃圾分类案件93件，南京市雨花台区市场监督管理局查处小区内无证经营等违法案件7件，南京市公安局雨花台分局处罚不文明养犬行为856件，南京市雨花台生态环境局查处夜间噪声违法案件134件。

2月8日，区城管局执法队员在南京南站北广场管理停车秩序。

（区城管局　供图）

【数字城管建设】 2021年，雨花台区城市管理信息化指挥调度系统平台（精靓系统）建设通过南京市城市管理综合行政执法总队验收。至年末，该系统累计上报、处理各类城市管理事件2万余起；依托数字城管考核督导，累计处理案件17.29万件，处置率和按时处置率100%。全年办结“12319”城管热线系统工单2072件，退单479件，办结率、应急响应率、综合满意率100%；办结“12345”政务服务热线工单652件，退单525件，办结率100%，综合满意率96.5%。

【公众参与城市治理】 2021年，区城管局引导号召群众参与垃圾分类、停车秩序、街巷整治等工作，组织公众委员进社区活动近370场。承办以“推进雨花精细化、净美街巷展新颜”为主题的第30期南京城市治理圆桌论坛，分享雨花台区街巷治理经验。在铁路南京南站（北广场）设置城市治理志愿服务站，为旅客提供便民服务，提升城市形象。创建“雨城蓝”志愿服务品牌，招募志愿者4621名、单位会员42家，开展志愿服务活动275场。软件谷小学、菊花台公园等5个项目创建为市级标准化示范单元。强化示范单元、精品单元常态长效管理，抽查各类单元480次，派发问题菜单1565个，整改率100%。

【违建治理】 2021年，区城管局联合相关部门和街道（园区）完善“大数据+网格化+铁脚板”巡防机制，利用无人机现代化信息技术，加大违建管控力度，制止新增（在建）违建320处1.3万平方米。依托违建监管系统推进存量违建治理，拆除违建558处7.4万平方米。

【渣土运输监管】 2021年，雨花台区完成“智慧渣土”15个监控点位安装、调试，实现渣土远程监管重点路段、区域全覆盖，运输时间、路线全掌控，搜集涉嫌违法信息430余起（含空车数据），处罚违规车辆270余辆次。全区24家渣土运输企业1114台渣土运输车，按照环保标准处置升级，更新率100%，密闭化率100%。督促在建工地落实“1+3”（每个工地配备1名专职安全员并佩戴袖标做好安全引导，配备1个大尺寸水桶、1把长柄拖把、1块抹布）管理制度，确保工地渣土车经过冲洗平台后，对渣土车辆进行二次全方位清洗，达到净车出场，严防抛洒滴漏、带泥上路等违规行为。联合交管部门、属地街道（园区）加大对凤台南路、数字大道等主要路段夜间常态机动巡查和定点检查力度，检查渣土运输车辆9800余台次，在建出土工地4400处次，办结渣土类案件1100余起。

【文明城市创建】 2021年，区城管局牵头负责雨花台区主次干道、背街小巷以及农贸市场周边创建工作，建立“2+6”“2+10”路（街巷）长制管理模式，实现城市管理范围（68条主次干道、153条背街小巷以及24家农贸市场周边）、内容（垃圾分类、环卫保洁、门前三包、停车秩序、“三乱”治理等）、时间（工作日、节假日、周末以及工作日的早晨和晚间）全覆盖。围绕公共厕所、背街小巷以及垃圾分类等3个专项16个方面开展整治。

【涉疫保洁】 2021年，区城管局坚持新冠肺炎疫情常态化防控，安排专人定期对全区58座城镇公厕、14座垃圾中转站等环卫设施全面消毒，累计消杀4万余次。7月，禄口机场聚集性疫情发生后，确保全区涉疫生活垃圾日产日清。按照“消毒—装载—消毒”程序，对全区312个点位、19个集中隔离医学观察场所及全员核酸检测点涉疫生活垃圾实行专车直收直运，累计清运320余吨。调集6辆压缩式垃圾运输车、15辆电动保洁车、60余名保洁员，对涉疫生活垃圾连续开展3轮专项全面清运，清理堆积涉疫生活垃圾90余吨。（刘 威）

南京南站地区管理

【概 况】2021年，南京南站地区按照全市城市治理考核和园林绿化管理考评要求，维持站区秩序高压管控态势，提升设施养护精细化程度，规范进出站旅客疫情防控处置流程，深化文明典范城市创建、安全管理等工作。铁路南京南站发送旅客3467.67万人次；汽车客运南站发送旅客254.31万人次；地铁南京南站进站2391.70万人次，出站1921.54万人次。南京市铁路南京南站地区综合管理办公室（以下简称南站综管办）获评南京市2019—2021年度文明单位、南京市2021年度“防疫+春运”工作先进集体、雨花台区2020年度高质量发展先进集体等称号。在全市城市治理工作考核中实现城市治理窗口组“八连冠”，在全市园林绿化管理考评中实现园林绿化管理窗口组“五连冠”。

【南北广场景观提升】2021年，南京南站地区完成南京南站南北广场景观提升工程。该工程总投资3400余万元，总改造面积5万平方米，打造地标中央景观轴“银杏景观大道”和山水影壁、镜面水池等人文景观，形成“山水城林”一体化特色景观；新建1000平方米互动体验式地面景观，提供交互式观赏体验。南京南站地区道路绿化景观提升工程和南京南站北广场玉兰路两侧绿地景观提升工程获2020年江苏省优质工程“扬子杯”、2020年南京市园林工程“金陵杯”等多项省、市级奖项。

【环卫保洁】2021年，南站综管办常态化运行大型环卫作业车辆24辆、三轮电瓶车50余辆，清扫道路2.4万千米、洒水降尘道路2.8万千米、精细化冲洗道路8000千米、刷洗大理石地面110万平方米，整体机扫率100%，车行道、人行道本色呈现率99%。

【绿化养护】2021年，南京南站地区补植、合并各类乔灌木25万株，修剪、调整行道树5000余棵，更换草皮3.8万平方米，修剪色块150万平方米，清理碎石、垃圾等2000余车，控制扬尘面积600万平方米。

【市政养护】2021年，南京南站地区维修出新车行道3800平方米、人行道4600平方米，

2月9日，南京南站北广场灯光秀实景。（南站综管办 供图）

修复路面坑洞1600平方米。定期进行桥梁检测及沉降观测，落实排水设施大中修项目，送厂拆解大修泵机4台，维修出新闸门启闭机和机械格栅2台。疏通养护路段雨水主管、支管，主管疏通率完成120%，支管疏通率完成130%；检查窨井、收水井清掏率150%，清运淤泥850立方米，安装检查窨井防坠网764座。4座雨水泵站开机242小时，排水178万立方米。

【特种设施设备养护】 2021年，南京南站地区完成多间低压配电间养护和预防性试验工作，敷设电缆470米，更换20千伏总所直流屏柜老化原器件8台。完成电梯管养，组织应急演练2次，处置困人救援10余次。增设消防报警线路1300米，加装烟感器65个。微型消防站开展业务学习24次，重大节假日执勤7次，全年出警3次。完成站区及周边监控设施487个监控点位维修保养，升级更换监控设备8台，协助调取监控录像164起。

【执法管理】 2021年，南站综管办常态化开展扫黑除恶专项斗争，总结实践经验，对站区违法违规行为进行精准打击。常态化执法与不定期专项整治并举，开展常态化联合执法297次、专项整治12次，查获移交非法接拉客人员642人次、非法营运车辆30余辆，查处出租车违规站外带客369起、流动商贩30余次、建筑工地和渣土违规行为23起，查处违停机动车3992起。

【新冠肺炎疫情防控】 2021年，南站综管办组建防疫专班，安排120余人协助铁路部门完成进站旅客核验健康码、出站旅客测温验码工作，引导现场秩序，并为无码旅客提供人工服务。组织站区人员开展核酸检测。区“应检尽检”平台数据显示，7—12月组织核酸检测5846人次。常态化开展公共环境消杀，每日3次对辖区9座公厕、2个出租车场站、26部电梯、中通道、南北广场和垃圾中转站等重点区域进行消毒杀菌，日均消杀面积2.5万平方米。7月，配合市疫情防控指挥部，在南北广场设置临时核酸采样点，采样旅客71591人次。

【文明典范城市创建】 2021年，南京南站地区修复大理石砖面2300余块，车行道、人行道出新1.43万平方米，清拖违停车辆1500余辆。临时任务投入环卫工人800余人次，出动各类车辆70余台，清理卫生死角20余处，清理建筑垃圾约15吨。投入60万元在站区核心区域安装、更新插牌及公益广告500余面，在站内大型LED屏上循环播放典范城市创建相关内容。与站前派出所、高铁派出所、交警八大队、城管南站中队等单位联动，规范站区

7月21日，南京南站工作人员核验进站旅客健康码。（南站综管办 供图）

施工围挡设置，在部分道路加装隔离护栏，劝导旅客文明出行。铁路南京南站地区改造升级公共厕所28座，解决站房内卫生间设施破损、缺水漏水等问题。接收市、区两级文明创建工作督办单20余件，协助上海铁路局南京南站、南京市铁路建设投资有限责任公司、南京长途汽车客运南站、南京南站公交场站等单位整改工单50余组。

【安全管理】 2021年，南站综管办组织安全知识培训12次，走进管养企业宣讲2次。开展常态化安全检查11次，摸排出隐患问题50余处，均完成整改。对南京市铁路建设投资有限责任公司、南京长途汽车客运南站、南京南站公交场站等单位所属区域开展双月联合检查5次，摸排出隐患问题70余处，并告知责任单位。在重要时间节点前开展专项安全检查9次，下达整改通知单5份。制定《南京南站地区大客流引导及疏散应急预案》，根据2021年应急演练计划，组织电梯困人救援、消防灭火救援、电力拉闸倒电、防汛应急处置等演练7场次，参训人员200余人次。

【“我为群众办实事”项目】 2021年，南站综管办结“我为群众办实事”项目8件。其中，“争先创优促发展”项目3件，分别为常态化做好疫情防控工作，大力推进疫苗接种；在南站周边开展联合执法专项整治行动；完成南北广场景观提升工程。“为民解忧破难题”项目3件，分别为石华街、锦绣街人行道出新；双龙街隧道顶棚渗漏维修；增加站区行人、机动车和非机动车间隔离护栏。“志愿服务暖民心”项目2件，分别为依托南京南站北广场爱心小屋，全年无休为游客提供咨询、交通引导、英语翻译等十多项服务；组织防疫志愿者配合做好防疫工作。

【配套市政消防管道检修】 1月，开工；6月，竣工。总投资2160万元。新装公共区域消防管道3300米，废弃原地面层埋地消防给水管道4处，解决原市政管网不均匀沉降引起的渗漏。

【纪念开站10周年图片展】 6月28日，南站综管办在铁路南京南站候车大厅举办“纪念南京南站开站10周年图片展”活动。图片展从建设、管理、运营、党建4个维度全方位展示建站10年取得的成绩，展出2011年建站以来各时期图片60余张。

【步行广场地下通道出租车平台维修】 9月，开工；12月，竣工。总投资1570万元，对南步行广场、东西地下通道和东出租车平台吊顶及地面进行优化调整、维修出新，完善站区基础设施，消除安全隐患。 （任姝婕）

生态环境

·生态环境质量·

【大气环境质量】 2021年，雨花台区空气质量达国家二级标准303天，优良率83.0%，同比上升0.8%，主城排名第二，全市排名并列第三。$PM_{2.5}$平均浓度26.3微克/立方米，同比下降15.4%，主城排名第一，全市排名第三。PM_{10}平均浓度58微克/立方米，同比上升1.8%。臭氧污染天数46天，二氧化氮平均浓度36微克/立方米，同比下降5.3%。

【水环境质量】 2021年，雨花台区域内国考断面、入江支流断面秦淮新河节制闸水质均值为Ⅱ类；省考断面秦淮新河将军大道桥（铁心桥）水质为均值Ⅱ类，省考断面板桥河闸内水质均值为Ⅲ类，省考断面南京长江大桥水质均值为Ⅱ类；市考断面南河龙藏大道水质均值为Ⅴ类，市考断面南河拖板桥水质均值为Ⅳ类，市考断面工农河二十五路桥水质均值为Ⅲ类，市考断面江宁河闸水质均值为Ⅱ类。

【声环境质量】 2021年，雨花台区区域环境噪声声级值为54.8分贝，低于55分贝的考核标准；交通噪声声级值为64.1分贝，较上年下降3分贝。功能区噪声昼夜达标率100%，交通噪声、区域环境噪声昼间均值达到国家标准要求。

（陈滟灵）

·生态资源保护·

【水资源管理】 2021年，雨花台区组织实施开发区水资源论证区域评估，促进开发区科学发展与水资源条件相适应，实现空间均衡，完成区域评估报告书编制。全区区管自备水源取用水户1户，为南京科技馆冰蓄冷空调系统取水项目扩大取水。全年地表水用水总量25.6万方，无超计划用水情况。申报节水型学校4所、节水型企业3家，单位用水审计2家，于年末创建成功。3月，南京科技馆通过省级节水教育基地评估验收。

【河长制推行】 2021年，雨花台区列入河（湖）长制管理河道59条（段），设区级河长14名，街级河长48名，社区级河长55名，并完成河长名单公示、公示牌同步更换等工作；全年区级河长巡河54次，街道级河长巡河1001次，社区级河长巡河3952次，反馈与销号“南京河长”APP巡河问题49条；南京市雨花台区河长办重点对各级河长责任河湖开展检查督查，定期通报情况；高效开展“生态河湖”创建工作，莲花湖通过省级河长办评价，评估为优等。 （张行健）

【耕地和基本农田保护】 2021年，雨花台区实现耕地保有量986.87公顷，基本农田保有量45.4公顷；签订耕地和永久基本农田目标责任状78份，层层落实保护主体责任；制定《雨花台区2021年度耕地保护发放方案》，开展补贴资金拨付，涉及承包地面积168.64公顷，补贴资金75.89万元，惠及农户654户。

【国土空间信息化管理】 2021年，雨花台区通过“一源多用”区域卫星遥感综合应用空间系统，采购全区0.5米级别月度卫星遥感影像，

雨花台区域卫星遥感综合应用空调系统。（规划资源局雨花台分局　供图）

实施全区卫星高频监测、智能分析比对。实施原始数据分层分类整合管理，掌握历年遥感影像18幅，基础地理信息矢量数据10类68个，数据量20万条。结合信息提取、统计测算、叠置分析等空间分析手段，自主绘制供地计划分布图、邻避设施现状图、雨花台区地价图等各类专项作业图，实现数据的自主管理、处理和共享。（马　天）

【森林绿地保护】 2021年，雨花台区着眼于全区造林空间拓展与森林提质，持续抓好森林质量精准提升，打造观山路、罐子山沿线3千米生态防护林带；在韩府山、尖山等重点林区开展林相改造和生态覆绿工程，种植香樟、高杆女贞、红叶石楠等常绿树种近万株。全年新增绿地22.35万平方米，绿化覆盖率保持并稳定在50%。

【林长制落地】 2021年，雨花台区在全市率先启用林长制信息化管理平台，下发《关于全面深入推行林长制的实施意见》，在全区范围内全面建立区、街道、社区三级林长制责任体系，健全以林长制信息化平台为基础各项工作制度，完善森林资源动态监测体系，将林地使用、林业有害生物防治、野生动物和湿地保护、古树名木保护等纳入林长制平台统一监管，定期公布森林资源保护发展情况。同时，加强生态保护与修复，维护生物多样性，强化资源节约集约高效利用，全面增强森林生态功能。（张明亮）

【项目审批】 2021年，雨花台区落实《南京市"三线一单"生态环境分区管控实施方案》等准入要求，强化项目审批服务，保障重点项目建设，梳理2021年涉及雨花台区重大项目23个。其中，完成审批5个、登记备案项目9个、无需办理环评手续5个、跨区4个。审批建设项目16个，登记备案项目172个，自主验收项目34个。（陈滟灵）

【雨花三桥湿地公园生态修复基地揭牌】 6月8日，雨花三桥湿地公园生态修复基地揭牌仪式在江豚广场举行。南京市生态环境局、南京市中级人民法院、玄武区人民法院，雨花台区人民政府等有关领导为基地揭牌。揭牌仪式上，南京市生态环境局、西南低山丘陵区域环境资源法庭、雨花经济开发区签署《雨花三桥湿地公园生态修复基地共建协议》；南京江豚保护协会、雨花经济开发区分别为南京长江江豚保护志愿服务队、雨花三桥湿地生态修复志愿服务队授旗。雨花经济开发区段湿地公园在5月6日南京市生态环境局下发的《关于公布第一批生态环境修复基地名单的通知》中，被授予市级生态修复基地——雨花三桥湿地公园生态修复基地。修复基地规划在湿地公园内建设本土物种生态修复基地、增殖放流基地、碳汇林基地和法制科普宣传中心。

·长江大保护·

【长江禁捕智慧系统】 2021年，雨花台区农业农村局建成长江禁捕智慧系统。在全市率先自主研发长江禁捕违法信息管理系统，落实"首违不罚"柔性执法，违法信息转为信息化存储，提高查询效率和准确性，同时利用统计数据分析总结预测违钓趋势，提升执法办案效率。区、街道、社区三级联动，实行岸线长制，进行网格化监管，整合13个部门力量，建立长江禁渔联动执法中心，制定联合执法制度、执法流程、应急值班等制度。组织“四清四无”回头看、水上联合巡航、市场全面禁售长江非法捕捞渔获物、禁用渔具等执法检查，建立信息通报、资源共享、案件移交等相互交融的司法衔接互动机制。全年开展执法检查320余次，水上巡航联合检查32次，陆上联合执法检查85次，查获6起秦淮新河非法捕捞案，8起长江干线非法垂钓案。（张明亮）

【雨花台区长江“十年禁渔”启动】 1月1日，区农业农村局联合各执法部门在江豚广场举行“十年禁渔”启动仪式。启动仪式上，各执法部门、护鱼员联合宣誓，对沿岸流域进行常态化检查，共守长江“十年之约”。区农业农村局与雨花台公安分局食品药品和环境犯罪侦查大队、长江航运公安局南京分局、南京水上公安分局、南京海事局梅山海事处等部门联合执法，在实践中妥善解决行政处罚和刑事司法“两法”衔接等方面问题。雨花台区鼓励原渔民退渔就近就业，发挥专业特长加入护鱼员队伍，并为护鱼员配备无人机和智慧监控系统，该系统具备红外识别和智能提醒功能，并且可以通过手机远程操控长江岸边摄像头，对重点防范水域进行全方位监控。

【雨花台区长江禁渔联动执法中心成立】 4月2日，雨花台区长江大保护综合执法中心、雨花台区长江禁渔联动执法中心、雨花台区渔政执法大队宣告成立并组织揭牌仪式。雨花台区禁捕范围包括长江（含通江河入江口1千米水域）雨花台区段14.2千米，以及秦淮新河雨花台区段17.85千米。其中，长江干流岸线全长9.6千米，占长江南京段1/10，同时叠加大胜关长江长吻鮠铜鱼国家级种质资源保护区和南京长江江豚省级自然保护区。由区农业农村局牵头，整合公安局雨花台分局、雨花台区水务局、雨花台区市场监督管理局、雨花台生态环境局、长江航运公安局等13个部门，成立执法中心，统筹抓好长江禁捕和长江岸线综合执法工作。雨花台区加大“智慧禁捕”建设投入，升级长江禁捕智慧监控系统，在执法中心设立监控平台1个，长江禁捕沿线增加监控点位38个，利用20个雷达探测器和4.2千米振动光纤配合智慧音柱设置，采用“雷达+视频监控/振动光纤+视频监控”智能分析技术，实现长江岸线雨花段全域全时监控。

【长江流域重点水域打击非法捕捞专项会议】 4月15日，全国长江流域重点水域打击非法捕捞专项会议暨现场观摩活动在南京举行，此次为全国长江禁渔工作2021年第一场现场会。现场观摩活动之一在雨花经济开发区江豚广场，农业农村部副部长于康震、沿江15省（市）相关成员出席活动。观摩活动现场，雨花台区通过区长江禁捕智慧系统，利用雷达和振动光纤报警现场演练如何劝阻沿江垂钓人员。区长江禁捕智慧系统根据岸线上涉及堤坝、游园、广场等不同场景，运用感应雷达、振动光纤、智慧音柱、智能分析、调度平台五大科技，共设置38个视频监控、20个雷达，4.2千米振动光纤，29个智慧音柱，建成一个智能监控与护鱼员巡防、渔政公安部门联动执法、大数据与人工融合一体化智慧禁捕体系。雨花台区逐步形成“12345”工作机制，即“一个中心、两支队伍、三级到位、四个联动、五大科技”★，规范长江禁捕工作。

★链接 一个中心。即整合农业农村局、公安分局、水务局等13个部门力量，按照"一支队伍、三块牌子、两个职责、两个机制、实体化运转"的指导思想，成立区长江禁渔联动执法中心。

两支队伍。即按照区街职能分管，打造执法和巡护两支队伍。

三级到位。即对照全市长江流域"岸线长"责任制要求，按照1.5公里/人落实岸线巡护人员，实现区、街、社区三级责任落实到位。

四个联动。即加强常态化跨区域监管执法合作，不断深化部门联动、市区联动、水陆联动、区域联动。

五大科技。即长江禁捕智慧系统运用的感应雷达、振动光纤、智慧音柱、智能分析、调度平台五大科技。

【渔业资源增殖放流活动】 11月26日，雨花台区长江渔业资源增殖放流活动在南京市雨花台区大胜关江畔江豚广场举行。活动由雨花台区人民政府、江苏海事职业技术学院主办，雨花台区农业农村局、雨花经济开发区管委会承办。此次放流地点位于长江大胜关长吻鮠铜鱼国家级水产种质资源保护区，放流江鱼品种包括长吻鮠、胭脂鱼、江黄颡鱼等23.6万尾，总计价值18.5万元。所投放鱼苗对长江生态多样性、长江生态资源恢复起到积极作用。活动中，对渔政执法队伍、禁渔协助巡护人员队伍、公安执法队伍、长江大保护执法队伍四支队伍，分别授予长江禁渔先锋队、长江禁渔志愿者突击队、长江禁渔卫士、长江大保护卫士的旗帜，并开展水上执法巡查。自长江"十年禁渔"启动以来，雨花台区贯彻"共抓大保护 不搞大开发"战略决策，打造技防全覆盖，防控全时段，无盲区无死角智慧禁捕系统，全面监管14.2千米雨花台区长江禁捕岸线，确保违法捕钓行为100%被发现，100%立即处置。

（雨　鉴）

11月26日，"增殖水生物　促进绿色发展"2021年雨花台区长江渔业资源增殖放流活动在江豚广场举行。（雨鉴　供图）

·节能减排·

【工业企业能源消费】 2021年，雨花台区98家规模以上工业企业，累计综合能源消费量534.3万吨标准煤，煤炭消费量518.3万吨，工业生产电力消费量35.6亿千瓦时。全区规上工业单位增加值能耗同比下降10.1%。开展能源质量月活动，抽取部分规模以上工业企业进行能源数据质量核查。核查过程中听取企业介绍生产工艺流程和能耗情况，以及企业为节能减排采取的措施和取得的成果，被检查企业均建立能源统计台账，重点耗能大户在原有企业自制台账基础上，同时按要求完成省生态环境局下发台账。

（李雨欣　陈滟灵）

表31　2021年雨花台区规模以上工业企业用水情况统计表

指标名称	计量单位	取水量		外供水量	
		2021 年	2020 年同期	2021 年	2020 年同期
合　计	万立方米	5753	5648	2762	2765
地表淡水	万立方米	2734	2656	217	238
地下淡水	万立方米	0	0	0	0
自来水	万立方米	3019	2992	2545	2527
海水	万立方米	0	0	0	0
陆地苦咸水	万立方米	0	0	0	0
矿井水	万立方米	0	0	0	0
雨水	万立方米	0	0	0	0
再生水（中水）	万立方米	0	0	0	0
海水淡化水	万立方米	0	0	0	0
其他水	万立方米	0	0	0	0
补充指标					
指标名称	计量单位	2021 年		2020 年同期	
外排水量	万立方米	3043		3074	
重复用水量	万立方米	165929		157307	
直流冷却水量（河湖水）	万立方米	17671		16766	
直流冷却水量（海水）	万立方米	0		0	
污水处理量	万立方米	1769		1850	

注：用新水量汇总数＝取水量汇总数－外供水量汇总数　　（区统计局）

表32　2021年雨花台区规模以上工业企业能源消费情况统计表

能源名称	计量单位	工业生产消费量	参考折标系数
原煤	吨	1477622	—
一般烟煤	吨	1477622	0.7143
洗精煤（用于炼焦）	吨	3705876	0.9
焦炭	吨	4237021	0.9714
焦炉煤气	万立方米	73275.4	5.714~6.143
高炉煤气	万立方米	703402.18	1.286
转炉煤气	万立方米	78818	2.714
天然气	万立方米	861.7	11.0~13.3
液化天然气	吨	119.93	1.7572
汽油	吨	206.54	1.4714

续表32

能源名称	计量单位	工业生产消费量	参考折标系数
煤油	吨	32.92	1.4714
柴油	吨	3935.67	1.4571
液化石油气	吨	29.77	1.7143
润滑油	吨	48.09	1.4143
其他石油制品	吨	1.55	1.4
热力	百万千焦	7079573.81	0.0341
电力	万千瓦时	356335.29	1.229
余热余压	百万千焦	9755085.74	0.0341
能源合计	吨标准煤	10596985.95	—

注：综合能源消费量=工业生产消费（能源合计）-能源加工转换产出(能源合计)-回收利用(能源合计)见《2021年雨花台区规模以上工业企业能源加工转换与回收利用统计表》

（区统计局）

表33　2021年雨花台区规模以上工业企业能源加工转换与回收利用统计表

能源名称	计量单位	加工转换投入合计	能源加工转换产出	回收利用
原煤	吨	1410071	0	0
一般烟煤	吨	1410071	0	0
洗精煤（用于炼焦）	吨	3705876	0	0
焦炭	吨	0	2456358	0
其他焦化产品	吨	0	152588	0
焦炉煤气	万立方米	20765	77293	0
高炉煤气	万立方米	447059	0	717775
转炉煤气	万立方米	58919	0	87709
热力	百万千焦	0	9377957.09	0
电力	万千瓦时	0	501070.38	0
余热余压	百万千焦	5610634.74	0	9755085.74
能源合计	吨标准煤	5164509.06	3852920.38	1400816.11

（区统计局）

【智慧生态监管平台】 2021年，雨花台区利用区智慧生态环境平台，整合区内小标站、微站和餐饮、汽修在线等平台，建设区智慧生态环境手机APP，与南京大学、南京信息工程大学等高校及第三方专家团队签订战略合作协议，组建大气污染防治工作专班，对发现问题实时精准溯源，第一时间移送属地街道（园区）排查整治，紧盯问题整改闭环。协调召开每月全区空气质量分析会议，编制各类空气质量分析日报620份，周报85份，月报20份，专项分析报告45份，为重点区域环境质量提升提供技术助力。（陈滟灵）

【水环境整治提升】2021年，雨花台区开展3个暗涵整治及1个河道水环境提升工程，整治河道暗涵2951米，整治雨污混接点15处，设置截流井4座，检查井5座，清淤9850立方米，设置补水点1处。至年末，四号沟水环境整治提升、环形沟暗涵整治工程完工；跨年度南玉带河暗涵整治工程、外院东沟暗涵整治工程，完成总工程量60%。推进雨污水管网建设项目6个，中南南河—中兴路污水泵站段、新湖大道污水管网建设工程主体完工。新建污水管网24.2千米（含主通道），修复污水管网800米，新建中兴路北延污水泵站1座，改造中兴路污水泵站1座。全年8个考核断面水质全部达标。其中，国考断面1个（秦淮新河节制闸断面），省考断面3个（长江南京长江大桥断面、秦淮新河铁心桥断面、板桥河板桥闸内断面），市考断面4个（工农河二十五路桥断面、南河拖板桥断面、南南河龙藏大道断面、江宁河江宁河闸断面）。（张行健）

图为7月24日拍摄的秦淮新河雨花台区段。（区水务局　供图）

【危险废物管理暨环保设施安全管控试点】2021年，雨花台区针对环保设施安全风险辨识新问题，在全市率先选举南京金梦都工贸实业有限责任公司、江苏博恩环保科技有限公司两家企业作为危险废物规范化管理暨“6+1”环保设施安全风险辨识管控（6类重点环保设施+危废库）领域试点，探索创新安全风险辨识管控模式，形成可推广、可复制的“雨花样板”。（陈滟灵）

【公共机构节能】2021年，雨花台区推进公共机构能源资源节约。组织各街道及卫生、教育系统，围绕既有建筑绿色改造、合同能源、能源审计、水平衡测试、节能示范单位、节约型机关创建，开展能耗情况调查，了解节能空间，制定节能改造方案。全年完成合同能源单位2家、能源审计单位5家、水平衡测试单位5家；创建省级节能示范单位1家、市级节能示范单位1家；既有建筑绿色改造2万平方米。加强区文化大厦节能降耗管理，与设计方、施工方研究采用集中控制终端限定温度、限定时段，优化空调使用，日均用电量控制在1.38万千瓦以下。组织区级各公共机构开展南京市公共机构综合管理平台数据录入工作，举办培训2期，166家公共机构100%完成能耗定额管理平台填报。组织参加2021年南京市公共机构节能减碳宣传月生态文明宣传作品征集活动，获“优秀组织奖”；征集作品120余幅，1幅作品（摄影）获一等奖。雨花台区文化和旅游局、残疾人联合会获评国家节约型机关。

【雨花台区省级节水教育基地创建】3月19日，雨花台区省级节水教育基地现场评估在南京科技馆举行。该节水教育基地由雨花台区水务局指导完成创建，评估组现场查看馆内节水展区、节水设备等。该基地交通便利、受众面广，节水教育活动形式多样、内容丰富、管理制度健全、实践性较强，符合《江苏省节水教育基地评分细则（试行）》相关要求，通过验收。馆内除常设“自来水的旅行”“水循环”“污水厂模拟”“节水绘画展”“节水知识科普区”“水环境与能源”等展区外，建有雨水收集池，留住的雨水用于中央空调冷却循环系统和绿化浇灌，同时利用雨水打造水景观，美化水环境，每年节约10万立方米水资源，起到节水宣传教育和示范作用。南京科技馆创新节水宣传模式，制作大型立体节水飞行棋，将游戏与节水知识巧妙结合，将节水公益宣传片引进影院，在影片前播放节水公益宣传片，提高观影群众节水意识。南京科技馆开发“馆校合作”科普教育项目，为学校量身定制科普教育实境课堂，定期组织学生开展节水宣传教育活动。7所学校与南京科技馆签订合作协议，开发课程103个，受众学生2.5万人次。开展“碧海蓝天”科普展、“节约用水，从我做起”主题绘画比赛、节水实验秀“水魔法学校”、玩转科学课“节水减排环保小卫士”等。雨花台区水务局利用南京科技馆节水宣传教育基地，持续开展节水宣传教育，普及节水常识，营造科学用水、文明用水、节约用水社会氛围，提升全社会节水爱水护水意识。（雨　鉴）

·污染防治·

【大气污染防治】2021年，雨花台区从源头治理大气污染，制定《雨花台区环境空气质量监测站点“点位长”制管理办法（暂行）》，编制《雨花台区“国控点”巩固提升暨“点位长”制度资料汇编》，加强面源污染防控。加密布设34个TVOC（总挥发性有机物）站，完成42家（59套）汽修VOCs（挥发性有机物）排放浓度在线监控、“进、出口双控”升级改造、2套柴油车黑烟抓拍设施点位以及16个TSP（总悬浮颗粒物指环境空气中空气动力学当量直径小于等于100微米的颗粒物）监测设备建设。利用区智慧生态环境平台，整合区内小型标准空气站、微型空气质量站和餐饮、汽修在线等平台，建设区智慧生态环境手机APP。利用雷达扫描、“遥感监测+无人机巡查”、不定期积尘走航监测，实现科技治污、精准治污。（陈滟灵）

【水环境污染防治】2021年，雨花台区推进水环境防治。通过强化水质日常监测，对全区7条重点河道、59条“河长制”水体、6个湖泊（水库）共72个水体，90个断面及秦淮新河沿线6个泵站水质，对省、市考区域补偿考核断面进行监测，制定汛期防范水质下降应对预案，强化排涝泵站的监测；完成水质自动站建设，加大自动化监测设备投入，完成板桥河板桥闸内和工农河二十五路桥等2座市控江支流水质自动监测站建设；强化排口整治，成立整治工作专班，制定《雨花台区长江入河排污口排查整治工作清单》，完善“一口一策”分类整治措施。南京市生态环境局将雨花台区长江入河排污口工作列入市级层面排查整治试点，推进“长江大保护”，完成南京市长江大保护雨花综合执法中心建设。严格建设项目准入，确保长江雨花段沿线区域不新增污染建设项目。全区水环境质量明显改善，全年1个国考、3个省考断面水质均达标。（张行健）

【土壤污染防治】2021年，雨花台生态环境局印发《南京市雨花台区2021年土壤污染防治工作方案》、编制土壤污染防治“十四五”规划，为“十四五”土壤污染防治工作奠定基础；加强污染地块治理修复监管，推进贾东村污染地块治理修复，指导修复方案备案、修复资金申请、修复工作开展，严格污染地块治理修复工程现场的环境管控，强化污染溯源调查。至年末，贾东地块清运污染土壤6万余立方米；强化土壤审计问题整改，组织召开土壤污染防治推进会、联席会，完成涉及雨花台区问题排查和整改；完成关闭退出化工企业安全专项整治，强化对区内2家关闭退出化工企业开展安全专项整治，并对原南京旭日精细化工、费隆复合材料地块进行现场核查。（陈滟灵）

【交通运输污染防治】2021年，雨花台区交通运输局对主动申请淘汰的货运车辆协助办理道路运输证报废手续，办理国Ⅲ以下柴油车报废手续174辆。加强对道路环境综合整治、电力杆线下地等项目的监督管理，落实“八达标两承诺一公示”制度，治理施工工地扬尘污染。按照“淘汰一批、提升一批、全面监管”原则，要求汽车维修企业使用单式处理烤漆房的企业自行贴封条停业，关停烤漆房19家、换新改造15家。开展一、二类维修企业固废转移情况调查工作，收取固废转移联单59份；检查维修企业75家次，收取处置合同74份、南京市固废危废安全专项整治自查表73份、危险废物环境安全守法承诺书81份。（费　琦）

【排污许可管理】2021年，雨花台生态环境局组织核发排污许可证57家排污单位参加法律政策培训，开展排污登记复核现场培训会5场，复核登记备案企业233家。分类别完成水处理、电力、砖瓦、塑料橡胶、家具制造、加油站的排污许可复核工作，推行排污许可“一证式”管理，建立健全以污染源自动监控为主非现场监管执法体系。

【新冠肺炎疫情医疗废弃物防治】禄口机场聚集性疫情发生后，雨花台生态环境局启动新型冠状病毒肺炎疫情应急防控工作机制，成立应急工作领导小组和工作专班，组建清运小组，租赁清运车辆，聘用清运人员，购置医废垃圾桶，开展现场检查并设置警示标识。对全区8个污水进市政管网但无化粪池等问题的隔离点安装处理设备，确保所有隔离点涉疫污水达标排放。疫情防控期间出动人员648人次，发现问题66个，均完成整改。转运医疗废物423家次，转运医疗废弃物240余吨。在全市率先自租车辆开展自行转运，医疗废物率先达到日产日清，实现零库存；率先给7个隔离点安装污水处理设施；率先建立医疗废物防感染工作机制和精细化管理清单，落实清运工作人员一日一核酸检测。（陈滟灵）

·环境监管·

【专项执法检查】2021年，雨花台区开展长江经济带突出环境问题、环保督察整改回头看、《中华人民共和国固体废物污染环境防治法》

执法检查等专题执法。全年出动执法检查3381人次，服务企业976家次；年度“双随机”出动执法检查386人次，检查企事业单位171家次。开展疫情防控期间医疗机构、污水处理厂、医学隔离点专项检查、服务、指导，出动94人次检查32家次；联合交警八大队委托第三方对（非）道路移动机械进行污染排放检测，检测5196台，72台不合格机械予以责令限期整改，立案处罚8台。开具夜间施工核准通知书1882份。（陈滟灵）

【水政执法检查】 2021年，南京市雨花台区水务局建立健全水政执法三项制度和目标任务，协调办理6类行政许可事项，实现“马上办、网上办、一次办”许可审批服务。加强水政执法检查巡查，及时发现和制止涉水违规违法行为，对汛前清障、违规取用水资源进行现场执法3次，会同雨花台生态环境局、雨花台区城管局等部门联合执法2次。每周现场调研各达标区居民小区雨污分流建设及管养工作、河道水质养护及排水许可证办理等情况。至2021年年末，雨花台区完成18个排水达标片区创建年度目标。（张行健）

【土地执法检查】 2021年，南京市规划和自然资源雨花台分局编印《自然资源执法监管质效提升年工作方案》，明确部门职责，形成群防群治合力。全年开展土地执法巡查726次，巡查里程14474.55千米，下发《责令停止违法行为通知书》47份，其中338省道项目土地例行督察问题取得批文完成销号；开展2021年度卫片执法检查，完成疑似违法用地图斑核查上报171个；开展辖区违法用地“清零”行动、农村乱占耕地建房问题摸排、违建别墅问题整治、耕地保护督查及规划资源领域扫黑除恶专项斗争等专项工作。（马　天）

【环保宣教】 2021年，雨花台生态环境局在自媒体平台发布原创稿128篇。其中，国家级平台采用12篇、省级平台采用13篇、市级平台采用98篇、区级6篇。其他纸媒、电视台等媒体发稿27篇。结合我为群众办实事活动，开展“大篷车社区行”“普法助企”系列活动20余场次，解决群众身边环境问题和企业生产环保难题。雨花台区亚东天界幼儿园被生态环境部评为第十批“国际生态绿色学校”，该区宣教工作综合成绩全市排名第一。（陈滟灵）

责任编辑　张　玄

11月23日，雨花台生态环境局开展守护江豚之都系列科普活动。
（雨花台生态环境局　供图）

文化旅游

2022 YUHUATAI ALMANAC

Cultural Tourism

综　述

【概　况】 2021年，全域旅游持续推进。雨花台区结合文化资源普查工作，排查梳理辖区文化旅游资源和配套公共服务设施基本情况；对照全域旅游创建标准，设计《雨花台区全域旅游全景图手绘图》、编制《南京市雨花台区道路旅游标志牌布点方案》《南京市雨花台区全域全景图导览牌布点方案》，更新标志牌、安装全景图导览牌；建设雨花台区旅游集散中心；建立《雨花台区创建省级全域旅游示范区台账资料库》，收集资料70%。

深化文旅资源。在梅钢工业文化旅游区新建钢铁文化长廊1.2千米，并在延线设置梅钢站、励志书屋、慢铁9424、钢铁文化广场等景点；编制《雨花台区旅游营销推广规划》，确立重点打造特色线路5条（红色旅游线、佛教文化旅游线、智能科工旅游线、文化遗产旅游线、生态休闲旅游线）；建成区内首个长江生态法治文化主题公园。梅钢工业文化旅游区被批准为国家AAA级旅游景区；南京民间抗日战争博物馆被命名为“江苏省党史教育基地”并获“抗大成立85周年纪念章”。

举办雨花台区旅游嘉年华——非物资文化遗产展演日活动；签约共建“数字文旅产业园”；出版雨花英烈纪实文学《雨花台》；“百年风华 盛世如愿——2021清明雨花英烈云祭扫”特别节目，入选“国家广电总局2021年一季度优秀广播电视新闻作品”；庆祝中国共产党成立100周年航天科普展，接待参观者18万人次；《南京市雨花台烈士陵园保护条例》通过南京市人大常委会审议。

全年，旅游营业收入2.7亿元；接待海内外旅游者409.53万人次，其中接待入境旅游者0.21万人次。（雨　鉴）

【雨花英烈事迹宣讲团】 2021年，雨花英烈事迹宣讲团举行“雨花台清明云祭扫”诗朗诵、2021辉煌百年红色接力主题宣传最终站——小营小学站现场沉浸式朗诵、“纪念馆里的党史故事”主题专场社教活动，接待越南驻沪总领事宁成功重走胡志明访苏路线。首席讲师郭琦赴澳门参加“致敬国家丰碑——他们的故事 让我告诉你”国情教育活动，为港澳青少年讲述雨花英烈事迹。全年开展宣讲48场次、受众1万余人次。宣讲团成员获“全国博物馆讲解大赛”三等奖，江苏省红色旅游五好

4月30日，雨花台区旅游嘉年华——非物质文化遗产展演日活动在楚翘城举行。（区文化和旅游局　供图）

讲解员、江苏省红色故事宣讲大赛“金牌讲解员”“优秀讲解员”等称号。

【革命纪念馆高质量发展巡礼展】 7月18日—8月21日，由雨花台烈士纪念馆在二泉展览馆展出。聚焦革命纪念馆功能定位，展示全国26家一级革命纪念馆红色资源利用在学术研究、社会教育、宣传创新、展览展示四个方面成果。参观者1.26万人次。

7月18日—8月21日，革命纪念馆高质量发展巡礼专题展在雨花台烈士陵园二泉展览馆展出。（雨花台烈士陵园　供图）

【庆祝中国共产党成立100周年红色雕塑展】 7月18日—11月23日，雨花台烈士纪念馆在二泉展览馆举办“凝聚的历史 永恒的初心——庆祝中国共产党成立100周年红色雕塑展”。展览从全国1600多家纪念馆中筛选出41件红色经典雕塑，以党史为基本脉络，分为“初心丰碑”“革命记忆”“英雄赞歌”“精神凝聚”“辉煌永续”五个部分，采用实物、模型、数字化展现形式，重点讲述习近平总书记走过的15家纪念馆雕塑背后的故事。该展览是全国革命纪念地、纪念馆红色经典雕塑首次集中展示，入选2021年度“弘扬中华优秀传统文化、培育社会主义核心价值观”主题展览。参观者2.5万人次。

【《中国革命纪念馆概览》出版】 7月，在“中国革命纪念馆高质量发展峰会·2021”上首发。该书由雨花台烈士陵园管理局受国家文物局委托牵头编撰出版，收录1341家革命纪念馆基础信息，是行业首部系统介绍革命纪念馆的工具书和指南，并入选中宣部2021年主题出版重点出版物选题目录。

【纪实文学《雨花台》出版】 4月，由南京出版社出版的纪实文学《雨花台》，是雨花台烈士陵园管理局联合南京出版传媒集团（南京出版社）推出的纪实文学图书，是国内首部展现雨花英烈的革命精神纪实文学作品。18个章节、50余万字，记录在雨花台牺牲的雨花英烈300余名。涉及年谱、传记、回忆录、口述访谈、会议记录、历史档案、诗文作品等史料，涵盖雨花英烈创建党组织、革命武装斗争、地下情报斗争、工人运动、农民运动、学生运动、根据地政权建设、策反工作等革命活动。由中国作协副主席、中国报告文学学会会长、作家何建明用5年时间创作完成。（方元媛）

【数字文旅产业园项目签约】 12月14日，中国（南京）软件谷与南京旅游集团签约在铁心桥地块共同打造“数字文旅产业园”。项目占地面积3.76万平方米，建筑面积约22万平方米，投资约30亿元。在中国（南京）软件谷“四城一基地”基础上，增加科研载体规模；建设5A甲级高端商务办公、研发绿色建筑写字楼；突出“数字+文旅”，结合南京旅游集团文旅资源及文旅产业链优势，打造数字文旅场景、孵化数字文旅产品、研发数字文旅装备、集成数字文旅产业，拉长软件产业链与文旅产业链。

（雨　鉴）

【梅钢工业文化旅游区获评国家AAA级旅游景区】 12月29日，梅钢工业文化旅游区被南京市旅游资源规划开发质量评定委员会批准为国家AAA级旅游景区。依据《旅游景区质量等级的划分与评定》国家标准与《旅游景区质量等级评定管理办法》，梅钢工业文化旅游区经自检自查和自主申报，区文化和旅游局初审推荐，南京市旅游资源规划开发质量评定委员会按程序组织现场评定、第三方暗访，梅钢工业文化旅游区达到国家AAA级景区标准，经公示后获批准。

（陈　玥）

【《南京市雨花台烈士陵园保护条例》通过】 12月30日，南京市人大常委会第三十四次会议审议通过《南京市雨花台烈士陵园保护条例》。该条例是全国首部保护具体烈士纪念设施的“点上立法”，是雨花台烈士陵园整体保护、雨花英烈事迹与精神宣传和弘扬的法治保障。2021年，制定《南京市雨花台烈士陵园保护条例》（即《南京市雨花台风景名胜区管理条例》（修改））项目被列入南京市人大常委会立法计划，由雨花台烈士陵园管理局起草。起草过程中，雨花台烈士陵园通过官方网站、南京市政务平台向社会征集意见建议24条；召开行政相对人、烈士亲属、专家学者座谈会20场次；录制、播放“聚焦红色立法 传扬英烈精神”“雨花台论坛”特别节目，播放量近10万次；举办“金陵民声——热点网谈”节目，参与讨论“立法保护烈士陵园 传承弘扬英烈精神”网友近2万人。

（方元媛）

旅游资源与开发

【概　况】 2021年，雨花台区有国家AAAA级旅游景区2家；国家AAA级旅游景区1家。“雨花台烈士陵园—梅钢工业旅游区”入选全市党史学习教育精品线路和基地；优化完善并重新启用雨花台“信仰的力量”青年学习社线路。开发“信仰课堂馆校合作红色研学课程——《雨花英烈的艺术人生》”和“‘党的故事我来讲’2021雨花台青少年红色主题线上公开课”。雨花经济开发区段湿地公园被批准为市级生态修复基地。区内首个长江生态法治文化主题公园建成并对外开放。

（雨　鉴）

【信仰课堂馆校合作红色研学课程】 2021年，雨花台烈士陵园管理局开发“信仰课堂馆校合作红色研学课程——《雨花英烈的艺术人生》”，打破“就烈士讲故事”模式，将红色革命文化和中国传统文化相结合，挖掘雨花英烈初心信仰，将雨花英烈艺术修养与革命史实融入课堂。与中小学德育教育相结合，融通纪念馆展陈和校方课程资源，通过线上线下、不同文化艺术形式，展现丰满鲜活雨花英烈形象，激发学生学习兴趣与热情、培养爱国情怀。该课程获评文化和旅游部“红色旅游进校园”优秀案例、“2021年度江苏省中小学劳动教育和社会实践优秀课程三等奖”“江苏省博物馆优秀青少年教育示范项目十大精品课程”“南京市中小学生优秀研学实践教育课程一等奖”“南京市博物馆优秀青少年教育示范项目”。

（方元媛）

【党史学习教育精品线路】 4月28日，南京市委党史学习教育办公室发布第一批5大主题10条精品线路及党史学习教育基地，雨花台烈士陵园—梅钢工业旅游区入选线路2，主题为“缅怀革命先烈+重温艰苦创业”。雨花台烈士陵园位于南京市雨花台区雨花西路215号，其中雨花台烈士纪念馆基本陈设为“信仰的力量”，展出恽代英、邓中夏等170位烈士英勇事迹。免费参观。参观学习时长90分钟左右。梅钢工业旅游区位于南京市雨花台区梅山街道，是梅钢以“钢铁是怎样炼成的”为主题打造的工业旅游精品基地，再现梅钢从无到有、由小到大、从弱变强发展历程和辉煌成就。免费参观。参观学习时长60分钟左右。

（陈　玥）

【“信仰的力量”青年学习社线路重新启用】 5月6日，雨花台“信仰的力量”青年学习社线路由共青团雨花台区委和雨花台烈士陵园管理局团委2020年共同打造，以新民主主义革命时期中国共产党人和爱国志士集中殉难地——雨花台烈士陵园为教育基地。线路主题为雨花英烈事迹讲述、重温入团仪式教育、青年学习社沉浸式互动。经优化完善，设置信仰步道、烈士陵园北群雕、丁香树、烈士纪念碑广场、烈士纪念馆和“信仰的力量”青年学习社6个站点。全年开展青少年学习活动21场，辖区团员青年、新发展团员、新入队少先队员参与活动1300余人次。

（雨　鉴）

表34　2021年雨花台信仰的力量青年学习社线路一览表

站　点	主　题	学习内容与方式
第一站　信仰步道	在沉浸式的学习中，一起感悟共产党人信仰的力量	上一堂林荫下的微团课；跟着问题去学习
第二站　雨花台烈士群雕像	缅怀先烈铸信仰，仰望雨花英烈伟岸形象，领会信仰铸就的“两高一大”精神	瞻仰雨花台烈士就义群雕，聆听群雕故事；观看情景剧《穿越时空的对话》（内容改编自袁咨桐烈士的英雄事迹）
第三站　丁香树	传颂革命烈士忠贞爱情，领会“同人民一起奋斗，青春才能亮丽；同人民一起前进，青春才能昂扬；同人民一起梦想，青春才能无悔”的人生观和价值观	在丁香树下聆听丁香与乐于泓的红色爱情故事，体会信仰使人生更伟大；在丁香树前打卡合影留念，把丁香的故事传递给更多的人听
第四站　雨花台烈士纪念碑	参加纪念碑前仪式教育，坚定积极奋进信仰初心	重温入团仪式，宣读庄严的入团誓词；瞻仰烈士纪念碑
第五站　雨花台烈士纪念馆	验证“青年一代有理想、有担当，国家就有前途，民族就有希望”，感受信仰塑造人格魅力	观摩历史图片和史料实物，聆听青年雨花英烈邓中夏、恽代英、郭纲琳等的信仰故事
第六站　雨花台“信仰的力量”青年学习社	走进英烈的内心世界，真正理解并树立起“崇高理想信念、高尚道德情操、为民牺牲的大无畏精神”	参加主题微团课；诵读《雨花英烈家书》；观看沉浸式体验微话剧《梦·中国》《红色特工冷少农》《雨花台》和舞台剧《半只梨中的一片丹心》

（雨　鉴）

【青少年红色主题线上公开课】 8月，雨花台烈士陵园管理局开发“党的故事我来讲”2021雨花台青少年红色主题线上公开课，以雨花台红色文化为主线，设置“印象雨花台、雨花英烈的英雄事迹、雨花英烈的艺术人生、话剧《雨花台》人物形象解析”四类主题课程。课程为期3天。2000多名学员报名参加，提交作业320人、提交演讲视频152人。 （方元媛）

【三山矶法治文化公园】（参见“街道·园区”类目，第352页）

旅游节庆与推介

【概　况】 2021年，雨花台区旅游嘉年华——非物资文化遗产展演日活动在雨花台区楚翘城广场举行。现场组织汉服舞蹈表演、灯光秀、武当元贞太极表演等活动，市民们零距离接触非物质文化遗产所蕴含的传统文化和文化价值，感受非物质文化遗产项目的魅力，感知中华文化的脉络。

清明期间，雨花台烈士纪念馆主办的“心迹——雨花英烈遗文展”在纪念碑西侧碑廊推出，展示43位烈士74篇文章书信。面向全省中小学生开展纪念缅怀烈士征文，收到40所中小学校3000余篇投稿。全年共组织志愿者500余人次，根据红色文化志愿服务内容，在南京红色文化志愿者联盟下组建宣讲、挖掘、展示、保护4支特色志愿服务队，把南京红色文化志愿服务打造成为具有全国影响力的志愿服务特色品牌。

年内，由雨花台区西善桥街道主办的南京市首个秦淮新河史料图片展在西善桥街道初见书房二楼展出，展览现场以时间为序，分为风雨旧秦淮、愚公移山志、赞歌颂英雄、奋进新时代、飞虹架新桥、十朝雨花情六大主题。系统回顾建造秦淮新河的原因、过程、成就以及伴随城市化进程展现出的时代新图景。梅钢钢铁文化长廊设有“印记梅钢”大众数字篆刻体验区，与“印联网”合作，打造线下“数字篆刻体验中心”和线上“大众篆刻数字引擎”“篆刻爱好者云家园”，传承和创新发展中国印文化和篆刻艺术，以数字化方式推广普及大众篆刻。 （雨　鉴）

【南京红色文化志愿者联盟】 2021年，南京红色文化志愿者联盟依托全市各红色文化场馆设施、纪念碑、陵园、遗址遗迹旧址等红色文化资源，组织500余人次志愿者开展日常服务。以“线上+线下”形式，扩大红色文化传播力和影响力。拍摄红色文化资源点vlog探访视频15期、制作VR全景8处、组织线下巡查活动3场。

【“辉煌百年红色接力”主题活动】 2月，新华日报社、雨花台烈士陵园管理局共同面向全省中小学生开展纪念缅怀烈士征文。40所中小学投稿3000余篇，《新华日报》连续刊出雨花英烈故事和优秀征文30篇。3月，“辉煌百年红色接力”主题宣传授旗仪式启动。从南京河西外国语学校起步，走入苏州市枫桥中心小学、淮安小学、南通师范学校第二附属小学等省内多所小学校园，历时百余天，行程1300多千米，近1万名师生接力共传信仰旗帜。

【心迹——雨花英烈遗文展】 4月3日—8月30日，由雨花台烈士纪念馆主办的“心迹——雨花英烈遗文展”在纪念碑西侧碑廊举行。

4月3日—8月30日，雨花台烈士陵园主办的“心迹——雨花英烈遗文展”在纪念碑西侧碑廊举行。　（雨花台烈士陵园　供图）

该展览分为“家国情怀”“舍利取义”“顽强意志”“生死抉择”4个部分，细述雨花英烈理想抱负、思想感悟、精神内涵和人生轨迹，学习、工作和家庭生活，亲情、友情、爱情和革命情谊等政治信仰、革命意志、人间至情和家国情怀。展出43位烈士文章书信74篇。参观者2.38万人次。（方元媛）

【旅游嘉年华——非物质文化遗产展演日活动】 4月30日，2021雨花台区旅游嘉年华——非物质文化遗产展演日活动在中国（南京）软件谷楚翘城广场举办。活动由南京市雨花台区文化和旅游（体育）局主办，雨花台区文化馆、铁心桥街道承办。活动有汉服舞蹈、武当元贞太极表演，灯光秀；非物质文化遗产传承人指导捏泥人、画脸谱传统技艺；专设脸谱、泥人、纸鸢等展位展示雨花台区非物质文化遗产传承保护成就。100组家庭近300人报名参加活动。（陈　玥）

【“百年风华 盛世如愿”清明云祭扫活动】 4月，雨花台烈士陵园管理局与江苏省广播电视总台、融媒体新闻中心江苏新闻广播、荔直播合作举办“百年风华 盛世如愿——2021清明雨花英烈云祭扫”特别节目。通过现场祭扫、线上哀思、多地连线方式，缅怀先人，寄托哀思。清明节当天连线上海龙华烈士陵园、黑龙江东北烈士纪念馆、苏州大学博物馆等清明祭扫现场，线上参与人数超300万人次；短视频单条阅读量321.4万次；中央电视台新闻联播、江苏新闻广播等平台报道88篇；荔直播、荔枝新闻等线上平台播放量超200万人次。该活动入选“国家广电总局2021年一季度优秀广播电视新闻作品”。

【“信仰的力量”雨花台烈士纪念馆展区】 6月28日—10月28日，雨花台烈士纪念馆配合江苏省委“百年征程 初心永恒——中国共产党在江苏历史展（1921—2021）”，策划制作的“信仰的力量”主题展在南京国际博览中心举行。展区面积100平方米。展览选取58幅历史图片资料、18份烈士话语，通过“烧成灰也是共产党员”“一颗为民心 万古终不泯”“带着勇敢和信心就义”3个篇章，阐释雨花英烈的革命精神内涵；运用具有视觉冲击力的展陈设计，凸显雨花英烈的革命精神深刻意蕴和永恒价值。参观者2.76万人次。（方元媛）

【首个秦淮新河史料图片展】 7月6日，由雨花台区西善桥街道主办的南京市首个秦淮新河*史料图片展在西善桥街道初见书房二楼展厅展出。展出图片、档案文件100余份。展览以时间为序，分为风雨旧秦淮、愚公移山志、赞歌颂英雄、奋进新时代、飞虹架新桥、十朝雨花情6大主题，展示秦淮新河建造原因、过程、成就和城市化进程新图景。

★**链接** 秦淮新河流经江宁和雨花台两个区，全长16.88公里，秦淮新河工程1975年开工，南京、镇江22万居民，历经5个寒暑，揭土切岭、覆平地挖深沟、举家搬迁义务劳动。1980年建成通水，不仅根治秦淮老河千年洪水灾害，也为秦淮老河沿岸开发利用带来生机。是一条集泄洪、抗旱、灌溉、航运等为一体的人工河。新中国成立后，秦淮新河工程是南京投入人力最多、施工时间最久、开挖河段最长、对秦淮河水系影响最为深远的工程，是南京秦淮河历史和水利文化史上重要印迹。（雨 鉴）

【中国革命纪念馆高质量发展峰会·2021】 7月18—20日，“中国革命纪念馆高质量发展峰会·2021”在南京举行。峰会由国家文物局和江苏省人民政府共同主办，省委宣传部、省文化和旅游厅、省文物局承办，市委宣传部、市文化和旅游局、雨花台烈士陵园管理局执行，中国博物馆协会纪念馆专委会、部分革命纪念馆、雨花台红色文化研究院协办。峰会主题为“用好红色资源赓续红色血脉”。开幕式上，国家文物局、南京大学、雨花台红色文化研究院共建的“南京大学革命纪念馆研究中心”揭牌；雨花台烈士纪念馆等全国20余家革命馆发起的“全国革命文物展示联盟”成立。中央和国家机关相关部门、各省级文物行政部门和革命纪念馆近200人参会，新华社、《人民日报》《新华日报》《中国文物报》等媒体发布新闻稿件50余篇，全网阅读量超过100万人次。

【江苏省暨南京市新婚夫妇向革命烈士献花活动】 9月30日，在第八个全国烈士纪念日，江苏省及南京市100名新人在雨花台烈士陵园北群雕广场向革命先烈献花。活动现场，新婚夫妇代表向全省青年发出倡议：坚定理想信念，热爱伟大祖国，锤炼道德品质，担当时代责任；100位新婚夫妇参加“丹心寄未来——书信为证强国有我”全国征集活动，将信件投进雨花台心愿邮筒。

【罗登贤生平事迹展】 9月30日—11月1日，雨花台烈士纪念馆在纪念碑东侧碑廊举办引自广东佛山罗登贤事迹展览馆的“罗登贤烈士生平事迹展”。展览以罗登贤烈士生平经历为主线，分为“国弱家贫 少年立志”“一心向党 名扬省港”“留守中央 挑起大梁”“奔赴国难 威震雪原”“光辉史册 丰碑永驻”五个篇章，以图文与历史资料，呈现雨花英烈罗登贤短暂而光辉的一生。参观者6300人次。

（方元媛）

旅游服务与管理

【概　况】 2021年，雨花台区有旅行社49家、旅行社分社9家、旅行社服务网点51家。新增四星级旅行社1家、三星级旅行社1家，累计有星级旅行社6家。分别为江苏舜天海外旅游有限公司（五星）、南京万达国际旅行社有限公司（四星）、海外国际旅游集团江苏旅行社有限公司和南京宁影国际旅行社有限公司（三星）、南京博而达研学旅行服务有限公司（二星）、南京古城国际旅行社有限公司（一星）。完成旅游市场安全管理、市场检查、疫情防控、复工复产等工作，开展旅游市场“文明典范城市创建”及“不合理低价游”专项检查，出动检查人员346人次，检查旅行社、分社及服务网点113家次。配合完成“旅行社质保金退还”“旅行社星级评定及复核”等工作。全年受理旅游投诉279件，“12345市民服务热线”239件，12301投诉平台38件、电话投诉2件，召开调解会7次。

【旅行社星级申报评定】 2021年，南京宁影国际旅行社申报三星级旅行社、南京万达国际旅行社申报四星级旅行社，经南京市星级旅行社评定委员会依据江苏省《旅行社等级划分与评定》(DB32/T2122—2012)标准评定，完成2家旅行社星级申报工作。南京万达国际旅行社是全市年度唯一成功申报四星级的旅行社。

【旅游市场监管】 2021年，南京市雨花台区文化和旅游局开展跨部门专项检查，联合区市场监管部门进行“双随机一公开”抽查，配合市文化和旅游综合市场执法总队进行“不合理低价游”专项抽查，对未经许可经营旅行社业务及“不合理低价游”开展专项检查，检查旅行社62家次，遏制旅游市场无证和低价经营。发放文明旅游宣传画300份、宣传手册500份，对旅游市场长效管理，推动文明典范城市创建。

【旅游安全管理】 2021年，雨花台区落实旅游市场“四方责任”，与辖区内旅行社签定安全责任状；完成181平台手机端安全走访旅行社44次，上报181网络平台安全隐患6条。

（祁　栋）

文化旅游景点

·雨花台风景区·

【概　况】 2021年，雨花台风景区接待游客341.70万人次。其中，境外游客2119人次；境内游客341.49万人次（省内游客253.58万人次，省外游客87.91万人次）。雨花台烈士纪念馆入馆参观者33.89万人次，讲解接待1262批次、5.73万人次。

雨花台烈士陵园管理局推进“红星计划”，入藏16位留学前苏联的雨花英烈档案资料3000余件、4900余页；征集赵良璋（野雪）作曲、薛介民（海燕）作词的曲谱——《盟》《陶家齐日记》、秦明烈士资料、吕其明《红旗颂》定稿签名版等；征集《中国国民党与劳动运动》《中国国民党农民运动》等藏品6件；复（仿）制江苏国家安全教育馆馆藏有关雨花英烈藏品13件。与江苏省文物总店有限公司、南京民间抗日战争博物馆达成征集合作意向。

推进“雨花台烈士传”丛书编撰，完成《施滉传》《张炽传》等撰写。启动《雨花英烈大辞典》编撰工作。联合北京大学文化产业研究院策划出品国内首套少年儿童爱国主义主题教育读物《雨花英烈》系列绘本。纪录片《那一年 我们正年轻》，入选国家广电总局“庆祝建党100周年重点纪录片目录”、江苏省“十四五”文化发展改革规划重大工程项目。

成立全国首家革命纪念馆研究中心、纪念馆行业高端新型智库——南京大学革命纪念馆研究中心，搭建“雨花台论坛”，发挥博士后工作站作用。全年发表署名文章36篇，其中C刊7篇、北大核心2篇；入选国家社科基金青年课题项目2项、国家社科基金一般项目课题1项。完成“中国南京红色在线平台”三期建设，开发APP、微信公众号及小程序。全年发布信息3000余条，阅读总量超50万人次。获优秀政务新媒体传播范例奖、南京网友节优秀项目奖、年度优秀政务新媒体账号。策划党史学习教育“致信未来”“纪念馆里的党史故事”“周末敬礼人”专题活动。清明期间，中央电视台特别节目《人民不会忘记》8次报道雨花台、《新闻联播》讲述雨花英烈吴振鹏红色家书故事。“9·30”烈士纪念日期间，在地铁4号线开通红色地铁专列。开展“辉煌百年红色接力”主题宣传活动，近万名师生传递信仰旗帜。

发挥全国爱国主义教育示范基地作用，与江苏省法学会、民航江苏空管分局、应急管理部消防救援局南京训练总队、徐州医科大学等10余家单位签订共建协议，累计共建单位超160家。启动“红领巾讲解队”招募工作，入选67名。7月1日，15名红领巾讲解员首次开展志愿讲解服务，庆祝党的生日。

雨花台干部学院推出线上“云课堂”。全年承办培训班225个（长期班20个、短期班205个），参训学员16780人次。

【雨花台干部学院】 2021年，雨花台干部学院举办课程评审1次，开发课程8门并通过评审。包括《“天国”春秋 以史为鉴》《强军梦 强国梦》《雨花英烈狱中斗争》《人民选择了中国共产党——国民党丢失政权的启示》《永远的丰碑——南京长江大桥》现场教学课程5门，《不变的初心 永恒的信仰》激情教学课程、《感悟雨花魂 传承英烈志》互动访谈课程、《从“救命”的医者 到“救国”的战士》专题课程各1门。打造影像记录中国共产党百年光辉历程《碧血丹心雨花魂慕课》20集，在南京音乐广播FM105.8、喜玛拉雅、南京电视台大学生频道等媒体播出。推荐至中组部基层干部培训网络课程1门，入选省委组织部基层干部培训网络课程3门、市委组织部基层干部培训网络课程4门。与三江学院合作，推出“云听雨花英烈家书”16讲，“名师访谈”3讲。3名教师现场教学课程在市“共学共建”活动中获市党史学习教育“金课堂”称号，2名教师入选市委宣讲团（市党史学习教育市委宣讲团、习近平总书记“七一”重要讲话精神市委宣讲团、十九届六中全会精神市委宣讲团），3名教师入选市委“百年党史我来说”青少年党史宣讲团。

【“小雨滴”志愿服务队】 2021年，雨花台烈士纪念馆“小雨滴”志愿服务队利用纪念馆场景，通过志愿者主创主演、志愿讲解员引导串联，为参观受众创新实施“沉浸式讲解”6次。大学生志愿者通过“云端”为贵州、安徽乡村儿童开展雨花英烈主题授课；赴四川开展党史学习志愿行暨雨花英烈亲属探访活动；组成“红色初心”宣讲团，走进南京玄武外国语学校、南京市小行小学等学校，开展“五个一”（一个微展览、一段故事、一节课程、一首红歌、一台短剧）红色宣讲，受讲人数超3000人次。获评“南京市优秀青年志愿服务集体”。

【“风雨百年雨花魂”专栏】 2021年，“风雨百年雨花魂”专栏刊发雨花英烈事迹短故事，累计刊发100期。该专栏2020年7月20日由雨花台烈士陵园管理局联合《南京日报》策划启动，7月1日结束。多家主流媒体转播专栏内容，《新华日报》理论抖音开篇选用；“学习强国”全国平台刊出26篇；“雨花台干部学院”官方微信和“红色文化促进会”官方微信转载。

【雨花英烈全国寻访活动】 3月26日，“寻英烈足迹 探初心之源——百年传承 百地寻访 百媒联动”雨花英烈全国寻访活动启动。活动由全国党刊协会、南京市委宣传部指导策划，雨花台烈士陵园管理局与《金陵瞭望》杂志社等单位联合举办。通过实地寻访烈士初心源头，生活、求学、战斗等事迹，连点成线、以线成面，形成雨花英烈的革命精神全国传播体系。2021年末，寻访团队寻访温州、永嘉、杭州、富阳、成都、乐山、德阳、合肥、安庆、句容、无锡、江阴等14座城市，在20余所（个）纪念场馆、学校、社区，开展纪念仪式、座谈交流、主题宣讲、亲属慰问等活动近40场次。

【广播剧《烈火芳华——雨花英烈传》】 6月23日起，在南京广播电视集团旗下新闻、交通、经济、音乐、体育五大频率播出。由雨花台烈士陵园管理局与南京广播电视集团联合出品，南京广播电视台与87Studio联合制作。每集讲述1位英烈故事，时长8~10分钟，共100集。通过塑造雨花英烈个人形象谱写英雄群像。学习强国全国学习平台、喜马拉雅、蜻蜓FM、网易云音乐等网络平台播放。其中，蜻蜓FM点击量超过110万次。该剧入围中宣部、国家广电总局联合主办的“庆祝中国共产党成立100周年优秀广播剧展播”项目和“国家广电总局庆祝中国共产党成立100周年优秀广播电视节目”。

【原创雨花英烈主题话剧《长明》】 6月30日，在紫麓雨花梦想剧场首演。该剧由南京市委宣传部指导、雨花台烈士陵园管理局出品、南京广播电视集团紫麓戏剧制作。南京艺术学院副院长李向民任总编剧，紫麓戏剧创始人冯勉为编剧，导演殷弘毅指导。《长明》讲述1927年至1934年期间，中共南京地下党组织遭到8次重大破坏，大批共产党员、共青团员被捕、牺牲，包括六任党组织主要负责人。以及每一次被破坏后他们用生命接力迅速恢复重建党组织的忠诚与坚守的历史。至2021年末，在南京大学、东南大学、南京艺术学院、南京外国语学校仙林分校等单位巡演15场。

【铁窗犹见坚壮志——雨花英烈狱中斗争革命文物展】 7月5日—2022年10日，以“铁窗

图为7月5日拍摄的铁窗犹见坚壮志——雨花英烈狱中斗争革命文物展。
（雨花台烈士陵园　供图）

犹见坚壮志”为主题的雨花英烈狱中斗争革命文物展在雨花台烈士陵园内红色文化展示中心举行，首次展出雨花英烈狱中斗争遗物83件（其中9件为一级文物），展览分为“寒凝大地”“大义凛然”“尺牍至诚”“血沃雨花”“丰碑屹立”五个部分。通过文物背后的故事，再现时代背景下共产党人崇高理想信念、高尚道德情操、为民牺牲大无畏精神。该展览入选中宣部、国家文物局举办的庆祝中国共产党成立100周年精品展览。至2021年年末，参观者3.8万人次。

【文物史料征集成果展】 11月29日—2022年5月24日，雨花台烈士纪念馆在纪念碑东侧碑廊举办“红色记忆——‘红星计划’文物史料征集成果展”，鼓励社会各界支持和参与文物保护利用。展出图片资料69份、革命文物资料63件。至2021年年末，参观者2.42万人次。

【“雨花英烈革命业绩报刊寻踪”专题展】 11月29日—2022年5月24日，雨花台烈士纪念馆在纪念碑西侧碑廊举办“雨花英烈革命业绩报刊寻踪”专题展。该展览以雨花英烈留下的39件报刊资料为主线，分为“探索真理”“确立初心”“英勇斗争”三个部分。通过116份历史资料，系统梳理邓中夏、恽代英、施滉、孙晓梅、谢士炎等31位雨花英烈在历史报刊中留下的思想刻印。至2021年年末，参观者2.50万人次。（方元媛）

·南京科技馆·

【概　况】 2021年，南京科技馆开放249天（比上年少15天），接待游客64.1万人次，同比增长15%，其中未成年人19.6万人次，占总人数31%，同比增长6%；团队人数6.4万人次，占总人数10%，同比增长111%。

投资500万元建成科技创新中心，完成能源与环境展区竣工验收，南北门、餐厅污水系统、出入口门禁系统改造以及临展区监控点位增设。举办各类科普活动373场（期）次、2.05万人次。开发科普文创产品30个。馆校合作新签约学校9所。举办“火星2035沉浸式科学艺术展”“‘礼赞百年 辉煌有宁’城市摄影展”“庆祝中国共产党成立100周年航天科普展”。

制定《南京科技馆党支部党史学习教育工作计划表》，集中学习党史有关文件文献、重要讲话35篇次；赴梅园新村纪念馆、雨花台烈士陵园等红色资源点学习参观；开展两期“红色电影月”活动，组织党员群众观看《1921》《长津湖》等爱国主义影片；与江苏省青少年科技中心、江苏省科普服务中心、南京市科技信息研究所、南京市科学技术普及服务中心等单位开展“共学共建”活动；参加“党的关怀 伴我成长”江苏省科技工作者主题演讲大赛获一等奖。

南京科技馆连续第4年被省科普场馆协会评为江苏省科普场馆绩效考评优秀等次；连续第5年被省科技创新服务联盟评为江苏省科技服务业百强机构；连续第11年被南京市平安景区创建工作领导小组评为“平安景区”创建工作示范单位，并获青少年科技工作“五星评比”五星奖、南京市中小学生优秀研学实践教育课程二等奖、机关作风建设“先进处室”等荣誉。各级官方媒体报道139次，其中国家级媒体31次，包括登上“学习强国”全国平台6次。

【各类活动开展】 2021年，南京科技馆制定春秋游、研学游、亲子游游览线路，开展“中国航天日”“防灾减灾日”“诗词里的植物学”系列主题科普活动；重点打造“专家科普报告会”“南京科普游”“科技馆研学游”“一秀一课一探究”精品科普教育活动。开展“仿生机器人”“趣味尤克里里”“无人机课堂”“采雨花茶”线上线下研学和讲座课程12期次、500人次。打造“科协大讲堂”品牌，邀请红山动物园园长沈志军、科普作家吴京平开展科普讲座2场；组织开展不同主题科普讲座10期。继续与中国科技馆合作开展“科学连线——对话诺奖”网络直播活动，把世界著名专家“请”进南京科技馆，开展《新冠疫情与科学之路》《精神科学药物研发》《原子钟》《通向生命的阶梯 化学》《21世纪生命分子与人类福祉》活动5期。全年讲解接待参观者526场次，受众1.9万人次、同比增长51.5%；“一课一秀一探究”品牌教育活动开展346场次，受众2万人次、同比增长200%。

【科普文创产品】 2021年，南京科技馆与南京设计廊合作，探索科普与文化、教育与娱乐融合，设计主题为“南京科技馆创新好礼”系列文创产品。设计素材围绕“基础科学”“少儿科普体验区”“能源与环境”三大常设展厅、IP主图紧抓主体馆造型的30款科普文创产品上线。产品从科普、创意、内涵多维度传播科学知识，传递科学精神。在首次参加的芜湖科博会上，变色马克杯进入优秀科普产品推荐名单。

【馆校合作】 2021年，南京科技馆与雨花外国语小学开展“助力双减”科学课程进校活动，秋季学期授课24课时、受众720人次。向雨花台区教育局推荐科普资源课程，学校整班进馆活动26场次，同比增长20%；受众2226人次。科技辅导员进校开展“一课一秀一探究”教育活动39场次，同比增长59%；受众3489人次。新签约南京外国语学校、玄武外国语学校附属小学、南京市南湖第一小学、建邺实验小学、云鹤小学等馆校合作学校9所。

【火星2035沉浸式科学艺术展】 1月29日—5月16日，由南京科技馆在该馆举办。展览面积800平方米。由表演区和临展区两部分组成。该展览植入沉浸式舞台剧，设有300平方米水秀奇境；往事剧场植入沉浸式实景舞台剧，在国内临展中属首次；原创剧目《逆行之惑》，让观众纵跨千年历史探究火星逆行之迷。参观者3万余人次。其间，开展“火星之旅——南京科技馆公益行”系列活动，组织盲人学生、自闭症儿童、在宁生活流动困境等特殊群体儿童，免费参观火星展3批、120多人次。

【庆祝中国共产党成立100周年航天科普展】 5—7月，在南京科技馆负一楼临展区举办。

5—7月，由南京科技馆等单位主办的庆祝中国共产党成立100周年航天科普展在南京科技馆举行。图为参观者在参观。 （南京科技馆 供图）

由南京市科协、南京科技馆主办。主题为“逐梦苍穹 共创辉煌”，展出作品39件，设置历程回眸、飞天利箭、北斗导航、太空天眼、嫦娥探月、飞向火星和筑梦太空主题展区7个，以及开篇（航天使命）和尾声（未来探索）。通过北斗导航系统、高分卫星系统、嫦娥探月工程、探火工程以及载人飞行等，展示航天科技成就和航天科普知识。展览包含实物、样品、展品、图板、视频、多媒体等展项30余项；本地高校、研究所、企业航天科技创新成果30余个，覆盖航天大数据、教育、生物、材料等领域。参观者约18万人次。

【“礼赞百年 辉煌有宁”城市摄影展】 6月3—15日，在南京科技馆序厅广场举办。由南京市科协、南京科技馆主办。展出作品60件。通过人物肖像与城市风光2个主题，展示南京市高质量建设“强富美高”新南京成就。人物肖像篇，以年龄为坐标轴，展示1~100岁各行各类代表人物。其中，有百岁老人、将军书法家，参加过淮海战役、渡江战役的新四军老战士，有中国科学院院士，基层一线党员干部、劳动模范，树立远大理想的中小学生等。城市风光篇涵盖南京大美山河，青山、绿水、繁花，描绘南京生态之美；红色资源、文博场馆、非物质文化遗产作品，展示南京人文底蕴；城市地标、高新产业、科创走廊，展现南京创新速度。参观者约2万人次。

【科技创新中心】 12月18日，建成开放。科技创新中心位于南京科技馆主体馆三楼，是全市中小学生科技创新教育校外载体、科普基地、研发中心和人才培养基地。一期工程建筑面积1000多平方米，分为常设展厅、星光秀场和创新工坊3个功能区，具备成果展示和普及教育功能。常设展厅，公开展览南京中小学2009年后科技创新实践历程和教育成果，展品上百件；星光秀场和创新工坊，是南京市高质量青少年科技创新赛事活动场地与展示平台，并为学生、中小学科技辅导员提供校外普适性科创教育。

（费珊珊）

·南京民间抗日战争博物馆·

【概　况】 2021年，南京民间抗日战争博物馆*利用馆藏文物资源，举办中国共产党成立100周年党史学习宣传教育讲座12场，免费为参观者讲解100余场；开辟《听老吴韶文物》网络自媒体节目，制作发布节目13期。全年接待参观者122.97万人次，其中线下2.39万人次、线上120.58万人次。

传播历史文化。分别与中国人民抗日战争纪念馆等全国30家单位、上海淞沪抗战纪念馆以及南京禄口国际机场，共同举办“中流砥柱—中共抗战文物展”“青春热血保家乡——抗战老兵口述史展”和“书籍里的红色中国展”。捐借馆藏《新青年》、新华日报社1938年出版的《论持久战》等文物史料16件，助力“百年征程 初心永恒——中国共产党在江苏历史展（1921—2021）”“人间正道是沧桑——中国共产党南京历史展览”和《新华日报》报史馆建设。

充实馆藏文物。投入资金150万元，征集著名抗战胜利刊物——大公报的《日本投降矣！》等文物19件；在海内外购买抗战图书521本。接受戴安澜将军家属、导演李杨等捐赠“戴安澜军团勋章”、南京大屠杀纪录片《痕》及工作台本等文物资料360余件（册）。至年底，该馆馆藏文物6139件、图书43990册。

发展志愿公益事业。与龙越慈善基金会策

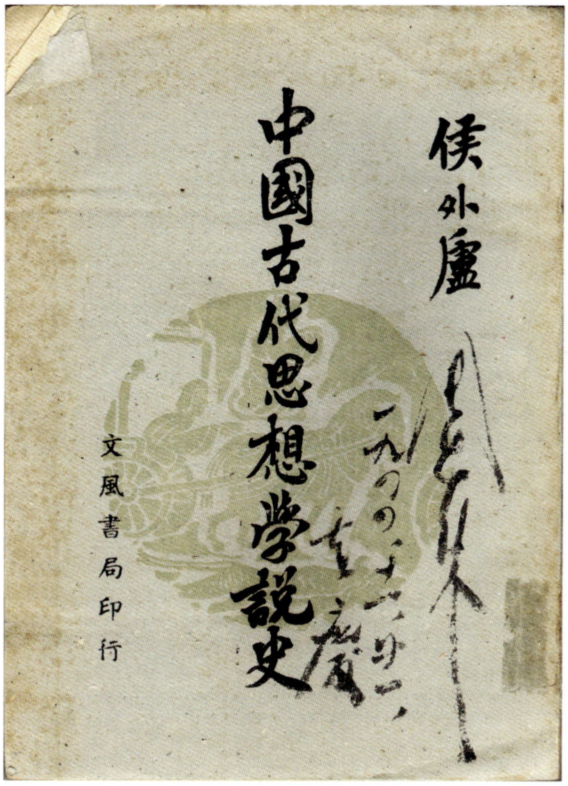

2021年，南京民间抗日战争博物馆征集文物19件。图为其中的1944年11月21日周恩来重庆签名本。
（南京民间抗日战争博物馆　供图）

划“关爱抗战老兵公益志愿者口述访谈”项目，传承志愿公益精神；支持志愿讲解员陈刚出版《讲解员日志》；在中国志愿服务网江苏志愿服务上发布“博物馆志愿服务”招募信息，引导在校大学生加入志愿公益服务队伍；联合江苏省民建、南京市民建、爱德基金会设立“思源爱民公益基金”项目，募集资金309390.49元，组织550余人次志愿者慰问抗战老兵580人次。

2021年，南京民间抗日战争博物馆被中共江苏省委党史工作办公室命名为“江苏省党史教育基地”并获中国人民抗日军政大学陈列馆颁授“抗大成立85周年纪念章”。

★**链接**　南京民间抗日战争博物馆位于雨花台区安德门大街48号，是江苏省首座民间抗日战争博物馆。2006年，由吴先斌先生个人筹资创办。博物馆占地面积5000平方米，独立建筑，四层楼，建筑面积2000平方米。博物馆设有第一展厅、第二展厅，分别位于二楼和三楼，面积均为500平方米，免费向社会开放，有注册志愿者115名，累计接待参观者152.97万人次（线下32.39万人次、线上120.58万人次）。

【“关爱抗战老兵公益志愿者口述访谈”项目】5月18日启动，由南京民间抗日战争博物馆组织实施。南京民间抗日战争博物馆设计“志愿者自我介绍（姓名、年龄、职业、学历、履历）”“何时、何地、何种原因，参与到关爱抗战老兵公益活动中”等26个问题口述访谈提纲，利用80天的时间，走访湖南、广西、贵州、云南四省13个市县，行程5000千米，访谈关爱抗战老兵公益志愿者108位。其中，年龄最大的80岁，年龄最小的19岁。形成口述访谈文字稿80余万字。

【书籍里的红色中国展】　7月1日—10月31日，在南京禄口国际机场航站区举办。该展览由南京民间抗日战争博物馆与南京禄口国际机场有限公司共同举办。南京民间抗日战争博物馆提供馆藏《论持久战》等72册书籍封面照片及每本书籍文字简介，由南京禄口国际机场有限公司制作成72块展板陈设航站区，供过往乘客浏览。

【“中流砥柱”——中国共产党抗战文物展】7月1日，由南京民间抗日战争博物馆与中国人民抗日战争纪念馆等全国30家单位共同举办的“中流砥柱”——中国共产党抗战文物展，在中国人民抗日战争纪念馆举行，2022年4月

30日结束。南京民间抗日战争博物馆参展的馆藏文物是第八路军抗战特辑《战斗画报》第七期和新生活画报《抗日画报》第十一号。

【《听老吴韶文物》节目】 9月9日，南京民间抗日战争博物馆上线网络自媒体视频节目《听老吴韶文物》，通过馆藏文物介绍，讲述背后的历史故事。节目由南京民间抗日战争博物馆馆长吴先斌撰写脚本、制作并讲解。至2021年年末，发布节目13期，总时长58分31秒。节目以生动、精练、便捷的特点，收获浏览量107143人次。（吴先斌）

表35 2021年南京民间抗日战争博物馆《听老吴韶文物》节目情况一览表

期 次	题 名	时 长
第一期	日本投降军刀	2分23秒
第二期	沈佩兰毁家抗战	2分4秒
第三期	胡蝶的十九路军唱片	3分3秒
第四期	国立罗斯福图书馆	2分48秒
第五期	空军英雄王光复	4分4秒
第六期	日军罪恶旗舰出云号	4分51秒
第七期	罗伯逊的“起来”唱片	5分47秒
第八期	人民教育家陶行知	4分56秒
第九期	张纯如，用个人力量改变了世界	7分25秒
第十期	铁血书生徐特立	5分41秒
第十一期	书生报国何思源	5分19秒
第十二期	不屈的女人李秀英	3分52秒
第十三期	一代船王卢作孚	6分18秒

（吴先斌）

【“青春热血保家乡”——抗战老兵口述史展】 12月13日，由南京民间抗日战争博物馆和上海淞沪抗战纪念馆联合举办的“青春热血保家乡”——抗战老兵口述史展，在上海淞沪抗战纪念馆举行，2022年1月13日结束。通过抗战老兵个人经历展现波澜壮阔的抗战史。展览分为中华危机、少小离家、中流砥柱、金戈铁马、喋血异域、和平永固六部分。南京民间抗日战争博物馆共有120位抗战老兵口述资料以及66件珍贵文物参展，其中大多数文物为首次对外展出。

【《讲解员日志》】 12月，由南京出版传媒集团、南京出版社出版。《讲解员日志》是南京抗日战争博物馆志愿讲解员陈刚2015年7月19日至2021年11月21日的讲解生涯记录，是陈刚对讲解实践和理论归纳的一次尝试。该部日志分为“志愿心声 回报社会”“实践参访 服务轨迹”“携手观众 共筑和平”“讲解有约 主题有思”四个篇章，上下2册，43.6万字。

（吴先斌）

·梅钢工业文化旅游区·

【概　况】 2021年，梅钢工业文化旅游区成功创建国家AAA级旅游景区，接待游客约7万人次。上海梅山冶金股份有限公司（以下简称梅钢）依托红色基因、钢铁文化、冶炼工艺、智慧制造与花园工厂，以“钢铁是怎样炼成的”为主题，拓展集钢厂观光、科普研学、文化体验、亲子娱乐为一体的工业文化旅游区建设。建成长1.2千米的钢铁文化长廊；联合南京广电荔枝读书会打造“励志书屋”，开展“励志”主题分享、励志大讲堂、读书会交流、图书漂流等活动；与印联网合作设置“印记梅钢”大众数字篆刻体验区，举办“印记初心 大众篆刻”展；与江苏省旅游学会、南京市教育系统合作，利用特征和红色资源，承办中小学生研学活动，参与约1.5万人次；上线人民网“中央企业红色资源”，为各级机关开展党史学习教育共学共建提供大课堂；庆祝中国共产党成立100周年，与南京电视台合作在钢铁之歌广场举办梅钢第十一届集体婚礼。年内，梅钢工业文化旅游区被确认为中国宝武首批爱国主义教育基地，与雨花台烈士陵园共同入选南京市委党史学习教育办公室发布的第一批5大主题10条精品线路及党史学习教育基地。

【钢铁文化长廊建设】 2021年，梅钢改造提升原有老厂房，利用工业构件创作钢铁主题景观小品，建成长1.2千米的钢铁文化长廊。设有梅钢站、励志书屋、慢铁9424、火车驿站、钢铁工艺墙、钢铁文明墙、钢铁文化广场7个景观小品。梅钢站，位于钢铁文化长廊起点，室内面积474平方米，设有“印记梅钢”篆刻数字体验馆；励志书屋，室内面积180平方米，藏书1800册；慢铁9424，由绿皮车厢改建成怀旧咖啡吧，室内面积77平方米；火车驿站，还原老旧蒸汽火车进站检修场景，由原运输火车检修厂房改建，室内面积124平方米；钢铁工艺墙，长75米、高7米，墙面绘有炼铁、炼钢、热轧、冷轧钢铁生产工艺流程；钢铁文明墙，长150米、高7米，展示钢铁科技与人类文明同步发展；钢铁文化广场，“钢铁之歌”位于广场正中，高7.5米、占地46.75平方米。

【中国宝武首批爱国主义教育基地挂牌仪式】 5月28日，“永远跟党走”中国宝武钢铁集团首批爱国主义教育基地——梅钢厂史陈列馆挂牌仪式在梅山钢铁公司举行。中国宝武党委常委、宝钢股份党委书记、董事长邹继新出席揭牌仪式。厂史陈列馆位于梅钢公司行政大楼左侧，2018年4月建成开放。建筑面积1255平方米，分上下两层，主要展厅5个。前4个展厅不忘本来，记录和展示梅钢从无到有、由小到大、从弱变强发展历程和辉煌成就；第五展厅面向

图为10月25日拍摄的“钢铁之歌”主题雕塑。　　（梅钢　供图）

未来，描绘梅钢人眼中未来钢城模样：创新、协调、绿色、开放、共享，寓意梅钢以“创享”筑梦远方，创造美好生活。活动现场，全体党员重温入党誓词；梅钢合唱团演唱歌曲《在灿烂的阳光下》；全体人员高唱中国宝武司歌《我战斗在金色的炉台上》并集体参观厂史陈列馆。

【梅钢第十一届集体婚礼】 10月29日，梅钢第十一届“红心向党，爱在梅钢”集体婚礼在钢铁文化广场举行，21对新人在“钢铁之歌”雕塑前喜结连理。婚礼由南京电视台协办并全程录播，在南京教科频道、生活频道播出。

【“励志 正当燃”梅钢励志书屋启动仪式】 11月10日，由梅钢和江苏广电荔枝读书会联合举办。江苏省文联主席章剑华、江苏凤凰出版传媒集团副总经理徐海、江苏省地方志学会常务理事薛冰等嘉宾出席活动；梅钢总经理刘宝军、江苏省广播电视总台集团总经理周斌致词。现场，领导和嘉宾为励志书屋启封；南京市文学之都促进会为励志书屋举行“世界文学之都地标网络”授牌仪式；章剑华、徐海、薛冰分享“阅读”“创作”“工业文化遗存保护”看法和私藏书单；首批梅钢励志荐书人，全国技术能手、上海市劳动模范、梅钢炼铁厂首席点检季益龙，国内无人浇钢第一人、上海市劳动模范、宝武工匠、梅钢炼钢厂首席操作邹世文，分享励志书籍；梅钢励志读书会宣布成立。

11月10日，“励志 正当然”梅钢励志书屋启动仪式举行。 （梅钢 供图）

【印记初心大众篆刻作品展】 11月16日，“印记初心”——庆祝中国共产党成立100周年大众篆刻作品展首次进国企和钢铁企业，在钢铁之歌广场开幕。江苏省人民政府原副省长史和平，江苏省文化投资管理集团有限公司、江苏省报业协会、印联网、江苏省广电总台等文化、教育、科技、企业界及梅钢各部门、各单位代表和文艺爱好者总计80余人参加。梅钢工会主席、党委宣传部、企业文化部部长主持开幕式。该展览由中央文献出版社、西泠印社指导，梅钢、中华世纪坛艺术馆、中国艺术研究院篆刻院、《文汇报》社、高等教育出版社等单位共同举办，展期半个月。展出大众篆刻作品297枚，由篆刻专业工作者、大中小学师生、企业员工和科研单位职工共同设计创作，分“新民主主义革命时期”“社会主义革命和建设时期”“改革开放和社会主义现代化建设新时期”“中国特色社会主义新时代”四部分，创新开展“四史”学习教育新形式，坚定中国钢铁人钢铁报国的初心和决心。参观者6000余人次。

（何勇洁）

责任编辑 王守玲

公共服务

2022 YUHUATAI ALMANAC

Public Service

劳动服务管理

·劳动就业·

【概　况】2021年，雨花台区新增城镇就业16146人，实现再就业6969人，援助困难人员就业1249人；培育自主创业7063人，其中青年大学生创业556人。创业带动就业21099人，劳动保障书面审查用人单位7145家。新增大学生就业26941人。全年发放单位岗位补贴26.28万元、社保补贴75.7万元，小微企业招用大学生社保补贴291.99万元；3.4万人次大学生享受住房补贴5340.04万元，1433人享受面试补贴143.3万元。开展补贴性职业技能培训109635人次，新生代农民工职业技能培训4592人次，新增高技能人才418人，职业技能鉴定取证4408人。

【"1+N+1"窗口服务】2021年，南京市雨花台区人力资源和社会保障局（以下简称区人力资源社会保障局）创新推出"1+N+1"窗口服务模式，即在1个服务窗口通办的基础上，协同推出"智慧人社""银发""大客户""拥军"4个"专窗"和1个"专家工作室"。从受理、审批到办结，实行专人专事专办，全流程跟进指导。"1+N+1"窗口服务经办模式运行后，大厅取号量从每日600人次左右降至450人次左右，办结时限再缩减40%。

【劳动力转移就业】2021年，雨花台区建立陕西省商洛市丹凤县和青海省大通县贫困劳动力到雨花台区就业档案，开展就业跟踪服务，健全就业与社保、就医、子女就读等政策衔接机制。全年通过线上线下多种方式与丹凤县联合举办招聘会3场，帮助丹凤地区农村劳动力实现转移就业483人，其中脱贫人口228人。帮助大通地区农村劳动力实现转移就业140人，其中脱贫人口42人；就近就地转移就业520人。通过苏陕劳务协作输送529人实现就业，赴江苏转移就业284人，其中脱贫人口150人；就近就地转移就业204人，其中脱贫人口151人；到其他地区就业41人，其中脱贫人口36人。新冠肺炎疫情期间开通返岗务工专车，点对点安排7辆专客，免费运送242名丹凤籍人员返宁复工。

（高千雅）

表36　2021年雨花台区就业再就业目标完成情况一览表

序号	年度目标任务	完成数（人）	完成进度（%）
1	新增城镇就业 12000 人	16146	136.8
2	实现再就业 3860 人	6969	180.5
3	援助困难人员就业 600 人	1249	208.2
4	培育自主创业 1135 人	7063	622.3
5	大学生创业 383 人	556	145.17
6	大学生就业 20000 人	26941	134.7
7	创业带动就业 6450 人	21099	327

（高千雅）

表37　2021年雨花台区职业培训目标完成情况一览表

序号	年度目标任务	完成数	完成进度（%）
1	补贴性职业技能培训人数 13400 人次	109635 人次	818.2
2	新生代农民工职业技能培训 950 人次	4592 人次	483.4
3	新增高技能人才 418 人	360 人	116.1
4	职业技能鉴定取证 4408 人	4300 人	102.5

（高千雅）

【青年大学生创新创业大赛决赛举办】 8月31日，第四届“贤聚金陵 梦汇雨花”青年大学生创新创业大赛决赛在雨花人力资源服务产业园举行，由南京市人力资源和社会保障局指导、区人力资源社会保障局主办，创客公社（集创新、创意、创造为一体的创业体验平台和项目孵化平台）承办。决赛结合疫情防控要求，首次采用“线上会场+线下会场”模式，15个晋级决赛项目采取“PPT路演+评审答辩”方式，由南京大学教授博士生导师王崇骏、毅达资本合伙人朱爱民等5位业内知名专家和投资人组成评审团进行“云点评”。决赛现场举行市级“创业示范基地”授牌仪式，创业园区代表做交流发言，致力于为青年大学生提供“零成本”创业专用场地保障。最终评选出三等奖6名、二等奖3名、一等奖1名，中山大学视觉检测装备研发团队的“精视迅查——智能精密工件视觉检测项目”夺冠。（雨　鉴）

8月31日，“贤聚金陵 梦汇雨花”第四届雨花台区青年大学生创新创业大赛决赛在雨花人力资源服务产业园举行。（区人力资源社会保障局 供图）

·劳动权益保护·

【概　况】 2021年，区人力资源社会保障局处理群体性维权案件19起，全年劳动保障书面审查单位7145户，联动平台举报投诉案件按期运行率100%，仲裁委立案处理案件结案率100%。全年办结“12345”政务服务热线工单4824件。

【和谐劳动关系创建】 2021年，区人力资源社会保障局在线上、线下“人社政策直通车”双轨并行中融合“科长讲堂”项目，推出“直播带岗”“线上送法”“定向送政策”系列产品，保障激励政策落地生效、法律法规普及到位。结合党史学习教育，联合精英人才猎聘会、大学生“毕业季”专场招聘会，“人社政策直通车”活动深入街道、园区和建筑工地开展人社政策解读宣传活动20场。加强受疫情影响企业帮扶力度，线上举行“人社政策直通车”梅山专场活动，社保、培训、监察、劳动关系等科室干部解读涉疫情政策，为企业解难题提供省人社一体化平台、稳岗项目制培训、加班与工资支付、特殊工时等措施。（高千雅）

表38 2021年雨花台区劳动维权工作完成情况一览表

序号	年度目标任务	完成数	完成进度（%）
1	集体合同审查630份	632份	100.3
2	劳动人事争议仲裁案件按期结案率90%	100%	—
3	劳动保障书面审查单位3000户	7145户	238.2
4	拖欠农民工工资举报投诉案件结案率99%	100%	—

（高千雅）

【行政审批】 2021年，区人力资源社会保障局受理行政审批许可27件，集体合同审查备案62件（民办职业培训机构新审批2件、延续许可4件、增加类型1件、变更7件、注销2件、培训学校46件）。特殊工时工作制审批新增14家。

【工伤案件受理】 2021年，区人力资源社会保障局受理工伤案件1045件，较上年增加280件，未参保52件，工亡案件12件。完成审理案件中，认定工伤为846件，涉及交通事故158件；视同工伤7件，不予认定工伤10件。收到行政复议9起，行政诉讼一审案件5件，二审案件5件，再审2件，审结15起案件，结果均为胜诉或维持决定。（高千雅）

·人事管理·

【概　况】 2021年，雨花台区聚焦“民生为本，人才优先”工作主线，投身新冠肺炎疫情防控和企业复工复产，稳定就业，落实人才安居政策。升级雨花台区“软件产业特色人力资源服务产业园”建设，举办企业“凡尔赛大会”“沉浸式”招聘、政策直通车等多场人力资源服务活动。通用类事业单位公开招聘27人，教育系统招聘教师219人、骨干教师公开招聘1人，卫健系统招聘高层次人才6人，编制内人员60人、编制外人员70名（人员手续办理未完成）。新增留学回国人员625人，累计引进留学回国人员2882人；招收博士后5人。各类企业被评为高层次和紧缺急需人才高级职称12人。完成企业专家工作室区级3家，申报市级3家。人才安居租赁补贴审核6353人，享受人才安居待遇总数6999人；人才购房证明审核4991人，成功开具购房证明3458人。全年接收人事档案2207份，转出541份，查阅197份。

【留学回国人员发展】 2021年，雨花台区构建区块链领域高端交流平台，加快博士后工作站建设步伐，落实安居工程等人才政策，新增留学回国人员625人，累计引进留学回国人员2882人；新招收博士后6人。成功创建雨花台区首家市级留学人员创业园（南京大数据基地）。入选2021年度南京最具成长潜力留学人员创业企业1家（南京博视医疗科技有限公司）、最具影响力留学人员1人（南京凯奥思数据技术有限公司杨世飞），入选2021年南京留学人员科技创新项目择优资助A类1人（南京凯奥思数据技术有限公司徐徐），入选2021年度省博士后科研资助计划C类2人（江苏润和软件股份有限公司赵海峰、亿嘉和科技股份有限公司毛成林），入选第11批南京市有突出贡献中青年专家1人（中国电子科技集团公司第十四研究所卢琨）。入选首批南京市专家和博士后服务团人员4人（南京中兴新软件有限责任公司屠要峰、江苏博智安全科技股份有限公司颜开红、南京凯奥思数据技术有限公司杨世飞、南京中兴新软件有限责任公司杨洪章）。

【宁聚计划】 2021年，结合“我为群众办实事”实践活动，区人力资源社会保障局创新推出“贤聚金陵 梦汇雨花”—2021“+U”人才服务品牌，举办“+U”系列主题活动7场，提供针对性岗位6200余个，提升供需匹配精准度。完成“就业援助月”“稳岗留工行动”“春风行动”“就业帮扶”各种专场活动，提供就业咨询服务2000余人次、走访企业100余家。组织招聘会141场，2045家企业发布31760个岗位。其中，线上招聘会82场，997家企业提供招聘岗位15780个（高校毕业生线上专场59场，为582家用人单位发布岗位9537个）；现场招聘会59场，进场企业1048家，提供岗位15980个，进场人数5372人，达成意向1539人。新增城镇就业16146人，新增大学生就业26941人。

【企业专家工作室】 2021年，区人力资源社会保障局动员引进相关团队和个人申报区级企业专家工作室，与入选团队和个人所属街道（园区）签订企业专家工作室资助协议，及时了解项目进度及个人社保情况，确保在协议期内完成科研项目。至年末，区级企业专家工作室入选3家，分别为南京天溯自动化控制系统有限公司、南京杰思微电子技术有限公司、南京凯奥思数据技术有限公司。其中南京天溯自动化控制系统有限公司成功入选市级企业专家工作室。

【职称管理】 2021年，雨花台区职称初定审核通过1281个。其中，初级职称证书977个、中级职称证书304个。组织2021年度中小学（幼儿园）一级教师、二级教师专业技术资格评审，参评230人（其中，一级179人，二级51人），通过211人，通过率91.7%。审核教育系统高级职称申报评审材料72人（中职校3人，中小学69人），卫生副高职称申报评审72人；组织辖区内企事业单位申报高层次和紧缺急需人才高级职称考核认定，申报29人，通过考核认定12人（正高5人，副高7人）。

【2021“+U”人才服务活动】 5月29日，2021毕业季“+U”人才服务——“雨花产业链”专场招聘会+直播带岗+人力资源论坛活动，在南京市雨花台区人力资源服务产业园（云密城）举行。活动由南京市人力资源和社会保障局指导、区人力资源社会保障局联合中国（南京）软件谷企业服务部主办。活动聚焦区产业链，雨花台区64家用人单位发布包括研发、工程师、销售财务在内1875个招聘岗位，现场收到千余份简历，达成就业意向近200人。江苏满运软件科技有限公司、浩鲸云计算科技股份有限公司、嘉环科技股份有

5月29日，2021毕业季“+U”人才服务活动现场。
（区人力资源社会保障局 供图）

限公司、南京森根科技股份有限公司等4家企业现场发布企业宣传片、岗位介绍、线上答疑、直播投递简历等，与求职者实时互动，精准对接求职者需求。参与企业提供职位近30个。直播间实时在线观看人数4万人。同步举行雨花台区2021人力资源论坛，讨论后疫情时代下宏观就业形式、校企深度合作模式及招聘管理方法。企业人力资源代表、高校学生代表等参加论坛。

（高千雅）

【雨花台区2021海内外人才洽谈会】 6月17日，“智引全球 创新变革”雨花台区2021海内外人才洽谈会在雨花人力资源服务产业园举行。由区人力资源社会保障局、软件谷企业服务部主办。洽谈会对接雨花台区主导产业和八大产业链引才需求，定向邀约160余名海内外人才参观雨花数字经济人力资源服务产业园（云密城）、软件谷“双创”成果展厅。活动现场，江苏满运科技有限公司、南京嘉环科技股份有限公司、众能联合数字技术有限公司等20家驻区企业，提供招聘职位124个，年薪平均超30万元；通过线上视频+图文展示介绍雨花“双创”生态、人才政策。洽谈者人次、达成合作意向人。

（雨 鉴）

6月17日，雨花台区2021海内外人才洽谈会现场。
（区人力资源社会保障局 供图）

·社会保障·

【概 况】 2021年，雨花台区企业职工基本养老保险净增缴费19689人，征收社会保险费45.76亿元，中断续保2756人。新增参保单位3426户。工伤保险费率下调20%，职工基本医疗保险单位缴费费率从9.8%下调为8.8%，惠及全区参保企业1.6万户。企业退休人员免费体检25875人。

【重点群体社会保障】 2021年，区人力资源社会保障局对接辖区内多个部门，完成低保、重残、特困供养等9类救助对象的参保工作，6000余人次困难群体纳入社会保险范围。落实“三无”及被征地人员生活补贴发放，发放“三无”人员生活补贴1767人次、153.67万元，被征地人员生活补贴32449人次，3164.79万元。

【机关事业单位养老保险制度改革】 2021年，雨花台区持续推进机关事业单位养老保险改革，推进2014—2020年退休“中人”（在养老保险制度实施之前参加工作，在养老保险制度实施之后办理退休的人员）新待遇计发工作494人。有序推进2020年机关事业单位补充医疗保险结算工作，纳入机关事业单位补充医疗保险7444人。完成2015—2019年转业干部机关事业单位养老保险接续。推进2021年新招录公务员和事业编制人员机关事业单位保险参保，涉及参保人员230人。

【退休人员管理服务】 2021年，雨花台区纳入社会化管理企业退休人员6万人。区人力资源社会保障局通过入户走访、夏送清凉等方式慰问特困家庭971户，孤独老人396人，百岁老人4人。生日、重病等日常慰问4123人次，发放慰问金245.68万元。开展第七轮免费健康体检，完成体检25875人。 （高千雅）

表39 2021年雨花台区社会保障工作完成情况一览表

序号	年度目标任务	完成数	完成进度（%）
1	企业职工基本养老保险净增缴费人数 2300 人	19689 人	856
2	本市户籍中断缴费人员续保人数 2100 人	2756 人	131.2
3	五项社会保险费征收总额 349000 万元	457572 万元	131.1
4	新增参保单位 2800 户	3426 户	122.4
5	企业退休人员免费体检人数 24400 人	25875 人	106.0

（高千雅）

教　育

·概　述·

【概　况】 2021年，雨花台区有学校48所(普通中学18所、小学29所、职业中学1所），在校学生47620人（普通中学在校学生16433人、小学在校学生29032人、职业中学在校学生2155人）、教职工3482人。全区教育部门办中学16所。其中，完全中学2所、高级中学1所、初级中学13所(含南京市铁心桥中学、九年一贯制南京市雨花台中学春江分校、九年一贯制金陵华兴实验学校、南京市雨花台区特殊教育学校、南京市岱山东路中学)，在校学生13567人、教职工1252人。民办中学2所，在校学生2866人、教职工293人。教育部门办小学26所，在校学生26114人、教职工1582人。民办小学3所，在校学生2918人、教职工241人。

全区有幼儿园68所，在园幼儿19222人、教职工3015人。雨花台区被江苏省教育厅评为“省义务教育优质均衡发展区”。南京市雨花台区教育局（以下简称区教育局）获2020年度南京市真抓实干激励一等奖。

表40　2021年雨花台区教育部门办中小学校园、校舍面积统计表（一）

校　名	校园面积		校舍面积（平方米）	校　名	校园面积		校舍面积（平方米）
	平方米	亩			平方米	亩	
总　计	1220981	1832.05	794288	南京市梅山第二中学	21621	32.43	6902
中学合计	589824	884.74	338668	南京市梅山高级中学	64615	96.92	25010
南京市雨花台中学	144853	217.28	104270	金陵华兴实验学校	19748	29.62	10406
南京市板桥中学	56267	84.40	42027	南京市南站中学	15898	23.85	18814
南京市共青团路中学	15128	22.69	8811	南京市软件谷中学	32193	48.29	24394
金陵中学西善分校	20706	31.06	8788	南京市岱山东路中学	45165	67.75	30682
南京市雨花台中学春江学校	32095	48.14	7554	师职校电大合计	62140	93.79	35216
南京市铁心桥中学	31632	47.45	7370	教师进修学校	17576	26.36	12142
金陵中学岱山分校	36240	54.36	26000	雨花电大分校	2400	3.60	1213

（区统计局）

表41　2021年雨花台区教育部门办中小学校园、校舍面积统计表（二）

校　名	校园面积		校舍面积（平方米）	校　名	校园面积		校舍面积（平方米）
	平方米	亩			平方米	亩	
小学合计	569017	853.53	420404	南京市雨花台中学春江分校	11964	17.95	6147
南京市雨花台实验小学东校区	16977	25.47	15366	南京市西善桥小学	15970	23.96	7102
南京市共青团路小学	6316	9.47	3998	南京市板桥小学	36000	54.00	12512
南京市雨花外国语小学	54101	81.15	46752	南京市古雄小学	28000	42.00	21960
南京市铁心桥小学	18863	28.29	7904	南京市梅山第一小学	19432	29.15	7795
南京市景明佳园小学	18216	27.32	6862	南京市梅山第二小学	9541	14.31	5552
南京市小行小学	27593	41.39	29348	南京市力学小学金地自在城分校	22000	33.00	11823
南京市雨花台实验小学西校区	10084	15.13	16123	南京市西善花苑小学	36230	54.35	27710
南京市岱山实验小学	23500	35.25	20500	南京市花神庙小学	18861	28.2915	10055
南京市善水湾小学	29500	44.25	16258	金陵华兴实验学校	8652	12.978	8679
南京市软件谷小学	20059	30.0885	24000	南京市雨花经济开发区实验小学	25500	38.25	20004

续表41

校　名	校园面积		校舍面积（平方米）	校　名	校园面积		校舍面积（平方米）
	平方米	亩			平方米	亩	
南京市岱山南路小学	37022	55.533	21617	南京市新林小学	24609	36.9135	19582
南京市雨花台区特殊教育学校	10119	15.1785	3696	南京市软件谷第二小学	13894	20.841	18272
南京市南站小学	26014	39.021	30787	—	—	—	—

（区统计局）

【教育技术装备投入】 2021年，雨花台区优先安排建设资金，重点对办学条件薄弱学校进行改造提升，逐步缩小校际间差距。安排资金6000余万元，对5所学校塑胶运动场地、3所学校厕所和50所学校的屋面、围墙、墙面进行维修改造。全年新增图书15万册；新建、改造实验室等专用教室56间；添置、改造多媒体设备88套；投入115万元用于添置教学仪器，高标准新建理化生实验室8个。学校健康照明改造完成率100%，中小学教室照明均达标。全区校园均安装硬质防冲撞设施，“一键报警”系统通过租赁方式接入区110报警平台，完成各学校、幼儿园校园周界监控、视频监控系统提档升级。“阳光食堂”平台运行比例100%。投入182万元，建成全区校园联网监控系统和安全管理平台。

【教育质量提升】 2021年，雨花台区学前教育三年毛入园率、义务教育优质资源覆盖率、高中阶段毛入学率、职业学校毕业生双证率、终身学习网络覆盖率100%。创建省优质幼儿园6所，市优质幼儿园2所，市平安校园10所，市消防示范校2所，10所中小学成功申报国家级优秀教学成果推广应用实验学校。

【集团化办学】 2021年，雨花台区深化校际教育合作，完成新校建设和区域教育集团的培育；引进市内名校，持续缩小各校在办学条件、管理水平、师资力量、教学质量等方面差距。雨花台区人民政府与市第一中学、市级机关幼儿园、江苏省联合职业技术学院签署框架协议，提升集团化办学水平。至2021年年末，雨花台区成立雨花台中学等6个中小学教育集团和区实验幼儿园等4个学前教育集团，引进8所市内名校，紧密型义务教育集团化办学覆盖率71.79%。

【教育民生服务】 2021年，区教育局统筹安排接收随迁子女入学1276人，其中南京市力行小学招收180名有家庭困难随迁子女，解决外来务工人员子女入学问题。聚力“我为群众办实事”实践活动，梳理2批11个重点项目，其中2个项目被列为市级重点；各基层党组织打造热点项目41个；“先锋90后”党员教师推出亮点项目62个。办理生源地助学金贷款16人，发放贷款14.40万元。获得“2020—2021”学年南京市普通中小学励志奖学金学生41人（一等奖3人，二等奖38人）、12.90万元；获得中职教育国家奖学金学生2人。

【"双减"工作落地】 2021年，雨花台区中小学全面实行课后服务，减轻学生课业负担，促进学生全面发展。落实"四必"要求，将基础性作业与拓展性作业相统一、书面作业与实践作业相统一、作业布置评价方式的过程性和终结性相统一，创新实践"单元自主整理单""作业公示""作业预警""限时免做"等特色做法。举办第二届教学管理创新论坛，围绕"'双减'背景下的作业设计与管理"进行主题研讨，推进"雨花好作业"的"深研、设计能力提升、管理能力提升、示范推广"四大行动。统筹校内外资源，形成"一校一策"菜单式服务和"分层学习指导""作业不回家""草地教室"等个性化学习项目。

【智慧校园建设】 2021年，建成省、市智慧校园示范校46所（省级28所，市级18所），达标率95.83%。其中，幼儿园6所、中小学38所、职业学校1所、特殊学校1所。春、秋季发放语音磁带295盒、光盘82103片，10553人次选用语音学习网络系统，总金额43.44万元，受惠学生7.38万人次。"雨花智慧云"平台注册教师6320人、学生53146人，日均访问量920次；发布校园新闻和党建动态新闻1371条，协同备课平台在线备课量19万节。开设"化雨e学堂"暑期空中课堂中小幼衔接专题30节课，涵盖人文、科普、德育、心育、体育等学科。寒假期间推出区本特色优质数字化资源"幼儿玩教具制作"46节。

【"医教协同"项目】 2021年，雨花台区与相关心理健康和脑科学专业机构合作，在全省范围内率先开展心理健康教育"医教协同"项目，搭建"学校—医院"沟通与转介平台，将临床心理和发展心理相融合，构建"四预"体系，即全体学生的预防体系、问题学生的预警体系、障碍学生的干预体系、危机学生的预案体系。组建77名心理健康教师骨干团队，开展教师心理能力培训24场，走进学校对重点关注学生进行访谈评估，进行驻场个案辅导和团体心理辅导46次，建立心理交流沟通平台。

【雨花台区"陶老师"工作站】 2021年，雨花台区坚持开展"陶老师进校园"活动，常态化开展面向学生的团体心理辅导和个体心理辅导。"陶老师"工作站雨花台区分站接听咨询热线电话237个，接待家长学生面询65人次；开展"陶老师进校园""送心理咨询进社区"心理专题讲座26场次。开展心理健康教育月、教育周主题活动等心理健康教育活动150余场次。

【青少年"四史"学习教育】 2021年，雨花台区开展以"赤子丹心雨花魂"为主题

6月26日，"化雨e学堂"开设的课程之一。 （雨花教育发布 供图）

的青少年“四史”学习教育。组织650余名师生参观“百年征程初心永恒——中国共产党在江苏历史展”；组织宣讲团开展点单式巡回宣讲10余场；推选10名教师和青少年“四史”学习教育宣讲团成员参加集中培训。各学校特色宣讲团开展宣讲480余场次，覆盖青少年学生4万余名；发布学习教育简报25期，推送专题微信30期。

【家校合作办学】 3—5月，雨花台开展全区中小学“教师全员家访”活动，3850名教师参与家访，家访学生38714名。依托“家长学堂”“家长讲堂”“家长成长学院”，全区构建线上线下相结合的家庭教育指导体系。 （夏 禹）

·学前教育·

【概　况】 2021年，雨花台区有68所幼儿园（公办园34所，惠民园26所，民办园8所），3~6岁幼儿18899名，比上年减少311人。公办园入园率46.43%，普惠性幼儿园入园率88.98%，省、市优质园入园率96.27%。幼儿园专任教师1622人，学历合格率100%。新开办雨花台实验幼儿园七贤分园、软件谷幼儿园，新增适龄儿童入学名额760个；合并上怡幼儿园东西园区。实行学前一年基本免费教育，补助保育保教费3750.48万元。

表42　2021年雨花台区公办幼儿园基本情况一览表

园　名	班级数（个）	幼儿数（人）	教师数（人）		
			计	全民	其他
南京市小行附属幼儿园	10	308	44	2	42
南京市西善花苑附属幼儿园	9	285	43	8	35
南京市板桥新城附属幼儿园	12	409	56	8	48
南京市金叶花园幼儿园	9	279	40	4	36
南京市板桥小学附属灵动之星幼儿园	15	460	63	4	59
南京市岱山实验幼儿园	15	450	64	3	61
南京市板桥小学附属岱山第一幼儿园	15	455	59	1	58
南京市雨花台区实验幼儿园	12	352	63	32	31
南京市善水湾幼儿园	12	382	50	5	45
南京市长虹路幼儿园	12	315	49	7	42
南京市花神美境幼儿园	9	225	41	7	34
南京市永安花苑幼儿园	6	139	35	2	33
南京市岱山实验小学附属幼儿园	9	263	41	1	40
金陵华兴实验幼儿园	12	394	58	2	56
南京市琥珀森林幼儿园	6	161	29	3	26
南京市康盛幼儿园	6	158	27	5	22
南京市雨花外国语小学附属幼儿园	12	340	53	4	49

续表42

园　　名	班级数（个）	幼儿数（人）	教师数（人）		
			计	全民	其他
南京市莱蒙阳光幼儿园	9	261	40	7	33
南京市晓村和苑幼儿园	9	237	46	3	43
南京市绿洲南路幼儿园	11	294	48	–	48
南京市华兴蓝光幼儿园	12	372	52	5	47
南京市中南锦苑幼儿园	6	157	31	6	25
南京市大都会幼儿园	6	181	29	4	25
南京市雨花台区实验幼儿园七贤分园	4	100	24	6	18
南京市软件谷实验幼儿园	3	50	15	1	14
南京市普德村幼儿园	7	213	43	9	34
南京市春江第一幼儿园	9	272	39	1	38
南京市春江第二幼儿园	9	280	39	1	38
南京市铁心桥中心幼儿园	8	268	41	4	37
南京市龙福幼儿园	6	152	33	4	29
南京市春蕾幼儿园	6	153	30	3	27
南京市凤台南路幼儿园	5	119	28	4	24
国营绿洲机器厂服务中心幼儿园	6	177	29	0	29
中国人民解放军国防科技大学国际关系学院幼儿园	6	155	35	0	35

（区教育局）

【幼儿课程游戏化实践】 2021年，雨花台区幼儿课程游戏化项目组建“三类四组”★开展活动20余次，“以儿童成长为核心，推进区域课程游戏化高水平发展”被认定为省级实验项目。制定出《关于雨花台区课程游戏化研究共同体的管理办法（试行）》，邀请省市专家、教研人员深入活动现场，提供针对性的指导。引入“幼儿园课程质量评估与提升”平台，通过大数据分析，及时发现问题，明确改进方向。

★链接　“三类四组”即省、市级课程游戏化共同体（第一组）、区级课程游戏化共同体（第二组）、园级课程游戏化共同体（第三组、第四组）不同层面发展共同体。通过搭建教研共享平台机制、专题联研机制、阶段成果分享研讨机制、项目园专题推进机制等，形成雨花台区课程游戏化教育发展共同体，减少园际差异，促进协同发展。

【优质幼儿园创建】 2021年，雨花台区幼儿园通过“创建展示会”“经验分享会”搭建创建优质幼儿园交流平台，通过“放样观摩会”深入模拟创优现场，进行实战演练。年内，雨花台区3所幼儿园通过省级优质幼儿园复审（南站幼儿园、艾倍科幼儿园、七彩星城幼儿园），6所幼儿园创建省级优质幼儿园（爱博尔幼儿园、国营绿洲机器厂幼儿园、凤台南路幼儿园、晓村和苑幼儿园、绿洲南路幼儿园、华兴蓝光幼儿园），2所幼儿园成功创建市优质幼儿园（中南锦苑幼儿园、大都会幼儿园）。（夏　禹）

·初等教育·

【概　况】 2021年，雨花台区小学学龄儿童入学率100%，残疾儿童入学率100%。全区小学29所（含4所一贯制小学），在校学生29032人。教育部门办小学26所（含九年一贯制南京市雨花台中学春江分校、九年一贯制金陵华兴实验学校、南京市雨花台区特殊教育学校），在校学生26114人、教职工1582人；民办小学3所（含十二年一贯制南京外国语学校雨花国际学校、十二年一贯制南京一中实验学校2所），在校学生2918人、教职工241人。

（夏　禹）

表43　2021年雨花台区各类小学概况统计表

学校数（所）		班级数（个）	学生数（人）	教职工数（人）		
				计	全民	民办
总　计	29	775	29032	1823	1582	241
教育部门办	26	685	26114	1582	1582	—
民办	3	90	2918	241	—	241

（区统计局）

表44　2021年雨花台区教育部门办小学基本情况统计表

学　　校	班级数（个）	学生数（人）	教工数（人）
合　计	685	26114	1582
南京市雨花台实验小学东校区	45	1938	129
南京市雨花外国语小学	81	3448	207
南京市共青团路小学	18	720	53
南京市景明佳园小学	24	851	55
南京市雨花台中学春江分校	27	1003	60
南京市铁心桥小学	30	1218	70
南京市小行小学	32	1014	69
南京市雨花台实验小学西校区	33	1405	60
南京市板桥小学	36	1529	77
南京市古雄小学	27	1026	50
南京市西善桥小学	24	930	60
南京市梅山第一小学	35	1180	83
南京市梅山第二小学	24	741	55
南京市力学小学金地自在城分校	49	1969	118
南京市西善花苑小学	24	917	64

续表44

学　　校	班级数（个）	学生数（人）	教工数（人）
南京市岱山实验小学	35	1295	76
南京市善水湾小学	23	794	61
南京市花神庙小学	19	553	45
金陵华兴实验学校	25	1077	42
南京市软件谷小学	14	501	30
南京市雨花经济开发区实验小学	12	394	27
南京市岱山南路小学	15	579	20
南京市新林小学	11	450	23
南京市雨花台区特殊学校	5	23	10
南京市南站小学	10	360	22
南京市软件谷第二小学	7	199	16

（区统计局）

表45　2021年雨花台区民办小学基本情况统计表

学　　校		班级数（个）	学生数（人）	教职工数（人）
民办学校	合　计	90	2918	241
	南京实验学校	35	1262	83
	南京市力行小学	23	967	69
	南京外国语学校雨花国际学校	32	689	89

（区统计局）

【南京市雨花外国语小学东校区】 9月13日启用。南京市雨花外国语小学东校区位于郁金香路8号，与西校区相隔2千米。校区占地面积2.82万平方米，建筑面积2.81万平方米。首任执行校长由原雨花外国语小学副校长石莉担任，首批招收一年级16个班644名新生。南京市雨花外国语小学本部按“一校两址”分东西校区、分学段设置，东校区为低年级部（一二年级），西校区为中高年级部（三至六年级）。课程建设、教师配置、学生活动等方面采取统一管理模式。

（夏　禹）

·中等教育·

【概　况】 2021年，雨花台区有普通中学18所，在校学生16433人。教育部门办中学16所。其中，完全中学2所、高级中学1所、初级中学13所(含南京市铁心桥中学、九年一贯制南京市雨花台中学春江分校、九年一贯制金陵华兴实验学校、南京市雨花台区特殊教育学校、南京市岱山东路中学)，在校学生1356人、教职工1252人。民办中学2所（南京外国语学校雨花国际学校、南京一中实验学校），在校

表46　2021年雨花台区各类中学概况统计表（一）

学　校		单位数（个）			班级数（个）		
		合计	初中	高中	合计	初中	高中
总　计		21	16	5	409	278	131
教育部门办	普通高中（不含南京市铁心桥中学）	17	14	3	330	221	109
民　办	南京实验学校	2	1	1	63	44	19
	南京外国语学校雨花国际学校	2	1	1	16	13	3

（区统计局）

表47　2021年雨花台区各类中学概况统计表（二）

学　校		学生数（人）			教职工数（人）		
		合计	初中	高中	合计	全民	民办
总　计		16433	11195	5238	1545	1252	293
教育部门办	普通高中	13567	9086	4481	1252	1252	—
民　办	南京实验学校	2594	1856	738	209	—	209
	南京外国语学校雨花国际学校	272	253	19	84	—	84

（区统计局）

学生2866人、教职工293人。南京市雨花台中学春江分校、莲花实验学校、金陵中学岱山分校创建为南京市“新优质初中”。

【软件谷初中开办】 9月1日，软件谷初中新生开学。学校地处秦淮新河以南、中国（南京）软件谷南园，占地面积3.22万平方米，校舍建筑面积2.44万平方米，办学规模为10轨30个班。是由中国（南京）软件谷管委会投资的1所公办学校。学校配有多间理化生实验室、专用技术教室、音乐教室、书法教室。首任校长钟山是南京市优秀教育工作者、南京市初中数学学科名师，多次获得全国优质课大赛一等奖。

9月1日，南京市软件谷中学初中开办。　（区教育局　供图）

【高中教育高品质发展】 2021年,雨花台区继续实施普通高中办学条件提升工程,加强高中课程基地建设,推进与高考改革相适应的高中教学改革。雨花台中学高三毕业生573人,本科达线率98.5%,本一达线377人、达线率65.8%。文科最高分排名全省第十、南京市第二,理科最高分全省前1700名。板桥中学高考文化本科达线101人、达线率78.5%;美术本科达线68人、达线率96.5%。区教育局连续获市教育局颁发的“区级教学管理奖”。 (夏 禹)

·职业教育与社会教育·

【概 况】 2021年,雨花台区有职业学校1所,南京中华中等专业学校。在校生2155人(职专1146人、高职1009人),比上年增加283人;专任教师142人,学历合格率100%。学校设有算机物业管理、商贸营销、美术设计与制作、服装设计等专业。全区终身学习网络覆盖率100%,从业人员继续教育年参与率90%以上,全区居民社区教育活动年参与率80%以上,老年教育受众面占老年人比例12%以上。

表48 2021年雨花台区职业教育基本情况统计表

校名		班级数(个)						学生数(人)						教职工数(人)
		三年制				高职		三年制				高职		
		计	一	二	三	四	五	计	一	二	三	四	五	
合计		63	19	19	16	5	4	2155	631	687	568	113	156	145
南京中华中等专业学校	合计	63	19	19	16	5	4	2155	631	687	568	113	156	114
	职专	34	11	12	11	—	—	1146	354	416	376	—	—	114
	高职	29	8	7	5	5	4	1009	277	271	192	113	156	—
南京市雨花台区教师发展中心		—	—	—	—	—	—	—	—	—	—	—	—	31

(区统计局)

【合作交流办学】 2021年,南京中华中等专业学校与博西华家用电器有限公司签订联合办学协议,开办“博西华冠名班”;推进国际交流合作,实施“优选生”赴韩国留学项目,累计留学16人。

【社会教育建设】 2021年,雨花台区在线有效学习居民10%以上,社区居民对数字化学习环境满意率75%以上。雨花开放大学及各街道、社区教育中心完善服务项目、充实课程体系、丰富服务内容、创新服务方式方法。西善桥街道社区教育中心“‘向善家长学校’——‘大教育’助推社会治理”被省教育厅认定为2021年度江苏省社区教育特色品牌项目;雨花开放大学民族舞教学课程获2021年南京市老年开放大学特色课程立项;古雄街道社区教育中心“大方社区书香之家读书会”被评为南京市社区教育品牌项目；雨花开放大学雨花石科普馆入选2021年江苏省社会教育学习体验基地。（夏　禹）

【雨花老年大学】2021年，雨花老年大学坚持“增长知识、丰富生活、陶冶情操、促进健康、服务社会”办学宗旨，围绕“学、乐、为”教学方针，建立完善雨花老年大学与社区学习活动场所联动机制，在社区建立老年大学教学点8个，开设书法、国画、戏曲、舞蹈、声乐5个教学班，培训学员582人次。10月，组织开展“回望百年路，助力新征程”书画展。（朱　青）

·特殊教育·

【概　况】2021年，雨花台区有特殊教育学校1所；在校残障学生207人。其中，在特殊教育学校就读学生26人（含小学及初中），在普通小学、初中随班就读学生181人。结合“南京市特殊教育服务管理云平台”，动态掌握适龄残障少年儿童数据，义务教育阶段入学率100%。特殊教育学校专任教师11人、融合教育资源中心专兼职教师27人。南京市永安花苑幼儿园被评为市融合教育示范园。

【特殊教育融合】2021年，雨花台区开展南京市“融合教育优质实验学校”遴选和申报，南京市板桥小学成功申报市特殊教育内涵发展培育项目。雨花台区特殊教育中心开展全区常态化巡回指导，关注随班就读孩子，推进公办学校和残疾儿童定点康复机构合作开展融合教育活动。（夏　禹）

·教师管理·

【概　况】2021年，雨花台区有在职公办教师3139人。其中，中学教师1252人、小学教师1582人、职业学校114人、区教师发展中心31人、幼儿园156人、招考办4人。市级以上骨干教师262人，占全区专任教师数7.9%。

离退休人员935人，其中离休8人。全区招聘新进教师226人（硕士研究生69人、本科生157人）。认定教师资格615人。其中，初级中学166人、小学361人、幼儿园88人。引进省特级教师2人、名校长2人、市、区学科带头人8人，市级以上教师基本功大赛获奖108人次。评审通过中小学正高级教师2人、高级教师52人、高级讲师3人、讲师2人、德育工作带头人10名。全区义务教育学校教师和校长流动146人，占符合交流条件教师数21.41%。获评第16批“江苏省特级教师”2人、“江苏省教育系统先进个人”1人、“陶行知奖”1人、“斯霞奖”1人、南京市优秀青年教师23人、“南京市优秀教育工作者”7人，“南京市普通中小学、职业学校先进教研组”15个，“雨花台区优秀教育工作者”186人。

【教师培养三航工程】2021年，区教育局制定《雨花台区实施“名校、名师、名校长”工程五年行动计划（2021—2025年）》，开展新入职教师“启航工程”、骨干教师“领航工程”、名特优教师“远航工程”，形成不同层次培训培养体系。完成职初教师专业发展需求调查以及数据分析。开展第三届“启航杯”辩论赛、“2021启航班”入职培训、区职初教师第二届“菜单式”课程培训、职初教师专业素养理论考核和信息化能力提升培训等。12名教师获南京市“满五年义务教育阶段职初教师”专业素养考核一、二等奖，居全市前列。

【校长领导力提升工程】 2021年，雨花台区创新启动校长领导力提升工程，聘请24位教育专家学者担任学校发展导师，成立校长教育智库和“校长研习社”，实施三年行动计划，聚力打造办学特色和教育品牌。

6月26日，雨花台区“校长领导力提升工程”启动仪式举行。图为与会校长们宣读《雨花台区专家型校长八条约定》。（区教育局　供图）

【支教交流活动】 2021年，雨花台区选派12名优秀教师参与支教工作。其中，赴青海省大通县支教6名、赴陕西省商洛市丹凤县支教6名。接待到区跟岗交流两地教师10名；举办3期培训班，组织合作地教师60人次到区学习研讨。全区47所学校与东西部友好结对。

【全国红色教育高峰论坛】 7月10日，“首届全国红色教育高峰论坛”在雨花台中学举行。论坛由长江教育研究院、华中师范大学国家教育治理研究院主办，南京市雨花台区委教育工委承办。会上，南京市雨花台区委教育工委书记、教育局局长盛云生从区域行动设计、学校实施路径等方面，分享该区立足区域红色资源优势，引领和指导全区中小学、幼儿园在校园环境创设、学校文化创新、学科课程融合和实践活动开展等方面积累的经验。论坛围绕加强党史学习教育、各地如何推进红色教育进行研讨，并举行“全国红色教育联盟”揭牌仪式。嘉兴南湖、井冈山、于都、红安、杭州、武汉、泗阳等地教育局局长和校长分享各地中小学党史学习教育的经验与做法。（夏　禹）

· 三江学院 ·

【概　况】 2021年，三江学院有全日制本科在校生21334人。招生6071人，毕业5876人，就业率98.63%。设有二级学院12个，本科专业52个。其中，国家级综合改革试点专业1个、江苏省级品牌专业2个、省级卓越工程师试点专业1个、国家级一流本科专业建设点1个、省级一流本科专业建设点10个。有“十三五”省重点建设一级学科4个，“十四五”江苏省重点学科2个。有国家级大学生校外实践教育基地1个，省级实验教学与实践教育中心5个。年内，三江学院文化产业与旅游管理学院第一学生党支部入选江苏省高校特色党支部。获评2021年度江苏省教科系统工会示范性教职工“健康驿站”，江苏省2020年度“苏乡永助”资助育人活动优秀组织奖，2020年江苏省大中专学生志愿者暑期文化科技卫生“三下乡”社会实践活动“先进单位”。《三江高教》在全国民办高校学报研究会第六次“双优”评比中获优秀学报一等奖。

【学科建设】 2021年，三江学院建筑学、国际经济与贸易等6个专业入选江苏省一流专业建设点，计算机科学与技术专业入选省级嵌入式人才培养项目，新设集成电路设计与集成系统专业，机器人工程、知识产权、会计学3个专业通过学士学位授予权评审，财务管理专业入选江苏省“十四五”高校国际化人才培养品牌专业建设项目。《大学语文》获省重点教材立项建设。立项建设12个优质校外实习（实训）基地，新增联通（江苏）产业互联网有限公司等30家校企合作单位。获批2021年江苏省高等教育教改研究立项2项，获批江苏省高校新文科研究与改革实践省级重点培育项目1项。

【师资队伍】 2021年，三江学院有专业教师575人；辅导员（思政教师）14人（高级职称1人）。新引进专业教师43人，其中高级职称25人、博士18人；教师晋升高级职称25人、中级职称24人；入选江苏省青蓝工程4人、江苏省科技副总3人。获首届江苏省高校教师教学创新大赛一等奖、首届江苏省高校艺术教师基本功展示比赛个人全能三等奖。

【科研工作】 2021年，三江学院获知识产权87项。其中，发明专利8项、实用新型专利33项、软件著作权21项、外观专利25项。纵向科研项目立项62项，横向科研项目立项151项，共获资助经费1971.55万元。获批教育部高校思想政治理论课教师研究专项立项1项、国家社科基金项目立项1项、国家社科基金后期资助项目立项1项、“十四五”高等教育科学研究规划课题立项2项、现代教育技术研究课题立项5项。

【学生团队全国竞赛奖项】 2021年，三江学院学生团队连续三年获教育部“西门子杯”中国智能制造挑战赛全国总决赛特等奖；首次获全国大学生电子设计竞赛一等奖2项；获2021年全国高校商业精英挑战赛物流与供应链全国总决赛一等奖；获第十二届全国旅游院校服务技能（导游服务）大赛一等奖；获全国高校商业精英挑战赛国际贸易竞赛二等奖；获第15届中国好创意暨全国数字艺术设计大赛省级一等奖。

【马克思主义学院实践教育基地】 5月19日，雨花台区新时代文明实践中心与三江学院签订共建合作协议，举行“三江学院马克思主义学院实践教育基地”揭牌仪式，共同推动三江学院马克思主义学院理论研究与社会实践有机结合，深化教师社会调查研究基地和学生实践基地建设，提升马克思主义理论学科服务于地方经济社会发展能力和水平。 （周勤瑾）

·江苏省新闻出版学校·

【概　况】 2021年，江苏省新闻出版学校在校学生1319人，高职学生484人，中职学生845人，招收新生542人，毕业学生228人。有教职工89人。五年制高职开设数字图文信息技术、广告艺术设计、视觉传达设计、数字出版、网络新闻与传播5个专业。三年制中职开设印刷媒体技术、计算机平面设计（平面广告、室内设计方向）、艺术设计与制作、首饰设计与制作、动漫与游戏制作、数字影像技术、网络信息安全、软件与信息服务8个专业。

【德育工作】 2021年,江苏省新闻出版学校新开设《习近平新时代中国特色社会主义思想学生读本》和《形势与政策》课。开展庆祝中国共产党成立100周年书画摄影作品比赛、“听党话 跟党走 青春建功新时代”主题黑板报评比、“青春逐梦跟党走”学生歌咏会、凭吊雨花英烈暨学生成人宣誓仪式、“我们一起学党史”雨花英烈故事宣讲会。参加团省委“读四史,争上游”网上知识竞赛、省联院“庆祝建党百年党史知识竞赛”、省职校“学生党史知识竞赛”。作品《永不凋谢的丁香花》获省联院学生讲“四史”微视频大赛一等奖。调整、增设学生社团,现有学生社团17个。在南京市职业学校“文明风采”活动中,7件作品获二等奖、5件作品获三等奖,8名教师获“优秀指导教师奖”。在江苏省职业学校“文明风采”活动中,5件学生作品获“最佳作品奖”,7名教师获“优秀指导教师奖”,学校获“优秀组织奖”。2名同学分别获评“省级机关优秀共青团干部”和“省级机关优秀团员”。1名学生获评“2021年度江苏省普通高校省级优秀毕业生”。

【师资队伍】 2021年,江苏省新闻出版学校开设市、校级公开课6人次;1名教师获江苏联合职业技术学院举办的中青年思政课教师“四史”示范课教学比赛二等奖;语文课程教学团队获2021年南京市职业学校课堂教学大赛三等奖。

【学科建设】 2021年,江苏省新闻出版学校确定以美术设计与制作省级现代化专业群为核心,由数字图文信息处理技术专业、网络新闻与传播专业、视觉传达设计专业组成的现代传媒专业群,为学校重点建设专业群。修订人才培养方案,全校13个专业人才培养方案一次性通过南京市教育局、江苏联欢职业技术学院审核。

【技能培训与竞赛】 2021年,江苏省新闻出版学校为省出版物发行员职业技能培训150人次、为南京市出版物发行员职业技能培训90人次、为扬州市出版物发行员职业技能培训45人次。完成计算机等级考试培训435人、英语B级考试培训47人。完成5次江苏省人力资源和社会保障厅等单位组织的社会化考试考务工作。协办江苏省、南京市出版物发行行业职工职业技能竞赛。

【技能大赛】 12月,江苏新闻出版学校开展技能月活动。1名同学获全国工业设计职业技能大赛首饰设计师项目二等奖;1名同学获第七届全国印刷行业职业技能赛三等奖;在第七届江苏省印刷行业职业技能赛中,6名同学获一等奖、6名同学获二等奖;在长三角新闻出版职业院校红色文创设计邀请赛中,2名同学获二等奖、学校获优秀组织奖。 (毕大良)

文 化

·公共文化服务·

【概 况】 2021年,雨花台区有公共文化场馆78家,区图书馆、区文化馆、美术馆、剧场各1

家，街道（园区）综合文化站8家、社区综合文化服务中心64家、博物馆2家。开展群众文化活动1936场次，服务220.39万人次。设立中国美术家协会新文艺群体（组织）展览与推广中心、中国美术家协会青少年展览与推广中心，入选江苏省“最美公共文化空间”3家，入选江苏省优秀群众文化团队3支。获评南京市群众文艺团队五星级3支、四星级10支、三星级27支。举办街头音乐会118场，服务群众11万余人次。2个单位、8名群众文化工作者、2名文化志愿服务者被评为南京市公共文化服务先进集体和个人。

【群众文化基础建设】 2021年，南京市雨花台区文化和旅游局（以下简称区文旅局）对全区310支群众文艺团队梳理分类，评选五星级团队3支、四星级团队10支、三星级团队27支、二星级团队6支、一星级团队4支，推荐申报南京市五星级团队3支。群众文艺团队全年开展和参与文化活动600余场次，服务群众10万人次。雨花台区七彩石文化艺术服务中心、新林社区朗诗绿街文化艺术中心、赛虹艺术团3支群众文化团队入选首批江苏省优秀群众文化团队培育对象，西善桥街道综合文化服务中心、翠竹园社区综合文化服务中心、初见书房知旅共同体3个文化空间入选首批江苏省“最美公共文化空间”打造对象。

【文化展演】 2021年，雨花台区举办演出、展览、讲座等活动120余场次，7万余人次参加。选择辖区内市民广场、商业广场、景区、地铁站等地人员聚集点位9个，差异化安排演出节目，举办“遇见”系列街头音乐会118场。雨花梦想剧场推出大型历史舞台剧《长明》、话剧《建筑学家——杨廷宝》、音乐剧《沧海一粟》原创作品3部；承办独舞、独唱、乐器演奏小型赛事；推出低价儿童剧、脱口秀等惠民演出。

【群众文艺团队扶持】 2021年，雨花台区推荐舞蹈《丰收的喜悦》、相声《心累》、小品《留守老爸》、评书《护士长出征》、白局《幸福不忘共产党》等10件作品参加省、市展演。扶持五星级群众文艺团队改编舞蹈《青蓝蓝的河》，获感动中国群众文化艺术周组委会颁发的“筑梦启航”2021国庆电视晚会暨群星杯第二届舞蹈模特合唱网络大赛金奖，并被中央电视台录制成电视节目。采取“线上展演+线下授牌”方式，举办“雨花星光”展演活动，为星级团队提供活动展示宣传平台。

【区图书馆公共文化服务体系建设】 2021年，雨花台区图书馆建成并投入使用区委党校分

6月27日，“遇见”街头音乐会在吾悦广场举行。（区文化和旅游局　供图）

馆1个和交警八大队、行政审批局、舜天集团馆外服务点3个，累计有分馆9个、馆外服务点13个。实现服务延伸至科技园、部队、商城、医院、企业，幼儿园。帮助各街道新建少儿图书室8个，配送绘本、科普、文学等各类图书5753册。为各街道、社区图书室配送图书2850册。

【全民阅读】 2021年，雨花台区图书馆开展阅读推广活动263场、培训和讲座活动51场、举办展览86场、“18‘法律咨询广场’活动11场、各类阅读活动411场（线上321场、线下90场），服务33万人次。其中，参加南京市“庆祝中国共产党成立100周年主题诗歌馆员朗诵竞赛”获一等奖列第一名，并代表南京市参加全省图书馆系统选拔，获三等奖。选送10篇摄影作品参加南京市“最具创意少儿阅读空间”摄影作品征集，获一等奖1名、二等奖2名、三等奖2名、优秀奖2名。选送7篇文章参加南京市“光辉的历程”主题征文大赛，获二等奖1名、三等奖1名、优秀奖1名。从66篇征文遴选15篇参加南京市“我心向党庆百年”“红领巾”读书征文评选，获小学组二等奖6名、三等奖2名；中学组一等奖1名、二等奖2名、三等奖2名。

【雨花美术馆书画展览】 2021年，雨花美术馆举办“彤管流芳”“梅兰竹菊”“书者”“中国故事”“百年百场”“在正道上行”“诗意雨花”“初心向党 砥砺前行”“回望百年路 助力新征程”等10场书画作品展览，展品涵盖美术、书法、篆刻、摄影等多个门类，参观者8万余人次。形成“雨花满天”与“诗意雨花”品牌展览。

【雨花文艺大讲堂】 2021年，雨花文艺大讲堂开设培训班48个，精选舞蹈、器乐、声乐、戏曲、书法、国画、茶艺、诵读、编织、形象设计10个艺术门类。通过采取“线上线下结合、馆内馆外同步、基础提高并进”教学模式，完成课时840节，普及文艺爱好者2万余人次。

【区文化馆新馆启用】 1月，对外免费开放。雨花台区文化馆2020年末搬迁进驻文化大厦3号楼，位于7~9层，建筑面积3550平方米，设有专业舞蹈房、综合排练厅、戏剧曲艺排练室等20余间群众排练场地。常年开办“雨花文艺大讲堂”等公益性全民艺术普及活动。

（许冠群）

【紫麓·雨花梦想剧场开幕】 4月16日，紫麓·雨花梦想剧场在竹影路5号3号楼开幕。剧场建筑面积1805平方米，设有座位370个，配有常规单面观和解构为三面观、四面观的音视频设备，是南京市唯一一座能进行全方位智能解构的现代剧场。开幕上举行南京艺术学院国家级大学生校外实践基金艺创空间和南京市文联艺术实践示范基地挂牌仪式，剧场与高校、社会组织共建人才培养和艺术项目落地。该剧场由雨花台区人民政府委托广电紫麓（南京）文化产业发展有限公司运营，通过打造原创文艺精品、举办文化惠民演出、剧场日常维护管理等方面合作，提升场馆热度和档次。献礼中国共产党成立100周年原创历史话剧《长明》在紫麓·雨花梦想剧场驻场演出。

（雨　鉴）

【区图书馆新馆启用】 4月23日，开馆。雨花台区图书馆新馆2020年末搬迁进驻文化大厦3号楼，位于2~6层，建筑面积6400平方米。1月28日，对外试开放5楼报刊阅览区；6月1

日全面开放。全年接待读者23.2万人次，文献借阅10.3万人次。（许冠群）

【“光辉的历程 奋进的时代——庆祝建党百年红色经典电影海报展”首站巡展】 5月7日，“光辉的历程 奋进的时代——庆祝建党百年红色经典电影海报展”在西善桥街道“9424电影工园”举行首站巡展。活动由江苏省文联、新华报业传媒集团、江苏省电影集团、中国联通江苏分公司主办，江苏省电影家协会、江南时报社、西善桥街道联合承办。陈列展出“星火燎原”“万里长征”“抗日烽火”等主题原版电影海报100余幅，40部经典影片配置二维码，观众可扫码观看。巡展仪式上，播放经典红色电影《百团大战》片段；著名电影表演艺术家陶玉玲、北京2022年冬季奥林匹克运动会吉祥物总设计师曹雪、国家一级演员薛白致辞。

【“百年百场”优秀群众文艺作品巡演】 5月11日，江苏省庆祝中国共产党成立100周年“百年百场”*优秀群众文艺作品巡演雨花专场在紫麓·雨花梦想剧场举行。由江苏省文化和旅游厅主办，南京市文化和旅游局协办，江苏省文化馆、雨花台区文化和旅游局、雨花台区文化馆承办。现场演出大合唱《没有共产党就没有新中国》、女声独唱《红船初心》、苏州评弹《半条红军被》、舞蹈《车轮滚过大平原》、唢呐演奏《丰收喜悦》等节目。演出采取文化惠民形式，让观众在欣赏艺术中接受党史学习教育、革命传统教育、爱国主义教育。观看演出。

★链接 “百年百场”优秀群众文艺作品巡演是江苏“永远跟党走”群众性主题教育活动和党史学习教育“我为群众办实事”的创新举措。参加巡演的节目由江苏获得全国“群星奖”、省“五星工程奖”和为该次主题学习教育新创作的群众文艺作品组成。节目讴歌党带领人民进行革命、建设、改革的光辉历程和丰功伟绩，表达人民群众传承红色基因、奋进新征程的坚定信心。

（雨 鉴）

【中国美术家协会“两个中心”成立】 5月20日，中国美术家协会新文艺群体（组织）展览与推广中心、中国美术家协会青少年展览与推广中心在雨花美术馆揭牌成立。是中国美术家协会首次在基层设立“两个中心”。区长张连春致辞。现场签署“两个中心”协议书。“两个中心”将通过多种交流、展示、研讨活动，为各地美术名家、培育美术新人、交流学术文化提供平台。

5月20日，中国美术家协会新文艺群众（组织）、青少年展览与推广中心揭牌仪式举行。

（区文化和旅游局 供图）

【中国共产党成立100周年群众合唱展演活动】 6月18日，雨花台区开展“奋斗百年路——启航新征程”第十二届金陵合唱节选拔赛暨雨花台区庆祝中国共产党成立100周年群众合唱展演，全区8个街道（园区）和机关11支代表队600名文艺志愿者参加演出。

【表演唱《圆梦欢歌》获星辰奖】 10月22日，2021年南京市首届公共文化“星辰奖”揭晓。雨花台区文化馆参演的表演唱《圆梦欢歌》，获音乐类第一名。该表演唱由16位演员载歌载舞表达新时代全面实现小康社会后人民群众的幸福感、获得感以及对未来生活的憧憬。

【首届金秋文化艺术节】 10—11月，雨花台区举办首届“雨您相约——幸福花开”金秋文化艺术节，分别组织戏曲、器乐、舞蹈专场演出3场。50余支基层优秀文艺团队登台竞演。

（许冠群）

·文化遗产保护·

【概　况】 2021年，雨花台区开展规划二路一期建设工程地块、阅宁路北延二期建设工程和普德寺小游园考古调查工作，完成普德路热处理厂地块、铁心桥—西善桥E2地块、板消地块、紫荆花路东延、安德门人防项目、总部经济园二期等12个重点项目地块考古勘探和发掘。推进宋晟墓神道碑抢险扶正工程和普德寺修缮及环境整治工程，编制李氏宗祠、天隆寺塔林、刘智墓抢救性修缮工程方案。

【中国、文莱建交30周年纪念活动】 3—6月，区文化和旅游局开展“走进浡泥国王纪念园”主题采风及作品征集活动，由南京市教育局、雨花台区人民政府、南京晓庄学院组织学生参观浡泥国王纪念园，开展以“我眼中的文莱与南京”为主题绘画与剪纸征集活动。12月1日，庆祝中国、文莱建交30周年暨南京与斯里巴加湾结好10周年纪念活动在雨花台区举行，接待陪同文莱驻华大使拉赫玛尼携夫人一行参观拜谒浡泥国王墓。

（许冠群）

【雨花台区文物局挂牌】 10月21日，雨花台区委机构编制委员会印发《关于区文化和旅游局增挂区文物局牌子的通知》，经区委编委会研究决定，区文化和旅游局增挂区文物局牌子，负责文博事业发展、文物保护、文化遗产保护、文物和博物馆公共服务等工作。

（雨　鉴）

12月1日，文莱驻华大使拉赫玛尼携夫人一行参观拜谒浡泥国王墓。

（区文化和旅游局　供图）

·文化市场管理·

【概　况】2021年,区文化和旅游局完成文化市场文明指数各级测评;做好疫情防控、复工复产工作;开展境外电视传播秩序专项整治行动,获评2021年江苏省整治境外卫星传播秩序专项整治成绩突出单位;加强重要时期广播电视安全传输监管,确保“两会”、七一、国庆、元旦安全播出;牵头开展文旅体行业领域反电信网络诈骗,发放反诈宣传材料626份;推进文化旅游体育行业扫黑除恶等专项工作;初审企业广播电视节目制作经营许可证申请11家、注销1家,至年末,雨花台区持有广播电视节目制作经营许可证企业52家。

【文化市场安全监管】2021年,雨花台区开展文化市场火灾安全隐患整治、无证经营专项整治及广播电视安全播出隐患整治等工作。对46家文化市场经营单位进行安全巡查检查,查处一般安全隐患45处,均整改到位。开展境外电视传播秩序专项整治行动,与市文化市场综合执法总队、街道社区联合行动,整治违规接收设施13个,对户外电子大屏使用管理单位发放安全播出保障告知书,对酒店宾馆境外卫星电视转播和点播业务进行检查,与酒店签订责任书,进一步规范全区广播电视传播秩序。

【文化市场疫情管控】新冠肺炎疫情防控期间,停止全区30家网吧、16家娱乐场所经营活动,每日巡查相关单位(场所),确保疫情防控和安全生产“双达标”。开展“防疫+扶持”,调查摸底全区文化市场经营单位疫情受损情况,为南京市政府出台扶持政策提供决策依据;帮助悦宾网吧、飞浪网吧各获市“绿色网吧”扶持资金1.5万元,龚雪网吧获市“绿色网吧”扶持资金资金1万元。　（许冠群）

·文化产业·

【概　况】2021年,雨花台区雨花台区文化产业实现增加值85.31亿元,同比增加11.97亿元,增长16.3%,文化产业增加值占地区生产总值比重8.40%。全区有规上文化企业181家。有省级文化产业园1个,市级文化产业示范园区9个。召开全区文化产业工作推进会2次,布置文化产业全年工作。聚焦数字内容服务、互联网信息服务、人工智能装备及5G场景应用服务等领域,组织园区、企业参加市文化产业资源共享会,签约项目6个,推介项目4个;申报市级文化产业发展专项资金、省级现代服务业(广播电视)专项资金,获得资金270万元;参加2021中国(南京)文化和科技融合成果展览交易会,获“最佳人气奖”。关注规模以上文化企业发展状况,全区文化企业入选南京市培育独角兽、瞪羚企业榜单13家;孵化、培育中小微文化企业,激发企业活力。承办全市第一场“文化人才沙龙”活动,组织人才参加南京市第六批“五个一批”和第四批“青年文化人才”申报,2人入选。

【文化产业发展专项资金】2021年,雨花台争取省、市文化产业引导资金,组织12家文化科技企业和园区申报市级文化产业发展专项资金,江苏欧帝电子科技有限公司、南京网觉软件有限公司、南京汇智互娱网络科技有限公司、南京元光数码科技有限公司4家企业经市级评审获专项资金220万元;以江苏省广播电视产业项目申报、江苏省广播电视和网络视听产业基地申报为契机，协助南京华玥影文化发展有限公司成功申请省级现代服务业（广播电视）专项资金50万元。

【文化企业培育】 2021年，雨花台区跟踪监测文化企业经营情况，对企业网报数据进行分析预警。走访重点街道园区8个，加大指导力度，全面梳理拟新增文化企业。关注规模以上文化企业发展状况181家，跟进龙头文化企业产业布局21家，引进智慧校园类文化产业企业1家，全区文化企业入选南京市培育独角兽、瞪羚企业榜单13家。制定“雨花文创联盟”2021年系列活动方案，加大中小微文化科技企业孵化培育。策划文旅体项目，南图文创艺术中心*—大丰堂文化传媒公司等入选“南京特色文旅商店”，区文创基地被“南京特色文旅商品研发基地”名录库收录。

★链接 南图文创艺术中心由南京图书馆与南京大丰堂文化传媒有限公司合作共建，是一座集文化创意开发、销售、体验和休闲为一体的当代文创艺术中心。文创中心向大众呈现一个完整的、多元的文创艺术形式，包括文化、创意与产品、艺术与设计、阅读与影像、讲座与展览、茶室与手作等。

（史　汶　许冠群）

【南京文化人才沙龙2021年·第一期】 4月29日，在中国（南京）软件谷创新创业服务中心举行，由雨花台区委宣传部承办，主题为“文化创客人才及项目的多维度培育”。活动前，与会嘉宾参观雨花“双创”中心；活动现场，雨花台区介绍文化人才工作情况并向第四家区级“示范文化创意众创空间”授牌；主题讨论环节，设置《文化创客人才孵化模式的创新探讨》《“文化+科技”人才的时代特征》《原创文化IP高质量发展路径》《高成长企业发展演变与转型逻辑》《文化企业高质量发展的路径探索》5个主题，诠释文化创客成长与发展，为文化人才交流搭建平台。南京市委宣传部部务会成员、一级调研员冯雯兰作总结发言。文化企业、经营管理人才、部分南京文化名家工作室负责人等近60人参加。

【2021中国（南京）文化和科技融合成果展览交易会】 10月21日，在南京国际展览中心（新庄）举行。雨花台区携南京灵瞳影视动画有限公司、南京硅基智能科技有限公司、南京万生华态科技有限公司、南京睿悦Nibiru 4家文化科技企业和动汇智能文体众创空间、雨花文创联盟参展。南京灵瞳影视动画有限公司展示原创国产热血动漫番剧《飞吧！篮球》；南京硅基智能科技有限公司展示数字人“莫愁女”等系列各具特色“数字人”；南京万生华态科技有限公司展示国内唯一基于现实及照片的高精度真实3D模型与PBR材质重建技术；南京睿悦Nibiru展示基于睿悦自主研发VR系统云平台实现遥控全场景智能“防疫1号”消杀AR机器人和VR多人互动科普工具。现场举办2021（第三届）920动汇文体创投峰会，主题为“远见力·数字化的商业趋势”。围绕数字+文体产业的商业趋势、AI赋能文体产业发展、文体产业发展的长线价值，解读以人工智能手段为支撑的文体产业内在驱动力，动汇文体创服平台总裁刘沁松作主题发言。

（雨　鉴）

·区融媒体中心·

【概　况】2021年，雨花台区融媒体中心负责“金陵微雨花”微博、微信等区级新媒体平台日常运营维护；围绕区委、区政府中心工作，组织开展主题宣传报道和新媒体产品策划制作等。开通上线“金陵微雨花”视频号。完成全面小康、疫情防控经济发展“两手抓”、区第十二次党代会等宣传报道。策划超长直播《“雨花”云上见 体会最年味》，阅读量68万次；策划“星光之盒”青少年红色寻访活动，在线直播观看量22万人次；策划“齐聚庙会乐享生活”“第四届亲子动漫跑”等网友节活动，参与人数超5万人次；主持抗疫主题微博话题“雨花加油　南京加油”，阅读量4900万次。全年，涉雨花台区报道39.4万篇；“金陵微雨花”微博、微信平台开设专题专栏37个，发挥全区69家政务新媒体矩阵作用，反映全区重要内容、重点工作推进情况。雨花台区融媒体中心获评2021年度全市“网聚宁新”融媒先锋展示大赛（网络直播大赛）优秀组织奖。

【融媒宣传】2021年，“金陵微雨花”微博、微信平台开设“我为群众办实事”等37个专题专栏，发布微博信息8768条，微信信息1022条，其中19篇微信文章阅读量超10万人次。“金陵微雨花”微信获评2021年度优秀政务新媒体账号。区融媒体中心结合党史学习教育，传播习近平新时代中国特色社会主义思想，“金陵微雨花”微博、微信平台开设“雨理同行”理论专题专栏，持续推送阐释解读习近平总书记重要讲话精神等网络推文500余篇。完成“奋斗百年路 启航新征程 圆梦全面小康”、疫情防控经济发展“两手抓”、区第十二次党代会等宣传报道。全年，涉雨花台区报道39.4万篇。其中《人民日报》、中央电视台、人民网等央级媒体报道2473篇（次），《新华日报》等省级媒体报道4444篇（次）。党史学习教育工作举措和经验做法被重点央级媒体登载相关新闻报道52条（次）。雨花台区委网信办获评南京市2021年度全市重大主题网络传播优秀单位。

【融媒产品】2021年，雨花台区融媒体中心更新话语体系，丰富传播形式，制作新媒体产品288个，同比增长185%，3条新媒体产品（短视频）浏览量超过10万人次。深耕雨花红色文化资源，聚焦雨花英烈的革命精神，制作推出“热血诗书雨花魂”等理论融媒产品50余个。围绕庆祝中国共产党成立100周年，制作推出“永远跟党走”系列短视频近50个。聚焦抗疫正能量策划新媒体产品100余个，其中短视频“雨花隔离点的坚守与温暖”阅读量200万人次、互动数9万人次。（魏　薇）

【“行进中国 我心向党——打卡红色地标”融媒体行动】4月9日，“行进中国 我心向党——打卡红色地标”大型融媒体行动，在雨花台烈士陵园启动。活动由中共江苏省委网信办指导，新华报业传媒集团主办，中共南京市雨花台区委、雨花台烈士陵园管理局、中国江苏网、新江苏客户端和“学习强国”江苏平台承办。启动仪式现场，观众通过扫描“行进中国 我心向党——打卡红色地标”和“心光之盒”活动二维码进行在线打卡和留言。雨花台区少先队员、群众党员、雨花英烈后人分别打卡雨花台区共青团路、红领巾广场、忠魂亭等红色地标。雨花台烈士纪念馆宣讲团成员王粲讲述《半个世纪的等待》党史微课；雨花台团区委、金陵科技学院团委成员演出原创话剧《红色特工冷少农》；岱山实验小学10位少先队员代表分享他们寻访并完成烈士心愿的故事。"全国最美志愿者"雷建功与雨花台区实验小学"卢志英中队"少先队员代表、雨花台区商务局创建"刘亚生"英雄支部机关党员代表以及全区新时代文明实践中心志愿者代表等30人，共同宣读传承英烈精神倡议书。

【"庆祝建党百年 打卡红色地标"网络直播】6月22日，雨花台区融媒体中心在雨花台烈士陵园以讲述+游览的直播形式，邀请江苏省青年联合会委员领读雨花英烈家书，南京青年联合会委员讲党史，青年联合会委员们共唱红色赞歌《我和我的祖国》；在北群雕像前，讲解员讲述群雕故事，青联委员们重温入党誓词，缅怀革命英烈，接受"红色洗礼"。在线直播观看量超10余万人次。该网络直播是南京市"网聚宁新"融媒先锋展示大赛系列活动之一，6月启动，由南京市委网信办主办，南京12个区融媒体中心挑选雨花台烈士陵园、红色李巷、梅园新村纪念馆等具有代表性的红色地标接力直播。（雨　鉴）

·档案事业·

【概　况】2021年，南京市雨花台区档案馆（以下简称区档案馆）建成"初心如磐、使命在肩——雨花台区发展历程展"并举办开幕式；指导检查机关、社区完成2021年度归档工作；指导南京市雨花台区审计局通过档案规范化建设"优秀单位"等级测评；接收、整理首批新冠肺炎疫情档案；印发《关于进一步加强当前档案安全工作的通知》，在全区范围内开展档案安全自查工作；围绕"档案话百年"主题，组织开展第14个"6·9"国际档案日活动。全年接待查档2244人次，调卷4547卷次。其中，利用馆际共享平台提供利用28人次，为群众确定工龄、解决婚姻和经济纠纷，工作查考等提供依据。区档案馆先后派出11名党员干部职工赴西善桥街道齐修社区、铁心桥街道翠岭银河社区、景明佳园社区和古雄街道古雄社区，协助社区开展新冠肺炎疫情防控。区档案馆被江苏省档案馆评为2021年度档案宣传工作三等奖。

【雨花台区发展历程资料收集】2021年，区档案馆收集雨花台区发展历程照片约7000张，包括晚清时期天隆寺、高座寺以及民国时期南郊乡景照片，"土改""抗美援朝"等三大运动的照片，在全市曾以"菜篮子"著称反映蔬菜生产的系列照片，乡镇企业发展鼎盛时期第一次走出南京在洛阳举行工业产品展销供货会的照片等。

【档案安全管理】2021年，区档案馆坚持馆库日常安全巡查与节假日重点检查相结合，确保档案安全。维护保养库区恒温恒湿机组等设备，保障设施设备安全有效运行。下发《关于进一步加强当前档案安全工作的通知》，督查各单位开展档案安全自查和隐患排查整治。

【档案工作规范化建设】4月25日，南京市雨花台区档案局（以下简称区档案局）、区档案馆转发《关于印发〈南京市档案工作规范化建设评价实施办法（试行）〉的通知》，在雨花台区党政机关、企事业单位推行档案工作规范化建设。依据《南京市档案工作规范化建设评价标准》，评价申报单位近5年档案工作情况并分为优秀单位、特色单位、标准单位三个等级。11月，南京市雨花台区审计局通过“优秀单位”申报测评。

7月12日，雨花台区发展历程展览在区委党校举行。 （区档案馆 供图）

【“6·9”国际档案日宣传活动】 6月9—16日，区档案馆组织街道（园区）开展第14个“6·9”国际档案日活动。围绕“档案话百年”活动主题，以档案宣传服务活动，搭建档案与公众交流的桥梁，增强社会公众档案意识和法制观念，拓展档案社会服务功能。活动期间，发放《为中央“一号机密”而献身的陈为人》宣传册260册、《中国精神》宣传册180册、档案宣传袋200个，悬挂宣传横幅26条。

【疫情档案接收】 6月，区档案馆接收首批2020年至2021年1月期间区新冠肺炎疫情防控档案1883件（张）。其中，文书档案1503件，照片档案368张，声像、实物档案12件。录入文件级目录数据1883条，数字化扫描10860幅。

【雨花台区发展历程展览】 7月12日，“初心如磐 使命在肩——雨花台区发展历程展”开幕式在雨花台区委党校举办。该展览位于雨花台区观山路22号（雨花台区委党校），建筑面积728平方米，通过文字、图片、视频、实物等形式呈现。展览由序厅和以时间为节点划分的五个单元组成。序厅通过自然人文景观浮雕，展现雨花台区域红色特质和文化底蕴；第一至四单元展示全区建设、改革、发展历程和成就；第五单元展示中国共产党雨花台区历次代表大会。

【机关年度归档检查】 9月6日，区档案局印发《关于开展2021年度归档文件整理工作综合检查的通知》，对雨花台区54家机关单位2021年归档工作从组织管理、基础业务、信息化建设、开发利用四个方面，进行百分制现场综合检查和整改情况复查。2021年，54家机关单位形成档案16474件（盘·张）和17900卷。

【社区档案归档工作】 9月6日，区档案局印发《关于开展2021年社区档案管理检查的通知》，抽查各街道（园区）监督指导社区档案年度归档情况。2021年，督促全区59家社区完成文件材料归档工作，形成档案11917件（张）。 （沈国艾）

·地方志工作·

【概　况】 2021年，雨花台区坚持依法编鉴修志，编纂出版《雨花台年鉴（2021）》；指导《江苏省名镇志·铁心桥镇志》完成初稿编纂。开展地方志法律法规宣传，举办地方志条例专题宣讲。加强地方志文化宣传，承办“南京方志大讲堂”；增设“方志南京”图书角2处并向社区企事业单位赠送方志成果。至年末，雨花台区新增以行政区域名命名的地方志成果1卷，累计19卷（部）。其中，《雨花台区志》1部、《雨花台年鉴》18卷。年内，《雨花台年鉴（2021）》《“初心如磐，使命在肩”雨花台区发展历程展》《2020年雨花台区防控新冠肺炎疫情记录》《铁心文史》《雨花台区古寺庙及遗址简册》《浡泥三代国王的中国情结》，被南京市地方志编纂委员会办公室授予南京市2021年地方志优秀成果奖。

【《雨花台年鉴（2021）》出版】 11月，《雨花台年鉴（2021）》出版。该年鉴由雨花台区人民政府主办，雨花台区地方志办公室编纂。记述地域范围以2020年雨花台区行政区划为界，记述起迄时间为2020年1月1日至2020年12月31日，记述内容为雨花台区政治、经济、文化、社会等领域的大事、要事、新事和特事，其中有该区“十三五”经济社会发展主要指标图示、国民经济和社会发展第十四个五年规划和二〇三五年远景目标纲要，以及该区抗击新冠肺炎疫情情况。该年鉴采用分类编辑法，设类目、分目、条目三个层次；卷首设专题图片、特载、大事记，主体部分设雨花台区概览、中国（南京）软件谷、机关团体、法治·军事、科技创新、区域经济、人居环境、文化旅游、公共服务、街道·园区、人物·荣誉11个类目，卷末设附录、索引。全书48万字，收录条目860条、图片126张、表格73张，由雨花台区机关各部委办局、街道（园区）、驻区企事业90个单位提供。

【“南京方志大讲堂”雨花台区专场】 7月5日，“南京方志大讲堂”★第五讲雨花台区专场在南京民间抗日战争博物馆开讲。该场大讲堂由南京市地方志办公室主办，雨花台区地方志办公室承办；主题为“斯诺与《红星照耀中国》”；由江苏省政协委员、南京市地方志学会常务理事、南京民间抗日战争博物馆馆长吴先斌主讲。吴先斌结合馆藏《红星照耀中国》不同版本和相关背景，以讲故事的方式，从斯诺为什么来中国、为何去苏区采访、苏区对斯诺的影响、《红星照耀中国》创作过程及对世

7月5日，“南京方志大讲堂”第五讲雨花台区专场在南京民间抗日战争博物馆开讲。图为吴先斌主讲《斯诺与〈红星照耀中国〉》。　（区志办　供图）

界的影响、重温《红星照耀中国》的启示5个方面进行解读。江苏省、南京市地方志办公室主要领导，雨花台区委分管领导，以及省、市、区地方志系统和地方志学会有关人员，文史爱好者共60人出席活动。

★**链接** “南京方志大讲堂”是以南京地方特色历史文化为主线开创的新型文化传播平台，通过邀请文史专家、文化名人、资深传人等，在相应历史文化场景中，围绕党史学习教育、南京历史、地方特色文化等，运用授课、访谈、现场介绍等形式，借助新媒体多形式传播，成为宣传南京方志文化的重要窗口，同时也是通过视频录制方式保留南京影像史志的重要载体。大讲堂具体内容经录制整理后，可通过南京市地方志网站、“方志南京”微信公众号等观看。（张　玄）

医疗卫生

·概　述·

【**概　况**】 2021年，雨花台区推进新冠肺炎疫情防控和卫生健康事业发展，新冠疫苗接种全面有序推进，开发重点人群核酸检测“应检尽检”系统做法经验被江苏省、南京市政府内刊刊载。深入实施“府院合作”，雨花台区人民政府与江苏省人民医院签署江苏省妇幼保健院总部项目建设协议。建成首批“江苏省社区医院示范区”；国家“优质服务基层行”推荐标准达标率、省级社区医院建设覆盖率获全省两个“第一”。雨花台区2020年度基层卫生服务能力和队伍建设成效被省政府激励表彰；区妇幼保健所绩效考核在全省城区妇幼保健机构中位列第一。雨花台区被评选为江苏省家庭医生服务模式创新单位；医养结合案例获全省老龄健康工作十佳案例；获2020年度全市综合医改二等奖。南京雨花台区卫生健康委员会（以下简称区卫生健康委）2020年南京市基本公共卫生服务项目绩效评价获“优秀”。

【**“我为群众办实事”项目**】 2021年，雨花台区新建雨花经济开发区社区卫生服务中心；新建、升级改造社区卫生服务站3个；80%以上社区卫生服务站设立“中医阁”，为群众提供家门口的健康服务。聚焦“一老一小”重点群体领域，普及培训老年人运用智能技术2055人次；为0~3岁婴幼儿增加普惠托位81个。开展“党员服务我先行”主题活动，组织党员义诊、医疗保障、下社区等活动110余场次，服

12月23日，铁心桥社区卫生服务中心“我为群众办实事”家医工作室开诊。
（区卫生健康委　供图）

务群众2万余人次。组织党员为身边群众办实事230件；完成市级“我为群众办实事”项目2项、区级项目10项。 （姚欣雅）

·新冠肺炎疫情防控·

【概　况】 2021年，雨花台区完善“平急转换”指挥机制，印发《关于进一步完善雨花台区新冠肺炎疫情联防联控工作机制的通知》《关于优化完善雨花台区新冠肺炎疫情防控工作指挥体系的通知》，科学精准开展疫情防控。印发3~11岁、12~17岁人员新冠疫苗接种工作方案，加强免疫接种实施方案。修订完善《雨花台区新冠肺炎全员核酸检测工作预案》《雨花台区新冠肺炎疫情应急处置预案》，制定《雨花台区2022年元旦春节期间新冠肺炎聚集性疫情应急处置方案》，编制《雨花台区新冠肺炎疫情应急处置实操手册》，应急处置突发疫情。区卫生健康委被南京市委、市政府授予“全市抗击新冠肺炎疫情先进集体”称号。

【常态化疫情控制】 2021年，雨花台区落实入境人员闭环管理和28天跟踪健康监测，累计规范管理入境人员9012人、28天跟踪居家健康监测人员143人。各街道（园区）、社区加强核查地区协防组名单，主动排查来宁人员并实施分级分类管理。加强进口货物排查，监测采样32471份、环境采样3507份、从业人员采样3471人次，结果均为阴性。加强医疗卫生机构院感防控，成立院感督查专班，编印感控工作专报75期。明确39类“应检尽检”重点人群，摸排116164人、采样检测274631人次，结果均为阴性。全区“应检尽检”完成率96.10%。建成雨花医院发热门诊，西善桥、赛虹桥、岱山3个社区卫生服务中心发热诊室。医疗机构从严落实预检分诊制度、首诊负责制。印发《雨花台区新冠肺炎疫情防控高风险岗位工作人员闭环管理工作方案》；全区有高风险岗位人员底数509人，均严格落实定职定岗、疫苗接种、常态化核酸检测等闭环管理措施。坚持“非必要不举办”原则，严控大型线下聚集性活动。全年保障活动166场次（会议保障65场次，考试保障29场次，活动保障72场次），涉及保障人数304人次。开展中医药特色防疫，在集中隔离点加强中医药防治应用，配送中药预防汤剂48501剂。全区60.88万人新冠疫苗首针接种率87.99%，二针接种率83.77%，完成加强针接种102807剂次。

【疫情应急处置】 7月12日，雨花台区报告并处置1例境外输入关联新冠肺炎疫情。7月20日，禄口机场聚集性疫情发生后，雨花台区组织开展“4+2”轮大规模核酸检测。核酸检测320万人次，封闭封控小区3个，涉及群众2.2万余人。全区4例本土确诊病例及时转运救治，阻断区内疫情传播。8月14日，全域实现低风险。12月底，处置1例长江引航中心南京引航站引航员核酸检测阳性疫情。全区有专业技术人员、公安、消毒人员汇编组成三级小分队的流调队伍10组共80人。疫情发生期间，2小时内到达现场、4小时内完成流行病学核心信息调查、24小时内形成完整流调报告。设置采样点374个、采样台568张。有雨花医院、梅山医院2所医院开展核酸检测工作，区疾控中心完成PCR实验室建设并通过省级验收。签订提供核酸检测服务第三方公司6家，负责各街道（园区）、各隔离点样本收集、运输和检测。全区10家医疗卫生机构930名医务人员承担核酸采样。对全区集中隔离场所实施动态管理，具备同时设置集中隔离点22个、爱心宾馆1个的隔离接纳能力。 （姚欣雅）

·医疗机构与管理·

【概　况】 2021年，雨花台区有医疗卫生机构195家（关停1家），二级以上综合医院3家，社区卫生服务中心8家，社区卫生服务站26家。全年总诊疗量257万人次，同比增长9.1%；基层诊疗量189万人次，同比增长13.17%；基层医疗卫生机构诊疗量占比73.54%，位列全市第一。雨花经济开发区社区卫生服务中心开诊试运行，推进岱南社区卫生服务中心建设。西善桥琥珀森林、板桥古雄社区卫生服务站通过省标准化建设市级验收。新建西寇社区、西善花苑、中兴人才公寓3个家庭医生工作室。完成雨花丁墙社区卫生服务站升级改造。雨花医院120急救分站建成运行，全区累计建成120急救分站2个。

【雨花医院建设】 2021年，雨花台区推进雨花医院二级甲等医院创建。新建重症医学、老年医学2个学科；建成检验科、呼吸科2个区级重点专科；创建成为南京市老年友善医院。拓展医疗新技术8项；开展5个专业16个病种临床路径管理。课题立项5项，2项科研课题通过区级评审，获得实用新型专利1个。全年门诊22万人次，同比增长77.56%。

【“中医阁”馆室建设】 2021年，雨花台区推进20个社区卫生服务站“中医阁”建设。丰富雨花医院“中华名医馆”“中医养生堂”内涵，运营“全国名老中医盛灿若工作室基层工作站”“陈宗金传承工作室”“肖少卿传承工作室”等名中医工作室。建成市级名中医工作室基层工作站4个。

【医疗队伍建设】 2021年，雨花台区卫生健康系统引进高层次人才3名。开展“红五月”技能竞赛、“冬季大练兵”活动。建成雨花台区卫生健康培训中心，开展区级培训41次、培训2129人次。选派59名卫技人员到三级甲等医院学习（进修41人，全科规培18人）；选派40人参加市、区组织的非中医类别医师学习中医项目培训；派出4名中医类医师到省、市中医院进修学习。至年末，政府办医疗卫生机构有卫生专业技术人员1059人，较上年增长15.2%。其中，中级职称363人，较上年增长12%；副高级职称以上188人，较上年增长25.3%。

【医联体建设】 2021年，雨花台区妇保所与江苏省妇幼保健院签订医联体合作协议。雨花、岱山社区卫生服务中心与省人民医院试点开展心血管筛查服务项目。全年医联体专家下基层坐诊5539人次，专家诊疗服务5万余人次。加强以雨花医院为核心的区域医联体建设，与6家社区卫生服务中心协作成立基层医疗培训基地，启动临床科室进修计划7个，雨花医院下基层义诊11次，累计接收社区转诊病人82例。至年末，全区有医联体45个，其中与三级甲等医院共建医联体35个。

【药学服务】 2021年，雨花台区成立区县区域审核处方中心，开设药物治疗管理门诊4个，对慢性病患者、特殊人群及使用多种药物患者提供药学服务。动态监测短缺药品，为2308

名患者代购药品110.2万元。兑现基本药物补助资金60.31万元。强化药品（耗材）采购、配送和使用监管，开展精麻药品使用专项检查4次。全年培养临床药师2名。组织22名药师参加药科大社区药房药物治疗管理（MTM）；组织60名医技人员参加国家基本药物临床应用专项指南培训学习。完成抗微生物药物培训考核230人。（姚欣雅）

·医疗保障工作·

【概　况】2021年，城乡居民医保参保7.7万人，城乡居民养老保险纳入4833人，机关事业单位参保5500人。创新机制推进失能保险制度实施，全区享受服务902人；开展医疗救助，救助平台直接结算救助4.5万人次，救助资金1133万元；承办南京市“宣传贯彻《条例》加强基金监管”集中宣传月启动活动；组织开展打击“三假”专项整治，探索实施浸入式“监管+服务”综合治理，全年追回、处罚违规使用医保基金210余万元；推进医保电子凭证使用。全年药品带量采购8个批次，包括国采第二批、第三批、第四批、第五批、第一批续签、第二批续签、第三批续签及省采第一批；医用耗材集中带量采购执行6批。

表49　2021年雨花台区医疗卫生事业基本情况统计表

指　　标	单位	2021年
医疗卫生机构	个	195
其中：政府办医疗卫生机构	个	9
政府办医疗卫生机构职工	人	1168
卫生技术人员	人	1059
婴儿死亡率	‰	1.03
孕产妇死亡率	1/10万	29.66
户籍居民人均预期寿命	岁	83.61

（区统计局）

【医保基金监管】2021年，南京市医疗保障局雨花台分局（以下简称医保分局）组织该区医保经办人员开展“打击欺诈骗保”专项业务培训5场次、培训300人次。学习宣传贯彻《医保基金使用监督管理条例》，发放“打击欺诈骗保”海报4120余份、宣传折页5000余份，《医保政策问答》2万余份、《医保基金使用监督管理条例》折页8540份、宣传袋700余份。接入雨花台区“审管交互平台”，实现医疗机构登记信息医保数据实时审核比对。专项治理全区9家医保定点康复、护理机构医保基金行为使用规范，查处违规机构3家，解除医保服务协议1家；清理“医保卡套现”小广告2000余条，注销手机号50余个；聚焦“假病人、假病情、假票据”欺诈骗保问题，审核病案548份。创新基金监管模式，实时监督入驻机构门诊、住院行为全过程；收集并解决医院、医务人员、患者意见建议10条。保持打击欺诈骗保高压态势，实现全区189家定点医药机构现场检查100%覆盖，约谈9家机构主要负责人，督促限期整改36家，现场整改125家。

4月，雨花台区开展《医保基金使用监督管理条例》集中宣传月活动。
（医保分局　供图）

【失能人员照护保险】 2021年，医保分局结合“我为群众办实事”活动，下沉社区开展失能保险政策宣讲。通过线上与线下“双推进”，实现失能保险政策8家街道（园区）、64家社区宣传全覆盖。加强定点机构管理，综合运用自查自纠和现场检查方式，全区3家定点评估机构和31家定点照护服务机构检查覆盖率100%。全年接收失能人员照护申请1133人，开展照护服务902人，收到表扬信23件，锦旗21面。

【医疗救助管理】 2021年，医保分局动态调整医疗救助人员信息3219人次，平台结算救助45344人次，医疗救助费用1133.64万元；手工结算30人次，医疗救助费用21.67万元。

【医保电子凭证推广】 2021年，医保分局采取进社区、进企业等方式宣传医保电子凭证激活便利性及操作指南，提升医保电子凭证激活率。全区57家定点医疗机构、108家定点零售药店完成医保电子凭证适配改造。 （吴小娟）

·卫生监督与疾病控制·

【概　况】 2021年，雨花台区推进医疗服务多元化监管试点，落实医疗机构依法执业主体责任。加强南京市医疗机构依法执业管理自查系统推广使用。加强基层卫生监督体系建设，强化街道卫健办机构标准化建设和规范化管理。推进卫生健康在线监督监测一期、二期项目使用，全区二级民营医疗机构医疗废物在线追溯系统实现全覆盖。完成2021年国家、省级116家单位和市级职业健康90家企业及区级8家单位“双随机”抽查任务。推进行政执法公示、全过程记录、重大执法决定法制审核等“三项制度”，开展行政执法全过程记录。推进全区公共卫生服务中心、雨花医院公共卫生科建设；在全区64个社区成立公共卫生委员会，完善基层公共卫生管理体系。

【传染病防治】 2021年，雨花台区无甲类传染病发生，报告乙类传染病10种，总发病数367例，发病率78.03/10万，死亡1例，为艾滋病病例。处置预警信息94条，及时率100%。推进第四轮艾滋病综合防治示范区建设，完成结核病患者检测筛查、服务管理及治疗。区疾控中心血寄防健康科普短视频获全省一等奖。

【疫苗接种】2021年,雨花台区接种免疫规划疫苗104403剂次,非免疫规划疫苗接种91853剂次。监测、报告疑似预防接种异常反应149例,48小时内报告率、调查率100%。强化预防处置门诊督导,覆盖率100%。

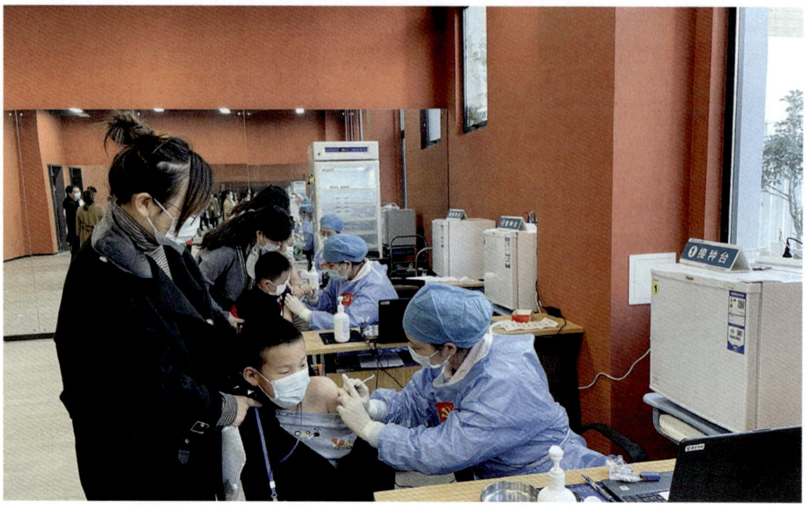

11月11日,雨花台区妇幼保健所为3~11岁儿童接种新冠病毒疫苗。
（区卫生健康委　供图）

【慢性病防治】2021年,雨花台区完成2020年度死因监测工作报告,人均期望寿命83.61岁,其中男性81.15岁、女性86.32岁;针对慢性病死亡仍是全区死亡病例的主要原因,在社区组织开展糖尿病前期筛查,筛查40~69岁居民3000名,对前期人员进行登记和生活方式干预。开展心脑血管监测、儿童口腔疾病综合干预项目。着力提升精神卫生服务水平,雨花医院建成区精神卫生中心,全区严重精神障碍患者检出率3.69‰,管理率99.42%。岱山社区卫生服务中心获2021年优秀基层糖尿病并发症筛查工作站二等奖。

【职业健康保障】2021年,雨花台区推进粉尘危害专项整治三年行动,完成自评工作。汪海混凝土有限公司等6家企业通过南京市"健康企业"评估验收;李伟等5人获2021年度南京市"职业健康达人"称号;南京宝地梅山产城发展有限公司矿业分公司通过"江苏健康企业"省级现场评估复核。为290名接尘劳动者免费提供职业健康体检,职业性尘肺病病人随访调查建档。开展第19个《职业病防治法》宣传周活动。（姚欣雅）

·社区卫生与妇幼健康·

【概　况】2021年,雨花台区巩固江苏省社区医院示范区成果,创建案例被评为雨花台区优秀改革案例,板桥社区卫生服务中心建成2021年省级社区医院,全区累计建成6家社区医院。梅山社区卫生服务中心通过国家"优质服务基层行"活动基本标准市级评审,全区国家"优质服务基层行"活动参与率100%、基本以上标准达标率100%。新增特色科室省级2个(铁心桥社区卫生服务中心普外科、雨花社区卫生服务中心口腔科)、市级2个(板桥社区卫生服务中心糖尿病专科、西善桥社区卫生服务中心妇科),累计建成特色科室省级4个、市级31个。按照人均100元标准投入基本公共卫生服务项目经费4703万元。雨花台区在代表江苏省迎接国家基本公共卫生服务项目绩效评价中获全国第二名;在2020年南京市基本公共卫生服务项目绩效评价中获"优秀"。

【家庭医生签约服务】 2021年，雨花台区为105名离休人员提供家庭医生签约服务。成功申报家庭医生服务模式创新建设试点，通过优化首诊签约服务流程，打造“一站式签约服务管理中心”，提升慢性病患者健康管理与签约服务。赛虹桥社区卫生服务中心被评为江苏省2021年度家庭医生签约服务创新单位。善水湾家庭医生工作室建成江苏省2021年度星级家庭医生工作室。雨花社区卫生服务中心被评为南京市离休干部家庭医生签约服务优秀单位。

【妇幼健康】 2021年，雨花台区引入江苏省妇幼保健院优质资源，加强孕产妇、儿童高危管理，“两癌”筛查服务合作。全年“两癌”筛查17075人，同比增长48.32%。建成铁心桥街道为民服务中心、板桥街道新建社区市级标准化母婴室2所。全区新生儿4109人，无出生缺陷发生。5岁以下儿童低体重率、生长迟缓率和消瘦率分别为0.17%、0.25%和0.24%，较2020年呈上升趋势。5岁以下儿童贫血率为0.82%，较2020年下降26%。3家医疗卫生机构母婴室获南京市2021年度公共场所母婴设施优质运营管理单位。

【老年人健康服务】 2021年，雨花台区举办老年人智能技术运用专项普及培训2055人次；为4093名符合条件困难老人购买意外伤害保险；开展2021年度“敬老月”活动。雨花街道花神庙社区被评为“2021年全国示范性老年友好型社区”；岱山社区卫生服务中心被评为省级老年友善医疗机构优秀单位；雨花医院，铁心桥、板桥、雨花、西善桥、赛虹桥5个社区卫生服务中心和雨花台区6个护理院被评为省级老年友善医疗机构。 （姚欣雅）

·爱国卫生·

【概 况】 2021年，雨花台区开展爱国卫生运动，倡导文明健康生活方式，持续推进环境卫生整治行动，助力常态化新冠肺炎疫情防控。建立健全病媒生物防制运行机制，完善管理网络，保障除“四害”工作常态运转。制定防制计划和应急预案。推进“健康雨花”建设，强化卫生防病和健康知识科普，开展居民健康素养水平监测。开展爱国卫生执法督查行动。

【病媒生物防制】 2021年，雨花台区集中开展病媒生物防制143次；清理小区、农贸市场、其他公共场所杂物1576吨；增补病媒生物防制设施5600个；发动群众志愿者参与集中义务劳动等各类活动2.4万人次。在板桥、古雄街道开展市级病媒生物防制全覆盖试点。开展以落实环境综合治理、完善各项防灭设施为重点“四害”防制活动，完成春季灭鼠、夏季灭蚊蝇灭蟑螂、越冬灭蚊防制工作。

【“健康雨花”建设】 2021年，雨花台区铁心桥社区卫生服务中心建成省级健康促进医院。全区完成市级“健康细胞”项目建设63个，建成省级健康社区5个。开展第五届“健康家庭”“健康市民”评选，选出区级“健康家庭”120个、“健康市民”215人。举办“2021年雨花台区健康科普讲师演讲技能竞赛”。利用“素养学习测评系统”全年测评14865人次，均分90.03，知识知晓率86.23%，行为正确率97.9%。全年开展讲座、主题宣讲活动20余场次，发放宣传资料1000份、相关宣传物品6000余份，受众万余人次。组织开展第34个世界无烟日活动，推进无烟机关建设。

【“爱国卫生月”活动】 4月，全国第33个“爱国卫生月”期间，雨花台区结合新冠肺炎疫情防控、环境卫生整治、除“四害”、文明城市创建，开展广场宣传、义诊、讲座、“四进”活动（进机关、进社区、进企业、进学校）等科普宣传及现场活动112场次，群众实践活动89场次，发放《践行“文明健康 绿色环保”生活方式倡议书》7600份，发放（张贴）各类宣传材料45500份，悬挂主题横幅460条，展示易拉宝、展板179块，推送健康科普讲堂视频17个，科普宣讲受众20万人。 （姚欣雅）

·人口监测和家庭发展·

【概 况】 2021年，雨花台区实施“三孩”（一对夫妻可以生育三个子女）政策，落实计划生育特殊困难家庭扶助“三个全覆盖”（联系人制度、家庭医生签约、绿色就医通道），开展计划生育特殊困难家庭心理健康服务。推进“新家庭计划——家庭发展能力建设”项目，促进幸福家庭建设。雨花台区计划生育协会在2020年家庭健康保险工作测评中获省级三等奖、市级一等奖。

【计划生育扶助】 2021年，雨花台区发放计划生育家庭特扶金3129人次、658.46万元；发放计划生育家庭奖扶金363人次、18.19万元。开展特殊困难计划生育家庭（子女伤残死亡特扶对象）节日慰问，发放慰问金1538人次、38.33万元；发放公交游园补贴549人、34.038万元。向83户符合救助的特殊困难计划生育家庭发放公益金21万元。完成计划生育一次性奖励结算2377人。开展计生特扶家庭关怀活动，为759名计划生育特扶人员续保住院护理险。

【0~3岁婴幼儿照护服务体系建设】 2021年，雨花台区出台《雨花台区促进3岁以下婴幼儿照护服务发展实施方案》《雨花台区0–3岁婴幼儿照护服务设施建设实施方案》。完成4家社会办托育机构备案；通过普惠托育国家级1家（改扩建）、省级1家，增加普惠托位81个；申报省级示范托育机构1家。全区有托位数1483个，比例2.44‰。 （姚欣雅）

体 育

【概 况】 2021年，雨花台区人均体育场地面积2.29平方米，同比增长33.92%。其中，新改建全民健身路径80套、二代健身路径2套、健身步道7.5千米和“口袋公园”*3个，灯光改造室外篮球场6片等。国民体质监测服务群众4350人，合格率97.3%；开展群众性体育赛事活动308场；新发展三级社会体育指导员130名；推进足球深化改革，成立街道足球协会8家、社区足球组织20家。雨花台区体育总会被国家体育总局评为2017—2020年度全国群众体育先进单位；花神文体公园获评“2021年度江苏省最美乡村健身公园”；莲花湖公园健身步道获评“2021南京市最美健身步道”。雨花台区在全市体育特色学校绩效考核中获评一等奖1个、二等奖2个；在全市青少年体育俱乐部考核中获评一类4个、二类3个，向市队输送运动员获评一等3人、二等3人、三等28人。

表 50　2021 年雨花台区体育基本情况统计表

指　标	单位	2021 年
经常参加体育锻炼人数比例	%	42
市级以上群众性赛事活动优胜奖	次	10
体育场地数	个	819
群众性体育竞赛活动	项次	300
出新改造健身路径	套	80
免费提供体质测试服务	人	4350

（区统计局）

★**链接**　口袋公园占地面积从500平方米到4000平方米不等，配置景观设计、绿化种植、休闲座椅、健身器材、环卫设施，包含活动空间、人际交流空间、儿童游乐空间，自由出入，没有开放时间限定。是雨花台区农业农村部门在实施《雨花台区人居环境整治三年行动方案（2020—2022）》、整治38个村组基础环境时，利用公共绿地、边角地、零碎绿地等建成。

【2021雨花台区第二届“足协杯”比赛】　6—8月，在体力波体育公园举行。比赛由南京市雨花台区体育局（以下简称区体育局）主办，雨花台区足球运动协会承办，雨花台区文化馆、体力波体育公园协办。雨花台区企事业单位、各行业16支代表队400余名运动员参加。经过64场角逐，藏珠KPF队获冠军，十四所顺络迅达队获亚军，丝路视觉队获季军。

（许冠群）

图为6月5日拍摄的2021雨花台区第二届“足协杯”比赛现场。

（区体育局　供图）

【“篮球文化推广”战略合作签约启动仪式】　6月18日，古雄街道办事处、南京同曦篮球俱乐部在金陵华兴实验学校举行“篮球文化推广”战略合作签约启动仪式，现场签订合作协议，共同为“篮球文化推广基地”揭牌，并授予南京同曦篮球俱乐部人气球员西热力江·木合塔尔为古雄街道篮球文化推广大使；金陵华兴实验学校的小球员与同曦俱乐部球员们进行友谊赛，古雄街道代表队与同曦篮球代表队进行实战对抗赛。该项合作旨在推广校园篮球文化，建立完备竞赛制度，形成学校体育工作特色，促进古雄街道校园篮球特色发展。

（雨　鉴）

【2021年“雨花杯”江苏省青少年航海模型锦标赛】 7月8日，在金地体育公园举行。锦标赛由江苏省体育局、江苏省教育厅、南京市体育总会等单位主办；江苏省航空运动协会、区体育局、古雄街道办事处等单位承办；南京市力学小学金地自在城分校协办。锦标赛设置361个项目，全省15支代表队206名中小学生参加。比赛最终决出团体赛第一名9名，个人赛一等奖67名。（许冠群）

表51　2021年“雨花杯”江苏省青少年航海模型锦标赛团体赛第一名名单

序号	运动队	组别	所属组	积分
1	苏州工业园区代表队（苏州工业园区星港学校）	小学男子	A	75
2	南京市金地自在城小学	小学男子	B	57
3	苏州市代表队（苏州市姑香苑小学校）	小学女子	A	80
4	南京市金地自在城小学	小学女子	B	35
5	苏州工业园区代表队（苏州工业园区星港学校）	小学男子	A	40
6	南京市第八中学	小学男子	B	24
7	如东县茗海中学	小学男子	C	64
8	如东县茗海中学学	小学女子	C	75
9	吴县中学	高中	A	64

（许冠群）

【不止骑2021第三届环南京自行车赛雨花台区站】 7月11日，在南京科技馆开赛。赛事由南京市体育局、南京市文化和旅游局、区体育局、区体育总会、南京骑酷体育文化推广有限公司联办。赛事设置大众骑游赛和场地内竞速赛两种类型9个组别。全国近500名自行车运动爱好者参加。雨花台区以该赛事为载体，注入红色历史和文化内涵，拓展旅游外延，形成以赛促旅、以旅带文、文体旅共进新业态。

7月11日，不止骑2021第三届环南京自行车赛雨花台区站开赛。
（区体育局　供图）

【2021年南京市少年儿童射箭公开赛】 10月1日，在雨花台区紫悦广场举行。公开赛由南京市体育总会主办，区体育局、南京市射箭运动协会承办，南京斯科塞思体育产业发展有限

公司协办。公开赛设置传统弓组、反曲弓组2个组别，全市26支代表队80余名青少年运动员参加。公开赛立足“射以观德”理念，培养青少年运动员正直自强品德。（许冠群）

10月30日，2021年南京体育嘉年华在金地体育公园举行。（区体育局 供图）

【雨花台中学挂牌“市级足球青训中心”】 10月15日，雨花台中学成为南京市首批挂牌“市级足球青训中心”的学校。“市级足球青训中心”由南京市体育、教育部门依托市校园足球后备人才示范学校共同组建，以初中阶段青少年训练工作为着重点，以市级青少年训练中心为载体组建的伍队，男足、女足队伍数量分别为9支和8支，男女运动员数量分别为270人和240人。仪式上，南京市副市长胡万进为雨花台中学授牌，作为市级青训中心挂牌学校代表，雨花台中学校长赵光辉表示，学校自2006年起组队代表南京市参加江苏省省运会青少年部足球项目比赛，多次获分区赛、总决赛冠军，累计向国家青年队、国家少年队及江苏各足球俱乐部输送优秀足球运动员50余名。（雨　鉴）

【雨花台区广场舞大展演】 10月16日，在体力波体育公园举行。展演由区体育局主办，雨花台区社会体育指导员协会承办，500余名广场舞爱好者参加。展演《没有共产党就没有新中国》《最美的歌儿唱给妈妈》《跟党走》3支集体合跳“红色广场舞”。

【2021年南京体育嘉年华】 10月30日，在金地体育公园举行。该活动由南京市体育总会主办，区体育局、南京报业传媒集团周末报社承办。活动以“全民健身 健康生活”为主题，通过搭建活动宣传、展示、推广平台，邀请群众集中体验形式，倡导运动促进健康和全民健身生活化理念，带动体育消费。足球、石锁、马术、皮划艇等20家市级体育社团参加。

【游泳社会体育指导员技能竞赛】 12月11—12日，2021年度南京市职工职业（行业）技能大赛游泳社会体育指导员技能竞赛在雨花台区举行。竞赛由南京市总工会、南京市体育局等单位主办，区体育局、雨花台区总工会等单位承办，上海梅山钢铁股份有限公司职工游泳馆、雨花台区梅山游泳运动协会协办。竞赛以“技能提升 岗位创新”为主题，通过为游泳行业从业人员搭建同场竞技、相互切磋平台，挖掘和培养一批高水平、高素质人才。全市12支代表队60名职业技能选手参赛。

【岱山社区运动促进健康站启用】 12月，由区体育局联合雨花台区卫生健康委建设、被南京市体育局选定为全市首批街镇级运动促进健康站试点项目——岱山社区卫生服务中心“体卫融合”运动促进健康站通过省市专家组验收合格后启用。运动促进健康站位于岱山社区卫生服务中心负一楼，占地面积1000余平方米，分为体质和健康评估指导区、运动健康服务区、运动康复理疗区等功能区域，配置体适能检测、体质检测、健康检测、心理评估，以及运动康复理疗设备等。运动促进健康站将运动干预纳入健康管理体系，依托江苏省基层医疗机构特色科室——岱山社区卫生服务中心康复医学科专业运动干预医疗团队提供技术支撑和保障，以精准运动为核心，融合心理疏导、中医理疗、运动康复等专业，为群众提供体质检测、体适能测定一对一服务，定制运动处方，测、评、导、练形成完整闭环。（许冠群）

民政社会管理

【概　况】 2021年，雨花台区通过全国社区治理和服务创新实验区结项评估，获评为全国社区治理和服务创新实验区；文章《创新保障房社区“四引”式治理模式路径》获2019—2020年江苏省基层社会治理创新成果提名奖，并被《南京日报》全文刊发。成立雨花台区慈善总会，吸纳单位会员130余家。全区64个社区居委会完成换届选举，一次性选举成功率100%。

【社会救助】 2021年，雨花台区成立区慈善总会，第一届理事会构成中单位会员有130余家，占比90%以上，认捐总额1500万元。7月，雨花台区城乡低保标准由每人每月945元提高至985元，增长4.23%；特困人员救助供养和残疾人生活补贴标准同步增长。至年末，雨花台区有城乡低保2412人、特困供养155人，纳入生活补贴残疾人1300人、纳入护理补贴残疾人2239人，纳入“六类困难群体”保障799人。累计发放各类生活救助金7393人次、4767万元。直接认定低保边缘户265户469人，摸底排查1922户2400人，录入金民系统2304户3082人。春节走访慰问困难群体3343户4759人、敬老院1所，发放慰问金350余万元。制定《全区低收入人口认定和动态监测工作实施方案》，成立工作专班，摸排救助对象。实施临时救助审核审批权限改革，委托下放至街道（园区）。

【养老服务】 2021年，雨花台区有养老机构19家，民营率100%，核定床位2107张，护理型床位2047张；街道级中心厨房8个，社区助餐点76个，民营社区居家养老服务中心72个。其中，居家养老服务中心市AAAAA级1个、市AAAA级7个、市AAA级60个，实现社区老年人助餐点和社区居家养老中心全覆盖。按照“七个中心”架构打造区级养老服务指导中心1所；出台《雨花台区特困供养人员入住区福利院资金管理办法》，解决城乡特困供养人员集中供养需求；为全区130户高龄、失能、重度残疾特殊困难老年人家庭开展适老化改造；实施区社会福利院公办民营改革，完成老人回迁、员工安置、交接等工作。统筹新冠肺炎疫情防控，8月14日起全区养老机构工作人员核酸检测一周一检。全年为80岁以上老年人发放高龄补贴10.88万人次、646.95万元；各社区居家站点服务居家老人累计80万人次；为60岁以上老人安装紧急呼叫器累计578部；购买居家养老上门服务照护老人396人；推进80

周岁以上老人居家上门照护服务项目，惠及老人9000余人。

【社区治理】 2021年，南京市雨花台区民政局（以下简称区民政局）组织开展社区居委会换届选举，落实“五级联动、县乡共管”换届工作机制。编写《雨花台区社区居民委员会换届选举工作实操手册》，下拨选举经费29.02万元，在全区8个街道（园区）64个社区设置主会场64个、投票站422个，采用直接选举方式，选举产生新一届居委会班子成员363名。其中，居民委员会主任64名、副主任125名、委员174名。

配合民政部指导组，完成“全国社区治理和服务创新实验区”结项评估工作；发表《江苏省南京市雨花台区“三社联动”打造社区治理共同体》，入选中组部基层干部教育培训教材《城市基层治理实践案例选编》；撰写《“三社”互助打造社区共同体——翠竹园社区培育发展社区社会组织“三支”工作法》，入选中组部基层干部教育培训教材《城市基层干部一线工作法》。建成区级社会工作服务中心1个，社工站8个，实现街道社会工作服务站全覆盖。新冠肺炎疫情期间，联合公安部门牵头社会和社区防控组，明确“五包一”工作机制，守牢疫情防控“社区关”。

【社会组织】 2021年，雨花台区有登记社会组织646个。其中，社会团体93个、民办非企业单位551个、基金会2个。受理社会组织行政许可事项527项。其中，办理登记28项、变更56项、注销443项。组织163个社会组织开展2021年度评估。经第三方评估，获评AAA组织13个、AA组织35个，A组织1个。结合年检，开展协会商会脱钩、国家公职人员兼职清理、社会组织党建、“僵尸型”社会组织撤销注销、协会商会规范收费。经排查，有“僵尸型”社会组织635家，结合年检清理注销440家，激活限期整改43家。完成65个公益服务项目招投标，涉及资金723万元。其中，市级公益创投项目12个，资金98万元；雨花公益众创空间项目4个，资金130万元；第四届区公益招投标项目30个，资金200万元；街道（园区）社会组织服务中心项目8个，资金240万元；薪火项目11个，资金55万元。年内，雨花台区众创空间入选江苏省社会组织党建示范基地。

【困境儿童保障】 2021年，雨花台区有困境儿童379名。其中，事实无人抚养儿童32名、重病重残儿童155名、贫困家庭儿童162名、其他需要帮助的儿童30名。制定《关于推进全区困境儿童精准排查和保障工作实施方案》，实行动态管理；出台《关于雨花台区困境儿童分类保障的实施意见》，完善困境儿童分类保障制度。32名事实无人抚养儿童纳入困境儿童基本生活保障范围，困境儿童服务保障覆盖率100%。

【流浪乞讨救助】 2021年，雨花街道和赛虹桥街道分别建成街道救助服务示范点1家，并在辖区内实现街道救助服务点全覆盖。建立“长期停留街面流浪乞讨人员数据库”“易流浪走失人员信息库”，全区摸排出长期停留街面流浪乞讨人员1名和易流浪走失人员9名，全部实现动态管理、跟踪服务和点对点帮扶。

【殡葬管理】 2021年，雨花台区开展“住宅式”墓地专项整治自查行动。摸排老旧硬化大墓393座，采取去硬质化、缩小面积、增加绿植等方式实施整改，整治完成164座。

【婚姻登记】 2021年，雨花台区升级改造婚姻登记大厅，启用婚姻登记人脸识别系统，实施登记档案数字化录入与雨花台区档案馆、雨花台区婚姻登记处“双向”存档。全年办理结婚登记3315对，离婚登记1420对，补领婚姻登记证件689对，补领离婚登记证150对，婚姻登记合格率100%。

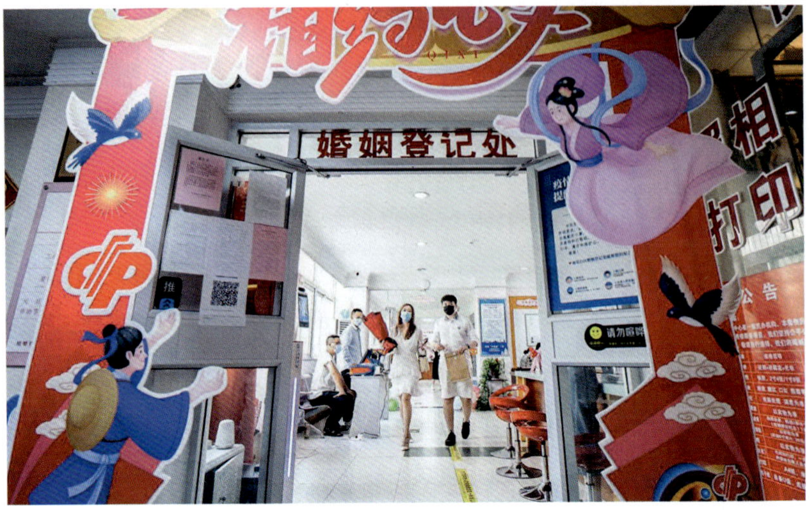

8月4日，区民政局举办“为爱定制 相约七夕”活动。 （区民政局 供图）

【区划地名】 2021年，雨花台区贯彻落实《南京市地名管理条例》，办理18家楼盘、3条道路地名命名。完成《江苏省标准地名词典》（第二至八部分）编撰，更新《国家地名信息库》数据，完成红色地名故事申报工作并获中国共产党成立100周年红色地名故事（雨花台烈士陵园）二等奖。 （姜梦珂）

表52 2021年雨花台区地名命名一览表

街道	地名	类别	命名月份
铁心桥街道	云望府	楼盘	1月
板桥街道	锦绣云麓庭	楼盘	3月
赛虹桥街道	淮风晓月府	楼盘	5月
雨花街道	能仁里	楼盘	6月
铁心桥街道	晓村和苑	楼盘	6月
板桥街道	云水三山城	楼盘	6月
板桥街道	滨河云境花园	楼盘	7月
西善桥街道	印未来雅苑	楼盘	7月
铁心桥街道	华美云筑	楼盘	8月
西善桥街道	雨悦光年花园	楼盘	8月
西善桥街道	嘉玥府	楼盘	8月
铁心桥街道	南汕印象府	楼盘	9月
西善桥街道	铂玥江南府	楼盘	9月
西善桥街道	天萃秀园	楼盘	9月
西善桥街道	雅玥府	楼盘	10月

续表52

街　　道	地　　名	类　别	命名月份
西善桥街道	云上润府	楼　盘	11月
铁心桥街道	花雨楼	酒店综合体	5月
铁心桥街道	鲸启数智中心	科研实验楼	8月
铁心桥街道	泰沣大楼	科研实验楼	9月
西善桥街道	铁梅路	道　路	1月
雨花街道	安德里	道　路	4月

（姜梦轲）

【福利事业】 2021年，雨花台区88家福利彩票投注站点累计销售9515万元，完成率143.4%。8月，投入10万余元，在古雄街道吾悦广场开展公益宣传活动，加大“扶老、助残、救孤、济困”福利彩票发行宣传，销售（开票）12万元。

【清明祭扫】 3—4月，清明祭扫期间，雨花台区成立清明祭扫工作领导小组。接待祭扫市民139万人次，机动车38万辆次。采用传统媒体和新媒体相结合方式开展新冠肺炎疫情防控、舆情管控、预约祭扫、森林防火、移风易俗宣传，引导市民通过“我的南京”APP和“南京殡葬96444”公众号“宁思念”平台，进行绿色祭扫、文明祭扫。（姜梦轲）

【雨花台区慈善总会成立】 4月1日，雨花台区慈善总会成立大会在雨花台中学学术报告厅举行。会议听取近五年雨花台区慈善工作情况，现场宣读同意成立雨花台区慈善总会的批复，表决通过《雨花台区慈善总会章程（草案）》、新一届理事和监事建议人选名单、新一届理事会建议领导人选名单。选举产生雨花台区慈善总会会长、副会长、秘书长、副秘书长和监事。区政协党组成员、一级巡视员黄唯佳当选雨花台区慈善总会第一届会长。雨花台区慈善总会第一届会员141家，单位会员90%以上，爱心企业家和社会人士认捐总额1500万元。南京软件谷发展有限公司、南京雨花新城发展有限公司、南京雨花建设发展有限公司等9家单位进行现场举牌捐赠仪式。（雨　鉴）

残疾人工作

【概　况】 2021年，雨花台区有持证残疾人6714人，其中男3568人、女3146人；肢体残疾3116人、视力残疾873人、精神残疾968人、听力残疾844人、智力残疾674人、多重残疾179人、言语残疾60人；一、二级重度残疾人2345人，占总人数34.93%。全年残疾人两项补贴3509人1263万元；发放养老保险补贴615人、医疗保险补贴592人，总金额93.8万元；为10家受新冠疫情影响盲人按摩机构发放专项补贴4万元；投入98.08万元，走访慰问8个街道（园区）困难残疾人、残疾人机构、残疾人协会以及残疾人工作者代表；发放其他生活补贴、临时慰问40万元，同比增长10%。南京市雨花台区残疾人联合会（以下简称区残联）获全国“节约型机关”称号。

【残疾人教育补贴和助学奖励】 2021年，区残联为全区28名中、高等院校在校残疾学生发放教育专项补贴3.5万元，为24名中、高等院校残疾学生发放助学补助5.9万元。

【残疾人就业】 2021年，区残联为145家用人单位开展按比例安置残疾人就业年审，为27家达、超比例用人单位申报奖励23.84万元；区残疾人就业创业孵化中心以实训带动11名残疾人实现就业；开展线下专场招聘会9场，通过“雨花台区残疾人联合会”微信公众号常态化发布就业招聘信息，安置残疾人就业85人。

【残疾人康复】 2021年，区残联为3308名残疾人提供家庭医生签约服务，为40名重度肢体残疾人开展个性化精准康复；投入349.62万元，为210名0~14周岁残疾儿童提供免费基本康复服务；投入27.7万元，为304名残疾人发放轮椅、洗澡椅、助行器等生活类辅具804件；完成家庭无障碍环境改造35例；安装假肢11例，适配儿童助听器、助视器、矫形鞋、儿童辅具18件；与省、市残联联合举办2021年江苏省残联“辅具科技改变生活”主题帮扶活动，为10名在校听障儿童适配“络易聆”助听设备；投入6.13万元，为270名低收入残疾人发放彩电、洗衣机、热水器等物资。全年组织街道、社区和康复机构工作人员，参加康复技能培训8次、培训160余人次。

【残疾人文化体育】 2021年，雨花台区组织残疾人开展民法典宣讲培训学习、手机摄影培训和“光影纵笔舒心曲 百年华诞颂党恩”全市残疾人书画摄影展、“红色爱国主义教育基地重温党史”主题参观活动；雨花经济开发区开展“党建引领 助残新起航”残健融合文艺汇演活动；雨花街道开展“你若盛开 蝴蝶自来”残障人士文化娱乐活动；西善桥街道联合街道残疾人之家举办“畅游海底 与障同行——国际残疾人日”活动。残疾人运动员冯攀峰在东京残奥会乒乓球项目赛程中，获TT3级单打金牌，并联合队友获MT3级团体金牌。

【残疾人权益保障】 2021年，区残联新办理残疾人证366人，10年期满换证281人；开通免费乘车卡175人；直接评残27人，迁移关系109人，跨省通办9人。为全区6649名持证残疾人办理交通意外保险，为216名残疾车主申请燃油补贴56160元，为3人申请残疾车置换补贴6000元。受理“12345”政务服务热线工单38件，接待到访残疾人98人次。

【主题日公益活动】 2021年，区残联组织开展“全国爱耳日”“世界孤独症关注日”“全国残疾预防日”“国际残疾人日”主题日公益活动。3月3日第22个“全国爱耳日”期间，区残联组织各街道和社区，开展爱耳护耳主题宣传活动。举办耳病防治义诊活动2场、专家讲座2场、广场宣传活动4场，发放宣传资料3000份，为30名听力残障人士开展免费听力测试、助听器保养和调试服务。4月2日“世界孤独症关注日”期间，区残联党员志愿者携同南京银行南京分行洪武中心支行志愿者家庭，与15个孤独症儿童家庭结对，在钟山体育公园举办“同心同愿，携手星光”家庭踏青环保公益行活动。8月25日第五个“全国残疾预防日”期间，区残联组织各街道运用户外大屏幕、宣传栏、广告牌、宣传册等载体开展宣传。发动各街道社区、机构、残疾群众及家属，通过“我的南京”APP参与残疾预防知识有奖竞答活动，5000人次参与。12月3日“国际残疾人日”期间，区残联携手景明佳园社区残疾人之家南京市印象社会工作服务中心，开展“呵护生命，健康同行”主题讲座，讲解心脑血管疾病症状、危害、产生原因以及如何科学预防。

【公益助残项目】 2021年，雨花台区投入配套资金6.14万元实施省、市残疾人福利基金会项目，为270名低收入残疾人发放微波炉61台、电饭煲44个、电风扇14台、洗衣机56台、32寸彩电48台、热水器6个、轮椅41张。区残联组织开展“99公益日”网络募捐活动，制作播放宣传视频，发放宣传彩页3000份；联合雨花台区区级机关工委，动员机关干部和社会爱心人士1400人次参与捐款，筹款7.17万元；组织辖区10家康复和托养机构，通过网络方式筹款28.47万元。区残联通过市慈善总会捐赠项目，为12名特殊困难残疾儿童发放康复补助8万元。

【孤独症儿童康复】 2021年，区残联联合恩启特教平台，举办雨花台区孤独症康复公益论坛。邀请清华大学无障碍研究院学术负责人徐紫薇、南京脑科医院等专家，通过牛咔视频网络直播，向社会及孤独症家庭宣传康复理念。组织康复机构负责人前往恩启·杭州京杭中心开展孤独症康复课题调研观摩活动。辖区内南京欧皮孤独症社会工作中心与日本北海道麦子会儿童养育机构开展发育障碍儿童康复线上交流活动。全年投入4.2万元，为100名孤独症儿童家庭购买家长线上培训课程，帮助提升家庭康复干预能力。

【随班就读儿童融合教育服务】 2021年，区残联指导3家民办儿童康复机构与4家公办学校合作，为特殊儿童开展康教融合服务。南京欧皮孤独症社会工作中心分别与南京市雨花台区特殊教育学校、南京市雨花台区实验小学签订残疾儿童康教融合服务协议；南京市雨花台区乐德儿童康复发展中心与南京市春江第二幼儿园签订残疾儿童康教融合服务协议；南京市雨花台区婷婷儿童潜能开发中心与南京市板桥新城幼儿园签订残疾儿童康教融合服务协议。

【“520微心愿”系列活动】 5月20日，区残联联合雨花台区多部门开展以“助残圆梦，爱在雨

5月20日，区残联开展“520微心愿”系列活动。 （区残联 供图）

花”为主题第二季“520微心愿”系列活动，爱心企业及社会爱心人士参加。板桥街道残疾人之家6名残障人士表演手语舞《有你就幸福》；区残联、南京银行南京分行洪武中心支行负责人共同点亮心愿；5名企业家和社会爱心人士将小心愿交到残障人士手中，现场实现残障人士“微心愿”。

【书香南京“朗读者”】 6月4日，南京市残疾人联合会“身残志不移 永远跟党走”书香南京“朗读者”百场红色主题阅读雨花台区分会场活动在区图书馆举行。活动由金陵图书馆、区残联、区文化和旅游局、区图书馆主办，30余名残障人士及其亲属参加。主办方向残障人士赠送红色图书和红色经典赏析音频，并设置影视赏析、党史知识问答、红色经典诵读等环节。

（马 莉）

6月4日，“身残志不移 永远跟党走”书香南京“朗读者”百场红色主题阅读雨花台区分会场活动举行。（区文化和旅游局 供图）

【雨花台区残疾人就业创业孵化中心启动】 7月6日，雨花台区残疾人就业创业孵化中心★正式启动，该中心位于雨花西路64号，面积400余平方米。启动仪式上，雨花台区慈善总会主席、一级巡视员黄唯佳为区残疾人事业和孵化中心建设做贡献的爱心企业代表授牌，同时呼吁更多爱心人士和企业加入到扶残助残行列中来，成为温暖的传递者，用善心温暖人心、用义举照亮他人。

★链接 雨花台区残疾人就业创业孵化中心是集残疾人就业、培训和残疾人之家功能于一体的服务综合体，同时也是一个“电商+残疾人就业创业”的平台，力求解决残疾人就业比例不高、就业项目单一、就业收入低下、创业平台缺乏等问题。

【首个残疾人两项补贴“跨省通办”】 10月22日，雨花台区首个残疾人两项补贴资格认定申请“跨省通办”事项在梅山街道为民服务中心成功办理。民政部办公厅、中国残疾人联合会《关于全面开展残疾人两项补贴资格认定申请“跨省通办”的通知》明确，困难残疾人生活补贴和重度残疾人护理补贴资格认定申请不受户籍地限制。雨花台区依托街道社会救助便民服务中心，开展外省市户籍残疾人补贴申请办理，实现“马上办、就近办、异地办”，方便残疾人异地办事，有效解决残疾人异地申领补贴面临的“多地跑”“折返跑”等难点、堵点问题。

（雨 鉴）

责任编辑 张 玄

雨花台年鉴

应急管理

2022 YUHUATAI ALMANAC

2022 YUHUATAI ALMANAC

Emergency Management

综　述

【概　况】 2021年，雨花台区建立健全应急管理工作机制，编制完成“十四五”应急管理规划，编修完成区级总体应急预案1个、应急专项预案35个。在2020年江苏省安全生产专项整治“一年小灶”基础上，全面推进全国安全生产专项整治行动“三年大灶”工作，开展各项安全生产专项整治行动，督促落实企业主体责任，防范和遏制各类生产安全事故发生。组织开展“5·12”全国防灾减灾日、“119”全国消防日、安全生产月主题宣传活动。加强气象、地质灾害防治，修订防汛防旱防台等预案，提前排查、消除堤防险工、森林火灾等各类隐患。组织开展不同场景大小应急演练100余场，提升全民应急处置突发情况能力。年内，雨花经济开发区锦华新城社区和板桥街道绿洲社区成功创建全国综合减灾示范社区。

【应急预案编修】 2021年，南京市雨花台区应急管理局（以下简称区应急管理局）完成区级总体应急预案编修1个、应急专项预案编修35个，完成街道（园区）总体应急预案编修8个。企业应急预案“应编尽编”，加大非煤矿山、工贸企业、危化企业等重点企业应急预案评审、备案力度。至年末，完成企业应急预案备案144家。各级应急预案修编完成率100%。

【雨花台区安全生产会议召开】 4月10日，雨花台区安全生产工作会议在区机关8楼会议室召开。会议深入学习贯彻习近平总书记关于安全生产的一系列重要论述和指示批示精神，落实国家、省市安全生产决策部署和全市安全生产工作会议精神，动员全区扎实开展安全生产专项整治三年行动，推动全区安全生产持续向好。区委书记戴华杰强调，要提高政治站位，坚实安全发展理念；要防范关口前移，夯实安全生产基础；要严格追责问效，压实安全生产责任。区长张连春主持会议并讲话。区委常委、常务副区长凌向前总结全区2020年度安全生产工作，部署深化安全生产专项整治行动以及2021年度安全生产工作。区住房和建设局、区交通运输局、雨花消防救援大队、雨花街道、赛虹桥街道、板桥街道交流发言。

【“十四五”应急管理规划编制完成】 12月，区应急管理局完成雨花台区“十四五”应急管理规划编制。该规划分为发展成效和面临的形势，指导思想、基本原则和发展目标，主要任务以及规划实施保障措施4个篇章。于2020年12月启动，由江苏国恒安全评价咨询服务有限公司组织专班撰写，面向全区各部门和街道（园区）征求意见建议5次、修改10余次，形成送审稿报区政府常务会议审议，修改后经区委常委会审议印发。（李　军）

安全生产

【概　况】 2021年，雨花台区出台《区委常委会成员、区政府领导班子成员、板块主要领导2021年安全生产重点工作清单》，明确18位区领导安全生产职责。重新调整雨花台区安全生产委员会成员单位，由10个增至12个，新增软件产业、危险废弃物管理2个专业委员会。

向相关部门、板块印发《安全生产工作责任提示函》《专项整治重点任务提醒单》，压实部门监管和属地管理责任。深化安全生产三年（2020—2022年）专项整治行动，督促企业落实主体责任。全区开展不同场景大小应急演练100余场。全区安全生产事故起数与死亡人数实现“双下降”，安全生产形势稳中向好。

【企业安全生产责任监管】 2021年，区应急管理局通过“双随机”检查、飞行抽查、专家会诊及督促企业自查自纠等方式，推动企业风险隐患辨识和隐患排查整治。全区561家企业风险源辨识建档1354个，风险源巡查33419处、特殊作业53次，发现隐患2414个，整改问题隐患2284个；社会面巡查走访142035次，发现隐患数117489个，整改问题隐患114984条。

【安全生产执法】 2021年，区应急管理局对冶金等工贸行业中涉及金属冶炼、粉尘涉爆、危险化学品使用和危险化学品经营、储存等企业开展重点执法。立案处罚由教育培训、规章制度等管理类处罚，向空间作业管理、较大危险因素管控、事故应急救援、危险化学品经营、储存和使用等现场类处罚转变，提升行政执法精准性、指向性与权威性。全年执法检查企业381家次，办理安全生产事前处罚案件132件、处罚金额136.95万元；办理事故处罚案件1件、处罚金额23.75万元。未发生行政复议和行政诉讼案件。

【企业安全标准化建设】 2021年，区应急管理局组织43家企业开展标准化安全生产达标创建。其中，6家小微企业通过标准化评审，37家企业通过三级标准化评审。聘请第三方机构审计47家企业安全生产标准化运行质量，全部合格。

【安全生产宣传与培训】 2021年，区应急管理局组织开展“百团进百万企业千万员工”安全生产专题宣讲活动18场，发放《习近平总书记关于安全生产重要论述六大要点》《企业落实安全生产主体责任重点事项20条》3400份。举办安全生产月主题咨询日活动，制作安全知识、事故案例等展板50余块，发放安全知识宣传单2000余份。开展安全生产警示教育活动，组织干部职工观看警示教育片《生命至上》《生产安全事故典型案例盘点》和系列宣传警示展板，用典型事故案例推动企业落实主体责任。在8个街道（园区）举办新《中华人民共和国安全生产法》专题培训8场次、参加培训1200余人次；组织开展全区安全生产监管干部培训，120人参加；开展全区安全生产网格化工作人员培训，160人参加。

【工矿商贸行业专项治理】 2021年，区应急管理局对辖区1家非煤矿山企业、1家冶金企业、5家粉尘涉爆企业、3家涉氨企业开展安全生产专项整治。累计出动检查43家次、排查隐患223条，全部完成整改。

【化工（危化品）安全生产检查】 2021年，区应急管理局聘请5名化工专家，对3家危化品生产企业、1家危化品储存经营企业及18家加油站生产装置、储存设施开展全覆盖检查。累计出动44人次、发现一般隐患56条。企业全部按照安全生产“党政同责、一岗双责、组织领导机构、管理力量、报告制度”五落实要求完成闭环整改。

【危化品使用安全专项治理】 2021年，雨花台区出台《雨花台区危险化学品使用安全专项治理行动实施方案》。区应急管理局组织召开危化品使用安全专项治理行动联席会议5次，参加南京市应急管理“181”信息化平台危化品使用治理专题培训会1次。依托南京市应急管理“181”信息化平台摸排相关单位使用危化品状况，全区8个街道（园区）、16个行业主管部门完成危化品使用单位信息登记2663家。排查治理重点单位、重点企业和重要场所、重要环节安全风险隐患，累计发现一般隐患1803条，全部完成整改；立案25起、处罚金额51.2万元；被追究行政、刑事责任4人。

（李　军）

【资源回收行业安全监管】 2021年，雨花台区开展再生资源回收企业（站点）专项抽查，抽查企业49家，发现问题58处，组织整改；与再生资源回收企业签订安全承诺书49份。

（刘小楚）

【新材料、生物、科技类企业安全生产排查整治】 2021年，区应急管理局组织各街道（园区）依托南京市应急管理“181”信息化平台，对辖区180家新材料类、628家生物类、10189家科技类企业开展安全生产专项排查整治。经摸底筛查，未发现非法行为。

【安评机构执业行为专项整治】 2021年，区应急管理局通过购买第三方安全生产技术专家服务方式，聘请专家和小组检查辖区9家安全评价机构10份安全评价报告，发现一般性问题15条，下发责令整改意见书8份。全部按期整改完成。

【工业企业安全风险报告】 2021年，区应急管理局定期召开工业企业安全生产风险报告推进会，了解掌握辖区企业报告落实情况。上门走访服务企业，对部分企业安全生产风险报告存在的问题，进行干预和技术支撑，聘请第三方机构对规模以上企业逐一上门指导。全年全区填报工业企业531家，其中规模以上企业99家、规模以下企业432家；退回不符合条件、重新申报企业118家；销号不符合上报类型企业1243家。录入较大以上风险信息1169条、重大风险信息2条。完成率100%。（李　军）

消防管理

【概　况】 2021年，雨花消防救援大队新投入执勤消防救援站（大周路消防救援站）1个，推进宁南消防救援站建设开工前期手续办理。至年末，雨花消防救援大队下辖消防救援站有7个，其中现役消防救援站（安德门站、铁心桥站）2个、政府专职队（烈士陵园站、大周路站、宁南撬装站、岱山站）4个、企业专职队（梅山大队）1个；有消防救援人员172人。全年接警出动674起，其中火警417起、抢险救援184起、社会救助73起；接警率同比上升5.93%，其中火警率同比上升2.37%。全年全区火灾形势持续稳定。

【重大火灾隐患挂牌督办】 2021年，雨花台区提请市政府挂牌督办南京新天时运动用品有限公司、江苏慧翼展览商务有限公司、江苏万全投资有限公司、南京三汇房地产经纪服务有限公司4家重大火灾隐患单位整治。其间，区消防大队依据《中华人民共和国消防法》《中华人民共和国消防条例》相关规定，通过多次检查、约谈单位负责人，督导跟踪单位整改进度，4家单位均按时完成隐患整改销案。

【火灾隐患排查整治】 2021年，雨花台区消防安全委员会办公室牵头组织各行业部门在全区开展消防安全排查整治、冬春夏季火灾防控等行动；对商场、市场、高层住宅建筑、“三合一”场所（生产、经营、存储其他物品的场所与居住场所在同一建筑内不符合消防技术标准的合用场所）等重点场所和事故易发领域开展拉网式消防安全检查。检查单位3221家、发现火灾隐患4873处；下发责令改正通知书2319份、督促整改4844处；下发行政处罚决定书236份，临时查封单位42家、责令“三停”单位22家。针对大型商业综合体、老旧小区、“厂中厂”、大市场等重点领域火灾隐患问题，研究制定推广安装电动车集中充电装置、设立健全微型消防站、加强网格化监管、加大居民消防培训力度等整治方案。在岱山保障房片区安装电动车入电梯报警提示系统175套。

【消防安全宣传】 2021年，雨花消防救援大队对全区公安派出所开展消防安全集中培训，对企业、街道以及社区等单位开展上门培训3000余场。以户外广告屏、楼宇LED电子屏、南京南站等资源阵地，滚动播放消防公益广告和消防安全提示信息，利用微博、抖音官方账号等新媒体发布消防安全信息，形成“道路有标语、街道有广告、场所有提示”全覆盖宣传模式。区消防安全委员会办公室牵头举办雨花台区首届消防职业技能竞赛，设置义务消防队技能竞赛和消防控制室值班操作员技能竞赛，各街道（园区）为单位组队参赛。联合中央、省、市级媒体，围绕电动车火灾防控、打通“生命通道”、老旧小区整治等新闻选题开展宣传报道，累计刊发稿件28条，被中央媒体刊发2条。新冠肺炎疫情防控期间，以随餐配送方式向辖区隔离酒店被隔离人员发放消防安全知识宣传手册300余份、扫描手册二维码线上学习800余次。针对《高层民用建筑消防安全管理规定》的实施，在全区高层建筑张贴消防安全宣传海报6000余份。

【消防通道专项整治】 2021年，雨花台区成立工作专班，采取一区域一策、一楼一策整治方案，在小区、公共建筑内张贴专项治理通告和提示海报1970份，完成消防车道划线872处、设置警示标牌804处，下发违停告知单394份，联合街道、区交警大队开展联合执法108次，清理违规占堵行为2931处，保障消防通道畅通。

（张英芝）

【厂中厂、大市场、三合一场所专项整治】 2021年，雨花消防救援大队联合属地街道、辖区派出所等部门集中开展“厂中厂”、大市场、“三合一”场所专项整治。检查单位3000余家，发现并整改隐患7000余条，拆除占用消防通道连廊200平方米。督促企业对照《关于辖区5家大型商业综合体存在消防安全隐患》清单，逐条完成整改。清理“三合一”场所762家。根据各“厂中厂”不同情况，为三山工业园新建消防水池（水箱）8个，新增增压泵26台，4个储存可燃物仓库加装喷淋系统，室外消防栓数量总数80个。

（张英芝　刘小楚）

【森林防火灭火】 2021年,区应急管理局调整更新雨花台区森林防火指挥部成员单位,区政府与各涉林街道（园区）签订森林防火承诺书,街道（园区）与村及防火重点单位签订护林防火责任状。运用“全国森林防灭火业务大讲堂”网络教学平台,组织区森林防火指挥部成员单位和区森林消防队学习森林防火专业知识、森林消防理论知识以及灭火技能训练等7次。制定《雨花台区野外火源治理和查处违规用火行为专项行动的实施方案》,成立野外火源专项治理工作领导小组,牵头组织公安局雨花台分局、区民族宗教事务局、区农业农村局等相关部门开展联合执法检查,派出检查组35个、出动检查人员1200人次,排查火灾隐患52处,全部完成整改。全区重点林区设置防火监控点位10个、覆盖率超95%,新增防火语音设备30台,悬挂森林防火宣传横幅120条、警示牌40块。森林防火储备装备运转良好、防火通道畅通、蓄水池水源充足。全年未发生森林火灾事故。（李　军　张明亮）

灾害防治

【概　况】 2021年,雨花台区安全生产委员会新增软件产业、危险废弃物管理2个专业委员会,总数从10个增至12个,明确具体任务分工。充实灾害信息员队伍,建立遍布全区街道、社区灾害信息员网络,完成区域自然灾害信息报送。推动辖区全国第一次自然灾害综合风险普查工作。雨花经济开发区锦华新城社区和板桥街道绿洲社区成功创建全国综合减灾示范社区,铁心桥街道翠岭银河社区和金陵华兴实验学校成为市级防震减灾示范点。组织社区开展防灾减灾演练50余场次,开展学校幼儿园宣传教育演练112场次。结合“5・12”全国防灾减灾日、科普宣传周、“7・28”唐山地震纪念日、“10・13”国际减灾日,在全区开展防灾减灾科普宣传活动,发放各类宣传资料1万余份、制作宣传展板110余块、悬挂横幅150余条。（李　军）

【防汛防旱防台】 2021年,雨花台区实施并全部完成8个防汛消险项目以及3个积淹水改造项目,投资总额1.1亿元。汛前,雨花台区执行防汛抗旱行政首长负责制,修订完成《雨花台区防汛抗旱工作意见》《雨花台区防汛应急预案》《雨花台区防台风应急预案》《雨花台区防御洪涝方案》,各街道（园区）制定出台各区域防汛工作预案,开展汛前防汛工程检查、易积淹水点、堤防险工排查等。排查出险工隐患段7处、易积淹水点53处、在建涉水工程18处,全部整改。检查辖区排涝泵站56处、202.84立方米/秒流量,清理疏通排水管网273千米,清理排涝检查井7214座,清理打捞雨水篦子8701座,汛前管网全部完成清理疏通。储备有草包麻袋18.6万条、编织袋45.4万条、应急水泵120台套等防汛物资;组建防汛抢险队伍69支、1313人。防汛中期,雨花台区遭遇10多轮强降雨,各站点累计降雨量680.5~839.5毫米。降雨时空分布不均、短时降雨强度大,其中第6号台风“烟花”和第14号台风“灿都”对辖区影响较大。雨花台区防汛抗旱指挥部办公室通过视频监控、现场巡查及部门信息反馈等掌握区域积淹水情况,第一时间通知责任单位及属地街道,迅速排除积水,适时调派区级防汛抢险人员、泵车赶赴现场支援，有效保障汛期各点位积水及时排除，未造成人员伤亡和财产损失行。汛期后期，梳理辖区新增积水点，督促属地街道摸排致涝原因，疏通排水通道，制定排水方案。排定出2022年度城市内涝治理项目4个、防汛消险项目3个、防洪减灾工程3个，计划投资总额1.9亿元。

【水务工程养护】 2021年，雨花台区精细化水务设施养护工作，根据《雨花台区河道养护考核办法》将全区所有河道、重点塘坝纳入管养，区街两级财政预算安排河塘管养资金3000万元；建立全面考核监督机制，采取监理日常考评和部门月度考评相结合方式进行考核，考核结果与养护资金拨付挂钩。全年区管河道出动巡查人员11152人次，巡查河道4.68万千米，河面保洁19.9平方千米，清理各类垃圾11695.9立方米，岸坡维护清扫9110.26万平方米。落实《关于做好2021年水旱灾害风险普查相关工作的通知》要求，组织水旱灾害风险普查，开展数据采集和水旱灾害系统上报，并逐一完善修正数据。对板桥河、江宁河、工农河3条河道及沿河16座闸站管理范围划定成果进行维护，完成更新修补界桩40座、地牌66个、告示牌15个；开展雨花台区水空间规划编制，划定河湖水域、水利工程管理空间，明确涉水空间管控。 （张行健）

【地质灾害防治】 2021年，南京市规划和自然资源局雨花台分局开展地质灾害风险普查，对全区12个地质灾害隐患点制定应急预案，细化落实各项防汛抗台措施。在汛期执行24小时值班制度，成立应对“极端天气地质灾害防治应急分队”，开展每日2~3次拉网式险情排查。会同第三方专业机构实地勘察辖区内地质灾害隐患点和危险区域，出具地质灾害隐患点排查报告1份、核查报告1份。向各街道（园区）发送“两卡一案”（地质灾害明白卡、避险卡以及应急预案），督促开展自查。将赛虹桥街道邓府山社区24栋西侧边坡地质灾害点列入地质灾害治理。完成铁心桥街道翠岭银河小区B区南侧山体、赛虹桥街道康润园小区西北围墙外山体、西善桥街道琥珀森林凤信路南侧边坡3个地质灾害隐患点的核销。

（马　天）

【园林绿化消险】 2021年，南京市雨花台区农业农村局（以下简称区农业农村局）定期修补加固养护范围内病虫害空腐险树，对空腐程度较重的树木进行更替，修补树木腐洞467处。加固土层较浅的新栽乔木及坡地树木支撑，扶正斜树57株、加固扶木210处。通过行道树控高消险，降低树木高度，减少树木倒伏等事件发生，修剪雨花西路沿线行道树687株。制定防台防汛、扫雪防冻等园林绿化养护应急预案，组织3家市政绿化养护单位开展夜间消险演练。全年抢险65次，清理枯、险树63株，清理枯枝577处。

【加拿大一枝黄花防控】 2021年，区农业农村局建立加拿大一枝黄花防控工作小组，召集涉农街道和社区提前布置加拿大一枝黄花防控工作。各涉农街道在区域内开展全面普查，掌握加拿大一枝黄花发生情况。全区一枝黄花防控总面积160.744公顷，使用除草剂40%氯氟草甘膦粉剂2吨，有效抑制一枝黄花扩散。

（张明亮）

应急救援

【应急物资储备】 2021年，雨花台区按照应急生活救助物资、应急防护装备、应急救援装备分类，采用实储和代储相结合方式开展应急物资储备。在储备帐篷、行军床、棉被、棉衣棉裤等15万元应急物资基础上，投入资金35万元，增加储备200顶帐篷以及口罩、隔离衣、面罩等疫情防护物资，保障疫情防控需求。

（李雨欣）

【应急救援队伍建设】 至2021年年末，雨花台区建成矿山救援、防汛和森林防火3支专业化应急救援队，与宏浩、民安以及蓝豹等6家社会应急救援队伍达成应急救援协议。在全年防汛、防台及防疫中，统筹社会救援力量参与突发事件备勤与救援，备勤人数达百人。

【江苏省非煤矿山较大生产安全事故应急演练】 9月18日，江苏省非煤矿山较大生产安全事故应急演练在南京宝地梅山产城发展有限公司矿业分公司（以下简称梅山矿业公司）举行，属江苏省应急管理体制改革后首次组织的省、地、企业联合处置矿山安全生产事故演练，由南京市应急管理局、雨花台区人民政府、梅山矿业公司联合承办。江苏省应急管理厅，南京市人民政府，雨花台区人民政府，市、区两级应急管理、公安、消防、卫健、发改、规划和自然资源等部门，以及梅山矿业公司、徐州矿务集团有限公司矿山救护大队等230人参加演练，出动各类救援车辆22辆。演练模拟以梅山矿业公司井下-366米水平2联N8号联络巷顶板发生大面积冒顶，造成3名矿工被埋压，7名矿工被封堵在2联N9号巷道内。以巷道照明电缆损毁等危急情况为背景，采取实案、实兵、实装和时空压缩方式，政府、企业、救援队伍多级联动，各部门统筹协作开展救援。重点演练应急启动、应急处置、应急终止3项内容。演练过程中，险情发生、信息接报、指挥响应、应急处置、新闻发布会等各个环节紧紧相扣。各部门在市一级应急指挥部的协作下按命令开展救援。经过抢险救援组、医疗救护组、地质评估组等各行动小组和企业之间通力合作，最终成功打通生命通道和救援通道，被困人员全部被安全救出。云直播线上观摩超200万人。 （李　军）

责任编辑　杨静珺

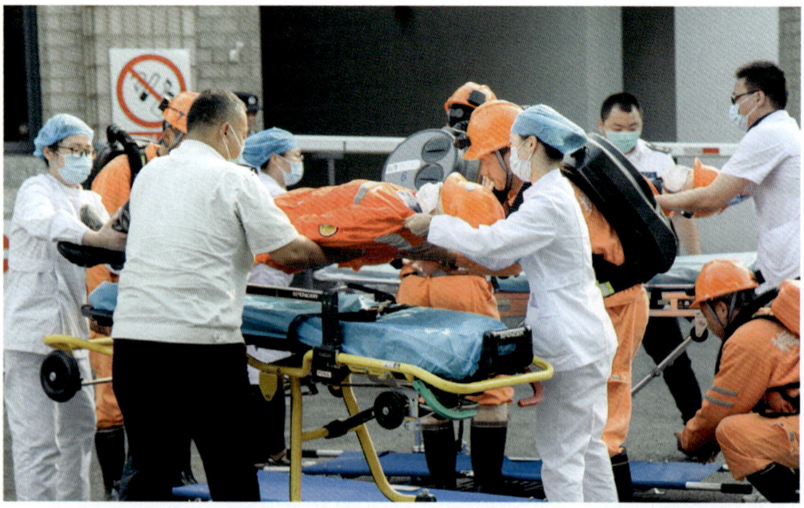

9月18日，江苏省非煤矿山较大生产安全事故应急演练在梅山矿业公司举行。

（梅山矿业公司　供图）

街道·园区

雨花台年鉴

2022 YUHUATAI ALMANAC

2022 YUHUATAI ALMANAC

Subdistricts·Developmnet Zones

雨花街道

【概　况】 雨花街道位于雨花台风景名胜区南麓，是雨花台区人民政府所在地。辖区东至宁溧路（卡子门大街），西至宁丹路，南至宏运大道，北至应天大街（雨花西路），面积12.06平方千米。2021年年末常住人口9.90万人。辖雨花、丁墙、花神庙、农花、南站、康盛花园、能仁里、翠岛花城、普德村、翠竹园、共青团路、雨花台、吉山、凤凰山、云台山、青龙山16个社区。街道党工委共有基层党组织114个，其中党委4个、党总支8个、党支部102个；党员4080名。

2021年，实现地区生产总值58.34亿元；一般公共预算收入4.89亿元；软件业务收入54亿元；社会消费品零售总额189.16亿元；外贸进出口总额17.30亿元；居民人均可支配收入比上年增长12%。全社会固定资产投资8.53亿元；签约项目投资总额74.35亿元，亿元以上签约项目14个；实际使用内资12.70亿元；实际利用外资及港澳台资2500万美元。登记法人企业1570个；新增高新技术企业20家，高技术产业投资560万元。成立雨花街道花神都市智造产业园，引进都市工业项目2个。高标准推进南京南站枢纽片区建设，启动热处理厂地块项目，推进绿地玉晖晶舍商务中心、紫荆花路西延和宁南小学等续建项目。

全年新增城镇就业1950人，实现再就业800人，援助困难人员就业196人，培育自主创业870人，大学生就业4200人，创业带动就业6960人。举办招聘会2场，提供就业岗位300余个。发放低保金328.98万元，拨付社区临时救助金20万元，救助六类特殊困难群体104人次。发放80周岁以上老人尊老金2744人157.36万元。发放困境儿童补贴15人21.31万元，支付教育助学金20万元，惠及52位困难家庭子女。发放残疾人两项补贴665人247.38万元，发放“三类”残疾人补贴7.89万元。

雨花街道商会被全国工商联评为“2019—2020年度全国‘四好商会’”；雨花街道被省委宣传部、省委组织部评为2020—2021年度江苏省基层党员冬训工作示范街道；南京南站区域党建联盟360党总支被市委、市政府评为“南京市高水平全面建设小康社会先进集体”和“南京市先进基层党组织”。

【基础建设】 2021年，雨花街道推进地铁10号线二期共青团路四村站征拆项目，签约1幢、7幢、13幢居民137户，签约率89.5%，征收住宅面积超8000平方米。投资9500万元打造的“雨铁综合社区服务中心”封顶；投资1500万元建设的普德寺后山小游园进场施工。完成石华街精细化整治。街道111个物业管理项目全部录入“智慧家园”平台，实现线上管理。实施雨污分流三年攻坚计划，复查宏图上水园、宁南、雨花新村等片区雨污分流工程，推进花神美境片区积淹水改造工程。所有小区垃圾分类实现撤桶并点，建成垃圾分类亭房121个。完成中央、省环保督察案件整改22件。街道级河长巡河106次，社区级河长巡河185次，基本实现河道“水清、岸绿、景美”目标。启动排水达标区创建工作，开展“三消除”“三整治”“三提升”城镇污水处理提质增

11月24日，雨花街道花神文体公园上榜“2021年度江苏省最美乡村健身公园”。图为7月9日拍摄的花神文体公园一角。（雨花街道　供图）

效精准攻坚“333”行动，摸排“小散乱”排水户400余家，上门办理发放排水许可证200余本，办证率超50%。将普德村路122号、153号2处摩天轮停车场反沙水泥地坪改建为环氧地坪，降低国控点周围PM_{10}指数。推进普德村老旧小区居民楼餐饮油烟达标排放整治，安装居民户外油烟净化装置340余台。

【社区建设】 2021年，雨花街道16个社区完成党支部委员会和居民委员会（以下简称“两委”）班子换届选举，选举新一届社区“两委”班子成员132名，其中女性85名；平均年龄39岁，其中35岁及以下58名；本科及以上学历94名。邻里荟建成惠民智慧健身中心，3月22日对外开放；在邻里荟设家庭医生工作室、康复理疗室、心理咨询室等功能区，打造社区“医养融合中心”；6月1日，全市首家街道层面独立空间运营的少儿图书室，在邻里荟6楼开馆。农花社区持续推进“红色梦工厂”民生项目建设，打造“长者互助、折翼守护、益童成长、就业帮扶”四大项目，提供居家养老服务1588人次，为48名残疾者提供免费康复训练、为失业人员提供辅助性技能培训10场1600余人次。依托社会组织服务平台，为居民提供老年人日间照理、医务诊疗、养生康复等服务。实现老年人助餐点社区全覆盖，完成33名失能、半失能老人家庭适老化改造。建设养老服务时间银行站点16个，注册养老服务志愿者507人，开展养老服务6560单。开展红十字CRP+AED培训18次779人次。翠竹园社区接待全国社区治理和服务创新实验区专家组、中国侨联、共青团中央、省市区各级各部门参观调研60余次，多次被媒体表彰报道。花神庙社区被国家卫生健康委、全国老龄办评为“全国示范性老年友好型社区”，被司法部、民政部复核评为“2021年度全国民主法治示范村（社区）”，被市委、市政府评为2021年“全市抗击新冠肺炎疫情先进集体”，被市文化和旅游局评为2020年度南京市公共文化服务先进集体，社区“警网融合”项目成功申报全国、全省法治政府建设单项示范项目。翠竹园社区入选省文化和旅游厅2021年度江苏省“最美公共文化空间”打造对象，仁恒物业翠竹园服务中心党支部被省委组织部、省住房城乡建设厅评为“红色物业”省级示范点，与农花社区同时入选首批团中央“社区青春行动”试点社区。农花社区团总支获评“全国五四红旗团总支”，康盛花园社区团总支获评南京市“五四红旗团总支”。雨花社区被市民宗局评为南京市“红石榴家园示范

4月20日，雨花街道丁墙社区举行“红色经典阅读空间授牌仪式。

（雨花街道　供图）

基地”。共青团路四村、雨花苑小区被省住房城乡建设厅评为江苏省宜居示范小区。在雨花台区精品社区评选中，花神庙、翠竹园2个社区被评为AAAAA级精品社区，农花、康盛、能仁里、共青团路4个社区被评为AAA级精品社区。

【平安建设】 2021年，雨花街道采用“网格化+综合执法”模式，化解欠薪隐患15起，涉及人员500余人。构建“线上+线下”多元接访平台，接待群众来访168批431人次，处置市、区、街道集访23批900余人次，受理办结网上信访98件，规范化办结率100%。化解普德花园4幢不动产权办理、地铁10号线共青团路站项目征收、校外培训机构闭店及退费等群体性矛盾。开展明发商业广场和宁南汽配城等重点区域安全专项整治。完成“181安全生产平台”普查建档工作。推进7个小区、84幢高层住宅消防改造，完成双龙、嘉苑2个小区整改。常态化开展新冠肺炎疫情防控，建立平急转换工作机制；强化重点场所和重点人群精准防控，累计检查辖区“九小场所”、文化活动场所、教育培训机构和企业疫情防控情况6000余次，整改问题16处；新冠肺炎疫苗首针接种9.11万人，二针接种9.48万人，二针完成率达104.11%。

【“我为群众办实事”项目】 2021年，雨花街道党工委在党史学习教育中向12个社区（不含4个飞地社区）3.2万户居民征集意见建议1193条，沟通反馈和协商处置意见建议1035条。制定并实施一批“我为群众办实事”项目清单。建成南京市首家街道级少儿图书室，室藏图书约2500册；增加南京市普惠性民办幼儿园1所（满天星幼儿园）；完成君悦湖滨、康盛花园、四季阳光小区高层住宅楼消防和花神美境积淹水片区改造，完成雨花麦德龙商场至地铁3号线明发广场站之间道路修缮；更换郁金香花苑小区65棵杨树为樱花、紫薇、海棠树种，解决杨絮扰民问题；整合和维护农花社区宣传栏10个、更换电子屏2个；在创新街与民权路交界处增设24小时开放公共厕所1座；整治康盛花园小区环境5处、治理绿化带黄土裸露40平方米；开展急救培训18场次1100人次、志愿活动126场次；开展“三个一线”（一线访民意、一线解难题、一线促发展）集中调研月活动，梳理问题62个，其中自办32个、交办28个、移送2个。

（毛　慧　姜玮玮）

表 53　2021 年雨花街道党史学习教育“我为群众办实事”项目一览表

类　别	具　体　项　目
争先创优促发展	1. 建成南京市首家街道级少儿图书室，年底前引进不少于 3000 册藏书
	2. 全街道增加不少于 1 所惠民幼儿园
	3. 完成花神美境积淹水片区改造
为民解忧破难题	4. 完成君悦湖滨、康盛花园、四季阳光小区的高层消防改造
	5. 完成雨花麦德龙商场至地铁 3 号线明发广场站之间道路修缮
	6. 治理郁金香花苑小区杨絮扰民问题，将杨树更换为樱花、紫薇、海棠等新树种
	7. 整合升级和维护农花社区的宣传栏、电子屏等宣传载体
	8. 在创新街与民权路交界处增设 1 处 24 小时开放的公共厕所
	9. 对康盛花园小区环境进行整治，分批次治理绿化带黄土裸露问题
志愿服务暖民心	10. 开展不少于 15 场急救培训，培训不少于 1000 名急救人员
	11. 依托新时代文明实践所（站）开展不少于 100 场志愿活动

（雨　鉴）

【花神都市智造产业园成立】 3月29日，雨花街道花神都市智造产业园挂牌成立。园区位于花神庙10号，为雨花街道自持载体，总投资9000万元，占地面积1.40万平方米，有楼宇3幢，总建筑面积5万平方米。产业园规划：发挥软件产业优势，强化新一代信息技术与制造业的融合发展，打造以人工智能、智能制造产业为重点，以智能硬件设备、高端电子元器件为支撑的产业体系，推动产业实现“软硬结合”发展，加快打造产业集聚、土地集约、产业链协同，生态环境友好的都市工业发展园。年内园区入驻企业120余家，以软件和信息服务业为主，其中重点都市工业企业10家，涉及智能硬件设备、高端电子元器件的研发、生产。

【花神庙社区上榜全国示范性老年友好型社区】 10月19日，雨花街道花神庙社区被国家卫生健康委、全国老龄办评为2021年“全国示范性老年友好型社区”。花神庙社区进行适老化布局和园林化建设，打造“室内—出行—室外”闭环安全圈；构建“多位一体”服务圈，为老人提供精准服务；开展“自我宣传、自我服务、自我管理”的三自活动，扩大老年人参与性；开办8门助学类课程，丰富老年人精神文化生活；举办“花朝节”“花神之韵”“情满重阳节，爱在花神庙”“浓浓敬老情，悠悠幸福心”等活动，增加老人幸福感；采取“线上+线下”相结合方式，15分钟内为签约老人提供基本医疗、分级诊疗、应急救助和急救绿色通道等服务。

【南京南站区域党建联盟360主阵地启用】 11月17日，南京南站区域党建联盟360主阵地揭牌并投入使用，成为雨花街道打通为民办实事最后一公里重要场所。主阵地位于南京南站核心区域创新街29号，面积超1600平方米。党建联盟360共创、共建、发展、服务四大专委派遣专人进驻，提供企业发展服务政策咨询，民生服务咨询和党组织成立、党员关系接转服务。秉承“联盟服务成员 联盟成员服务”理念，开辟共享活动空间，设置科普大篷车、党建知识答题系统、沉浸式党史学习教育基地、红十字应急救护培训基地等多功能互动服务区；引入雨花台烈士陵园管理局、南京科技馆、区级机关工委、羊乃世家、卓学教育等20余家成员单位，以“一米书柜”的形式，将各具特色的展示区与全民阅读空间融为一体；创设“联盟善积分”制度，志愿者通过公益服务获得善积分，可兑换联盟服务、成员单位产品、文创纪念品等。（毛 慧 姜玮玮）

赛虹桥街道

【概 况】赛虹桥街道位于雨花台区西北部，东起中山南路高架桥、雨花南路中心线，西至该区与建邺区交界处，南起宁芜公路（安德门—宁铜铁路小行道口段）中心线，北至该区与秦淮区交界处，面积7.31平方千米。2021年年末常住人口7.67万人。辖赛虹桥、安德门、小行、长虹路、玻纤院、菊花里、邓府山、龙福8个社区。街道党工委共有基层党组织72个，其中党委4个、党总支6个、党支部62个；党员2548名。

2021年，实现地区生产总值91.53亿元；一般公共预算收入5.97亿元；软件业务收入84.66亿元；社会消费品零售总额229.83亿元；外贸进出口总额25亿元；居民人均可支配收入7.30万元。全社会固定资产投资44.57亿元；签约项目投资总额55.30亿元，亿元以上签约项目5个；实际使用内资5.50亿元；实际利用外资及港澳台资1300万美元。登记法人企业731家；新增高新技术企业9家，高技术产业投资6019万元。成立赛虹桥街道中牧生物医药产业园，引进云柜、新鲸域、四才工程等新都市工业项目3个。开工建设南京小行地铁材料库地块项目，推进金浦时代广场、仁恒城市星光项目。

全年新增城镇就业1750人，实现再就业700人，援助困难人员就业131人，培育自主创业555人，大学生就业3050人，创业带动就业3500人。新增高技能人才45人。向1847名困难人员、338名低保人员、10名特困供养人员、29名困境儿童发放各类慰问金和补助金500余万元；发放80周岁以上老人尊老金1670余人58万元，为24名老人实施家庭适老化改造。建成养老服务“时间银行”街道级1个、社区级8个，站点覆盖率100%。实施临时救助461人次；募集资金9.40万元，帮扶特困家庭5个，实现8户家庭微心愿，给予虹桥残疾人之家定向补助。

赛虹桥街道被省文明委评为2019—2021年江苏省文明单位；街道司法所被省司法厅评为优秀司法所；街道被市委、市政府评为机关作风建设标兵街道；禹州物业南京分公司党支部被市委组织部、市住房保障和房产局党组、市物业管理服务行业党委评为2020年度党建引领物业管理服务工作市级示范点；赛虹桥街道商会党支部被市工商联党组、市总商会党委评为市工商联系统所属商会先进党组织互学互评优胜单位。

【基础建设】2021年，赛虹桥街道征拆亿源装饰城、机场二通道、西营汽修厂、安中仪表厂等项目5.17万平方米。投资2.57亿元，分3个标段同步启动应天花园、龙福花园、菊花小区等14个老旧小区环境综合整治工程，整治面积56.40万平方米（拆除违建1438平方米），惠及151幢楼5786户居民。应天花园小区06幢4、5单元D级险房住户全部签订搬离协议，实现人房分离，实施消险加固施工。完成丁树路停车场、绿岛华庭停车场建设，新增停车位337个。完成69个小区61个垃圾分类收集亭建设并投入运行，120多名桶边指导员现场指导投放。创建亚东观樾，亚东观云国际，君悦城市花园，南河东寓，雨虹雅苑，绿岛华庭6个省级垃圾分类达标小区并通过市级初步验收。开展市容秩序专项整治行动200余次，拆除违建209处4.02万平方米。增设禁停黄线4000米，“牛皮癣”治理立面粉刷4200平方米。

【社区建设】 2021年，赛虹桥街道8个社区完成“两委”班子换届选举，选举新一届社区“两委”班子成员76名，其中女性52名；平均年龄35.5岁，其中35岁及以下30名；大专及以上学历71名。推进“优质教育资源进社区”，开展无人机科普活动3次。街道新时代文明实践所牵头主办、承办各项大中型文体活动80多场3000多人次。开展社区文体活动58场，其中文艺演出40场、展览活动3场、讲座8场、体育活动7场。开展其他文体活动60多场。全年公共文化服务群众28.30万人次。安德门社区被省文明委评为2019—2021年江苏省文明社区、被省妇联评为江苏省三八红旗集体，菊花里社区被市妇联评为南京市三八红旗集体。在雨花台区精品社区评比中，安德门社区被评为AAAAA精品社区，小行社区、菊花里社区、赛虹桥社区被评为AAA精品社区。

【平安建设】 2021年，赛虹桥街道接待来访158批886人次，办理网上信访252件。完善“大数据+网格化+铁脚板”治理机制，组织网格员对938家单位、129位空巢老人、4827个群租房开展常态化巡查走访。配合市公安局、市法院等单位42名政法干警进网入格，调解矛盾纠纷136件，开展法律咨询70次。开展重点地区重点场所社会治安整治，盗窃类刑事警情比上年下降40%。对中南锦苑商业街开展拉网式排查，以“一户一档”形式梳理排除安全隐患。会同住建、燃气等部门制定“瓶改管”工作方案，有97户商铺同意改装管道气。落细落实“三年大灶”安全整治各项任务，开展厂中厂、大市场消防安全专项整治，排查整改安全隐患2811条。“181”平台采集企业信息3218家，安全走访2797次，场所巡查1.13万次，安全隐患整改率99%。强化新冠肺炎疫情防控，新冠肺炎疫苗首针接种18岁以上5.97万人，二针接种5.32万人，加强针接种1620人。

【“我为群众办实事”项目】 2021年，赛虹桥街道党工委制定街道《关于做好群众意见建议集中征集及办理的实施细则》《赛虹桥街道

赛虹桥街道邓府山小区出新后新貌。 （赛虹桥街道　供图）

社区群众意见建议征集汇总清单》《群众意见建议呈办单》。采取线下入户走访和线上短信平台形式，征集群众意见3726条，制定公布“我为群众办实事”项目清单，立行立改超2600条。完成吉庆里东侧绿地改造、西春路小游园工程；更换雨花西路102号、火柴厂宿舍楼道防火板、配备灭火器；整治应天花园、邓府山村、邓府苑、长虹路沿线6个零散小区环境和老旧小区14个；铺设邓府山村30幢下水管道；协调解决雨花西路50号老旧小区使用管道燃气问题；完成凤台南路51号、58号老旧小区门禁系统、楼道照明灯安装；保养凤台南路58~66号、124号老旧小区化粪池污水管网。

（王　香）

表54　2021年赛虹桥街道党史学习教育“我为群众办实事”项目一览表

类　别	具　体　项　目
争先创优促发展	1. 设立“敬老专窗”“求职介绍专窗”“劳动监察专窗”“创业小额担保贷款专窗”及“退役军人服务专窗”等5个专窗。推出特色“一件事”办理，开设“24小时自助服务区”，提供政务“不打烊”服务
	2. 创建市级流浪乞讨救助服务示范点，拓展救助方式，拓宽救助途径，加强流浪人员基层救助工作
	3. 对吉庆里东侧绿地进行改造，完成西春路小游园工程
为民解忧破难题	4. 为不少于8000名的60岁以上老年人提供老年人体检项目；为不少于800名的80岁以上老人提供上门照护服务，每月服务2次；为不少于380人开展智能手机使用免费培训
	5. 对雨花西路102号楼火柴厂宿舍楼道更换防火板、配备灭火器
	6. 对应天花园、邓府山村等14个老旧小区开展环境综合整治提升工程
	7. 实施环形沟暗涵清疏整治
	8. 对辖区内32个健身点的健身器材开展安全检查，并新建6个健身器材点
	9. 在街道物业办设立业主接待室，接待小区业主来访，收集小区业主意见以及投诉，及时协调处理解决居民问题
志愿服务暖民心	10. 完成3户困境儿童家庭“梦想改造”
	11. 打造心理健康小屋，提供青少年心理健康知识普及、心理健康危机疗愈等多项服务
	12. 持续打造“赛虹大舞台”群众文化品牌项目，围绕“庆祝中国共产党成立100周年”开展不少于12场“赛虹广场”群众文艺活动，统筹策划征文、书画展等活动，组织开展声乐、民乐、舞蹈等“赛虹练场”公益培训全年不少于180课时
	13. 在街道图书馆内打造“少儿读书空间”，安装喜马拉雅应用场景
	14. 整合30支便民惠民志愿服务队伍，常态化开展志愿服务
	15. 开展100场红色理论宣讲
	16. 在邓府山社区望江矶小游园建设法治文化长廊

（雨　鉴）

【中牧生物医药产业园成立】 3月29日，赛虹桥街道中牧生物医药产业园挂牌成立。园区位于雨花台区小行路33号，占地18万平方米。厂房建筑面积6万平方米，其中在用厂房5.50万平方米。中牧集团整合国际合作资源、华东地区研发资源以及产业链相关资源，重点发展生物医药、生物技术、信息工程等高科技产业，打造高端化国际化生物医药产业园。

【翡翠天际项目竣工】 12月16日，翡翠天际项目竣工交付。项目为新建住宅及相关配套设施，占地面积5.25万平方米，建筑面积17.12万平方米，其中地上面积13.13万平方米、地下面积约3.99万平方米。地块装配式建筑面积比例100%，建筑单体预制装配率≥50%，100%实行全装修和成品交付，总投资36亿元。该项目毗邻河西新城，距新街口5公里，距南京南站6公里；东至现状道路，南至江苏警官学院，西至宁铜铁路，北至雨花南路。2018年6月，由金地、保利、建发3家公司以22.60亿元总价联合拿地，由南京悦颐房地产开发有限公司建设。（王　香）

12月16日，建筑面积17.12万平方米的赛虹桥街道翡翠天际项目竣工。
（赛虹桥街道　供图）

铁心桥街道

【概　况】 铁心桥街道位于雨花台区南部，距中华门4千米、禄口机场15千米。东、南、西与江宁区接壤，北与雨花街道和赛虹桥街道相邻，宁丹路纵贯南北，绕城公路、软件大道、龙西路、数字大道横穿东西，面积27.71平方千米（其中森林面积985.68万平方米）。2021年年末常住人口14.24万人。辖铁心、尹西、定坊、高家库、马家店、春江、新河、景明佳园、翠岭银河9个社区。街道党工委共有基层党组织77个，其中党委6个、党总支6个、党支部65个；党员2400名。

2021年，实现地区生产总值28.32亿元；一般公共预算收入2.20亿元；软件业务收入13亿元；社会消费品零售总额27.63亿元；外贸进出口总额5亿元；居民人均可支配收入5.40万元；全社会固定资产投资5.54亿元；新增“四上”文化企业1家，文化销售收入6亿元；新增涉软企业100家、个体工商户4602家；建立规上企业子库193家，注册科技型企业1624家。成立铁心桥街道禹洲新都市智能制造产业园。

新增城镇就业1850人，实现再就业700人，援助困难人员就业165人，培育自主创业1379人，大学生就业4100人，创业带动就业3473人；GYB创业培训40人，职业培训60人，新增高技能人才45人。发放特困人员基本生活及医疗兜底救助13人次，发放重病、重残儿童生活费17

铁心桥街道举办春季招聘会。（铁心桥街道 供图）

人，申请困境儿童补贴25人，发放优抚金81人。发放80周岁以上老人尊老金1.13万人；发放残疾人补贴8000余人次，春节慰问残疾人600余人；完成16名困难残疾人家庭无障碍改造和1010名残疾人家庭医生签约，特扶困难家庭人员家庭医生签约133人。新增办理居民医保726人；安排退休人员健康体检4888人，慰问退休人员772名。“两癌”筛查3042人。发放药具8011个。博爱救助80人次。

铁心桥街道商会被省工商联评为2019—2020年度江苏省“四好商会”，被市工商联评为南京市工商联第一批“党建特色示范基地”，铁心桥街道为民服务中心被市妇联、市城镇妇女“巾帼建功”活动领导小组授予南京市“巾帼文明岗”。

【基础建设】 2021年，铁心桥街道完成拆旧拆迁2.23万平方米。其中，中华职业学校拆旧1.60万平方米，金旅集团拆迁4600平方米，吴尚二队农户拆迁900平方米，水科路门面房拆迁800平方米。投资6453.28万元，完成牛首福园、韩府雅苑、韩府新苑、韩府茗苑、凤翔花园二、三、四期、凤翔山庄二、四期、凤翔锦园、韩府山庄等11个小区、3个自然村和64家企事业单位二次供水改造。建成45个垃圾分类环保屋、亭。清理电瓶车违法违规停放2398处。完成城市管理市、区和街道自查菜单2.17万件。新增和复线非机动车线1.29万平方米，整理辖区内共享单车7.35万辆，清拖共享单车2250辆，集中办理电动车牌照3660块。完成亿嘉和临时工棚、银城松椿颐养院农具房、机场二通道二标段项目部3处图斑清理，拆除清理4400平方米。取缔机械加工企业4家、印刷企业2家，关停生态红线内钢管租赁单位1家，改造提升2家企业污水排放设施。规范整治餐饮企业57家。街级河长巡查78人次，社区级河长巡查274人次，共计巡查352人次。检测河道水质120次，处置问题5起。投入150万元补植林木1600株，修复生态公益林地5.67万平方米，种植湿地水杉林6667平方米。

【社区建设】 2021年，铁心桥街道9个社区完成“两委”班子换届选举，选举新一届社区“两委”班子成员79名，其中女性36名；平均年龄38.19岁，其中35岁及以下25名；本科及以上学历55名。举办社区干部能力提升培训班2期，开展社区书记“百千万工程”推荐评选，建立社区“两委”班子后备干部人才库。制定《铁心桥街道2021年度平时考核工作实施方案》，组织社区和街道科室之间开展季度互评。升级打造网络化服务管理中心，配备专职人员1名、坐席员3名。建立综合网格126个，配备网格员126名，在小区单元楼道公示网格员信息牌，开展网格员业务能力培训及测试15次。组织各社区“12345”工单办理负责人和物业管理负责人到瑞金新村社区调研学习，制定《铁心桥街道自管物业服务企业改革方案》，成立小区业主自治组织5个。开展社区各类检查94次，下发整改菜单491条。审批维修项目6个惠及285户居民。年内落地公益项目39个，包括街道社区服务中心项目1个，市创投项目3个，区创投项目4个，薪火项目2个，精品社区项目16个及社区购买服务项目13个。春江社区被人社部评为“第五批国家级充分就业社区”；铁心社区被市委、市政府评为2021年“南京市抗击新冠肺炎疫情先进集体”；春江新城二期小区被省住房城乡建设厅授予“2019—2020年度江苏省宜居示范居住区”称号；定坊社区嘉园小区被南京移动打造为江苏省首个“移动和小区”智慧社区。在雨花台区精品社区评比中，春江社区、景明佳园社区被评为AAAA级精品社区；翠岭银河社区、尹西社区被评为AAA级精品社区。

【平安建设】2021年，铁心桥街道调解矛盾纠纷783件、公调对接矛盾纠纷142件。化解信访矛盾纠纷积案50余件。依法解决蓝岸尚城社区积压10多年用房难题。建立“红、黄、蓝”三级重点企业名册，处置欠薪案34起惠及农民工96人。开通“为民解忧”专线10条，设立“建议投诉现场受理点”14处，办理“12345”政务热线工单1.60万件，受理环境信访件379件。燃气“瓶改管”新用户10户，非居民用户燃气“瓶改管”信息录入市智慧平台302户，免费升级107户液化石油气用户“安心管”。组织消防、电梯等安全演练培训7次236人次。推进翠岭银河小区消防管网整体改造项目，完成东方娃娃、羽舜及周边房屋消险和定坊社区农房危房住户搬离，清理人居车棚（地下室）24处。完成9家实验室专项检查。处置非法流动加油车4起，没收汽油1.30吨、柴油0.70吨。上报并销号省工业企业安全生产风险报告系统企业426家。138名护林员定人定岗防火护林，全年未发生山林火灾。2021年，完成新冠肺炎疫苗接种20万人次，其中一针接种8.77万人，二针接种8.79万人，加强针接种2.44万人。

5月19日，铁心桥街道庆祝中国共产党成立100周年文艺会演举行。
（铁心桥街道　供图）

【“我为群众办实事”项目】2021年，铁心桥街道党工委在党史学习教育中向辖区内9个社区4.27万户居民和183家企业征集意见建议2.41万条，与区政府16个部门对接，沟通反馈和协商处置意见建议4590条。制定并实施一批“我为群众办实事”项目清单，组织专项招聘会4场；实施《2021陪伴成长千人计划》；建设移动便捷式厕所11座；新增非机动车充电桩140个、智能充电桩41组；新增太阳能路灯21盏；实施宁丹路沿线老旧小区改造和四号沟水环境提升工程，完成上、下断石村人居环境整治及春江社区秦河坊消防改造。开展“三个一线”（一线访民意、一线解难题、一线促发展）集中调研月活动，梳理问题42个，其中自办27个、交办10个、移送5个。

（赵　莹）

表55　2021年铁心桥街道党史学习教育“我为群众办实事”项目一览表

类　别	具　体　项　目
争先创优促发展	1. 完成数字大道（机场二通道至西春路段）两侧景观整治出新
	2. 完成铁心桥街道上断石、下断石2村组45户农村人居环境整治
为民解忧破难题	3. 组织开展线上线下专场招聘会4场，新增城镇就业1850人、大学生就业4100人、援助困难人员就业75人
	4. 完成春江社区秦河坊消防改造，完善秦河坊消防系统
	5. 在辖区内建设11个点位移动便捷式厕所
	6. 完成四号沟水环境提升
	7. 完成宁长线（王燕街）21盏太阳能路灯安装
	8. 完成凤翔新城二期、凤翔花园三四期等小区自来水供水设施改造
	9. 完成不少于2场“同心桥”公益路演，对困难家庭进行一对一帮扶
	10. 实施《2021陪伴成长千人计划》，帮扶特殊群体1000人次
	11. 在9个社区引进35家社会组织
	12. 完成新河社区党群服务中心（为民服务中心）建设
志愿服务暖民心	13. 建设家庭教育指导服务示范社区（尹西社区）
	14. 开展20场群众文化活动

（雨　鉴）

【禹洲新都市智能制造产业园成立】 3月29日，铁心桥街道禹洲新都市智能制造产业园挂牌成立。园区位于铁心桥春江路与江泉路交接点，东至西春路，西南两侧紧邻雨花台中学春江分校，北至韩府坊小区，为禹洲地产还建项目。园区建有研发办公楼1幢1.30万平方米，其中禹洲新都市智能制造产业总部楼宇8000平方米、用于园区孵化配套服务5000平方米。园区重点引进软件和信息服务、通信服务、高端智能制造、车联网、物联网、工业互联网等企业，优先引进大型企业整层入驻，计划2年内引进企业40家，其中高端智能制造企业15家、微电子企业10家、工业设计类企业10家、技术测试与检验类企业5家。全部企业投产后，可实现年均产值4亿元，年均税收2000万元以上，解决就业800人。

【新河社区阅读广场启用】 4月27日，新河社区阅读广场在2021年雨花台区全民阅读系列活动启动仪式上启用。新河社区阅读广场位于铁心桥街道新河社区内，东临雨花台中学春江学校。绿地面积1.99万平方米，主体面积1.71万平方米，总投资约1150万元，分为休闲广场区、健身娱乐区、文化展示区和文物保护区四大区域，是江苏省首个集历史文化遗址与公共文化服务于一体的社区阅读广场。

（赵　莹）

板桥街道

【概　况】板桥街道位于雨花台区西南部，东至宁铜铁路边界，西依长江，南与江宁区江宁街道相邻，北与西善桥街道接壤，面积30.51平方千米。2021年年末常住人口3.72万人。辖板桥、三山、新建、孙家、永安、殷富、绿洲7个社区。街道党工委共有基层党组织60个，其中党委4个、党总支5个、党支部51个；党员1234名。

2021年，实现地区生产总值23.57亿元；一般公共预算收入5.40亿元；软件收入29.20亿元；社会消费品零售总额35.70亿元；外贸进出口总额2.76亿元；居民人均可支配收入6.33万元。全社会固定资产投资26.11亿元；签约项目投资总额38亿元，亿元以上签约项目6个；实际使用内资4.80亿元；实际利用外资及港澳台资1576万美元。新登记法人企业306家；新增高新技术企业2家，高技术产业投资600万元。成立板桥街道现代都市产业社区——板桥都市工业园，新引进都市工业项目6个。完成红星美凯龙润泰合作项目协议签订，G2地块海伦堡项目（锦绣云麓）开工建设。

全年新增城镇就业1000人，实现再就业350人，援助困难人员就业65人，培育自主创业1442人，大学生就业1200人，创业带动就业4759人。全年共发放困难群体慰问金、低保金、残疾人补贴等368.98万元，其中低保金137.63万元，残疾人社保补贴5.45万元，春节慰问金32.05万元，临时困难补助13人次2.50万元，特困人员供养金51.43万元、特困人员医疗救助金11.16万元，残疾人“两项补贴”127.01万元，老“三类残”生活补助1.75万元。

板桥街道被省文明委评为2019—2021年度江苏省文明单位；被市文明委评为2019—2021年度南京市文明单位；被市第七次全国人口普查领导小组办公室、市统计局评为“南京市第七次全国人口普查优秀集体”称号。

【基础建设】2021年，板桥街道实现绿洲南路二期保障房项目A、B地块18幢楼主体封顶。推进板桥水泥有限公司、滨江大道板桥段整体搬迁项目（涉及土地64.60万平方米、房屋8.70万平方米），完成房屋及附属物进场调查、勘误及初评初审。完成孙家社区涉军项目征地。按时序进度推进滨江大道、振风路南延和E线道路、新湖大道二期、工农河路、古雄大道南延4条道路和地铁保障房、工农河河堤改造、汪海大厦、凤仪地块、地铁收储地块5个工程共9个征地项目，征地77.39万平方米，安置人员549人。办结新湖大道二期、工农河路等6条道路规划施工许可手续，办结板桥绿洲南路经济适用房二期幼儿园和社区中心项目规划许可手续并完成相关土地征收。完成滨江大道板桥段项目林地占用许可手续办理。投资800万元，建成垃圾分类亭房30个，并建立公交化收运体系，15个居民小区、90个企事业单位实现垃圾分类全覆盖，垃圾分类集中处理率100%。配合有关单位开展宁马城际S2号

图为6月5日拍摄的板桥街道市民广场新貌。（板桥街道　供图）

线轨道交通板桥段站点设置、周边配套、换乘枢纽建设和永安村片区公交线路开通方案调查研讨。完成辖区53个长江入河排污口分类命名编码及14个排污口整改销号。投资7088万元，完成江宁河水环境提升工程，开展板桥河国际关系学院东沟暗涵清疏整治。完成三山良种场绿化补植和10万平方米管护。实现片区雨污分流工程全覆盖。全面落实河长制，全域消除劣V类水体。结合扬子江大道南延项目，启动三山矶沿路节点规划设计，延长滨江景观带，连接河西特色岸线，实现3000米长江岸线板桥段"点、线、面"全方位提升。建立长江板桥段智慧禁捕系统，成立禁捕巡护队。

【社区建设】 2021年，板桥街道7个社区完成"两委"班子换届选举，选举新一届社区"两委"班子成员58名，其中女性29名；平均年龄38岁，其中35岁及以下25名；本科及以上学历42名。召开新任两委干部培训会、党务工作会、党建工作培训会16次。投资400万元，完成绿洲社区党群服务中心改造和新建社区廉政文化广场、三山矶法治文化公园建设。投资700万元，完成5个居民小区硬件设施升级改造，实现社区综合文化服务中心、退役军人服务站、社区居家养老服务中心全覆盖。建设健身广场7个，新增小区健身路径8套累计30套，实现街道公共体育健身设施全覆盖。利用社区阵地开展棋牌、舞蹈、武术等文体活动。承办市级科学健身讲座进社区活动2场200人次、广场舞指导员培训1场100人次；开展体质测试450人次、老年人智能技术培训366人次；适老化改造12户、上门服务老人25人。建成养老服务时间银行站点8个，其中街道级1个、社区级7个。创建"党建+网格"基层治理模式，形成网格美颜器、网格生态廊、网格民情坊、网格服务环、网格乡风汇、网格爱心桥、网格宜居园七大红色网格服务治理功能。完善孙家、永安网格阵地建设，推进"雨花红桥""永安网格乡风汇""孙家智慧网格"等社会治理创新项目。建成全市首家"网格党校""社区网格培训基地"。孙家社区入选2021年度南京网格学院教学基地，接待全市网格员参观学习2000人次；三山社区被省委全面依法治省委员会办公室、省司法厅、省民政厅评为2020年江苏省民主法治示范社区；孙家社区"一体三翼"方案被省委全面依法治省委员会办公室评为全省城乡基层援法议事范例；永安社区拍摄中国共产党成立100周年及人居环境整治主题宣传片在江苏电视台展播；在雨花台区精品社区评比中，板桥社区被评为AAAA级精品社区，绿洲社区、殷富社区被评为AAA级精品社区。

【平安建设】2021年,板桥街道68个网格(综合网格50个、专属网格18个)质效工作完成率100%。排查风险点17个,化解重大矛盾纠纷4件。街道和各社区调委会调解纠纷案件586件。组织网格员与社区民警、党员志愿者、平安志愿者,开展常态化巡防和重点地区重点场所治安整治,智能安防小区实现全覆盖;围绕"平安建设""扫黑除恶专项斗争""创新网格化社会治理",制发《致居民一封信》6000余份,张贴反诈海报1000余份,悬挂横幅近200条;举办反诈宣传、群众安全感建设、法治建设等宣传活动40余场。开展"春风行动"、"4·8"司法日主题宣传活动26场,发放各类宣传单6.30万份,制作宣传展板20余块,接待群众法律咨询200件次。建成全省首家"社区网格巡回法庭",全市首家"网格乡风法律驿站"。巡查电力管网694.80千米、供水管网402.85千米、排水管网371.60千米、燃气管网349.80千米、通信管网297.80千米,发现并整改问题50处;检测桥梁1次;设立施工警示牌6处;维护限高标志12处;整治道路病害60处,道路列养率100%、优良路率90%。"瓶改管"完成率100%。完成100余家餐饮场所燃气安全风险点摸排;排查房屋安全879幢,发现问题并整改3幢。巡查汽修安全88次,消除安全隐患16次。收集企业安全信息、危化品排查54家。检测桥梁隧道质量安全5座、涵管桥质量安全1处。巡查在建工地83次。落实新冠肺炎疫情防控要求,新冠肺炎疫苗接种约3万人次,其中加强针接种3690人。

【"我为群众办实事"项目】2021年,板桥街道党工委搭建"我为群众办实事"群众意见建议征集线上平台,走访居民、企业约4000户,征集意见建议1788条,分门别类、明确时间、逐项销号,形成问题处理闭环机制。开展"我为群众办实事"南京党员专业志愿服务基层行动,40余家单位120余名党员志愿者参加。公布我为群众办实事重点项目,实施国际关系学院东沟暗涵整治和"263"专项行动,提升长江岸线生态环境;推动现代都市产业社区、科技生态园启动区等重点项目落地;加快建设93万平方米潘窑地块保障房和41万平方米绿洲南路经济适用房(二期);改造绿洲社区党群服务中心,建设绿洲南路社区中心,打造新建社区廉政文化广场、绿洲社区五类主题广场;开工建设星叶欢乐城、朝阳西苑、绿洲南路、中部组团安居保障房等幼儿园5所;建成三山矶公园省级法治文化示范点;升级小区物业服务,为老旧小区安装"智慧门禁",新建充电车棚12个;开发"智慧网格"小程序、发放核酸检测"双联卡"。永安社区公交线路开通等项目被"学习强国"、《南京日报》报道;创建老年人放心消费示范小区项目参评全市"'我为群众办实事'群众口碑榜"。（赵佩逸）

表56　2021年板桥街道党史学习教育"我为群众办实事"项目一览表

类　别	具　体　项　目
争先创优促发展	1. 为瞪羚企业、高新技术企业、都市工业企业、人才企业提供"一对一"、24小时专门服务,帮助1家人才企业解决办公用房困难问题
	2. 实现街道为民服务中心与各社区便民服务中心之间业务同权通办,就近一次办
	3. 在三山矶生态景观公园打造省级法治文化示范点

续表56

类 别	具 体 项 目
为民解忧破难题	4. 优化公交 182 路线路，改造小河北路与环岛路交汇位置场站
	5. 在板桥停车场新增 180 个停车位、广场路新增 25 个停车位；完成绿洲南苑 B、C 小区非机动车库改造，在部分具备消防条件的车库安装非机动车充电桩
	6. 对宁谷路隧道维修出新
	7. 实施外院东沟暗涵整治
	8. 完成工兵路单行线设置
	9. 新建 4 个健身器材点
	10. 在辖区内 10 个小区安装人脸识别系统
	11. 建设环保屋 12 座，升级改造收集亭 3 个
志愿服务暖民心	12. 完成“雨花红桥”小程序二期开发，升级“红桥扫码”民生服务板块，上线群众意见建议征集、党建地图、VR 看红桥等板块
	13. 以街道新时代文明实践“红桥思享会”平台为载体，打造“AI 智慧学党史”专栏，征集红桥初心故事，开展“AI 讲故事”、老党员话初心、新青年说发展等宣讲活动
	14. 成立板桥街道雨花红桥“文明有我”志愿服务队，以志愿服务促进文明创建常态长效
	15. 开展“袖珍维修铺”“金钥匙服务铺”“银龄邻家铺”等志愿服务项目

（雨　鉴）

【现代都市产业社区成立】 3月29日，板桥街道现代都市产业社区——板桥都市工业园揭牌成立。园区位于宁芜公路以西、青年路以南、江大路以北，占地面积近5万平方米，是板桥街道招商运营载体、高新技术产业孵化基地。建有楼宇8幢，建筑面积12.40万平方米。计划5年内引进企业不少于130家，其中行业头部企业不少于16家、国家高新技术企业20家。

【三山矶法治文化公园】 10月28日，三山矶法治文化公园建成。由板桥街道办事处联合雨花台区司法局建设，投入资金45万余元，是区内首个以长江生态保护为主题的法治文化公园。公园依托三山矶生态公园建设，占地40万平方米，其中绿地33.33万平方米，法治舞台1000平方米，法治长廊漫道1000米，种有各类草木16万株。通过展板、雕塑和法治景观小品，将公园划分为序章、长江之“重”、长江之“危”、长江之“文”、长江之守

10月28日，板桥街道三山矶法治文化公园建成开放。（板桥街道　供图）

护等板块。长江之“重”,展示长江在电力、农业渔业生产和交通运输等方面的重要地位;长江之“危”,呈现长江曾经面临湿地湖泊减少、物种濒临灭绝、环境风险突出等危机;长江之“文”,从自然地理、人文特色等方面介绍长江文化和历史发展进程;长江之守护,宣传《中华人民共和国长江保护法》、展示雨花台区长江沿岸生态治理举措和成果。　（赵佩逸）

西善桥街道

【概　况】西善桥街道位于雨花台区中部,东接软件谷,西靠雨花经济开发区和板桥新城,南倚岱山眺望长江,北与河西奥南为邻,绕城、宁马、宁芜公路和宁铜铁路穿境而过。面积17.04平方千米。2021年年末常住人口13.14万人。辖油坊、福润、古遗井、西善桥、西善花苑、嘉业、齐修、明义、平治、永盛10个社区。街道党工委共有基层党组织47个,其中党委2个、党总支3个、党支部42个;党员1406名。

2021年,实现地区生产总值38.52亿元;一般公共预算收入4.70亿元;软件业务收入34.92亿元;社会消费品零售总额47.71亿元;外贸进出口总额20亿元;居民人均可支配收入6.55万元。全社会固定资产投资12.41亿元;签约项目投资总额47.70亿元,亿元以上签约项目6个;实际使用内资13.23亿元;实际利用外资及港澳台资1000万美元。新登记法人企业291家;新增高新技术企业9家,高技术产业投资1.47亿元。成立西善桥街道南河智舟都市工业园,新引进都市工业项目1个。绿城岱山多功能商业载体、和峰南岸、铁宁西善桥铁路职工集资建房等重点项目有序推进。

新增城镇就业2286人,实现再就业852人,援助困难人员就业122人,培育自主创业665人,大学生就业70人,创业带动就业5049人。举办线上线下招聘会5场,达成就业意愿150人。新增办理失业金280人、失业登记1577人、灵活就业人员社保补贴478人。项目征地人员进保92人。组织退休人员健康体检4124人次。

西善桥街道团工委被团省委评为2020年度“江苏省五四红旗团委(团工委)”;西善桥街道“‘向善家长学校’——‘大教育’助推社会治理”项目获江苏省成人教育协会2021年度省级“社区教育品牌项目”奖;西善桥街道“残疾人之家”被江苏省残疾人福利基金会评为2020年度公益助残网络募捐合作伙伴二等奖并入围2021年中国公益慈善项目大赛。

【基础建设】2021年,西善桥街道完成拆除5.85万平方米。其中,宝磊大市场、宝宁机械地块、宁马拓宽项目拆除4.20万平方米,青山竹苑收退回、黄村片区道路工程及蟠龙组农户房屋协议搬迁等项目拆除1.65万平方米。完成矿业公司周边道路、417公路沿线及周边善水路、福善路环境整治,创建整治乱张贴示范小区1个、示范道路1条。投资900余万元,升级改造集中分类垃圾投放点,新建垃圾分类亭71个、垃圾分类环保屋13座。至年末,全街道有垃圾分类亭141个、环保屋23座;投资30余万元打造垃圾分类省级达标小区4个;街道大件资源回收站升级改造为雨花台区大件资源分拣中心分中心,垃圾分类收集、转运、处置全流程实现闭环运作。整治支路街巷违停车辆,劝离、清拖违章停车机动车1000余辆，施划临时停车位24个；设置电动自行车临时上牌点，办理临牌、补牌2956个。选择次干道和支路，划设“潮汐车位”，开展共享停车试点，协调设置共享停车位19个，停车位增加20%。推进“河长制”，街社河长巡查河道530人次。开展污水处理提质增效精准攻坚“333”行动，排查“小散乱”排水户402户。对11个入河排水口周边进行清理整治。安排专职护渔员、巡查员开展常态化长江禁捕退捕巡查。管控42家在建工地扬尘，在线监控133家餐饮企业油烟排放。西善桥街道综合行政执法局被市城市治理委员会办公室评为南京市“2020年城市治理标准化建设先进集体”，西柿路被评为“南京市城市治理标准化示范单元”。

【社区建设】 2021年，西善桥街道10个社区完成“两委”班子换届选举，选举新一届社区“两委”班子成员77名，其中女性40名；平均年龄37岁，其中35岁及以下34名；本科及以上学历53名。制定并实施《西善桥街道社区治理发展五年规划》，出台《网格化社会治理工作绩效监测考评办法》《网格化社会治理工作网格员工作职责》等文件，编制《西善桥街道社会组织指导手册》。建成综合网格158个、专属网格16个，有专职网格员158人；评选区级网格员先进个人2名、街道级网格员先进个人100名。投资702万元购买公益服务项目64个，对290家社会组织（在地服务64家、居民自组织146家、注册民办非企业55家等）开展财务、宣传稿撰写、摄影、招投标等专题培训10场。制定岱山片区物业服务企业考核评分细则及奖励办法，推动物业管理提质增效。改革联兴物业公司管理和运营模式，制定《联兴物业管理有限公司体制改革工作方案》，规范议事决策程序，制定经理办公会制度，申报“市级物业管理项目”。严格出入管理、强化环境卫生保洁、坚持24小时治安巡逻。油坊社区被民政部、司法部复核评为“2021年度全国民主法治示范村（社区）”。在雨花台区精品社区评选中，齐修社区被评为AAAAA级精品社区，平治、西善花苑2个社区被评为AAAA级精品社区，永盛、明义、油坊、福润4个社区被评为AAA级精品社区。

【平安建设】 2021年，西善桥街道处置信访107件，化解矛盾36件，调解纠纷848件、调处成功率98%。签约律师事务所5家，街道、社区法律顾问全覆盖，提供各类法律服务1600件次。开展矫正人员集中教育活动52次、心理健康教育20次。举办打击传销成果展，组织普法宣传、抵制传销讲座55场，印发宣传材料3810份。开展节日安全生产专项检查，签订企业安全生产承诺书190余份；完成69家工业企业安全风险报告，开展“百团进百万企业、千万员工”系列宣讲活动，组织企业安全警示教育会4次；排查建档危化品使用生产经营单位423家；清理违规使用液化气钢瓶60余个，更新、安装报警器550台，实现餐饮燃气报警云平台全覆盖；配合整治黑加油车8起。开展“百人逃生自救应急演练”“千人5·12防灾减灾演练”等活动20余场，张贴发放宣传画、手册3500份。开展“厂中厂”专项整治，检查隐患850余处，清理企业23家。推进岱山12个园区消防管网暗管改明管修复工程。取消占用消防通道车位180余个，修复消防设施80余处，整治园区内违规占用隐患300余处，整治高层住宅消防隐患800余处。梅山矿部片区纳入181平台。建立应急网格12个,网格员21名,录入安监网格企业57家,社会面生产经营单位2960家,主责监管标注2960家,公共风险源录入1132条;场所巡查走访1.46万家次,整治隐患1.32万处;社会面信用脸谱注册2960家,月度体检9480家次。2021年,新冠肺炎疫苗首针接种10.06万人,二针接种10.23万人,加强针接种1.45万人。

【"我为群众办实事"项目】 2021年,西善桥街道党工委在党史学习教育中开展机关干部下网格暨"民生接待日"察访活动,接待居民1600余人次,收集意见、诉求120条;开展大走访活动,走访居民4.41万户,征集意见建议2627条。制定"我为群众办实事"项目清单15项、"两在两同"建新功行动"三项清单"37项和处级以上领导班子"我为群众办实事"项目清单20项。打造AAAAA级南山园社区居家养老服务中心;实施物业管理竞争性考核办法,表彰物业"最美员工";为西善桥社区卫生服务中心、岱山社区卫生服务中心配备胃肠镜、全景牙片机、全自动化学发光测定仪等医疗设备;建成喻村停车场、竹柳南苑停车场;在游园绿地、健身广场周边建设儿童游乐设施;维修岱山17个园区消防供水管网渗漏;在齐修北苑2栋、明尚东苑3栋安装高清探头监测联网系统;完成古遗井区域污水管道建设;补种贾西新苑、福润雅居、西善花苑3个小区草坪绿植;成立10支社区党员志愿服务队,定期上门照顾老人日常生活;引进社会组织20家;增设白家山名人铭园文化墙精选读物二维码。《南京市雨花台区西善桥街道:用心开启便民为民新篇章》《拓展形式载体,西善桥街道学史力行惠民生》等新闻报道被"学习强国"、《新华日报》《南京晨报》等主流媒体采用。

(吕　梅)

表57　2021年西善桥街道党史学习教育"我为群众办实事"项目一览表

类　别	具　体　项　目
争先创优促发展	1. 打造AAAAA级南山园社区居家养老服务中心
	2. 完善物业考核办法,实施竞争性考核办法,按权重对物业进行考核排名,推进物业"最美员工"表彰
	3. 为两家卫生院配备胃肠镜、全景牙片机、全自动化学发光测定仪等医疗设备
为民解忧破难题	4. 建成油坊桥西立交停车场、喻村停车场、贾西停车场、竹柳南苑等4个停车场
	5. 在游园绿地、健身广场等周边区域,建设儿童游乐设施
	6. 岱山社区卫生服务中心开设夜间诊疗服务
	7. 在岱山片区加装约24000个楼道消防格栅百叶窗、7800个护栏
	8. 完成岱山17个园区的消防供水管网渗漏维修工作
	9. 在齐修北苑2栋、明尚东苑3栋安装高清探头、监测联网系统
	10. 完成天虹山庄小区D2、D3栋主体房屋加固工程
	11. 完成古遗井区域污水管道建设
	12. 完成贾西新苑、福润雅居、西善花苑三个小区的草坪绿化补种工作

续表57

类 别	具 体 项 目
志愿服务暖民心	13. 成立十支社区党员志愿服务队，上门为老人服务，定期照顾老人的日常生活
	14. 引进 20 家社会组织进社区
	15. 在 200 米长的白家山名人铭园文化墙添加精选读物的二维码，方便居民收听

（雨 鉴）

【向善家长学校】 2021年，“向善家长学校”邀请顾学文、徐骁、殷飞等10余名专家举办线上线下家庭教育讲座25场次；开设线上线下志愿教师普及课授课40余场次。开办家长长期培训班5个培训家长140余人；组织家长、孩子共同参与社会实践、素质提升活动60余场；线上开展各类主题活动超过170场。参加“向善家长学校”学习、活动家长全年约40万人次；参与“向善家长学校”建设骨干家长400余人；“向善家长”微信公众号头条发表文章365篇，次条发表文章480篇，日平均阅读量超2500人次。“‘向善家长学校’——‘大教育’助推社会治理”项目入选2021年度江苏省“社区教育品牌项目”，并受邀参加长三角基层民主协商主题论坛成果分享，获中央党校课题调研组肯定。

12月12日，西善桥街道“向善家长学校”开展主题教育活动。

（西善桥街道 供图）

【影视文旅产业发展】 2021年，西善桥街道编制文旅产业规划，出台《西善桥街道影视产业发展扶持办法》，召开首届西善赶集文化论坛，推进影视文旅产业发展。打造“南京9424电影工园”。搭建影视作品开机仪式舞台，促成善创、黄村文化创意产业园2个电影产业孵化器；9424电影工园落户影视文化企业37家；拍摄完成《温情法官》《红码乍现》《微光》等微电影、宣传片近40部，上映《王牌女保镖》《无间风暴》等影视作品9部，《夺命营救》《飓风》等筹拍和待上映影视作品35部；9424电影工园被省市明确为重点推进园区，并批准为“南京影视文化公共服务中心雨花台区办事处”“中国电影家协会影视基地工作委员会成员”和“南京电影协会常务理事单位”。举办秦淮新河史料图片展、“庆祝建党百年红色经典电影海报展”首站巡展、“在世界文学之都与文学大家面对面”系列、2021南京西善民歌节暨第二届岱山新庙会、“纸上宝石——名家·名著·名票藏书票展”“西善桥街道第七届全民运动会暨学党史重走长征路健步行”“理想教育小镇杯”“我爱读名著·我的文学梦”双主题征文大赛等活动；开设文学创作班及“当代名家仰望世界经典系列”“画

6月30日，西善桥街道秦淮新河史料图片展开展。（西善桥街道　供图）

名家、说名著”文学特色专栏；成立“西善艺术学校”；组织文体队伍117支，培养文艺骨干3041人。

【南河智舟都市工业园成立】 3月29日，西善桥南河智舟都市工业园挂牌成立。园区位于雨花台区西善桥南路108号，占地面积4.45万平方米，有4幢楼宇，总建筑面积7万平方米，其中办公楼6.4万平方米。园区重点发展新型电子信息产业、新医药与生命健康产业，引进培育集成电路、芯片制造、医疗产品研发生产企业，实施都市工业集聚多点同频共振，规划打造高附加值、高税源、高质量都市工业园区。2021年末，园区入驻高端智能制造、智能装备、生物医药等企业9家，其中规上企业3家、高新技术企业4家、瞪羚企业1家。（吕　梅）

梅山街道

【概　况】 梅山街道位于雨花台区西南郊，南部与江宁区接壤，东、西、北部与板桥街道、古雄街道搭界，距离新街口约24千米。2021年年末常住人口2.80万人。辖中兴路、上怡新村、梅清苑、梅欣、梅岭5个社区。街道党工委共有基层党组织81个，其中党委5个、党总支5个、党支部71个；党员2398名（梅山街道土地面积含在板桥街道、西善桥街道土地面积中）。

2021年，实现地区生产总值126.21亿元；一般公共预算收入3.61亿元；软件业务收入83.4亿元；社会消费品零售总额5.66亿元；外贸进出口总额38.23亿元；居民人均可支配收入4.39万元；全社会固定资产投资1.96亿元；签约项目投资总额6亿元，亿元以上项目1个；实际使用内资1.50亿元，实际利用外资及港澳台资400万美元；新登记法人企业125家；新增高新技术企业2家，高技术产业投资1.65亿元。成立梅山街道9424都市工业产业楼宇，新引进都市工业项目1个。举办秋季新消费美食节，发放消费券9万元。

新增城镇就业1300人，实现再就业233人，援助困难人员就业31人，培育自主创业224人，大学生就业622人，创业带动就业1044人，新增高技能人才99人。开展岗位招聘、政策咨询活动，提供岗位232个，达成求职意向近百人。居民医保及新参保5357人，补缴139人，医保报销43.59万元，组织老年人健康体检564人。发放生日和重病、死亡慰问金64人1.36万元，发放特困和鳏寡慰问金19人2.18万元。办理雨花台区首个残疾人两项补贴资格认定申请“跨省通办”事项并被“学习强国”等媒体报道。对口陕西省商洛市丹凤县花瓶子镇开展产业、教育协作，提供资金20万元，采购其农副产品27.77万元。

梅山街道总工会思想工作案例《劳模创新勇担当 团结奋进谱华章》获“全市职工思想文化创新项目三等奖”，并被市总工会纳入《南京市职工思想工作案例汇编》；梅钢生活服务公司被省总工会评为全省工会劳动法律监督工作示范单位、被市总工会评为第六批南京市劳模工匠创新工作室；梅钢新产业公司被市总工会评为第六批南京市劳模工匠创新工作室、被市总工会评为2020年度南京市职工书屋。

梅山街道梅钢研学旅行基地。（梅钢　供图）

【基础建设】 2021年，梅山街道投资963.36万元，实施宁芜公路梅康路至梅山商业广场段203道口积淹水改造工程，完成205国道沿线雨水口、雨水管道更换，管网清疏及修复，泵站基坑钢板桩支护等施工和主体施工。投资427.29万元，综合整治怡园路周边环境，10月25日竣工。投资492.15万元，完成梅山街道创业园、上怡南苑地块、梅山老生活区地块、宝之云梅山基地、梅山医院等区域改造出新工程。推进河长制，对工农河、新板沟、秦淮新河梅山段以及西明渠梅山段等河道实行控源截污管控，巡河考核指标完成100%，水体水质稳步提升。加强与相关企业合作，原料、运翔、成品3个码头2100米长江岸线禁捕禁钓，实现常态化规范化全面化管理。完善城管队伍常态化考核办法，加大“门前三包”、停车、喷淋降尘、抛洒滴漏等城市管理管违控违力度，全年约谈重污染企业16家，开展城管行政执法61次，拆除违建88处345平方米，违停贴违3726起。建成垃圾分类亭房28个，实现垃圾分类街道全覆盖。

【社区建设】 2021年，梅山街道5个社区完成“两委”班子换届选举，选举新一届社区“两委”班子成员52名，其中女性31名；平均年龄47岁，其中35岁及以下15名；大专及以上学历44名。投资600余万元，升级改造梅清苑、梅欣社区党群服务中心。实施“红梅管家团”书记项目，打造社区“红梅管家团”队伍5支。建立“线上线下”服务机制，为居民提供居家养老、矛盾化解、就业创业、法律咨询等服务。细化39个综合网格治理模式，建立“网格员+党员骨干+群众积极分子+志愿者”工作机制，“五统一”（网格统一划分、人员统一配备、信息统一采集、资源统一整合、服务统一标准）考核100%，培育市、区“最美网格员”各1名，区“优秀网格员”2名，市、区“示范网格”各1个。发挥社区网格在“12345”工单办理、文

梅山街道中兴路社区开展读书活动。（梅山街道　供图）

明城市创建、物业管理、居民服务等方面作用，网格员网格巡查1.54万次，解决各类问题9236个。中兴路社区被省爱委会办公室评为江苏省健康社区，被市政府评定为省政府民生实事项目市试点社区，被省妇联评为共同打造家庭教育指导服务示范社区；上怡新村、梅清苑、梅欣、梅岭、梅苑5个小区被省住房城乡建设厅评为“2019—2020年度江苏省宜居示范居住区”；上怡新村社区被市文明委评为“2019—2021年度南京市文明社区”；世纪苑小区被市住房保障和房产局评为“南京市物业管理治安秩序优秀小区”；梅欣社区被市总工会评为爱心母婴室；梅岭社区被市委政法委办公室授予市级最佳平安志愿服务组织称号；在雨花台区精品社区评比中，中兴路社区被评为AAAA级精品社区；上怡新村社区、梅欣社区被评为AAA级精品社区。

【平安建设】 2021年，梅山街道辖区保持全国“两会”、中国共产党成立100周年、国家公祭日等重大时期社会总体稳定，群众安全感指数位列全区第一方阵。落实六大攻坚方案，在国家安全、信访、矛盾纠纷等重点领域，开展群体专项风险排查，排查350余人，处理维稳线索120件。处理网上信访52件，及时受理率、满意率100%。完成劳动监察简易案件19件，调处劳动争议案件3件。安排平安志愿者2000人次，扩大和加强主干道、车站、市场等重点道路场所巡查范围巡查力度。在街道窗口单位和5个社区增设市民建议征集点，建立“随处可见、触手可及、环境友好”市民建议征集平台。常态长效落实辖区2260栋建筑物、67户用气场所、2家危化品汽修企业和在建工地、地下管网等各类场所安全生产管理，全年出动96人次，开展各类常规及专项检查50余次。落实新冠肺炎疫情防控要求，新冠肺炎疫苗首针接种2.42万人，二针接种2.32万人，加强针接种1.50万人。

【“我为群众办实事”项目】 2021年，梅山街道党工委在“我为群众办实事”“两在两同”建新功行动中，通过线上小程序，线下入户走访、广场小板凳拉家常、集中座谈会等形式，实现群众意见建议收集全覆盖，收集群众诉求1563条，形成18项问题清单。完成“为企业注册、开户等提供全程代办服务”“宁芜公路203道口积淹水片区改造”“合理设置小区停车位化解‘停车难’”等15个“我为群众办实事”项目。投入资金1400万元，完成怡园路周边环境综合整治、203道口积淹水片区改造；打造“口袋公园”怡静园；为居民提供就业岗位265个；新建停车位500余个；养老助餐9862人次；健康义诊1.89万人次。持续实施“雨露计划”，发放各类奖助学金8909人次330余万元。组织开展“3·5”学雷锋日、敬老节广场服务、区街“组团”等志愿服务活动12次、近2万人次，发放消费券9万元。

（刘凡玉）

表58　2021年梅山街道党史学习教育“我为群众办实事”项目一览表

类　别	具体项目
争先创优促发展	1. 为企业注册、开户等提供全程代办服务
	2. 实施物业管理“红黑榜”模式
为民解忧破难题	3. 完成宁芜公路203道口积淹水片区改造
	4. 完成怡园路周边环境综合整治项目
	5. 新增电瓶车充电头1284个
	6. 合理设置小区停车位化解“停车难”
	7. 完成街道辖区内环保屋亭建设及运营
	8. 新增体育健身器材7处70件
	9. 新增全民阅读场所1处、打造少儿阅读空间1处
	10. 完成梅清苑社区党群服务中心改造
	11. 新建2个社区级健康驿站
	12. 优化窗口办事流程，提供“一窗通办”服务
志愿服务暖民心	13. 线上打造“百名党员初心说”微党课，线下组建红梅宣讲团开展志愿宣讲活动
	14. 依托沁梅、壮梅、育梅、兴梅、健梅五大平台向5个社区3万名群众开展400余场文体、科普等志愿服务
	15. 新建社区级“残疾人之家”2家

（雨　鉴）

【9424都市工业产业楼宇挂牌】 3月29日，梅山街道9424都市工业产业楼宇挂牌。楼宇位于9424智慧产业园内，南侧为梅钢22号路，东侧为梅钢31号路，西侧为梅钢23号路，占地面积2683平方米，建筑面积1.54万平方米，地上7层、地下1层全部完工。围绕梅钢核心产业，重点引进软件信息服务业、大数据产业等数字经济企业和项目，打造集高端制造、研发、总部办公等功能为一体，持续自主创新、产学研一体、互动循环的科技产业化基地和新兴高科技产业发展平台。（刘凡玉）

古雄街道

【概　况】 古雄街道位于雨花台区西南部，东至江宁区谷里街道，南至中船绿洲公司，西至宁铜铁路，北至岱山保障房，面积11.07平方千米。2021年年末常住人口6.27万人。辖大方、古雄、柿子树、新林4个社区，街道党工委共有基层党组织33个，其中社区党委2个、社区党总支2个、党支部29个；党员1018名。

2021年，实现地区生产总值14.21亿元；一般公共预算收入1.63亿元；软件业务收入7亿元；社会消费品零售总额12.17亿元；外贸进出口总额1.05亿元；居民人均可支配收入7.20万元。全社会固定资产投资35.27亿元；签约项目投资总额46.40亿元，亿元以上签约项目5个；实际使用内资4.80亿元；实际利用外资及港澳台资1000万美元。新登记法人企业241家；新增高新技术企业1家，高技术产业投资500万元。成立古雄街道莲花湖都市工业产业社区，新引进都市工业项目2个。

新增城镇就业1013人，实现再就业352人，援助困难人员就业95人，培育自主创业238人，大学生就业1204人，创业带动就业1215人。为145户195人发放低保金139.10万元，发放低保户、低保边缘户、因病致贫家庭医疗救助金3.93万元，发放特困供养对象基本生活费1.25万元，发放因病、因灾致贫家庭临时救助金1.74万元，发放残疾人两项补贴91.41万元，发放奖学、助学金13.88万元，发放“三节”结对帮扶慰问金15.10万元。

古雄街道被市防汛抗旱指挥部评为南京市防汛抗旱工作表现突出集体。古雄社区书记王保武被省委组织部评为江苏省百名示范村（社区）书记。徐家连、徐静等5人被省统计局评为第七次全国人口普查先进个人。在江苏省生态河湖评价规范评估中，莲花湖被评为“优”等，获“南京市生态示范河湖”称号。

6月13日，古雄街道庆祝中国共产党成立100周年纪念活动举行。

（古雄街道　供图）

【基础建设】 2021年，古雄街道。实施大方路二期、宁马高速大方互通改扩建配套等工程和宋都柏悦府小区配套商业、华兴幼儿园、金陵华兴实验小学等民生项目工程。成功出让板桥新城十三期地块，以总价25.10亿元成交，溢价30%。推进板桥新城积淹水片区（二期）国有土地征收项目，完成补偿方案送审和350平方米房屋拆除工作。完成新林社区卫生服务站、古雄街道停车场及黑墩、柿子树等片区农村人居环境整治项目。完成板桥河右岸（老街段）堤防消险、板东路（新城大街—华新路）建设、新林大道街角景观改造等工程和活水堂异地新建工程主体结构施工。与同曦篮球俱乐部达成战略合作，建成篮球文化推广基地。完善莲花湖金地体育公园功能，建成大型室内场馆3个、室外场馆23片。新建7人制足球场、二代健身路径、少儿图书馆等文体场所。

【社区建设】 2021年，古雄街道4个社区完成“两委”班子换届选举，选举新一届社区“两委”班子成员28名，其中女性12名；平均年龄39.64岁，其中35岁及以下11名；

本科及以上学历16名。各社区开展“我为群众办实事”实践活动，完成老旧小区停车、道路修复整治、安置房“两证”办理、帮扶重残户、帮助残疾人就业等民生实事。推进社区“红色驿站”书记项目，践行“两在两同”建新功行动，以“红色物业”点亮“民心”，成立“红色先锋”小组，形成全体党员“亮身份、挑担子、做承诺”行动机制。深化“喘息服务3.0”内涵，优化升级3.0版本，投资17.09万元，购买第三方康复机构服务，为19户重残困难家庭服务720次超1000小时。举办街道首届“聚心空间”公益路演。整合家风家训馆、文体服务中心资源，推进新时代文明实践所建设。与喜马拉雅集团合作，投资50余万元，打造街道有声图书馆，建成全省首家铸牢中华民族共同体意识有声阅读广场。古雄社区被省党支部书记学院评为“江苏省基层党组织书记实训基地”、被省委全面依法治省委员会办公室、省司法厅、省民政厅评为“第十四批省级民主法治示范社区”；新林社区被省住房城乡建设厅评为江苏省垃圾分类达标小区、被省爱委会评为江苏省健康社区；大方社区国际南郡花园小区被省住房城乡建设厅评为江苏省宜居示范居住区。在雨花台区精品社区评选中，古雄社区被评为AAAA级精品社区、大方社区和新林社区被评为AAA级精品社区。

【平安建设】 2021年，古雄街道推进矛盾纠纷专项治理，排查矛盾纠纷案件22件、化解10件，保持春节、清明、各级“两会”和庆祝中国共产党成立100周年活动期间社会稳定。接待群众来访200人次，调解成功率90%；调解民事纠纷40件，调解成功率100%。推进“雪亮工程”建设，建成监控研判室5个。开展三类监控视频联网工作，采集物业监控点位300余个；完成辖区7个封闭式小区54套智能安防系统安装。落实安全生产责任，检查企业341家次，下发安全隐患限期整改通知书267份；排查一般安全隐患544条，完成隐患整改复查544条，隐患闭环整改率100%。

【“我为群众办实事”项目】 2021年，古雄街道党工委开展“我为群众办实事”活动40余次。投入资金50万元，与喜马拉雅合作打造古雄街道有声图书馆，搭建集纳1万册红色读本、囊括党史学习教育文献素材体验式学习平台，服务党员群众沉浸式阅读。线上依托古雄微在线微信公众号与辖区自媒体“板桥那些事”，共同开设“微互动”意见建议征集专题版块；线下发动网格员、楼栋长、老党员入户征集意见，入户2.15万户，走访率94.66%，收集有效意见建议26.46万条（含线上232条）。制定惠民实事项目清单，投入资金800万元修复整治共建路等道路，推进安置房“两证”办理；升级助残项目“喘息服务”3.0版本，聘请第三方专业护理机构护理重残户。《“万户走访”打开“古雄新局”》《推动党史学习教育落地有声》，被《新华日报》《南京晨报》报道。 （李　楠）

表59　2021年古雄街道党史学习教育“我为群众办实事”项目一览表

类　别	具　体　项　目
争先创优促发展	1. 加快推进宁马高速大方互通配套工程，实现宁马高速大方段8个匝道全互通

续表59

类　别	具 体 项 目
争先创优促发展	2. 推进板东路，商业地块配套道路，大方路二期，石巷街二期，柿子树街等5条市政道路建设，形成内通外联的路网体系
	3. 推进板桥河右岸（老街段）堤防消险工程，使其具备防洪条件，以确保汛期安全
为民解忧破难题	4. 推进金陵华兴小学、华兴幼儿园、金地南侧学校三所学校建设
	5. 建成古雄街道停车场，缓解辖区居民停车难题
	6. 完成辖区农村人居环境整治，提升柿子树中心村村容村貌，改善大方黑墩片区居住环境条件
	7. 加快新林社区卫生服务站、古雄社区卫生服务站建设，进一步方便辖区居民就医
	8. 推进封闭式小区智能安防小区系统安装工作，进一步提升公众安全感
	9. 迭代升级“喘息服务3.0”版本，让10%的重残户享受到升级版关爱服务，切实帮助困难群体
志愿服务暖民心	10. 打造街道有声图书馆，配备智能硬件设备满足个性化需求，为辖区群众提供多元化学习方式
	11. 深入推进全民阅读，在莲花湖公园内打造读书角，将全民阅读与群众休闲融为一体
	12. 延长新林社区老人助餐时间，每周一至周五调整为11:00-13:00
	13. 开展新林大道街角景观改造，满足群众休闲需求

（雨　鉴）

【莲花湖都市工业产业社区成立】 3月29日，古雄街道莲花湖都市工业产业社区挂牌成立。社区位于古雄街道宁谷路108号-1，东接花样年商业街区，西邻雨花经济开发区，

3月29日，古雄街道莲花湖都市工业产业社区揭牌，图为莲花湖都市工业社区大楼。　（古雄街道　供图）

是在莲花湖电商大厦提档升级基础上建立的，共12层、客梯4部、停车位119个（地上26个、地下93个），建筑面积2.35万平方米，剩余可用面积约7400平方米。莲花湖都市工业产业社区依托雨花台区软件信息产业优势，打造以智能制造、产品设计、技术开发为主体的都市型工业，实施技术创新与制造业深度融合，打造年产值超亿元的特色楼宇、古雄街道新都市工业集聚区。2021年年末，入驻企业21家，完成签约项目投资总额7.70亿，其中亿元以上签约项目2个。

【时间银行开办】 6月19日，"时间银行"★在古雄街道开办。街道为民服务中心和各社区便民服务中心参照商业银行存储制度，按照"低龄老人存时间，高龄换服务"原则，鼓励60~70岁健康低龄老人为辖区内"高龄、失能、失智"老人提供邻里关照、家政服务、外出代办等志愿服务，低龄老人志愿服务时间按规则记录储存至"时间银行"，可兑换相应服务时间。2021年年末，"时间银行"吸纳志愿者107人，开展服务2281人次，服务老人414名。

★**链接** "时间银行"服务对象为三类老年人：本市60周岁以上且存有时间的老年人；本市80周岁及以上空巢独居老年人；本市60~79周岁低保家庭失能、半失能空巢独居老年人。"时间银行"志愿者分为个人志愿者和团体志愿者。年满18周岁、有公益服务精神、有从事养老服务时间、身体健康、无个人信用不良记录和严重违法记录；鼓励相关组织以团体志愿者身份开展"时间银行"服务。 （李　楠）

雨花经济开发区

【概　况】 雨花经济开发区位于雨花台区西南部，东起宁芜公路，西至长江，南至梅山，北起秦淮新河，面积26.69平方千米。雨花经济开发区地处南京都市圈宁芜轴线的重要节点，是南京市唯一与主城区紧密相连的省级经济开发区。2021年年末常住人口2.30万人。辖近华、天保、天后、西寇、锦华新城5个社区和金叶花园、南奥新居2个社区筹备办。雨花经济开发区党工委共有基层党组织70个，其中党委3个、党总支5个、党支部62个；党员1098名。

2021年，实现地区生产总值96.56亿元；一般公共预算收入7.51亿元；社会消费品零售总额120.88亿元；外贸进出口总额12.50亿元；人均可支配收入6.64万元。全社会固定资产投资45.27亿元；签约项目投资总额186.90亿元，亿元以上签约项目24个；实际使用内资33.10亿元；实际利用外资9408万美元。新增高新技术企业6家，高技术产业投资1.40亿元。成立雨花经济开发区都市工业园9号工坊，新引进都市工业企业6家。

新增城镇就业1500人，援助困难人员就业60人，培育自主创业1797人，大学生就业2300人，创业带动就业5449人。发放低保金、优抚金、尊老金、特困补贴、残疾人补贴710.19万元。举办公益路演2期，为困难人群募集资金13.71万元。

2021年，雨花经济开发区被省商务厅评为第四批江苏智能装备产业特色园区；被市文明委评为"2019—2021年度南京市文明单位"；

被市第七次全国人口普查领导小组办公室、市统计局评为南京市第七次全国人口普查优秀集体；被市委、市政府评为2021年度南京市机关作风建设标兵街道。

【招商引资】 2021年，雨花经济开发区采用外出招商、产业链招商、中介招商等方式，获招商信息151条；联系地产企业50余家，出让地块3个（G38、G40、G41）。整租原美西玛1.20万平方米厂房进行改造，引入江苏苏舜新能源汽车服务有限公司新能源汽车项目、江苏智库智能物流机器人项目；通过回购南京信诚艾尔克工业灭火设备制造有限公司厂区，打造南京金梦都工贸项目，年产值3亿元，年纳税1400万元；收购丰海洋企业厂房，引入"瞪羚企业"江苏金卓能，年产值6亿元，年纳税450万元。推进9号工坊都市工业园区招商工作，引进高端智能制造、智能装备企业6家，租赁面积4万平方米，年产值3.04亿元，税收593.94万元。推进以中国电子科技集团公司第十四研究所为龙头，南京华士电子科技有限公司、南京泰通科技股份有限公司等在内的智能制造、轨道交通特色产业上下游企业在园区集聚，引进工业企业11家，年产值7亿元。全年兑现科技人才经费1378万元、都市工业培育资金385万元、税收扶持资金7986万元，惠及企业102家。

【基础建设】 2021年，雨花经济开发区拆迁5.14万平方米，包括秦淮新河入江口南岸片区红线范围内19户农户拆迁。东片区11条道路中，岱山西路北延实现通车，龙舌路等5条道路完成主体施工，吉祥路、西寇北路、西寇南路建设有序推进。完成板桥河南中学、人居森林中学并联审批一阶段手续办理，完

图为2月23日拍摄的江豚广场。 （区委宣传部 供图）

成凤汇地块小学、人居森林基层社区中心可研方案设计。投资9200余万元，推进西寇片区水系建设并启动招投标工作。通过拍卖取得原江苏致成汽车4S店房地产使用权；租赁南京新天时体育用品有限公司厂房2.50万平方米，打造以研发办公和高端智能装备为主的都市园区。完成三桥湿地公园水系清淤，三桥公园生态修复基地挂牌，并被授予市级生态修复基地称号。创新建立全市首家“土方银行”并运营。建成并投入运营环保屋17个，实现园区全环保屋运营；创建垃圾分类省级达标小区8个。龙藏大道（天山线）创建为2021年度全国“四好农村路”。龙藏大道安全岛岛头绿植小品打造和过街预警系统设置得到省、市交通部门肯定。实施集思广益路等道路绿化工程、十四所西门便道“口袋公园”工程等一批“微改造”工程项目。打造精靓系统指挥监控平台，代表全区通过市总队验收。新增停车泊位221个，设立“共享车位”11个。开展“点靓雨花经济开发区”行动，完成青年路“活力街区”出新和南奥新居小区外立面2000平方米墙面出新。

【社区建设】 2021年，雨花经济开发区完成5个社区“两委”班子换届选举，选举新一届社区“两委”班子成员44名，其中女性15名；平均年龄39岁，其中35岁及以下20名；大专及以上学历10名。文明城市创建宣传张贴海报1000余张、悬挂横幅300余条、布置宣传展板250块。引入第三方专业机构，对社区文化干事、社团文艺骨干进行业务培训。开展“老少同台朗诵”等活动80场，开办文化培训课150节，打造锦华新城、金叶花园少儿阅读空间，配备阅读书籍2225本，开展全民阅读活动70场惠及辖区2万余群众，年内开展各类群众性文化教育活动服务15.58万人次。开展辖区困难老年群体第三方上门服务，80周岁以上老年人服务率100%。健全退役军人服务站机构设置，推进服务站选址、挂牌、建设并通过全国示范型退役军人服务站省级初审。锦华新城社区、金叶花园筹备办、南奥新居筹备办被省妇联评定为江苏省“三全”家庭教育试点单位；锦华新城社区、天保社区、天后社区被市文明委评为“2019—2021年度南京市文明社区”。在雨花台区精品社区评选中，金叶花园筹备办被评为AAA级精品社区。

【平安建设】 2021年，雨花经济开发区创新“基层党建+社区警务+网格化社会治理”基层社会治理模式，划分综合网格27个、专属网格7个。信访接待203批次481人次，化解重大矛盾纠纷5件，调解矛盾纠纷553件，受理并解决农民工和职工欠薪纠纷133起。社区法律顾问全覆盖，提供法律服务280余人次；常态化进行扫黑除恶宣传，悬挂横幅21条、发放宣传册1万余份、发送短信1.60万人次；加大反诈宣传，悬挂横幅110条、张贴海报4000张、设置易拉宝240个、门挂牌1.85万个，发放反诈宣传材料6.48万份，播放反诈视频、提示语300余次，开展现场宣讲会、文艺表演、有奖知识问答等宣传活动11次。约谈安全生产主体责任不落实企业16家，处罚企业21家，处罚金额32.45万元；完成企业安全风险报告制度314家。开展高层建筑火灾防控专项整治行动，发放宣传单页

600余份、张贴海报200余张、悬挂横幅80余条。清理违规停放违规充电电动自行车2457辆，消除“飞线”充电172处，建立小区充电桩2813个、园区企业充电桩1564个。依托网格信息平台防范风险，在“181”平台采集场所信息3512家、单位风险源4316条、公共风险源2248条；场所巡查1.68万家次，安全走访3028家，发现隐患1.47万条。开展危化品使用专项整治，登记涉及危险化学品使用单位338家；排查是否虚假冠名“新材料、新科技、生物”企业1624家。落实新冠肺炎疫情防控要求，新冠肺炎疫苗首针接种3.36万人，二针接种3.04万人，加强针接种1.32万人。

【“我为群众办实事”项目】 2021年，雨花经济开发区党工委围绕2021年民生实事9个项目，开展“我为群众办实事”系列实践活动，入户走访4941户，入户率92.5%，收集意见建议1527条。完成三桥湿地公园设施修复和河道清淤、青年路背街小巷出新、智慧社区改造、开发区交叉路口交通信号灯安装工程；建成雨花经济开发区社区卫生服务中心；完成天保路944米道路出新、沿河护栏安装以及龙飞路路面出新工程。为天保社区、锦华新城社区、南奥筹备办、金叶花园筹备办增设健身场所，安装健身器材8套。举办培训课150节、开展文艺活动80场，服务15.58万人次。

（史雨婷）

表60　2021年雨花经济开发区党史学习教育“我为群众办实事”项目一览表

类　别	具　体　项　目
争先创优促发展	1. 推进秦淮新河入江口以南片区道路建设
	2. 打造雨花经济开发区都市工业园9号工坊，完善员工餐厅、职工宿舍、健身休闲等4100平方米生活配套
为民解忧破难题	3. 建设开发区卫生服务中心
	4. 推进凤汇壹品幼儿园建设
	5. 打造金叶花园少儿图书室
	6. 翻新湿地公园原血防公厕为1类公厕
	7. 完成龙飞路破损地段维修
	8. 新增锦华新城社区、南奥新居筹备办、金叶花园筹备办8套（80件）健身器材
	9. 完成锦华新城小区一期破损管网的疏通、维修
	10. 完成金叶花园外院西沟健身步道无照明路段亮化
	11. 重新规划设置居民小区内非机动车停车位
志愿服务暖民心	12. 开展职业指导培训2次，组织企业专场招聘会2次
	13. 对开发区南奥新居10户高龄老人每月安排一次上门健康检查

（雨　鉴）

【全市首家土方银行建成】 1月9日，全市首家“土方银行”在雨花经济开发区建成运营。“土方银行”是以土方交易为主要业务的“银行”，是为规划区内道路建设、场地平整和房产开发提供土方储存和土方调剂的平台。“土方银行”地处秦淮新河入江口南岸片区，位于雨花经济开发区西寇社区境内，占地146.67万平方米，受纳土方量超30万立方米，至2021年年末，“土方银行”实际运营187天，累计收土11.12万车；为道路建设单位供应黄土50.79万立方米，为7个市区重点项目提供土方调剂服务。“土方银行”有效缓解区域内建筑工地出土慢、倒土难困境的做法，被“学习强国”等媒体报道，并多次接受省内外单位参观学习。

【都市工业园9号工坊成立】 3月29日，雨花经济开发区都市工业园9号工坊挂牌成立。9号工坊位于雨花经济开发区龙藏大道9号，占地面积5.54万平方米，建有7幢楼，用于都市工业发展运营6幢，公寓、食堂及物业配套用房1幢，招商面积1.70万平方米，是现代化智能化高端化的都市工业示范园区。2021年年末，引进南京卓胜自动化设备有限公司、江苏世秦电力工程技术有限公司等高端智能制造、智能装备企业6家，完成年产值3.04亿元、税收593.94万元。 （史雨婷）

责任编辑　张晓华

雨花经济开发区都市工业园九号工坊。 （雨花经济开发区　供图）

人物·荣誉

雨花台年鉴

2022 YUHUATAI ALMANAC

2022 YUHUATAI ALMANAC

Personages·Honours

先进模范人物

·全国三八红旗手·

崔圣菊

南京市公安局雨花台分局西善桥派出所教导员兼福润社区民警。2021年2月，被授予“全国三八红旗手”。

崔圣菊，女，1974年9月生，汉族，中共党员，大学本科学历。1998年8月至2010年10月任徐州沛县公安局办事员、科员、副中队长，2010年10月至2021年12月任南京市公安局雨花台分局西善桥派出所科员、警长、副所长、教导员；先后获“全国特级优秀人民警察”“全国敬老爱老助老模范人物”“全省政法系统忠诚卫士”“江苏省先进工作者”荣誉称号，荣立一等功、二等功各1次，并当选为省第十四次党代会和党的二十大代表。

崔圣菊整合基层工作人员、社工、网格员、楼栋长、群众等各方力量共同参与社会治理，开展警网融合、联动共治，提升“大数据 + 网格化 + 铁脚板”社会治理效果。她提炼总结的“房屋出租户标识化管理”“流动人口一袋式管理”工作方法，被全市推广；参与研发“慧联动”治安信息采集系统增强重点信息采集和人口管理工作质效，被公安部简报登载推广；整合升级社区管理QQ群、微信群，率先打造“福润微警务”微信公众号平台，成为全市首批示范点。2020年，她创新“警网E+”新模式，建立专职与兼职、固定与流动兼容调解机制，就近、就地调解矛盾纠纷、接受咨询；成立“小崔执委工作站”，年均处理各类家事纠纷256起。组建“小崔志愿者服务队”，12年如一日服务辖区独居老人。“崔圣菊劳模创新工作室”作为培养先进典型的“孵化器”，实现由先进个体到先进团队，逐步到先进警队目标。

（崔圣菊）

·江苏省劳动模范·

曹云刚

南京雨花建设发展有限公司工程部部长、高级工程师。2021年4月，被授予江苏省劳动模范。

曹云刚，男，1977年9月生，汉族，中共党员，本科学历。2001年7月毕业于华中科技大学土木工程系，2004年12月就职于南京雨花建设发展有限公司。2006、2007年，获区房产管理局先进个人称号；2008年，获江苏省住房和城乡建设系统劳动模范称号。任职期间，参与建设荷塘村经济适用房、贾西经济适用房、惠安新居廉租房、能仁新居危旧房改造、南河东寓危旧房改造、潘窑征收安置房等保障房项目，建筑面积160万平米、安置家庭5000余户。运用专业技术能力，优化设计施工图纸，采用新工艺新材料，为公司节约成本1200万元。坚持“安全第一，预防为主”，未发生一起安全事故。建立项目目标进度奖惩体系，开展在建项目月流动红旗评比竞赛。多个项目获江苏省住房和城乡建设系统“安康杯”优胜班组、江苏省建筑施工标准化“三星级”示范文明工地、南京市“优质结构工程”、南京市优质工程奖“金陵杯”、江苏省建筑业新技术应用示范工程等荣誉。

姜　杰

亿嘉和科技股份有限公司总裁。2021年4月，被授予江苏省劳动模范。

姜杰，男，1978年1月生，汉族，本科学历，1999年6月毕业于东南大学电子信息工程专业，2016年4月入职亿嘉和科技股份有限公司，先后担任公司副总裁、常务副总裁。2018年，获南京市劳动模范称号；2020年，获江苏省五一劳动奖章。由他主导的室内智能巡检机器人，连续三年全国排名第一，填补国内配电站巡检领域空白。引进项目管理系统、客户管理系统等平台，提升机器人项目交付标准化水平及客户满意度水平。提出“专注精于细节，极致成就价值”质量管理模式，制定发布企业主导产品标准4项；参与《电力机器人术语》《变电站室内轨道式巡检机器人系统通用技术条件》《变电站机器人巡检系统集中监控验收规范》国家、行业及团体标准编写。推出“以人为本，坚持人才第一”主张，制定员工职业生涯规划政策，实现公司与员工共同发展。

王　静

南京西善桥联兴物业管理有限公司保洁班长。2021年4月，被授予江苏省劳动模范。

王静，女，1978年4月生，汉族，来自河南省南阳市社旗县晋庄镇小河陈村，1999年高中毕业到南京打工。曾在空军驻南京军代表接待服务站、江苏省苏食总公司京西宾馆从事服务工作，南京定明板材厂当工人。2014年，到南京西善桥联兴物业公司工作，从事西善桥街道保洁，任街道保洁组长，具体负责街道办公楼保洁。2013年、2019年获市总工会授予的南京市五一劳动奖章。工作中，把面积大、事情杂、内容繁、责任重的任务揽在自己身上。坚持黎明前到岗，仔细收拾、认真清扫一到四层办公室、会议室、值班室、洗手间34个房间，以及楼梯、走廊，每一个角落、每一张桌面、每一件用品。召开会议的会前准备、会后清洁，随叫随到。无论领导、同事有事找，尽自己最大努力完成。生活上，挑起照顾年迈体弱多病、生活不能自理的婆婆和年幼尚在上小学的孩子。2020年年初，新冠肺炎疫情暴发，为维持街道上班秩序，取消回河南老家过年计划，第一时间赶到单位，顶替其他同事岗位。一人肩负多人工作，测量街道进出人员体温、协助发放防疫物资、消杀街道任何死角。

朱　伟

南京中新赛克科技有限责任公司产品线经理（车间主任）。2021年4月，被授予江苏省劳动模范。

朱伟，男，1984月12生，汉族，本科学历，2006年毕业于南京信息工程大学，2012年8月入职南京中新赛克科技有限责任公司。2015—2017年连续获南京市劳动模范称号。任职期间，主要负责对接客户需求及软件开发工作。对外负责全国范围内客户需求对接与分析，对内负责将客户需求转化为产品设计。每年有大半年时间在出差与客户沟通交流并协调解决用户问题。带领部门同事在技术开发与服务客户中进取，得到公司及客户认可和表扬。钻研技术、解决难题，与各项目负责人沟通产品开发细节，寻找客户需求与技术平衡点，满足客户需求，提升公司开发技能。在项目研发、交付实施中，凭借技术经验快速准确处理客户现场突发问题。发挥产线技术研发带头人作用,带领部门同事连续奋战快速解决代码故障问题,受到客户的好评。平衡家庭与出差时间,保证工作畅通运行。输出多篇文档,与同事进行技术培训与交流,共同提高工作技能。（王　杉）

·江苏省巾帼建功标兵·

李文华

中国(南京)软件谷管委会企业服务部副部长。2021年11月,被江苏省妇联授予的江苏省巾帼建功标兵荣誉称号。

李文华,女,1979年12月生,汉族,中共党员,2003年8月参加工作,2020年6月到中国(南京)软件谷管委会企业服务部从事企业服务工作,综合业务素质全面、企业服务经验丰富,甘于奉献、开拓创新,工作负责、作风务实,业务技娴熟,获得同事和企业好评。组织区独角兽瞪羚企业专场招聘会、精鹰归谷——"翼"展宏图软件谷2021春季IT人才专场招聘会、"企业凡尔赛大会"、"情系软件谷 相约牛首山"IT青年交友联谊活动等;牵头组织成立中国(南京)软件谷人工智能产业联盟;联合百度飞浆团队举办"因智而能 聚合生长"百度飞浆中国行南京首站活动。（池宁琳）

·江苏好人·

张秀兰

翠竹园社区新时代文明实践站志愿服务分队队长、翠竹园社区艺术团团长、翠竹园社区老年大学校长、翠竹园社区侨联主席。2021年12月,入选江苏省文明办发布的12月份江苏省好人榜。

张秀兰,女,1954年2月生,汉族,退休前在扬子石化公司机关科室从事行政管理工作。曾担任雨花台区文明市民督导团团长、雨花台区政法委志愿者协会副会长。2004年,张秀兰负责成立翠竹园社区艺术团,有文艺队伍13支,开展文化惠民活动近百场。2021年,社区艺术团获评区四星级艺术团队。2011年,张秀协调申请,翠竹园社区成立南京市唯一备案的社区老年大学。上门邀请社区里的艺术家担任教学老师,协调文化部门安排专业老师到社区教学。办有声乐班、舞蹈班、乐器班、葫芦丝班、朗诵班、合唱班、戏曲班、武术班,在校居民380余人、专兼职老师13人。带动1200余名志愿者报名参加社区志愿服务队,组建志愿服务队伍20余支,轮流照顾重病老人、定期为侨眷送菜上门、入户宣传垃圾分类、全天候巡逻小区环境,翠竹园社区获评2020年全国文明单位。2020年新冠肺炎疫情期间,张秀兰发起云志愿献爱心活动,募集4000元善款捐入南京市妇儿基金会。2021年7月,禄口机场聚集性疫情发生后,请赴一线协助核酸检测至凌晨;动员10余名侨联代表为社区承担制作号牌;带领大家为高龄老人、残疾人提供一对一服务。（惠　子）

立功军人名录

表61　2021年雨花台籍立功军人名录

序号	奖励等级	姓　名	性别	出生年月	所在部队
1	三等功	叶自强	男	1984 年 1 月	火箭军装备部
2	三等功	洪万里	男	1989 年 1 月	96746 部队
3	三等功	沈正琦	男	1992 年 4 月	空军工程大学
4	三等功	陈文浩	男	1995 年 10 月	32028 部队

（李述良）

先进单位表彰名录

表62　2021年获市委、市政府（含）以上表彰的先进单位一览表（选编）

获奖单位	获奖荣誉	授予单位	授予时间
雨花街道	2019—2020 年度全国“四好”商会	中华全国工商业联合会办公厅	1 月
雨花、板桥、西善桥、岱山、赛虹桥社区卫生服务中心	2020 年“优质服务基层行”表现突出、成效显著	国家卫生健康委办公厅、国家中医药局办公室	2 月 2 日
西善桥街道嘉业社区	2020 年度全国综合减灾示范社区	国家减灾委员会、应急管管理部、中国气象局、中国地震局	2 月 7 日
江苏斑马软件技术有限公司	全国巾帼建功先进集体	全国妇联	3 月 1 日
雨花台区	2020 年全国中医药工作先进单位复审合格	国家中医药管理局办公室	3 月 25 日
雨花街道农花社区团支部	全国五四红旗团支部	共青团中央	4 月 25 日
雨花台区	区域“双创”示范基地获国务院办公厅关于对 2020 年落实有关重大政策措施真抓实干成效明显地方予以督查激励	国务院办公厅	4 月 30 日
中华中等专业学校	课程思政示范课名优教师团队	教育部	5 月
雨花街道翠竹园社区	首批“社区青春行动”试点社区	共青团中央	7 月 6 日
雨花台区实验小学善水湾分校	教育部 2020 年度网络学习空间应用普及活动优秀学校	教育部办公厅	7 月
西善桥街道民生保障部	（残疾人之家）2021 年中国公益慈善项目大赛	中国公益慈善项目大赛组委会	8 月 6 日
区文化和旅游局、区残联	节约型机关	国家机关事务管理局、中共中央直属机关事务管理局、国家发展改革委员会、财政部	8 月 23 日

续表62

获奖单位	获奖荣誉	授予单位	授予时间
区体育局	2017—2020 年度全国群众体育先进单位	国家体育总局	9 月 2 日
朗诗绿街文化艺术中心	在筑梦启航 2021 国庆电视晚会暨群星杯第二届舞蹈模特合唱网络大赛活动中获得金奖	感动中国群众文化艺术周组委会	10 月
区人民检察院	2021 年全国检察宣传先进单位	检察日报社	10 月 15 日
雨花街道花神庙社区	全国示范性老年友好型社区	国家卫生健康委办公厅、全国老龄办	10 月 19 日
区人力资源社会保障局	全国根治拖欠农民工工资先进集体	国务院根治拖欠农民工工资工作领导小组	10 月 21 日
区级机关工委	传承红色基因 争创英雄支部获"第三届党建创新成果展示交流活动"十佳案例银奖	旗帜杂志社（中央和国家机关工委）	10 月
区科技局	2021 年全国科技活动周及重大示范活动先进集体	全国科技活动周组委会办公室、科技部科技人才与科学普及司	11 月
区工商联	全国"五好"县级工商联	全国工商联	12 月 27 日
区发展改革委	全省脱贫攻坚暨对口帮扶支援合作先进集体	省委、省政府	10 月 31 日
雨花台区	首批"江苏省社区医院示范区"	省卫生健康委办公室	1 月 6 日
雨花街道（"五红五筑"）	江苏省首批民族工作"红石榴家园"	省民宗委	1 月 8 日
区打好污染防治攻坚战指挥部办公室	2020 年度打好污染防治攻坚战宣传工作先进集体	省污染防治攻坚战指挥部	1 月 11 日
雨花实验幼儿园	2019—2021 年度江苏省文明单位	省精神文明建设指导委员会	1 月 11 日
南京市雨花台中学、南京市板桥中学	2019—2021 年度江苏省文明校园	省精神文明建设指导委员会	1 月 11 日
区市场监督管理局开发区分局	全省市场监管系统先进集体	省人力资源社会保障厅、省市场监管局	1 月 15 日
区应急管理局	2020 年度全省应急指挥工作先进集体	省应急管理厅	1 月 21 日
南京市雨花台区岱山法律援助工作站	全省法律援助工作先进集体	省司法厅	1 月 28 日
古雄街道	古雄社区家风家训案例荣获 2020 年度全省社科联系统"工作创新案例"	省社科联	1 月
南京市雨花台区人民来访接待中心	2020 年度全省信访系统"人民满意窗口"建设质量提升工程示范单位	省政府信访局	2 月 2 日
赛虹桥街道安德门社区	江苏省三八红旗集体	省妇联	2 月 22 日
区卫生健康委	案例"探索政策新路径 实现医养新融合"获 2020 年度全省老龄健康工作十佳案例	省卫生健康委老龄健康处	3 月 3 日
雨花街道（翠竹园）社区	2020 年度党建引领物业管理服务工作省级示范点	省委组织部等	3 月 5 日

续表62

获奖单位	获奖荣誉	授予单位	授予时间
雨花街道翠竹园社区	2021 年度江苏省“最美公共文化空间”打造对象	省文化和旅游厅	3 月 19 日
区政府办	2020 年度全省政务信息工作先进单位	省政府办公厅	3 月 23 日
南站综管办“爱心小屋”青年志愿服务队	2020 年度江苏省青年志愿服务事业贡献奖（集体）	团省委、省青年志愿者协会	3 月 23 日
区司法局	2020 年度全省司法行政系统新闻宣传工作先进集体	省司法厅	3 月 25 日
西善桥街道水环境科普教育志愿服务队	第五届江苏省“母亲河奖”绿色团队奖	省保护母亲河行动领导小组	3 月 29 日
区纪委区监委	“以科技为经纬，织密追逃天网”获 2020 年度全省纪检监察信息技术实战应用十大精品案例	省纪委省监委审查调查技术管理办公室	3 月
铁心桥社区卫生服务中心	江苏省健康促进医院	省卫生健康委办公室	4 月 1 日
区民政局	2019—2020 年度江苏省基层社会治理创新成果提名奖	省民政厅	4 月 21 日
区残联	2020 年公益助残网络募捐工作优秀奖	省残疾人福利基金会	4 月 21 日
西善桥街道团工委、江苏润和软件股份有限公司团委	江苏省五四红旗团（工）委	团省委	4 月 30 日
雨花台区行政审批局团支部、铁心桥街道新河社区团支部	江苏省五四红旗团支部	团省委	4 月 30 日
雨花台区雨花后续照管服务站	2020 年度后续照管工作先进集体	省戒毒局	5 月 10 日
雨花台区	基层卫生服务能力和队伍建设督查激励	省政府办公厅	5 月 12 日
雨花台区	2020 年度江苏省自然资源节约集约利用模范区	省自然资源厅	5 月 27 日
区残联	2020 年度按比例安排残疾人就业工作优秀单位	省政府残工委	5 月 31 日
南京新港科技创业服务中心、南京市雨花台区智慧城市科技企业孵化器	2020 年度江苏省科技企业孵化器（A 类）	省科技厅	6 月 3 日
南京市规划和自然资源局雨花台分局宁南国土资源所	全省系统自然资源所标准化建设成效显著单位	省自然资源厅党的建设领导小组	6 月 23 日
雨花台区计划生育协会	2020 年家庭健康保险工作三等奖	省计划生育协会	6 月
古雄街道古雄社区、赛虹桥街道安德门社区	江苏省基层党组织书记实训基地	省党支部书记学院	6 月
雨花街道（雨花苑、共青团路四村），梅山街道（上怡新村、梅清苑小区、梅苑小区、梅岭小区、梅欣小区），古雄街道（南郡国际花园），铁心桥街道（春江新城二期）、赛虹桥街道（康润园小区）	2019—2020 年度省级宜居示范居住区	省住房城乡建设厅	7 月 9 日

续表62

获奖单位	获奖荣誉	授予单位	授予时间
雨花街道计划生育协会、铁心桥街道计划生育协会	全省计划生育协会工作成绩突出单位（乡级）	省计划生育协会	7月16日
西善桥街道永盛社区计划生育协会、开发区金叶花园社区计划生育协会	全省计划生育协会工作成绩突出单位（村级）	省计划生育协会	7月16日
铁心桥街道红十字会	2019—2020年全省红十字会基层组织工作先进集体	省红十字会	7月19日
区档案馆	2021年度档案宣传工作获三等奖	省档案馆	7月20日
雨花街道退役军人服务站	2021年度全省“百家红色精品退役军人服务站”	省退役军人厅	7月28日
雨花台区	江苏省义务教育优质均衡发展区	省教育厅	7月30日
区税务局	2020年度按比例安排残疾人就业工作优秀单位	省政府残工委	7月
板桥街道孙家社区	全省城乡基层援法议事范例	省委依法治省办	7月
西善桥街道民生保障部（残疾人之家）	2020年度公益助残网络募捐合作伙伴二等奖	省残疾人福利基金会	7月
南京市雨花台区邦宁科技园	2021年度省级科技企业孵化器（专业）	省科技厅	8月16日
公安局雨花台分局赛虹桥派出所	全省公安机关抗击新冠肺炎疫情成绩突出集体	省公安厅	8月26日
古雄街道（金地自在城）	2020年度江苏省省级示范物业管理项目	省住房城乡建设厅	8月30日
雨花台区	2020年度全省基层党员冬训工作示范区	省委宣传部、省委组织部	9月3日
雨花街道	2020年度全省基层党员冬训先进街道	省委宣传部、省委组织部	9月3日
西善桥街道社区教育中心	“‘向善家长学校’——‘大教育’助推社会治理”项目获2021省级“社区教育品牌项目”	省成人教育协会	9月22日
区关委、区政法系统关工委	全省关心下一代工作优秀集体	省关工委、省精神文明办	10月12日
中国（南京）软件谷管理委员会	首批江苏软件名园	省工业和信息化厅	10月15日
岱山社区卫生服务中心	2021年度优秀基层糖尿病并发症筛查工作站（二等奖）	省基本公共卫生服务技术指导中心（省疾控中心）	10月19日
赛虹桥街道办事处	展示项目（《柔力球》）金奖和体育道德风尚奖	省农民体育协会	10月21日
古雄街道	2021年省级耕地保护激励单位	省自然资源厅	10月27日
区人民检察院	江苏省检察机关深化适用认罪认罚从宽制度典型案例	省人民检察院	10月28日
赛虹桥街道办事处	展示项目金奖和体育道德风尚奖	省农民体育协会	10月
板桥社区卫生服务中心	第四批“江苏省社区医院”	省卫生健康委办公室	11月12日
雨花街道	江苏省第七次全国人口普查工作成绩显著集体	省第七次全国人口普查领导小组办公室、省统计局	11月19日
中国（南京）软件谷管理委员会	江苏省信息技术应用创新先导区项目	省工业和信息化厅	11月22日

续表62

获奖单位	获奖荣誉	授予单位	授予时间
雨花街道（花神文体公园）	2021 年度江苏省最美乡村健身公园	省体育总会、省农民体育协会	11 月 24 日
雨花台区社会组织发展中心雨花公益众创空间妇联	江苏省巾帼文明岗	省妇联	11 月
南京梅山生活服务发展有限公司	全省工会劳动法律监督工作示范单位	省总工会	11 月
南京市雨花台区四季阳光能仁里市民广场工会户外劳动者服务站点	2021 年度全省“最美工会户外劳动者服务站点”	省总工会	12 月 1 日
铁心桥社区卫生服务中心普外科、雨花社区卫生服务中心口腔科	2021 年省基层特色科室	省卫生健康委办公室	12 月 9 日
赛虹桥社区卫生服务中心	2021 年度家庭医生签约服务创新单位	省卫生健康委办公室	12 月 9 日
善水湾家庭医生工作室	2021 年度星级家庭医生工作室	省卫生健康委办公室	12 月 9 日
铁心桥街道春江社区博爱家园	2021 年度优秀博爱家园	省红十字会	12 月 9 日
区工商联	江苏省 2021 年度“构筑民营经济舆论阵地”先进单位	中华工商时报、《中国工商》杂志社	12 月 10 日
南京华士电子科技有限公司、南京市盐业有限公司	2021 年江苏省优秀劳动关系和谐企业	江苏省协调劳动关系第三方委员会	12 月 13 日
区人民检察院法警大队	优秀执警案例	省院第九检察部（法警总队）	12 月 13 日
区商务局	2021 年度全省服务贸易（服贸外包）统计工作先进单位	省商务厅	12 月 15 日
雨花台区	2020 年度省级服务外包示范区综合评价第二名	省商务厅	12 月 16 日
雨花台生态环境局	2021 年度攻坚宣传作品攻坚微电影二等奖	省污染防治攻坚战指挥部	12 月 17 日
雨花、铁心桥、板桥、西善桥、赛虹桥、岱山社区卫生服务中心	2021 年江苏省老年友善医疗机构	省卫生健康委办公室	12 月 20 日
共青团路小学	第七批江苏省红十字示范学校	省红十字会、省教育厅	12 月 21 日
区人力资源社会保障局	2021 年度全省人社窗口单位业务技能练兵比武活动三等奖	省人力资源社会保障厅	12 月 22 日
雨花台区	天山线（龙藏大道）获 2021 年度“平安放心路”样板路	省交通运输厅公路事业发展中心	12 月 24 日
赛虹桥司法所	省优秀司法所	省司法厅	12 月 29 日
区人大办	2021 年度《人民与权利》杂志宣传通联标兵单位	省人大研究室	12 月 30 日
古雄街道大方社区、西善桥街道齐修社区、铁心桥街道景明佳园社区	全省第二批“红石榴家园”	省民宗委	12 月 30 日
区文化和旅游局	2021 年度江苏省境外卫星电视传播秩序专项整治工作成绩突出单位	省广电局	12 月 30 日
区人民检察院第三检察部	全省检察机关“十佳行政检察监督案件”案例	省人民检察院第六检察部	12 月
赛虹桥司法所	省优秀司法所	省司法厅	12 月

续表62

获奖单位	获奖荣誉	授予单位	授予时间
赛虹桥街道关工委	“童心永向党 筑梦新辉煌”创作演讲优秀组织奖	省关心下一代工作委员会	12月
区卫生健康委员会、区市场监督管理局、雨花街道花神庙社区、西善桥街道齐修社区	全市抗击新冠肺炎疫情先进集体	市委、市政府	1月8日
赛虹桥街道	机关作风建设标兵街道	市委、市政府	2月
雨花台生态环境局	南京市高水平全面建设小康社会先进集体（三大攻坚战类—污染防治）	市委、市政府	3月8日
公安局雨花台分局经济犯罪侦查大队	南京市高水平全面建设小康社会先进集体（三大攻坚战类—防范化解重大风险）	市委、市政府	3月8日
区社会保险管理中心支部委员会、雨花街道南京南站区域党建联盟360党总支部委员会、公安局雨花台分局西善桥派出所支部委员会	南京市高水平全面建设小康社会先进集体（党建强基类）	市委、市政府	3月8日
雨花街道南京南站区域党建联盟360党总支、区社会保险管理中心支部委员会、区社会组织党委、西善桥街道齐修社区	南京市先进基层党组织	市委	6月

先进个人表彰名录

表63　2021年获市委、市政府（含）以上表彰的先进个人一览表（选编）

姓　名	工作单位	荣誉称号	授予单位	授予时间
辛　福	西善桥街道	全国残疾人工作先进个人	国务院残疾人工作委员会	7月
张　浩	区体育局	2017—2020年度全国群众体育先进个人	国家体育总局	9月7日
肖　菊	区统计局	第七次全国人口普查先进个人	国务院第七次全国人口普查领导小组	9月16日
刘宇欣	区统计局	2021年度《中国统计》省级以下联通先进个人	中国统计出版社	9月25日
单玉芳	雨花台生态环境局	生态环境监测“技术骨干”	国家生态环境部办公厅	11月1日
程道伟	区科技局	2021年全国科技活动周及重大示范活动先进个人	全国科技活动周组委会办公室、科技部科技人才与科学普及司	11月
张凌燕	区人民检察院	2021年度全国检察宣传先进个人	检察日报社	11月
辛　福	西善桥街道	年度优秀社会创业家	中国社会创业研究中心	11月

续表63

姓　名	工作单位	荣誉称号	授予单位	授予时间
顾　烨	区人民检察院	撰写的《检察机关强化企业风险防控促进市场主体合规约束推动高质量发展路径分析》获第第三十三届全国副省级城市法治论坛优秀论文奖	第三十三届全国副省级城市法治论坛组委会	11 月
白建荣	区人民法院	荣誉天平奖章	最高人民法院	12 月 1 日
张　雷	区委统战部	江苏省 2021 年度“构筑民营经济舆论阵地”先进个人	中华工商时报	12 月 10 日
李励生	区应急管理局	第三届全国应急管理普法知识竞赛三等奖	应急管理部、司法部、中华全国总工会、全国普及法律常识办公室	12 月 29 日
冯培宏	雨花社区卫生服务中心	江苏省先进工作者	省委、省政府	4 月 30 日
王瑞荣	区水务局	全省防汛抗洪工作先进个人	省委、省政府	5 月 23 日
包　磊	区卫生健康委	全省脱贫攻坚暨对口帮扶支援合作先进个人	省委、省政府	10 月 31 日
张凌燕	区人民检察院	“我的案件我来说”办案故事讲述会二等奖	省人民检察院	1 月 4 日
于浩然	区应急管理局监察大队	2020 年度全省安全生产执法工作先进个人工作者	省应急厅	1 月 7 日
张钰卿	雨花经济开发区	2020 年度全省开发区信息工作先进个人（二等奖）	省开发区协会	1 月 7 日
刘　克	区统计局	2020 年度全省物流统计工作先进工作者	省现代物流协会	1 月 7 日
查融冰	区人民检察院	全省检察机关司法警察“践行训词精神 用单职责使命”履职演说会优秀奖	省人民检察院	1 月 8 日
郭莉莉	区人民法院	全省优秀法官	省高级人民法院	2 月 5 日
白　静	区妇幼保健所	2020 年度参政议政工作先进个人	中国农工民主党江苏省委员会	2 月
任金忠	区司法局	2020 年度依法治省工作成绩突出个人	省委全面依法治省委员会办公室	3 月 8 日
周宏达	区政府办	2020 年度全省政务信息工作先进个人	省政府办公厅	3 月 23 日
穆守煊	雨花台区城市管理综合行政执法大队	第五届江苏省“母亲河奖”绿色卫士奖	省保护母亲河行动领导小组	3 月 29 日
于浩然	区应急管理局监察大队	2020 年度全省矿山安全监管监察工作先进个人	省应急管理厅、江苏煤矿安全监察局	4 月 7 日
刘亚萍	梅山街道	江苏省三八红旗手	省妇联	4 月 19 日
周华杰夫	南京中华中等专业学校	江苏省优秀共青团员	团省委	4 月 30 日
杨舒然	雨花台区机关联合团支部	江苏省优秀共青团干部	团省委	4 月 30 日

续表63

姓 名	工作单位	荣誉称号	授予单位	授予时间
陈晓华 程 霞	区残联	公益助残网络募捐工作先进个人	省残疾人福利基金会	4月21日
童梅香	区司法局	2020年度后续照管工作先进个人	省戒毒局	5月10日
杨 蒙	雨花台公安分局	二等功	省公安厅	5月27日
查融冰	区人民检察院	2021年全省检察机关司法警察授衔培训班暨履职综合演练优秀学员	省人民检察院法警总队	6月8日
王玉萍	区疾病预防控制中心	2020年度江苏省尘肺病项目工作先进个人	省疾病预防控制中心	6月18日
张凌燕	区人民检察院	全省政法先进典型	省委政法委	6月24日
田 园	区人民检察院	全省检察机关控告申诉检察业务标兵	省人民检察院	6月
胡 林	安德门社区	百名示范村（社区）书记	省委组织部	6月
王 英	区卫生健康委	全省计划生育协会工作成绩突出个人	省计划生育协会	7月16日
邓远平	西善桥街道办事处	全省计划生育协会工作成绩突出个人	省计划生育协会	7月16日
徐 慧	古雄街道办事处	全省计划生育协会工作成绩突出个人	省计划生育协会	7月16日
柳 佳	区税务局	2020年度按比例安排残疾人就业工作优秀个人	省人民政府残疾人工作委员会	7月
张玉萍	南京市雨花台区中和美社会组织服务中心	2021省级“社区教育优秀志愿者”	省成人教育协会	9月22日
李发志	南京市雨花台中学	江苏省教育系统先进个人（优秀教师）	省教育厅、省人力资源社会保障厅	9月
任丽君	区文化和旅游局	江苏省文化和旅游系统先进工作者	省人力资源和社会保障厅、省文化和旅游厅	10月12日
窦 文 徐蒙蒙	岱山社区卫生服务中心	2021年度优秀基层糖尿病并发症筛查工作站（二等奖）	省基本公共卫生服务技术指导中心（省疾控中心）	10月19日
杨 阚	西善桥街道	江苏省社区教育管理人员培训优秀学员	江苏省高等职业教育教师培训中心	10月25日
苗洁明	区人民法院	全省法院信息化工作先进个人	省高级人民法院	10月28日
陆 忱	区纪委区监委	全省纪检监察系统先进工作者	省纪委省监委、省人力资源社会保障厅	11月16日
沈云松 汤光华 戴世德 姚 洁 胡小林 孙丽丽 陈 晔 赵玉洁 刘 克 夏梅玫 魏 薇 丁凤权 蒋 蓉 眭昱旻 王文江 朱天燕 钟 山 孙 雅 王 英 韩 淼 朱 杰	区人普办	江苏省第七次全国人口普查工作成绩显著个人	省统计局、省第七次全国人口普查领导小组办公室	11月19日

续表63

姓　名	工作单位	荣誉称号	授予单位	授予时间
管利利　邹　洁	雨花街道	江苏省第七次全国人口普查工作成绩显著个人	省统计局、省第七次全国人口普查领导小组办公室	11月19日
周　颖	雨花街道雨花社区	江苏省第七次全国人口普查工作成绩显著个人	省统计局、省第七次全国人口普查领导小组办公室	11月19日
刘玉敏	雨花街道丁墙社区	江苏省第七次全国人口普查工作成绩显著个人	省统计局、省第七次全国人口普查领导小组办公室	11月19日
郑乃连	雨花街道康盛花园社区	江苏省第七次全国人口普查工作成绩显著个人	省统计局、省第七次全国人口普查领导小组办公室	11月19日
尹　琪	雨花街道花神庙社区	江苏省第七次全国人口普查工作成绩显著个人	省统计局、省第七次全国人口普查领导小组办公室	11月19日
单亚丽	雨花街道翠竹园社区	江苏省第七次全国人口普查工作成绩显著个人	省统计局、省第七次全国人口普查领导小组办公室	11月19日
周红兰	雨花街道翠岛花城社区	江苏省第七次全国人口普查工作成绩显著个人	省统计局、省第七次全国人口普查领导小组办公室	11月19日
魏　瑶	雨花街道普德村社区	江苏省第七次全国人口普查工作成绩显著个人	省统计局、省第七次全国人口普查领导小组办公室	11月19日
丁国琴	雨花街道雨花台社区	江苏省第七次全国人口普查工作成绩显著个人	省统计局、省第七次全国人口普查领导小组办公室	11月19日
郭建宽	雨花街道能仁里社区	江苏省第七次全国人口普查工作成绩显著个人	省统计局、省第七次全国人口普查领导小组办公室	11月19日
赖旭辉	雨花街道凤凰山社区	江苏省第七次全国人口普查工作成绩显著个人	省统计局、省第七次全国人口普查领导小组办公室	11月19日
芮雪萍	雨花街道吉山社区	江苏省第七次全国人口普查工作成绩显著个人	省统计局、省第七次全国人口普查领导小组办公室	11月19日
张　群	雨花街道云台山社区	江苏省第七次全国人口普查工作成绩显著个人	省统计局、省第七次全国人口普查领导小组办公室	11月19日
刘立言	南京市青龙山林场有限公司	江苏省第七次全国人口普查工作成绩显著个人	省统计局、省第七次全国人口普查领导小组办公室	11月19日
陈　慧	雨花街道共青团路社区	江苏省第七次全国人口普查工作成绩显著个人	省统计局、省第七次全国人口普查领导小组办公室	11月19日
王　珊	雨花街道农花社区	江苏省第七次全国人口普查工作成绩显著个人	省统计局、省第七次全国人口普查领导小组办公室	11月19日
刘　慧　孙晓丽	雨花街道南站社区	江苏省第七次全国人口普查工作成绩显著个人	省统计局、省第七次全国人口普查领导小组办公室	11月19日
靖　泉	赛虹桥街道	江苏省第七次全国人口普查工作成绩显著个人	省统计局、省第七次全国人口普查领导小组办公室	11月19日
夏云路	赛虹桥街道菊花里社区	江苏省第七次全国人口普查工作成绩显著个人	省统计局、省第七次全国人口普查领导小组办公室	11月19日
何　翔	赛虹桥街道邓府山社区	江苏省第七次全国人口普查工作成绩显著个人	省统计局、省第七次全国人口普查领导小组办公室	11月19日
花韵玄	赛虹桥街道龙福社区	江苏省第七次全国人口普查工作成绩显著个人	省统计局、省第七次全国人口普查领导小组办公室	11月19日
李梦婷	赛虹桥街道长虹路社区	江苏省第七次全国人口普查工作成绩显著个人	省统计局、省第七次全国人口普查领导小组办公室	11月19日

续表63

姓　名	工作单位	荣誉称号	授予单位	授予时间
陈　裴	赛虹桥街道赛虹桥社区	江苏省第七次全国人口普查工作成绩显著个人	省统计局、省第七次全国人口普查领导小组办公室	11月19日
夏云路	赛虹桥街道菊花里社区	江苏省第七次全国人口普查工作成绩显著个人	省统计局、省第七次全国人口普查领导小组办公室	11月19日
徐　胜	赛虹桥街道玻纤院社区	江苏省第七次全国人口普查工作成绩显著个人	省统计局、省第七次全国人口普查领导小组办公室	11月19日
刘　畅	赛虹桥街道小行社区	江苏省第七次全国人口普查工作成绩显著个人	省统计局、省第七次全国人口普查领导小组办公室	11月19日
刘　琳	赛虹桥街道安德门社区	江苏省第七次全国人口普查工作成绩显著个人	省统计局、省第七次全国人口普查领导小组办公室	11月19日
陈　婷	铁心桥街道	江苏省第七次全国人口普查工作成绩显著个人	省统计局、省第七次全国人口普查领导小组办公室	11月19日
郑　平　李福喜　赵华俊	铁心桥街道马家店社区	江苏省第七次全国人口普查工作成绩显著个人	省统计局、省第七次全国人口普查领导小组办公室	11月19日
陈　萍	铁心桥街道尹西社区	江苏省第七次全国人口普查工作成绩显著个人	省统计局、省第七次全国人口普查领导小组办公室	11月19日
陈　丹	铁心桥街道翠岭银河社区	江苏省第七次全国人口普查工作成绩显著个人	省统计局、省第七次全国人口普查领导小组办公室	11月19日
张　莉	铁心桥街道春江社区	江苏省第七次全国人口普查工作成绩显著个人	省统计局、省第七次全国人口普查领导小组办公室	11月19日
郭宝云	铁心桥街道新河社区	江苏省第七次全国人口普查工作成绩显著个人	省统计局、省第七次全国人口普查领导小组办公室	11月19日
王　卉	铁心桥街道定坊社区	江苏省第七次全国人口普查工作成绩显著个人	省统计局、省第七次全国人口普查领导小组办公室	11月19日
龚莉莉	铁心桥街道景明佳园社区	江苏省第七次全国人口普查工作成绩显著个人	省统计局、省第七次全国人口普查领导小组办公室	11月19日
柯承凤	铁心桥街道高家库社区	江苏省第七次全国人口普查工作成绩显著个人	省统计局、省第七次全国人口普查领导小组办公室	11月19日
钱祝菊	铁心桥街道铁心社区	江苏省第七次全国人口普查工作成绩显著个人	省统计局、省第七次全国人口普查领导小组办公室	11月19日
杨　琳　朱晶晶	板桥街道	江苏省第七次全国人口普查工作成绩显著个人	省统计局、省第七次全国人口普查领导小组办公室	11月19日
曹建雄	板桥街道板桥社区	江苏省第七次全国人口普查工作成绩显著个人	省统计局、省第七次全国人口普查领导小组办公室	11月19日
王康俊	板桥街道新建社区	江苏省第七次全国人口普查工作成绩显著个人	省统计局、省第七次全国人口普查领导小组办公室	11月19日
薛　娇	板桥街道永安社区	江苏省第七次全国人口普查工作成绩显著个人	省统计局、省第七次全国人口普查领导小组办公室	11月19日
张雁萍	板桥街道殷富社区	江苏省第七次全国人口普查工作成绩显著个人	省统计局、省第七次全国人口普查领导小组办公室	11月19日
李明霞	板桥街道孙家社区	江苏省第七次全国人口普查工作成绩显著个人	省统计局、省第七次全国人口普查领导小组办公室	11月19日
王　芳	板桥街道绿洲社区	江苏省第七次全国人口普查工作成绩显著个人	省统计局、省第七次全国人口普查领导小组办公室	11月19日
袁　洁	板桥街道三山社区	江苏省第七次全国人口普查工作成绩显著个人	省统计局、省第七次全国人口普查领导小组办公室	11月19日

续表63

姓　名	工作单位	荣誉称号	授予单位	授予时间
刘星星　施文娟　庄琳洁	西善桥街道	江苏省第七次全国人口普查工作成绩显著个人	省统计局、省第七次全国人口普查领导小组办公室	11月19日
王　静	西善桥街道油坊社区	江苏省第七次全国人口普查工作成绩显著个人	省统计局、省第七次全国人口普查领导小组办公室	11月19日
贾天天	西善桥街道福润社区	江苏省第七次全国人口普查工作成绩显著个人	省统计局、省第七次全国人口普查领导小组办公室	11月19日
周键森	西善桥街道古遗井社区	江苏省第七次全国人口普查工作成绩显著个人	省统计局、省第七次全国人口普查领导小组办公室	11月19日
许　蓉	西善桥街道西善花苑社区	江苏省第七次全国人口普查工作成绩显著个人	省统计局、省第七次全国人口普查领导小组办公室	11月19日
孙卫明	西善桥街道西善桥社区	江苏省第七次全国人口普查工作成绩显著个人	省统计局、省第七次全国人口普查领导小组办公室	11月19日
朱丽娟	西善桥街道嘉业社区	江苏省第七次全国人口普查工作成绩显著个人	省统计局、省第七次全国人口普查领导小组办公室	11月19日
马乾瑞	西善桥街道齐修社区	江苏省第七次全国人口普查工作成绩显著个人	省统计局、省第七次全国人口普查领导小组办公室	11月19日
丁雅萍	西善桥街道明义社区	江苏省第七次全国人口普查工作成绩显著个人	省统计局、省第七次全国人口普查领导小组办公室	11月19日
陆　珣	西善桥街道平治社区	江苏省第七次全国人口普查工作成绩显著个人	省统计局、省第七次全国人口普查领导小组办公室	11月19日
姚晓望	西善桥街道永盛社区	江苏省第七次全国人口普查工作成绩显著个人	省统计局、省第七次全国人口普查领导小组办公室	11月19日
王海燕	梅山街道	江苏省第七次全国人口普查工作成绩显著个人	省统计局、省第七次全国人口普查领导小组办公室	11月19日
李晓霞	梅山街道中兴路社区	江苏省第七次全国人口普查工作成绩显著个人	省统计局、省第七次全国人口普查领导小组办公室	11月19日
武志丽	梅山街道上怡新村社区	江苏省第七次全国人口普查工作成绩显著个人	省统计局、省第七次全国人口普查领导小组办公室	11月19日
赵欣婷	梅山街道梅清苑社区	江苏省第七次全国人口普查工作成绩显著个人	省统计局、省第七次全国人口普查领导小组办公室	11月19日
沈爱琴	梅山街道梅欣社区	江苏省第七次全国人口普查工作成绩显著个人	省统计局、省第七次全国人口普查领导小组办公室	11月19日
徐丽丽	梅山街道梅岭社区	江苏省第七次全国人口普查工作成绩显著个人	省统计局、省第七次全国人口普查领导小组办公室	11月19日
徐家连	古雄街道	江苏省第七次全国人口普查工作成绩显著个人	省统计局、省第七次全国人口普查领导小组办公室	11月19日
曹　琨	古雄街道大方社区	江苏省第七次全国人口普查工作成绩显著个人	省统计局、省第七次全国人口普查领导小组办公室	11月19日
徐　静	古雄街道古雄社区	江苏省第七次全国人口普查工作成绩显著个人	省统计局、省第七次全国人口普查领导小组办公室	11月19日
石开敏	古雄街道新林社区	江苏省第七次全国人口普查工作成绩显著个人	省统计局、省第七次全国人口普查领导小组办公室	11月19日
李　政	古雄街道柿子树社区	江苏省第七次全国人口普查工作成绩显著个人	省统计局、省第七次全国人口普查领导小组办公室	11月19日

续表63

姓　名	工作单位	荣誉称号	授予单位	授予时间
陈祥兵	雨花经济开发区	江苏省第七次全国人口普查工作成绩显著个人	省统计局、省第七次全国人口普查领导小组办公室	11月19日
刘玉海	雨花经济开发区天保社区	江苏省第七次全国人口普查工作成绩显著个人	省统计局、省第七次全国人口普查领导小组办公室	11月19日
束孝文	雨花经济开发区西寇社区	江苏省第七次全国人口普查工作成绩显著个人	省统计局、省第七次全国人口普查领导小组办公室	11月19日
汤　丽	雨花经济开发区南奥社区筹备办	江苏省第七次全国人口普查工作成绩显著个人	省统计局、省第七次全国人口普查领导小组办公室	11月19日
郝梦琦	雨花经济开发区金叶花园筹备办	江苏省第七次全国人口普查工作成绩显著个人	省统计局、省第七次全国人口普查领导小组办公室	11月19日
郭　敏	雨花经济开发区近华社区	江苏省第七次全国人口普查工作成绩显著个人	省统计局、省第七次全国人口普查领导小组办公室	11月19日
赵　靓	雨花经济开发区天后社区	江苏省第七次全国人口普查工作成绩显著个人	省统计局、省第七次全国人口普查领导小组办公室	11月19日
苏　静	雨花台生态环境局	关于表扬2021年度深入打好污染防治攻坚战宣传工作先进集体和先进个人的通报	省污染防治攻坚战指挥部	12月21日
魏雨婷	区人力资源社会保障局	2021年度全省人社窗口单位业务技能练兵比武活动中获“江苏省人社政策知识通”称号	省人力资源社会保障厅	12月22日
孙夕桃	区司法局	全省社区矫正和安置帮教工作先进个人	省司法厅	12月22日
韩　芳	区人民法院	全省法院扫黑除恶专项斗争先进个人	省高级人民法院	12年29日
赵　驰	雨花经济开发区经济发展部	2021年度全省开发区统计工作先进个人	省商务厅	12月30日
谢　军　孙丽莎	区委党校	全省党校（行政学院）系统第三期“三个一批”人才培养对象（教学名师培养对象）	省委党校	12月30日
王保武	古雄街道	百名示范村（社区）书记	省委组织部	12月
张凌燕	区人民检察院	“守望正义 检徽闪耀”江苏省检察机关办案故事讲述活动一等奖	省人民检察院	12月
孙　毅	铁心桥街道高家库社区	江苏省优秀红十字志愿者	省红十字会、省文明办、团省委	12月
刘文江　贲琳琳	区卫生健康委	全市抗击新冠肺炎疫情先进个人	市委、市政府	1月8日
王丽娟	岱山社区卫生服务中心	全市抗击新冠肺炎疫情先进个人	市委、市政府	1月8日
姜　红	板桥社区卫生服务中心	全市抗击新冠肺炎疫情先进个人	市委、市政府	1月8日
钟克永	西善桥社区卫生服务中心	全市抗击新冠肺炎疫情先进个人	市委、市政府	1月8日
陈　娟	区卫生监督所	全市抗击新冠肺炎疫情先进个人	市委、市政府	1月8日

续表63

姓　名	工作单位	荣誉称号	授予单位	授予时间
王波伦	区妇幼保健所	全市抗击新冠肺炎疫情先进个人	市委、市政府	1月8日
包　磊　翁　蕾　王　磊	区疾病预防控制中心	全市抗击新冠肺炎疫情先进个人	市委、市政府	1月8日
冯培宏	雨花社区卫生服务中心	全市抗击新冠肺炎疫情先进个人	市委、市政府	1月8日
韩　飞	赛虹桥社区卫生服务中心	全市抗击新冠肺炎疫情先进个人	市委、市政府	1月8日
葛德海	梅山医院	全市抗击新冠肺炎疫情先进个人	市委、市政府	1月8日
曹兴旺	雨花医院	全市抗击新冠肺炎疫情先进个人	市委、市政府	1月8日
吉　欢	区民政局	全市抗击新冠肺炎疫情先进个人	市委、市政府	1月8日
曾　哲	公安局雨花台分局	全市抗击新冠疫情先进个人	市委、市政府	1月8日
史居敏	赛虹桥街道	全市抗击新冠肺炎疫情先进个人	市委、市政府	1月8日
王罕晟	南京南站地区综合管理办公室市政管养与综合服务中心	全市抗击新冠肺炎疫情先进个人	市委、市政府	1月8日
石　伟	南京嘉环科技股份有限公司	全市抗击新冠肺炎疫情先进个人	市委、市政府	1月8日
王　芳	江苏满运软件科技有限公司	全市抗击新冠肺炎疫情先进个人	市委、市政府	1月8日
施　洋	雨花街道花神庙社区	2020年度南京市机关作风建设先进个人	市委、市政府	2月17日
陈　寅	区人民法院	2020年度机关作风建设先进个人	市委、市政府	2月17日
陈国喜	雨花台生态环境局	2020年度机关作风建设先进个人	市委、市政府	2月17日
马志伟	区住房和建设局	南京市高水平全面建设小康社会先进个人（三大攻坚战类）	市委、市政府	3月8日
王　健	南京市共青团路小学	南京市高水平全面建设小康社会先进个人（斯霞奖）	市委、市政府	3月8日
张　红	雨花台区教师发展中心	南京市高水平全面建设小康社会先进个人（陶行知奖）	市委、市政府	3月8日
陈德春	岱山社区卫生服务中心	南京市高水平全面建设小康社会先进个人（社会事业类—人民满意的卫生健康工作者）	市委、市政府	3月8日
闫　耿	中国（南京）软件谷管理委员会	2021年度南京市劳动模范	市委、市政府	12月31日
王　东	雨花街道办事处	2021年度南京市劳动模范	市委、市政府	12月31日
张保卫	赛虹桥街道办事处	2021年度南京市劳动模范	市委、市政府	12月31日

续表63

姓　名	工作单位	荣誉称号	授予单位	授予时间
陈德春	铁心桥社区卫生服务中心	2021年度南京市劳动模范	市委、市政府	12月31日
金必忠	区农业综合服务中心	2021年度南京市劳动模范	市委、市政府	12月31日
钱来顺	区教育局	2021年度南京市劳动模范	市委、市政府	12月31日
夏顺祥	雨花医院	2021年度南京市劳动模范	市委、市政府	12月31日
曹祥娟	区统计局	2021年度南京市劳动模范	市委、市政府	12月31日
刘　洋	江苏润和软件股份有限公司	2021年度南京市劳动模范	市委、市政府	12月31日
杜　涛	南京宁星汽车维修服务有限公司行政物业管理部	2021年度南京市劳动模范	市委、市政府	12月31日
韩　飞	赛虹桥社区卫生服务中心	2021年度南京市劳动模范	市委、市政府	12月31日
俞海俊	南京市保安服务总公司雨花台分公司	2021年度南京市劳动模范	市委、市政府	12月31日
王　爱	南京华群光电技术有限公司	2021年度南京市劳动模范	市委、市政府	12月31日
杨加伟	南京梅山欣梅城市发展有限公司	2021年度南京市劳动模范	市委、市政府	12月31日
张　晨	南京华士电子科技有限公司	2021年度南京市劳动模范	市委、市政府	12月31日
朱玉宁	南京板桥新城开发有限公司	2021年度南京市劳动模范	市委、市政府	12月31日
陈　峰	南京雨花建设发展有限公司	2021年度南京市劳动模范	市委、市政府	12月31日
杨　妍	南京软件谷发展有限公司	2021年度南京市劳动模范	市委、市政府	12月31日
方　静	南京国豪装饰安装工程股份有限公司	2021年度南京市劳动模范	市委、市政府	12月31日
陈冠军	南京万宁劳动服务有限公司	2021年度南京市劳动模范	市委、市政府	12月31日
李学红	南京润雨清洁服务责任有限公司业务部宁赛项目部	2021年度南京市劳动模范	市委、市政府	12月31日
吴美琴	铁心桥社区卫生服务中心	南京市优秀党务工作者	市委	6月1日
董　红	雨花街道	南京市优秀党务工作者	市委	6月1日
胡正义	区人民法院	南京市优秀党务工作者	市委	6月1日
施　洋	雨花街道花神庙社区	南京市优秀共产党员	市委	6月1日
王　健	南京市共青团路小学	南京市优秀共产党员	市委	6月1日
陈玉香	南京润雨清洁服务有限责任公司	南京市优秀共产党员	市委	6月1日

附录

2022YUHUATAIALMANAC

Appendix

重要文件选编

雨花台区“十四五”期间市场主体倍增计划

雨花台区人民政府办公室

（2021年10月14日）

一、基本目标

（一）总量规模实现倍增

到“十四五”末，全区市场主体突破23.01万户，其中企业不少于7.23万户，个体不少于15.78万户；活跃市场主体占比超过60%。

（二）2021年关键指标提档升级

总量：全区市场主体存量数达到12.81万，其中企业不少于3.73万户，个体不少于9.08万户。

科技类：高新技术企业净增333家；科技型中小企业达到1554家。

工业：有生产经营活动的工业企业达到696家；规模以上工业企业达到114家。

建筑业：建筑业资质企业达到240家；其中有资质的建筑业法人单位（主营业务为建筑业）达到82家。

服务业：规模以上服务业企业达到418家，涉软企业达到5867家，重点软件企业达到1020家；限额以上批发零售业和住宿餐饮业企业达到440家，进出口外贸企业达到404家，电子商务企业达到400家；金融组织净增5家；规模以上文化企业净增5家；体育类市场主体达到338家；规模以上体育企业净增1家。

大学生创业：大学生创业企业达到5160家。

二、重点任务

（一）培育高新技术企业

1.支持高企申报。鼓励国家重点支持高新技术领域内的企业申报高企，加大对研发费用计提、新品收入认定、创新能力评价等方面的指导和支持，落实好高企所得税优惠、研发费用加计扣除等政策。

2.实施梯度培育。坚持实施企业梯度培育工作，对不同阶段科技企业分类指导、精准施策，强化科技型中小企业孵化培育，建立健全支持企业加大研发投入的递增奖励机制，促进科技型中小企业加速成长为高新技术企业。根据科技企业不同成长阶段，提供低成本场地租赁服务，把高新技术企业孵化效果作为对众创空间、孵化器、新型研发机构等载体绩效评价的核心指标。

（二）培育工业企业

3.鼓励成长升规。建立重点工业企业升规培育库，鼓励具备升规潜力的企业加大技术装备投入，按设备投入总额给予奖补。支持“小升规”“高升规”，对首次升规、次年未退规的企业按照现行财政管理体制给予奖励。

4.发展都市工业。支持开放街区、商业楼宇、工业厂房以及“城市硅巷”建设新型都市工业载体。被认定为市级都市工业示范园区（楼宇）的载体，在市级奖励基础上，再给予不低于市级财政实际拨付奖励资金1:1配套奖励。

5.工业项目建设提速。推广“拿地即开工”审批模式。企业签订土地出让合同后，审批部门1个工作日内完成（带方案出让）社会投资备案管理的工业类项目开工建设前所有审批手续。

（三）培育服务业市场主体

6.发展生产性服务业。推动现代物流、研发设计、现代金融、科技服务、商务会展等生产性服务业规模扩大、业态升级。加快生产性服务业集聚区建设，提升载体建设水平，增强资源要素集聚能力。开展科技服务业能力提升及区域试点工作，鼓励各街道（园区）引进国内外知名科技服务业企业总部、地区总部及具有独立法人资格的机构（企业）。

7.推动“两业”深度融合。支持制造企业由提供产品向提供“产品+服务”转变，拓展研发设计、解决方案、仓储物流、融资租赁等增值服务。支持服务企业（平台）利用信息技术、营销渠道、创意设计等优势向制造环节拓展业务，实现服务“产品化”发展。支持互联网企业建设制造网络共享平台，培育一批集“智能制造+增值服务”功能为一体的“两业”深度融合标杆企业。

8.推广新兴商业模式。推动直播电商在商贸领域的深度应用，培育和引进一批数字商务龙头企业、优质直播电商平台、MCN机构。加速传统业态数字化改造升级，通过个性化定制、柔性化生产，实现生产型供应链向消费型供应链转变；通过与互联网、物联网深度融合，打造高效协同的智慧供应链。

9.强化商业载体建设。优化完善商业载体布局，构建层级分明、功能互补、特色鲜明的城市商业体系。挖掘整合传统商贸、历史文化、旅游观光、空间风貌等资源，打造具有国际国内领先水平的步行街区。培育多元化夜间消费模式，打造一批有影响力的夜间经济集聚区。

10.做强做大商业品牌。全力建设国际消费中心城市，积极引进国际国内名品、名牌、名企，大力培育“首店经济”，吸引更多“首店”入驻。助力“新国潮”，发展“新国货”品牌，支持老字号企业创新发展。

11.培育引进软件企业。以软件谷、经济开发区等园区为重点，发力信创产业和数字经济，布局人工智能、区块链、虚拟现实等重点新兴数字产业，构筑信创全产业链、生态链以及总部集聚高地。利用南京软博会、人工智能峰会等产业品牌活动加强企业招引。

12.大力开拓国际市场。组织企业参加国际展会，支持企业“云参展”“云洽谈”。加强与省、市贸易促进计划联动和互补，组织区内企业线上展会对接系列活动，深耕美、欧、日、韩等传统市场，加强开拓南美、非洲、东欧等新兴市场，强化“一带一路”沿线国家贸易。

13.积极发展跨境电商。发挥跨境电商平台集聚作用，推进跨境电商产业园及创业创新孵化基地等线下载体建设，提升跨境电商公共海外仓试点营销服务能级。

14.支持金融机构发展。依托长三角资本市场服务基地南京分中心积极开展各类招商活动，支持金融企业设立专营机构或专业子公司。

15.发展优化金融业态。鼓励区内企业境外上市，支持金融机构开展跨境业务，促进内外资融合，优化雨花产业资本结构。

16.布局金融科技产业。推动金融机构和大型科技企业在雨花设立科技子公司、开发中心与开放式创新平台。提高行业运转效率、优化服务流程、保障交易安全。

17.壮大数字文化产业。构建现代文化产业体系，完善数字文化产业政策，重点扶持工业设计、影视动漫、电竞、文化旅游等产业。继续推进文化金融深度合作，举办文化银行等金融机构与文化园区企业的银企对接、金融产品推介、投融资沙龙等惠企活动，着力解决中小微文化企业融资“难、贵、慢”等问题。

18.放大文化品牌效益。高标准组织“蓝星球”科幻电影周、“城市之星”国剧颁奖礼等品牌活动，组织企业参加中国（南京）文化和科技融合成果展览交易会、深圳“文博会”、长三角文化文博会等重大展会，强化会展招商平台和交易平台作用，促成一批龙头企业和重大项目落户雨花。

19.提质文化园区效能。紧盯产业转型升级，优化平台载体效能，继续加强对文化产业园区的规划、引导、管理和服务。新增1个省级文化产业园区（示范园区），1个市级文化产业园区。推动产业园区不断提升公共文化服务水平，实现全产业链文化企业集聚发展。引导产业园区依靠地理文化和资源优势，明确发展定位，走特色化差异化发展之路。

20.构建现代体育产业体系。打响雨花体育品牌，重点培育一批综合实力好、创新能力强、市场竞争力高的骨干体育企业。促进科技在体育制造领域应用和推广，提升体育装备的科技含量和智能化水平，开发具有自主知识产权、引领新型体育消费的产品。积极发展竞赛表演、健身休闲、职业体育、中介培训等体育服务业。

21.加快体育产业载体建设。积极争创国家级、省级体育产业示范基地、体育综合服务体和市级体育产业特色基地（单位、项目）。引导我区省级体育产业示范基地等体育品牌创新发展，优化升级。

（四）鼓励创新创业

22.构筑人才磁场。实施“紫金山英才宁聚计划”，积极落实外地高校毕业生来宁面试补贴、住房租赁补贴、优秀大学生创业项目遴选、创业担保贷款及贴息、开业补贴、创业成功奖励等相关配套政策，为青年人才来宁就业创业提供精准对接服务。

23.优化创业服务。畅通部门、高校、园区、企业、社会中介机构的就业服务共享渠道，构建“培训—孵化—成长”服务体系，健全技能、场地、项目、资金等多环节政策链条，培育和优化创新创业平台，为创业者提供综合性高质量创业服务。

24.搭建展示平台。举办好“贤聚金陵梦汇雨花”等系列服务活动，扩大“赢在南京”创业大赛的覆盖面，打造更为便捷顺畅的海外毕业生、港澳台地区大学生、留学生报名通道，吸引海内外优秀学子及其项目在雨花落地发展。

（五）支持中小微市场主体发展

25.扶持中小微企业。支持龙头企业向本地中小微企业开放供应链，重点支持八大产业链小微工业企业发展。推动中小微企业走专精特新发展道路，实施专精特新产品专展，打响产品知名度，助力中小微企业降成本、拓市场。

26.个体户转型升级。新增主体具备登记注册为企业基本条件的，积极引导申请登记企业。鼓励各街道（园区）制定实施“个转企”相关优惠政措施，引导个体工商户转为企业组织形式，将符合中小型企业划型标准、已在税务部门登记为一般纳税人等具备条件的个体工商户列为重点支持对象，推动转型升级为企业。原个体工商户登记档案中的住所证明、身份证明等相关登记材料未失效的，可以作为转企后企业设立登记的材料。鼓励互联网平台对个体工商户放宽入驻条件、支持线上运营。

（六）加大招商引资力度

27.强化项目招引。积极引进种类优质市场主体，完善招商引资考核评价体系，将跨区域新增投资项目纳入招商统计范围。"十四五"期间每年至少引进70个亿元以上招商项目。

28.实施精准招商。聚焦八大产业链，全面梳理上下游关键环节，编制产业链招商图谱，实施产业链精准招商。加快引进一批技术领先、带动性强的"链主"式企业。鼓励龙头企业以商引商，加强产业链、供应链上下游配套项目招引，打造产业森林。

三、打造最优营商环境

（一）便利企业登记注册

1.优化企业开办服务。依托江苏省政务服务网，提供更优质的企业开办"一网通办"服务。申请人在完成企业设立电子化登记时，可同步申请公章刻制、银行开户预约、发票申领、企业社保登记、住房公积金企业缴存登记等一体化集成服务，实现企业开办半日办结。

2.降低登记注册门槛。对科研院所、高等院校、产业园区、创业孵化基地等集中经营场所的市场主体登记注册实行信息申报登记。开展"一照多址"改革，市场主体在住所以外开展经营活动、属于同一区级登记机关管辖的，可免设分支机构。鼓励采取政府购买服务方式免费为企业刻制公章，实现企业开办零成本。推广电子营业执照应用，将电子营业执照作为网上办理企业开办各类事项的合法有效身份证明和电子签名手段。

3.探索登记确认制改革。登记机关对商事主体登记申请人提交的登记材料实行形式审查，审查通过后即时予以登记确认，核发营业执照。

（二）优化行政许可服务

4.推广"一业一证"改革。扩大"一件事一次办"范围，实现"一个行业（部门）、一份指南、一次申报、一套材料"，在南京政务服务网优化"一件事"场景主题式服务。借鉴证照联办经验，对多事项联办进行流程再造，实行集约办理、并行办理。

5.证明事项告知承诺。市场主体向行政机关申请办理行政事项时，行政机关将要求提供的证明材料以书面形式（含电子文本）将证明义务、证明内容以及不实承诺的法律责任一次性告知申请人。申请人进行书面承诺并承担法律责任，行政机关不再索要有关证明。实行告知承诺制的涉企经营许可事项，同时实行证明事项告知承诺制的，要一次性短短和承诺，按照涉企经营许可事项告知承诺制程序办理。

（三）营造创业创新环境

6.加强公平竞争审查。完善公平竞争审查规则，建立审查抽查、考核、公示制度。对涉及市场主体经济活动的政策措施进行监测评估，及时发现并纠正政策措施在实际执行中产生的排除、限制竞争问题。

7.试行企业"休眠"制度。允许市场主体（非上市公司）申请"休眠"，期间不按自行停业处理，不因住所无法联系而被列入经营异常名录。申请"休眠"需提供法律文书送达地址。市场主体单次"休眠"期限不超过两年，可多次申请"休眠"。"休眠"期满前可申请恢复正常经营。

（四）加强事中事后监管

8.完善信用修复机制。除了国家规定的特定严重失信信息，对受到市场监管部门从轻或减轻处罚的市场主体，公示期满一年且能够主动纠正、消除不良影响，经申请可予以信用修复，将违法失信信息从国家企业信用信息公示系统撤除公示，办理时限压减至3个工作日内。

9.坚持包容审慎监管。严格规范涉企执法检查，对企业“无事不扰”，充分告知陈述申辩和救济途径。推行宽严相济执法，落实省、市“免罚规定”，规范自由裁量权。探索对新技术、新产业、新业态、新模式实施包容审慎监管，构建以信用监管为核心的事中事后监管机制。探索柔性执法，慎用行政强制措施，充分运用行政建议、警示告诫、约谈提醒等方式，加大行政指导力度。

（五）减轻企业经营负担

10.降低生产要素成本。严格落实国家和省关于取消、停征、免征、降低收费的各项减负政策，动态调整《雨花台区行政事业性收费项目目录》《雨花台区政府定价的经营服务性收费目录》。水电气等能源保供单位做好供应服务。

11.开展涉企收费治理。针对行政审批中介、行业协会等领域收费开展专项检查。依法查处利用行政资源自立项目收费、强制收费、只收费不服务以及未执行收费减免政策等行为。

（六）强化创业要素保障

12.强化金融信贷支撑。鼓励银行创新金融产品，支持中小微企业创新发展；设立风险代偿资金池，强化风险共担合作机制；对“宁创贷”合作银行的贷款增量按照市相关政策给予补贴。加强政府性融资担保支持，确保支小支农担保业务不低于80%。搭建数字普惠金融服务平台，提升融资的可得性。依法认定以财产或财产性权利作为担保的新类型融资担保的合同效力。

13.提升用地保障水平。对现有工业用地符合规划、不改变土地用途的，允许依法依规提高容积率，不再增收土地价款。在年度新增建设用地计划中单列20%，优先保障创新名城建设用地需求。鼓励利用低效工业用地、集体建设用地等建设高标准厂房，“十四五”期间全区新增一批高标准产业载体。实施产业用地全生命周期管理，建立覆盖产业用地项目准入、工程建设、竣工验收、达产复核、到期续期等环节监测核查机制，实施全覆盖、全过程联动协同监管。

（七）创新企业服务机制

14.确保惠企政策兑现。建设雨花台区“及时雨”政策直达平台，统一汇聚各类惠企政策事项库，在政策发布后的15个工作日内形成可办的政务服务事项。在平台内设立政策智能匹配模块，以此推动信息共享、智能匹配，变“企业找政策”为“政策找企业”，让符合条件的企业免于申报直接享受政策，实现“免申即享”。

15.加强政企互动交流。加强民营企业调查点建设，扩大规模，覆盖全区域。聚焦民营经济热点、堵点、痛点问题开展调查研究、咨政建言。定期举办“企业家活动日”、民营企业“现场问诊”、民营经济高峰论坛等活动，完善政府与企业家之间的常态化沟通渠道，切实为企业排忧解难。

四、保障措施

（一）加强组织领导。区级层面成立促进市场主体发展工作领导小组，协调解决工作中存在问题，统筹推进市场主体发展各项工作。各单位建立相应的组织机构及工作推进机制，主动与市级单位对接，形成市区联动工作合力。

（二）严格督查考核。区级层面建立年度考核和责任追究机制，对工作推进情况进行督查，确保政策落实到位，对不落实、慢落实、乱作为的严肃追责。五大类牵头单位要把市场主体发展目标纳入对街道（园区）的绩效考核范畴，将任务层层分解，压实责任。

（三）强化政策激励。对各项指标制订综合评价办法，对本计划中所涉及的集聚区、重点企业、改革试点工作在规划编制、政策实施、项目布局、资金安排、体制创新、典型表彰等方面予以积极支持。

（四）营造浓厚氛围。各单位要开展形式多样的宣传活动，挖掘雨花创业故事，展现雨花创业风貌，让公众及时知晓改革新政策、新进展、新成效，同时做好政策宣传与评价收集的有机结合，形成政策推广与政策完善的良性互动。要通过举办各类创新创业活动，激发重点群体、各类组织的创新创业热情，形成全区共同关心创业、支持创业、参与创业的浓厚氛围。

雨花台区双创投资引导基金管理暂行办法

雨花台区人民政府

（2021 年 3 月 1 日修订）

第一章　总　则

第一条　为深入贯彻落实市委、市政府和区委、区政府关于推动科技创新、加快产业发展的一系列政策和文件精神，助推我区国家级“双创”示范基地建设、加快打造“现代产业城”和“科技创新城”，区政府通过与社会资本共同出资设立雨花台区“双创”投资引导基金（以下简称“引导基金”）。为规范引导基金管理运作，发挥财政资金引导作用，提高财政资金使用效益，加快构建与产业发展、科技创新相适应的科技金融支撑体系，根据国家、省、市有关规定，结合《江苏省政府投资基金管理办法》（苏财基金〔2019〕4 号）、《南京市新兴产业发展基金实施方案（试行）》（宁政办发〔2017〕136 号）、《南京市级科技创新基金实施细则（试行）》（宁政办发〔2018〕78 号）等相关文件精神，特制定本办法。

第二条　本办法所称引导基金是指以区级财政出资为主、社会资本为辅设立的雨花台区“双创”投资引导基金（有限合伙）。引导基金主要发挥母基金功能，按照“政府引导、市场运作、规范管理、滚动发展”的原则运作管理。

第三条　引导基金投资运作应当以政策效果为首要目标，引导社会资本进入产业投资、股权投资、创业投资等领域，推动软件和信息服务业、智能制造、文化创意等国家、省、市鼓励类产业目录的重点产业，在软件谷（高新区）等重点区域形成集聚发展、创新发展态势，避免片面追求投资收益或对社会投资产生挤出效应，实行科学的运营管理、收益分配、利益让渡等机制。

第二章　基金规模、资金来源和设立方式

第四条　引导基金总规模15亿元，根据投资计划、投资需求及运作情况逐年到位。通过吸引社会资本、积极争取省和市级政府引导基金，共同组建设立子基金，力争将子基金总规模放大到50亿元左右。

第五条　引导基金财政出资部分的资金来源：

（一）区级财政预算资金（包括一般公共预算、政府性基金预算、国有资本经营预算等安排的资金）；

（二）基金的投资收益和其他增值收益；

（三）其他资金。

第六条　引导基金采用有限合伙制组织形式，执行私募股权投资基金的行业管理要求和相关政策法规，选聘专业的管理机构担任引导基金管理人，实行市场化运作、专业化管理。

第七条　区财政局根据区政府授权行使政府出资人职责，作为雨花台区“双创”投资引导基金的有限合伙人，以出资额为限承担有限责任，依法不参与引导基金的经营管理业务。

第三章　基金管理职责和分工

第八条　成立引导基金管理委员会（以下简称“管理委员会”），作为引导基金的管理决策机构。管理委员会主任由区长担任，副主任由常务副区长、分管副区长、软件谷分管副主任担任，成员包括区政府办、区发改委、区科技局、区司法局、区财政局、区商务局、区投资促进局、区审计局、区地方金融监管局、软件谷计划财务部、软件谷产业发展部、软件谷资产运营部等部门主要负责人。主要职责为：

（一）审议修订本办法；

（二）审议引导基金年度投资重点及方向；

（三）审议引导基金年度投资计划，包括需直投或跟投项目；

（四）审核批准引导基金合伙协议、实施方案及重要管理制度；

（五）选聘并审核确定引导基金管理人；

（六）审议引导基金年度投资计划执行情况；

（七）对引导基金绩效评价工作进行监督；

（八）其他应当由管理委员会决策的事项。

第九条　管理委员会下设办公室作为引导基金管理常设机构，引导基金管理办公室设在区财政局，办公室成员由区政府办、区发改委、区科技局、区司法局、区商务局、区投资促进局、区审计局、区地方金融监管局、软件谷计划财务部、软件谷产业发展部、软件谷资产运营部等部门共同组成，办公室主任由区财政局主要负责人兼任。主要职责为：

（一）贯彻落实管理委员会的决定；

（二）负责管理委员会日常工作，汇总提出需管理委员会审议事项，监督管理委员会决议落实情况；

（三）牵头研究提出引导基金发展规划建议；

（四）协调做好引导基金资金筹措工作；

（五）指导和监督引导基金管理人科学决策、规范管理；

（六）督促和审核引导基金管理人提出基金投资计划、总结等；

（七）制定引导基金监督检查、绩效评价等制度并组织实施；

（八）协调相关行业主管部门及相关街道、园区梳理汇总股权投资项目，建立动态储备项目库，开展项目对接服务。

第十条　选聘专业的管理机构担任引导基金管理人（简称“引导基金管理人”），具体

负责引导基金的投资、投后管理、退出、清算等日常经营管理工作，按照引导基金协议的约定享有权利、承担义务。

第十一条　引导基金管理人下设投资决策委员会，全面负责对子基金或项目投资（及其退出）进行审议并做出决议。引导基金管理办公室委派人员参与引导基金投资决策委员会。引导基金管理人执行投资管理业务，应当服务雨花台区经济社会发展大局，贯彻区委、区政府的决策部署，接受管理委员会、引导基金管理办公室的指导和监督。

第四章　投资范围与运作方式

第十二条　引导基金主要投向南京市主导产业确定的相关重点领域，特别是作为我区核心产业的软件和信息服务-业，支持“两落地一融合”工程、加速新型研发机构落地及其项目培育、支持创新创业生态培育和重点支撑平台建设、支持创新型企业培育、人才引进项目培育等，以及配套国家级、省级、市级政府投资基金，支持兼并重组。经管理委员会同意，可调整投资方向。

第十三条　引导基金主要采取“母子基金”的方式运作，通过参股合作设立天使子基金和创投子基金开展投资业务，原则上不参与直投或跟投，必要时须经管理委员会同意。

第十四条　子基金应当根据不同组织形式，按照相关法律法规制定基金协议，明确子基金设立的政策目标、投资范围、基金规模、出资安排、存续期限、决策机制、基金管理机构、风险防范、绩效评价、投资退出、管理费用和收益分配等主要内容。

第十五条　子基金应当结合政策要求、募资情况、管理能力等因素，按照规定的条件确定基金管理人（简称“子基金管理人”），实行专业化管理。

第十六条　子基金管理人应当符合以下要求：

（一）依法设立，符合国家私募股权投资基金管理机构的相关要求，公司治理、内控机制和管理制度健全有效，具有丰富的投资管理经验，历史业绩优秀，无不良记录，为投资基金配备专属而稳定的管理团队；

（二）有健全的激励约束机制、资产托管机制和风险隔离机制；

（三）接受引导基金管理人涉及资金投资的质询，向引导基金管理人报告有关情况；

（四）不得向合格投资者之外的单位和个人募集资金。

第十七条　引导基金管理人应当制定子基金的年度设立计划，经管理委员会审议通过后，由引导基金管理人按照市场通行规则实施。引导基金管理人应当加强对参股子基金的投后管理，监督子基金建立完善的投资管理制度和风险管理体系，规范内部控制和工作流程，落实投资项目的政策合规性要求，督促子基金管理人履行基金协议、科学规范管理。

引导基金管理人发现子基金运营中出现重大问题或风险，应及时采取应对措施并向引导基金管理办公室报告。

第十八条　子基金应主要采用有限合伙组织形式，引导基金与其他各出资方间股同权，且应当符合下列要求：

（一）子基金须在雨花台区内注册；

（二）引导基金原则上不做第一大股东，不参与子基金的运营管理；

（三）子基金对单个项目的累计投资一般不超过子基金规模的20%；

（四）子基金应当通过公司章程、合伙协议或合同约定主投领域，投资于主投领域的比例不得低于子基金募集规模的60%。

（五）向引导基金申请设立子基金，以确定社会资本为前提，引导基金实际出资以社会资本募集完成为前提；

（六）引导基金投资子基金部分以出资额为限承担有限责任，不得以任何方式承诺回购基金份额、承诺本金不受损失、承诺最低收益或者额外附加条款变相举债。

第十九条　引导基金参股的子基金主要分为两类：天使子基金和创投子基金。

天使子基金在第十七条规定的基础上，还应当符合下列要求：

（一）子基金规模原则上不超过2亿元；

（二）引导基金对子基金的最高出资比例低于50%，特殊情况须经管理委员会批准；

（三）子基金存续期最长不超过10年，如需延长须经管理委员会批准；

（四）子基金投资于我区注册登记的天使项目总金额不低于引导基金实际出资额的1.5倍。

创投子基金在第十七条规定的基础上，还应当符合下列要求：

（一）引导基金对子基金的最高出资比例不超过30%，特殊情况须经管理委员会批准；

（二）子基金投资区内企业的资金规模原则上不低于引导基金实际出资额的2倍；

（三）子基金存续期原则上不超过8年，分为投资期和退出期，其中投资期最长不超过5年，经管理委员会批准可适当延长。

第二十条　积极鼓励与我区新型研发机构合作成立天使子基金，充分发挥新型研发机构的专业能力和科技企业孵化平台作用，推动天使子基金投向我区具有高成长性的早期科技创新项目。

第二十一条　存在以下情形的，可将子基金投资金额计算为子基金投资于区内企业或天使项目的投资金额，具体包括：

（一）在子基金存续期内，区外被投企业注册及纳税地迁往我区，或被区内企业收购（限于控股型收购）的情形；

（二）区外被投企业通过设立独立法人子公司形式将主要生产研发基地落户我区（子公司资产须不低于子基金对该企业的对应投资金额）的情形。

（三）子基金控股股东的其他关联控股基金（引导基金未参与投资）投资于区内企业或天使项目的投资金额也可计算为该子基金投资于区内企业的投资金额。

（四）子基金作为主投方领投区内企业或天使项目时，联合投资跟投方投资金额按一半进行折算，与子基金投资金额合并计算为子基金投资总金额。

上述区内、区外企业以注册及纳税地为界定。

第二十二条　引导基金及其出资参与的子基金在运作过程中，不得从事以下业务：

（一）融资担保以外的担保、抵押、委托贷款等业务；

（二）投资二级市场股票（以并购重组为目的的除外）、期货、房地产（包括自购房地产）、证券投资基金、评级AAA以下的企业债、信托产品、保险计划及其他金融衍生品；

（三）向任何第三方提供赞助、捐赠（经批准的公益性捐赠除外）；

（四）吸收或变相吸收存款，或向第三方提供贷款和资金拆借；

（五）进行承担无限连带责任的对外投资；

（六）发行信托或集合理财产品募集资金；

（七）名股实债等变相增加政府债务的业务；

（八）其他国家法律法规禁止从事的业务。

第二十三条　子基金一般应当在存续期满后终止并清算。确需延长存续期限的，应当与其他出资主体按基金协议约定的程序办.理。引导基金应当与其他出资主体约定，子基金存续期满后基金一般应当退出。

子基金存续期间，在有受让方或符合子基金协议约定情形的，引导基金可以提前退出。

第二十四条　子基金终止或基金从子基金退出的，基金出资额和归属基金的收益等应当及时收回。

第二十五条　经管理委员会批准后，引导基金可将参股子基金时政府出资部分所享有的投资超额收益，按照一定比例让利子基金管理人或其他合作出资方。

第二十六条　子基金清算出现亏损时，应按子基金合伙协议、合同或章程的约定，由子基金管理人和各出资人分别承担。

第二十七条　引导基金管理费，根据实际出资额，按合理标准支付，具体标准由区财政局与引导基金管理人在引导基金合伙协议中明确。管理委员会按照引导基金业绩情况，将总收益的一定比例给予引导基金管理人作为奖励，具体标准由区财政局与引导基金管理人在引导基金合伙协议中明确。除应由引导基金承担的管理费、税费、审计费、律师费等以及管理委员会批准支付的费用外，引导基金不再支付其他费用。

第二十八条　子基金管理费按照市场化原则操作，由引导基金管理人与子基金管理人按照行业惯例协商确定，并在子基金合伙协议（或章程）中明确规定。

第二十九条　引导基金及其参股的子基金资产，委托雨花台区内具有一定资质且具有基金托管经验的商业银行进行托管。托管银行负责按照托管协议，开展资产保管、资金拨付和结算等日常工作，对托管资金进行动态监管，确保基金按约定方向投资，并定期提交资金收支情况报告。

第五章　监督管理和绩效评价

第三十条　引导基金管理办公室要加强对基金出资的预算管理，根据预算安排及基金投资需要，及时向基金拨付资金，按照《财政总预算会计制度》规定，完整准确反映基金中财政出资形成的资产和权益。

第三十一条　引导基金管理人应当加强基金资产管理、提高资金效益。投资间隙资金只能投资于银行存款、国债、地方政府债、政策性金融债和政府支持债券等安全性和流动性较好的固定收益类资产。

第三十二条　引导基金根据区政府决定清算时，对于归属政府的出资额、投资收益和利息等，应当按照财政国库管理制度规定，办理有关解缴手续。

第三十三条　引导基金管理办公室负责监督基金管理运作规范性。引导基金应当接受审计、金融部门的监督和审计。

第三十四条　对监督检查和绩效评价中发现的问题，按照《预算法》和《财政违法行为处罚处分条例》等有关规定予以处理。涉嫌犯罪的，移送司法机关追究刑事责任。

第三十五条　引导基金投资运营遵循市场规律，合理容忍正常的投资风险，不将正常投资风险作为追责依据。

引导基金管理应当坚持保护改革、鼓励探索、宽容失误、纠正偏差，建立和实行容错纠错机制。对依照国家和省、市、区有关决策规定实施,且未谋取私利,没有实现预期目标或造成损失的,不作负面评价,并依法免除相关责任。

前款所称有关决策规定,包括各级党委、政府文件以及根据会议纪要、领导批示等要求并履行决策程序后确定的事项。

第三十六条　引导基金管理人应当定期向引导基金管理办公室报告引导基金运行情况及其他可能影响投资者权益的重大情况。引导基金管理人在每年度结束后的4个月内,向引导基金管理办公室提交引导基金年度运营报告及下一年度的投资计划建议。引导基金管理办公室审核后,提交管理委员会审议。

第三十七条　引导基金管理人应确保在子基金合作协议(或章程)中明确体现本办法及基金投资计划要求,并约定子基金投资方向、投资地域和放大比例等事项。对违反相关协议约定的子基金管理人,引导基金管理人应当建立扣减收益分成、取消下期合作资格、提前清算并依法追究责任等约束机制。

第三十八条　引导基金管理人应当在子基金协议约定中明确,存在以下情况时,引导基金将退出子基金:

(一)与子基金管理机构签订投资或合作协议后,子基金管理机构超过一年未按规定程序完成设立手续的;

(二)子基金投资项目不符合本办法政策导向的;

(三)子基金募集社会资本低于约定下限、绩效达不到预期效果、投资进度缓慢或资金长期闲置,且未能有效整改的;

(四)子基金运营有违法违规行为的;

(五)子基金管理机构发生实质性变化的。

第三十九条　引导基金管理人应加强对子基金的监管,掌握其经营和财务状况,防范财务风险。子基金管理人应于每季度结束后1个月内向引导基金管理人提交上季度子基金运营报告,并于每个会计年度结束后4个月内提交经审计的子基金年度审计报告、子基金年度运营报告及子基金年度银行托管报告。

第四十条　对弄虚作假骗取引导基金投资的,或者不按规定用途使用、截留挪用、挥霍浪费投资基金等违法违规行为,按国家有关法律法规处理。

第六章　附　则

第四十一条　本办法由引导基金管理办公室负责解释,自发布之日起施行。

文件目录选编

表64　2021年中共雨花台区委员会文件目录(摘录)

文　号	文件标题	发文日期
雨委发〔2021〕1号	关于印发《雨花台区2021年国民经济和社会发展目标一级分解方案》的通知	3月26日
雨委发〔2021〕8号	区委区政府关于表彰雨花台区高质量发展先进集体、先进个人的决定	2月19日

续表64

文　号	文件标题	发文日期
雨委发〔2021〕10号	关于印发《雨花台区2021年民生实事及任务分解方案》的通知	2月25日
雨委发〔2021〕11号	关于进一步完善雨花台区新冠肺炎疫情联防联控工作机制的通知	3月2日
雨委发〔2021〕13号	关于转发《政协南京市雨花台区委员会2021年度工作要点和协商议题安排》的通知	3月9日
雨委发〔2021〕21号	中共雨花台区委雨花台区人民政府关于推进农业农村工作高质量发展方案实施意见	4月15日
雨委发〔2021〕22号	中共南京市雨花台区委南京市雨花台区人民政府关于表彰2020年机关事业单位人员年度考核中记三等功和嘉奖人员名单的决定	4月27日
雨委发〔2021〕30号	中共南京市雨花台区委关于转发《中共政协南京市雨花台区委员会党组关于建好用好“委员之家”“有事好商量”协商议事室促进政协协商同社会治理相结合的实施意见》的通知	6月17日
雨委发〔2021〕33号	中共南京市雨花台区委关于表彰优秀共产党员、优秀党务工作者、先进基层党组织的决定	6月23日
雨委发〔2021〕35号	关于印发《2021年度雨花台区防汛抗旱工作意见》的通知	7月2日
雨委发〔2021〕37号	关于优化调整雨花台区新冠肺炎疫情联防联控工作机制及防控指挥部内设机构组成人员的通知	7月26日
雨委发〔2021〕47号	关于优化完善雨花台区新冠肺炎疫情防控工作指挥体系的通知	10月14日
雨委发〔2021〕50号	中共南京市雨花台区委关于印发《法治雨花建设规划（2021—2025年）》的通知	10月22日
雨委发〔2021〕51号	中共南京市雨花台区委关于印发《雨花台区法治社会建设实施方案（2021—2025年）》的通知	10月22日
雨委发〔2021〕57号	关于印发《雨花台区街道相对集中行政处罚权改革推进方案》的通知	11月10日
雨委发〔2021〕61号	中共南京市雨花台区委关于雨花台区工商联（总商会）换届工作的实施意见	12月13日
雨委发〔2021〕65号	雨花台区关于2021年度河长制湖长制贯彻落实情况的报告	12月28日
雨委发〔2021〕67号	中共南京市雨花台区委印发《关于深入贯彻落实省市区党代会精神激励党员干部在“强富美高”新雨花现代化建设中开拓进取建功立业的实施意见》的通知	12月30日
雨委发〔2021〕69号	关于2021年食品安全的工作报告	12月31日
雨委发〔2021〕72号	雨花台区2021年度乡村振兴工作进展情况报告	12月31日
雨委办发〔2021〕2号	中共南京市雨花台区委办公室印发《关于巩固深化“不忘初心、牢记使命”主题教育成果的实施方案》的通知	1月18日
雨委办发〔2021〕5号	关于印发《关于进一步深化安全生产三年专项整治工作的意见》的通知	4月6日
雨委办发〔2021〕8号	印发《关于进一步加强区委党内规范性文件合法合规性审核的实施办法》的通知	4月28日
雨委办发〔2021〕9号	关于转发区关工委《2021年全区关心下一代工作要点》的通知	4月30日
雨委办发〔2021〕13号	印发《2021年雨花台区深入打好污染防治攻坚战目标任务》的通知	5月7日
雨委办发〔2021〕14号	关于通报表扬2020年度政务服务暨“12345”政务工作热线优秀单位和优秀个人的通知	5月7日

续表64

文　　号	文件标题	发文日期
雨委办发〔2021〕15 号	中共南京市雨花台区委办公室关于印发《关于 2020 年区委常委会贯彻执行中央八项规定精神和省委十项规定情况的报告》《关于持续解决形式主义突出问题深化基层减负的报告》的通知	5 月 28 日
雨委办发〔2021〕24 号	关于增设雨花台区疫情防控应急指挥体系及相关专项组的通知	7 月 27 日
雨委办发〔2021〕25 号	关于进一步调整充实雨花台区疫情防控应急防控体系的通知	7 月 29 日
雨委办发〔2021〕27 号	关于增设集中隔离医学观察场所规范管理专项组的通知	8 月 5 日
雨委办发〔2021〕29 号	关于在全区党员干部中开展“两在两同”建新功行动的实施方案	9 月 13 日
雨委办发〔2021〕37 号	印发《关于全面深入推进林长制的实施意见》的通知	10 月 30 日
雨委办发〔2021〕38 号	关于印发《雨花台区第二轮第三批中央环境保护督查典型案例“举一反三”排查整治专项行动方案》的通知	11 月 4 日
雨委办发〔2021〕39 号	关于进一步调整雨花台区新冠肺炎疫情防控应急指挥体系核酸检测组组织架构的通知	11 月 9 日
雨委办发〔2021〕43 号	关于调整雨花台区新冠肺炎疫情防控工作指挥体系有关组织架构成员及工作职责的通知	12 月 1 日
雨委办发〔2021〕44 号	关于印发《南京市雨花台区“十四五”生态环境保护规划》的通知	11 月 30 日
雨委办发〔2021〕45 号	关于印发《南京市雨花台区生态保护责任清单》的通知	11 月 30 日
雨委办发〔2021〕47 号	印发《雨花台区进一步减轻义务教育阶段学生作业负担和校外培训负担的实施方案》的通知	12 月 27 日
雨委办发〔2021〕48 号	印发《雨花台区深入推进义务教育集团化办学实施方案》的通知	12 月 27 日
雨委办发〔2021〕50 号	中共南京市雨花台区委办公室印发《关于深化司法责任制综合配套改革的实施方案》的通知	12 月 31 日

（区委办）

表 65　2021 年雨花台区人民政府文件目录（摘录）

文　　号	文件标题	发文日期
雨政发〔2021〕1 号	关于印发《雨花台区国民经济和社会发展第十四个五年规划和二 O 三五年远景目标纲要》的通知	1 月 26 日
雨政发〔2021〕10 号	2021 年雨花台区城建计划	2 月 8 日
雨政发〔2021〕15 号	关于修订印发《雨花台区双创投资引导基金管理暂行办法》的通知	3 月 1 日
雨政发〔2021〕16 号	关于印发 2021 年区政府主要工作目标任务分解落实方案的通知	3 月 4 日
雨政发〔2021〕25 号	关于印发《雨花台区 2021 年政府投资计划和 2021—2023 年三年滚动计划的通知》	3 月 30 日
雨政发〔2021〕31 号	关于印发《雨花台区赋予街道经济社会管理权限目录（行政处罚类）》的通知	4 月 7 日
雨政发〔2021〕35 号	关于印发雨花台区全面加强成品油市场综合整治实施方案的通知	4 月 27 日
雨政发〔2021〕36 号	关于印发《雨花台区都市工业智能制造企业培育计划（试行）》的通知	5 月 12 日

续表65

文　号	文件标题	发文日期
雨政发〔2021〕45号	关于印发《雨花台区关于优化商品房开发及产业项目报建流程的实施方案》的通知	6月3日
雨政发〔2021〕50号	关于印发《南京市雨花台区政府投资建设工程项目联合会审实施办法》的通知	6月18日
雨政发〔2021〕65号	关于印发《雨花台区关于进一步提高上市公司质量促进资本市场健康发展的实施意见》的通知	7月15日
雨政发〔2021〕68号	雨花台区关于“大棚房”问题专项清理整治行动“回头看”工作总结报告	8月6日
雨政发〔2021〕72号	关于印发《雨花台区关于应对疫情影响支持企业稳定发展的若干举措》的通知	8月25日
雨政发〔2021〕85号	关于进一步加强政府投资建设项目审计监督的实施意见	9月23日
雨政发〔2021〕94号	区政府关于印发《雨花台区行政执法辅助人员管理实施细则》的通知	10月19日
雨政发〔2021〕96号	区政府关于印发《雨花台区街道综合行政执法管理规定（试行）》的通知	10月21日
雨政发〔2021〕102号	关于印发《雨花台区全面推行证明事项告知承诺工作方案》的通知	11月4日
雨政发〔2021〕103号	关于印发《雨花台区企业资本市场培育计划（修订稿）》的通知	11月4日
雨政发〔2021〕118号	关于印发《雨花台区街道权力清单》的通知	12月21日
雨政发〔2021〕122号	雨花台区关于2021年法治政府建设情况的报告	12月30日
雨政办发〔2021〕4号	关于印发交通运输领域危化品使用安全专项治理工作方案的通知	1月14日
雨政办发〔2021〕5号	关于转发区农业农村局《雨花台区2021年松材线虫病防治方案》的通知	1月22日
雨政办发〔2021〕8号	关于印发《南京市雨花台区相对集中行政许可权改革审批与监管衔接工作机制实施意见》的通知	2月23日
雨政办发〔2021〕11号	关于印发《关于进一步加强雨花台区长江流域重点水域禁捕长效管控措施》的通知	3月21日
雨政办发〔2021〕12号	关于印发《雨花台区2021年城市管理工作实施意见》的通知	3月28日
雨政办发〔2021〕13号	关于印发南京市雨花台区住宅小区物业服务项目“红黑榜”制度（试行）的通知	4月29日
雨政办发〔2021〕14号	关于原住建类85项行政权力归属调整的通知	5月6日
雨政办发〔2021〕17号	关于公布雨花台区行政执法主体（第二批）的通知	5月13日
雨政办发〔2021〕18号	关于印发《南京市雨花台区信息技术行业小微企业质量管理体系认证提升三年行动方案》的通知	5月20日
雨政办发〔2021〕19号	关于印发《雨花台区关于全面落实国务院安委会开展深化江苏安全生产专项整治指导工作实施方案》的通知	5月25日
雨政办发〔2021〕21号	关于印发《自然资源执法监管质效提升年工作方案》的通知	6月9日
雨政办发〔2021〕23号	雨花台区关于进一步放宽市场主体住所（经营场所）登记条件相关事项的工作方案（试行）	6月28日
雨政办发〔2021〕24号	关于印发《雨花台区新办企业免费提供印章刻制服务实施方案》的通知	6月28日
雨政办发〔2021〕25号	关于雨花台区规范融资平台公司投融资行为的工作方案	6月28日
雨政办发〔2021〕26号	关于印发《南京市雨花台区行政执法进小区实施办法（试行）》的通知	6月30日
雨政办发〔2021〕32号	关于印发雨花台区长江入河排污口分类整治工作方案的通知	8月18日

续表65

文　　号	文件标题	发文日期
雨政办发〔2021〕34 号	关于印发《雨花台区私募投资基金风险防范处置工作实施方案》的通知	7 月 17 日
雨政办发〔2021〕36 号	关于印发雨花台区公共停车收费管理专项整治工作方案	7 月 9 日
雨政办发〔2021〕37 号	关于印发《雨花台区贯彻落实长江保护法重点任务分工》的通知	9 月 6 日
雨政办发〔2021〕38 号	关于深入开展既有建筑安全隐患排查整治专项工作的通知	9 月 26 日
雨政办发〔2021〕39 号	关于印发雨花台区鼓励和促进停车资源共享利用工作实施方案	9 月 29 日
雨政办发〔2021〕40 号	雨花台区关于加强涉林项目林地保护利用的通知	10 月 12 日
雨政办发〔2021〕41 号	关于印发《雨花台区“十四五”时期市场主体倍增计划》的通知	10 月 14 日
雨政办发〔2021〕47 号	关于转发《2021-2022 年度雨花台区扫雪防冻预案》的通知	11 月 19 日
雨政办发〔2021〕51 号	关于成立坚决遏制“两高”项目盲目发展、加强能耗双控工作领导小组的通知	12 月 24 日
雨政办发〔2021〕52 号	区政府办公室转发区卫生健康委关于雨花台区 0—3 岁婴幼儿照护服务设施建设实施方案的通知	12 月 27 日
雨政办发〔2021〕53 号	区政府办公室关于印发雨花台区促进 3 岁以下婴幼儿照护服务发展实施方案的通知	12 月 27 日
雨政办发〔2021〕54 号	区政府办公室关于印发雨花台区建设省级体育消费城市试点单位工作实施方案的通知	12 月 27 日
雨政办发〔2021〕57 号	关于印发《雨花台区“十四五”妇女发展规划》《雨花台区“十四五”儿童发展规划》的通知	12 月 31 日
雨政办发〔2021〕58 号	关于印发雨花台区建设管理精细化城市品质再提升三年行动计划（2021—2023 年）的通知	12 月 31 日

（区政府办）

统计资料选编

表 66　2021 年雨花台区主要指标实绩统计表

指　　标	计量单位	2021 年	2020 年	2021 年比 2020 年 ±%
综　合	—	—	—	—
街道（园区）	个	9	9	—
其中：园区	个	2	2	—
社区居民委员会	个	64	64	—
村民小组	个	182	182	—
年末总户数（户籍）	万户	12.60	12.11	4.1
年末总人口（户籍）	万人	32.69	31.74	3.0

续表66

指　标	计量单位	2021 年	2020 年	2021 年比 2020 年 ±%
常住人口	万人	61.63	60.91	1.2
土地面积	平方公里	132.39	132.39	—
地区生产总值	亿元	1015.55	947.14	7.1
第一产业	亿元	0.11	0.29	-37.9
第二产业	亿元	183.39	160.71	12.9
#工业	亿元	159.36	136.57	15.2
第三产业	亿元	832.05	786.14	6.0
农　业	—	—	—	—
农林牧渔总产值（现价）	万元	1819	5248	-62.3
农业总产值	万元	1476	749	97.1
林业总产值	万元	253	3670	-93.1
牧业总产值	万元	0	0	—
渔业总产值	万元	90	829	-89.1
农林牧渔服务总产值	万元	—	—	—
工　业	—	—	—	—
规上工业企业单位数	个	124	124	—
规模以上工业总产值	亿元	610.4	432.8	41.0
规模以上工业主营业务收入	亿元	612.7	447.3	37.0
规模以上工业利润总额	亿元	51.9	19.9	160.8
规模以上工业企业综合能源消费量	万吨标准煤	534.3	500.8	6.7
规模以上工业企业煤炭消费量	万吨	518.3	483.5	7.2
全社会固定资产投资	亿元	348.51	—	9.6
其中：工业投资	亿元	1.08	—	320.9
房地产投资	亿元	237.4	—	-6.2
批发零售贸易和餐饮业	—	—	—	—
社会消费品零售总额	亿元	731.18	—	8.0
外经外贸	—	—	—	—
注册外资实际到账	亿美元	3.657	—	—
外贸进出口总额	亿元	361.0	—	—
其中：出口总额（货物贸易）	亿元	223.1	—	—
财　政	—	—	—	—
财政收入（全口径）	亿元	215.91	—	47.4
公共财政预算收入	亿元	83.92	—	4.5
人民生活	—	—	—	—
城镇居民人均可支配收入	元	71663.2	65685.8	9.1

注：地区生产总值 2021 年比 2020 年增长速度采用可比价增长速度　　（区统计局）

表 67 2021 年雨花台区各街道（园区）地区生产总值统计表

街道（园区）	地区生产总值（亿元）	一产（亿元）	二产（亿元）	三产（亿元）
软件谷	566.61	0	17.74	548.87
其中：铁心桥街道	28.32	0	3.84	24.48
雨花街道	58.34	0	1.8	56.54
赛虹桥街道	91.53	0	5.52	86.01
板桥街道	23.57	0.11	7.76	15.7
西善桥街道	38.52	0	5.29	33.23
梅山街道	126.21	0	104.35	21.86
古雄街道	14.21	0	0.89	13.32
雨花经济开发区	96.56	0	40.04	56.52

（区统计局）

表 68 2021 年雨花台区各街道（园区）社会消费品零售总额统计表

街道（园区）	累计（万元）	增幅（%）
软件谷	900622.0	8.8
其中：铁心桥街道	276260.3	8.8
雨花街道	1891633.9	8.1
赛虹桥街道	2298314.4	8.0
板桥街道	357021.8	8.2
西善桥街道	477076.3	8.0
梅山街道	56632.9	8.3
古雄街道	121678.0	10.0
雨花经济开发区	1208786.2	8.9

（区统计局）

表 69 2021 年雨花台区规上服务业分行业营业收入完成情况统计表

分行业	营业收入（亿元）	增幅（%）
合 计	1485.90	16.6
交通运输、仓储和邮政业	425.39	59.8
房地产业	15.04	21.1
其他营利性服务业	1038.40	4.9
信息传输、软件和信息技术服务业	913.48	5.3

续表69

分行业	营业收入（亿元）	增幅（%）
租赁和商务服务业	45.47	−15.7
科学研究和技术服务业	60.69	19.5
居民服务、修理和其他服务业	3.58	5.7
文化、体育和娱乐业	15.17	8.5
非营利性服务业	7.07	18.8
教育	1.56	7.0
卫生和社会工作	4.97	19.6
水利、环境和公共设施管理业	0.55	58.7

（区统计局）

表 70　2021 年雨花台区规上服务业各街道（园区）营业收入完成情况统计表

街道（园区）	营业收入（亿元）	增幅（%）
合　计	1485.90	16.6
软件谷	1286.66	22.6
其中：铁心桥街道	7.49	8.1
雨花街道	19.87	15.0
赛虹桥街道	59.98	0.7
板桥街道	7.02	−15.2
西善桥街道	6.42	8.1
梅山街道	39.88	27.9
古雄街道	2.27	112.2
雨花经济开发区	63.81	−37.3

（区统计局）

表 71　2021 年雨花台区城镇居民家庭全年人均收入统计表

指标名称	人均收入（元）	增长（%）
城镇居民人均可支配收入	71663.2	9.1
工资性收入	53300.0	9.3
经营净收入	4604.0	7.5
财产净收入	10785.0	9.1
转移净收入	2974.2	8.1

（区统计局）

表 72　2021 年雨花台区城镇居民家庭全年人均消费支出统计表

指标名称	人均消费支出（元）	增长（%）
城镇居民人均生活消费支出	42183.0	18.1
食品烟酒	10819.0	18.7
衣着	2908.0	20.1
居住	8403.0	14.2
生活用品及服务	2595.0	22.3
交通通信	8391.0	18.3
教育文化娱乐	6896.0	18.8
医疗保健	1245.0	20.8
其他用品和服务	926.0	20.1

（区统计局）

表 73　2021 年雨花台区城镇居民住户调查主要指标统计表（一）

指标名称	总量（元）	人均（元）
可支配收入	25064199.1	71663.2
消费支出	14753504.3	42183.0
食品烟酒	3783945.3	10819.0
衣着	1017073.0	2908.0
居住	2938949.3	8403.0
生活用品及服务	907601.3	2595.0
交通通信	2934752.3	8391.0
教育文化娱乐	2411876.0	6896.0
医疗保健	435438.8	1245.0
其他用品和服务	323868.5	926.0

（区统计局）

表 74　2021 年雨花台区城镇居民住户调查主要指标统计表（二）

指标名称	计量单位	总量	人均
期末家庭人口	人	349.8	1.00
自有现住房面积	平方米	13430	38.40
年末耐用物品	—	—	—
家用汽车	辆	96	0.27
摩托车	辆	1	0.00

续表74

指标名称	计量单位	总量	人均
助力车	辆	72	0.21
洗衣机	台	125	0.36
电冰箱（柜）	台	126	0.36
微波炉	台	113	0.32
彩色电视机	台	184	0.53
空调	台	302	0.86
热水器	套	124	0.35
洗碗机	件	8	0.02
排油烟机	台	119	0.34
固定电话	台	15	0.04
移动电话	台	303	0.87
其中：接入互联网	台	289	0.83
计算机	套	127	0.36
其中：接入互联网	部	113	0.32
照相机	部	43	0.12
中高档乐器	架	22	0.06
健身器材	台	14	0.04

（区统计局）

表75　2021年雨花台区全社会固定资产投资统计表

投资种类	投资额（万元）	增减（%）
全社会投资合计	3485148	9.6
# 服务业投资	3474348	9.3
# 民营经济	2130604	-5.2
城镇固定资产投资	1111049	71.3
# 民营经济	321454	30.8
房地产开发投资	2374099	-6.2
# 民营经济	1809150	-9.6

注：规模以上投资起报点均为500万元以上　　（区统计局）

表 76　2021 年雨花台区分街道全社会固定资产投资额统计表

街道（园区）	投资额（万元）	增长（%）
合　计	348.51	9.6
软件谷	93.84	12.7
雨花街道	8.53	−75.2
赛虹桥街道	44.57	−22.3
板桥街道	26.11	5.5
西善桥街道	12.41	18.0
梅山街道	1.96	−60.9
古雄街道	35.27	40.2
雨花经济开发区	45.27	123.8
新城规建办	80.55	40.5

（区统计局）

表 77　2021 年雨花台区房地产开发投资统计表

指　标	计量单位	2021 年	增减(%)
房地产开发投资额	亿元	237.41	−6.2
按工程用途分	—	—	—
住宅	亿元	200.63	3.2
办公楼	亿元	4.48	−70.0
商业用房	亿元	13.33	−24.6
其他	亿元	18.97	−27.3
房屋建筑面积	—	—	—
施工面积	万平方米	670.63	25.0
# 住宅	万平方米	468.91	47.6
竣工面积	万平方米	102.06	47.3
# 住宅	万平方米	70.19	183.4
商品房屋销售面积	万平方米	93.55	8.8
# 住宅	万平方米	85.31	18
商品房屋销售额	亿元	281.42	6.3
# 住宅	亿元	268.47	11.9

（区统计局）

组织机构及负责人

·雨花台区·

中国共产党南京市雨花台区委员会

书　记：戴华杰
副书记：张连春
　　　　王安伟（7月19日免）
　　　　凌向前（7月19日任）
常　委：谢　山（女，7月3日免）
　　　　袁　迅（女，7月3日免）
　　　　余　清（女，7月19日免）
　　　　杨宝龙（7月19日免）
　　　　陆瑞峰
　　　　毛光明（7月19日任）
　　　　王金玉
　　　　时　丹（女，7月3日任）
　　　　张建设（7月19日任）
　　　　汪丹彦（女，7月19日任）
　　　　蓝　波（7月19日任）

南京市雨花台区人民代表大会常务委员会

主　任：杨　明
副主任：艾长青（1月7日当选）
　　　　张　虎（1月7日辞）
　　　　卞艳艳（女，1月7日当选）
　　　　顾晓春
　　　　汪丹彦（女，8月26日辞）
　　　　贾乐实（1月7日当选）
委　员：王　强
　　　　王伟忠（12月30日辞）
　　　　王纯阳
　　　　邓宁城
　　　　刘　军（女）
　　　　许　玲（女，12月30日辞）
　　　　陈苏宁
　　　　吴昌发
　　　　张　伟
　　　　张　勇（12月30日辞）
　　　　俞　蓉（女）
　　　　郭　伟（9月23日辞）
　　　　陶　文
　　　　陈海松（12月30日辞）
　　　　龚红旗（12月30日辞）
　　　　田月华（1月7日当选）
　　　　乔兰俊（1月7日当选）
　　　　任伯亭（1月7日当选）
　　　　杨春霞（女，1月7日当选）
　　　　张晓东（1月7日当选）
　　　　陈　涯（1月7日当选，12月30日辞）
　　　　夏红忠（1月7日当选）
　　　　高建平（1月7日当选）
　　　　程　康（1月7日当选，12月30日辞）
　　　　魏　平（1月7日当选）

南京市雨花台区人民政府

区　长：张连春
副区长：凌向前（8月26日免）
　　　　王金玉（2月26日免）
　　　　陆瑞峰
　　　　蓝　波（2月26日任）
　　　　张建设（8月26日免）

郜叶红（女）
吕　晨（女，8月26日任）
赵道韡（7月23日任）
郑　婕（女，7月23日任）
孔令钊（7月23日免）
袁修来（7月23日任）

中国人民政治协商会议南京市雨花台区委员会

主　席：于茂高（1月6日当选）
副主席：谢祖国
陆景文
杨　洋
孙红霞（女）
秘书长：姜　宁（1月6日当选）

中共南京市雨花台区纪律检查委员会

区纪律检查委员会

书　记：余　清（女，7月19日免）
毛光明（7月19日任）
副书记：王兆强（2月26日免）
金　晖
凌　胜（7月18日任）
常　委：姜　熹（挂职，2月13日止）
邵军芳（女，11月3日免）
郭治宇
任晨慧（女）
叶　君（女）
蔡亚锋（女，11月3日任）

区监察委员会（与区纪律检查委员会合署办公）

主　任：余　清（女，8月26日辞）
毛光明（8月26日代理）
副主任：毛光明（8月26日任）
王兆强（3月26日免）
金　晖
凌　胜（7月23日任）
委　员：任晨慧（女）
叶　君（女）
林建斌
尹志辉（11月26日任）

南京市雨花台区人民法院

院　长：陶　红（女，11月26日辞）
黄德清（11月26日代理）
副院长：黄德清（11月26日任）
祝　怡（女）
韩　芳（女）
费月华（女）
陈　晨
政治部主任：胡正义（试用期满，6月4日任）
审判委员会专职委员：
陈　波
郑朝明（试用期满，6月4日任）
执行局局长：李筱艳（女，4月29日任，试用期一年）

南京市雨花台区人民检察院

检 察 长：肖水金
副检察长：吕齐斌
张梅菁（女）
尚小强
政治部主任：朱　琳（试用期满，11月10日任）

区委工作机关

中共南京市雨花台区委办公室（设区委国家安全委员会办公室，挂区委机要局、区国家保密局、区国家密码管理局、区档案局牌子）

主　任：刘善海（9月17日免）
　　　　陶龙波（9月17日任）
副主任：张雪梅（女，2月2日免）
　　　　陈文彬（11月3日免）
　　　　李雅柳（11月3日任）
　　　　施兴宝（兼）
　　　　王　洋（试用期满，11月10日任）

区委机要局

局　长：刘善海（9月免）
　　　　陶龙波（9月任）
副局长：陈文彬

区国家保密局

局　长：刘善海（9月免）
　　　　陶龙波（9月任）
副局长：陈文彬（11月3日免）
　　　　任利军（11月3日任）

区国家密码管理局

局　长：刘善海（9月免）
　　　　陶龙波（9月任）
副局长：陈文彬（11月3日免）
　　　　任利军（11月3日任）

区档案局

局　长：刘善海（9月17日免）
　　　　陶龙波（9月17日任）
专职副局长：徐美如（女）
　　　　过大江（11月3日免）

中共南京市雨花台区委组织部（挂区委非公有制企业和社会组织工作委员会、区公务员局牌子）

部　长：袁　迅（女，7月3日免）
　　　　时　丹（女，7月3日任）
常务副部长：夏　风
副部长：俞　蓉（女）
　　　　王德伟（兼）
　　　　杨　彬
　　　　陈文彬（11月3日任）
　　　　魏建军（2月2日任，9月17日免）

区委非公有制企业和社会组织工作委员会

书　记：杨　彬（11月3日免）
　　　　陈文彬（11月3日任）
专职副书记：倪　芸（女，试用期满，
　　　　11月10日任；11月30日免）

区公务员局

局　长：杨　彬（11月3日任）
副局长：李文卓（女，试用期满，11月10日任）

中共南京市雨花台区委宣传部（设区委网络安全和信息化委员会办公室，挂区精神文明建设指导委员会办公室、区互联网信息办公室牌子）

部　长：谢　山（女，7月3日免）
　　　　汪丹彦（女，7月19日任）
常务副部长：许　慎
副部长：裴　鸿（女）
　　　　华晓朝

区委网络安全和信息化委员会办公室

主　任：裴　鸿（女）

专职副主任：葛丽霞（女）

区精神文明建设指导委员会办公室

主　任：华晓朝

专职副主任：徐　青（4月29日免）

　　　　　　谢　群（4月29日任）

区互联网信息办公室

主　任：裴　鸿（女）

中共南京市雨花台区委统一战线工作部（挂区委台湾工作办公室、区政府台湾事务办公室、区民族宗教事务局、区政府侨务办公室牌子）

部　长：王金玉

常务副部长：缪文新（11月3日免）

副部长：翟青尧（女）

　　　　胡建忠

　　　　勾宏展（11月3日任）

区工商业联合会

主　席：陆景文

副主席：吴承陆（2月2日免）

　　　　桑金祥（2月2日任，试用期一年）

区委台湾工作办公室

主　任：胡建忠（11月3日免）

　　　　勾宏展（11月3日任）

专职副主任：王　蔚（女）

区政府台湾事务办公室

主　任：胡建忠

专职副主任：王　蔚（女）

区民族宗教事务局

局　长：翟青尧（女）

专职副局长：魏以远

区政府侨务办公室

主　任：胡建忠（11月3日免）

　　　　勾宏展（11月3日任）

专职副主任：王　蔚（女）

中共南京市雨花台区委政法委员会（设区国家安全人民防线建设领导小组办公室、委托管理区法学会）

书　记：杨宝龙（8月30日免）

　　　　张建设（8月30日任）

常务副书记：衡长华

副书记：刘　炜（挂职，8月17日任，

　　　　　2023年8月17日止）

　　　　张明权（11月3日免）

　　　　石　磊

　　　　周朝阳（11月30日任，试用期一年）

区国家安全人民防线建设领导小组办公室

主　任：张　晔（女）

副主任：刘　东（11月3日免）

　　　　冷　靖（11月30日任，试用期一年）

区法学会（群团组织）

会　长：杨宝龙（8月30日免）

　　　　张建设（8月30日任）

常务副会长：衡长华

副会长：蔡丽丽（女，试用期满，6月4日任）

中共南京市雨花台区委研究室（设区委全面深化改革委员会办公室）

主　任：武永杰（2月2日免）
　　　　张雪梅（女，2月2日任）
副主任：王晓云（女）
　　　　金晓春
　　　　李雅柳（试用期满，6月4日任；11月3日免）

区委全面深化改革委员会办公室

主　任：王安伟（3月19日兼任）

中共南京市雨花台区委机构编制委员会办公室（挂区事业单位登记管理局牌子）

主　任：王德伟
副主任：王　建（2月2日免）
　　　　张建梅（女，试用期满，6月4日任）
　　　　李　栋（试用期满，11月3日任）
　　　　卞家军（2月2日任，试用期一年）

区事业单位登记管理局

局　长：王德伟

中共南京市雨花台区委区级机关工作委员会

书　记：尹　宏
副书记：孙　莉（女）
　　　　张伯云（试用期满，6月4日任）

中共南京市雨花台区委巡察工作办公室

主　任：郭治宇
副主任：徐志成（试用期满，5月10日任）

中共南京市雨花台区委老干部局（挂区委离退休干部工作委员会牌子）

局　长：俞　蓉（女）
副局长：陈建平
　　　　袁国涛（试用期满，11月3日任）

区委离退休干部工作委员会

书　记：俞　蓉（女）
专职副书记：陈建平

区人大机关

南京市雨花台区人大常委会办公室

主　任：刘　军（女）
副主任：徐林骏
　　　　柳　伟（11月26日任）

南京市雨花台区人大常委会研究室

主　任：张　伟（11月26日免）
　　　　朱运刚（11月26日任）
副主任：邢苏平

南京市雨花台区人大法制委员会

主任委员：程　康（1月7日任）
副主任委员：王宏启（1月7日任，11月26日免）

南京市雨花台区人大财政经济委员会

主任委员：吴昌发（11月26日免）
副主任委员：王长儒（1月7日任）

南京市雨花台区人大社会建设委员会

主任委员：王纯阳
副主任委员：何中亚（1月7日任）

南京市雨花台区人大监察和司法委员会（与区人大法制委员会合署办公）

主任委员：杨春霞（女，1月7日任）

副主任委员：朱运刚（11月26日免）

南京市雨花台区人大常委会教育科学文化卫生工作委员会

主　任：高建平

副主任：张　丽（女，11月26日免）

　　　　徐文生（11月26日任）

南京市雨花台区人大常委会环境资源城乡建设工作委员会

主　任：张晓东

副主任：娄翠红（女）

南京市雨花台区人大常委会人事代表联络工作委员会

主　任：陈　涯（11月26日免）

　　　　张思军（11月26日任）

副主任：吴　嶷

南京市雨花台区人大常委会民族宗教侨务台湾事务工作委员会

主　任：龚红旗（11月26日免）

　　　　蒋宁卫（11月26日任）

副主任：郑尚辉（女）

南京市雨花台区人大常委会预算工作委员会（与区人大财政经济委员会合署办公）

主　任：王　强（11月26日免）

　　　　窦　勇（11月26日任）

区政府工作部门

南京市雨花台区政府办公室（设区委外事工作委员会办公室，挂区政府外事办公室、区政府研究室、区机关事务管理局牌子）

主　任：朱盘江

副主任：勾宏展（11月3日免）

　　　　刘　陈

　　　　周宏达（试用期满，6月4日任）

　　　　吴正茂（11月3日任，试用期一年）

区政府外事办公室

主　任：朱盘江（兼）

专职副主任：董　倩（女，11月30日任，试用期一年）

区政府研究室

主　任：朱盘江

专职副主任：韩斐斐（女）

南京市雨花台区发展和改革委员会（挂区工业和信息化局、区大数据管理局牌子）

主　任：朱天燕（女）

副主任：曹祥娟（女，2月2日免）

　　　　张　涛

　　　　杨和春

区工业和信息化局

局　长：朱天燕（女）

专职副局长：张　炎（11月3日任）

区大数据管理局

局　长：朱天燕（女）

专职副局长：李　钊

南京市雨花台区教育局（区委教育工作委员会与其合署）

局　长：盛云生
副局长：石明舟（2月2日免）
　　　　李　进（11月30日任）
　　　　周文林
　　　　刘大伟（挂职）
　　　　王　艳（女，试用期满，11月10日任）
　　　　刘革平（2月2日任，试用期一年）

区委教育工作委员会

书　记：盛云生

南京市雨花台区科学技术局（委托管理区科学技术协会）

局　长：程道伟
副局长：黄　玲（女）
　　　　马志伟（11月30日任）
　　　　徐　刚
　　　　许辰星（女，11月30日免）

区科学技术协会（群团组织）

主　席：石明舟（2月2日任）
副主席：韦　芸（女，11月3日任）

南京市雨花台区民政局

局　长：宋海红（女）
副局长：刘　涛（女）
　　　　熊康杰
　　　　乔　冲

南京市雨花台区司法局（设区委全面依法治区委员会办公室）

局　长：朱震龙
副局长：张宋祥
　　　　丁红霞（女）
　　　　陈罗明

区委全面依法治区委员会办公室

主　任：张建设（9月14日兼任）
专职副主任：任金忠（兼）

南京市雨花台区财政局（挂区政府国有资产监督管理办公室牌子）

局　长：贾乐实（2月26日免）
　　　　项　前（女，2月26日任）
副局长：窦　勇（11月3日免）
　　　　秦旭文（11月3日任）
　　　　王　璐（女）
　　　　张　艳（女，挂职，12月止）

区政府国有资产监督管理办公室

主　任：贾乐实（2月2日免）
　　　　项　前（女，2月2日任）

南京市雨花台区人力资源和社会保障局

局　长：梁　汶（女）
副局长：沈　宇
　　　　冯良华（11月30日免）
　　　　童　静（女）
　　　　程　扬

南京市雨花台区住房和建设局

局　长：戴　俊（女，7月23日免）
　　　　施晓明（7月23日任）

副局长：马志伟（挂职，11月30日免）
朱向军
庄　毅
包　锋

南京市雨花台区交通运输局

局　长：陈明贵
副局长：秦飞宇（2月2日免）
沈　军
李　晨
王世勇（11月3日任）
陈　梁（2月2日任，试用期一年）

南京市雨花台区水务局

局　长：王瑞荣
副局长：梅　军（2月2日免）
王小君
余　美（女）
王新奎（2月2日任，试用期一年）

南京市雨花台区城市管理局（挂区综合行政执法局牌子）

局　长：褚堂桂
副局长：笪洪斌
李小林
文　健
刘　庆

区综合行政执法局

局　长：褚堂桂

南京市雨花台区农业农村局（设区委农村工作领导小组办公室，挂区乡村振兴局牌子）

局　长：伍葵阳
副局长：耿殿元
梅　军（2月2日任）
朱耀华
王琼华
王思旺（2月2日免）
张　臻（女）

区委农村工作领导小组办公室

主　任：伍葵阳

南京市雨花台区商务局

局　长：陈正儒（2月26日免）
蔡一菁（女，2月26日任）
副局长：沈建新
曹　钟（2月2日免）
胡耀俊
胡　蓉（女，试用期满，6月4日任）

南京市雨花台区文化和旅游局（挂区体育局、区文物局牌子）

局　长：蒋朝晖
副局长：倪恒威
郜健胜
刘　丽（女，试用期满，6月4日任）
唐传众（2月2日任，试用期一年）

区体育局

局　长：蒋朝晖
专职副局长：江海翔（女）

南京市雨花台区投资促进局

局　长：欧仁谷
副局长：王　浩
杨　啸

华文锦

南京市雨花台区卫生健康委员会

主　任：褚堂琴（女）

副主任：刘文江

戴国强（11月30日任）

周建华

陈红云（女）

夏慧勇（试用期满，3月25日任）

南京市雨花台区退役军人事务局

局　长：史　军

副局长：汪　晨（11月3日免）

胡晓华（试用期满，6月4日任）

孟善武（试用期满，6月4日任）

孟凡群

南京市雨花台区应急管理局（设区安全生产委员会办公室）

局　长：王惠强

副局长：许　谦

李正福

李　勇

刘新元（2月2日免）

范雪明

马传银（2月2日任，试用期一年）

区安全生产委员会办公室

主　任：王惠强（5月6日兼任）

南京市雨花台区审计局（设区委审计委员会办公室）

局　长：尹湘麟

副局长：陆国顺

王　男（女）

金和根

区委审计委员会办公室

主　任：尹湘麟

专职副主任：丁　宁（女，12月23日任）

南京市雨花台区行政审批局（挂区政务服务管理办公室牌子）

局　长：李　茜（女）

副局长：杨　勇

邢　凯

董富龙（试用期满，5月10日任）

区政务服务管理办公室

主　任：李　茜（女）

专职副主任：蒋　华（女）

南京市雨花台区市场监督管理局（挂区知识产权局牌子）

局　长：李君毅（7月23日免）

刘建功（7月23日任）

副局长：裘　骏

刘德政

陆松林（11月30日任）

邹志英（女，试用期满，6月4日任）

易昌军（试用期满，6月4日任）

丁　宁（女，11月3日免；试用期满，11月10日任）

李俊平（2月2日任，试用期一年）

区知识产权局

局　长：李君毅（6月17日免）

刘建功（6月17日任）

南京市雨花台区统计局

局　长：张　波（2月26日免）

　　　　曹祥娟（女，2月26日任）

副局长：俞巍蔚（女）

　　　　汤光华

南京市雨花台区信访局（区委信访局与其合署）

局　长：施兴宝

副局长：刘　印

　　　　潘大清

　　　　杨秀林（试用期满，5月10日任）

　　　　党胜军（试用期满，11月10日任）

信访专员：高义华

南京市雨花台区人民防空办公室

主　任：施晓明（7月23日免）

　　　　刘　东（11月26日任）

副主任：马翠平

　　　　林海滨

南京市雨花台区地方金融监督管理局（挂区政府金融办公室牌子）

局　长：项　前（女，2月26日免）

　　　　孙向东（2月26日任）

副局长：曹　钟（2月2日任）

　　　　熊　军（11月3日免）

　　　　于俊奇（试用期满，6月4日任）

　　　　卢　剑（11月3日任）

　　　　毛新颜（挂职，12月止）

区政协机关

南京市雨花台区政协常委会办公室

主　任：姜　宁

副主任：罗　敏（女，11月3日免）

　　　　樊世友

南京市雨花台区政协常委会提案委员会

主　任：葛宗超

副主任：刘　全

南京市雨花台区政协常委会经济科技和农业农村委员会

主　任：孟　煜（女）

副主任：黄　霞（女）

南京市雨花台区政协常委会人口资源环境和城市建设委员会

主　任：曹冬梅（女，11月3日免）

　　　　沈　强（11月3日任）

副主任：孙春阳（女）

南京市雨花台区政协常委会教卫文体和文史委员会

主　任：张剑飞（11月3日免）

　　　　缪文新（11月3日任）

副主任：王　新

南京市雨花台区政协常委会社会法制和民族宗教委员会

主　任：黄　进（11月3日免）

　　　　李君毅（11月3日任）

副主任：袁　铁（试用期满，5月10日任）

南京市雨花台区政协常委会委员工作委员会

主　任：沈　强（11月3日免）

　　　　罗　敏（女，11月3日任）

区纪委区监委机关

办公室
主　任：任晨慧（女）

纪检监察干部管理监督室
主　任：秦旭文（11月3日免）
　　　蔡亚锋（女，11月3日任）

党风政风监督室
主　任：解　静（女，11月3日免）
　　　李颖慧（女，11月3日任）

信访室
主　任：杨云头（试用期满，6月4日任）

案件监督管理室
主　任：林建斌（11月3日免）
　　　解　静（女，11月3日任；试用期满，11月10日任）

第一纪检监察室（挂第一派出监察员办公室牌子）
主　任：史　毅

第一派出监察员办公室
办公室主任：史　毅

第二纪检监察室
主　任：尹志辉（试用期满，5月10日任）

第三纪检监察室（挂第二派出监察员办公室牌子）
主　任：刘迎春（试用期满，5月10日任）

第二派出监察员办公室
办公室主任：刘迎春（试用期满，5月10日任）

第四纪检监察室
主　任：李颖慧（女，试用期满，5月10日任；11月3日免）

第五纪检监察室
主　任：叶荣发（试用期满，11月10日任）

案件审理室
主　任：叶　君（女，11月30日免）
　　　詹　萍（女，11月30日任，试用期一年）

派驻第一纪检监察组
组　长：张思军（11月3日免）
　　　任晨慧（女，11月3日任）

派驻第二纪检监察组
组　长：凌　盛（11月3日免）
　　　丁伯龙（11月3日任）

派驻第三纪检监察组
组　长：张　骞

派驻第四纪检监察组
组　长：邵军芳（女，11月3日免）
　　　王庆华（11月3日任）

派驻第五纪检监察组
组　长：蔡亚锋（女，11月3日免）

韩雪松（11月3日任，12月24日免）

派驻第六纪检监察组

组　长：蒋培南（试用期满，6月4日任；11月30日免）

蒋同良（11月30日任）

中共南京市雨花台区委巡察一组

组　长：范小红（女）

副组长：李保庆（2月2日任，试用期一年）

中共南京市雨花台区委巡察二组

组　长：邵美玲（女）

副组长：蒋同良（11月30日免）

曾　群（女，11月30日任，试用期一年）

中共南京市雨花台区委巡察三组

组　长：刘晓燕（女）

副组长：袁克思（11月3日免）

张春晖（11月3日任）

中共南京市雨花台区委巡察四组

组　长：卞志宏

副组长：陆纬栋

区群团机关

南京市雨花台区总工会

主　席：卞艳艳（女）

常务副主席：徐明桂

副主席：庄　捷（女）

方忠润

沈　宇（兼）

共青团南京市雨花台区委员会

书　记：李文浩（6月17日免）

李进进（女，11月3日任）

副书记：李进进（女）

杜明洲（挂职，12月止）

尹云霞（女，2月2日任，试用期一年；11月30日免）

南京市雨花台区妇女联合会

主　席：张晓慧

副主席：高莉萍（女，试用期满，3月25日任）

王　红（女，试用期满，3月25日任）

江海翔（女，挂职）

南京市雨花台区残疾人联合会

执行理事会理事长：赵守阳（11月3日任）

执行理事会副理事长：马晓峰

陈晓华

夏　俊

张卫宏（兼职，2月2日任）

南京市雨花台区红十字会

会　长：孙红霞（女）

常务副会长：陈维炜（女）

副会长：管　艳（女）

曹永健

街　道

雨花街道

党工委书记：周洪涛

党工委副书记：郑诗宁

董　红（女）

人大工委主任：魏　平

办事处主任: 郑诗宁

办事处副主任: 秦飞宇（2月2日任）

曹红伟（治安）

邹一兵

谢　群（4月29日免）

陈照林（挂职，12月31日止）

陆松林（11月30日免）

陈　凯（11月30日任）

许辰星（女，11月30日任）

包　剑（11月3日任，试用期一年）

政协工委主任: 李家祥

纪工委书记: 王庆华（11月3日免）

赵　波（11月30日任）

组织委员: 董　红（女）

宣传委员: 徐嘉嘉（女，试用期满，11月3日任）

人武部部长: 陈　凯（试用期满，5月10日任）

统战委员: 田　甜（女，试用期满，5月10日任）

综合行政检查执法大队大队长:

陆松林（11月30日免）

秦飞宇（11月30日任）

赛虹桥街道

党工委书记: 汪丹彦（女，6月17日免）

戴　俊（女，6月17日任）

党工委副书记: 薛　伟（6月17日免）

王　鹏（6月17日任）

杨　浩

韩雪松（11月3日免）

史居敏（女，11月3日任）

人大工委主任: 任伯亭

办事处主任: 薛　伟（6月17日免）

王　鹏（6月17日任）

办事处副主任: 杨　浩

姚礼明（治安）

谢　洪

史居敏（女，11月3日免）

陈　雷（试用期满，5月10日任）

徐　峰（11月3日任，试用期一年）

政协工委主任: 李君毅（6月17日任，11月3日免）

纪工委书记: 陈云国

人武部部长: 谢建敏（试用期满，5月10日任）

组织委员: 韩雪松（11月3日免）

史居敏（女，11月3日任）

宣传委员: 谢建敏（试用期满，5月10日任）

统战委员: 笪崇军（女）

综合行政检查执法大队大队长:

钱　前（试用期满，11月10日任）

铁心桥街道

党工委书记: 赵　勇

党工委副书记: 邵旻杰

许发俊（11月3日免）

汤大开（11月30日任）

人大工委主任: 邓宁成

办事处主任: 邵旻杰

办事处副主任: 王孝春

蒋　进

韩焕新（治安）

汤大开（11月30日免）

孙　星（试用期满，5月10日任）

钱问宇（11月3日任，试用期一年）

袁天燚（11月30日任，试用期一年）

政协工委主任: 俞建宁

纪工委书记: 臧忠仁（11月3日免）

袁克思（11月3日任）
组织委员：许发俊（11月3日免）
汤大开（11月30日任）
宣传委员：杨　勇
人武部部长：杨　勇
统战委员：赵惠斌（试用期满，5月10日任）
综合行政检查执法大队大队长：
孙　星（试用期满，5月10日任）

板桥街道

党工委书记：赵道辨（9月17日免）
刘善海（9月17日任）
党工委副书记：赵　冉（女，2月2日免）
武永杰（2月2日任）
陈　新
人大工委主任：乔兰俊
办事处主任：赵　冉（女，2月2日免）
武永杰（2月2日任）
办事处副主任：贲存保（11月3日免）
刘吉清（11月3日免）
向贵平
张　凌（治安）
张秀平
黄欣宁
尹云霞（11月30日任）
袁玉进（11月3日任，试用期一年）
政协工委主任：徐建平
纪工委书记：顾春晖
组织委员：陈　新
宣传委员：李姗姗（女，试用期满，5月10日任）
人武部部长：刘金钱
统战委员：李姗姗（女，试用期满，5月10日任）
综合行政检查执法大队大队长：刘金钱

西善桥街道

党工委书记：徐　立
党工委副书记：刘建功（6月17日免）
魏建军（9月17日任）
余　飞
人大工委主任：陈海松（11月26日免）
张　伟（11月26日任）
办事处主任：刘建功（6月17日免）
魏建军（9月17日任）
办事处副主任：汪国勇（治安）
张如铁
王世勇（11月3日免）
王志贤
范天赋（试用期满，5月10日任）
李国庆（11月3日任）
褚俊珏（女，4月29日免）
袁亚琦（女，4月29日任，试用期一年）
政协工委主任：张良云
纪工委书记：朱大志
宣传委员：殷维维（女，试用期满，5月10日任）
组织委员：余　飞
人武部部长：王志贤
统战委员：李国庆（试用期满，5月10日任）
综合行政检查执法大队大队长：
李国庆（11月3日免）
刘　玲（女，11月3日任，试用期一年）

梅山街道

党工委书记：陈志新
党工委副书记：王　鹏（6月17日免）
李文浩（6月17日任）
杨镇宁
人大工委主任：田月华（11月26日免）

祝殿龙（11月26日任）
办事处主任：王　鹏
办事处副主任：李　军（治安）
李海斌
韦　芸（女，11月3日免）
程文军（11月3日任）
帅　师（试用期满，5月10日任）
顾玲芳（女，试用期满，11月10日任）
政协工委主任：
纪工委书记：祝殿龙（11月3日免）
冯良华（11月30日任）
组织委员：杨镇宁
宣传委员：彭媛媛（女，试用期满，10月12日任）
人武部部长：王　勇（试用期满，5月10日任）
统战委员：程文军（试用期满，5月10日任；11月3日免）
张　普（11月3日，试用期一年）
综合行政检查执法大队大队长：
王　勇（试用期满，5月10日任）

古雄街道

党工委书记：李　睿
党工委副书记：陶龙波（9月17日免）
张　盈（女，9月17日任）
蔡一菁（女，2月2日免）
倪　芸（女，11月30日任）
人大工委主任：夏红忠
办事处主任：陶龙波（9月17日免）
张　盈（女，9月17日任）
办事处副主任：庄兴海
方在金
落　陵
徐家连
李昌明
纪工委书记：赵　波（11月30日免）
余　波（11月30日任）
组织委员：蔡一菁（女，2月2日免）
倪　芸（女，11月30日任）
宣传委员：张　炎（试用期满，10月12日任；11月3日免）
周超近（11月30日任）
人武部部长：张　炎（11月3日免）
周超近（11月30日任）
统战委员：隋立军（试用期满，10月12日任）
综合行政检查执法大队大队长：
曹昱鸿（试用期满，11月3日任）

区派出机构

雨花经济开发区

党工委书记：陈志康
党工委副书记：娄　杰
仲肇文（女，试用期满，5月10日任）
人大工委主任：陶　文
管委会主任：娄　杰
管委会副主任：杨世保（治安）
刘新元（2月2日任）
王　炜
陈晓燕（女，试用期满，5月10日任）
政协工委主任：
纪工委书记：丁伯龙（11月3日免）
蒋培南（11月30日任）
组织委员：仲肇文（女，试用期满，5月10日任）
宣传委员：崔　琳（试用期满，5月10日任）
统战委员：朱海东（11月3日免）
王义国（11月3日任，试用期一年）
人武部部长：汪立文（试用期满，5月10日任）

区直属事业单位

中共南京市雨花台区委党校（区行政学校与期合署，挂市委党校雨花台分校牌子）

校　长：王安伟（8月28日免）
　　　　凌向前（8月28日任）
常务副校长：刘立龙
副校长：金　蕾（女）
　　　　樊宗球

南京市雨花台区档案馆（挂区委党史工作办公室、区地方志编纂委员会办公室牌子）

馆　长：徐美如（女）
副馆长：过大江（11月3日免）

区委党史工作办公室

主　任：陈明太
副主任：严明英（女）

区地方志编纂委员会办公室

主　任：张　镭（女）

南京市雨花台区机关事务管理服务中心（挂区信息中心牌子）

主　任：周福卫
副主任：李月水
　　　　周晓林

南京市雨花台区社会保险管理中心（挂区企业退休人员社会化管理服务中心、区医疗保险管理中心牌子）

主　任：秦　翔

区企业退休人员社会化管理服务中心

主　任：程　扬
副主任：全　巍

区医疗保险管理中心

主　任：程　扬
副主任：全　巍

南京市雨花台区征收拆迁安置办公室

主　任：赵守阳（11月3日免）
　　　　许发俊（11月3日任）
副主任：潘　红（女）
　　　　朱　宇（2月2日任，试用期一年）

·中国（南京）软件谷·

中共南京市委中国（南京）软件谷工作委员会

书　记：戴华杰
副书记：孙中华
委　员：王　辉
　　　　黄敖齐
　　　　彭金斌
　　　　黄海泉
　　　　娄　伟
　　　　廖　翔（挂职，12月31日止）
　　　　刘　峰
　　　　蓝　波（挂职，1月9日免）
　　　　薛守斌（挂职，1月9日任）

中国（南京）软件谷管委会

主　任：孙中华
副主任：王　辉
　　　　黄敖齐

彭金斌
黄海泉
娄　伟
刘　峰
张海毅

软件谷（高新区）党工委、管委会下设部门

党政办公室（党群工作部）

主任、部长：翟高峰
副主任、副部长：邹晶晶（女）
秦鹏慧
丁　艳（女，1月29日聘任）

产业发展部

部　长：龚健灵
副部长：肖　华（女）
郭　茜（女）
戎　燕（女）

招商合作部

部　长：赵　华
副部长：王　翔
闫　耿
冷　晶（女）
马　艳（女）

科技创新部

部　长：李文华（女，10月25日聘任）
副部长：匡　燕（女）
杨敏娟（女）
朱国庆
李建中（挂职，11月3日任，2022年8月止）
吴贝尔（11月30日聘任）

企业服务部（营商环境办公室）

部　长：翟云海
副部长：徐文俊
郑　寰（女）
吴　霞（女，11月30日聘任）

计划财务部

部　长：高金华
副部长：张金玲（女）
赵燕宁（女）
达国新（挂职，1月5日任，12月止）
林　武（11月30日聘任）

资产运营部

部　长：吴　莹（女）
副部长：陈梦洁（女）
蒋成财（11月30日聘任）

规划建设部

副部长：袁天燚
李良喜

土地储备中心

主　任：尹　波
副主任：周　鑫
沈露珺（女）

软件谷发展公司

负责人：娄　伟
副总经理：彭庆东
蔡　军
陆文俊
朱光明

江苏数字出版基地（南京园区）管理办公室

主　任：范春生

·南京市铁路南京南站地区综合管理办公室·

主　任：孙　凯
副主任：张苏海
　　　　李　平

综合处

副处长：梁　震

督察处

处　长：陈正儒（2月2日任）
副处长：傅传贵

法规处

处　长：赵　涛
副处长：申　昱

市政管养与综合服务中心

副主任：申　昱
　　　　马志伟（女，11月30日免）
　　　　周超近（11月30日免）

·市直单位·

南京市规划和自然资源局雨花台分局

局　长：陆云峰（1月12日免）
　　　　赵　勇（1月12日任）
副局长：王旭东（11月30日转任调研员）
　　　　张云颜（女）
　　　　魏娅菲（女，1月12日免）
　　　　林　萍（女）

南京市医疗保障局雨花台分局

局　长：张婉如（女）
副局长：吴晓军

南京市公安局雨花台分局

局　长：孔令钊（7月14日免）
　　　　袁修来（7月14日任）
政　委：苗　满
副局长：韩启忠
　　　　芮红飞
　　　　傅小福
　　　　袁　俊
　　　　武鹏程

南京市雨花台生态环境局

局　长：周　兵
副局长：孙环宇
　　　　李正龙
　　　　毕　怀
　　　　杨世伟（9月29日任）

国家税务总局南京市雨花台区税务局

局　长：姜莱斌
副局长：王桃之
　　　　李　毅
　　　　周　薇（女）
　　　　郭智怡（女）
　　　　陈　钢（6月28日任）

责任编辑　杨静珺

索引

雨花台年鉴

2022 YUHUATAI ALMANAC

2022 YUHUATAI ALMANAC

Index

说　明

一、本索引依照国家标准《索引编制规则（总则）》GB/T22466-2008的相关规则进行编制。

二、本索引分为主题索引、图片索引。索引按标目词第一个字的汉语拼音音序排列。索引标目后的数字表示内容所在的页码。数字后的小写字母（a、b）分别表示版面的左、右栏。类目、分目、副分目标题和人名作索引标目时，均用黑体字标明。

三、主题索引，以题目、条目和正文的主题为标目和主要来源进行标引；副标目以缩进方式表示；索引以标目字的汉语拼音音序排列，并添加标目首字的大写字母为助检符号，便于查找索引。

四、图片索引，以图片题名或部分题名为标目。出处页码的表示方式分两种情况：专题图片在表示页码的数字之前加“专题”，例如“专题12”表示专题图片的第12页；正文部分则以图片所在的页码和栏目表示，左、右栏分别以小写字母a、b表示，例如“47b”表示第47页右栏。索引以标目字的汉语拼音音序排列，并添加标目首字的大写字母为助检符号，便于查找索引。

主题索引

A

B

C

D

E

F

G

H

J

K

P

Q

R

S

U

W

X

Y

图片索引

B

C

D

F

G

H

J

L

M

N

Q

S

T

W

X

Y

Z